En qué se equivocan los LIBROS de HISTORIA de los Estados Unidos

JAMES LOEWEN

PATRAÑAS que me contó MI PROFE

En qué se equivocan los LIBROS de HISTORIA de los Estados Unidos

Traducción de **Jesús Cuellar**

Capitán Swing

Título original:
Lies My Teacher Told Me: Everything Your American History Textbook Got Wrong (2007)

Corrección ortotipográfica:
Victoria Parra Ortiz

ISBN: 978-84-948086-1-6
Depósito Legal: M-6006-2018
Código BIC: FV

Impreso en España / *Printed in Spain*
Artes Gráficas Cofas, Móstoles (Madrid)

Índice

Agradecimientos

Para la primera edición

Quienes figuran a continuación, en orden alfabético, hablaron conmigo, me comentaron capítulos, sugirieron fuentes, corrigieron mis errores o me ofrecieron otro tipo de ayuda moral o material. Se lo agradezco mucho. Son: Ken Ames, Charles Arnaude, Stephen Aron, James Baker, José Barreiro, Carol Berkin, Sanford Berman, Robert Bieder, Bill Bigelow, Michael Blakey, Linda Brew, Tim Brookes, Josh Brown, Lonnie Bunch, Vernon Burton, Claire Cuddy, Richard N. Current, Pete Daniel, Kevin Dann, Martha Day, Margo del Vecchio, Susan Dixon, Ariel Dorfman, Mary Dyer, Shirley Engel, Bill Evans, John Fadden, Patrick Ferguson, Paul Finkelman, Frances FitzGerald, William Fitzhugh, John Franklin, Michael Frisch, Mel Gabler, James Gardiner, John Garraty, Elise Guyette, Mary E. Haas, Patrick Hagopian, William Haviland, Gordon Henderson, Mark Hilgendorf, Richard Hill, Mark Hirsch, Dean Hoge, Jo Hoge, Jeanne Houck, Frederick Hoxie, David Hutchinson, Carolyn Jackson, Clifton H. Johnson, Elizabeth Judge, Stuart Kaufman, David Kelley, Roger Kennedy, Paul Kleppner, J. Morgan Kousser, Gary Kulik, Jill Laramie, Ken Lawrence, Mary Lehman, Steve Lewin, Garet Livermore, Lucy Loewen, Nick Loewen, Barbara M. Loste, Mark Lytle, John Marciano, J. Dan Marshall, Juan Mauro, Edith Mayo, James McPherson, Dennis Meadows, Donella Meadows, Dennis Medina, Betty Meggars, Milton Meltzer, Deborah Menkart, Donna Morgenstern, Nanepashemet, Janet Noble, Roger Norland, Jeff Nygaard, Jim O'Brien, Wardell Payne, Mark Pendergrast, Larry Pizer, Bernice Reagon,

Ellen Reeves, Joe Reidy, Roy Rozensweig, Harry Rubenstein, Faith Davis Ruffins, John Salter, Saul Schniderman, Barry Schwartz, John Anthony Scott, Louis Segal, Ruth Selig, Betty Sharpe, Brian Sherman, David Shiman, Beatrice Siegel, Barbara Clark Smith, Luther Spoehr, Jerold Starr, Mark Stoler, Bill Sturtevant, Lonn Taylor, Linda Tucker, Harriet Tyson, Ivan Van Sertima, Herman Viola, Virgil J. Vogel, Debbie Warner, Barbara Woods, Nancy Wright y John Yewell.

Conté con la ayuda económica de tres instituciones. La Smithsonian Institution me concedió dos ayudas para doctores veteranos. Algunos de sus empleados, al igual que los demás *fellows* del Museo Nacional de Historia Americana, fueron una fuente de voluntarioso estímulo intelectual. Becarios de la Smithsonian, de las universidades de Michigan y Johns Hopkins y, sobre todo, de la Universidad Estatal de Portland me ayudaron a cazar errores. La flexible Universidad de Vermont me concedió una licencia de estudios para trabajar en este libro, incluyendo un sabático en 1993. Para terminar, The New Press, André Schiffrin y, sobre todo mi editora, Diane Wachtell, no dejaron de ofrecerme su apoyo y sus inteligentes críticas.

Para la segunda edición

Entre 2006 y 2007, mientras me sometía a la tortura moral e intelectual de tragarme otros seis manuales de historia de los Estados Unidos, fue muy importante la ayuda que me brindaron las siguientes personas e instituciones: Cindy King, David Luchs, Susan Luchs, Natalie Martin, Jyothi Natarajan, el Life Cycle Institute y el Departamento de Sociología de la Universidad Católica de América, así como Joey, un perro-guía en período de adiestramiento. Muchos de los que figuraban en los agradecimientos para la primera edición, entre ellos la gente de The New Press, también me han ayudado en esta ocasión. También me ayudó Amanda Patten, de Simon & Schuster.

Introducción a la segunda edición

Me encanta su libro Patrañas que mi profe me contó. *Lo vengo utilizando para incordiar a mi profesor de historia desde el final del aula.*

Alumno de instituto[1]

Solo quería decirle que no me parece que Patrañas que mi profe me contó *esté superado: ¡la verdad es que no veo que los libros de texto hayan mejorado nada!*

Profesor de instituto, Sherwood, Arizona[2]

Me esperaba las típicas idioteces progresistas, pero me pareció que daba en el clavo.

Empleado de la farmacéutica Bayer,
Berkeley, California[3]

Los nuevos lectores de *Patrañas que mi profe me contó* deberían ir directamente a la página 23. Esta introducción sirve para informar a antiguos amigos (¿y enemigos?) de las diferencias entre esta edición y la primera y de por qué existe este nuevo libro. Como en gran medida existe por la excelente acogida que tuvo la primera edición, la introducción me parece autocomplaciente y esta es otra razón para saltársela. No obstante, *Patrañas que mi profe me contó* conduce a los lectores a un viaje de descubrimiento por nuestro pasado y quizá algunos quieran saber cómo han reaccionado sus compañeros de viaje.

Desde el principio, los lectores convirtieron *Patrañas* en un éxito. Como su nombre indica, The New Press era una pequeña e inexperta editorial, sin presupuesto para publicidad, así que el

[1] Estudiante, correo electrónico a través de AOL.com, 1996.

[2] Tomi Evans, correo electrónico, octubre de 2005.

[3] Comunicación por correo electrónico a través de Erik Bailey, noviembre de 2005.

libro se vendió porque corrió de boca en boca. Donde comenzó a causar revuelo fue en la Costa Oeste. Según indicaba un artículo publicado en la Universidad Estatal de California en Hayward: «Aunque algunos lo consideran polémico, las bibliotecas del condado de Alameda [California] no dejan de prestar ese libro». Esto es lo que escribió un alumno de secundaria al director del *San Francisco Examiner*: «Yo era un alumno de historia del montón (con Bien de nota) hasta que leí *La otra historia de los Estados Unidos* y *Patrañas que mi profe me contó*. Después de leer esos dos libros, mi nota media en historia llegó casi al sobresaliente y ahí se quedó. Si realmente quieren que a los alumnos les interese la historia de los Estados Unidos, dejen de mentirles».[4] En una reseña anterior, publicada en el *San Francisco Chronicle*, se decía que *Patrañas* era una «defensa extremadamente convincente de la verdad en la educación» y en 1995 mi libro estuvo varias semanas en la lista de superventas de la zona de la bahía de San Francisco.[5]

Las librerías independientes, cuyos propietarios y empleados leen libros y cuyos clientes les piden recomendaciones, corrieron la voz por Norteamérica. «Pone patas arriba la historia de los Estados Unidos», escribió en 1995 «Joan», de Toronto, en una columna titulada «Las mejores novedades recomendadas por destacadas librerías independientes». «Un hito», continuaba diciendo, «una lectura obligatoria, no solo para profesores de historia y para quienes la escriben, sino para cualquier individuo que piense».[6] La revista *The Nation*, que se lee en todo el país, dijo que *Patrañas* «contiene tanta historia que termina funcionando no solo como una crítica, sino como una especie de libro de texto alternativo que cuenta de otra manera el pasado de los Estados Unidos». *Patrañas*

---

[4] Dudley Lewis, «Teaching the Truth», *San Francisco Examiner & Chronicle*, 26/11/1995. Lewis fue el primero que, en sus comentarios, relacionó *La otra historia de los Estados Unidos* de Zinn y *Patrañas*. Y desde luego no ha sido el último. Nuestros libros son muy distintos, en parte porque nuestras ideologías también lo son, pero los dos somos igualmente críticos con los petulantes y aburridos textos de historia de los Estados Unidos que aún siguen imperando en enseñanzas medias.

[5] Mary Mackey, «Don't Know Much About History...», *San Francisco Chronicle*, 12/02/1995.

[6] «Joan», en independentreader.com (1995); desde entonces esta página web ha cambiado de manos.

no tardó en llegar a las listas de superventas de Boston, Burlington (Vermont) y otras localidades. También fue superventas en dos clubes de lectura: Historia y Libros de Bolsillo de Calidad. En este formato, *Patrañas* ha tenido más de treinta reimpresiones en Simon & Schuster. Desde la aparición de Amazon.com, *Patrañas* ha sido líder de ventas en su categoría (historiografía). De manera que, hasta donde yo sé, es el libro más vendido de un sociólogo vivo.[7] Si contamos todas las ventas de la primera edición, incluyendo las de audiolibros, se situaron en torno al millón de ejemplares.

En parte, escribí *Patrañas que mi profe me contó* porque creía que los estadounidenses tienen mucho interés en su pasado, pero en el instituto se habían aburrido como ostras en los cursos de historia de los Estados Unidos. Así lo confirmaron las reacciones de los lectores, que no solo fueron muchas, sino intensas. «Descubrí que las clases de historia del instituto no eran importantes ni para mí ni para mi vida», me escribió por correo electrónico un lector de la zona de San Francisco, porque «no la convertían en algo relevante para lo que está ocurriendo en la actualidad». Algunos lectores adultos siempre habían pensado que su falta de interés por la historia que se enseñaba en secundaria era culpa suya. «Durante todos estos años (tengo cuarenta y nueve), he pensado que no me gusta la historia», escribió una mujer de Utah, «cuando, en realidad, lo que no me gusta es lo ilógico, lo incoherente. Gracias por su trabajo. Me ha cambiado usted la vida».

Para muchos lectores, el libro fue una experiencia que les cambió la vida. A un hombre de Ohio que conducía una carretilla elevadora, un ama de casa de cuarenta y siete años de Denver y un «buenazo» del norte de Nueva York su lectura los indujo a terminar una carrera o un posgrado y a cambiar de profesión. «No hay palabras para describir lo mucho que me ha cambiado su libro», escribió una mujer de Nueva York. «Es como verlo todo con otros ojos. Los de la verdad, como yo digo». Aunque los lectores repiten adjetivos como *conmocionado*, *atónito* y *desilusionado*, a muchos también les ha parecido que *Patrañas* los «iluminaba».

---

7 A otros les fue mejor, ¡pero están muertos!

Desde luego, no todas las reacciones fueron positivas. Aunque un lector nunca pudo «determinar si usted era socialista o republicano», otros pensaron que sí podían determinarlo y que *Patrañas* adolece de un sesgo izquierdista. «Marxista/*hippy*/socialista/antiamericano/anticristiano», comentó en Amazon.com un lector que se quedaría atónito si supiera lo que realmente pienso del capitalismo. «Vaya ejemplo de basura racista», decía una postal anónima procedente de El Paso. «Llévese su avinagrada cabeza a África, donde podrá poner a punto *esa* historia».

Está claro que esa era una respuesta blanca, *muy* blanca. Muy distinta ha sido la reacción recibida desde el «territorio indio». Un lector que, según deduzco, es en parte indio escribió:

> Su libro *Patrañas que mi profe me contó*, y sobre todo el capítulo titulado «Ojos de piel roja», ha tenido una influencia inaudita en mi forma de ver el mundo. Hasta ahora, nunca había sentido la necesidad de escribir una carta de aprobación por algo que hubiera leído. Su descripción de la experiencia de los indios en los Estados Unidos y, lo que es más importante, el concepto de sociedad americana sincrética han cambiado sutil, pero profundamente, mi forma de entender mi país y, de hecho, a mis propios ancestros.

Si, como *Patrañas que mi profe me contó* demuestra, la historia es la asignatura que menos gusta en los centros de secundaria estadounidenses, en las zonas indias es algo absolutamente aborrecido. Para ellas es el testimonio de cinco siglos de derrota. Sin embargo, bien entendida, la historia de los Estados Unidos no da fe de la incompetencia de los indios, sino de su supervivencia y perseverancia. Después de hablar ante públicos amerindios en seis estados, he llegado a comprender hasta qué punto la falsedad histórica mantiene sometidos a los indios estadounidenses. Ahora creo que los más jóvenes solo podrán encontrar el poder social e intelectual para hacer historia en el siglo XXI cuando comprendan verdaderamente su pasado, incluyendo el reciente. Esa comprensión deberá incluir el concepto de sincretismo, la fusión de elementos de dos culturas diferentes con el fin de obtener algo nuevo. Lo normal es que las culturas cambien y sobrevivan mediante el sincretismo y todos los estadounidenses tienen que comprender que también las culturas amerindias deben cambiar para sobrevivir. Es frecuente que tanto los indígenas como los no indígenas partan del equívoco de que la «auténtica» cultura india eran las prácticas existentes antes del contacto con los blancos. En realidad, actualmente se sigue produciendo auténtica cultura india y la producen escultores como Nalenik Temela (p. 236), músicos como Keith Secola y padres y madres amerindios de todas partes.

Patrañas también tuvo un gran éxito entre los afroamericanos. Durante el otoño de 2004, por ejemplo, llegó al número tres en la lista de superventas de la revista *Essence* y era el único libro de esa clasificación que no había sido escrito por un autor negro. «A mis alumnos, todos ellos afroamericanos, su libro les entusiasmó y activó enormemente», escribió un profesor de sociología de la Universidad de Hampton. Según escribió un indio de Misuri, *Patrañas que mi profe me contó* y *Lies Across America* [Las mentiras que recorren los Estados Unidos] le parecieron «increíblemente empoderadores» y tenía pensado «comprar ejemplares de ambos libros para dejarlos en la peluquería de caballeros de la que soy cliente en el centro de San Luis. Creo que, si uno o dos chicos los lee, eso marcará una enorme diferencia en las generaciones venideras».

Los obreros y los historiadores expertos en relaciones laborales también han disfrutado con *Patrañas*. «Gracias de nuevo por su erudición y por la solidaridad que demuestra al ayudar a mostrar la parte del relato que mejor refleja las raíces del otro 90 por ciento, el que no es rico», escribió en 2004 un lector que tampoco era rico. Los programas de estudios gais y lésbicos y los centrados en la mujer también me invitaron a hablar, aunque *Patrañas que mi profe me contó*, al contrario que mi libro posterior *Lies Across America*, no aborda directamente ni la identidad ni la preferencia de índole sexual, ni tampoco las cuestiones de género.[8] Los presos

[8] Varios lectores me han llamado la atención por no decir casi nada sobre historia de la mujer. Desde luego, en el epílogo me he reprochado a mí mismo esta omisión y la he explicado aduciendo que esa era una labor que otros habían realizado. En ese capítulo, una nota remite directamente al lector a seis críticas diferentes sobre cómo han hablado de la mujer los manuales de historia: no me podía poner a

también responden positivamente. Por ejemplo, un recluso de Wisconsin escribió: «Mi enhorabuena por el valor que tuvo usted al escribir un libro así, que va contra la norma». No es menos importante que a gente blanca «corriente», hombres incluso, le guste también el libro, quizá porque está claro que me alegro de que haya habido hombres blancos, desde Bartolomé de las Casas hasta el juez de Misisipi Orma Smith, pasando por Robert Flournoy, que hayan luchado en nuestro nombre por la justicia, y yo se lo reconozco.

Si *Patrañas que mi profe me contó* causó tanta impresión, ¿por qué lanzar esta nueva edición? Sobre todo cuando el libro, a partir de 2007, se vendía mejor que nunca, despachando un promedio de casi dos mil ejemplares a la semana.

En 2003, una ferviente lectora que escribía desde Walnut Creek (California) me convenció de la necesidad de hacer una nueva edición. «Pienso que mucha gente cree que su libro describe problemas que EXISTÍAN en los manuales escolares, no problemas actuales», decía en un correo electrónico. «Mi propia y anecdótica experiencia con los libros de texto de mis hijos me dice que muchas de sus primeras conclusiones siguen siendo válidas. Con una edición actualizada, a la gente le resultaría más difícil minimizar las verdades de su libro tachándolo de superado». A lo largo de los años, las preguntas que me hacían en los auditorios me indicaban que, a pesar de que en el capítulo 11 yo hubiera desacreditado el progreso automático, muchos lectores seguían creyéndose ese mito, aplicado incluso a las editoriales de libros de texto. Los problemas que detecté en los manuales de historia de secundaria eran tan irritantes que esos lectores *querían* creer y, por tanto, creían que los libros debían de haber mejorado. Por desgracia, no podemos dar por hecho el progreso. A la pregunta de si los libros de texto han mejorado, que es de orden empírico, solo se puede responder con datos. Y es una pregunta

---

hacer de nuevo lo que otros ya habían hecho tan bien. Con todo, debo admitir que todavía no he conocido ni a una sola persona que se haya leído alguna de esas críticas porque yo lo haya sugerido, así que quizá tendría que haber tratado yo mismo el asunto.

interesante, sobre todo para mí, porque en ella subyace otra: ¿tuvo mi libro alguna influencia?

Así que me pasé gran parte del período 2006-2007 reflexionando sobre seis nuevos manuales de historia de los Estados Unidos. En unos pocos aspectos sí me pareció que habían mejorado, sobre todo en lo tocante a Cristóbal Colón y el consiguiente «intercambio colombino». También me parecieron iguales o peores que antes en muchos otros aspectos, pero de eso se ocupará el resto del libro. Sin temor a equivocarme puedo decir que *Patrañas* no influyó mucho en los editores de libros de texto. No es algo que me sorprenda, porque, quince años antes, la crítica de esos libros que había realizado Frances FitzGerald en *America Revised* [Un repaso a los Estados Unidos] también fue un superventas, pero tampoco causó mucho impacto en ese sector.

Con todo, *Patrañas* sí llegó a los profesores y les impresionó. Y eso es importante, porque un profesor puede llegar a cien alumnos y a otros cien al año siguiente. Cuando escribí *Patrañas*, tenía presente que me dirigía muy especialmente a ellos. ¿Y qué es lo que sacaron los profesores en claro?

Por desgracia, unos pocos rechazaron *Patrañas* sin leerlo, deduciendo por el título que soy un azote más de los docentes. En sí mismo, el libro nunca los ataca. Por mi experiencia anterior como profesor universitario, que normalmente se presentaba ante los alumnos durante nueve horas a la semana cada semestre, los profesores de primaria y secundaria me merecen un gran respeto. Muchos llegan a trabajar hasta treinta y cinco horas a la semana en las aulas; aparte de eso, deben repartir, leer y comentar deberes, preparar y calificar exámenes, y organizar las clases de la semana siguiente. ¿Cuándo van a encontrar tiempo para investigar lo que enseñan en historia de los Estados Unidos? ¿Durante los veranos y fines de semana no remunerados? Además, entiendo que una proporción considerable de los profesores de historia de los Estados Unidos de enseñanzas medias (antes la situaba entre el 25 y el 30 por ciento, pero la cifra está aumentando) se toma en serio su materia. Se la estudian y consiguen involucrar a sus alumnos en la práctica histórica y en la crítica de sus libros de texto. En las charlas que he dado a grupos de profesores, comenzaba por reconocer todo lo anterior, intentando convencerlos de que fueran más allá del título del libro.[9] Por otra parte, existe una cierta tensión entre el título y el subtítulo, «En qué se equivocaba tu manual de historia de los Estados Unidos». Si los profesores se limitan a utilizar los manuales, intentando que los alumnos se los «aprendan», y si esos libros son tan malos como apuntan los once capítulos siguientes, los profesores están siendo cómplices de la tergiversación del pasado que aprenden sus pupilos.

En el centro de Illinois, una profesora proporcionó un ejemplo de lo que había que hacer con los malos libros de texto. En el otoño de 2003, al tratar los primeros años de nuestra república, les dijo a sus alumnos de sexto sin darle importancia que la mayoría de los presidentes anteriores a Lincoln había tenido esclavos. Sus alumnos se indignaron, no con los presidentes, sino con ella, por mentirles. «Eso no es cierto», protestaron, «¡o estaría en el libro!». Señalaban que el texto dedicaba muchas páginas a Washington, Jefferson, Madison, Jackson y otros de los primeros presidentes y que no decía ni una palabra de que tuvieran esclavos. «Entonces, quizá esté equivocada», contestó ella, sugiriéndoles que contrastaran lo que les había dicho. Cada uno eligió un presidente y buscó información sobre él. Cuando volvieron a reunirse, estaban indignados con el manual por negarles esa información. Escribieron cartas al supuesto autor y a la editorial. El autor no respondió, lo cual no me sorprendió (como veremos, muchos autores no han escrito «sus» libros de texto, sobre todo en sus últimas ediciones). Algunos incluso han fallecido. Pero los alumnos sí recibieron una respuesta de un portavoz de la editorial. Decía que «siempre nos agrada saber qué reacciones ha suscitado nuestro producto» o algún tópico parecido. Después sugería: «Si consultan las páginas 501 a 506, encontrarán bastante información sobre el Movimiento por los Derechos Civiles». Los alumnos se miraron unos a otros sin comprender: ¿qué tenía eso que ver con su queja?

---

[9] Cuando hice precisamente eso, durante un debate celebrado en Boston junto a Herbert Kohl y Howard Zinn, este me sugirió: «Quizá deberías haber titulado tu libro *Patrañas que me contaron el 70 por ciento de los profes*».

Ese tipo de acción crítica siempre es útil para los alumnos. O bien mejoran el libro de texto para la siguiente generación de estudiantes, o bien comprenden que el núcleo intelectual del sistema de producción de libros de texto lo ocupa el vacío. De una u otra forma, se convierten en lectores críticos para el resto del año académico.

La historia de esos chavales de sexto demuestra que es peligroso subestimar a los niños. Los profesores que han conseguido que alumnos incluso de cuarto curso hayan cuestionado sus manuales mediante la investigación han visto superadas sus expectativas. Un profesor de quinto, del extremo suroccidental de Virginia, me escribió para decirme que a comienzos del año sus alumnos decían que odiaban la historia. «Pasadas dos semanas, a todos o a la mayoría les encanta». Consigue su participación mediante

> documentos primarios como relatos periodísticos y fotos reales de linchamientos de libertos. A veces es algo difícil para los chavales, pero lo llevan bien. Aprenden a afrontar la maldad y se comprometen a evitarla. Ya no creen que sean divertidos los videojuegos en los que vuelan a la gente en pedazos. Comienzan incluso a verificar los datos de los libros de historia, a leerlos y a apartarse del edulcorado yogur de vainilla de los manuales, apuntando a una historia para paladares acostumbrados al picante. Les encanta la historia que tiene «chicha». ¡Pero después pasan de curso y vuelven al manual! Lo cual crea un problema: ¡le complican la vida al siguiente profesor! Se vuelven políticamente activos en enseñanza media. Parece que van a ser buenos ciudadanos.

No cabe duda de que queremos tener buenos ciudadanos, pero ¿qué quiere decir ser un «buen ciudadano»? La primera vez que los docentes defendieron que la historia de los Estados Unidos formara parte de los programas de curso de secundaria fue durante una campaña nacionalista patriotera registrada en torno a 1900. El origen nacionalista de la asignatura siempre se ha interpuesto en su misión fundamental: preparar a los alumnos para realizar su labor *en tanto que estadounidenses*.

De nuevo hay que preguntarse cuál es nuestra labor como estadounidenses. Seguramente es *alumbrar los Estados Unidos del futuro*. ¿Qué debe caracterizar a esa nación? ¿Cómo debe encontrar un equilibrio entre las libertades civiles y la vigilancia frente a potenciales terroristas? ¿Debe permitir el matrimonio homosexual? ¿Cuáles deben ser sus políticas energéticas, ahora que la limitación de las reservas de petróleo comienza a afectarnos? Para participar en esos debates e influir en ellos, los buenos ciudadanos necesitan poder evaluar las afirmaciones que hacen nuestros líderes presentes y futuros. Deben leer de forma crítica, distinguir lo constatable de lo falso y tratar de entender las causas y consecuencias de lo ocurrido en el pasado. Esas capacidades deben representar el núcleo de cualquier curso de historia competente.

Sin embargo, esas capacidades *no* las fomentan los manuales de historia de los Estados Unidos, ni siquiera los más recientes. Tampoco los cursos que se sirven de ellos. Entonces, ¿por qué los soportan los profesores? La respuesta es que les facilitan su ajetreada vida. Por citar un ejemplo, la edición para el profesor de *Holt American Nation* comienza con veintidós páginas de anuncios que así lo demuestran. Una página vende su «sistema de gestión». Contrapone dos fotografías: una presenta a un profesor al que le cuesta acarrear un manual, varios libros más, unas cuantas transparencias, un bloc con notas para la clase y otros papeles; la otra muestra a una profesora sonriente que solo se mete un CD en el bolso. El anuncio proclama: «¡Todo lo que necesitas está en un disco!» que incluye «plantillas rellenables para las lecciones», «presentaciones para clase» con notas proyectables y un «fácil generador de exámenes». Los profesores ya no necesitan planificar clases ni preparar exámenes, y si en medio de clase se quedan sin cosas que contar, el disco también contiene avances de los recursos docentes y las películas que Holt ofrece como material de apoyo. Muchos de esos suplementos, entre ellos una serie de vídeos de la CNN, son herramientas docentes más valiosas que el propio manual. El problema es que lo que pretende ese material auxiliar es conseguir que los profesores elijan el libro de Holt. A partir de ese momento, como el manual tiene 1.240 páginas y demasiados profesores piden que los alumnos se las lean todas, es improbable que estos tengan tiempo para hacer algo con los materiales de apoyo.

A veces la ayuda viene de la cúspide de la pirámide. Muchos sistemas escolares no están contentos con el escaso entusiasmo estudiantil que suscitan esos cursos de historia basados en manuales. El consejo escolar de por lo menos dos sistemas dicta que cualquier profesor de estudios sociales o de historia debe leer mi libro. Los que educan en el hogar también se las han arreglado para acceder a *Patrañas que mi profe me contó*. David Stanton, editor de un catálogo de recursos para estudiar en casa escribe: «Me lo leí de cabo a rabo (notas incluidas), me costaba dejarlo y me dio pena que se acabara».

Los alumnos también han tomado cartas en el asunto. Una chica de catorce años de Mount Vernon (Dakota del Sur) que iba a entrar en noveno ya se había leído *Patrañas que mi profe me contó* y *Lies Across America*. «¡Son libros EXCELENTES!», escribió. «Después de leerlos se los pasé a varios profesores del colegio. Todos se quedaron conmocionados y gracias a eso están cambiando sus métodos docentes». John Jennings, un estudiante de secundaria de algún lugar del ciberespacio, escribió que él y un grupo de amigos «han leído su libro *Patrañas que mi profe me contó*, que nos ha abierto los ojos a la verdadera historia, positiva y negativa, que tiene detrás nuestro país». Después añadió que se había «apuntado a estudiar historia de los Estados Unidos al siguiente semestre... y vamos a utilizar uno de los doce manuales que usted examinó, así que estoy deseando desatar debates en clase sobre los temas que usted plantea en su libro y utilizarlo como referencia». Un padre de Carolina del Norte escribió: «Mi hija, que está en undécimo curso, Advanced Placement [Aptitud avanzada], utiliza *Patrañas que mi profe me contó* como método guerrillero en la clase de historia de los Estados Unidos y le encanta, aunque el profesor no siempre está igual de encantado». De todos los correos electrónicos que he recibido, mi favorito es el que me envió un chaval desde algún lugar de AOL.com: «Querido señor Loewen: Me encanta su libro *Patrañas que mi profe me contó*. Lo vengo utilizando para incordiar a mi profesor de historia desde el final del aula». Después añadía que también les encantaba a todos sus amigos. «Si usted pudiera conseguir del editor un precio especial para grupos, yo podría venderlo en los pasillos de mi instituto». Le conseguí ese precio especial y desde entonces varios profesores, quizá incluido el suyo me han dicho que mi libro, en manos de alumnos precoces, les amargó la vida hasta que consiguieron su propio ejemplar, lo cual los arrancó con una sacudida del adocenamiento de su libro de texto. Así que también hay esperanza en la base de la pirámide.

Lo mejor ha sido la respuesta del «mercado secundario», el de los adultos que prestaron atención a *Patrañas* porque tenían la sensación de que en sus aburridos cursos de historia de secundaria había habido cierta negligencia. Muchos pensaron que era un libro que había que compartir. «Lo leí dos veces y después fue pasando por amigos que se resistían a devolvérmelo, pero al final lo recuperé y lo estoy volviendo a leer», escribió un guardia de seguridad de California. «Cuando iba terminando los capítulos, siempre sentía la necesidad de comentarle a un amigo lo que acababa de aprender», escribió un futuro estudiante de una licenciatura de educación. «He compartido su información con cualquier profesor al que consigo mantener quieto durante cinco minutos», escribió un profesor asistente de Montana. «Este es un libro del que te compras dos ejemplares», escribió un profesor universitario de New Hampshire, «uno para leerlo y quedártelo, otro para prestar o regalar». Un lector de Sherman Oaks (California) señaló que «no es solo interesante, es que te enriquece la vida. Voy a regalar ejemplares... durante años». Algunos lectores lo consiguen barato: se apuntan al Club del Libro de Bolsillo de Calidad para obtener cuatro ejemplares de *Patrañas* por un dólar cada uno, se los regalan a cuatro amigos, dejan el club y vuelven a apuntarse para conseguir otros cuatro.[10]

Espero que esta nueva edición de *Patrañas* les parezca tan útil como la primera para conseguir que la gente cuestione lo que piensa que sabe sobre la historia de los Estados Unidos. Si es así, compártanlo con otras personas. Sin duda al editor le gustaría

[10] Les ruego que, antes de dejar el club, ¡compren por lo menos *un* libro en él!

vender un ejemplar a cada uno de sus conocidos, pero a mí lo que más me gusta es que *Patrañas* tenga múltiples lectores. También me gusta conocer qué reacciones, positivas o negativas, suscita mi obra.[11] Pueden entrar en contacto conmigo a través de mi página web (uvm.edu/~jloewen/) o en jloewen@uvm.edu.

[11] A ser posible con corrección.

Introducción: algo ha fallado, y mucho

Sería mejor saber menos cosas que saber tantas que no son.

Josh Billings[1]

La historia de los Estados Unidos es más prolongada, extensa, variada, hermosa y terrible de lo que nadie haya podido decir sobre ella.

James Baldwin[2]

La ocultación de la verdad histórica es un crimen contra el pueblo.

General Petro G. Grigorenko,
carta en forma de *samizdat*,
dirigida a una revista de historia,
c. 1975, URSS[3]

Los que no recuerdan el pasado están condenados a repetir undécimo curso.

James W. Loewen

Los alumnos de enseñanzas medias odian la historia. Cuando señalan sus asignaturas favoritas, la historia siempre aparece la última. Les parece que la historia es «la más irrelevante» de las veintiuna asignaturas que normalmente se imparten en los centros de secundaria. *Aburridísima* es el adjetivo que utilizan para calificarla. Cuando pueden, la evitan, aunque la mayoría saque

[1] Billings, que en realidad se llamaba Henry Wheeler Shaw, acuñó esta frase probablemente entre 1850 y 1885.

[2] James Baldwin, «A Talk to Teachers», *Saturday Review*, 21/12/1963, reproducido en Rick Simonson y Scott Walker, eds., *Multicultural Literacy*, St. Paul, MN, Graywolf Press, 1988, p. 11.

[3] El general Petro G. Grigorenko citado en Robert Slusser, «History and the Democratic Opposition», en Rudolf L. Tökés, ed., *Dissent in the USSR*, Baltimore, Johns Hopkins University Press, 1975, pp. 329-353.

mejores notas en historia que en matemáticas, ciencias o inglés.[4] Incluso cuando se les obliga a recibir clases de historia, reprimen lo que aprenden, de manera que cada año o cada dos años hay otro estudio que se queja de lo que no saben nuestros alumnos de diecisiete años.[5]

Hasta los chicos de familias blancas acomodadas piensan que la historia, tal como se enseña en secundaria, es demasiado «repulida y de color de rosa».[6] Los estudiantes afroamericanos, amerindios y latinos tienen una especial aversión a la historia. Y la aprenden especialmente mal. Los de color solo van ligeramente

---

[4] Como la mayoría de los investigadores y estudiantes, entiendo que la *historia* comprende los estudios sociales. Cuando sea importante distinguir entre ambas cosas, lo indicaré. Robert Reinhold, encuesta de Harris comentada en el *New York Times* del 03/07/1971 y citada en Herbert Aptheker, *The Unfolding Drama*, Nueva York, International, 1978, p. 146; Terry Borton, *The Weekly Reader National Survey on Education*, Middletown, CT, Field Publications, 1985, pp. 14 y 16; Mark Schug, Robert Todd y R. Beery, «Why Kids Don't Like Social Studies», *Social Education*, 48, mayo de 1984, pp. 382-387; Albert Shanker, «The "Efficient" Diploma Mill», columna de opinión de *The New York Times*, 14/02/1988; Joan M. Shaughnessy y Thomas M. Haladyna, «Research on Student Attitudes Toward Social Studies», *Social Education*, 49, noviembre de 1985, pp. 692-695. Promedios de notas nacionales en *1992 ACT Assessment Results, Summary Report, Mississippi*, Iowa City, ACT, 1993, p. 7.

[5] Diane Ravitch y Chester E. Finn Jr., *What Do Our 17-Year-Olds Know?*, Nueva York, Harper and Row, 1987; National Geographic Society, *Geography: An International Gallup Survey*, Washington, D.C., National Geographic Society, 1988. Desde la primera edición de *Patrañas que mi profe me contó* no han dejado de aparecer este tipo de estudios. Entre los últimos ejemplos figuran los de Elizabeth McPike, *Education for Democracy*, Washington, D.C., Albert Shanker Institute, 2000; un estudio sobre 556 alumnos de cincuenta y cinco *colleges* y universidades, encargado por el American Council of Trustees and Alumni, resumido por la agencia Associated Press en «Students Ignorant of History», *USA Today*, 29/06/2000; la edición de 2001 de la Evaluación Nacional del Avance Educativo en Historia, resumido por Diane Ravitch, «Should We Be Alarmed by the Results of the Latest U.S. History Test? (Yes)», *History News Network*, hnn.us/articles/1526.html 10/19/2003; Sheldon M. Stern, *Effective State Standards for U.S. History*, Washington, D.C., Thomas B. Fordham Institute, 2003; y Joe Williams, «Duh! 81% of Kids Fail Test», *New York Daily News*, nydaily-news.com/front/story/308139p263646c.html, 10/05/2005. Además de señalar que los graduados saben poca historia, McPike también afirma que no son lo suficientemente nacionalistas, ya que se les han enseñado demasiadas cosas malas sobre nuestro pasado. Yo discrepo.

[6] James Green, «Everyone His/Her Own Historian?», *Radical Historians Newsletter*, 80, 5/99, p. 3, que reseña y cita la obra de Roy Rosenzweig y David Thelen, *The Presence of the Past*, Nueva York, Columbia University Press, 1998.

peor que los blancos en matemáticas. Si se me permite expresarlo así, los estudiantes no blancos van bastante peor en inglés y donde peor les va es en historia.[7] Aquí ocurre algo misterioso: seguramente la historia no sea más difícil para las minorías que la trigonometría o Faulkner. Los alumnos ni siquiera saben que están alienados, solo que «no les *gustan* los estudios sociales» o que «no se les da nada bien la historia». En la universidad, la mayoría de los alumnos de color rehúye los departamentos de historia.

Muchos profesores de historia perciben esa escasa motivación en clase. Si tienen mucho tiempo, pocas responsabilidades domésticas, recursos suficientes y un director flexible, algunos acaban abandonando los sobrecargados libros de texto y reinventan los cursos de historia de los Estados Unidos. Demasiados docentes se desaniman y se conforman con menos. Ligeramente conscientes, como mínimo, de que sus alumnos no comparten su amor por la historia, esos profesores no ponen toda la carne en el asador en sus clases. Poco a poco terminan cubriendo el expediente y, anticipándose a lo que preguntarán los chavales sobre el libro, solo dan la materia que entrará en el próximo examen.

En la mayoría de las disciplinas, los profesores universitarios se contentan con que los alumnos hayan tenido bastante contacto con la materia antes de la enseñanza superior. Los de historia no. Los profesores universitarios de historia menosprecian sistemáticamente los cursos de historia de secundaria. Un colega mío ha bautizado su curso con el nombre de «Iconoclasia I y II», porque considera que su labor es sacar a los alumnos de los errores que han aprendido en el instituto para así hacer sitio para información más precisa. Esto no ocurre en ninguna otra materia. Por ejemplo, los profesores de matemáticas saben que la geometría no euclidiana no suele enseñare en secundaria, pero no dan por hecho que la euclidiana se haya *enseñado mal*. Los de literatura inglesa no presuponen que *Romeo y Julieta* se malinterpretara en el instituto.

[7] Richard L. Sawyer, «College Student Profiles: Norms for the ACT Assessment, 1980-81», Iowa City, ACT, 1980. Sawyer detecta mayores diferencias en función de la raza y la renta en los resultados de los estudios sociales que en los de inglés, matemáticas y ciencias naturales.

Realmente, la historia es la única materia en la que, cuantos más cursos estudia un alumno, más estúpido se vuelve.

Quizá yo no necesite convencerles de la importancia de la historia de los Estados Unidos. Más que ninguna otra materia, esta trata de *nosotros*. Independientemente de que consideremos que nuestra sociedad actual es maravillosa, horrible o ambas cosas, la historia pone de relieve cómo hemos llegado a este punto. Para poder comprendernos a nosotros mismos y al mundo que nos rodea, es esencial comprender nuestro pasado. Tenemos que conocer nuestra historia y, según el sociólogo C. Wright Mills, sabemos que es así.[8]

Fuera de las aulas, los estadounidenses muestran un gran interés por la historia. Las novelas históricas, ya sean de Gore Vidal (*Lincoln*, *Burr* y las demás) o Dana Fuller Ross (*Idaho!*, *Utah!*, *Nebraska!*, *Oregon!*, *Missouri!* y así casi hasta el infinito) suelen convertirse en superventas. El Museo Nacional de Historia Americana es una de las tres grandes atracciones de la Smithsonian Institution. La serie *The Civil War* [La Guerra Civil] atrajo a la televisión pública a gente que nunca la había frecuentado. Las películas basadas en sucesos o temas históricos no dejan de suscitar fascinación, desde *El nacimiento de una nación* hasta *Lo que el viento se llevó*, pasando por *Bailando con lobos*, *JFK* y *Salvar al soldado Ryan*. Lo que les corta el rollo a los estudiantes no es la historia, sino los cursos tradicionales de historia de los Estados Unidos.

La situación es la siguiente: la historia de los Estados Unidos está llena de historias fantásticas e importantes con capacidad para cautivar al público, aunque se trate de difíciles alumnos de séptimo. Esas mismas historias muestran a qué se ha dedicado el país y tienen una relación directa con la sociedad actual. Los públicos estadounidenses, aunque sean jóvenes, necesitan y quieren conocer el pasado nacional. Sin embargo, se duermen en las clases que se lo muestran.

---

[8] Hace años Mills percibió que los estadounidenses sienten la necesidad de ubicarse en la estructura social para comprender las fuerzas que conforman su sociedad y a sí mismos. Véase C. Wright Mills, *The Sociological Imagination*, Nueva York, Oxford University Press, 1959, pp. 3-20 [ed. cast.: *La imaginación sociológica*, México, FCE, 1961].

¿Qué ha fallado?

Empezaremos a comprender el problema si apuntamos que los libros de texto dominan los cursos de historia de los Estados Unidos mucho más que los de ninguna otra materia. Cuando me topé por primera vez con ese descubrimiento en las investigaciones sobre educación me quedé boquiabierto. Me lo habría creído casi de cualquier otra materia: de la geometría plana, por ejemplo. Después de todo, a los estudiantes les resultaría difícil preguntar a los residentes mayores de su comunidad sobre esa materia o aprenderla con libros de la biblioteca, en las hemerotecas o en los miles de fotografías y documentos de la página web de la Biblioteca del Congreso. Todos esos recursos y otros son relevantes para la historia de los Estados Unidos. Sin embargo, es en las clases de historia, no en las de geometría, donde los alumnos se pasan más tiempo leyendo manuales, contestando a las cincuenta y cinco aburridas preguntas del final de cada capítulo, leyéndolas en alto y cosas así.[9]

Arropados por cubiertas de papel satinado, los manuales de historia de los Estados Unidos están llenos, demasiado llenos, de información. Son volúmenes muy gruesos. Los ejemplares de mi colección original, compuesta por una docena de los más difundidos, pesaban una media de dos kilos y medio, y tenían un promedio de 888 páginas. Para mi asombro, durante los últimos doce años se han vuelto todavía más voluminosos. En 2006 examiné seis nuevos libros (debido a las fusiones editoriales, ya no hay doce). Tres son nuevas ediciones de «manuales históricos», descendientes de libros publicados por primera vez hace medio siglo; tres son «absolutamente nuevos».[10] ¡Esos seis libros nuevos tienen un promedio de 1150 páginas y pesan casi tres kilos! Nunca pensé que pudieran ser todavía más gordos. Yo pensaba —¿esperaba?— que la profusión de fuentes en Internet dejaría patente la obsolescencia de esos mamotretos. Internet no existía cuando surgió el primer conjunto de manuales. En esos tiempos tenía

---

[9] Paul Goldstein, *Changing the American Schoolbook*, Lexington, MA, D.C. Heath, 1978. Goldstein dice que los libros de texto son la base de más del 75 por ciento del tiempo de clase. En historia la proporción es todavía mayor.

[10] Uno de los «absolutamente nuevos», *We Americans*, también tiene ancestros antiguos, pero cambió de autores y se revisó exhaustivamente en torno a 1990.

cierto sentido que los manuales de historia fueran tan gruesos: los alumnos, pongamos por caso, de Bogue Chitto (Misisipi) o Beaver Dam (Wisconsin) no disponían de muchos más recursos sobre historia de los Estados Unidos que sus libros de texto. Pero ya no es así: hoy en día, cualquier centro escolar tiene conexión telefónica con Internet, donde los alumnos pueden consultar cientos de miles de fuentes primarias, entre ellas artículos de prensa, el censo, fotografías históricas y documentos originales, así como interpretaciones secundarias de expertos, ciudadanos, otros estudiantes, y granujas y mentirosos. Ya no hay necesidad de proporcionarles nueve meses de lectura encuadernados, escritos o compilados por un único conjunto de autores.

Los nuevos libros son tan gruesos que pueden ser un peligro para sus lectores. Las 1104 páginas de *The American Journey* son más grandes que las de cualquiera de los doce manuales de secundaria de mi primera muestra, ya de por sí enormes. Seguramente, con sus 2,5 kilos, *Journey* sea el libro más pesado que se haya obligado a estudiar a alumnos del ciclo intermedio [anterior a secundaria] en toda la historia de la educación en los Estados Unidos (con un precio de más de 84 dólares, puede que también sea el más caro). Promovida por quiroprácticos y otros profesionales sanitarios, se ha constituido Backpack Safety America, una nueva organización sin ánimo de lucro cuya misión es «reducir el peso de los libros de texto y mochilas». Mientras alcanzan ese fin, los quiroprácticos están visitando las escuelas para enseñar higiene postural y técnicas para levantar pesos adecuadamente.[11]

Las editoriales también se dan cuenta de que el tamaño de los libros es imponente, así que intentan disfrazar el número total de páginas recurriendo a la imaginación. *Journey*, por ejemplo, tiene 1104, pero consigue que parezca que tiene mil utilizando una numeración diferente para las primeras treinta y dos y las últimas setenta y dos. Los alumnos no tragan. Saben que estos son, con mucho, los volúmenes más pesados que tendrán que arrastrar hasta casa, los más incómodos de leer y con los que más difícil resultará entusiasmarse.

---

[11] «Ask an Alum», *Vermont Quarterly*, otoño de 2005, p. 53.

Los editores también se dan cuenta de lo descomunales que les parecen esos libros a los pobres niños que tienen que leérselos, así que, ya desde el índice, se deshacen en introducciones y alicientes. En el caso de *The Americans*, por ejemplo, un manual de 1358 páginas de McDougal Littell que pesa casi tres kilos y medio, el índice ocupa veintidós páginas. Está profusamente ilustrado y presenta pequeñas franjas de colores con títulos como «Encuadres geográficos», «Vida cotidiana», «Encuadres históricos». Inmediatamente después aparecen dos diagramas que ocupan tres páginas, «Cuestiones históricas» y «Cuestiones geográficas». Después se dan consejos para leer sus inconexos capítulos de entre treinta y cuarenta páginas. «Cada capítulo comienza con una introducción de dos páginas», se dice. «Estúdiate esa introducción, que te ayudará a preparar la lectura».

«¡Oh, no!», refunfuñan los alumnos. «Nada bueno nos espera». Saben que nadie tiene que explicarles cómo prepararse para leer un libro de Harry Potter o cualquier otro libro ameno. Lo que pasa aquí es otra cosa.

Por desgracia, tener un libro todavía más gordo no sirve más que para animar a los profesores aplicados a pasar todavía más tiempo asegurándose de que los alumnos se lo leen y afrontan sus cientos de pormenorizadas preguntas y tareas. De este modo, los cursos de historia resultan todavía más aburridos. Entonces los editores intentan que sus libros sean más interesantes insertando recuadros especiales que los hagan visualmente más atractivos. Pero esos trucos tienen más bien el efecto contrario. Muchos son completamente inútiles, salvo para el departamento comercial. Pensemos en las pequeñas franjas de colores del índice de *The Americans*. No hay ninguna necesidad de ofrecer una lista de los «Encuadres geográficos» del libro. Resulta que uno de ellos es «El canal de Panamá», pero si el alumno busca información al respecto la encontrará en el índice analítico del final, no imaginándose que podría ser un «Encuadre geográfico», buscar después la lista de «encuadres» en las veintidós páginas de índice iniciales y a continuación recorrerla para ver si aparece *Canal de Panamá*. Esas listas de encabezamientos coloreadas solo sirven para que el agente comercial las señale cuando intenta que un determinado distrito escolar escoja el libro.

Los libros son tan enormes que ningún editor perderá una de esas adjudicaciones por no haber incluido un detalle de interés para una determinada zona o grupo. Los autores de los manuales parecen sentirse obligados a incluir párrafos sobre todos los presidentes de los Estados Unidos, incluidos William Henry Harrison y Millard Fillmore. Después están las páginas de recapitulación que figuran al final de cada capítulo. Por poner un ejemplo, *The Americans* recalca 840 «Ideas principales de su texto principal». Además, contiene 310 «Desarrolladores de capacidades», 890 «Términos y nombres» y 466 «Cuestiones para el análisis», aparte de otros contenidos dentro de cada capítulo. Eso sin contar los cientos de términos y cuestiones de las dos páginas de recapitulación que hay al final de cada capítulo. Al final del curso, ningún alumno puede recordar 840 ideas principales, por no hablar de los 890 términos y de otras innumerables naderías. De manera que alumnos y profesores se centran en una sola cosa: memorizar los términos para el examen de cada capítulo y después olvidarlos con el fin de dejar libres neuronas para el examen del posterior. ¡No es extraño que al terminar el instituto muchos chavales no puedan recordar en qué siglo tuvo lugar nuestra Guerra Civil![12]

Los alumnos tienen razón: los libros son aburridos.[13] Las historias que narran los libros de texto son predecibles: todos los problemas se han resuelto o están a punto de resolverse. Los manuales prescinden del conflicto o de la verdadera intriga. Excluyen cualquier cosa que pudiera dejar en mal lugar nuestro carácter nacional. Cuando prueban a ponerse dramáticos, solo llegan al melodrama, porque los lectores saben que al final todo acabará bien. En palabras de un manual: «A pesar de los reveses, los Estados Unidos superaron esos problemas». Sin embargo, la mayoría

---

[12] Ravitch y Finn, *What Do Our 17-Year-Olds Know?*, p. 49.

[13] El manual derechista de Mel Gabler critica los libros de texto por ser aburridos y yo estoy de acuerdo. La señora W. Kelley Haralson escribe que «la censura de la emotividad en los libros de texto del último medio siglo ha conseguido que sean aburridos para los alumnos», en «Objections [a *The American Adventure*]», Longview, Texas, Educational Research Analysts, sin fecha, p. 4. Sin embargo, discrepamos en las soluciones propuestas, porque la única emoción que Gabler y sus aliados parecen querer incorporar es el orgullo.

de los autores de manuales de historia ni siquiera recurren al melodrama, sino que más bien escriben en un tono que, si fuera el de un conferenciante, podría calificarse de «susurrante». No es extraño que los alumnos pierdan interés.

Los autores casi nunca utilizan el presente para iluminar el pasado. Podrían pedirles a los alumnos que pensaran en los roles de género de la sociedad contemporánea para así inducirles a reflexionar sobre qué cosas consiguieron y no consiguieron las mujeres en el movimiento sufragista o en el feminista, más reciente. Podrían pedirles que prepararan presupuestos domésticos para la familia de un portero y de un corredor de bolsa, para obligarles a pensar en los sindicatos y las clases sociales del pasado y del presente. Podrían hacerlo, pero no lo hacen. El presente no es una fuente de información para los autores de manuales de historia.

Por otra parte, los libros de texto tampoco suelen utilizar el pasado para iluminar el presente. Presentan el pasado como un ingenuo cuento moral. «Sé un buen ciudadano» es el mensaje que extraen de él. «Tienes un legado del que sentirte orgulloso. Sé todo lo que puedas ser. Después de todo, fíjate en lo que han logrado los Estados Unidos». Aunque el optimismo no tiene nada de malo, puede convertirse en una especie de lastre para los estudiantes de color, los hijos de padres obreros, las chicas que detectan la escasez de mujeres entre los personajes históricos o quienes pertenecen a grupos que no han alcanzado éxito socioeconómico. Enfocar las cosas con optimismo solo permite interpretar que el fracaso es culpa de la víctima. No es extraño que los niños de color se sientan alienados. Después de mil páginas, ese insulso optimismo se convierte en algo bastante desalentador para todo el mundo.

Los manuales de historia de los Estados Unidos contrastan totalmente con otros materiales docentes. ¿Por qué son tan malos esos libros de texto? Uno de los culpables es el nacionalismo. Es frecuente que los libros de texto se enreden en dos deseos enfrentados: fomentar la indagación e insuflar un patriotismo ciego. Según dice un himno entonado con frecuencia por jubilosas corales de instituto: «Echa un vistazo a tu libro de historia y comprenderás por qué debemos estar orgullosos». Pero ni siquiera necesitamos abrir el libro.[14] Los propios títulos ya nos cuentan la historia: *The Great Republic* [La gran república], *The American Pageant* [El desfile estadounidense], *Land of Promise* [Tierra de promisión], *Triumph of American Nation* [El triunfo de la nación americana].[15] Esos títulos no son equiparables a los de los demás libros de texto que se estudian en secundaria o en la universidad. Los de química, por ejemplo, se llaman *Química* o *Principios de Química*, no *El triunfo de la molécula*. Y los manuales de historia se distinguen desde la cubierta, adornados como están por banderas estadounidenses, águilas americanas o el monumento a Washington.

No se recuerda ningún dato porque se presentan como una simplona sucesión de cosas. Aunque los autores de manuales suelen mostrar gran parte de los árboles y muchas ramitas, se olvidan de permitir a los lectores siquiera atisbar algo que pueda parecerles memorable: los bosques. Los libros de texto sofocan el significado de las cosas eliminando la causalidad. Los alumnos abandonan los manuales de historia sin haber desarrollado la capacidad para pensar en la vida social de manera coherente.

Aunque los libros están repletos de detalles, aunque los cursos están tan sobrecargados que no suelen llegar a la década de 1960, nuestros profesores y libros de texto siguen sin ocuparse de casi todo lo que necesitamos saber sobre el pasado de los Estados Unidos. Y a pesar del énfasis en los hechos, algunas de las naderías que presentan son rotundamente falsas o inverificables. Los errores no suelen corregirse, en parte porque los historiadores profesionales no se molestan en revisar los manuales de historia de secundaria. Resumiendo, asombrosos errores de omisión y de distorsión empañan las historias de los Estados Unidos. Se puede decir que la historia es como una pirámide. En su base están los millones de fuentes primarias: archivos de las plantaciones, guías

---

[14] «It's a Great Country», cantada con orgullo por un coro de secundaria de Webster Groves, Misuri, en el vídeo de CBS News *Sixteen in Webster Groves*, Nueva York, Carousel Films, 1966.

[15] Después de la guerra de Vietnam, Harcourt Brace rebautizó su libro de texto con este último título. Es la forma de ver la historia de Rambo: aunque hayamos perdido la guerra en el Sudeste Asiático, ¡la ganaremos en las cubiertas de los libros!

telefónicas, datos del censo, discursos, canciones, fotografías, artículos de prensa, diarios y cartas que documentan épocas pasadas. Partiendo de esos materiales primarios, los historiadores escriben obras secundarias: libros y artículos sobre materias que van desde la sordera en la isla de Martha's Vineyard a las tácticas de Grant en la batalla de Vicksburg. Los historiadores producen cientos de obras cada año, muchas espléndidas. En teoría, unos pocos, solos o en equipo, sintetizan la bibliografía secundaria, convirtiéndola en terciaria, es decir, en los libros de texto que abarcan todas las épocas de la historia de Estados Unidos.

Sin embargo, en la práctica las cosas no son así, sino que más bien los manuales de historia son clones unos de otros. Lo primero que hacen los editores al contratar a nuevos autores es enviarles media docena de ejemplos de la competencia. Es habitual que un libro de texto no lo escriban los autores cuyo nombre adorna la cubierta, sino subalternos perdidos en las entrañas de la editorial. Cuando los historiadores escriben realmente los libros, se arriesgan a ser objeto de las mofas de sus colegas (teñidas de envidia, pero mofas al fin y al cabo): «¿Por qué dedicas tiempo a la pedagogía en lugar de a la investigación?».

Las consecuencias no son buenas para los contenidos de los libros de texto. Muchos de historia contienen bibliografías actualizadísimas de fuentes secundarias, pero su relato sigue siendo totalmente tradicional, ajeno a las últimas investigaciones.[16]

¿Qué pensaríamos de un curso de poesía cuyos alumnos nunca leyeran un poema? En un manual de literatura inglesa la voz del editor puede ser tan anodina como en un manual de historia, pero por lo menos en el primero esa voz calla cuando el libro presenta obras literarias originales. La voz omnisciente del narrador de los libros de historia aísla a los alumnos de la materia prima histórica. Los autores no suelen citar discursos, canciones, diarios o cartas. Pero no hay que proteger a los alumnos de este

[16] James Axtell, «Europeans, Indians, and the Age of Discovery in American History Textbooks», *American Historical Review*, 92, 1987, p. 627. En las revistas de historia no suelen aparecer ensayos como el de Axtell, que examina los manuales universitarios. Los manuales de historia de enseñanzas medias casi nunca se examinan.

material. Sería mejor que leyeran el discurso de «La cruz de oro» de William Jennings Bryan que los dos párrafos que *American Adventures* le *dedica.*

Los libros de texto también ocultan a los estudiantes la naturaleza de la historia, que es un furioso debate basado en pruebas y razonamientos. Animan a los alumnos a creer que la historia se compone de hechos que hay que aprenderse. «No hemos evitado las cuestiones polémicas», anuncian los autores de un manual, «sino que hemos intentado ofrecer juicios razonados» al respecto, ¡eliminando así la polémica! Como los libros de texto utilizan ese tono tan endiosado, a la mayoría de los alumnos no se les ocurre ponerlos en cuestión. «Con la perspectiva que da el tiempo, me pregunto por qué no se me ocurrió preguntar, por ejemplo, quiénes eran los habitantes originarios de América, cómo era su vida y cómo cambió al llegar Colón», escribió una alumna mía en 1991. «Sin embargo, entonces lo presentaban todo como si fuera una panorámica completa», continuaba diciendo, «así que nunca se me ocurrió dudar de que lo fuera».

A consecuencia de ello, la mayoría de los chavales de los últimos cursos de secundaria ven frustrados sus intentos de analizar cuestiones polémicas de nuestra sociedad (lo sé porque me encuentro con ellos al año siguiente en el primer curso de universidad). Tenemos que mejorar esta situación. Cinco de cada seis estadounidenses no vuelven a estudiar un curso de historia después del instituto. Lo que nuestros ciudadanos «aprenden» en él constituye gran parte de lo que saben sobre nuestro pasado.

Este libro tiene once capítulos de historias asombrosas —algunas maravillosas, otras horrendas— de la historia de los Estados Unidos, entre ellas un nuevo capítulo sobre nuestras dos guerras de Irak y la «guerra contra el terrorismo», aún en marcha. Dispuestos más o menos en orden cronológico, esos capítulos no refieren meros pormenores, sino acontecimientos y procesos de importantes consecuencias. Sin embargo, la mayoría de los libros de texto no habla de esos acontecimientos y procesos o los distorsiona. Lo sé porque durante veinte años he llevado a cuestas dieciocho libros de texto, tomándomelos en serio como obras históricas e ideológicas, estudiando lo que dicen y no dicen e intentando averiguar por qué. Elegí esos dieciocho volúmenes porque creo que representan el abanico de manuales que se pueden elegir para impartir cursos de historia de los Estados Unidos.[17] Esos libros, que figuran con todos sus datos en el «Apéndice», me han servido para observar lo que los alumnos de secundaria se llevan a casa, leen, memorizan y olvidan. Además, me he pasado muchas horas asistiendo a clases de historia en centros de secundaria de Misisipi, Vermont y el área metropolitana de Washington, D.C., y todavía más horas hablando con profesores de historia de ese ciclo.

Con el fin de explicar por qué son tan malos los libros de texto, el capítulo 12 analiza su proceso de creación y cómo se eligen. Aquí tengo que confesar un interés personal: en su día fui coautor de un manual de historia. *Mississippi: Conflict and Change* fue el primer manual de historia estatal de carácter revisionista de los Estados Unidos. Aunque en 1975 obtuvo el Premio Lillian Smith al «mejor [libro] de no ficción sobre el Sur», el estado de Misisipi rechazó que se utilizara en las escuelas. A continuación,

[17] Doce estaban en la muestra que elegí para la primera edición de este libro; seis en la segunda, que es esta revisión. Dos libros, *Discovering American History* y *The American Adventure*, son «manuales de indagación», compuestos de mapas, ilustraciones y fragmentos de fuentes primarias como periódicos y leyes, hilvanados mediante un relato totalizador. Esos libros, de efímero éxito a mediados de la década de 1970, pretendían invitar a los alumnos a «hacer» la historia ellos mismos. *The American Way, Land of Promise, The United States: A History of the Republic, American History* y *The American Tradition* son manuales de secundaria de relato histórico tradicional presentes en mi primera muestra. *American Adventures, Life and Liberty* y *The Challenge of Freedom*, también incluidos en la primera selección, iban dirigidos a alumnos de finales de primaria, pero con frecuencia se utilizaban para las clases de los «lentos» de secundaria. *Triumph of the American Nation* y *The American Pageant* se usaban con frecuencia en cursos de historia de secundaria, sección «Aptitud avanzada». Entre los seis libros nuevos figuraban un descendiente de *Triumph of the American Nation*, ahora titulado *Holt American Nation*; el *Pageant* más reciente; *A History of the United States* de Daniel Boorstin y Brooks Mather Kelley; *The Americans*, que ahora tenía como autores a Gerald Danzer y a otros cuatro nombres; *Pathways to the Present*, con cuatro autores, y un séptimo libro, *The American Journey*, que incluí porque un representante de McGraw-Hill, impresionado por los tres destacados historiadores que aparecían como autores, me instó a hacerlo. Las listas de ventas son secretos del sector, pero es probable que los cinco manuales de historia de secundaria actuales que he analizado sean los más vendidos y posiblemente representen más de tres cuartas partes de las ventas de manuales de historia de los Estados Unidos.

tres sistemas escolares locales, mi coautor y yo demandamos a la comisión estatal de elección de libros de texto. En abril de 1980, el proceso *Loewen et al. v. Turnipseed et al.* acabó en una aplastante victoria, amparada en la Primera y la Decimocuarta Enmiendas. Gracias a esa experiencia aprendí, de primera mano, más de lo que la mayoría de los autores o editores querrían saber sobre el proceso de elección de un libro de texto. También aprendí que no toda la culpa puede atribuirse a los organismos que eligen los manuales.

El capítulo 13 observa las repercusiones que tiene la utilización de manuales de historia de los Estados Unidos normalizados. Demuestra que en realidad esos libros hacen estúpidos a los alumnos. Finalmente, un epílogo menciona las distorsiones y omisiones no analizadas en capítulos anteriores y recomienda métodos para que los profesores puedan enseñar y los alumnos aprender historia de los Estados Unidos de una forma más íntegra. Se ofrece como una especie de programa de vacunación contra las patrañas que, de no tomarse medidas, encontraremos sin duda en el futuro.

Al ser sociólogo, tengo que recordar constantemente el poder del pasado. Aunque todos llegamos al mundo *de novo*, no somos criaturas verdaderamente nuevas. Encajamos en un espacio social y no solo nacemos en el seno de una familia, sino de una religión, una comunidad y, por supuesto, una nación y una cultura. Los sociólogos comprenden el poder que tienen la estructura social y la cultura para determinar no solo la senda que recorremos para acceder al mundo, sino nuestra forma de comprender esa senda y ese mundo. Sin embargo, con frecuencia debemos dedicar mucha energía a que los alumnos aprecien la influencia que tienen en su vida la estructura social y la cultura que heredan. Al no entender su pasado, muchos estadounidenses son incapaces de pensar adecuadamente sobre nuestro presente y nuestro futuro. Si nuestro recorrido conjunto por las páginas de este libro sirve para resaltar las realidades de nuestro pasado, puede que la historia de los Estados Unidos, el «más irrelevante» de los asuntos, acabe resultándoles a ustedes más relevante. Por lo menos, eso es lo que yo espero.

*Dedicado a todos los profesores
de historia de los Estados Unidos que
contradicen a sus libros de texto
(y cada vez son más)*

JAMES LOEWEN

En qué se equivocan los LIBROS de HISTORIA de los Estados Unidos

01

Incapacitados por la historia: el proceso de heroización

«Lo que en los Estados Unidos se llama identidad se compone de una serie de mitos sobre el heroísmo de los propios ancestros».

JAMES BALDWIN[1]

«Al estudiar historia a uno le asombra lo mucho que se repite la idea de que la maldad hay que olvidarla, distorsionarla o pasar de puntillas por ella. No debemos recordar que Daniel Webster se emborrachaba, solo que era un magnífico abogado constitucionalista. Debemos olvidar que George Washington tenía esclavos... y limitarnos a recordar lo que consideramos encomiable y ejemplar. Evidentemente, el problema de esta filosofía es que con ella la historia pierde valor como incentivo y como ejemplo; retrata a hombres perfectos y naciones nobles, pero no dice la verdad».

W.E.B. DUBOIS[2]

«Al idolatrar a aquellos a los que rendimos homenaje, flaco servicio les hacemos a ellos y a nosotros mismos... No reconocemos que podríamos ser como ellos».

CHARLES V. WILLIE[3]

---

[1] James Baldwin, «A Talk to Teachers», *Saturday Review*, 21/12/1963, reproducido en Rick Simonson y Scott Walker, eds., *Multicultural Literacy*, St. Paul, MN, Graywolf Press, 1988, p. 9.

[2] W. E. B. DuBois, *Black Reconstruction*, Cleveland, World Meridian, 1964, [1935], p. 722.

[3] Charles V. Willie, citado en David J. Garrow, *Bearing the Cross*, Nueva York, William Morrow, 1986, p. 625.

Este capítulo habla sobre *heroización*, un proceso degenerativo (como la calcificación) que convierte a las personas en héroes. Mediante ese proceso, nuestros medios educativos convierten a individuos de carne y hueso en criaturas piadosas y perfectas, ajenas al conflicto, el dolor, la credibilidad o el interés humano.

Muchos manuales de historia de los Estados Unidos están salpicados de viñetas biográficas de los personajes más famosos (*Land of Promise* dedica un recuadro a cada presidente) y de los únicamente famosos (*The Challenge of Freedom* ofrece recuadros titulados «¿Sabías qué?» sobre Elizabeth Blackwell, la primera mujer licenciada en Medicina de los Estados Unidos, y Lorraine Hansberry, autora de *A Raisin in the Sun* [Una pasa al sol], entre otros personajes). En sí mismas, las viñetas no son una mala idea. Instruyen sirviéndose de un ejemplo humano y enseñan que existen diversas maneras de marcar la diferencia. Permiten que los manuales concedan espacio a personajes como Blackwell y Hansberry, que con su presencia atenúan el monolitismo de lo que, sin gente como ellas, sería un desfile de hombres en posiciones de poder político. Las viñetas biográficas también sirven para plantearse de qué sirve enseñar historia: ¿acaso merece Chester A. Arthur más espacio que, por ejemplo, Frank Lloyd Wright? ¿Quién nos influye más en la actualidad, Wright, que inventó la cochera abierta y transformó los espacios arquitectónicos domésticos, o Arthur, que, bueno, firmó la primera Ley de la Función Pública? ¿Qué ascenso a la fama tiene más carga dramática, el de Blackwell o el de George H. W. Bush (que se crio entre los algodones senatoriales)?[4] Las elecciones son discutibles, pero seguramente los manuales deberían incluir no solo a personas importantes por lo que lograron, sino por la distancia que recorrieron para lograrlo.

Podríamos seguir imaginándonos indefinidamente cómo seguiría la lista de héroes en el panteón de los libros de texto. Sin embargo, lo que a mí me preocupa no es a quién se elige, sino qué les ocurre a los héroes cuando entran en nuestros manuales de historia y en nuestras aulas. Dos estadounidenses del siglo xx nos servirán como ejemplo de heroización: Woodrow Wilson y Helen Keller. No cabe duda de que Wilson fue un presidente importante y en los libros de texto se habla mucho de él. Por su parte, Keller fue una «personita» que no consiguió aprobar ninguna ley, no cambió el curso de ninguna disciplina científica y no declaró ninguna guerra. Solo uno de los libros de texto estudiados incluye una fotografía suya. La mayoría ni siquiera la menciona. Pero a los profesores les encanta hablar de Keller y con frecuencia muestran materiales audiovisuales o recomiendan biografías que presentan su vida como algo ejemplar. Toda esa atención consigue que los alumnos retengan algo de ambos personajes históricos, aunque quizá no les sirva de mucho. La heroización distorsiona hasta tal punto las vidas de Keller y Wilson (y de muchos otros) que no podemos pensar con claridad sobre ellos.

Los profesores han puesto como ejemplo a Helen Keller, la muchacha ciega y sorda que superó sus impedimentos físicos, convirtiéndola en una inspiración para varias generaciones de escolares. Todos los alumnos de quinto curso se saben la escena en la que Anne Sullivan escribe letra a letra la palabra *agua* en la palma de la mano de la pequeña Helen junto a la bomba de agua. De la vida de Keller se han hecho por lo menos una docena de películas y de montajes con diapositivas, todos reproduciendo, de una u otra manera, el mismo tópico. La conclusión de una película educativa de McGraw-Hill es que «el regalo que Helen Keller y Anne Sullivan hicieron al mundo es el recuerdo constante de lo maravillosa que es la realidad que nos rodea y de lo mucho que

[4] Por supuesto, la frase alude a la riqueza y al puesto en el Senado de su padre.

les debemos a quienes nos enseñaron lo que significa, porque no hay nadie que sea indigno o incapaz de recibir ayuda y el mayor servicio que alguien puede hacernos es ayudar a otro a alcanzar su verdadero potencial».[5]

Para extraer ese insulso principio de la vida de Helen Keller, historiadores y cineastas han hecho caso omiso de su auténtica biografía, dejando a un lado las lecciones que ella nos pidió que aprendiéramos especialmente. A Keller, que con tanto valor luchó para aprender a hablar, la historia la ha enmudecido. El resultado es que en realidad no sabemos mucho sobre ella.

Durante los últimos veinte años he preguntado a cientos de estudiantes universitarios quién era Helen Keller y qué hizo. Todos saben que era una niña ciega y sorda. La mayoría recuerda que se hizo amiga de una profesora, Anne Sullivan, y que aprendió a leer y escribir, e incluso a hablar. Algunos pueden recordar pormenores bastante nimios de su infancia: cosas como que vivía en Alabama y que, antes de que apareciera Anne Sullivan, era rebelde y carente de modales. Unos pocos saben que se licenció en la universidad. Pero de lo que pasó después, de su vida adulta, no saben nada. Unos pocos aventuran que se convirtió en un «personaje público» o que se dedicó al «humanitarismo», quizá para defender a los ciegos o los sordos: «escribió algo, ¿no?» o «pronunció discursos»; es decir, conjeturas sin contenido. Keller, que había nacido en 1880, se licenció en el Radcliffe College en 1904 y murió en 1968. Olvidarse de sus sesenta y cuatro años de vida adulta o condensarlos únicamente en la palabra *humanitarismo* es mentir por omisión.

La verdad es que Helen Keller fue una socialista radical. Se afilió al Partido Socialista de Massachusetts en 1909.

Socialmente, ya era radical antes de licenciarse en Radcliffe y, según subrayaba, no por ninguna de las enseñanzas allí recibidas. Después de la Revolución rusa lanzó alabanzas a la nueva nación comunista: «¡En el este se ha alzado una nueva estrella! Con dolor y angustia el viejo orden ha alumbrado el nuevo. ¡Contemplad en el este al hombre-niño que ha nacido! ¡Adelante, camaradas, todos juntos! ¡Adelante hacia las hogueras de Rusia! ¡Adelante hacia el

[5] *Helen Keller*, NuevaYork, McGraw-Hill Films, 1969.

Helen Keller, erigiéndose siempre en voz de los sin voz, fue paladín del sufragio femenino. El hecho de que encabezara esta manifestación de 1912 demuestra lo famosa que era y también su compromiso con la causa. Todos los escudos representan a estados occidentales de los Estados Unidos, donde las mujeres ya votaban.

amanecer que se avecina!».[6] Keller colocó una bandera roja en la mesa de su despacho. Poco a poco se fue desplazando hacia la izquierda del Partido Socialista y se convirtió en una *wobbly*, integrante de los Trabajadores Industriales del Mundo (IWW, por sus siglas en inglés), el sindicato perseguido por Woodrow Wilson.

El compromiso de Keller con el socialismo nacía de su experiencia como discapacitada y de la cercanía a otras personas con minusvalías. Comenzó a trabajar para simplificar el alfabeto para los ciegos, pero no tardó en darse cuenta de que ocuparse únicamente de la ceguera era tratar el síntoma, no la causa. Gracias a sus investigaciones se enteró de que la distribución de la ceguera

[6] Helen Keller, «Onward, Comrades», alocución en la Rand School of Social Science, Nueva York, 31/12/1920, reproducida en Philip S. Foner, ed., *Helen Keller: Her Socialist Years*, Nueva York, International Publishers, 1967, p. 107.

El sufragio femenino es una de las reformas de la era del progresismo que los alumnos suelen atribuir a Woodrow Wilson. Aunque las mujeres sí obtuvieron el derecho al voto durante su administración, al principio el presidente no estaba a favor de la medida. Detuvo a sufragistas: su esposa las detestaba. La presión pública, atizada por huelgas de hambre y otras acciones del movimiento sufragista, convenció a Wilson de que oponerse al voto femenino era una insensatez política. Lo normal es que los libros de texto no presenten la interrelación entre el héroe y el pueblo. Al centrar el mérito en el primero, los autores cuentan la mitad de la historia.

entre la población no era azarosa, sino que se concentraba en la clase baja. Los hombres pobres podían quedarse ciegos por accidentes industriales o por una deficiente atención médica; las mujeres pobres que se hacían prostitutas corrían peligro de quedar ciegas por la sífilis. De este modo Keller supo que el sistema de clases controla las oportunidades vitales, llegando a veces a determinar quién puede ver. La investigación de Keller no solo fue libresca: «He visitado talleres clandestinos, fábricas, barrios bajos hacinados. No podía ver, pero sí oler».[7]

---

[7] Citado en Jonathan Kozol, *The Night Is Dark and I Am Far from Home*, Nueva York, Simon & Schuster, 1990 [1975], p. 101.

Cuando Keller se hizo socialista, era una de las mujeres más famosas del planeta. No tardó en ser la más denostada. Su conversión al socialismo causó un nuevo estallido de publicidad, en esta ocasión fruto de la indignación. Los mismos periódicos que habían ensalzado su valor e inteligencia, ahora resaltaban su discapacidad. Hubo columnistas que dijeron que, al carecer de medios sensoriales propios, estaba sometida a quienes le suministraban la información. Ejemplo típico de esta actitud fue la afirmación del director del *Brooklyn Eagle*, para quien «los errores [de Keller] surgen de las limitaciones patentes de su desarrollo».

Keller recordaba su encuentro con ese director: «En esa época me cubrió de halagos tan generosos que me sonrojo al recordarlos. Pero ahora que defiendo abiertamente el socialismo nos recuerda a mí y a los lectores que soy ciega y sorda y especialmente propensa a cometer errores. Como nos conocimos hace años, mi inteligencia debe de haber menguado desde entonces». Y añadía: «¡Oh, ridículo *Brooklyn Eagle*! Ciego y sordo ante los problemas sociales, defiende un sistema intolerable que ocasiona gran parte de la ceguera y la sordera físicas que estamos intentando evitar».[8]

Keller, que dedicó gran parte de sus últimos años a recoger fondos para la Fundación Americana para los Ciegos, nunca dejó de creer que nuestra sociedad necesitaba un cambio radical. Después de haber luchado tanto por expresarse, contribuyó a financiar la Unión Americana de Libertades Civiles para que esta luchara por la libertad de expresión ajena. Envió 100 dólares a la NAACP [Asociación Nacional para el Progreso de la Gente de Color], junto a una carta de apoyo que fue publicada en la revista de la asociación, *The Crisis*, lo cual, en la década de 1920, era un acto radical para una persona blanca de Alabama. Apoyó a la candidata socialista Eugene V. Debs en todas sus campañas presidenciales. Escribió textos sobre el movimiento de defensa de los derechos de la mujer, y sobre política y economía. Al final de sus días escribió a Elizabeth Gurley Flynn, líder del Partido Comunista Americano, que entonces languidecía en la cárcel, víctima del macartismo: «¡Que tengas un magnífico cumpleaños, querida Elizabeth Flynn!

[8] Foner, ed., *Helen Keller: Her Socialist Years*, p. 26.

¡Que la voluntad de servicio a la humanidad le reporte fuerza y paz a tu valiente corazón!».[9]

Se puede no estar de acuerdo con los postulados de Helen Keller. Sus alabanzas a la URSS ahora resultan ingenuas, vergonzosas y, para algunos, hasta sediciosas. Pero sí que era radical, algo que pocos estadounidenses saben, porque nuestro sistema educativo y nuestros medios de comunicación lo han omitido.[10]

Todavía más notable resulta lo que no hemos aprendido sobre Woodrow Wilson.

Cuando les pregunto a mis alumnos universitarios qué recuerdan del presidente Wilson, me responden con entusiasmo. Dicen que condujo al país a regañadientes a la Primera Guerra Mundial y que después lideró, dentro y fuera de Estados Unidos, las iniciativas para crear la Sociedad de Naciones. Asocian a Wilson con causas progresistas como el sufragio femenino. Unos pocos recuerdan las redadas de Palmer que, en la época wilsoniana, se lanzaron contra los sindicatos izquierdistas. Pero mis alumnos no suelen conocer ni tampoco hablan de dos políticas antidemocráticas que aplicó Wilson: la segregación racial del Gobierno federal y sus intervenciones militares en otros países.

Estados Unidos intervino en Latinoamérica con más frecuencia durante la época de Wilson que en ninguna otra de nuestra historia. En 1914 enviamos tropas a México, a Haití en 1915, a la República Dominicana en 1916, a México de nuevo ese mismo año (y nueve veces más antes de finalizar la presidencia de Wilson), a Cuba en 1917 y a Panamá en 1918. Durante toda su administración, Wilson mantuvo fuerzas en Nicaragua y las utilizó para determinar

---

[9] Joseph P. Lash, *Helen and Teacher*, Nueva York, Delacorte, 1980, p. 454; Dennis Wepman, *Helen Keller*, Nueva York, Chelsea House, 1987, p. 69; Foner, ed., *Helen Keller: Her Socialist Years*, pp. 17-18. Estados Unidos no permitió que Flynn recibiera la carta.

[10] Tuve conocimiento de esta censura gracias a una conferencia pronunciada por Jonathan Kozol en 1975 en la Universidad de Wyoming. Los líderes nazis también se enteraron de su radicalismo: en 1933 quemaron libros de Keller por su contenido socialista y prohibieron que estuvieran en las bibliotecas. Al pasar por alto su socialismo, nosotros no sabemos más que los alemanes sobre las ideas de Keller. Véase Irving Wallace, David Wallechinsky y Amy Wallace, *Significa*, Nueva York, Dutton, 1983, pp. 1-2.

qué presidente tenía ese país y para obligarle a aprobar un tratado que concedía trato de favor a Estados Unidos.

En 1917 Woodrow Wilson asumió poderes especiales al comenzar a mandar, en secreto, ayuda monetaria a los «blancos» durante la guerra civil rusa. Durante el verano de 1918 autorizó el bloqueo naval de la Unión Soviética y envió fuerzas expedicionarias a Murmansk, Arcángel y Vladivostok para contribuir a la derrota de la Revolución rusa. Con el beneplácito del Reino Unido y Francia, y uniéndose en un mando conjunto con el ejército japonés, las fuerzas estadounidenses desembarcaron en Vladivostok para dirigirse hacia el lago Baikal con el fin de apoyar a fuerzas checas y blancas rusas que habían instaurado un gobierno anticomunista en Omsk. Después de mantener frentes en lugares tan occidentales como el Volga, las fuerzas blancas rusas se desintegraron a finales de 1919 y nuestras tropas acabaron abandonando Vladivostok el 1 de abril de 1920.[11]

Pocos estadounidenses que no vivieran en esa época saben algo sobre nuestra «desconocida guerra con Rusia», por utilizar el título del libro escrito por Robert Maddox sobre ese desastre. Ni uno solo de los doce manuales de historia de los Estados Unidos de mi primera muestra lo menciona. Sí lo hacen dos de los seis nuevos Boorstin y Kelley, por ejemplo, dicen: «Los Estados Unidos, con la esperanza de evitar que los arsenales de municiones cayeran en manos alemanas cuando la Rusia bolchevique dejara de combatir, aportaron unos 5000 hombres a la invasión aliada del norte de Rusia desde Arcángel. Igualmente, Wilson envió casi 10 000 hombres a Siberia dentro de una expedición aliada». Es posible, aunque seguramente difícil, que un estudiante estadounidense pueda inferir de ese fragmento que Wilson estaba interviniendo en la guerra civil rusa.

Por su parte, los libros de texto rusos conceden bastante espacio al episodio. Según Maddox: «La consecuencia inmediata de la

---

[11] N. Gordon Levin Jr., *Woodrow Wilson and World Politics: America's Response to War and Revolution*, Nueva York, Oxford University Press, 1968, p. 67. Everett M. Dirksen, «Use of U.S. Armed Forces in Foreign Countries», *Congressional Record*, 23 de junio de 1969, pp. 16840-16843.

intervención fue la prolongación de una sangrienta guerra civil, lo cual costó miles de vidas más y ocasionó una enorme destrucción a una sociedad ya de por sí maltratada. Y hubo también consecuencias de más larga duración. Los líderes bolcheviques tenían pruebas fehacientes... de que las potencias occidentales tratarían de destruir el régimen soviético en cuanto pudieran».[12]

Esta agresión atizó las sospechas que durante la Guerra Fría motivaron a los soviéticos, que hasta la disolución de la URSS continuaron reclamando indemnizaciones por la invasión.

Las invasiones de Wilson en Latinoamérica son mejor conocidas que su aventura en Rusia. Los libros de texto sí se ocupan de algunas y resulta fascinante observar cómo sus autores intentan justificar esos episodios. Sería imposible que una descripción precisa de esas invasiones diera una imagen positiva de Wilson o de los Estados Unidos. Ahora sabemos que las intervenciones de Wilson en Cuba, la República Dominicana, Haití y Nicaragua prepararon el terreno para dictadores como Batista, Trujillo, los Duvalier y los Somoza, cuyos legados siguen vigentes.[13] Ya en la propia década de 1910 gran parte de las invasiones no fueron bien recibidas en nuestro país y provocaron un aluvión de críticas en el exterior. A mediados de 1920, los sucesores de Wilson dieron la vuelta a sus políticas en Latinoamérica. Los autores de los manuales de historia lo saben, porque un capítulo o dos después del de Wilson ensalzan nuestra «política de buena vecindad», la renuncia al uso de la fuerza en Latinoamérica por parte de los presidentes Coolidge y Hoover, extendida por Franklin D. Roosevelt (FDR).

En comparación, los libros de texto podrían calificar (pero no lo hacen) las acciones de Wilson en Latinoamérica de «política de mala vecindad». Sin embargo, al enfrentarse a cosas desagradables, los manuales de ayer y de hoy hacen lo imposible por sacar al héroe del aprieto, como en este ejemplo del antiguo *Challenge of Freedom*: «El presidente Wilson quería que los Estados Unidos

---

[12] Robert J. Maddox, *The Unknown War with Russia*, San Rafael, CA, Presidio Press, 1977, p. 137.

[13] Hans Schmidt, *The United States Occupation of Haiti, 1915-1934*, New Brunswick, NJ, Rutgers University Press, 1971, p. 86.

cimentaran amistades con los países latinoamericanos. No obstante, le resultó difícil…». Varios manuales echan la culpa de las invasiones a los países invadidos: «Wilson rehuía las políticas exteriores agresivas», afirma *The New American Pageant*. «La agitación política en Haití no tardó en obligar a Wilson a tragarse algunas de sus antiguas palabras antiimperialistas… A regañadientes envió a los infantes de marina a proteger vidas y propiedades americanas». Este fragmento es una pura y simple invención. Al contrario que en el caso de su secretario de Marina, que posteriormente se quejaría de que lo que Wilson «[me] obligó a hacer en Haití me resultó difícil de digerir», ninguna prueba documental sugiere que el presidente tuviera escrúpulo alguno en enviar tropas al Caribe.[14]

Todos los libros de texto analizados mencionan que Wilson invadió México en 1914, pero defienden que las intervenciones no eran culpa del presidente. Según el *Pageant* de 2006: «Las llamadas a la intervención atronaban desde los labios de los patrioteros estadounidenses». Y continúa: «Sin embargo, el presidente Wilson se mantuvo firme ante los que exigían que pasara a la acción». Evidentemente, Wilson no tardó en ordenar la entrada de las tropas en México, antes incluso de que el Congreso se lo autorizara. Walter Karp ha demostrado que esta idea de un Wilson renuente también contradice los hechos: la invasión, que fue idea suya desde el principio, disgustó tanto al Congreso como a la población estadounidense.[15] La intervención de Wilson fue tan escandalosa que líderes de las dos facciones enfrentadas en la guerra civil mexicana exigieron la retirada de las tropas de los Estados Unidos; al final, la presión de la opinión pública en los Estados Unidos y en todo el mundo indujo al presidente a retirarlas.

Los autores de manuales suelen utilizar otro recurso para describir nuestras aventuras en México: ¡dicen que Wilson ordenó la retirada de nuestras fuerzas, pero no concretan quién ordenó su entrada! Ofrecer la información utilizando una voz pasiva impersonal

---

[14] Ibíd., pp. 66 y 74.

[15] Walter Karp, *The Politics of War*, Nueva York, Harper and Row, 1979, pp. 158-167.

ayuda a aislar a los personajes históricos de sus propias acciones, nada heroicas y nada éticas.

Algunos libros no se limitan a omitir al autor, sino que omiten también la propia acción. La mitad de los manuales ni siquiera menciona la toma de Haití por parte de Wilson. Después de invadir el país en 1915, los infantes de marina estadounidenses obligaron a su parlamento a elegir como presidente al candidato preferido por nuestro gobierno. Cuando Haití se negó a declarar la guerra a Alemania después de que lo hicieran los Estados Unidos, nosotros disolvimos su parlamento. A continuación, supervisamos la celebración de una especie de referéndum de aprobación de una nueva Constitución haitiana, menos democrática que la anterior. El resultado fue ridículo: se aprobó por 98 225 votos a favor frente a 768 en contra. Como ha señalado Piero Gleijesus, «no es que los fervientes esfuerzos de Wilson por traer la democracia a esos pequeños países fracasaran, es que nunca lo intentó. Intervenía para imponer la hegemonía, no la democracia».[16] Estados Unidos también atacó una orgullosa tradición haitiana, la posesión individual de pequeños huertos, que se remontaba a su revolución, para promover la creación de grandes plantaciones. Las tropas estadounidenses obligaron a campesinos encadenados a formar parte de brigadas de construcción de carreteras. En 1919 los ciudadanos haitianos se sublevaron contra las tropas de ocupación de los Estados Unidos mediante una guerra de guerrillas que costó más de tres mil vidas, en su mayoría de haitianos. Esto es lo que aprenden los estudiantes que leen *Pathways to the Present* sobre la intervención de Wilson en Haití: «Los Estados Unidos entraron en Haití para reinstaurar la estabilidad, después de que una serie de revoluciones convirtieran el país en un lugar débil e inestable. Wilson... envió a las tropas estadounidenses en 1915. Los infantes de marina de los Estados Unidos ocuparon Haití hasta 1934». Estas insulsas frases ocultan lo que hicimos, sobre lo cual George Barnett, general de ese cuerpo, se quejó a su superior en Haití: «Durante cierto tiempo se han venido produciendo

[16] Piero Gleijesus, «The Other Americas», Washington Post Book World, 27/12/1992, p. 5.

asesinatos de indígenas prácticamente indiscriminados». Para Barnett, este violento episodio era «el más asombroso en su especie de los ocurridos en toda la historia del cuerpo de infantes de marina».[17]

Durante las dos primeras décadas del siglo XX, Estados Unidos convirtió Nicaragua, Cuba, la República Dominicana, Haití y otros países en verdaderas colonias. Y, como ya hemos visto, Wilson tampoco limitó sus intervenciones a nuestro hemisferio. Su reacción ante la Revolución rusa consolidó la alianza de los Estados Unidos con las potencias coloniales europeas. Su administración fue la primera en obsesionarse con el espectro del comunismo, fuera y dentro del país. Wilson fue categórico al respecto. En Billings (Montana), de campaña por el oeste en busca de apoyos para la Sociedad de Naciones, lanzó esta advertencia: «Hay apóstoles de Lenin entre nosotros. No puedo ni imaginarme lo que supone ser un apóstol de Lenin. Significaría ser apóstol de la noche, el caos y el desorden».[18] Cuando ya la alternativa de los rusos «blancos» no existía, Wilson siguió negándose a reconocer diplomáticamente a la Unión Soviética. Contribuyó a prohibir su participación en las negociaciones de paz posteriores a la Primera Guerra Mundial y ayudó a derrocar a Béla Kun, el líder comunista que había llegado al poder en Hungría. Su defensa de la autodeterminación y la democracia nunca pudo competir con sus tres férreos «ismos»: colonialismo, racismo y anticomunismo. En Versalles, un joven Ho Chi Minh apeló a Woodrow Wilson para que defendiera la autodeterminación de Vietnam, pero Ho tenía en contra esos tres principios. Wilson se negó a escuchar y Francia conservó el control de Indochina.[19] Parece que para Wilson la autodeterminación estaba bien, por ejemplo, para Bélgica, pero no para lugares como Latinoamérica o el Sudeste Asiático.

---

[17] «Reports Unlawful Killing of Haitians by Our Marines», *New York Times*, 14/10/1920, 1 y ss. Véase también Schmidt, *The United States Occupation of Haiti*.

[18] *Addresses of President Wilson*, 66th Congress, Senate Document 120, Washington, D.C., Government Printing Office, 1919, p. 133.

[19] Jean Lacouture, *Ho Chi Minh*, Nueva York, Random House, 1968, pp. 24 y 265 [ed. cast.: *Ho Chi Minh*, Madrid, Alianza, 1968].

En Estados Unidos, las políticas raciales de Wilson deshonraron el cargo que ostentaba. Sus antecesores republicanos no habían dejado de nombrar a negros para ocupar cargos de relevancia, entre ellos los de administrador de aduanas de Nueva Orleans y el Distrito de Columbia, y el de registrador del Tesoro. En ocasiones los presidentes nombraban directores de oficinas de correos a afroamericanos, sobre todo en pueblos del Sur con un elevado porcentaje de población negra. Los afroamericanos participaban en las convenciones nacionales del Partido Republicano y tenían cierto acceso a la Casa Blanca. Todo eso lo cambió Woodrow Wilson, por el que muchos negros votaron en 1912. El nuevo presidente era sureño y en su día había sido rector de Princeton, la única gran universidad del Norte que se negaba tajantemente a admitir a negros. Defendía abiertamente la supremacía blanca (su esposa era todavía peor) y contaba chistes de «negritos» en las reuniones del Gobierno. Su administración presentó un extenso programa legislativo destinado a cercenar los derechos civiles de los afroamericanos, pero el Congreso se negó a aprobarlo. Sin inmutarse, Wilson utilizó sus prerrogativas presidenciales para segregar el Gobierno federal. Nombró a blancos sureños para que ocuparan puestos tradicionalmente reservados a negros. Su administración utilizó la excusa del anticomunismo para vigilar y debilitar a la prensa, las organizaciones y los líderes sindicales negros. Segregó la Marina, hasta entonces no segregada, y relegó a los negros a trabajos en cocinas y calderas. El propio Wilson vetó una cláusula sobre igualdad racial en el Pacto de la Sociedad de Naciones. La única entrevista que mantuvo con líderes negros en la Casa Blanca fue un fracaso, ya que el presidente prácticamente expulsó a los visitantes de su despacho. Wilson dejó un profundo legado: consiguió cerrar el Partido Demócrata a los afroamericanos durante otras dos décadas y ciertas partes del Gobierno federal se mantuvieron segregadas hasta la década de 1950 y aún después.[20] En 1916 el Comité Asesor de Color del Comité

[20] Rayford W. Logan, *The Betrayal of the Negro*, Nueva York, Collier, 1965 [1954], pp. 360-370; Nancy J. Weiss, «Wilson Draws the Color Line», en Arthur Mann, ed., *The Progressive Era*, Hinsdale, IL, Dryden, 1975, p. 144; Harvey Wasserman, *America*

Nacional Republicano emitió un comunicado sobre Wilson que, aunque partidista, era preciso: «En cuanto la administración demócrata asumió el poder, el señor Wilson y sus asesores iniciaron una política destinada a eliminar la representación de todos los ciudadanos de color del Gobierno federal».[21]

De todos los libros de texto de historia que he analizado, ocho ni siquiera mencionan esta «mácula negra» de la presidencia de Wilson. Solo cuatro describen adecuadamente las políticas raciales wilsonianas. El que mejor lo hacía era *Land of Promise*, de 1983:

> La administración de Woodrow Wilson era abiertamente hostil a los negros. Wilson eran un descarado supremacista blanco que creía que los negros eran inferiores. Durante su campaña presidencial prometió defender los derechos civiles. Pero una vez en el poder se olvidó de sus promesas. De manera que ordenó la segregación entre trabajadores blancos y negros en la función pública. ¡Era la primera vez que existía tal segregación desde la Reconstrucción! Cuando los empleados federales negros de las ciudades sureñas protestaron, Wilson ordenó que los despidieran. En noviembre de 1914 una delegación negra le pidió al presidente que retomara la situación anterior. Wilson, grosero y hostil, rechazó sus demandas.

Gran parte de los libros de texto que sí se ocupan del racismo de Wilson únicamente le conceden una o dos frases. Algunos ponen mucho empeño en separarle de esa práctica: «Wilson permitió

Born and Reborn, Nueva York, Macmillan, 1983, p. 131; Kathleen Wolgemuth, «Woodrow Wilson and Federal Segregation», *Journal of Negro History*, 44 (1959): pp. 158-173; y Morton Sosna, «The South in the Saddle», *Wisconsin Magazine of History*, 54, otoño de 1970, pp. 30-49.

[21] Colored Advisory Committee of the Republican National Committee, «Address to the Colored Voters», 6 de octubre de 1916, reproducido en Herbert Aptheker, ed., *A Documentary History of the Negro People in the United States, 1910-1932*, Secaucus, NJ, Citadel, 1973, p. 140; Nancy Weiss, «The Negro and the New Freedom», *Political Science Quarterly*, 84, 1, marzo de 1969, p. 66; Theodore Kornweibel Jr., *«Seeing Red»: Federal Campaigns Against Black Militancy, 1919-1925*, Bloomington, Indiana University Press, 1998.

que los altos cargos de su administración ampliaran la segregación racial en las dependencias federales» es lo único que dice al respecto *Pathways to the Present*. Omitir o excusar el racismo de Wilson va más allá de la ocultación de una mácula de carácter. Es algo claramente racista. Ningún negro podría considerar que Woodrow Wilson fue un héroe. Los libros de texto que le presentan como tal están escritos desde la perspectiva de los blancos. Este encubrimiento niega a todos los alumnos la posibilidad de aprender algo importante sobre la interrelación entre dirigentes y dirigidos. Los estadounidenses blancos participaron en una nueva explosión de violencia racial durante e inmediatamente después de la presidencia de Wilson. Una de las causas fue la pauta que marcó esa presidencia. Otra fue la presentación de la primera película épica de la historia de los Estados Unidos.[22]

El cineasta D. W. Griffith citaba la historia en dos volúmenes de los Estados Unidos de Wilson, ahora tristemente famosa por su visión racista de la Reconstrucción, en su infame obra maestra *The Clansman* [El hombre del Clan], un himno al papel que tuvo el Ku Klux Klan a la hora de acabar, durante la Reconstrucción, con los Gobiernos republicanos estatales, que se consideraban «dominados por los negros». Griffith basaba su película en un libro de Thomas Dixon, excompañero de clase de Wilson, cuya obsesión con la raza, según el historiador Wyn Wade, no «tuvo parangón hasta *Mein Kampf*». Durante un pase privado celebrado en la Casa Blanca, Wilson vio la película, ahora rebautizada con el nombre de *El nacimiento de una nación*, y le devolvió el cumplido a Griffith: «Es como escribir historia usando iluminación y lo único que lamento es que todo sea tan cierto». Griffith utilizaría esta cita para defender, con éxito, su film frente a las demandas de la NAACP, que lo consideraba racialmente incendiario.[23]

Este hito del cine estadounidense no solo fue la mejor producción técnica de su tiempo, sino que quizá sea, entre las películas importantes, la más racista de la historia. Dixon pretendía «¡revolucionar los sentimientos norteños presentando una historia que

---

[22] Wyn C. Wade, *The Fiery Cross*, Nueva York, Simon & Schuster, 1987, pp. 115-151.

[23] Ibíd., pp. 135-137.

transformara a todos los hombres de mi público en buenos demócratas! Y, que no les quepa duda, eso es precisamente lo que estamos haciendo».[24] No exageraba mucho. Espoleado por *El nacimiento de una nación*, William Simmons, de Georgia, refundó el Ku Klux Klan. El racismo que supuraba de la Casa Blanca alentó este Klan, distinguiéndolo de su predecesor de la Reconstrucción, que durante algún tiempo el presidente Grant había conseguido prácticamente eliminar en un estado (Carolina del Sur), además de desincentivar su desarrollo en todo el país. El nuevo KKK no tardó en convertirse en un fenómeno nacional. Llegó a dominar el Partido Demócrata en muchos estados sureños, además de en Indiana, Oklahoma y Oregón. Durante la década de 1920 los espectáculos del Klan en localidades que iban desde Montpellier (Vermont) hasta West Frankfort (Illinois), pasando por Medford (Oregón), fueron las más concurridas concentraciones públicas de su historia anterior o posterior. Durante la segunda legislatura de Wilson una oleada de disturbios raciales antinegros asoló el país. Hubo blancos que lincharon a negros en localidades tan septentrionales como Duluth.[25]

De la época de Wilson los estadounidenses tienen que aprender que el racismo liderado desde la presidencia y una respuesta pública afín van unidos. Sin embargo, para que esa educación se produjera, los libros de texto deberían dejar clara la relación causal existente entre las acciones del héroe y las de sus seguidores. No obstante, atribuyen automáticamente al primero nobles intenciones e invocan «al pueblo» para que excuse acciones y políticas cuestionables. Según *Triumph of American Nation*, «como presidente, Wilson parecía coincidir con la mayoría de los estadounidenses blancos en que la segregación era lo mejor, tanto para los negros como para los blancos del país».

---

[24] Ibíd., p. 138.

[25] Lerone Bennett, Jr., *Before the Mayflower*, Baltimore, Penguin, 1966 [1962], pp. 292-294. Solo en 1919, Bennett ha contado veintiséis grandes disturbios raciales, entre ellos los de Omaha, Knoxville, Longview (Texas), Chicago, Phillips County (Arkansas) y Washington, D.C. Véase también Herbert Shapiro, *White Violence and Black Response*, Amherst, University of Massachusetts Press, 1988, pp. 123-154.

Wilson no solo era antinegro, sino que fue, con mucho, nuestro presidente más chovinista, cuestionando en repetidas ocasiones la lealtad de aquellos a los que denominaba «americanos con guiones» [de origen mixto]. «Cualquier hombre que lleve consigo un guion [en su descripción étnica]», declaró, «porta una daga que está dispuesto a hundir en las tripas de esta república en cuanto pueda».[26] La reacción del pueblo estadounidense al liderazgo de Wilson fue una oleada de represión contra grupos étnicos blancos; una vez más, la mayoría de los libros de texto echa la culpa al pueblo, no a Wilson. *The American Tradition* admite que «el presidente Wilson constituyó» la Comisión Creel sobre Información Pública, que inundó Estados Unidos de una propaganda en la que se relacionaba a los alemanes con la barbarie. Pero *Tradition* se lanza a escudar a Wilson frente a las repercusiones internas que eso tuvo: «Aunque en su lenguaje bélico el presidente Wilson había tenido el cuidado de declarar que la mayoría de los estadounidenses de origen alemán eran "auténticos y leales ciudadanos", la propaganda antialemana les causó frecuentes sufrimientos».

Wilson apenas mostró consideración por los derechos de cualquiera que discrepara de sus opiniones. Pero los libros de texto ponen mucho empeño en aislarle de cualquier desmán. Al «Congreso», no a Wilson, se atribuye la aprobación de la Ley de Espionaje de 1917 y la Ley de Sedición del año siguiente, que probablemente fueran los más graves ataques sufridos por las libertades civiles de los estadounidenses desde las efímeras Leyes de Extranjería y de Sedición de 1798. De hecho, Wilson intentó fortalecer la de Espionaje con una cláusula que otorgaba amplios poderes de censura directamente al presidente. Por otra parte, con la aprobación de Wilson, el director de Correos utilizó sus nuevas capacidades censoras para reprimir cualquier comunicación postal de carácter socialista, antibritánica o proirlandesa, o cualquier otra que, a su entender, pudiera poner en peligro el esfuerzo bélico. Robert Goldstein pasó diez años en la cárcel por producir *The Spirit of '76* [*El espíritu del 76*], una película sobre la Guerra Revolucionaria [guerra de Independencia de los Estados Unidos]

[26] *Addresses of President Wilson*, pp. 108-199.

en la que se daba una imagen desfavorable de los británicos, aliados nuestros en la época de Wilson.[27] Los autores de libros de texto dan a entender que las presiones bélicas excusan la represión de las libertades civiles por parte de Wilson, pero en 1920, cuando ya hacía tiempo que había terminado la Primera Guerra Mundial, el presidente vetó un proyecto de ley que habría acabado con las leyes de Espionaje y de Sedición.[28] Los autores de manuales echan la culpa de las cazas de brujas anticomunista y antisindical registradas durante la segunda legislatura de Wilson a la enfermedad de este y a la enajenación mental del fiscal general. No hay pruebas que avalen tal perspectiva. En realidad, el fiscal general Palmer le pidió a Wilson, que vivía sus últimos días como presidente, que indultara a Eugene V. Debs, en prisión por un discurso en el que atribuía la Primera Guerra Mundial a intereses económicos y denunciaba el carácter antidemocrático de la Ley de Espionaje.[29]

«¡Nunca!», contestó el presidente, y Debs languideció en prisión hasta que Warren Harding le indultó.[30] Quizá sea *The American Way* el que adopte el enfoque más innovador para absolver a Wilson de cualquier fechoría. *Way* se limita a trasladar la época de «miedo a los rojos» a la década de 1920, ¡después de que Wilson dejara el poder!

Como la heroización impide que los libros de texto muestren los defectos de Wilson, a los manuales les cuesta explicar los resultados de las elecciones de 1920. James Cox, el candidato demócrata y supuesto sucesor de Wilson, fue aplastado por un don

---

[27] William Bruce Wheeler y Susan D. Becker, *Discovering the American Past*, vol. 2, Boston, Houghton Mifflin, 1990, p. 127.

[28] Ronald Schaffer, *Americans in the Great War*, Nueva York, Oxford University Press, 1991, citado en Garry Wills, «The Presbyterian Nietzsche», *New York Review of Books*, 16/01/1992, p. 6.

[29] Karp, *The Politics of War*, pp. 326-328; Charles D. Ameringer, *U.S. Foreign Intelligence*, Lexington, MA, D.C. Heath, 1990, p. 109. Irónicamente, después de la guerra Wilson coincidió con Debs respecto al peso de los intereses económicos: «¿Acaso hay algún hombre aquí… que no sepa que la semilla de la guerra en el mundo moderno es la rivalidad industrial y comercial?» (discurso pronunciado en San Luis, 5 de septiembre de 1919; *Addresses of President Wilson*, p. 41).

[30] Ameringer, *U.S. Foreign Intelligence*, p.109.

Creel Committee Advertising in the "Saturday Evening Post"

Era peligroso oponerse a la participación de los Estados Unidos en la Primera Guerra Mundial o incluso verla con pesimismo. La Comisión Creel pidió a todos los estadounidenses que «denunciaran al hombre que... clame por la paz o que denigre nuestros esfuerzos para ganar la guerra». Instaba a enviar sus nombres al Departamento de Justicia, en Washington. Después de la Primera Guerra Mundial, con el comunismo como excusa, se incrementaron los ataques de la administración de Wilson contra las libertades civiles. Ni antes ni después de esa época ha estado más cerca Estados Unidos de convertirse en un Estado policial.

nadie como Warren G. Harding, que ni siquiera había hecho campaña. Gracias a la victoria más arrolladora de la historia presidencial estadounidense, Harding obtuvo casi el 64 por ciento de los votos que recibieron los grandes partidos. Los libros de texto apuntan que la gente estaba «cansada» y que solo quería «regresar a la normalidad». A los autores no se les pasa por la cabeza que el electorado supiera lo que hacía al rechazar a Wilson.[31] Sí se le ocurrió a Hellen Keller, que calificó a Wilson de «¡principal decepción individual que el mundo haya visto!».

Pero no solo son los cursos de historia de secundaria los que convierten a Wilson en un héroe. Los pocos manuales que, como *Land of Promise*, hablan de su racismo y de otros defectos, van contracorriente, porque tienen que bregar con el arquetipo de Woodrow Wilson al que se rinde homenaje en multitud de museos, documentales de la televisión pública y novelas históricas.

[31] Ibíd., Ameringer señala que, en el otoño de 1920, los ataques de Wilson a las libertades civiles se habían convertido en una rémora política y el fiscal general Palmer en un ser irrisorio.

Ya hace veinticinco años que Michael Frisch viene dirigiendo un experimento sobre arquetipos sociales en la Universidad Estatal de Nueva York, en Buffalo. Pregunta a sus estudiantes de primer curso «los primeros diez nombres que se les ocurran» de la historia de los Estados Unidos antes de la Guerra Civil. Cuando Frisch descubrió que año tras año los alumnos mencionaban a los mismos políticos y militares, reproduciendo la posición privilegiada que se les concedía en los libros de texto de secundaria, añadió una condición: «excluir a presidentes, generales, hombres de Estado, etc.». La lista que obtiene Frisch sigue siendo constante, pero menos predecible en función de los manuales de historia. La mayoría de los años la ha encabezado Betsy Ross (a continuación suele ir Paul Revere).

Lo interesante de esa elección es que Ross nunca hizo nada. Frisch señala que no tuvo «papel alguno en la creación de ninguna primera bandera». Ross saltó a la fama en torno a 1876, cuando algunos de sus descendientes, tratando de crear una atracción turística en Filadelfia, inventaron prácticamente el mito de la primera bandera. Haciendo justicia, ningún libro de texto de secundaria habla de Betsy Ross y ni uno solo la menciona en su índice analítico.[32] Entonces, ¿cómo y por qué se trasmite su historia? Frisch ofrece una divertidísima explicación: si George Washington es el Padre de nuestro país, ¡Betsy Ross es nuestra santísima Virgen! Frisch describe los desfiles recreados (¿o acaso solo nos los imaginamos?) de nuestros días de escuela primaria: «Washington [el dios] llama a la diminuta casa de la humilde costurera Betsy Ross y le pregunta si puede hacer la bandera de la nación según el diseño del propio Washington. Y Betsy se saca inmediatamente —¡del regazo!— a la nación misma y la promesa de libertad y de derechos naturales para toda la humanidad».[33]

Yo creo que Frisch nos oculta algo, o quizá solo se haya metido algo. Al margen de que uno se crea su explicación, la posición de

[32] El manual de séptimo *American Journey* sí que la menciona en dos ocasiones, pero en ambas se remite a la «leyenda popular».

[33] Michael H. Frisch, *A Shared Authority*, Albany, State University of New York Press, 1990, pp. 39-47.

Betsy Ross entre los estudiantes demuestra sin duda el poder del arquetipo social. En el caso de Woodrow Wilson, los libros de texto participan verdaderamente en la creación de ese arquetipo. A Wilson se le presenta como «bueno», «idealista», «favorable a la autodeterminación, no a la intervención colonial», «frustrado por un Senado aislacionista» y «adelantado a su tiempo». Bautizamos instituciones con su nombre, desde el Centro Woodrow Wilson del Edificio Ronald Reagan de Washington D.C., hasta el Instituto de Secundaria Woodrow Wilson de Decatur (Illinois), donde malgasté mi adolescencia. Si hubiera que tallar una quinta efigie en el monte Rushmore, muchos estadounidenses propondrían que fuera la de Wilson.[34] Sobre el trasfondo de esa arquetípica bondad, ni siquiera la exposición insólitamente directa del racismo wilsoniano que realiza *Land of Promise* puede quedarse grabada en la cabeza de los alumnos.

Los directores de los museos de historia saben que sus visitantes acuden a ellos cargados de arquetipos. Al diseñar lo que se expone, algunos intentan deliberadamente cuestionar tales arquetipos cuando son inexactos. Los autores de libros de texto, profesores y creadores de materiales cinematográficos didácticos cumplirían mejor su función docente si también se enfrentaran a los arquetipos inexactos. Después de todo, seguramente Woodrow Wilson no necesite sus halagadoras omisiones. Los logros legislativos progresistas que impulsó solo en sus dos primeros años, entre ellos la reforma arancelaria, la introducción del impuesto sobre la renta, la ley de creación de la Reserva Federal y la Ley de Compensación a los Obreros, prácticamente no tienen parangón. Los discursos que pronunció Wilson en defensa de la autodeterminación

[34] En la encuesta realizada por Arthur M. Schlesinger en 1962 a setenta y cinco «destacados historiadores», Wilson aparecía el cuarto, por delante de Thomas Jefferson (Kenneth S. Davis, «Not So Common Man», *New York Review of Books*, 4 de diciembre de 1986, p. 29). Ochocientos cuarenta y seis profesores universitarios de historia de los Estados Unidos situaron a Wilson en el sexto puesto, después de Franklin D. Roosevelt y de los cuatro caballeros que ya están en el monte Rushmore (Robert K. Murray y Tim Blessing, «The Presidential Performance Study», *Journal of American History*, 70 [diciembre de 1983], pp. 535-555). Véase también George Hornby, ed., *Great Americana Scrap Book*, Nueva York, Crown, 1985, p. 121.

Esta estatua de George Washington, que en la actualidad se encuentra en la Smithsonian Institution, simboliza la forma de representar al héroe estadounidense de los libros de texto: tres metros de alto, sin mácula y con el cuerpo de un dios griego.

espolearon al mundo, aunque sus actos no estuvieran a la altura de sus palabras.

¿Por qué los libros de texto fomentan los arquetipos impolutos? Es imposible que las omisiones y errores de los autores sean accidentales. Seguramente los fabricantes de diapositivas, películas y otros materiales docentes sobre Helen Keller saben que fue socialista: nadie puede leer sus escritos sin ser consciente de su filosofía política y social. Hay por lo menos un autor de libro de texto, Thomas Bailey, firma principal de *The American Pageant*, que sin duda conocía la invasión de Rusia por parte de Estados Unidos en 1918, porque escribió sobre ella en otra obra de 1973: «Las tropas estadounidenses se enfrentaron a las fuerzas armadas rusas en territorio ruso en dos teatros de operaciones entre 1918 y 1920».[35] Es probable que otros autores también lo supieran. El racismo de Wilson también es bien conocido por los historiadores profesionales. ¿Por qué no informan a los lectores de todo eso?

La propia heroización nos proporciona una primera respuesta. Para la mayoría de los estadounidenses, el socialismo es repugnante. También el racismo y el colonialismo. Michael Kammen apunta

---

[35] Thomas A. Bailey, *Probing America's Past*, vol. 2, Lexington, MA, D.C. Heath, 1973, p. 575.

que los autores omiten selectivamente las lacras para conseguir que el mayor número posible de personas simpatice con ciertas figuras históricas.[36] La analista de libros de texto Norma Gabler declaró que estos debían «presentar a los patriotas de nuestra nación con honor y respeto»; en su opinión, admitir el socialismo de Keller y el racismo de Wilson iría en contra de ese principio.[37] A comienzos de la década de 1920 la Legión Americana dijo que los autores de libros de texto «hacen mal al presentar ante alumnos inmaduros los errores garrafales, flaquezas y fragilidades de afamados héroes y patriotas de nuestra Nación».[38] En los manuales de historia actuales, poco encontraría la Legión que criticar a ese respecto.

Quizá podamos ir más lejos. He comenzado con Helen Keller porque omitir los últimos sesenta y cuatro años de su vida simboliza la clase de distorsión cultural que analizaremos posteriormente en este libro. Enseñamos a Keller como si fuera un ideal, no una persona real, con el fin de inducir a nuestros jóvenes a que la imiten. Keller se convierte en un personaje mítico, la «mujer que se supera», pero ¿para qué? ¡No hay contenido! Nos exhortan a que contemplemos simplemente lo que consiguió, pero no tenemos ni idea de qué fue.

Keller no quería quedarse congelada en la infancia. Ella misma recalcó que el significado de su vida radicaba en lo que hizo una vez que superó su discapacidad. Desde luego, tenemos constancia de que no fue el primer menor sordo y ciego que aprendió a hablar: quizá ese honor corresponda a Ragnhild Käta, una niña noruega que inspiró a Keller. Tampoco fue el primer estadounidense sordo y ciego que aprendió a leer y escribir; esa fue Laura Bridgman, que enseñó el alfabeto manual a Anne Sullivan para que esta pudiera enseñárselo a Keller. En 1929, cuando casi tenía cincuenta años, Keller escribió el segundo volumen de su autobiografía, *Midstream* [*En medio de la corriente*], que describía con cierto detalle

[36] Michael Kammen, *Mystic Chords of Memory*, Nueva York, Alfred A. Knopf, 1991, p. 701.

[37] Citado en Marjory Kline, «Social Influences in Textbook Publishing», en *Educational Forum*, 48, nº 2, 1984, p. 230.

[38] Bessie Pierce, *Public Opinion and the Teaching of History in the United States*, Nueva York, Alfred A. Knopf, 1926, p. 332.

su filosofía social. Relataba sus visitas a localidades fabriles, mineras o con mataderos industriales cuyos trabajadores estaban en huelga. Lo que ella pretendía era que conociéramos sus experiencias y saber a qué conclusiones la habían llevado a ella. En consonancia con nuestra ideología individualista estadounidense, la versión truncada de la historia de Helen Keller da una visión aséptica de la heroína, a la que solo le quedan las virtudes de la autosuperación y el esfuerzo. La propia Keller, nada contraria al esfuerzo, rechazaba abiertamente esta ideología.

> En su día creí que todos éramos dueños de nuestro destino, que podíamos modelar nuestra vida como quisiéramos... Había superado la sordera y la ceguera lo suficiente como para ser feliz y suponía que cualquiera podía salir victorioso si se lanzaba con coraje a luchar por la vida. Pero cuanto más recorría el país, más comprendía que había hablado con aplomo de algo que apenas conocía. Me olvidaba de que mi éxito se debía en parte a las ventajas de mi familia y entorno... Sin embargo, ahora he aprendido que la capacidad para abrirse camino en la vida no está al alcance de todo el mundo.[39]

Los libros de texto no quieren ni acercarse a ese asunto. «En la edición de libros de texto hay tres grandes tabúes», me dijo un editor de una de las principales editoriales, «el sexo, la religión y la clase social». Los dos primeros sí me los había imaginado, pero el tercero me dejó planchado. Después de todo, los sociólogos saben lo importante que es la clase social. Sin embargo, al revisar los manuales de historia de los Estados Unidos me di cuenta de que ese editor tenía razón. Para los autores de libros de texto y también para muchos profesores, la idea de que en los Estados Unidos no haya igualdad de oportunidades, de que no todo el mundo tenga «capacidad para abrirse camino en la vida», es un anatema. Los

---

[39] Charles Dickens, *American Notes*, capítulo 3, en *The Complete Works of Charles Dickens*, dickens-literature.com/American_Notes/3.html, 11/2006; Elisabeth Gitler, *The Imprisoned Guest*, Nueva York, Farrar, Straus, & Giroux, 2001; «Laura Dewey Bridgman» en Wikipedia, 11/2006; Helen Keller, *Midstream: My Later Life*, Nueva York, Greenwood, 1968 [1929], p. 156.

educadores prefieren claramente presentar a Keller como una insulsa fuente de aliento e inspiración para nuestros jóvenes: ¡si ella puede hacerlo, tú también! Así que olvidémonos de su vida adulta y tornemos toda su existencia en una difusa operación consistente en «salir adelante gracias al propio esfuerzo». De camino, esta mujer que luchó apasionadamente por los pobres queda convertida en algo que nunca fue en su vida: un ser aburrido.

Woodrow Wilson pasa por un lavado de cara similar. Aunque algunos manuales de historia revelan más que otros el fondo sórdido de su presidencia, los dieciocho analizados comparten un mismo tono: respetuoso, patriótico, adulador incluso. Irónicamente, en la década de 1920 Wilson suscitó un generalizado desprecio. Políticos e historiadores solo comenzaron a verle con buenos ojos después de la Segunda Guerra Mundial. Según Gordon Levin Jr., nuestra política exterior de posguerra, que, común a los dos grandes partidos, promovió intervenciones de calado envueltas en explicaciones humanitarias, la «determinaron de manera decisiva la ideología y el programa internacional desarrollados por la administración de Wilson».[40] En consecuencia, lo que motiva a los autores de libros de texto es el deseo de quitar hierro o excusar las intervenciones en el extranjero de Wilson, muchas de ellas errores garrafales y contraproducentes, y también otros aspectos poco satisfactorios de su administración.

Otras múltiples razones (como la presión de la «clase dominante» o la de las comisiones de elección de manuales, el deseo de evitar ambigüedades, el de proteger a los niños de cualquier contratiempo o conflicto, la necesidad que se percibe de controlarlos y de evitar la falta de armonía en el aula, la presión de ofrecer respuestas) pueden ayudar a explicar que los libros de texto prescindan de los hechos problemáticos. Ciertas normas de cortesía nos obligan a hablar con respeto del pasado, sobre todo cuando estamos trasmitiendo *nuestro legado* a los más jóvenes.

---

[40] Levin, *Woodrow Wilson and World Politics*, 1. Como la administración de Wilson fue la única demócrata del primer tercio del siglo XX, era natural que muchos de los estadistas de Roosevelt, entre ellos el propio Franklin D. Roosevelt, hubieran velado sus primeras armas en política exterior en tiempos de Wilson.

¿Es que no *queremos* pensar mal de Woodrow Wilson? Parece que pensamos que una persona como Helen Keller solo puede servir de inspiración si no resulta polémica, si es unidimensional. No queremos símbolos complicados. «A la gente no le gusta pensar. Cuando se piensa, hay que llegar a conclusiones», apuntó Helen Keller. «Las conclusiones no siempre son agradables».[41] La mayoría eludimos automáticamente el conflicto, y con razón. Tratamos de evitarlo especialmente en las aulas. Una de las razones es la costumbre: estamos tan habituados a lo insulso que cuando el libro de texto o el profesor trae a clase una verdadera polémica intelectual nos puede parecer una auténtica violación de la retórica de la corrección, de las normas de clase. Después de todo, se supone que hay que hablar bien de los muertos. Probablemente tengamos que mantener la misma actitud de sobrecogimiento, reverencia y respeto cuando leemos algo sobre nuestros héroes nacionales que cuando visitamos la Catedral Nacional y contemplamos los lugares en los que descansan Helen Keller y Woodrow Wilson, tan cercanos físicamente en la muerte como distantes lo estuvieron ideológicamente en vida.

Cualesquiera que sean las causas, para los estudiantes, la heroización puede tener consecuencias incapacitantes. Helen Keller no es la única persona a la que este enfoque trata como a una niña. Al negarles a los alumnos la humanidad de Keller, de Wilson y de otros personajes, se les mantiene en la inmadurez intelectual. Se perpetúa lo que podría denominarse una versión de la historia propia de Disney: el Salón de los Presidentes de Disneylandia también presenta a nuestros líderes como estadistas heroicos, no como seres humanos imperfectos.[42] Nuestros hijos acaban careciendo de modelos de comportamiento realistas en los que inspirarse. Y los alumnos tampoco llegan a comprender la causalidad histórica. Por ejemplo, si queremos comprender por qué Nicaragua se entregó a un régimen comunista en la década de 1980, seguramente merecería la pena conocer las trece incursiones que, en distintos momentos, ha realizado Estados Unidos en ese país. Los libros de

---

[41] Citado en Kozol, *The Night Is Dark and I Am Far from Home*, p. 101.

[42] Kammen, *Mystic Chords of Memory*, p. 639.

texto deberían mostrar que la historia es algo contingente, influido por el poder de las ideas y los individuos. Sin embargo, la presentan como un «hecho consumado».

¿Consiguen los libros de texto, los vídeos educativos y los cursos de historia de los Estados Unidos los objetivos que se proponen respecto a nuestros héroes? Seguramente los autores de los manuales quieren que pensemos bien de los personajes históricos que ellos tratan con tanta simpatía. Y así es, por lo menos desde un punto de vista superficial. Últimamente, al terminar la secundaria, casi ningún estudiante tiene nada «malo» que decir sobre Keller o Wilson. ¿Pero se considera héroes a esos dos personajes? El primer día de clase, he pedido a cientos de alumnos universitarios (la mayoría blancos) que nombren a sus héroes de la historia de los Estados Unidos. Normalmente no eligen ni a Helen Keller, ni a Woodrow Wilson, ni a Colón, ni a Miles Standish ni a nadie de Plymouth, tampoco a John Smith ni a nadie de Virginia, ni a Abraham Lincoln, ni desde luego a ningún personaje de la historia de los Estados Unidos al que los libros de texto les ruegan que elijan.[43] Después del Watergate, nuestros estudiantes tienen una visión cínica de todos esos héroes del «sistema». Son aburridísimos.

Algunos estudiantes no eligen a «ninguno»; es decir, dicen que en la historia de los Estados Unidos no ven héroes. Otros muestran la típica simpatía estadounidense por los marginados, eligiendo a afroamericanos: Martin Luther King Jr., Malcolm X, quizá Rosa Parks, Harriet Tubman o Frederick Douglass. O eligen a hombres y mujeres de otros países: Gandhi, la madre Teresa de Calcuta o Nelson Mandela.

En cierto sentido, esto supone una evolución saludable. Seguramente queramos que los estudiantes sean escépticos. Probablemente queramos que cuestionen en quién les dicen que tienen que creer. Sin embargo, contestar «ninguno» es demasiado fácil, demasiado nihilista para mi gusto. Con todo, es una reacción comprensible ante la heroización, porque cuando los autores de libros de texto prescinden de los defectos, de los problemas, de los

---

[43] Véase también Arthur Levine, *When Dreams and Heroes Died*, San Francisco, Jossey-Bass, 1980, y Frisch, *A Shared Authority*.

rasgos de carácter desafortunados y de las ideas erróneas, reducen a los héroes, que dejan de ser hombres y mujeres con carga dramática para convertirse en monigotes melodramáticos. Al desaparecer sus conflictos internos no solo son buenos sino santurrones.

Los estudiantes se mofan de los más santurrones de todos haciendo chistes sobre Helen Keller. De este modo, los escolares no se ríen cruelmente de una persona discapacitada, sino que desinflan un pretencioso símbolo, demasiado bueno para ser real. No obstante, es penoso que Helen Keller solo se haya quedado para ser un personaje de chiste. El conocimiento de su sorprendente vida podría alentar no solo a los alumnos sordos y ciegos, sino a cualquier muchacha y quizá también a los chicos, porque, al igual que otros pueblos del mundo, nosotros los estadounidenses necesitamos héroes. Declaraciones como «Si Martin Luther King estuviera vivo, él…» apuntan una función que los personajes históricos tienen en la sociedad contemporánea. La mayoría pensamos que hemos actuado correctamente cuando nuestros actos se corresponden con los que imaginamos que habrían hecho nuestros héroes. La identidad de esos héroes y el hecho de que se presenten de una forma verosímil, haciéndolos por tanto utilizables como modelos de comportamiento, podría tener un peso importante sobre nuestra forma de actuar en el mundo.

Ahora nos centraremos en nuestro primer héroe, Cristóbal Colón. «Sería necesario rescatar a los grandes nombres de la perniciosa erudición», escribió Washington Irving defendiendo la heroización.[44] La biografía de Colón en tres volúmenes que escribió Irving, publicada en 1828, continúa influyendo en lo que los profesores de secundaria y los libros de texto dicen del Gran Navegante. En consecuencia, no será sorprendente que la heroización nos haya privado de importantes aspectos de su vida, dejándonos únicamente minucias melodramáticas.

---

[44] Citado en Claudia Bushman, «America Discovers Columbus», Costa Mesa, CA, American Studies Association Annual Meeting, 1992, p. 9.

02

1493: la verdadera importancia de Cristóbal Colón

*«Colón es, más que ningún otro personaje,
aquel con el que se inicia verdaderamente la Edad Moderna,
la edad con la que podemos perfilar los últimos 500 años, y su
carácter y sus hazañas nos proporcionan un foco extraordinario
para conocer qué pautas determinaron esa época en sus inicios
y cuáles, en gran medida, siguen determinándola hoy en día».*

KIRKPATRICK SALE[1]

*«Como objeto de investigación, la posibilidad de que América
la descubrieran africanos nunca ha sido apetecible para los
historiadores de los Estados Unidos. En cierto sentido, elegimos
nuestra propia historia o, para ser más exactos, elegimos las
perspectivas históricas que prometen dar más satisfacción
a nuestros análisis, sin apenas interés en explorar la
posibilidad de que nuestro padre fundador fuera negro».*

SAMUEL D. MARBLE[2]

«La historia es la invectiva del vencedor».

WILLIAM F. BUCKLEY JR.

*«Entre las inexpiables ofensas, que contra Dios y los hombres en el
mundo se han cometido, han sido, cierto, las que en las Indias
habemos hecho, y de aquellas esta granjería fue una de las más
injustas, más en maldad y daños calificadas y más crueles».*

BARTOLOMÉ DE LAS CASAS[3]

*«En mil cuatrocientos noventa y tres,
Colón robó todo lo que pudo».*

Coplilla popular, actualizada

---

[1] Kirkpatrick Sale, *The Conquest of Paradise*, Nueva York, Alfred A. Knopf, 1990, p. 5.

[2] Samuel D. Marble, *Before Columbus*, Cranbury, NJ, Barnes, 1989, p. 25.

[3] Bartolomé de las Casas, *History of the Indies*, traducción de Andrée M. Collard, Nueva York, Harper and Row, 1971, p. 289 [ed. cast.: *Historia de las Indias*, vol. 5, Madrid, Ginesta, 1875, p. 229].

En 1492 los navíos de Cristóbal Colón surgieron de la nada. Los libros de historia estadounidenses le muestran como un personaje prácticamente sin precedentes, retratándole como el primer gran héroe americano. Con esa canonización reflejan nuestra cultura nacional. De hecho, ahora que el Día de los Presidentes conjuga los cumpleaños de Washington y Lincoln, Colón es una de las dos personas a las que en los Estados Unidos se honra directamente mediante una fiesta nacional. La única fecha que cualquier escolar recuerda es 1492 y, desde luego, todos los libros de texto que he revisado la incluyen. Pero la mayoría deja a un lado prácticamente todo lo que es importante saber sobre Colón y las exploraciones europeas en América. Entretanto, inventan todo tipo de minucias que mejoren el relato y que humanicen a Colón para que los lectores puedan identificarse con él.

Al igual que Cristo, Colón fue tan capital que los historiadores lo utilizan para dividir el pasado en épocas, convirtiendo la América anterior a 1492 en «precolombina». Los manuales de historia de los Estados Unidos reconocen la importancia de Colón concediéndole un promedio de mil palabras (tres páginas, incluyendo una imagen suya y un mapa), lo cual es mucho si tenemos en cuenta lo que esos libros deben abarcar. Su heroico relato colectivo es más o menos como sigue:

> Nacido en Génova, Italia, en una humilde familia, Cristóbal Colón llegó a convertirse en un consumado navegante. Navegó por el Atlántico hasta llegar a Islandia y África occidental. Sus aventuras le convencieron de que el mundo debía de ser redondo. En

consecuencia, las legendarias riquezas de Oriente —especias, seda y oro— podrían obtenerse navegando en dirección al oeste, sustituyendo así la ruta terrestre que cruzaba Oriente Medio, que los turcos habían cerrado al comercio.

Para poder financiar su empresa, Colón recorrió Europa occidental rogando a un monarca tras otro. Después del rechazo inicial de Fernando e Isabel de España [Fernando de Aragón e Isabel de Castilla, los Reyes Católicos], Colón obtuvo por fin su oportunidad cuando la reina Isabel decidió financiar una modesta expedición.

Colón preparó tres naves de tamaño irrisorio, la *Niña*, la *Pinta* y la *Santa María*, y se hizo a la mar en España. La travesía fue difícil. Durante más de dos meses los navíos se dirigieron hacia el oeste, cruzando el desconocido Atlántico. La tripulación estuvo a punto de amotinarse y amenazó con tirar a Colón por la borda. Al final llegaron a las Antillas el 12 de octubre de 1492.

Aunque Colón realizó otras tres travesías hasta América, nunca comprendió realmente que había descubierto un Nuevo Mundo. Murió en el ostracismo, sin reconocimiento y sin dinero. No obstante, de no ser por su osadía la historia de los Estados Unidos habría sido muy distinta, porque, en cierto sentido, fue Colón el que la hizo posible.

Por desgracia, en este relato tradicional casi todo es falso o inverificable. Los autores de manuales de historia nos conducen a un viaje que, creado por ellos y ajeno a los hechos históricos, pertenece al terreno de lo mitológico. A ellos y a nosotros se nos ha embaucado con una escandalosa mezcolanza de mentiras, verdades a medias, verdades y omisiones que, en gran medida, tienen su origen en la primera mitad del siglo XIX.

El primer error de los libros de texto es el de minusvalorar a los exploradores anteriores. Antes de 1492, gente de otros continentes había llegado en muchas ocasiones a América. Aunque Colón nunca hubiera navegado, otros europeos no habrían tardado en llegar a América. De hecho, puede que los europeos ya hubieran estado pescando en las costas de Terranova en la década de 1480.[4]

---

[4] David Quinn, *England and the Discovery of America, 1481-1620*, Nueva York, Alfred A. Knopf, 1974, pp. 5-105; Robert Blow, *Abroad in America*, Nueva York,

En cierto sentido, el viaje de Colón no fue el primero, sino el último «descubrimiento» de América. Definió una época por la reacción que mostró Europa. En consecuencia, la importancia de Colón radica principalmente en el cambio de las condiciones en Europa, no en que él llegara a un «nuevo» continente.

Los manuales de historia de los Estados Unidos parecen comprender la necesidad de referirse a los cambios sociales ocurridos en Europa en los años anteriores a 1492. Señalan que la historia dejó en la cuneta a los vikingos y dedican varias páginas a explicar por qué Europa estaba en esa ocasión preparada para, según lo expresa uno de ellos, «aprovecharse del descubrimiento» de América. Lamentablemente, ninguno analiza en profundidad las grandes transformaciones que desataron esa nueva respuesta.

La mayoría de los libros que he analizado comienza la historia de Colón aludiendo a Marco Polo y las Cruzadas. El siguiente mosaico de frases resume cómo exponen los cambios que se registraban en Europa:

> «En Europa la vida se desarrollaba con lentitud». «La curiosidad sobre el resto del mundo se encontraba en horas bajas». Entonces, «muchos cambios tuvieron lugar en Europa durante los 500 años anteriores al descubrimiento de América por parte de Colón en 1492». «Los horizontes de la gente se fueron ampliando poco a poco y aumentó la curiosidad sobre el mundo que había más allá de sus localidades». «Europa bullía con ideas novedosas. A muchos europeos los inundaba una ardiente curiosidad. Vivían en un período llamado el Renacimiento». «El Renacimiento animó a la gente a verse como individuos». «¿Qué llevó a los europeos a pensar y soñar cosas nuevas? En parte fue una serie de guerras llamadas las Cruzadas». «Los cruzados se acostumbraron a paladear los exóticos placeres de Asia». «El deseo de aumentar el comercio no tardó en extenderse». «Las antiguas rutas comerciales que conducían a Asia siempre habían sido muy difíciles».

Continuum, 1990, p. 17; Jack Forbes, *Black Africans and Native Americans*, Oxford, Basil Blackwell, 1988, p. 20.

Los relatos se parecen mucho entre sí. En ocasiones, diversos manuales llegan incluso a utilizar las mismas frases. En líneas generales, el nivel académico es descorazonador, quizá porque sus autores se encuentran más cómodos en la historia de los Estados Unidos que en la europea. No parecen saber que el Renacimiento fue algo sincrético. Es decir, que los italianos, para formar algo nuevo, conjugaron ideas procedentes de la India (tomadas de los turcos), de Grecia (conservadas por eruditos musulmanes), de los árabes y de otras culturas. Los autores tampoco ofrecen verdaderas explicaciones causales que expliquen la era de las exploraciones europeas. Más bien, defienden la grandeza de Europa desde presupuestos psicológicamente transparentes: «La gente se volvió más curiosa». Son argumentos que hacen sonreír a los sociólogos: sabemos que nadie midió el nivel de curiosidad en la España de 1492 y tampoco se puede comparar con conocimiento de causa ese nivel con, por ejemplo, el existente en Noruega o Islandia en 1005.

Varios libros de texto afirman que Europa se estaba enriqueciendo y que la mayor riqueza fomentó el comercio. En realidad, como ha señalado el historiador Angus Caldera, «Europa en el siglo XV era más pequeña y más pobre que en el XIII, en parte por la peste bubónica».[5]

Algunos profesores siguen impartiendo lo que sus predecesores me enseñaron hace cincuenta años: que Europa necesitaba especias para disfrazar el sabor de la carne de mala calidad, pero que los malvados turcos impedían su comercio. Tres libros de mi selección inicial —*The American Tradition*, *Land of Promise* y *The American Way*— repetían esa falsedad. En palabras del segundo: «Entonces, después de 1453, cuando Constantinopla cayó en manos de los turcos, el comercio con Oriente prácticamente se interrumpió». Pero ¡A. H. Lybyer desmintió esta afirmación en 1915! Turquía no tuvo nada que ver con el desarrollo de nuevas rutas hacia las Indias. Al contrario, los turcos tenían todas las razones del mundo para mantener abierta la vieja ruta por el Mediterráneo oriental, ya que ganaban dinero con ella.[6]

---

[5] Angus Calder, *Revolutionary Empire*, Nueva York, Dutton, 1981, p. 5.

[6] A. H. Lybyer, «The Ottoman Turks and the Routes of Oriental Trade», *English Historical Review*, 30, nº 120, 10/1915, pp. 577-588. Con todo, puede que Turquía, a

En 1957 Jacques Barzun y Henry Graff publicaron un libro, *The Modern Researcher* [El investigador de la Edad Moderna], que, convertido ya en un tratado clásico para quienes quieren graduarse en Historia, indicaba que desde 1915 los libros de texto vienen perpetuando ese error. Es probable que varios de la media docena de autores que lo cometen se toparan con *The Modern Researcher* en la facultad. Por alguna razón, la información no caló en ellos. Quizá porque la costumbre de echar la culpa a los turcos encaja con el típico convencimiento occidental de que los seguidores del islam suelen comportarse de forma irracional o desagradable. Así plasmaba esa idea el republicano Roland Libonate al proponer en 1963 que el Congreso declarara fiesta nacional el Día de Colón: «Su fe cristiana le otorgó un incentivo religioso para frustrar las actividades piratas de los maleantes turcos que se cebaban sobre los buques mercantes del mundo cristiano». Evidentemente, acontecimientos recientes, sobre todo los atentados terroristas del 11 de septiembre de 2001, refuerzan este arquetipo de un islam amenazador. En consecuencia, los estudiantes universitarios de hoy en día se asombran al enterarse de que los turcos y los moros concedieron libertad de culto a judíos y cristianos en una época en la que los cristianos de Europa torturaban o expulsaban a sus judíos y musulmanes. Ni un solo libro de texto menciona que en 1507 la flota portuguesa bloqueó el mar Rojo y el golfo Pérsico para detener los flujos comerciales por la antigua ruta, porque Portugal controlaba la nueva, que rodeaba África.[7]

La mayoría de los manuales sí menciona el incremento de las transacciones comerciales internacionales y algunos lo atribuyen al surgimiento de los Estados-nación gracias a las monarquías. Aparte de eso, poco reseñable es su descripción de las transformaciones que condujeron a Europa a la Era de las Exploraciones. Algunos textos se remiten incluso a la Reforma protestante, aunque esta no comenzara hasta veinticinco años después de 1492.

---

causa de las guerras que mantuvo con España y Portugal, sí bloqueara durante cierto tiempo el acceso al comercio a los mercaderes de ambos países.

[7] Ibíd.

¿Qué es lo que pasa aquí? Debemos prestar atención a lo que los libros de texto nos dicen y a lo que no nos dicen. Las transformaciones que experimentó Europa no solo desataron los viajes de Colón y las probables travesías que, en esa misma época, realizaron hacia América pescadores portugueses, vascos y de Bristol, sino que también allanaron el camino al dominio europeo del mundo durante los siguientes quinientos años. Dejando a un lado la invención de la agricultura, quizá esta fuera la evolución más trascendental de la historia humana. Nuestros libros de historia deberían analizar con seriedad lo que ocurrió y por qué, en lugar de proporcionarnos declaraciones imprecisas, casi circulares, como esta de *The American Tradition*: «El interés en las cuestiones prácticas y en el mundo que había fuera de Europa generaron avances en materia de construcción naval y navegación».

Quizá el factor esencial que los libros de texto dejan de lado sea el desarrollo de la tecnología militar. En torno a 1400 los príncipes europeos comenzaron a encargar cañones cada vez de mayor tamaño, que aprendieron a instalar en sus navíos. Las incesantes guerras europeas dieron lugar a esta carrera de armamentos, que también trajo consigo un desarrollo del tiro con arco, la instrucción militar y las prácticas de asedio. Al final, China, el Imperio otomano y otros países de Asia y África serían víctimas de las armas europeas. En 1493 comenzó a sucumbir América.[8]

Todavía vivimos esa carrera de armamentos. Pero la ventaja que Occidente tuvo sobre el resto del mundo en materia de tecnología militar, celosamente mantenida a partir del siglo XV, sigue teniendo mucha competencia. Del mismo modo que las trece colonias británicas intentaron prohibir la venta de armas a los indios norteamericanos,[9] ahora Estados Unidos intenta prohibir la venta de tecnología nuclear a países del Tercer Mundo. Un elemento clave de la política exterior de George W. Bush ha sido la negativa

[8] William H. McNeill, *The Age of Gunpowder Empires*, Washington, D.C., American Historical Association, 1989.

[9] Algunos manuales utilizan la expresión *americanos nativos*, otros hablan de *amerindios* y otros se sirven de los dos vocablos. Desde 1975 algunos americanos nativos han rechazado el término *amerindio*. Otros, entre ellos el Movimiento Indio Americano, han decidido atenerse a él. Como los pueblos indígenas utilizan los dos, yo haré lo mismo.

a proporcionar armas nucleares y otras «armas de destrucción masiva» a Irak, Irán y Corea del Norte, y evitar que caigan en manos de terroristas como Al Qaeda. Sin embargo, como el comercio de armas es lucrativo y todos los países necesitan aliados militares, se sigue vendiendo armamento a países no occidentales. La ventaja militar de Occidente en materia de tecnología militar sigue siendo un asunto candente. Con todo, ni un solo libro de texto menciona que las armas fueron uno de los factores que contribuyeron a que Europa dominara el mundo.

En los años anteriores a los viajes de Colón, Europa también comenzó a utilizar en mayor medida nuevas formas de tecnología social como la burocracia, la contabilidad por partida doble y la imprenta mecánica. En realidad, la burocracia, que hoy en día tiene connotaciones negativas, fue una innovación práctica que permitió a gobernantes y mercaderes gestionar eficazmente negocios muy extendidos geográficamente. Lo mismo puede decirse de la contabilidad por partida de doble, basada en el sistema decimal, que los europeos tomaron de los comerciantes árabes. La imprenta y el incremento de la alfabetización permitieron que las noticias de los descubrimientos de Colón llegaran a lugares más apartados de Europa y con más rapidez que las nuevas de las expediciones vikingas.

También hubo un importante avance de carácter ideológico o incluso teológico: la acumulación de riqueza y el dominio sobre otros pueblos acabaron estando bien vistos, porque se consideraban métodos esenciales de ganar aprecio en la Tierra y salvación en el más allá. Como dijo Colón, «el oro es excelentísimo, del oro se hace tesoro, y con él, quien lo tiene hace cuanto quiere en el mundo, y llega a que echa las ánimas al Paraíso».[10] En 1005 los vikingos solo intentaban colonizar Vinlandia, el nombre que dieron a Nueva Inglaterra y las provincias marítimas de Canadá. En 1493 lo que planeaba Colón era saquear Haití.[11] Las fuentes no

[10] Carta a los reyes de España, 7/1503, en *Select Letters of Christopher Columbus*, traducido y editado por R.H. Major, Nueva York, Corinth, 1961 [1847], p. 196 [ed. cast.: Cristóbal Colón, *Relaciones y cartas*, Madrid, Viuda de Hernando, 1892, p. 377].

[11] Colón rebautizó la isla ahora ocupada por Haití y la República Dominicana con el nombre de «La Española». Yo la llamo *Haití* porque este nombre es más

dejan dudas sobre la motivación de Colón: en 1495, por ejemplo, Michele de Cuneo escribió sobre la expedición de 1494 que, junto a Colón, le llevó al interior de Haití: «Tras haber reposado muchos días en nuestra aldea, pareció entonces tiempo al Señor Almirante de poner en práctica su deseo de investigar el oro, por el que sobre todo había emprendido un viaje tan grande».[12] Colón no era más codicioso que los españoles, los ingleses o los franceses que vendrían después. Pero la mayoría de los libros de texto, al describir a Colón y a exploradores y colonizadores posteriores, resta importancia al peso que la búsqueda de riqueza tuvo en la llegada a las Américas. Hasta los Peregrinos abandonaron Europa en parte para ganar dinero, pero al leer nuestros libros de texto nunca lo averiguaríamos. Parece que sus autores creen poco digno explorar y colonizar América por razones económicas.

Un cuarto factor que influyó en la predisposición de Europa a aceptar la existencia de un «nuevo» continente fue la especial naturaleza de la cristiandad europea. Los europeos creían en una religión trasladable y proselitista que racionalizaba la conquista. (Una idea compartida por los seguidores del islam). Lo normal era que los españoles, después de «descubrir» una isla y de encontrar a una tribu amerindia nueva para ellos, le leyeran (en castellano) lo que pasó a conocerse con el nombre de «Requerimiento». Leamos la siguiente versión:

> os rogamos que reconozcáis a la Iglesia por señora y superiora del universo mundo, y al Sumo Pontífice, llamado Papa, en su nombre, y al Rey como superior y Rey de esta tierra, y que obedezcáis sus mandatos. Y si así no lo hicieseis os certifico que, con la ayuda de Dios, nosotros entraremos poderosamente contra vosotros, y os haremos guerra por todas las partes y maneras que pudiéramos, y os sujetaremos al yugo y obediencia de la Iglesia y de su Majestad,

---

conocido que el de *La Española* y porque era el término con el que la denominaban los indígenas, aunque sigue sin estar claro si con él se referían al conjunto de la isla o solo a sus montañas. Véase Las Casas, *History of the Indies*, p. 44.

[12] Michele de Cuneo, 1495, carta referida al 20 de enero de 1494, citada en Sale, *Conquest of Paradise*, p. 143 [ed. cast.: Juan Gil y Consuelo Varela, *Cartas de particulares a Colón y relaciones coetáneas*, Madrid, Alianza, 1984, p. 243].

> y tomaremos vuestras personas y vuestras mujeres e hijos y los haremos esclavos… y protestamos que las muertes y daños que de ello se siguiesen sean a vuestra culpa y no de su Majestad, ni nuestra, ni de estos caballeros que con nosotros vienen.[13]

Una vez calmadas las conciencias con el ofrecimiento a los nativos de la posibilidad de convertirse al cristianismo, los españoles se sentían a partir de ese momento libres para hacer lo que quisieran con aquellos a los que acababan de «descubrir».

Hubo un quinto factor que determinó que la reacción de Europa ante lo referido por Colón sobre Haití fuera totalmente distinta a las reacciones que habían suscitado expediciones anteriores: el reciente éxito que Europa había cosechado en la toma y explotación de diversas sociedades isleñas. En Malta, Cerdeña, las Canarias y, posteriormente, Irlanda, los europeos comprendieron que ese tipo de conquistas conducía por la senda de la riqueza. Como se describe a continuación, los libros de texto actuales sí mencionan un sexto factor: las enfermedades que trajeron consigo los europeos y que contribuyeron a la conquista. Desde las navegaciones vikingas, nuevas y más letales cepas de viruela, gripe y peste bubónica habían aparecido en Europa.[14]

¿Por qué los libros de texto no mencionan que las armas facilitaron la exploración y la dominación? ¿Por qué omiten gran parte de los factores antes mencionados? Si se considera que factores descarnados como el poder militar o la codicia avalada por la religión no hablan bien de nosotros, ¿de qué «nosotros» estamos hablando exactamente? ¿Para quién se escriben los libros de texto (y quién los escribe)? Pura y simplemente: para y por descendientes de los europeos.

---

[13] El Requerimiento se ha reproducido por doquier. La presente versión se ha tomado de la Campaña «500 años de resistencia indígena y popular», sin página, Comité de Unidad Campesina de Guatemala [para la versión en castellano, se ha partido del Requerimiento original de Colón, reproducido en http://www.gabrielbernat.es/espana/leyes/requerimiento/r1513/r1513.html *(N. del T.)*]

[14] Alfred W. Crosby, *Ecological Imperialism: The Biological Expansion of Europe, 900-1900*, Nueva York, Cambridge University Press, 1976, pp. 71-93 [ed. cast.: *Imperialismo ecológico: la expansión biológica de Europa, 900-1900*, Barcelona, Crítica, 1988].

Los estudiantes de secundaria no suelen pensar en cómo consiguió Europa dominar el mundo. No es una cuestión que se les suela presentar. Parece algo natural, que se da por descontado y no necesita explicarse. En el fondo, nuestra cultura nos induce a imaginarnos que somos más ricos y poderosos porque somos más inteligentes. (Resulta interesante preguntarse quién es, exactamente, ese «nosotros»). Evidentemente, no hay estudios que demuestren que los estadounidenses son más inteligentes que, por ejemplo, los iraquíes. Más bien al contrario: Jared Diamond comienza su reciente superventas, *Armas, gérmenes y acero: breve historia de la humanidad en los últimos trece mil años*, presentando a un amigo suyo, de una tribu de Nueva Guinea, que ese autor piensa que es, por lo menos, tan inteligente como él mismo, aunque su cultura deba considerarse «primitiva». Sea como fuere, aunque los libros de texto no identifican las verdaderas causas ni nos animan a pensar en ellas, la infección que supone la posibilidad de ser «más inteligentes» va calando en nosotros. También se permite que nos invada la idea de que «es natural» que un grupo domine a otro.[15] Aunque la historia rebosa de ejemplos de dominación nacional, también está llena de contraejemplos. La forma de tratar a Colón que muestran los manuales de historia estadounidenses refuerza la tendencia a no pensar en los procesos de dominación. La visión tradicional del desembarco de Colón en la costa americana le presenta ejerciendo inmediatamente el dominio, y es algo basado en los hechos: Colón se proclamaba dueño de todo aquello que veía desde su navío. Cuando los manuales se rinden ante ese proceso, lo que dan a entender es que apropiarse de la tierra y dominar a los nativos eran cosas inevitables, cuando no naturales. Esto es lamentable, porque los viajes de Colón proporcionan una extraordinaria oportunidad docente. En su calidad de misiones oficiales de un Estado-nación, son un ejemplo de la nueva Europa. Mercaderes y príncipes colaboraron para financiarlas y autorizarlas. La segunda expedición iba profusamente armada. Colón documentó con cuidado sus viajes, ofreciendo

---

[15] Así lo señala bell hooks en «Columbus: Gone but Not Forgotten», *Z*, diciembre de 1992, p. 26.

indicaciones, datos sobre corrientes, bancos de arena y descripciones de las poblaciones que consideraba oportuno someter. Gracias a la imprenta, las detalladas informaciones sobre Haití y sobre posteriores conquistas se difundieron con rapidez. Colón ya conocía de primera mano las islas atlánticas que acababan de ocupar Portugal y España, y también la trata de esclavos en África occidental. Pero lo más importante es que, desde el principio, su objetivo no fue simplemente la exploración, ni siquiera el comercio, sino la conquista y la explotación, que fundamentó en la religión.[16] Si los libros de texto incluyeran esos datos, podrían inducir a los alumnos a pensar con inteligencia sobre las razones que explican que Occidente domine el mundo actual.

Los manuales sí reconocen que Colón no partió de cero. Todos sus textos sobre la exploración europea de América empiezan, entre 1415 y 1460, citando al príncipe portugués Enrique el Navegante. De él se dice que descubrió Madeira y las Azores, y que envió naves a que circunnavegaran África por primera vez. Los autores de manuales de historia no parecen saber que los antiguos fenicios y egipcios llegaron con sus barcos por lo menos hasta Irlanda e Inglaterra, que alcanzaron Madeira y las Azores, comerciaron con los aborígenes de las Canarias y que en torno al año 600 a.C. rodearon África con sus navíos. Sin embargo, es a Bartolomeu Dias a quien los libros de texto atribuyen la proeza de haber doblado por primera vez el cabo de Buena Esperanza, situado en el extremo inferior de África, en 1488. La omisión de los logros de los fenicios resulta irónica, porque fue precisamente el conocimiento de sus hazañas lo que indujo al príncipe Enrique a repetirlas.[17] Sin embargo, esa información choca con otro arquetipo social: para nuestra cultura, la tecnología moderna es un logro occidental. De manera que las hazañas de los fenicios no encajan en el argumento general de cómo los europeos blancos enseñaron al resto del mundo a hacer las cosas. Ninguno de los manuales

---

[16] Sale, *The Conquest of Paradise*, pp. 71-72.

[17] Constance Irwin, *Fair Gods and Stone Faces*, Nueva York, St. Martin's, 1963, pp. 193-211, 217 y 241; Cyrus Gordon, *Before Columbus*, Nueva York, Crown, 1971, pp. 119-125; Geoffrey Ashe et al., *The Quest for America*, Londres, Pall Mall, 1971, pp. 78-79.

atribuye a los musulmanes la preservación de la sabiduría griega antigua, ni su enriquecimiento con ideas procedentes de China, la India y África, ni su trasmisión del conocimiento resultante a Europa a través de España e Italia. Por el contrario, presentan a Enrique inventándose la navegación, dando a entender que antes de Europa no había nada, por lo menos nada moderno. Varios libros relatan cómo, en palabras de Boorstin y Kelley, «concibieron los portugueses un nuevo tipo de navío: la carabela».

No obstante, la obra de Enrique se basó principalmente en ideas ya conocidas por los antiguos egipcios y fenicios, desarrolladas posteriormente en Arabia, el norte de África y China. Hasta el nombre que utilizaron los portugueses para bautizar sus nuevos buques, carabela, procedía del término egipcio *cárabos*.[18] Las culturas no evolucionan en el vacío y quizá la difusión de ideas sea la principal causa de desarrollo cultural. El contacto con otras culturas suele desatar el florecimiento cultural. A este proceso los antropólogos lo llaman *sincretismo*, que consiste en conjugar ideas de dos o más culturas para crear algo nuevo. En primaria los niños aprenden que las civilizaciones persa y mediterránea florecieron en la Antigüedad gracias a su posición dentro de rutas comerciales. En el caso que nos ocupa, cuando Enrique se encontraba en los albores de la dominación europea del mundo, los libros de texto tienen una oportunidad de oro para aplicar a Europa esa misma concepción de la difusión cultural. Pero la desperdician. Según *The American Way*, Enrique no solo tuvo que desarrollar nuevos instrumentos, sino que «la gente tampoco sabía cómo construir buques de altura».[19] A los alumnos no se les da explicación alguna sobre cómo los aborígenes pudieron llegar a Australia, los polinesios a Madagascar o los pueblos prehistóricos a las

---

[18] Richard Eaton, *Islamic History as Global History*, Washington, D.C., American Historical Association, 1990, p. 17; sobre la carabela, véase Smithsonian Institution, exposición «Seeds of Change», Washington, D.C., National Museum of Natural History, 1991.

[19] *The American Adventure* señala que «la brújula había venido de China» y que «de los árabes llegó un instrumento llamado astrolabio». *Holt American Nation* atribuye la brújula a los chinos y la vela latina a los persas o los indios. Aparte de eso, los dieciocho manuales consideran que los logros portugueses no tenían precedente.

Canarias. Por «gente», *The American Way* entiende «europeos»: un ejemplo de eurocentrismo de manual.

Esos libros plasman lo que el antropólogo Stephen Jett denomina «doctrina del descubrimiento de América por parte de Colón».[20] El Cuadro 1 proporciona una lista cronológica de expediciones que quizá llegaran a América antes que Colón, con comentarios sobre la calidad de los indicios de cada una de ellas en 2006.[21] Aunque la lista es larga, probablemente siga siendo incompleta.

---

[20] Stephen C. Jett, «Diffusion vs. Independent Development», en Carroll Riley et al., eds., *Man Across the Sea*, Austin, University of Texas Press, 1971, p. 7.

[21] La lista de fuentes básicas sobre esos supuestos precursores de Colón comienza con la ingente bibliografía proporcionada por John L. Sorenson y Martin H. Raish en *Pre-Columbian Contact with the Americas Across the Oceans*, Provo, UT, Research Press, 1990, que a partir de ahora denominaremos «Sorenson y Raish». Véase también:

Sobre Indonesia: Stephen C. Jett. «The Development and Distribution of the Blowgun», *Annals of the Association of American Geographers*, Davis, University of California, diciembre de 1970. Sobre formas parecidas de fabricar papel: Paul Tolstoy, «Paper Route», *Natural History*, 6/1991, pp. 6-14; y *Feats and Wisdom of the Ancients*, Alexandria, VA, Time-Life, 1990, p. 122. Véase también Carroll Riley et al., eds., *Man Across the Sea*, sobre todo el artículo de Jett, Sorenson y Raish, entradas H255, M109 y S57.

Sobre los japoneses: Betty J. Meggers, «Did Japanese Fishermen Really Reach Ecuador 5000 Years Ago?», *Early Man* 2, 1980, pp. 15-19, y Ashe et al., *The Quest for America*, pp. 239-259. Véase también *Feats and Wisdom of the Ancients*, p. 124.

Sobre los cree, navajos e inuit: William Fitzhugh, «Crossroads of Continents: Review and Prospect», en William Fitzhugh y V. Chaussonet, eds., *Proceedings of the Crossroads Symposium*, Washington, D.C., Smithsonian Institution Press, 1988. Véase también Ian Stevenson, *Twenty Cases Suggestive of Reincarnation*, Charlottesville, University of Virginia Press, 1974, pp. 218-219 [ed. cast.: *Veinte casos que hacen pensar en la reencarnación*, Villaviciosa de Odón, Mirach, 1992].

Sobre los chinos: Joseph Needham y Lu Gwei-Djen, *Trans-Pacific Echoes and Resonances*, Singapur, World Scientific, 1985. Véase también *Feats and Wisdom of the Ancients*, p. 121; Stevenson, *Twenty Cases Suggestive of Reincarnation*, pp. 218-219; Irwin, *Fair Gods and Stone Faces*, pp. 249-251; Paul Shao, *The Origins of Ancient American Culture*, Ames, Iowa State University Press, 1983; y Sorenson y Raish, entradas L228, 231, 238-241 et al.

Sobre los africano-fenicios: Alexander von Wuthenau, *The Art of Terracotta Pottery in Pre-Columbian Central and South America*, Nueva York, Crown, 1970, y *Unexpected Faces in Ancient America*, Nueva York, Crown, 1975. Véase también Ivan Van Sertima, *They Came Before Columbus*, Nueva York, Random House, 1976; Thor Heyerdahl, «The Bearded Gods Speak», en Ashe et al., *The Quest for America*, pp. 199-238; *Feats and Wisdom of the Ancients*, p. 123; Irwin, *Fair Gods and Stone Faces*,

Un mapa encontrado en Turquía con fecha de 1513, que se decía basado en materiales de la biblioteca de Alejandro Magno, incluye información sobre las costas de Sudamérica y de la Antártida. En toda América siguen apareciendo monedas antiguas romanas y cartaginesas, lo que ha llevado a algunos arqueólogos a concluir que hubo navegantes romanos que llegaron a América en más de una ocasión.[22] Los americanos nativos también cruzaron el Atlántico:

---

pp. 67-71, 89-96, 122-145 y 176-186; J. A. Rogers, *100 Amazing Facts About the Negro*, St. Petersburg, FL, Helga Rogers, 1970, pp. 21-22; y Sorenson y Raish, entradas J13-J17, G71 et al. Kenneth Feder arremete contra los indicios de Van Sertima en *Frauds, Myths, and Mysteries*, Mountain View, CA, Mayfield, 1990, pp. 75-77.

Sobre los celtas: Barry Fell, *America B.C.*, Nueva York, Quadrangle, 1976, y Barry Fell, *Saga America*, Nueva York, Times Books, 1980.

Sobre los irlandeses: Ashe et al., *The Quest for America*, pp. 24-48. La conclusión de Ashe es que los indicios de viajes irlandeses son débiles.

Sobre los nórdicos: Erik Wahlgren, *The Vikings and America*, Nueva York, Thames and Hudson, 1986 [ed. cast.: *Los vikingos y América*, Barcelona, Destino, 1990].

Sobre los africanos occidentales: Marble, *Before Columbus*, pp. 22-25. Véase también Van Sertima, *They Came Before Columbus*; Arthur E. Morgan, *Nowhere Was Somewhere*, Chapel Hill, University of North Carolina Press, 1946, p. 198; Michael Anderson Bradley, *Dawn Voyage*, Toronto, Summer Hill Press, 1987; Pathé Diagne, «*Du centenaire de la découverte du Nouveau Monde par Bakari II, en 1312, et Christopher Colomb, en 1492*», Dakar, edición privada, 1990; y Sorenson y Raish, entrada H344.

Sobre los polinesios: Heather Whipps, «Chicken Bones Suggest Polynesians Found Americas Before Columbus», página web de *Live Science*, 4 de junio de 2007, livescience.com/history/070604_polynesian_chicken.html.

Sobre los portugueses: Marble, *Before Columbus*, p. 25. Véase también Van Sertima, *They Came Before Columbus*; Morgan, *Nowhere Was Somewhere*, p. 197; Ashe et al., *The Quest for America*, pp. 265-266; Quinn, *England and the Discovery of America*, pp. 41-43 y 85-86; y H. Y. Oldham, «A Pre-Columbian Discovery of America», *Geographical Journal*, 3, 1895, pp. 221-233.

Sobre los vascos: Forbes, *Black Africans and Native Americans*, p. 20.

Sobre los pescadores de Bristol: Quinn, *England and the Discovery of America*, pp. 5-105. Véase también A. A. Ruddock, «John Day of Bristol», *Geographical Journal*, 132, 1966, pp. 225-233; Blow, *Abroad in America*, p. 17; G. R. Crone, *The Discovery of America*, Nueva York, Weybright y Talley, 1960, pp. 157-158; y Carl Sauer, *Sixteenth-Century North America*, Berkeley y Los Ángeles, University of California Press, 1971, p. 6.

[22] Charles H. Hapgood, *Maps of the Ancient Sea Kings*, Nueva York, Chilton, 1966. Hapgood defiende el mapa turco, que en su opinión contiene detalles desconocidos para los exploradores europeos en 1513, de ahí que no pudiera ser fraudulento. *Current Anthropology*, 21, nº 1, febrero de 1980, aporta argumentos a favor y en contra de la utilización de monedas como prueba de las visitas romanas.

los antropólogos conjeturan que viajaron hacia el este hace milenios desde Canadá hasta Escandinavia y Escocia. En torno al año 60 a.C., dos indios americanos que naufragaron en Holanda se convirtieron en un fenómeno en Europa.[23]

Los datos que apuntan a la existencia de esos viajes ofrecen atisbos fascinantes sobre las sociedades y culturas que hubo en ambas orillas del Atlántico y en Asia antes de 1492. También ponen de relieve las polémicas que enfrentan a quienes estudian el pasado lejano. Si los libros de texto dieran cabida a la polémica, podrían mostrar a los alumnos qué afirmaciones descansan en pruebas fehacientes y cuáles en indicios menos sólidos. Al incitar a los estudiantes a tomar sus propias decisiones sobre lo que probablemente ocurrió, también les presentarían los diversos métodos de recogida de información y los tipos de fuentes —historia oral, testimonios escritos, similitudes culturales, cambios lingüísticos, genética humana, cerámica, datación arqueológica, migraciones de especies vegetales— que los investigadores utilizan para conocer el pasado lejano. Por desgracia, los libros de texto parecen encerrados en la retórica de la incertidumbre. James West Davidson y Mark H. Lytle, coautores del manual *The United States: A History of the Republic*, también han escrito *After the Fact* [A posteriori], un libro para universitarios que han elegido Historia como especialidad en el que subrayan que la historia no es un conjunto de hechos, sino una serie de argumentos, preguntas y polémicas.[24] Sin embargo, su manual de secundaria, al igual que los de sus rivales, presenta una historia hecha de respuestas, no de preguntas.

Los nuevos indicios que aparecen, a medida que arqueólogos, historiadores y biólogos comparan las culturas y formas de vida de América con las de África, Europa y Asia, pueden confirmar o refutar esas llegadas. Mantenerse al tanto de los nuevos indicios es muy laborioso. Para poder hablar de anteriores exploradores,

---

[23] Forbes, *Black Africans and Native Americans*, pp. 7-14; William Fitzhugh, comunicación personal, 16 de noviembre de 1993; Van Sertima, *They Came Before Columbus*, capítulo 12. Véase también Alice B. Kehoe, «Small Boats Upon the North Atlantic», en Riley et al., *Man Across the Sea*, p. 276.

[24] James West Davidson y Mark H. Lytle, *After the Fact*, Nueva York, McGraw-Hill, 1992.

Cuadro 1. Exploradores de América

Año	Desde	Hasta	Fiabilidad de los datos
¿70000 a.C.?-¿12000 a.C.?	Siberia	Alaska	Alta: los supervivientes poblaron América
¿6000 a.C.?-¿1500 a.C.?	Indonesia (u otra dirección)	Sudamérica	Moderada: similitudes en cerbatanas, fabricación de papel, etc.
¿5000 a.C.?	Japón	Ecuador	Moderada: cerámica y formas de pesca similares.
¿10000 a.C.?-¿600 a.C.?	Siberia	Canadá, Nuevo México	Alta: los navajos y los cree se parecen culturalmente y se diferencian de otros indios.
¿9000 a.C.?-hasta el presente	Siberia	Alaska	Alta: contacto constante de los inuit por el mar de Bering.
1000 a.C.	China	Centroamérica	Baja: leyenda china, similitudes culturales.
1000 a.C.-300 d.C.	África y zonas fenicias	Centroamérica	Moderada: rasgos negroides y caucásicos en escultura y cerámica, historia árabe, etc.
500 a.C.	Fenicia, islas británicas celtas	Nueva Inglaterra, quizá otros sitios	Baja: megalitos, posibles similitudes en escritura e idioma.
600 d.C.	Irlanda, a través de Islandia	¿Terranova? ¿Antillas?	Baja: leyendas de san Borondón escritas en torno al 850 d.C., confirmadas por sagas nórdicas.
1000-1350	Groenlandia, Islandia	Labrador, isla de Baffin, Terranova, Nueva Escocia, posiblemente cabo Cod y más al sur	Alta: sagas orales, confirmadas por arqueología en Terranova.
¿1304?-¿1424?	Polinesia	Chile	Moderada: huesos de pollo anteriores a los españoles, anzuelos similares.
¿1311?-¿1460?	África occidental	Haití, Panamá, quizá Brasil	Moderada: fuentes portuguesas sobre África occidental, Colón sobre Haití, Balboa sobre Panamá.
c. 1460	Portugal	¿Terranova? ¿Brasil?	Baja: inferencia de fuentes y acciones portuguesas.
¿1375?-1491	País Vasco español	Costa de Terranova	Baja: fuentes históricas crípticas
1481-1491	Bristol, Inglaterra	Costa de Terranova	Baja: fuentes históricas crípticas
1492	España	Caribe, Haití incluido	Alta: fuentes históricas.

los autores de libros de texto tendrían que familiarizarse con fuentes como las citadas en las tres notas anteriores. Es más fácil limitarse a repetir la típica historia de Colón.

La mayoría de los libros de texto que he estudiado menciona al menos las expediciones nórdicas. Esos osados navegantes, que llegaron a América durante una serie de travesías noratlánticas, crearon comunidades en las islas Faroe, Islandia y Groenlandia. En esta última, la colonia nórdica se mantuvo durante quinientos años (982-c. 1500), tanto como los asentamientos europeos en América, que se han prolongado hasta ahora. Desde Groenlandia, una serie de expediciones, unas planificadas, otras accidentales, llegaron a diversas partes de Norteamérica, entre ellas la isla de Baffin, la península del Labrador, Terranova y, posiblemente, Nueva Inglaterra.

La mayoría de los libros de texto que mencionan las expediciones vikingas les restan importancia. En *Land of Promise* se lee: «Se limitaron a tocar brevemente la costa y después se volvieron». Quizá los autores de *Promise* no sabían que, en torno a 1005, Thorfinn y Gudrid Karlsefni dirigieron un grupo de 65, 165 o 265 labradores colonos (las antiguas sagas nórdicas no coinciden al respecto), con ganado y provisiones, para asentarse en Vinlandia. Aguantaron dos años; Gudrid dio a luz a un hijo varón. Después, el enfrentamiento con los indios les indujo a abandonar la empresa. Este viaje no fue un accidente aislado: 350 años después los nórdicos seguían exportando madera desde la península del Labrador a Groenlandia. Algunos arqueólogos e historiadores creen que, en dirección sur, llegaron hasta la costa de Carolina del Norte. En Europa occidental sus descubrimientos se conocieron durante siglos y en Escandinavia nunca se olvidaron. Seguramente Colón tuvo noticias de Groenlandia y probablemente también de Norteamérica si, tal como decía, visitó Islandia en 1477.[25]

[25] Forbes, *Black Africans and Native Americans*, p. 19. Morgan Llywelyn, «The Norse Discovery of the New World», *Early Man*, 2, nº 4, 1980, pp. 3-6; Marshall McKusick y Erik Wahlgren, «Viking in America—Fact and Fiction», *Early Man*, 2, nº 4, 1980, pp. 7-9. Al contrario que la mayoría de las autoridades sobre el tema, Sale, en *The Conquest of Paradise*, p. 374, no tiene claro que Colón llegara a Islandia. Según James Duff, *The Truth about Columbus*, Londres, Jarrolds, 1937, pp. 9-13, los descubrimientos nórdicos se conocían en Europa.

Quizá sea justo decir que los viajes vikingos apenas tuvieron efectos duraderos en el destino del mundo. Entonces, ¿deben los libros de texto prescindir de ellos? ¿Acaso la influencia en el presente es la única razón para incluir un acontecimiento o hecho? Desde luego, no puede ser así, o nuestros libros de historia se quedarían en panfletos de veinte páginas. Incluimos los viajes de los nórdicos no por su supuesta relevancia geopolítica, sino porque su inclusión permite obtener una panorámica más completa del pasado. Además, bastaría que los libros de texto compararan inteligentemente los viajes de los nórdicos con el segundo de Colón para ayudar a los estudiantes a comprender las transformaciones que tuvieron lugar en Europa entre los años 1000 y 1493. Como veremos, el segundo viaje de Colón fue de una envergadura diez veces mayor que las intentonas de asentamiento nórdicas. En cierto modo, la nueva capacidad de movilización que tenían los europeos fue la responsable de que los viajes colombinos cobraran una relevancia tan sobrecogedora.

Puede que los navegantes africanos y asiáticos llegaran a América, pero no han llegado a los manuales de historia. Los viajes más conocidos son los de los fenicios, que probablemente zarparan de Marruecos o África occidental, pero que en última instancia procedían de Egipto, y que se dice que alcanzaron la costa atlántica mexicana en torno al 750 a.C. Materiales orgánicos relacionados con las colosales cabezas de basalto que se yerguen en la costa oriental de México se han datado, como mínimo, en esa fecha. Según el antropólogo Ivan Van Sertima, que ha hecho mucho por introducir dichas imágenes en la cultura popular, esas cabezas de piedra podrían ser retratos realistas de africanos occidentales, quizá integrantes de un grupo fenicio.[26] En 1862, José María Melgar, el primer no indígena en describir esas cabezas, llegó a la conclusión de que «[S]in duda ha habido negros en esta región». Quizá en esa misma época indígenas de otras partes de México crearan figuritas de cerámica y piedra de rostros aparentemente caucásicos y negroides. Como señala Alexander von

---

[26] Van Sertima, *They Came Before Columbus*, p. 30. Véase también Irwin, *Fair Gods and Stone Faces*, p. 126.

Wuthenau, que reunió muchas de esas estatuillas de terracota, «va en contra de cualquier lógica elemental y de toda experiencia artística que un indio pudiera retratar con tanta fidelidad la cabeza de un negro o de un blanco sin que se le escapara un solo rasgo racial, a menos que hubiera visto a tal persona».[27] Algunos estudiosos han rechazado las imágenes caucásicas, tachándolas de cabezas indias «estilizadas», y cuestionan su antigüedad, ya que la mayoría fueron compradas, no encontradas por arqueólogos que puedan datarlas partiendo de su entorno. Los especialistas en arte maya afirman que los «rostros negroides» pueden representar a jaguares o bebés humanos. Algunos señalan que los indígenas que viven hoy en día cerca de los yacimientos tienen nariz aplastada y labios gruesos, aunque poco podría sorprender ese dato si a esa zona hubieran llegado africanos en épocas remotas o durante la trata de esclavos posterior a 1492.[28] Van Sertima y otros autores han aducido otros posibles indicios, entre ellos las similitudes que se observan en telares y otros productos culturales, y la información existente en fuentes históricas árabes sobre las extensas navegaciones oceánicas realizadas por africanos y fenicios en el siglo VIII a.C.[29]

¿Qué importancia tienen hoy estos posibles precursores africanos y fenicios de Colón? Al igual que los vikingos, nos proporcionan una historia fascinante que podría tener en vilo a los alumnos de secundaria. También podríamos observar otro tipo de relevancia centrándonos en el significado concreto del Día de Colón. Los italoamericanos infieren algo positivo sobre su «carácter nacional» al relatar las hazañas de sus ancestros étnicos. En una ocasión, el sociólogo estadounidense George Homans, al explicar por qué había escrito sobre sus propios antepasados de East Anglia y no sobre un grupo humano más numeroso de otra latitud,

---

[27] Von Wuthenau, *The Art of Terracotta Pottery in Pre-Columbian Central and South America*, p. 50.

[28] Jose María Melgar citado en Jacques Soustelle, *The Olmecs*, Garden City, Doubleday, 1984, p. 9. Gabriel Haslip-Viera, Bernard Ortiz de Montellano y Warren Barbour resumen los argumentos contrarios al contacto africano en «Robbing Native American Cultures», *Current Anthropology*, 38, nº 3, junio de 1997, pp. 419-431.

[29] En la nota 21 figuran fuentes partidarias y contrarias del contacto afro-fenicio.

hizo el siguiente chiste: «Puede que sean humanos, pero ¡no son Homans!». Del mismo modo, los escandinavos y los estadounidenses de origen escandinavo siempre se han creído lo que decían las sagas nórdicas de los vikingos, aunque la mayoría de los historiadores no se las creía, y al final confirmaron su contenido realizando investigaciones arqueológicas en Terranova.

Si Colón es especialmente relevante para los europeos occidentales y los vikingos para los escandinavos, ¿qué significado tienen los viajes precolombinos desde África para los afroamericanos? Después de visitar la casa-museo de Von Wuthenau en México, D.F., el experto en arte afrocaribeño Tiho Narva escribió: «Rodeado por su singular colección, tuve la inquietante sensación de que los velos que ocultan el pasado se habían hecho jirones... En cierto modo, al abandonar el museo sentí de repente que durante el resto de mi vida podría caminar con la cabeza más alta».[30] El libro de Van Sertima ha tenido más de veinte reediciones y su autor es un mito para los universitarios negros de los Estados Unidos. Grupos de rap proclaman «pero ya habíamos estado aquí» en versos sobre Colón.[31] Está claro que los afroamericanos quieren ver imágenes positivas de «sí mismos» en la historia de los Estados Unidos. Y nosotros también.

Como ocurre con la inclusión de los nórdicos, incorporar a los fenicios y a los africanos proporciona una panorámica más completa y compleja del pasado, y demuestra que ni la navegación ni la exploración comenzaron con la Europa del siglo xv. Al igual que los nórdicos, los fenicios y los africanos ejemplifican las posibilidades del ser humano, en este caso del negro; hablan, más exactamente, de la destreza que puede mostrar una sociedad multirracial.[32] Al contrario que los nórdicos, parece que los africanos y los fenicios dejaron una impronta permanente en América. Eso es lo que se desprende de las enormes estatuas de piedra de México.

---

[30] Citado por Jan Carew, *Fulcrums of Change*, Trenton, NJ, Africa World Press, 1988, p. 13.

[31] Por ejemplo, «Reconoce tu propia historia», de los Jungle Brothers.

[32] Fenicios y egipcios no dejaban constancia de las «razas» como se entienden hoy día y entre ellos había (como en la actualidad) tonos de piel que iban desde el pálido al muy oscuro.

En el sureste de México hay cabezas de 2,70 metros de alto contemplando el océano. Los arqueólogos las llamas *olmecas,* tomando el nombre de los indígenas que las tallaron. Según un arqueólogo que contribuyó a descubrirlas, sus rostros son «sorprendentemente negroides». Hoy en día, algunos arqueólogos creen que sus labios recuerdan a los gestos como de jaguar que los niños mayas siguen haciendo. Otros piensan que las estatuas representan a «bebés gordos» o a reyes indígenas, o que se parecen a esculturas del Sudeste Asiático.

Hicieron falta esfuerzos ímprobos para extraer de las canteras esos bloques de basalto, que pesan entre diez y cuarenta toneladas cada uno; para transportarlos a ciento veinte kilómetros de distancia y para convertirlos en esculturas de entre 1,80 y 3 metros de altura. Fuera cual fuera su procedencia, los modelos humanos de esas cabezas eran personas importantes a las que se veneraba u obedecía o, por lo menos, se recordaba.[33] No obstante, la mayoría de los arqueólogos piensa que eran mayas, de manera que la inclusión de los afro-fenicios no debe considerarse más que una posibilidad, una polémica aún vigente.

---

[33] La influencia de esos supuestos visitantes desata una enconada polémica. Según antiguas teorías eurocéntricas, el germen que condujo a las civilizaciones olmeca y maya procedía de los visitantes blancos de América. Ejemplo tardío de esta tendencia es Pierre Honoré, *In Quest of the White God*, Nueva York, Putnam, 1964 [ed. cast.: *La leyenda de los dioses blancos*, Barcelona, Destino, 1965]. Para unos pocos autores, el origen de muchas capacidades e ideas de los olmecas está en los visitantes negros. Véase Irving Wallace, David Wallechinsky y Amy Wallace, *Significa*, Nueva York, Dutton, 1983, p. 58. La mayoría de los mesoamericanistas cree que los olmecas se desarrollaron totalmente por su cuenta. Para una manifestación temprana de esta postura, véase Gregory Mason, *Columbus Came Late*, Nueva York, Century, 1931. Según un cuarto punto de vista, el contacto afro-fenicio podría haber desatado un florecimiento de la sociedad olmeca. De este modo, se conserva potencial para el genio en ambos hemisferios.

De todos los libros de texto que he analizado, solo dos llegan a mencionar la posibilidad de una exploración africana o fenicia. *The American Adventure* se limita a plantear dos preguntas: «¿Qué similitudes existen entre los grandes monumentos mayas y los del antiguo Egipto?» y «¿Es posible que, llevados por el viento, hubieran llegado al Nuevo Mundo marineros de Asia, Europa, África o el sur del Pacífico y que se mezclaran con quienes ya vivían en él?». El libro de texto no ofrece información al respecto y llega incluso a afirmar que «deberías poder responder a estas cuestiones sin necesidad de investigar». Qué tontería. La mayoría de los grupos se limitará a hacer caso omiso de esas preguntas.[34] *The United States: A History of the Republic* solo menciona las expediciones precolombinas para asegurarnos que no tenemos que preocuparnos por ellas: «Ninguno de esos europeos, africanos o asiáticos dejó rastros duraderos de su presencia en América, ni tampoco desarrollaron relaciones profundas con los primeros americanos».

Los manuales de historia fomentan la creencia de que los procesos más importantes del devenir mundial tienen su origen en Europa. Conceder demasiado potencial a los africanos precolombinos podría crispar la sensibilidad de los estadounidenses de origen europeo. Como señaló Samuel Marble, «la posibilidad de que América fuera descubierta por africanos nunca ha sido apetecible para los historiadores de los Estados Unidos».[35] A los profesores y programas que presentan de forma positiva la historia de África y a los afroamericanos se les suele tachar de afrocéntricos. Los historiadores blancos insisten en que no se ha demostrado la presencia de afro-fenicios; según ellos, no debemos distorsionar la historia para mejorar la autoestima de los niños negros. Tienen razón en que esa presencia no se ha demostrado, pero los libros de texto deberían incluir a los afro-fenicios en calidad de posibilidad, de polémica.

---

[34] *Adventure* es un «manual de indagación», compuesto de mapas, ilustraciones y fragmentos de fuentes primarias como periódicos y leyes, hilados mediante pasajes narrativos. Este tipo de cuestiones son la pesadilla de los libros de indagación. Para lidiar con ellos harían falta abundantes consultas en bibliotecas, tiempo en clase y habilidad docente.

[35] Marble, *Before Columbus*, p. 25.

Los manuales y cursos de historia al uso discriminan a los alumnos que se han educado con canciones rap o con Van Sertima. Imaginémonos una clase de historia de los Estados Unidos de undécimo curso a comienzos del otoño. El texto es *Life and Liberty* y los alumnos están leyendo el capítulo 2, «Exploración y colonización». ¿Qué ocurre cuando una chica afroamericana levanta la mano para poner en cuestión la siguiente afirmación: «Hasta 1497-1499 el explorador portugués Vasco de Gama no rodeó África en barco»? En canciones de rap la chica ha escuchado que los fenicios se adelantaron a De Gama en más de dos mil años. ¿Acaso el profesor dedica tiempo a investigar la cuestión y descubrir que la estudiante tiene razón, que el manual se equivoca? Lo más probable es que el o la docente minusvalore el conocimiento de la alumna: «¡El rap no encaja en una clase de historia!». O que se ría de ella: «Sí, pero eso fue hace mucho y no condujo a nada. El descubrimiento importante es el de Vasco de Gama». Estas respuestas permiten a la clase «pasar» al tema siguiente. También contienen parte de verdad: la circunnavegación fenicia no generó ninguna ruta comercial o alianza nacional nueva, porque los fenicios ya estaban comerciando con la India a través del mar Rojo y el golfo Pérsico. No obstante, los libros de texto no mencionan a Vasco de Gama por las consecuencias de su «descubrimiento», sino porque era blanco. Dos páginas después, *Life and Liberty* nos dice que Hernando de Soto «descubrió [el] río Misisipi». Por supuesto, los ancestros de los indios americanos que no tardarían en perseguir a De Soto río abajo ya lo habían descubierto y bautizado con ese nombre. Los libros de texto retratan a De Soto con armadura, sin indicar que, para cuando el explorador llegó al río, sus hombres y mujeres habían perdido casi todas sus prendas de vestir en un incendio provocado por los indios de Alabama y que las habían sustituido por tejidos hechos a base de juncos. El «descubrimiento» de Hernando de Soto no tuvo grandes repercusiones y tampoco generó intercambios comerciales ni asentamientos de blancos.[36] No fue más que el primer

[36] La única relevancia geopolítica del explorador fue la viruela que legó a los indios y que, ya en esa época, redujo drásticamente su población. ciento cuarenta

rostro blanco que posó la vista sobre el Misisipi. Por eso le mencionan la mayoría de los manuales de historia de los Estados Unidos. Desde Erik el Rojo hasta Peary en el polo norte, pasando por el primer hombre que pisó la Luna, a la mayoría de los descubridores les rendimos homenaje porque fueron los primeros y porque fueron blancos, no por los acontecimientos que emanaron o no de sus hazañas. Mi hipotético profesor cambiaría sutilmente las reglas de juego para Vasco de Gama, aunque volvería por donde solía para hablar de Soto. De este modo, lo que aprenden los alumnos es que las proezas de los negros no se consideran importantes, pero sí las de los blancos.[37]

La comparación entre otras dos posibles expediciones precolombinas, una desde la costa occidental de África, otra desde la de Irlanda, nos sitúa en una posición excelente para valorar este debate. Al llegar a Haití, Colón descubrió que los arahuacos disponían de puntas de lanza hechas de «guanina», que esos indígenas decían que habían obtenido de comerciantes negros provenientes del sur y del este. La «guanina» era en realidad una aleación de oro, plata y cobre, idéntica a la aleación de oro utilizada por los africanos occidentales, que también la llamaban así. Los historiadores musulmanes han dejado constancia de la existencia de relatos de viajes realizados desde Malí, en el África occidental, que, en torno a 1311, durante el reinado de Mansa Bakari II, se habrían dirigido hacia el oeste. De vez en cuando, durante los siglos XIV y XV, los naufragios arrojaban naves africanas (quizá vestigios del comercio transatlántico) a las costas de Cabo Verde. Gracias a sus contactos con el África occidental, los portugueses tuvieron noticia de las visitas de comerciantes africanos al Brasil a mediados del siglo XV y quizá esta información influyera en la insistencia lusa en desplazar más al

---

años después La Salle se dejó llevar por el Misisipi. De los libros que he analizado, solo *Life and Liberty* menciona esa plaga, aunque solo le dedica cinco palabras.

[37] Después de publicar esta hipotética conversacióna en un aula en *The Truth About Columbus* (Nueva York, New Press, 1992), leí un texto del novelista afroamericano Ishmael Reed que planteaba una situación similar, tomada de la experiencia del historiador J. A. Rogers cuando estaba en clase de historia en cuarto curso. Según el profesor, había rechazado sus ideas durante un «prolongado arrebato». Véase «The Forbidden Books of Youth», *New York Times Book Review*, 6 de junio de 1993, pp. 26-28.

oeste la «línea de demarcación» papal en el Tratado de Tordesillas (1494).[38] En cadáveres precolombinos de Brasil se han encontrado rastros de enfermedades comunes en África. Fernando, el hijo de Colón que acompañó al Almirante en su tercer viaje, afirmaba que la gente que se encontraban o de la que tenían noticias en el este de Honduras «son casi negros y muy burdos», probablemente africanos. Los primeros europeos en llegar a Panamá —Balboa y compañía— afirmaron que habían visto esclavos negros en un pueblo indio. Los indígenas decían que los habían capturado en una comunidad negra cercana. Las fuentes orales de afromexicanos contienen relatos sobre travesías que cruzan el Atlántico desde el África occidental. Por tanto, en conjunto, hay datos de diversas fuentes que apuntan la posibilidad de que antes de Colón se hubiera llegado a América desde el África occidental.[39]

Por el contrario, los indicios de una travesía de irlandeses a América solo proceden de una ribera del Atlántico. Según leyendas irlandesas escritas en los siglos IX o X, siglos antes «un abad y diecisiete monjes viajaron a la "tierra prometida de los santos" durante una travesía de siete días en una embarcación de cuero». Los relatos contienen pormenores verdaderamente fantasiosos: al llegar la Pascua el sacerdote y su tripulación siempre celebraban

---

[38] Diagne, *Du Centenaire de la Découverte du Nouveau Monde par Bakari II, en 1312, et Christopher Colomb en 1492*, pp. 2-3; Van Sertima, *They Came Before Columbus*, p. 6. Forbes, *Black Africans and Native Americans*, pp. 13-14, cita a Las Casas para demostrar que Colón conocía las relaciones comerciales entre América y el África occidental.

[39] Van Sertima, *They Came Before Columbus*, pp. 21 y 26. Respecto a las enfermedades africanas en América, véase Sorenson y Raish, entrada H344, y Richard Hoeppli, «Parasitic Diseases in Africa and the Western Hemisphere», en *Acta Tropica*, Supplementum 10, Basilea, Verlag für Recht und Gesellschaft, sin fecha, pp. 54-59. Forbes, *Black Africans and Native Americans*, advierte que términos relativos al color de la piel como «negro» podrían inducir a error, porque los europeos solían aplicarlos a cualquier persona de tez oscura y baja condición. Forbes cree que Balboa vio a negros, pero piensa que quizá hubieran llegado de algún modo de Haití. Como los esclavos africanos no llegaron a Haití hasta 1505, habrían tenido que escapar desde allí a Panamá acompañados de indios para haber podido llegar antes que Balboa, que arribó a Panamá en 1510. Respecto a la tradición oral negra en México, véase Gonzalo Aguirre Beltrán, *La población negra de México*, México, D.F., Fondo de Cultura Económica, 1989; y John G. Jackson, *Man, God, and Civilization*, New Hyde Park, NY, University Books, 1972, p. 283.

una misa a lomos de una ballena. Visitaron un «pilar de cristal» (quizá un iceberg) y una «isla de fuego». Con todo, no podemos rechazar sin más esas leyendas. Cuando los nórdicos llegaron por primera vez a Islandia ya había monjes irlandeses viviendo en la isla, cuyos volcanes podrían haberla convertido en la «isla de fuego».[40]

¿Cómo hablan los libros de texto estadounidenses de esos dos grupos de legendarios viajeros? En mi selección inicial, cinco de los doce manuales admitían la posibilidad de una expedición irlandesa. El que más se detenía en ella era *Challenge of Freedom*:

> Hay quienes creen que... quizá hubo misioneros irlandeses que navegaron hasta América hace cientos de años, antes de los primeros viajes de Colón. Según las leyendas irlandesas, hubo monjes irlandeses que cruzaron el océano Atlántico para llevar el cristianismo a los pueblos con los que se encontraban. Una de las leyendas se refiere concretamente a una tierra situada al suroeste de las Azores, supuestamente descubierta por el misionero irlandés san Borondón, en torno al año 500 d.C.

Sin embargo, ni un solo manual, viejo o nuevo, menciona a los africanos occidentales.

Aun dejando de lado a los antecesores de Colón, los manuales de historia estadounidenses continúan cometiendo errores cuando llegan al último «descubridor». Presentan respuestas trilladas, que en su mayoría ensalzan a Colón, y evitan siempre la incertidumbre y la polémica. Sus errores parecen con frecuencia copiados de otros manuales. Permítanme reproducir la historia de Colón que todos ellos refieren, poniendo en esta ocasión en cursiva todo aquello que tenemos razones fehacientes para creer que es verdad.

---

[40] Riley et al., *Man Across the Sea*, sobre todo Alice B. Kehoe, «Small Boats upon the North Atlantic», pp. 275-292. Hasta Marc Stengel deja a Borondón fuera de su brioso y bien dispuesto resumen, «The Diffusionists Have Landed», *Atlantic Monthly*, 1/2000, pp. 35-48.

Nacido en Génova, Italia, en una humilde familia, *Cristóbal Colón llegó a convertirse en un consumado navegante y alcanzó las costas de Islandia y África occidental.* Sus aventuras le convencieron de que el mundo debía de ser redondo y de que, navegando hacia el oeste y sustituyendo las rutas terrestres, que los turcos habían cerrado al comercio, se podrían alcanzar las legendarias riquezas de Oriente (especias, seda y oro). *Para poder financiar su empresa, Colón recorrió Europa occidental rogando a un monarca tras otro.* Después del rechazo inicial de Fernando e Isabel de España, Colón obtuvo por fin su oportunidad cuando *la reina decidió financiar una modesta expedición. Colón preparó tres naves* de tamaño irrisorio, la *Niña,* la *Pinta* y la *Santa María,* y *se hizo a la mar en España. Después* de una ardua *travesía* de más de dos meses, durante la cual su levantisca tripulación estuvo a punto de tirarle por la borda, *Colón* descubrió las *Antillas el 12 de octubre de 1492.* Por desgracia, aunque *realizó otros tres viajes a América,* nunca fue consciente de haber descubierto un Nuevo Mundo. *Colón murió* en el ostracismo, sin reconocimiento y sin blanca. Con todo, de no ser por su osadía, *la historia de los Estados Unidos habría sido muy distinta,* porque, en cierto sentido, fue Colón el que la hizo posible.

Como se puede ver, los libros de texto no se equivocan ni en la fecha ni en el nombre de los barcos. Por lo demás, gran parte de lo que nos dicen carece de fiabilidad. Muchos aspectos de la vida de Colón siguen siendo un misterio. Él decía que era de la localidad italiana de Génova y hay indicios de que era así. También los hay de que no: parece que Colón no sabía escribir en italiano, ni siquiera cuando escribía a genoveses. Algunos historiadores creen que era un converso judío, probablemente español (en esa época España presionaba a sus judíos para que se convirtieran o abandonaran el país). Puede que fuera un judío genovés. Para otros historiadores era de Córcega, Portugal o de otra procedencia.[41]

En cuanto a la clase social, ¿cuál era el origen de Colón? Un manual nos dice que era pobre, «hijo de un pobre tejedor genovés»,

[41] Las tres pequeñas informaciones sobre el origen de Colón se describen en Lorenzo Camusso, *The Voyages of Columbus*, Nueva York, Dorset, 1991, pp. 9-10. Véase también Sale, *The Conquest of Paradise*, pp. 51-52.

en tanto que otro asegura que era rico, «hijo de un próspero tejedor de lana». Los dos están seguros, pero quienes se han pasado años estudiando a Colón dicen que no podemos estarlo.

Ni siquiera sabemos con seguridad adónde pensaba Colón que se dirigía. Hay indicios que apuntan a que pretendía ir a Japón, la India e Indonesia; otros que intentaba llegar a «nuevas» tierras situadas al oeste. Los historiadores llevan siglos proclamado una u otra cosa. Según señala Las Casas, como Colón «supiese que a todos era manifiesta la riqueza y grande fama de la India, quería provocar con aquel nombre a los Reyes Católicos, que estaban dudosos de su empresa, diciéndoles que iba a buscar y hallar las Indias por la vía del Occidente».[42] Después de revisar los datos disponibles, Kirkpatrick Sale, último biógrafo de Colón, llegó a la conclusión de que «es probable que nunca lo sepamos con seguridad» y señalaba que esa conclusión «no es muy satisfactoria para quienes exigen certeza a sus cuentos históricos».[43] Como cabía esperar, ese es el caso de todos nuestros libros de texto: todos «saben» que Colón iba en pos de Japón y de las Indias orientales. En consecuencia, los autores impiden que sus lectores perciban que los historiadores no saben todas las respuestas, de ahí que la historia no consista únicamente en memorizarlas.

Las disensiones que hay a veces entre los libros de texto, sobre todo cuando todos ellos parecen tan seguros de lo que proclaman, pueden dar bastante miedo. ¿Qué tiempo hizo durante la travesía colombina de 1492? Según *Land of Promise*, las carabelas se vieron «azotadas por tormentas», pero *American Adventures* dice que disfrutaron de «mares en paz». ¿Cuánto duró la travesía? Según *The Challenge of Freedom*, «después de más de dos meses en la mar» las tripulaciones avistaron tierra, pero *The American Adventure* dice que el viaje duró «casi un mes». ¿Cómo era América a la llegada de Colón? Según un libro que cita al Almirante, estaba «densamente poblada», pero «escasamente habitada» según otro.

---

[42] Las Casas, *History of the Indies*, p. 21 [ed. cast.: *Historia de las Indias*, Caracas, Biblioteca Ayacucho, 1956, p. 38].

[43] Sale, *The Conquest of Paradise*, pp. 23-26.

Con el fin de agrandar el mito, la cultura estadounidense ha perpetuado la idea de que Colón era un audaz adelantado, porque todo el mundo, incluida su propia tripulación, creía que la Tierra era plana. La edición de 1991 de *The American Pageant* es el único libro de texto que sigue repitiendo esta falacia. Según *Pageant,* «los supersticiosos marineros... estaban cada vez más levantiscos», porque «temían caer por el borde del mundo». En realidad, en ambas orillas del Atlántico, poca gente creía en 1492 que el mundo fuera plano. La mayoría de los europeos y de los indígenas americanos sabía que era redondo. Así lo parece, ya que arroja una sombra circular sobre la luna. Los marineros comprueban su redondez cuando los barcos desaparecen en el horizonte, primero el casco, después las velas.

Hay que atribuir a Washington Irving el mérito de popularizar la fábula de la Tierra plana en 1828. Su biografía de Colón, que tanto se vendió, describía la supuesta defensa que hacía Colón de su teoría de la redondez del planeta ante sabios de la universidad de Salamanca, que creían que era plano. Seguramente el propio Irving supiera de la falsedad de su historia.[44] Es probable que pensara que aportaba una bonita e inofensiva floritura dramática. Pero no es inofensiva. Nos induce a pensar que los «primitivos» del mundo, en los que ciertamente se incluían los europeos precolombinos, tuvieron, hasta que llegó otro europeo más adelantado, una tosca concepción del planeta en el que vivían. Y también convierte a Colón en un hombre de ciencia que corrigió nuestra defectuosa geografía.

La intensa ridiculización que sufrió la leyenda de la Tierra plana, sobre todo en 1992, quinto centenario de la llegada de Colón a América, ha tenido su impacto. En 1994, hasta *Pageant* ya había prescindido de las alusiones a la llanura de la Tierra. Ahora los «supersticiosos marineros... estaban cada vez más levantiscos», únicamente porque tenían «miedo a navegar en el océano desconocido». Lamentablemente, los propios profesores que también aprendieron la historia de la Tierra plana nunca deducirán que

---

[44] Ibíd., p. 344; J. B. Russell, *Inventing the Flat Earth*, Nueva York, Praeger, 1991 [ed. cast.: *El mito de la Tierra plana*, Barcelona, Stella Maris, 2014].

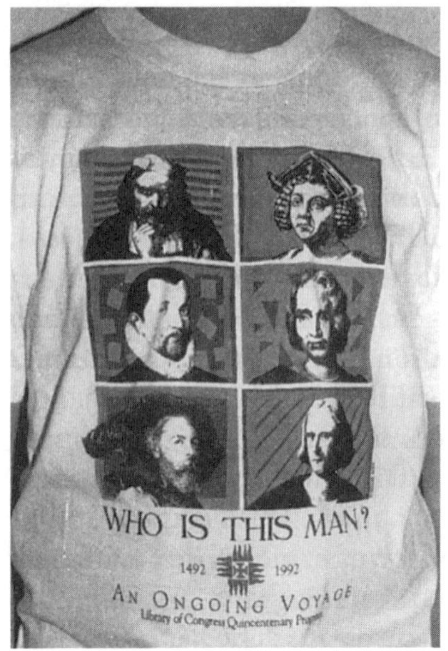

La mayoría de los libros de texto contiene un retrato de Colón. Esos bustos carecen absolutamente de valor como documentos históricos, porque ninguno de los innumerables retratos que tenemos de él se pintó cuando estaba vivo. Para recalcar la falta de autenticidad de esos retratos, la Biblioteca del Congreso vende esta camiseta con seis efigies diferentes del Almirante.

esa frase ligeramente retocada la esté desmintiendo.[45] Boorstin y Kelley se enfrentan a la leyenda más directamente que otros manuales, pero una vez más con una redacción totalmente ineficaz: «En la época de Colón todas las personas instruidas y la mayoría de los marineros creían que la Tierra era esférica». No cabe duda de que la frase señala discretamente que no todo el mundo creía que la Tierra era plana. Pero sigue insinuando lo infrecuente que era pensar que era redonda. No solo los alumnos, también los profesores leen libros de texto como el de Boorstin y Kelley sin cuestionar que Colón demostró al mundo su equivocación. En consecuencia, muchos docentes siguen tácitamente trasmitiendo esa leyenda a sus pupilos.

Hasta la muerte de Colón se ha cambiado para confeccionar un relato mejor. Darle un fin trágico —enfermo, pobre y sin conciencia de su gran logro— añade interés melodramático. Según *The American Adventure*, «el gobierno español no reconoció inmediatamente

---

[45] En 2003, *Holt American Nation*, sucesor del título anterior, prescindió por completo del motín a bordo.

los descubrimientos de Colón». «Murió abandonado en 1506». «Al final no cosechó más que desgracias y oprobio», concluyen Boorstin y Kelley, que añaden que «murió creyendo que había navegado hasta la costa de Asia». En realidad, España «apreció inmediatamente» los «descubrimientos» de Colón, razón por la cual le proporcionó medios para realizar un segundo viaje, de mucha más envergadura. En 1499 la suerte le ayudó a «cosechar» gran cantidad de oro en Haití. Posteriormente, él y sus sucesores obligaron a cientos de miles de nativos a extraerlo. Una vez en España, Colón no dejó de recibir dinero de América; quizá no fuera tanto como pensaba que se merecía, pero sí fue suficiente para vivir sin estrecheces. A su muerte, Colón vivía de forma acomodada y dejó una buena herencia a sus deudos, a la que se añadió incluso el título de «Almirante de la mar océana», que ahora ostenta la decimoctava generación posterior a él. Por otra parte, los propios diarios de Colón demuestran claramente que sabía que había llegado a un «nuevo» continente.[46]

Supongo que algunas de las minucias que van amontonando los autores de libros de texto son inofensivas, por ejemplo, las invenciones sobre Isabel, que supuestamente envió a galope a un mensajero detrás de Colón y que empeñó sus alhajas para sufragar la expedición.[47] No obstante, todas esas mejoras humanizan a Colón y aumentan su grandeza para inducir a los lectores a identificarse con él. Aquí está un fragmento de *Land of Promise*:

> Corre octubre de 1492. Tres pequeñas naves, azotadas por las tormentas, se encuentran perdidas en medio del mar, cruzando un océano desconocido. Atemorizadas, sus tripulaciones han estado amenazando con arrojar a su testarudo capitán por la borda y volverse por donde han venido para dirigirse hacia la seguridad de costas conocidas.

---

[46] Sale, *The Conquest of Paradise*, pp. 171, 185, 204-214 y 362; John Hebert, ed., *1492: An Ongoing Voyage*, Washington, D.C., Library of Congress, 1992, p. 100.

[47] Hans Koning, *Columbus, His Enterprise*, Nueva York, Monthly Review Press, 1976, pp. 39-40 [ed. cast.: *Colón, el mito al descubierto*, Buenos Aires, Ediciones de la Flor, 1991]; Sale, *The Conquest of Paradise*, p. 238.

C. Columbus solicits funds for a promising project. Spain, 1489.

Without project funding, the world might still be flat.

La cultura estadounidense ha perpetuado la imagen de un Colón audaz que se adelanta a su tiempo, en el que todo el mundo creía que la Tierra era plana. Por ejemplo, un personaje de la película *Star Trek V* repite la falacia difundida por Washington Irving: «Hubo un tiempo en el que la gente de tu mundo creyó que la Tierra es plana, pero Colón demostró que era redonda». Todos los años, en octubre, Madison Avenue aprovecha el tema de la Tierra plana. ¡Este anuncio busca a clientes dispuestos a ser osados y valientes inversores! Con imágenes como esta en nuestra cultura, es preciso que los libros de texto desengañen a los alumnos sobre el mito de la Tierra plana. (En el anuncio se lee: «De no haberse financiado el proyecto, quizá la Tierra siguiera siendo plana»).

> Entonces ocurre un milagro: los marineros ven unas ramas verdes flotando en el agua. Por encima de sus cabezas vuelan aves terrestres. Desde lo alto de las jarcias el vigía grita: «¡Tierra, tierra a la vista!». El miedo se torna en júbilo. El agradecido capitán no tarda en saltar al agua cerca de la playa y dar gracias a Dios.

Por otra parte, en realidad, la *Pinta*, la *Niña* y la *Santa María* no fueron «azotadas por las tormentas». Para agrandar el mito, los autores de manuales quieren que la travesía parezca más difícil de lo que fue, así que se inventan el mal tiempo. Los propios diarios de Colón ponen de manifiesto que las tres carabelas disfrutaron de un tiempo estupendo. El mar estuvo tan en calma que durante días los marineros de los tres navíos pudieron hablar unos con otros desde las cubiertas. En realidad, la única vez que el mar estuvo relativamente agitado fue en la última jornada de la travesía, cuando ya sabían que estaban a punto de tocar tierra.

Para agrandar el mito, para que la travesía parezca más larga de lo que fue, la mayoría de los libros de texto pasa por alto la escala de Colón en las islas Canarias. El viaje a través del desconocido océano Atlántico duró un mes, no dos.

Para agrandar el mito, los libros de texto califican los navíos de Colón de diminutos y deficientes, cuando, como ha señalado el experto en asuntos navales Pietro Barozzi, en realidad, «esas tres naves estaban perfectamente preparadas para la empresa».[48]

Para agrandar el mito, varios manuales exageran el malestar de la tripulación hasta convertirlo prácticamente en un motín. Las fuentes primarias no se ponen de acuerdo al respecto. Unas afirman que los marineros amenazaron con volver a casa si no tocaban pronto tierra. Otras señalan que Colón se desanimó y que los capitanes de los otros dos navíos le convencieron de que continuara. También hay fuentes que sugieren que los tres capitanes se reunieron y acordaron mantener la travesía durante unos pocos días más, antes de reconsiderar la situación. Después de estudiar el asunto, Samuel Eliot Morison, biógrafo de Colón, redujo las

---

[48] Pietro Barozzi, «Navigation and Ships in the Age of Columbus», *Italian Journal*, 5, nº 4, 1990, pp. 38-41.

quejas a meros gruñidos: «Como ocurre incluso en la actualidad, a todos se les estaban crispando los nervios».[49] En eso queda la amenaza de arrojar a Colón por la borda, que supuestamente le lanzó su tripulación.

Esa exageración no es del todo inofensiva. Otro arquetipo acecha bajo la superficie: quienes dirigen grandes proyectos sociales son más inteligentes que sus subordinados. Bill Bigelow, profesor de historia de secundaria, ha señalado que «los marineros son estúpidos, supersticiosos, cobardes y en ocasiones intrigantes. Por su parte, Colón es valiente, sabio y piadoso». Esas caracterizaciones equivalen a una invectiva «antiobrera y favorable al patrón».[50] De hecho, en 2006 *Pageant* sigue calificando a los marineros de «variopinta pandilla», aunque esta ya comprenda que el mundo es redondo.

Las entradas erróneas en el diario de a bordo de la *Santa María* sirven para apuntalar aún más el mito. «Colón era un verdadero líder», afirma *A History of the United States*. «Alteró los apuntes de las distancias recorridas para que la tripulación no supiera lo mucho que se habían alejado del puerto de partida». Salvador de Madariaga es convincente al afirmar que, para creer algo así, tendríamos que pensar que los demás participantes en el viaje eran idiotas: «No existía método alguno solo accesible a Colón para

---

49 Samuel Eliot Morison, *The Great Explorers*, Nueva York, Oxford University, 1978, pp. 397-398. En otras partes Morison da más credibilidad a los rumores de insurrección, pero Koning, en *Columbus, His Enteprise*, p. 50, desdeña la posibilidad de un motín. Este es el relato que hace la mejor fuente sobre la travesía, el diario de Colón, en la actualidad perdido pero resumido por Bartolomé de las Casas: «Aquí la gente ya no lo podía sufrir, quexávanse del largo viaje. Pero el almirante los esforçó lo mejor que pudo, dándoles buena esperança de los provechos que podrían aver. Y añidía que por demás era quexarse, pues que él avía venido a las Indias y que así lo avía de proseguir hasta hallarlas con el ayuda de Nuestro Señor» [ed. cast.: Primer viaje, relatado por Bartolomé de las Casas: http://www.elhistoriador.com.ar/documentos/conquista_y_colonia/diario_de_a_bordo_de_cristobal_colon.php]. Sale, en *The Conquest of Paradise*, p. 60, cree que esta historia carece prácticamente de credibilidad histórica. En realidad, el 9 de octubre las naves ya iban siguiendo a grandes bandadas de aves, que creían (con razón) que los conducirían a tierra; de manera que el motín del 10 de octubre sería altamente improbable.

50 Bill Bigelow, «Once Upon a Genocide...», en *Rethinking Schools*, 5, nº 1, octubre-noviembre de 1990, pp. 7-8.

Mientras Colón navegaba por la costa de Venezuela durante su tercer viaje, pasó junto al río Orinoco. «Creo que esta tierra que agora mandaron descubrir vuestras Altezas sea grandísima y haya otras muchas en el Austro de que jamás se hobo noticia», escribía. «Grandes indicios son estos del Paraíso terrenal... y asimismo las señales son muy conformes, que yo jamás leí ni oí que tanta cantidad de agua dulce fuese así adentro é vecina con la solada». Colón sabía que ninguna isla podría contener tal cantidad de agua. A su regreso a España añadió un continente a las islas en su escudo de armas. Su presencia en el extremo inferior izquierdo desmiente a los autores de los manuales de historia de los Estados Unidos.

medir la distancia recorrida por las carabelas de un modo más fehaciente que sus pilotos». En realidad, Colón tenía menos experiencia como navegante que los hermanos Pinzón, capitanes de la *Niña* y la *Pinta*.[51] Durante el viaje de regreso, Colón explicó en su diario la verdadera razón de las entradas erróneas en el diario de a bordo: quería mantener en secreto la ruta a las Indias.[52]

---

[51] Salvador de Madariaga, *Christopher Columbus*, Nueva York, Frederick Ungar, 1967 [1940], pp. 203-204 [ed. cast.: *Vida del muy magnífico señor Don Cristóbal Colón*, en *El ciclo hispánico*, tomo I, Buenos Aires, Sudamericana, 1958, p. 248].

[52] *The Journal of Christopher Columbus*, traducido por Cecil Jane, Nueva York, Bonanza, 1989, p. 171 [ed. cast.: véase nota 49].

Para agrandar el mito, nuestros libros de texto encuentran espacio para muchos otros pormenores humanizadores. Hacen que el vigía grite «¡Tierra!» y la mayoría nos dice que lo primero que hizo Colón al pisar tierra fue «dar las gracias a Dios por permitirles cruzar el mar sanos y salvos», aunque el resumen que nos ha quedado de los propios diarios de Colón solo afirme que «ante todos tomava, como de hecho tomó, posesión de la dicha isla por el rey y por la reina sus señores».[53] Muchos de los libros de texto hablan de los tres viajes posteriores de Colón a las Indias, pero la mayoría no encuentra espacio para decirnos cómo trató a esas tierras y a las gentes que «descubrió».

Cristóbal Colón introdujo dos fenómenos que revolucionaron las relaciones raciales y transformaron el mundo moderno: arrebató a los pueblos indígenas del hemisferio occidental tierras, riquezas y su propio trabajo, conduciendo prácticamente a su exterminio, y dio comienzo a la trata de esclavos, que creó una clase racialmente marginada.

La primera impresión que le causaron a Colón los arahuacos que habitaban gran parte de las islas del Caribe fue bastante favorable. El 13 de octubre de 1492 escribía en sus diarios: «Luego que amaneció vinieron a la playa muchos destos hombres, todos mancebos, como dicho tengo. Y todos de buena estatura, gente muy fermosa, los cabellos no crespos, salvo corredíos y gruesos, como sedas de cavallo, y todos de la frente y cabeça muy ancha más, que otra generación que fasta aquí aya visto. Y los ojos muy fermosos y no pequeños, y ellos ninguno prieto, salvo de la color de los canarios» (nada bueno presagiaba esta referencia a las Canarias, porque en ese momento España estaba exterminando al pueblo indígena de esas islas). A continuación, Colón describía las canoas de los arahuacos, en las que «venían cuarenta y cuarenta y cinco hombres», para acabar centrándose en su objetivo: «Y yo estava atento y trabajava de saber si avía oro, y vide que algunos de ellos traían un pedaçuelo colgado en un agujero que tienen a la nariz. Y por señas pude entender que yendo al Sur o bolviendo la isla por el Sur, que estava allí un rey que tenía grandes vasos de ello,

[53] Ibíd., p. 23 [ed. cast.: véase nota 49].

y tenía muy mucho». Al amanecer del día siguiente, Colón navegó hasta el otro lado de la isla, probablemente una de las Bahamas, donde vio dos o tres aldeas. Su descripción de las mismas finalizaba con estas amenazadoras palabras: «Con cincuenta hombres los tendrán todos sojuzgados y los harán Hazer todo lo que quisieren».[54]

Durante su primer viaje, Colón secuestró a entre diez y veinticinco amerindios y se los llevó consigo a España.[55] Solo siete u ocho llegaron vivos, pero junto a los loros, las baratijas de oro y otros objetos exóticos, causaron gran conmoción en Sevilla. Fernando e Isabel proporcionaron a Colón diecisiete naves, entre mil doscientos y mil quinientos hombres, además de cañones, ballestas, armas de fuego, caballos y perros de presa para un segundo viaje.

Una de las formas que tenemos de visualizar lo ocurrido a continuación es recurrir al famoso relato de ciencia ficción *La guerra de los mundos*. Al describir el encuentro entre los terrícolas y unos alienígenas tecnológicamente superiores H. G. Wells pretendía hacer una alegoría. Los atemorizados británicos corrientes (habitantes de Nueva Jersey en la famosa adaptación radiofónica de Orson Welles) estaban en una situación parecida a la de los pueblos «primitivos» de las Canarias o de América, y sus aterradores alienígenas representaban a los europeos, tecnológicamente superiores. Nosotros nos identificamos con los impotentes terrícolas, pero Wells también quería que nos compadeciéramos de los nativos de Haití en 1493, de Australia en 1788 o de la profunda selva amazónica de hoy.[56]

Cuando Colón y sus hombres regresaron a Haití en 1493, exigieron alimentos, oro, hilo de algodón y todo lo que los nativos tuvieran de su interés, incluyendo relaciones sexuales con sus mujeres.

---

[54] *The Log of Christopher Columbus's First Voyage to America in the Year 1492*, copiado y resumido por Las Casas, Hamden, CT: Linnet, 1989, sin páginas [ed. cast.: véase nota 49].

[55] Sale, *The Conquest of Paradise*, p. 122.

[56] Philip Klass, «Wells, Welles, and the Martians», *New York Times Book Review*, 30 de octubre de 1988. Irónicamente, en el relato de Wells, los alienígenas acaban siendo víctimas de los microbios, cuando, en realidad, lo que se llevó por delante a los indígenas fueron las enfermedades. «Amazon tribe faces "annihilation"», BBC, 17/05/2005, news.bbc.co.uk/go/pr/fr/2/hi/americas/4554221.stm, 11/2006.

Para conseguir su colaboración, Colón se sirvió del castigo ejemplar. Cuando un indio cometía un delito, aunque fuera menor, los españoles le cortaban las orejas o la nariz. Después, desfigurado, se le enviaba a su aldea, donde servía de prueba fehaciente de la brutalidad de la que eran capaces los españoles.

Pasado un tiempo, los nativos se hartaron. Al principio su resistencia fue principalmente pasiva. Se negaban a cultivar alimentos que fueran para los españoles y abandonaban las poblaciones situadas cerca de sus asentamientos. Al final, los arahuacos acabaron contraatacando. Sin embargo, sus lanzas y piedras no fueron más eficaces contra las armas y armaduras de los españoles que los fusiles de los terrícolas contra los rayos mortales de los alienígenas en *La guerra de los mundos*.

Esos fallidos actos de resistencia proporcionaron a Colón una excusa para la guerra. El 24 de marzo de 1495 se lanzó a la conquista de los territorios arahuacos. Así describió Bartolomé de las Casas las fuerzas reunidas por Colón para sofocar la rebelión.

> El Almirante, como cada día sentía toda la tierra ponerse en armas, puesto que armas de burla en la verdad... diose cuanta más prisa pudo para salir al campo para derramar las gentes y sojuzgar por fuerza de armas la gente de toda esta isla... Para efecto de lo cual escogió hasta doscientos hombres españoles... hombres de pie y veinte de caballo, con muchas ballestas y espingardas, lanzas y espadas, y otra más terrible y espantable arma para con los indios, después de los caballos, y esta fue veinte lebreles de presa, que... en una hora hacían cada uno a cien indios pedazos.[57]

Naturalmente, ganaron los españoles. Según Kirkpatrick Sale, que cita la biografía que Fernando Colón escribió de su padre.

---

[57] Citado en Michael Paiewonsky, *The Conquest of Eden, 1493-1515*, Chicago, Academy, 1991, p. 109. He modificado ligeramente la traducción partiendo de la ofrecida por Juan Friede y Benjamin Keen en *Bartolomé de Las Casas in History*, De Kalb, Northern Illinois Press, 1971, p. 312 [ed. cast.: *Historia de las Indias*, Caracas, Biblioteca Ayacucho, 1956, p. 433].

> habiendo los dos escuadrones de infantes embestido por dos partes, abrieron la multitud de indios, descargando ballestas y arcabuzes, y para que no volviesen á juntarse, los asaltaron los caballos y los perros de improviso, y aquellos pusilánimes, echaron á huir por todas partes y los nuestros siguiéndolos y matando muchos. No hicieron gran estrago con la fuga, pero en breve con el favor de Dios, alcanzaron victoria quedando muchos muertos y otros prisioneros.[58]

Aunque aún no había encontrado campos de oro, Colón tuvo que dar a España algún tipo de dividendo. En 1495 los españoles realizaron en Haití una captura masiva de esclavos. Reunieron a mil quinientos arahuacos y seleccionaron a los quinientos ejemplares mejores (de los cuales doscientos morirían de camino a España). Otros quinientos fueron elegidos para ser esclavos de los españoles que quedaron en la isla. Los demás fueron liberados. Así describió la acción un español que presenció todo:

> Entre estos había muchas mujeres con sus niños al pecho. Como tenían miedo de que también las apresáramos a ellas, los dejaban en el suelo para poder huir mejor de nosotros, corrían desesperadas y escapaban a siete u ocho días de viaje de nuestro asentamiento en Isabela, por las montañas y los grandes ríos, de modo que difícilmente podremos tener más de ellos.[59]

Colón estaba exultante: «De acá se pueden, con el nombre de la Santísima Trinidad, enviar todos los esclavos que se pudiesen vender, y [palo] brasil», escribía a Fernando e Isabel en 1496. «En Castilla, y Portugal, y Aragón, y Italia, y Sicilia, y las islas de Portugal, y las Canarias gastan muchos esclavos y creo que de Guinea ya no vengan tantos». Era bastante optimista respecto al índice de

---

[58] Sale, *The Conquest of Paradise*, pp. 153-154 [ed. cast.: Fernando Colón, *Historia del Almirante don Cristóbal Colón…* en https://archive.org/stream/historiadelalmir02col/historiadelalmir02col_djvu.txt].

[59] Cuneo, citado en Sale, *The Conquest of Paradise*, p. 138 [ed. cast. en Andreas Venzke, *Cristóbal Colón*, Madrid, Edaf, 2005, p. 142]. Véase también Howard Zinn, *A People's History of the United States*, Nueva York, Harper and Row, 1980, p. 4 [ed. cast.: *La otra historia de los Estados Unidos*, Hondarribia, Hiru, 2005].

mortalidad de los indios: «Y bien que mueran agora, así no será siempre de esta manera, que así hacían los negros y los canarios á la primera».[60]

En palabras de Hans Koning, «a partir de ese momento se inició un reinado de terror en La Española». Los españoles daban caza a los indios para entretenerse y los mataban para alimentar a sus perros. Colón, consternado porque no podía encontrar el oro que estaba seguro de que tenía la isla, creó un sistema de tributos. De este modo describía Fernando Colón cómo funcionaba:

> Todos prometieron [los indios] pagar a los Reyes Católicos cada tres meses tributo en esta forma: Que todos los indios que vivían en Cibao, donde estaban las minas de oro, pagase cada uno, que tuviese catorce años, un cascabel lleno de oro, en polvo, y la demás gente á 25 libras de algodón, y para saber los que debían pagar este tributo, se ordenó que se hiciese cierta medalla de cobre ó latón, la cual se diese por recibo, á cada uno que pagase el tributo, y este la trajese al cuello para que cualquiera que fuese hallado sin ella, se supiera que no había pagado, y que se le sacase alguna pena.[61]

Al recibir la medalla, el indígena estaba seguro durante tres meses, que en gran medida destinaría a buscar más oro. El hijo de Colón se olvidó de mencionar cómo castigaban los españoles a quienes dejaban pasar el plazo sin cambiar de medalla: les cortaban las manos.[62]

---

[60] Carta de 1496, citada en Eric Williams, *Documents of West Indian History*, Puerto España, Trinidad, PNM, 1963, 1, p. 57 [ed. cast.: Cristóbal Colón, *Relaciones y cartas*, Madrid, Viuda de Hernando, 1892, pp. 352-353].

[61] Ferdinand Columbus, *The Life of the Admiral Christopher Columbus*, New Brunswick, NJ, Rutgers University Press, 1959, pp. 149-150 [ed. cast.: Fernando Colón, *Historia del Almirante don Cristóbal Colón…* en https://archive.org/stream/historiadelalmiro2col/historiadelalmiro2col_djvu.txt].

[62] María Norlander-Martínez, «Christopher Columbus: The Man, the Myth, and the Slave Trade», *Adventures of the Incredible Librarian*, 4/1990, p. 17; Troy Floyd, *The Columbus Dynasty in the Caribbean*, Albuquerque, University of New Mexico Press, 1973, p. 29.

A esa truculenta información se puede acceder consultando fuentes primarias —cartas de Colón y de otros miembros de sus expediciones— y también la obra de Las Casas, el primer gran historiador de América, que se basaba en fuentes primarias y contribuyó a conservarlas. En este capítulo he citado unas pocas fuentes de este tipo. La mayoría de los libros de texto no las utilizan. Unos pocos citan breves extractos cuidadosamente seleccionados o recortados para no desvelar nada impropio del Gran Navegante. *American Journey*, por ejemplo, cita el fragmento antes mencionado sobre los arahuacos en el que se dice que eran gente «fermosa», pero ahí se queda. Nada menciona de que «con cincuenta hombres los tendrán todos sojuzgados y los harán hazer todo lo que quisieren».[63]

Al final se abandonó el sistema de tributos porque lo que exigía era imposible. Para sustituirlo, Colón instauró el de encomiendas, en virtud del cual se concedían o «encomendaban» aldeas indígenas enteras a determinados colonos o grupos de colonos. Como a este sistema de trabajo forzado no se le llamaba esclavitud, escapó a la censura moral que esta conllevaba. Siguiendo el ejemplo de Colón, en 1502 España convirtió la encomienda en política oficial en Haití; otros conquistadores la introducirían posteriormente en México, el Perú y Florida.[64]

El sistema de tributos y la encomienda ocasionaron una increíble despoblación. En Haití los colonos obligaron a los arahuacos a trabajar en las minas de oro, cultivar para ellos e incluso transportarlos allá donde tuvieran que ir. Los indios no pudieron soportarlo. En una carta dirigida al rey Fernando en 1517, fray Pedro de Córdoba decía: «Por los cuales males y duros trabajos los mesmos indios escogían y han escogido de se matar; que vez ha venido de matarse ciento juntos. Las mujeres, fatigadas de los trabajos, han huido el concebir y el parir, porque siendo preñadas o paridas no tuviesen trabajo sobre trabajo; en

---

[63] Hay un libro, *The Americans*, mucho más satisfactorio. Incluye el texto sobre el dominio de la isla con cincuenta hombres, cita también a Las Casas y relata el viaje de 1493 y el posterior sometimiento de los nativos.

[64] James Axtell, «Europeans, Indians, and the Age of Discovery in American History Textbooks», *American Historical Review*, 92, 1987, pp. 621-632; Sale, *The Conquest of Paradise*, p. 156.

tanto que muchas, estando preñadas, han tomado cosas para mover e han movido las criaturas, y otras después de paridos, con sus manos han muerto sus propios hijos, para no dejar bajo de una tan dura servidumbre».[65]

Al margen de los actos de crueldad individual que se produjeran, los españoles descompusieron el ecosistema y la cultura indígenas. La consecuencia de que obligaran a los indios a trabajar en las minas, y no en sus propios cultivos, fue una desnutrición generalizada. La introducción de conejos y de ganado agravó todavía más el desastre ecológico. Enorme fue el impacto de enfermedades desconocidas para los americanos como la gripe porcina, que probablemente trajeran los cerdos llevados a Haití en 1493, durante el segundo viaje de Colón.[66] Algunos arahuacos intentaron huir a Cuba, pero los españoles no tardaron en seguirlos hasta allí. Hay cálculos que llegan a situar la población precolombina de Haití en cerca de los ocho millones de personas. Cuando Colón regresó a España, dejó a cargo de la isla a su hermano Bartolomé, que en el censo de adultos indios de 1496 obtuvo la cifra de 1,1 millones. En esa cifra los españoles no incluían a los menores de catorce años ni tampoco podían incluir a los indios que habían huido al monte. Según los cálculos de Kirkpatrick Sale, probablemente sea más preciso hablar de una cifra cercana a los tres millones de personas. Para Benjamin Keen, «En 1516, gracias a la siniestra trata de esclavos indios y a las prácticas laborales iniciadas por Colón, solo quedaban unos 12.000 indios». Las Casas nos dice que en 1542 había vivos menos de doscientos indios haitianos de pura cepa. En 1555 ya no había ninguno.[67]

De manera que desagradables detalles como la práctica de cortar las manos tienen algo más de importancia histórica que bonitas

---

[65] Carta de fray Pedro de Córdoba en Williams, *Documents of West Indian History*, I, p. 94 [ed. cast.: Bartolomé de las Casas, *Historia de las Indias*, México, FCE, libro III, cap. CXLV, t. III, p. 331].

[66] Es probable que la viruela, normalmente el virus más letal, no apareciera en la isla hasta después de 1516.

[67] Benjamin Keen, «Black Legend», en *The Christopher Columbus Encyclopedia*, Nueva York, Simon & Schuster, 1991. Las Casas citado por Sale, *The Conquest of Paradise*, pp. 160-161. Véase también Alfred W. Crosby Jr., *The Columbian Exchange: Biological and Cultural Consequences of 1492*, Westport, CT, Greenwood, 1972, p. 45.

American History reproduce el *Desembarco de Colón en las Bahamas*, el primero de los ocho enormes lienzos «históricos» de la rotonda del Capitolio de los Estados Unidos (figura de arriba). Este lienzo de John Vanderlyn pone de relieve el heroico retrato que de Colón hacen la mayoría de los libros de texto. Una representación alternativa de la empresa colombina podría ser la del grabado de Theodory de Bry (página siguiente), realizado en torno a 1588. De Bry basó esta plancha en relatos de los indios que se empalaban, bebían veneno, se lanzaban desde precipicios, se ahorcaban y mataban a sus hijos. ¡El artista agolpó todos esos fatídicos hechos en una sola obra! Las obras de Bry se convirtieron en verdaderos documentos históricos. Junto a los textos de Bartolomé de las Casas, se difundieron por Europa durante el siglo XVI y dieron lugar a la «leyenda negra» de la crueldad española, que otros países europeos utilizaron para denunciar el colonialismo de España, sobre todo por envidia. Ningún libro de texto incluye representaciones visuales de las actividades de Colón y sus hombres que mancillen su gloria.

florituras como «¡Tierra!». Colón no solo fue el primero en transportar esclavos a través del Atlántico, sino que es probable que fuera el individuo que más enviara: unos cinco mil. Hay que reconocerle a la reina Isabel que se opuso de plano a la esclavitud y que ordenó devolver algunos de los indios americanos al Caribe. Pero otros países se lanzaron a emular a Colón. En 1501 los portugueses comenzaron a despoblar la península del Labrador, transportando a los hoy desaparecidos indios beothuk a Europa y Cabo Verde como esclavos. Después de establecer cabezas de puente en la costa

atlántica de Norteamérica, los ingleses animaron a las tribus de la costa a capturar y vender a miembros de tribus más apartadas. Charleston (Carolina del Sur) se convirtió en un importante puerto de exportación de esclavos amerindios. En 1637, los Peregrinos y los puritanos vendieron a los supervivientes de la guerra de los pequot, que serían esclavos en las Bermudas. En 1731, los franceses fletaron prácticamente a toda la nación natchez encadenada hasta las Antillas.[68]

Un aspecto especialmente repugnante de la trata de esclavos era el sexual. En cuanto la expedición de 1493 llegó al Caribe, antes de alcanzar Haití, Colón recompensó a sus lugartenientes con mujeres indígenas a las que podían violar.[69] En Haití, las esclavas sexuales eran uno más de los incentivos que tenían los españoles. En 1500, Colón le decía en una carta a un amigo: «Por una mujer

[68] Respecto a Isabela, véase J. Leitch Wright Jr., *The Only Land They Knew*, Nueva York, Free Press, 1981, p. 128; Forbes, *Black Africans and Native Americans*, p. 28; Morison, *The Great Explorers*, p. 78. Warren Lowes, *Indian Giver*, Penticton, Columbia británica, Theytus, 1986, p. 32, afirma que *Labrador* significa «lugar para obtener mano de obra barata». Respecto a los natchez, véase James W. Loewen y Charles Sallis, *Mississippi: Conflict and Change*, Nueva York, Pantheon, 1980, p. 40.

[69] Carta de Michele de Cuneo citada en Paiewonsky, *The Conquest of Eden*, p. 50 [ed. cast.: véase la nota 12].

también se fallan cien castellanos como por una labranza, y es mucho en uso, y ha ya fartos mercaderes que anclan buscando muchachas: de nueve á diez son agora en precio: de todas edades ha de tener un bueno».[70]

La trata de esclavos y las nuevas enfermedades destruyeron naciones amerindias enteras. Los indígenas esclavizados morían y, para sustituir a los agonizantes haitianos, los españoles importaron decenas de miles de indios de las Bahamas, que, según señalaba el historiador español Pedro Mártir de Anglería en 1516, por entonces ya estaban desiertas.[71] Hacinados bajo la cubierta, con las escotillas cerradas para evitar fugas, durante la travesía morían tantos esclavos que, según se lamentaba Bartolomé de las Casas, «en verdad que me dijo hombre dellos, que desde las islas de los Lucayos [Bahamas], donde se hicieron grandes estragos desta manera, hasta la isla Española... fuera un navío sin aguja y sin carta de marear, guiándose solamente por el rastro de los indios que quedaban en la mar echados del navío muertos».[72] Después vendrían Puerto Rico y Cuba.

Como los indios morían, de su esclavitud se pasó a la masiva trata transatlántica procedente de África. También se inició en Haití y la promovió el hijo de Colón en 1505. Como cabía esperar, Haití se convertiría en escenario de la primera rebelión a gran escala de esclavos, cuando negros y amerindios se aliaron en 1519. El levantamiento se prolongó durante más de diez años y los españoles acabaron sofocándolo en la década de 1530.[73]

---

[70] Carta de Colón citada en Williams, *Documents of West Indian History*, I, pp. 36-37 [ed. cast.: Cristóbal Colón, *Relaciones y cartas*, Madrid, Viuda de Hernando, 1892, p. 317].

[71] Ronald Sanders, *Lost Tribes and Promised Lands: The Origins of American Racism*, Boston, Little, Brown, 1978, p. 131, que también cita y parafrasea a Pedro Mártir, *De Orbe Novo*, 1516.

[72] Las Casas, *History of the Indies*, citado en Williams, *Documents of West Indian History*, 1, p. 67. Véase también Sanders, *Lost Tribes and Promised Lands*, p. 131, que también cita y parafrasea a Las Casas [ed. cast.: *Brevísima relación de la destrucción de las Indias*, Puerto Rico, Bayamón, Universidad Central de Bayamón, p. 480].

[73] Norlander-Martínez, «Christopher Columbus: The Man, the Myth, and the Slave Trade», p. 17; Sale, *The Conquest of Paradise*, p. 156; Sanders, *Lost Tribes and Promised Lands*, p. 169; Eduardo Galeano, *Memory of Fire*, Nueva York, Pantheon, 1988, 72 [ed. cast.: *Memoria del fuego*, Madrid, Siglo XXI de España, 1982-1986]; Floyd,

Uno de los nuevos libros de texto, *The Americans*, pone de relieve el conflicto haitiano y también cita a Las Casas para demostrar que Haití solo fue el principio: «Esta invención comenzó aquí… y cundió todas estas Indias, y acabará cuando no se hallare más tierra en este orbe, ni más gentes que sojuzgar y destruir». Uno de los primeros doce libros analizados, *The American Adventure*, sí relacionaba a Colón con la esclavitud. Uno viejo y uno nuevo despachan el asunto con la frase «Colón resultó ser mucho mejor Almirante que gobernante» o su equivalente. En líneas generales, los demás, viejos y nuevos, le adoran.

Está claro que la mayoría de los libros de texto no pretende enseñar la historia de Colón, sino que su empeño parece ser «forjar el carácter». En consecuencia, ven en Colón un mito de origen: como él era bueno, nosotros también.[74] En 1989 el presidente George H. W. Bush invocó el ejemplo de Colón como modelo de comportamiento para la nación: «Cristóbal Colón no solo abrió la puerta de un Nuevo Mundo, sino que también nos dio a todos ejemplo al demostrar que con perseverancia y fe se pueden realizar actos grandiosos».[75] El columnista Jeffrey Hart fue aún más lejos: «Denigrar a Colón es denigrar lo que de valioso hay en la historia humana y en todos nosotros».[76] Evidentemente, los autores de libros de texto que se sirven de Colón para forjar el carácter no tienen ningún interés en decirnos lo que hizo en América cuando llegó, aunque esto sea la mitad de la historia, y quizá la más importante.

Como resume poéticamente Kirkpatrick Sale, el «segundo viaje [de Colón] supone el primer encuentro profundo entre las sociedades europeas e indias, el choque de culturas que habría de resonar

---

The Columbus Dynasty in the Caribbean, pp. 75 y 222. Diego Colón estuvo a punto de morir durante la revuelta, según J. A. Rogers, *Your History*, Baltimore, Black Classic Press, 1983 [1940], p. 71. Puede que Nicolás de Ovando hubiera comenzado a importar esclavos africanos antes incluso de 1505.

[74] Este giro es de Bigelow. [*N. del T.*: la cita en castellano de Las Casas se ha tomado de *Historia de las Indias*, Biblioteca Ayacucho, Caracas, 1956, p. 433].

[75] Declaración oficial del 8 de junio de 1989, citada en *Five Hundred* (revista de la Comisión para la Celebración del Quinto Centenario de Colón, 10/1989, p. 9).

[76] Jeffrey Hart, «Discovering Columbus», *National Review*, 15/10/1990, pp. 56-57.

durante cinco siglos».[77] Los autores de *The Americans* han leído a Sale, porque escriben: «[Haití] señaló el comienzo de un choque cultural que se prolongaría durante los siguientes cinco siglos». La información que sobre Haití entre 1493 y 1500 omiten los demás libros de texto o mencionan de pasada no es en absoluto menor. Se trata de datos cruciales para comprender la historia de América y de Europa. El capitán John Smith, por ejemplo, utilizó a Colón como modelo de comportamiento al proponer en 1624 una política de mano dura con los indios de Virginia. «La forma de reprimirlos se ha relatado y aprobado en tantas ocasiones que huelga mencionarla aquí. Y tenemos veinte ejemplos sobre cómo los españoles se hicieron con las Antillas, obligando a los traicioneros y rebeldes infieles a acometer toda clase de trabajos extenuantes y a esclavizarse, mientras ellos vivían como soldados de los frutos de ese esfuerzo».[78] En realidad, los métodos desencadenados por Colón constituyen gran parte de su legado. Después de todo, funcionaron. La pacificación de la isla fue tan total que los presidiarios españoles, a los que se daba una segunda oportunidad en Haití, podían «ir donde quisieran, tomar a cualquier mujer o muchacha, tomar lo que fuera, y hacer que los indios los llevaran a cuestas como si fueran mulas».[79] En 1499, cuando Colón encontró por fin una importante cantidad de oro en Haití, España se convirtió en la envidia de Europa. Después de 1500, Portugal, Francia, Holanda e Inglaterra comenzaron a participar en la conquista de América. Esas naciones fueron, como mínimo, igual de brutales que España. La colonización inglesa, por ejemplo, al contrario que la española, no se sirvió del trabajo indio, sino que simplemente obligó a los indígenas a quitarse de en medio. Muchos indígenas americanos huían de las colonias inglesas hacia los territorios españoles (Florida, México), en busca de un trato más humano.

En Europa, los viajes de Colón ocasionaron casi tantas transformaciones como en América. Cultivos, animales, ideas y enfermedades comenzaron a cruzar con regularidad los océanos. Quizá

---

[77] Sale, *The Conquest of Paradise*, p. 129.

[78] Citado en Sanders, *Lost Tribes and Promised Lands*, p. 290.

[79] Koning, *Columbus, His Enterprise*, p. 86.

la influencia más profunda de los descubrimientos de Colón se apreciara en la cristiandad europea. En 1492 toda Europa estaba bajo el control de la Iglesia católica. Como señala la *Enciclopedia Larousse*, antes de América «Europa era prácticamente incapaz de autocrítica».[80] Después de la llegada a América la uniformidad religiosa se quebró. La cuestión era cómo explicar la existencia de esos nuevos pueblos, ya que en la Biblia no aparecían. Los amerindios simplemente no encajaban en la explicación ortodoxa del universo moral católico. Además, al contrario que los musulmanes, a los que se podía despachar tachándolos de «malditos infieles», los amerindios no habían rechazado el cristianismo, sino que nunca se habían topado con él. ¿Estaban condenados al infierno? Hasta los animales de América planteaban un desafío religioso. Según la Biblia, en el alba de la creación todos los animales vivían en el jardín del Edén. Posteriormente, dos ejemplares de cada especie entraron en el arca de Noé y terminaron sobre el monte Ararat. Al estar tanto el Edén como el Ararat en Oriente Próximo, ¿de dónde podían haber venido esas nuevas especies americanas? Esas cuestiones conmocionaron el catolicismo ortodoxo y contribuyeron a la Reforma protestante, iniciada en 1517.[81]

Desde el punto de vista político, naciones como la de los arahuacos, carentes de soberanos o jerarquías, asombraron a los europeos. En 1516, la *Utopía* de Tomás Moro, probablemente basada en un relato sobre el imperio incaico peruano, cuestionó la organización social europea al plantear una alternativa radicalmente distinta y superior. Otros filósofos sociales vieron en los indios americanos ejemplos vivos del pasado primigenio europeo y a eso se refería John Locke al decir que «en el principio, todo el mundo era América». Dependiendo de cuál fuera su credo político, unos europeos ensalzaban el ejemplo que daban las naciones amerindias con unas sociedades más sencillas y mejores, de las que habría salido la civilización europea, en tanto que otros las vilipendiaban,

---

[80] Marcel Dunan, ed., *Larousse Encyclopedia of Modern History*, Nueva York, Crescent, 1987, p. 40.

[81] Crosby, *The Columbian Exchange*, pp. 11-12. Véase también Calder, *Revolutionary Empire*, pp. 13-14; Dunan, ed., *Larousse Encyclopedia of Modern History*, pp. 40 y 67; Crone, *Discovery of America*, p. 184.

tachándolas de primitivas y subdesarrolladas. En ambos casos, desde Montaigne a Marx y Engels, pasando por Montesquieu y Rousseau, las ideas provenientes de América transformaron las concepciones que de la buena sociedad tenían los filósofos europeos.[82]

América fascinó a las masas tanto como a la elite. En *La tempestad*, Shakespeare señaló esta curiosidad universal: «No darían ni un céntimo si se trata de socorrer a un mendigo lisiado, pero soltarían diez para ver a un indio muerto».[83] En realidad, la fascinación de Europa con las Américas fue directamente responsable de que los europeos cobraran más conciencia de sí mismos. Desde el principio se consideró que América era «opuesta» a Europa, hasta un punto que ni siquiera África había llegado a alcanzar. En cierto modo, antes de 1492 «Europa» no existía. La gente era simplemente toscana o francesa, por ejemplo. A partir de ese momento los europeos comenzaron a observar similitudes entre ellos, por lo menos frente a los indígenas americanos. Eso explica que antes de 1492 no hubiera en Europa «blancos». Al iniciarse la trata de esclavos transatlántica, primero india y después africana, los europeos fueron considerándose de raza «blanca» y viendo en el componente racial un importante rasgo humano.[84]

Los propios escritos de Colón reflejan este racismo creciente. Cuando le estaba vendiendo a la reina Isabel las maravillas de América, los indios aparecían como «bien hechos» y de «buen ingenio».

---

[82] Morgan, *Nowhere Was Somewhere*; Marble, *Before Columbus*, pp. 73-75; Calder, *Revolutionary Empire*, p. 13. Lowes, *Indian Giver*, p. 82, respecto a Montaigne. También Sanders, *Lost Tribes and Promised Lands*, pp. 208-209. La influencia directa que tuvo el antropólogo L. H. Morgan en Marx y Engels la describe Bruce Johansen, *Forgotten Founders: How the American Indian Helped Shape Democracy*, Cambridge, MA, Harvard Common Press, 1982, pp. 122-123. Sale, *The Conquest of Paradise*. Véase también Crone, *Discovery of America*, p. 184.

[83] Citado por Peter Farb, *Man's Rise to Civilization*, Nueva York, Avon, 1969, p. 296. *La tempestad* demuestra la fascinación del propio Shakespeare: su personaje indígena, Calibán, estaba basado en los caribes, que, según lo que le contaron a Colón los arahuacos, eran caníbales. [Trad. cast. de Shakespeare tomada de *La tempestad*, Bosch, Barcelona, 1975, versión de Carlos Pujol, p. 16].

[84] En realidad, Europa *no es* un continente, ¡a menos que la palabra se defina de manera eurocéntrica! Europa es una península: la división entre Europa y Asia, al contrario que las existentes entre los demás continentes, es arbitraria.

Escribía que tenían «costumbres muy buenas» y que el «Rey [tiene] muy maravilloso estado, de una cierta manera tan continente que es placer de verlo todo, y la memoria que tienen, y todo quieren ver, y preguntan qué es y para qué». Más adelante, cuando Colón estaba justificando sus guerras y la esclavitud de los indígenas, estos ya eran «salvajes y llenos de crueldad», «gente belicosa y mucha, y de costumbres y se[c]ta á nos muy contraria».

Siempre resulta útil tener mala opinión de la gente a la que se explota o piensa explotar. Según el psicólogo social Leon Festinger, modificar la propia opinión para adecuarla a las acciones que se realizan o planean realizar es la manifestación más común del proceso conocido como «disonancia cognitiva». Nadie quiere considerarse a sí mismo una mala persona. Tratar mal a otra a la que consideramos un ser humano razonable crea una tensión entre acción y actitud que exige una resolución. No podemos borrar lo que hemos hecho y puede que no nos interese alterar nuestro comportamiento futuro. Es más fácil cambiar de actitud.[85]

Colón nos proporciona el primer ejemplo de disonancia cognitiva del que tenemos constancia en América, porque, aunque quizá los nativos hubieran pasado de la hospitalidad a la hostilidad, poco podrían haber pasado del ingenio al salvajismo en tan poco tiempo. El cambio debió de operarse en Colón.

América no solo influyó en la mentalidad. También en los estómagos africanos y eurasiáticos. Casi la mitad de los productos más importantes que hoy se cultivan en todo el mundo tienen su origen en América. Según Alfred Crosby Jr., la incorporación del maíz a las dietas africanas ocasionó un crecimiento demográfico que contribuyó a fomentar la trata de esclavos hacia las Américas. La incorporación de la patata a las dietas europeas ocasionó durante los siglos XVI y XVII una explosión demográfica que, a su vez, contribuyó a atizar la emigración hacia América y Australia. Los cultivos americanos también fueron determinantes para la

[85] Leon Festinger, *A Theory of Cognitive Dissonance*, Evanston, IL, Row, Peterson, 1957 [ed. cast.: *Teoría de la disonancia cognoscitiva*, Madrid, Instituto de Estudios Políticos, 1975]. [Las citas de Colón proceden de *Relaciones y cartas*, Madrid, Viuda de Hernando, 1892, pp. 24, 25, 126, 320 y 381].

supremacía de Inglaterra, Alemania y, finalmente, Rusia; el ascenso de esos países septentrionales apartó del Mediterráneo la base del poder europeo.[86]

Poco después de que los navíos del segundo viaje de Colón regresaran a Europa, la sífilis comenzó a asolar España e Italia. Es probable que hubiera una relación causal. Por otra parte, más de doscientos fármacos proceden de plantas cuyos usos médicos descubrieron los indios americanos.[87]

Desde el punto de vista económico, la explotación de América transformó Europa, enriqueciendo en primer lugar a España; después a otras naciones, a través del comercio y la piratería. El oro que Colón encontró en Haití no tardó en empequeñecer ante los yacimientos de oro y plata encontrados en México y los Andes. Las jerarquías religiosas y políticas de Europa acumularon con rapidez tanto oro que recubrieron con pan de oro los techos de sus iglesias y palacios, y colocaron estatuas de oro en las esquinas, uniéndolas con dorados racimos de uvas. Según Marx y Engels, esta riqueza «otorgó al comercio, la navegación y la industria un impulso nunca visto». Algunos autores le atribuyen la aparición del capitalismo y, en última instancia, de la Revolución Industrial. Es probable que el ascenso del capitalismo ya estuviera en marcha, pero las riquezas americanas tuvieron, como mínimo, un papel destacado en esa transformación. El oro y la plata de América se convirtieron en la nueva base de la riqueza y la posición social, que antes residía en la tierra, lo cual incrementó el poder de la nueva clase mercantil que no tardaría en dominar el mundo.[88] En

---

[86] Crosby, *The Columbian Exchange*, pp. 124-125 y el capítulo 5; William Langer, «American Foods and Europe's Population Growth, 1750-1850», *Journal of Social History*, 8, invierno de 1975, pp. 51-66; Jack Weatherford, *Indian Givers*, Nueva York, Fawcett, 1988, pp. 65-71; exposición «Seeds of Change», Washington, D.C., National Museum of Natural History, 1991.

[87] Crosby, *The Columbian Exchange*, pp. 124-125; Lowes, *Indian Giver*, pp. 59-60; Weatherford, *Indian Givers*, pp. 65-71; Boyce Rensberger, «Did Syphilis Sail to Europe with Columbus and His Crew?», *Burlington Free Press*, 31/07/1992, 3D.

[88] Véase también *Documents of West Indian History*, I, p. XXXI. Karl Marx y Friedrich Engels, «Comunist Manifesto», en Robert C. Tucker, ed., *The Marx-Engels Reader*, Nueva York, Norton, 1978, p. 474 [ed. cast.: *El manifiesto comunista*, Madrid, Ayuso, 1977, trad. W. Roces]. Weatherford, *Indian Givers*, pp. 43 y 58, señala que el

su día, las naciones musulmanas habían rivalizado con Europa, pero la nueva riqueza minó el poder islámico. El oro y la plata americanos atizaron una inflación del 400 por ciento que socavó las economías de gran parte de los países no europeos, ayudando a Europa a desarrollar un mercado global. África lo pasó mal: el comercio transahariano se vino abajo, porque América proporcionaba más oro y más plata de las que nunca podría proporcionar la Costa de Oro. A partir de ese momento los comerciantes africanos solo tuvieron un producto de interés para Europa: esclavos. En palabras del antropólogo Jack Weatherford, «de este modo, se puede decir que los africanos fueron tan víctimas del descubrimiento de América como los indios americanos».[89]

En 1972, Alfred W. Cosby calificó estas grandes transformaciones de «intercambio colombino» en su libro homónimo. En la década de 1990, a causa del quinto centenario, la expresión se puso de moda. Ningún libro de texto de mi primera muestra mencionaba esas repercusiones geopolíticas del encuentro de Colón con América, pero poco a poco la idea fue calando en los manuales de historia estadounidenses. En la actualidad, la mayoría de los libros atribuye a los indios americanos el desarrollo de importantes cultivos. Los autores también reconocen que los europeos (y los africanos) trajeron consigo enfermedades, así como ganado al nuevo continente. No obstante, se sigue pasando por alto el flujo bidireccional de ideas, sobre todo el que va del oeste al este.

El eurocentrismo ciega a los autores de libros de texto, que no ven lo que *recibió* Europa, ya sea de astrónomos árabes, navegantes africanos o estructuras sociales amerindias. Nuestros libros de texto, al operar dentro de este limitado esquema, nunca nos invitan a pensar en cuál fue la causa de que las poblaciones de la América continental, cuya riqueza y cuyas ciudades sobrecogieron

---

algodón americano de fibra larga, más útil para fabricar tejidos que el del Viejo Mundo, avivó la Revolución Industrial; también tiene en cuenta la temprana producción de monedas en Bolivia y de azúcar en el Caribe, antecedentes de las fábricas que espolearon la Revolución Industrial en Europa.

[89] Weatherford, *Indian Givers*, pp. 12 y 15-17. Dunan, ed., *Larousse Encyclopedia of Modern History*, p. 69, y Sale, *The Conquest of Paradise*, p. 236, respecto a la inflación. Marx y Engels, «Communist Manifesto».

a los españoles, acabaran siendo las empobrecidas comunidades campesinas de hoy. También nos privan de la oportunidad de apreciar la importancia que han tenido las ideas amerindias en la formación del mundo moderno. De este modo, impiden que los estudiantes comprendan cómo evolucionó verdaderamente el mundo y eso incluye por qué acabó imponiéndose Europa (y sus prolongaciones; entre otros, Estados Unidos y Canadá).

Hay quienes han atacado el retrato que aquí se hace de Colón, por considerarlo demasiado negativo. Pero yo no estoy proponiendo que comencemos los cursos de historia de los Estados Unidos proclamando que Colón era *malo* y que, por tanto, nosotros también. Los libros de texto deberían mostrar que la historia no puede concedernos sin más ni moralidad ni inmoralidad. El simple hecho de formar parte de los Estados Unidos, sin consideración hacia nuestros propios actos o ideas, no nos convierte en seres morales o inmorales. La historia es algo más complejo.

Una vez más, debemos detenernos a pensar quiénes somos «nosotros». Colón no es un héroe en México, aunque la cultura mexicana es mucho más hispánica que la estadounidense y cabría esperar que se enorgulleciera de este héroe de la historia española. ¿Por qué no es así? Porque México es también mucho más indio que Estados Unidos y los mexicanos ven en Colón a un blanco europeo. «Ninguna persona india sensata», escribió George P. Horse Capture, «puede celebrar la llegada de Colón».[90] El aprecio a Colón es un rasgo de la historia blanca, no de la historia americana.

La conquista de Haití por parte de Colón se puede considerar una asombrosa gesta, fruto del valor y la imaginación del primero de los muchos y valientes constructores de imperios. También se puede ver como una sangrienta atrocidad que dejó un legado de genocidio y esclavitud que, hasta cierto punto, llega hasta nuestros días. Ambas formas de ver a Colón son válidas: en realidad, su importancia histórica radica precisamente en el hecho de que fuera al mismo tiempo un navegante heroico y un gran saqueador. Si

---

[90] Herman J. Viola y Carolyn Margolis, eds., *Seeds of Change*, Washington, D.C., Smithsonian Institution Press, 1991, pp. 186-207.

Colón solo hubiera sido lo primero, no sería más que un competidor de Leif Eriksson. Las acciones colombinas son un ejemplo de los dos significados que tiene la palabra inglesa *exploit*: el sustantivo «hazaña» y el verbo «aprovecharse». Las hagiográficas viñetas biográficas de Colón que proporcionan la mayoría de nuestros libros de texto sirven para inculcar a los estudiantes una mecánica aprobación del colonialismo que resulta sorprendentemente inadecuada en nuestra época poscolonial. En palabras del historiador Michael Wallace, el mito de Colón «nos permite aceptar como algo natural y consabido la división contemporánea entre esferas desarrolladas y subdesarrolladas, en lugar de verlas como un producto histórico que nace de un proceso iniciado con el primer viaje de Colón».[91]

Comprenderemos con más claridad a Colón y a todos los exploradores y colonos europeos si vemos en 1492 el encuentro de tres culturas (África no tardó en verse afectada), no un descubrimiento únicamente realizado por una, y eso es lo que hacen varios nuevos libros de texto. La expresión *Nuevo Mundo* forma parte del problema, porque América estaba habitada desde hacía miles de años. Solo era nueva para los europeos. La palabra *descubrimiento* también es problemática, porque ¿cómo puede una persona descubrir lo que otra ya conoce y posee? Los autores de libros de texto tienen que lidiar con este asunto al intentar superar una historia teñida de colonialismo y un lenguaje eurocéntrico. Boorstin y Kelley comienzan el primer capítulo de su libro con la siguiente frase: «El descubrimiento de América» —es decir, el de Colón— «fue la principal sorpresa de la historia de la humanidad». Cinco páginas después, los autores intentan retirar la palabra: «Los únicos que tenían que "descubrir"

[91] Michael Wallace, «The Politics of Public History», en Jo Blatti, ed., *Past Meets Present*, Washington, D.C., Smithsonian Institution Press, 1987, pp. 41-42. Véase también Garry Wills, «Goodbye, Columbus», *New York Review of Books*, 22 de noviembre de 1990, pp. 6-10. Curiosamente, en respuesta al quinto centenario, las Naciones Unidas votaron a favor de declarar la década de 1990 como «Década para erradicar el colonialismo». Solo Estados Unidos discrepó. Hasta España y otras antiguas potencias coloniales europeas se abstuvieron, por respeto a la nueva realidad global. Véase John Yewell, «To Growing Numbers, Columbus No Hero», *St. Paul Pioneer Press*, 11/10/1990.

América eran los europeos. ¡Millones de indios americanos ya estaban aquí!». Sin embargo, retirar palabras no sirve. En su relato, Boorstin y Kelley siempre parten de una situación en la que los blancos descubren a los no blancos, no de un encuentro multicultural. En realidad, son tan eurocéntricos que ni siquiera se dan cuenta de que «la gente de África y Asia» se ha quedado fuera de la frase en la que aludían a quienes aún no habían «descubierto» América.

No estamos ante un debate ocioso. Las palabras son importantes: pueden influir y, en algunos casos, racionalizar las políticas. En 1823, el presidente del Tribunal Supremo estadounidense John Marshall dictaminó que los cheroquis, en virtud de la «ocupación» de sus tierras en Georgia, tenían ciertos derechos a las mismas, pero que el «descubrimiento» hacía que prevalecieran los derechos de los blancos. Marshall no se molestó en explicar cómo habían logrado los indios americanos ocupar Georgia sin haberla descubierto antes.[92]

Lo habitual es que el propio proceso haya sido multirracial y multicultural. A los capitanes del príncipe Enrique les ayudaron a descender por la costa de África pilotos de este continente.[93] El día de Navidad de 1492, Colón necesitó ayuda, porque la *Santa María* encalló en la costa de Haití. El Almirante buscó ayuda en la aldea arahuaca más próxima y «toda su gente de la villa» reaccionó «con canoas muy grandes y muchas». Colón añadió que «se descargó todo lo de las cubiertas en muy breve espacio: tanto fue el grande aviamiento y diligencia que aquel Rey dio... estaban poniendo diligencia así en la nao como en la guarda de lo que se sacaba á tierra, para que todo estuviese á muy buen recaudo».[94] Durante su último viaje, Colón naufragó en Jamaica y los arahuacos de la isla

[92] *Johnson v. M'Intosh*; véase Robert K. Faulkner, *The Jurisprudence of John Marshall*, Princeton, NJ, Princeton University Press, 1968, p. 53; y Bruce A. Wagman, «Advancing Tribal Sovereign Immunity as a Pathway to Power», *University of San Francisco Law Review*, 27, nº 2, invierno de 1993, pp. 419-420.

[93] Roy Preiswerk y Dominique Perrot, *Ethnocentrism and History*, Nueva York, NOK, 1988, pp. 245-246 [ed. cast.: *Etnocentrismo e historia: América indígena, África y Asia en la visión distorsionada de la cultura occidental*, México, Nueva Imagen, 1979].

[94] Colón citado en Sale, *The Conquest of Paradise*, p. 116; véase también p. 201 [ed. cast.: *Relaciones y cartas*, p. 125].

los mantuvieron vivos, a él y a su tripulación, compuesta por más de cien hombres, durante un año entero, hasta que los españoles de Haití los rescataron.

Así ha seguido siendo. William Erasmus, un indio canadiense, señaló que «los exploradores a los que llamáis grandes hombres estaban indefensos. Eran como niños perdidos y fue nuestro pueblo el que se ocupó de ellos».[95] En 1535, cerca de Montreal, los amerindios curaron el escorbuto de los hombres de Cartier. En 1579 repararon el *Golden Hind* de Francis Drake en California para que pudiera terminar de dar la vuelta al mundo. La expedición de Lewis y Clark a la región del noroeste del Pacífico la fueron posibilitando sucesivas tribus de indios americanos y Sacajawea y Toby, dos guías shoshoni que les servían de intérpretes. Cuando el Almirante Peary descubrió el polo norte, probablemente la primera persona que llegara allí no fuera ni el estadounidense de origen europeo Peary ni Matthew Henson, su ayudante afroamericano, sino sus cuatro guías inuit, hombres y mujeres de los que dependía toda la expedición.[96] Nuestras historias no mencionan esa ayuda. Retratan a orgullosos conquistadores occidentales alzándose sobre el mundo como el coloso de Rodas.

---

[95] John Burns, «Canada Tries to Make Restitution to Its Own», *New York Times*, 01/09/1988.

[96] Virgil Vogel, *This Country Was Ours*, Nueva York, Harper and Row, 1972, p. 38, respecto a Cartier. Weatherford, *Indian Givers*, p. 30, respecto a Drake. En relación con Lewis y Clark, hay un libro de texto, *American History*, que reconoce plenamente el papel de sus guías indios. Romeo B. Garrett, *Famous First Facts About the Negro*, Nueva York, Arno, 1972, p. 68-69, respecto a Henson, al que considera primero en llegar al polo. Algunos afirman que la expedición de Peary nunca llegó al polo; si llegó, ya no podemos determinar quién fue el primero. Curiosamente, tanto Peary como Henson tuvieron hijos varones durante la expedición. En 1987 esos hombres, ya con ochenta años, se reunieron con los «legítimos» descendientes de Peary y de Henson. Por primera vez se reconocía el papel de las madres de esos hombres en la expedición. Véase «Discoverers' Sons Arrive for Reunion», *Burlington Free Press*, 01/05/1987; también la introducción de Susan A. Kaplan al libro de Matthew Henson, *A Black Explorer at the North Pole*, Lincoln, University of Nebraska Press, 1989. El libro de Wallace, Wallechinsky y Wallace, *Significa*, pp. 17-18, contiene un buen resumen sobre Henson. Un texto que plantea cómo se aprovechó Peary de los inuit, incluyendo una acusación de «criminalidad científica», aparece en Michael T. Kaufman, «A Museum's Eskimo Skeletons and Its Own», *New York Times*, 21/08/1993, pp. 1 y 24.

Mientras nuestros libros de texto nos oculten el papel desempeñado por la gente de color en las exploraciones, como mínimo desde el 6000 a.C. hasta el siglo XX, seguirán animándonos a ver en Europa y en sus prolongaciones el origen de todo conocimiento e inteligencia. Mientras hablen de «descubrimiento», continuarán dando a entender que los blancos son los únicos que importan de verdad. Mientras se limiten a rendir homenaje a Colón en lugar de enseñar las dos vertientes de su hazaña, seguirán animándonos a identificarnos con la explotación ejercida por los blancos occidentales, no a estudiarla.

El fragmento que aparece en la columna izquierda del recuadro posterior reproduce una de las muchas leyendas que se pegan a Colón como una lapa: «mitos, todos ellos sin fundamento».[97] El de la columna derecha forma parte del relato que hizo en la época un cacique arahuaco que había huido de Haití a Cuba.

El lector ya habrá adivinado que el de la izquierda procede de un manual de historia de los Estados Unidos, en este caso, *American Adventures*. Como es probable que el suceso no ocurriera nunca, resulta difícil defender la necesidad de incluirlo en un libro de texto. Podríamos intentar comprender su inclusión analizando qué función tiene en el relato. El incidente es melodramático. Proporciona cierto suspense, aunque, evidentemente, podemos estar seguros de que al final todo saldrá bien. No cabe duda de que el fragmento nos induce a identificarnos con la empresa de Colón: al convertirle en un paria —que va en mula y se cubre con una capa raída—, nos pone de su parte.

El de la derecha lo recogió Las Casas, que según parece se lo escuchó a los arahuacos en Cuba. Al contrario que la historia de la mula, la del cacique nos informa de cosas importantes: que los españoles buscaban oro, que mataban a los indios y que estos huían y se resistían. (En realidad, después de vanos intentos de organizar la resistencia armada en Cuba, este cacique huyó «metiéndose en los montes». Semanas después, los españoles lo capturaron y lo quemaron vivo). No obstante, ningún libro de texto incluye la historia del cacique ni nada que se le parezca. De hacerlo

[97] Sale, *The Conquest of Paradise*, p. 238.

A lomos de una mula, un hombre avanzaba lentamente por un polvoriento camino español. Sobre los hombros llevaba una capa vieja y raída. Aunque su rostro parecía joven, su cabello pelirrojo ya estaba encaneciendo. Corrían los inicios del año de 1492 y Cristóbal Colón abandonaba España.

En dos ocasiones, los reyes de España se habían negado a proporcionarle navíos. Había malgastado cinco años de su vida intentando obtener su beneplácito. Ahora se dirigía a Francia. Quizá el soberano francés le concediera los navíos que precisaba.

Colón escuchó una especie de repiqueteo. Volvió la vista atrás y vio el camino. Hacia él se aproximaba presuroso un hombre a caballo. El jinete le entregó un mensaje y Colón hizo que la mula cambiara de dirección. El mensaje, que era de los reyes de España, ordenaba su regreso. Colón tendría sus navíos.

Un cacique y señor muy principal que por nombre tenía Hatuey, que se había pasado de la isla Española a Cuba con mucha de su gente por huir de las calamidades e inhumanas obras de los cristianos, y estando en aquella isla de Cuba y dándole nuevas ciertos indios que pasaban a ella los cristianos, ayuntó mucha o toda su gente y díjoles: «Ya sabéis cómo se dice que los cristianos pasan acá, y tenéis experiencia qué les han parado a los señores fulano y fulano y fulano y a aquellas gentes de Haití (que es la Española). Lo mesmo vienen a hacer acá. ¿Sabéis quizá por qué lo hacen?». Dijeron: «No, sino porque son de su natura crueles y malos». Dice él: «No lo hacen por solo eso, sino porque tienen un dios a quien ellos adoran y quieren mucho, y por habello de nosotros para lo adorar nos trabajan de sojuzgar y nos matan».

Tenía cabe sí una cestilla llena de oro en joyas, y dijo: «Veis aquí el dios de los cristianos; hagámosle, si os parece, areítos (que son bailes y danzas) y quizá le agradaremos y les mandará que no nos hagan mal». Dijeron todos a voces: «Bien es, bien es». Bailáronle delante hasta que todos se cansaron, y después dice el señor Hatuey: «Mirá, como quiera que sea, si lo guardamos, para sacárnoslo al fin nos han de matar: echémoslo en este río».

Todos votaron que así se hiciese y así lo echaron en un río grande que allí estaba.*

---

* Las Casas, relato oral recogido entre los taínos, en Williams, *Documents of West Indian History*, 1, pp. 17 y 92-93 [ed. cast.: Las Casas, *Brevísima relación de la destrucción de las Indias*, Biblioteca Virtual Miguel de Cervantes: http://goo.gl/cdLHhd].

así, podríamos identificarnos con los indígenas. Al evitar los nombres y las historias individuales de los arahuacos y omitir su punto de vista, los autores «alterizan» a los indios. Los lectores no tienen que preocuparse de su espantoso destino, porque a los amerindios nunca se los presenta como seres humanos reconocibles. Se diría que los propios libros de texto incurren en disonancia cognitiva.

Excluir el fragmento de la derecha e incluir el de la izquierda, excluir lo que probablemente fue cierto e incluir lo improbable, equivale a practicar una historia colonialista. Esta es la historia de Colón que se ha impuesto en los manuales de historia de los Estados Unidos. No obstante, en todo el mundo, las naciones que fueron «descubiertas», conquistadas, «civilizadas» y colonizadas por las potencias europeas son ahora independientes, por lo menos políticamente. Ni los europeos ni los americanos de origen europeo les dan órdenes ya como hacía el señor con los indígenas, y, en consecuencia, deben dejar de considerarse superiores, moral y tecnológicamente. A esa transformación podría contribuir una nueva y más precisa historia de Colón, que los estudiantes solo reciben de uno de nuestros libros, *The Americans*.

Evidentemente, esta nueva historia no debe juzgar a Colón según los criterios de nuestra propia época. En 1493 el mundo aún no había decidido, por ejemplo, que la esclavitud era injusta. Algunas naciones amerindias esclavizaban a otros indios. Los africanos hacían lo propio con otros africanos. Y lo mismo los europeos. No sería razonable atacar a Colón por hacer lo que hacía todo el mundo.

Con todo, algunos españoles del momento —Bartolomé de las Casas, por ejemplo— se opusieron a la esclavitud, la apropiación de tierras y los trabajos forzados introducidos por Colón en Haití. Al principio, Las Casas era un aventurero que acabó poseyendo una plantación. Después cambió de bando, liberó a sus nativos, se hizo sacerdote y luchó desesperadamente para que se tratara a los indios con humanidad. Cuando Colón y otros europeos aducían que los indígenas americanos eran inferiores, Las Casas señalaba que eran como todo el mundo: seres humanos capaces de sentir y razonar. En tanto que otros historiadores intentaron pasar por alto o defender la trata de esclavos indios iniciada por Colón, Las

Casas arremetió contra ella, por considerarla «entre las inexpiables ofensas, contra Dios y los hombres en el mundo» y contribuyó a que España aprobara leyes contrarias a la trata de esclavos amerindios.[98] Aunque esas leyes llegaron demasiado tarde para los arahuacos y era frecuente que se incumplieran, sí ayudaron a algunos indios a sobrevivir. Siglos después de su muerte, Las Casas seguía influyendo en la historia: Simón Bolívar utilizó sus escritos para justificar las revoluciones registradas entre 1810 y 1830, que liberaron a Latinoamérica del dominio español.

Cuando los manuales de historia no hablan de los arahuacos, ofenden a los americanos nativos. Cuando omiten la posibilidad de que Colón tuviera precursores africanos y fenicios, ofenden a los afroamericanos. Cuando idealizan a exploradores como De Soto simplemente porque fueron blancos, nuestras historias ofenden a todas las gentes de color. Cuando dejan a un lado a Las Casas, prescinden de un interesante idealista con el que todos podríamos identificarnos. Cuando glorifican a Colón, nuestros libros de texto nos instan a identificarnos con el opresor. Cuando sus autores omiten las causas y los procesos de la dominación europea mundial, nos ofrecen una historia cuyo propósito debe de ser que no seamos conscientes de problemas importantes. Quizá lo peor de todo sea que, cuando los libros de texto hacen retratos simplistas de un Colón piadoso y heroico, nos proporcionan una historia reconfortante que aburre a todo el mundo.

[98] Las Casas citado en J. H. Elliot, *The Old World and the New*, Nueva York, Cambridge University Press, 1970, p. 48 [ed. cast.: *El viejo mundo y el nuevo (1492-1650)*, Madrid, Alianza, 1984]; Las Casas, *History of the Indies*, p. 289; John Wilford, *The Mysterious History of Columbus*, Nueva York, Alfred A. Knopf, 1991, p. 40. Se critica con razón a Las Casas por proponer que los esclavos africanos sustituyeran a los indios. Sin embargo, acabó abjurando de esa propuesta, llegando a la conclusión de que era «tan injusto el captiverio de los negros como el de los indios» (*History of the Indies*, p. 257) [citas de Las Casas, tomadas de *Historia de las Indias*, libro 3, tomo V, pp. 229 y 230].

03

La verdad sobre la primera Acción de Gracias

«Teniendo en cuenta que prácticamente ninguno de los tópicos que rodean la Acción de Gracias contiene la más mínima autenticidad, precisión histórica o percepción intercultural, ¿por qué parece estar tan arraigada? ¿Acaso la mentalidad americana necesita explotar y envilecer a perpetuidad a sus víctimas para justificar su historia?».

MICHAEL DORRIS[1]

«Los exploradores e invasores europeos descubrieron una tierra habitada. De haber sido entonces un territorio inmaculadamente salvaje, es probable que lo siguiera siendo, porque ni la tecnología ni la organización social de la Europa de los siglos XVI *y* XVII *tenían la capacidad para mantener, con sus propios recursos, centros coloniales situados a miles de kilómetros de distancia».*

FRANCIS JENNINGS[2]

«Los europeos fueron capaces de conquistar América, no por su genio militar, su motivación religiosa, su ambición o su codicia. La conquistaron porque, sin pretenderlo, lanzaron una guerra biológica».

HOWARD SIMPSON[3]

«Es penoso tener que llamar la atención sobre estas cosas, pero nuestros antepasados, a pesar de su sabiduría, su carácter piadoso y su sinceridad, no eran, en cuestiones de caridad cristiana, muy de fiar y, cuando hablamos de historia, la verdad debe ser sagrada, cueste lo que cueste... sobre todo frente al estrecho y vano patriotismo que, en lugar de ir sin tregua en pos de la verdad, se enorgullece de ir hacia atrás para ocultar hasta la más nimia mácula de nuestros antepasados».

CORONEL THOMAS ASPINWALL[4]

---

[1] Michael Dorris, «Why I'm Not Thankful for Thanksgiving», Nueva York, Council on Interracial Books for Children, *Bulletin*, 9, nº 7, 1978, p. 7.

[2] Francis Jennings, *The Invasion of America: Indians, Colonialism, and the Cant of Conquest*, Chapel Hill, University of North Carolina Press, 1975, p. 15.

[3] Howard Simpson, *Invisible Armies: The Impact of Disease on American History*, Indianápolis, Bobbs-Merrill, 1980, p. 2

[4] Coronel Thomas Aspinwall, citado en Jennings, *The Invasion of America*, p. 175.

En los últimos años he preguntado a cientos de estudiantes universitarios cuándo comenzó a poblarse el país que ahora conocemos como los Estados Unidos. Es una forma generosa de plantear la pregunta; seguramente, la formulación «que ahora conocemos como» implica que los primeros pobladores fueron anteriores a la fundación de los Estados Unidos. Al principio pensaba, y desde luego era lo que esperaba, que los alumnos aludirían a 30.000 años a.C. o a alguna otra fecha precolombina.

No fue así. La cifra en la que coincidían era «1620».

Evidentemente, a mis alumnos les han llenado la cabeza con el mito de origen americano: la historia de la primera Acción de Gracias. Entre los minoristas de esta leyenda primigenia se encuentran los libros de texto.

Parte del problema radica en el verbo *poblar*. Los «pobladores» eran blancos, me dijo en una ocasión un estudiante. Los «indios» no poblaban. Los estudiantes no son los únicos a los que confunde el verbo *poblar*. La película introductoria que ven quienes visitan la Plimoth Plantation dice que «se pusieron a la tarea de civilizar una naturaleza hostil». Un fin de semana de Acción de Gracias escuché a un guía de la Estatua de la Libertad relatar cómo los inmigrantes europeos habían «ocupado una Costa Este salvaje». Sin embargo, como veremos más adelante, si los indios americanos no hubieran poblado antes Nueva Inglaterra, a los europeos les habría costado mucho hacerlo.

Al comenzar la historia de los asentamientos en Norteamérica con los Peregrinos, no solo se prescinde de los amerindios, también de los españoles. Los primeros pobladores no nativos del «país que ahora conocemos como los Estados Unidos» fueron los esclavos africanos que los españoles dejaron en Carolina del Sur cuando renunciaron a asentarse en esas tierras. En 1565 los españoles masacraron a los protestantes franceses que se habían asentado brevemente en San Agustín (Florida), donde habían establecido su propio fuerte. Entre 1565 y 1568 los españoles exploraron las Carolinas, levantando varios fuertes que posteriormente quemarían los indios. Nuestros primeros peregrinos fueron otros pobladores españoles posteriores, que, en pos de regiones nuevas para ellos, trataban de alcanzar la libertad religiosa: eran los judíos que se asentaron en Nuevo México a finales del siglo XVI.[5] Pocos estadounidenses saben que un tercio de los Estados Unidos, desde San Francisco a Arkansas, de Natchez a Florida, fue más tiempo español que «americano» y que americanos de origen español vivieron aquí antes de que el primer antepasado de la asociación de Hijas de la Revolución Americana llegara a abandonar Inglaterra. Es más, la cultura española dejó un sello indeleble en el Oeste americano. Los españoles trajeron consigo caballos, vacas, ovejas, cerdos y los elementos fundamentales de la cultura vaquera, entre ellas su vocabulario: *mustang*, *bronco*, *rodeo*, *lariat*, etc.[6] Los caballos que escaparon de los españoles y se reprodujeron desataron el rápido florecimiento de una nueva cultura entre los indios de las praderas. «Qué refrescante sería», escribió James Axtell, «encontrar un libro de texto que, antes de hablar de las tradicionales colonias orientales, comenzara con la Costa Oeste».

¿Por qué no se hace así? Quizá porque la mayoría de los autores de libros de texto son WASP [blancos, anglosajones y protestantes]. Los cuarenta y seis autores de los dieciocho textos que he revisado van desde Bauer y Berkin hasta Williams y Wood, pero solo dos tienen apellidos hispánicos: Linda Ann DeLeon, una de

[5] Kathleen Teltsch, «Scholars and Descendants Uncover Hidden Legacy of Jews in Southwest», *New York Times*, 11/11/1990, p. A30; «Hidden Jews of the Southwest», *Groundrock*, primavera de 1992.

[6] Alfred W. Crosby Jr., *The Columbian Exchange: Biological and Cultural Consequences of 1492*, Westport, CT, Greenwood, 1972, p. 83. El origen español de nuestra cultura vaquera explica su enorme similitud con la tradición gaucha argentina.

los autores de *Challenge of Freedom*, y J. Klor de Alva, de *The Americans*. Seguramente no sea casual que los libros de estos dos últimos sean los que ofrezcan, con mucho, la cobertura más exhaustiva sobre los primeros asentamientos españoles en «lo que ahora son los Estados Unidos» y que mencionen incluso las misiones creadas por los españoles desde las Carolinas al golfo de México y desde San Diego a San Francisco.[7] A lo largo de nuestra vida veremos cómo la población en edad escolar de los Estados Unidos estará mayoritariamente compuesta por minorías, ya que los estadounidenses de origen hispano, africano, asiático e indígena superarán el 51 por ciento. Llegados a ese punto, probablemente después de mucho rasgado de vestiduras y crujir de dientes, los manuales de historia prestarán más atención a nuestro pasado hispano, algo que siempre deberían haber hecho. Entretanto, a los *españoles* se les considera intrusos, en tanto que los *británicos* son pobladores.[8]

Al comenzar el relato en 1620 también se omite a los holandeses, que desde 1614 vivían en lo que ahora es Albany. En realidad, si fuéramos estrictos, habría que decir que el primer asentamiento inglés permanente no se creó en 1620, ya que en 1607 la London Company envió pobladores a Jamestown (Virginia).

Da igual. El origen *mítico* del «país que ahora conocemos como los Estados Unidos» se sitúa en Plymouth Rock y el año es 1620. Este es el representativo relato de *American Tradition*:

> Después de ciertas exploraciones, los Peregrinos decidieron asentarse en torno a la bahía de Plymouth. Por desgracia, habían llegado en diciembre y no estaban preparados para el invierno de Nueva Inglaterra. No obstante, contaron con el apoyo de amistosos indios, que les dieron comida y enseñaron a cultivar maíz. Con la llegada del calor, los pobladores plantaron, pescaron, cazaron y se prepararon para el invierno siguiente. Una vez

---

[7] El nuevo *Pageant* también ha incrementado el espacio que dedica al dominio español.

[8] James Axtell, «Europeans, Indians, and the Age of Discovery in American History Textbooks», *American Historical Review*, 92, 1987, p. 630.

> recogida la primera cosecha, ellos y sus amigos indios celebraron la primera Acción de Gracias.[9]

Mis alumnos también recuerdan que los Peregrinos, perseguidos en Inglaterra por su credo religioso, se habían trasladado a Holanda. Según esos estudiantes, se embarcaron en el *Mayflower* hacia América y redactaron el Pacto del *Mayflower*, precedente de nuestra Constitución. La vida fue difícil hasta que conocieron a Squanto, que les enseñó a fertilizar con pececillos los montículos en los que se siembra maíz, lo cual les garantizó una abundante cosecha. Pero cuando pregunto a mis alumnos por la plaga, se les quedan los ojos como platos. «¿Qué plaga? ¿La peste negra?». No, digo suspirando, eso fue tres siglos antes.

Con todo, la peste negra nos proporciona una buena introducción. William Langer ha escrito que la peste negra (o bubónica) «fue sin duda el peor desastre registrado en la historia de la humanidad».[10] Entre 1348 y 1350 quizá acabara con la vida del 30 por ciento de la población europea. Por catastrófico que esto fuera, la enfermedad solo fue parte del horror. Según Langer, «casi todo el mundo en la época medieval interpretó la peste como un castigo divino a los pecados humanos». Pensando que el día del juicio final era inminente, los campesinos no sembraban. Mucha gente se entregó al alcohol. Puede que las perturbaciones sociales y económicas ocasionaran tantas muertes como la propia enfermedad. Toda la cultura europea se vio afectada: el miedo, la muerte y la culpabilidad se convirtieron en motivos artísticos fundamentales. Plagas menos letales, como el tifus, la sífilis, la gripe y también la peste bubónica, continuaron asolando Europa hasta finales del siglo XVII.[11]

A lo largo de la historia, las zonas más cálidas de Europa, Asia y África han sido el caldo de cultivo de gran parte de las enfermedades

---

[9] En líneas generales, el relato es exacto, aunque el invierno de 1620-1621 no fuera especialmente inclemente y probablemente no sorprendiera a los británicos; por otra parte, los indios no los ayudaron hasta la primavera.

[10] William Langer, «The Black Death», *Scientific American*, febrero de 1964.

[11] Ibíd.; véase también William H. McNeill, *Plagues and Peoples*, Garden City, NY, Doubleday, 1976, pp. 166-185.

humanas. Como los seres humanos surgieron en regiones tropicales, las enfermedades de esas zonas surgieron con ellos. La gente no se trasladó a climas más frescos hasta que no contó con la ayuda de invenciones culturales como la vestimenta, la vivienda y el fuego, que ayudaban a mantener temperaturas cálidas en torno al cuerpo. A los microbios que viven fuera de sus huéspedes durante parte del ciclo vital les costó adaptarse al norte de Europa y Asia.[12] Cuando la gente emigró a América a través del recién creado estrecho de Bering, si es que el consenso arqueológico no se equivoca, los cambios operados en el clima y las circunstancias físicas llegaron a amenazar hasta a los curtidos parásitos que habían sobrevivido a la lenta emigración anterior que, desde África, se había dirigido hacia el norte. Los primeros inmigrantes entraron en América a través de una gélida cámara de descontaminación. En consecuencia, es probable que quienes primero se asentaran en el hemisferio occidental llegaran a él en mejores condiciones sanitarias de las que la mayoría de los habitantes de la Tierra habían disfrutado antes o disfrutaron después de ese momento. Simplemente, muchas de las enfermedades que durante tanto tiempo los habían perseguido no pudieron sobrevivir al trance.[13]

Tampoco sobrevivieron otros animales. Antes de la llegada de los europeos y los africanos posterior a 1492, los habitantes del hemisferio occidental no tenían vacas, cerdos, caballos, ovejas, cabras ni gallinas. Muchas enfermedades, desde el carbunclo a la tuberculosis, pasando por el cólera y las producidas por el estreptococo, la tiña y varios poxvirus, se trasmiten de los humanos al ganado y viceversa. Como los primeros habitantes del hemisferio occidental no tenían ganado, este no les trasmitía enfermedades.[14]

---

[12] William H. McNeill, «Disease in History», conferencia pronunciada en la Universidad de Vermont, 18/10/1988. Utilizo *microbio* y posteriormente *germen* en un sentido general, que incluye tanto patógenos víricos como bacterianos.

[13] Crosby, *The Columbian Exchange*, p. 34. Aunque la gente sí contrae neumonías u otras enfermedades relacionadas con el medio, no enferma *por* el frío sino *en* el frío, por el debilitamiento de sus defensas físicas. El virus de la neumonía y otros patógenos no acechan en los lagos helados y las laderas cubiertas de nieve, sino que habitan sobre y dentro de nosotros, donde hay calidez.

[14] Peter Farb, *Man's Rise to Civilization*, Nueva York, Avon, 1969, pp. 42-43; Hubbert McCulloch Schnurrenberger, *Diseases Transmitted from Animals to Man*, Springfield,

Había un factor más imperceptible que hacía insalubre Europa y Asia: la densidad demográfica. Para sobrevivir, los organismos patógenos necesitan una provisión constante de huéspedes. El caso que con mayor claridad ilustra este requisito es el de la viruela, que no puede sobrevivir fuera de un ser humano vivo. Como el entusiasmo del virus mata con frecuencia al huésped, la plaga se crea su propio obstáculo: precisa de nuevas víctimas a intervalos regulares. Igualmente, los diversos virus de la gripe deben irse dispersando, porque, si sus víctimas sobreviven, disfrutan de un período de inmunidad que dura por lo menos unas semanas y a veces toda una vida.[15] Sociedades de pequeñas dimensiones como la de los indios payutes de Nevada, constituidas por familias nucleares y extensas aisladas, podían sufrir y sufrieron epidemias de viruela poscolombinas que les trasmitieron vecinos más urbanos, pero no podían mantener mucho tiempo un organismo de esas características.[16] Ni siquiera había densidad demográfica suficiente en las aldeas. Los aldeanos podían toparse con trescientas personas al día, pero solían ser siempre las mismas. Entrar en contacto constante con los mismos individuos no tiene las mismas consecuencias que relacionarse con otros nuevos, ni para los seres humanos ni para los microbios.

En algunas zonas de América sí había una elevada densidad demográfica.[17] Los caminos incaicos ponían en contacto poblaciones del norte de Ecuador con Chile.[18] Hace entre mil quinientos y dos mil años Cahokia (Illinois) tenía en torno a cuarenta mil

---

IL, Charles C. Thomas, 1975; véase también Alfred W. Crosby Jr., *Ecological Imperialism: The Biological Expansion of Europe, 900-1900*, Nueva York, Cambridge University Press, 1976, p. 31. Los andinos sí tenían llamas; sin embargo, puede que los Andes sean demasiado elevados y fríos como para fomentar las enfermedades en esos animales o en las personas, algo que sugiere el hecho de que las epidemias europeas y africanas posteriores a 1492 fueran menos devastadoras en esa zona.

[15] McNeill, «Disease in History»; Crosby, *The Columbian Exchange*, p. 37; Henry Dobyns, *Their Number Become Thinned*, Knoxville, University of Tennessee Press, 1983.

[16] Crosby, *Ecological Imperialism*, pp. 38-39, señala que las epidemias de viruela pueden llevarse por delante a la mayoría de los habitantes de un determinado grupo cada vez que tienen lugar, quizá una vez por generación.

[17] McNeill, *Plagues and Peoples*, p. 201.

[18] Gregory Mason, *Columbus Came Late*, Nueva York, Century, 1931, pp. 269-270.

habitantes. Los Grandes Lagos y Florida mantenían relaciones comerciales, y también las Rocosas con lo que ahora es Nueva Inglaterra.[19] En consecuencia, no estamos hablando de grupos aislados de pueblos «primitivos». No obstante, gran parte del hemisferio occidental carecía de la densidad demográfica existente en gran parte de Europa, África y Asia. Y en ningún lugar de ese hemisferio había pozos de enfermedad como Londres o El Cairo, en los que las aguas negras corrían por las calles.

La escasez de enfermedades en América también se debió en parte a las costumbres higiénicas de los habitantes de la región. Los residentes del norte de Europa y de Inglaterra no solían bañarse, práctica que consideraban insana, y pocas veces se despojaban del todo de su vestimenta, por considerarlo impúdico. A los indios los Peregrinos les olían mal. Según Feenie Ziner, biógrafo de Squanto, este «trató infructuosamente de enseñarles a bañarse».[20]

Todo esto explica que los habitantes de América del Norte y del Sur (al igual que los aborígenes australianos y los pueblos de las remotas islas del Pacífico) fueran «una raza notablemente sana»[21] antes de Colón. Irónicamente, esta misma salud fue su perdición, porque no habían desarrollado resistencias, ni genéticas ni a través de enfermedades infantiles, contra los microbios que europeos y africanos traerían consigo.

En 1617, justo antes del desembarco de los Peregrinos, una pandemia asoló el sur de Nueva Inglaterra. Los pescadores ingleses y franceses llevaban décadas faenando en la costa de Massachusetts. Después de llenar sus navíos de bacalao, desembarcaban para aprovisionarse de leña y de agua potable, y quizá de algunos indios para venderlos como esclavos en Europa. Es probable que

---

[19] Farb, *Man's Rise to Civilization*, p. 268. Véase también Jennings, *The Invasion of America*, p. 86; Crosby, *Ecological Imperialism*, p. 210.

[20] Feenie Ziner, *Squanto*, Hamden, CT, Linnet Books, 1988, p. 141. Véase también Jennings, *The Invasion of America*, pp. 48-52; Robert Loeb Jr., *Meet the Real Pilgrims*, Garden City, NY, Doubleday, 1979, pp. 23 y 87; y Warren Lowes, *Indian Giver*, Penticton, British Columbia, Theytus, 1986, p. 51. Los Peregrinos no eran los únicos; según Jay Stuller («Cleanliness», *Smithsonian*, 21, febrero de 1991, pp. 126-135), Isabel la Católica presumía de haberse bañado únicamente dos veces en su vida: al nacer y antes de casarse.

[21] Simpson, *Invisible Armies*, p. 2; Crosby, *The Columbian Exchange*, p. 37.

esos pescadores trasmitieran enfermedades a la gente que se encontraban.[22] La epidemia posterior dejó pequeña a la peste negra. Algunos historiadores creen que se trataba de peste bubónica; otros sugieren que fue hepatitis vírica, viruela, varicela o gripe.

En tres años la plaga se llevó por delante entre el 90 y el 96 por ciento de los habitantes de la costa de Nueva Inglaterra. Las sociedades indígenas quedaron devastadas. Solo «una de cada veinte personas queda apenas con vida», escribió Robert Cushman, un testigo ocular inglés que dejó constancia de una tasa de mortalidad nunca vista en la experiencia humana anterior.[23] Incapaces de hacerse cargo de tantos cadáveres, los supervivientes abandonaban sus aldeas y huían, con frecuencia a alguna tribu vecina. Como llevaban consigo la plaga, los indios morían sin siquiera haberse topado con un blanco. Howard Simpson describe las horrendas escenas que vieron los Peregrinos: «Las aldeas estaban en ruinas porque nadie había para ocuparse de ellas. Por el suelo aparecían desparramados los cráneos y huesos de miles de indios que habían muerto y nadie quedaba para enterrarlos».[24]

El principal cambio en la forma de tratar a los indios americanos es la inclusión de la siguiente ilustración en la mayoría de los nuevos libros de texto. La primera edición de *Patrañas que mi profe me contó* censuraba que no se mencionaran las repetidas epidemias

---

[22] Neal Salisbury, «Red Puritans: The "Praying Indians" of Massachusetts Bay and John Eliot», en Bruce A. Glasrud y Alan M. Smith, eds., *Race Relations in British North America, 1607-1783*, Chicago, Nelson-Hall, 1982, p. 44; y Neal Salisbury, «Squanto: Last of the Patuxets», en David Sweet y Gary Nash, eds., *Struggle and Survival in Colonial America*, Berkeley y Los Ángeles, University of California Press, 1981, pp. 231-237. Dobyns coincide en que la epidemia de 1617 fue bubónica, pero cree que asoló todo el litoral atlántico norteamericano, desde Florida hacia el norte; véase *Their Number Become Thinned*. En *Of Plimoth Plantation*, versión de Valerian Paget, Nueva York, McBride, 1909, p. 258, William Bradford da a entender que los indios sabían que la viruela no fue la epidemia que acabó con ellos en 1617, porque, al describir un brote de viruela ocurrido en 1634, este autor señala que «temen que sea peor que la plaga». William Cronon, *Changes in the Land*, Nueva York, Hill and Wang, 1983, p. 87, vota a favor de la varicela.

[23] Dejando de lado, evidentemente, otras plagas ocurridas en América. A Cushman se le cita en Charles M. Segal y David C. Stineback, *Puritans, Indians, and Manifest Destiny*, Nueva York, Putnam's, 1977, pp. 54-55.

[24] Simpson, *Invisible Armies*, p. 6.

que asolaron a las poblaciones indígenas. Ningún libro incluía esta ilustración ni ninguna otra representación de enfermedades.

Durante los quince años siguientes hubo epidemias constantes, que en su mayoría sabemos que fueron de viruela. No cabe duda de que los americanos de origen europeo también contraían esa enfermedad y las demás, pero solían recuperarse; entre ellos, en un siglo posterior, «George Washington, muy marcado por la viruela». Los americanos nativos solían morir. En ambas culturas, las epidemias tuvieron un profundo impacto. A los separatistas ingleses, que ya creían que su vida formaba parte de una alegoría moral de inspiración divina, les resultó fácil llegar a la conclusión de que Dios estaba de su parte. John Winthrop, gobernador de la colonia de la bahía de Massachusetts, calificó esta plaga de «milagrosa». En 1634 le escribía así a un amigo inglés: «En cuanto a los nativos de estas tierras, Dios los ha perseguido hasta tal punto que en 300 millas de extensión la mayoría han desaparecido por la viruela, que aún siguen padeciendo. Así es que, habiendo Dios despejado nuestro derecho a este lugar, los que en esta tierra permanecen, que no son más de 50, se han puesto bajo nuestra protección…».[25] ¡Dios fue el primer agente inmobiliario!

De igual manera, muchos nativos llegaron a la conclusión de que su dios los había abandonado. Robert Cushman señalaba que «los que quedan tienen el valor muy demediado y van con semblante abatido, y como pueblo parecen atemorizados». Después de una epidemia de viruela, los cheroquis «desesperaron hasta tal punto que perdieron confianza en sus dioses, y sus sacerdotes destruyeron los objetos sagrados de la tribu».[26] Después de todo, ni los indios americanos ni los Peregrinos sabían que las enfermedades las producen gérmenes. Los curanderos indígenas no podían curar; ni sus medicinas ni sus hierbas ofrecían alivio. Y su religión no explicaba el fenómeno. La de los blancos sí. Al igual que los europeos de tres siglos antes, muchos amerindios se

[25] Citado en ibíd., p. 7.

[26] Cushman, citado en Segal y Stineback, *Puritans, Indians, and Manifest Destiny*, pp. 54-55; William S. Willis, «Division and Rule: Red, White, and Black in the Southeast», en Leonard Dinnerstein y Kenneth Jackson, eds., *American Vistas, 1607-1877*, Nueva York, Oxford University Press, 1975, p. 66.

entregaron al alcohol, se convirtieron al cristianismo o simplemente se suicidaron.[27]

Es probable que esas epidemias constituyeran el acontecimiento geopolítico más importante de comienzos del siglo XVII. El resultado neto fue que, durante sus primeros cincuenta años en Nueva Inglaterra, los ingleses no se enfrentaron a ningún auténtico desafío indio. En realidad, la plaga contribuyó a suscitar la legendaria cálida acogida que los wampanoag dieron a la colonia de Plymouth. Su jefe, Massasoit, estaba deseando aliarse con los Peregrinos, porque la plaga había debilitado hasta tal punto sus aldeas que temían a los narragansett, que habitaban más al oeste.[28] Cuando en 1631 los viejos y los nuevos pobladores se enfrentaron en Saugus por la tierra, en palabras del pastor puritano Increase Mather, «Dios acabó con la disputa enviando la viruela a los indios». «Pueblos enteros de esas gentes quedaron arrasados, en algunos no más de un alma escapó a la destrucción».[29] Para cuando las poblaciones nativas de Nueva Inglaterra pudieron en cierto modo recuperarse, ya era demasiado tarde para expulsar a los intrusos.

En la actualidad, al comparar la tecnología europea con la de los amerindios «primitivos», podemos concluir que la conquista europea de América era inevitable, pero en su momento no lo parecía. Así especula la historiadora Karen Kupperman:

> La tecnología y la cultura de los indios de la costa oriental de América rivalizaba verdaderamente con la de los ingleses y al principio no estuvo tan claro cuál sería el desenlace final de la pugna… Solo cabe especular cuál habría sido el resultado de esa rivalidad si las enfermedades europeas no hubieran tenido una influencia tan devastadora sobre la población americana. Si los

---

[27] Según James Axtell, *The European and the Indian*, Nueva York, Oxford University Press, 1981, pp. 252 y 370, se convirtieron sobre todo los miembros que quedaban de los en su día hostiles massachusetts, que pasaron de 4500 a 750; véase también James W. Davidson y Mark H. Lytle, *After the Fact*, Nueva York, McGraw-Hill, 1992, p. 111.

[28] Bradford, *Of Plimoth Plantation*, p. 93; cf. Peter Hulme, *Colonial Encounters*, Londres, Methuen, 1986, pp. 147-148.

[29] John Winthrop a Simonds D'Ewes, 21/07/1634, *Publications of the Colonial Society of Massachusetts 1900-02*, 7, 12/1905, p. 71, en books.google.com/books.

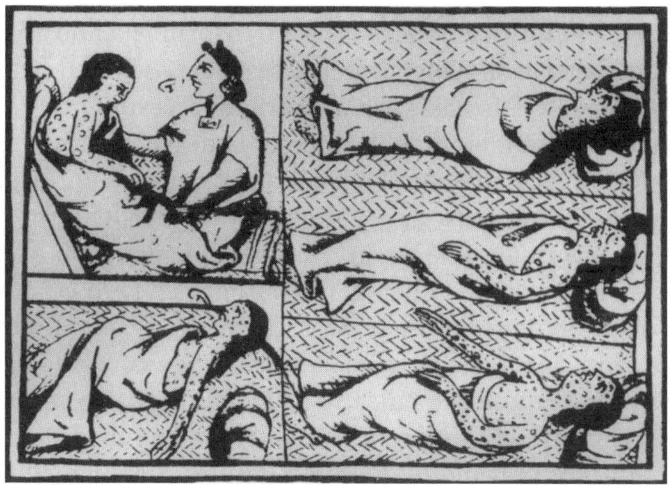

Estos dibujos aztecas que reflejan los efectos de la viruela, unidos a las palabras de William Bradford, trasmiten parte del horror de la epidemia que se sufrió cerca de Plymouth: «[Los indios] no pueden sufrir enfermedad más dolorosa, la temen más que a la peste. Porque, en general, cuando tienen esa enfermedad la tienen en abundancia, y por falta de un lecho apropiado, de sábanas y de otras ayudas, llegan a una situación lamentable al tenderse sobre sus duras esteras, las pústulas estallan y supuran y se van juntando unas con otras, de manera que la piel se quiebra por esas esteras en las que se acuestan. Cuando los dan la vuelta, se diría que todo un lado se les despelleja, y son una masa sanguinolenta que gran miedo da contemplar. Y así, en medio de tan grande sufrimiento, agravado por el frío y otras inclemencias, mueren como ovejas podridas». Citado en Simpson, *Invisible Armies*, p. 8.

colonos no hubieran sido capaces de ocupar tierras ya despejadas de vegetación por agricultores indígenas que habían perecido, la colonización habría avanzado con mucha menos rapidez. Si la cultura india no hubiera estado devastada por los embates físicos y psicológicos que había sufrido, puede que la colonización no hubiera avanzado en absoluto.[30]

[30] Karen Ordahl Kupperman, *Settling with the Indians*, Londres, J. M. Dent, 1980, p. 186; cf. Simpson, *Invisible Armies*, p. 8.

Después de todo, los americanos nativos habían repelido a Samuel de Champlain cuando intentó asentarse en Massachusetts en 1606. Al año siguiente, Abenakis había contribuido a expulsar de Maine al primer asentamiento de la Compañía de Plymouth.[31] Alfred Crosby ha especulado con la posibilidad de que los nórdicos pudieran haber logrado colonizar Terranova y el Labrador de no haber tenido la mala suerte de emigrar desde Groenlandia e Islandia, apartadas de los centros patógenos europeos.[32] Pero esta es una historia que, al contrario que las plagas de Nueva Inglaterra, depende de una condición. Las enfermedades siguieron avanzando hacia el oeste, adelantándose con mucho a la línea de contacto cultural.

En toda América, los primeros exploradores europeos encontraron muchos más indios que sus sucesores. Siglo y medio después de que Hernando de Soto recorriera los Estados Unidos del sureste, unos exploradores franceses descubrieron que la población de esa zona era menos de un cuarto de la que había sido cuando De Soto pasó por allí, una reducción que tuvo consecuencias catastróficas para la cultura y la organización social indígenas.[33] Igualmente, durante su famosa expedición de 1804-1806, Lewis y Clark encontraron en Oregón a muchos más nativos de los que allí vivirían solamente veinte años después.[34]

Henry Dobyns ha confeccionado una desgarradora lista de noventa y tres epidemias que sufrieron los indios americanos entre 1520 y 1918. Ha dejado constancia de cuarenta y un brotes de viruela, cuatro de peste bubónica, diecisiete de sarampión y diez de gripe (estos dos solían ser letales entre los indios), y veinticinco de tuberculosis, difteria, tifus, cólera y otras enfermedades. Muchos de esos brotes llegaron a ser verdaderas pandemias, que se iniciaban en Florida y México y solo se detenían al llegar a los océanos Pacífico y Ártico.[35] En México y el Perú las enfermedades fueron tan decisivas como en Massachusetts. ¿Cómo lograron

---

[31] Tee Loftin Snell, *America's Beginnings*, Washington, D.C., National Geographic, 1974, pp. 73 y 77.

[32] Crosby, *Ecological Imperialism*, pp. 50-51.

[33] Ibíd., pp. 202-215.

[34] Simpson, *Invisible Armies*, p. 35.

[35] Dobyns, *Their Number Become Thinned.*

los españoles conquistar lo que hoy es México D.F.? «Juntamente con esto fue nuestro Dios servido, estando los cristianos harto fatigados de la guerra, de enviarles viruelas, y entre los indios vino una grande pestilencia». Cuando los españoles entraron con paso firme en Tenochtitlán, encontraron tantos cadáveres que tuvieron que pasar por encima de ellos. La mayoría de los españoles eran inmunes a la enfermedad, lo cual contribuyó a minar la moral de los aztecas.[36]

La pestilencia continúa hoy en día. En los últimos tiempos, mineros y leñadores han llevado enfermedades europeas a los yanomami del norte de Brasil y el sur de Venezuela, lo cual, solo en 1991, acabó con un cuarto de su población. En 1839, Charles Darwin describió el proceso casi de forma poética: «Allí donde ha pisado el europeo, se diría que la muerte persigue al aborigen».[37]

Los europeos nunca lograron «colonizar» China, la India, Indonesia, Japón o gran parte de África porque tenían demasiados habitantes. El papel crucial de las plagas en América puede inferirse de dos sencillas estimaciones demográficas: William McNeill cifra la población de América en cien millones en 1492, en tanto que William Langer indica que Europa solo tenía setenta millones de habitantes cuando Colón se embarcó hacia América.[38] Puede

---

[36] David Quummen, «Columbus and Submuloc», *Outside*, junio de 1990, pp. 31-34. Cf. Crosby, *The Columbian Exchange*, p. 49; McNeill, *Plagues and Peoples*, pp. 205-207 [cita sobre entrada en México, tomada de Francisco de Aguilar, *Relación breve de la conquista de la Nueva España*, en http://www.artehistoria.com/v2/contextos/11689.htm (*N. del T.*)].

[37] James Brooke, «For an Amazon Indian Tribe, Civilization Brings Mostly Disease and Death», *New York Times*, 24/12/1989. El desarraigo violento de las culturas nativas también continúa; véase Amnesty International, *Human Rights Violations Against the Indigenous Peoples of the Americas*, Nueva York, Amnesty International, 1992. Charles Darwin, *Voyage of the Beagle* [ed. cast.: *Diario del viaje de un naturalista alrededor del mundo en el navío... Beagle*, Madrid, Espasa-Calpe, 1940], citado en Crosby, *Ecological Imperialism*, p. VII. Como Darwin sabía, los mismos procesos han tenido lugar siempre que los europeos, los asiáticos o los africanos han encontrado pueblos aislados, desde Australia hasta la isla de Pascua, desde Hawai a Siberia. Así, por ejemplo, la población de las islas Marquesas, del Pacífico sur, pasó drásticamente de cien mil individuos en el momento del primer contacto a dos mil quinientos en 1955. Véase Thor Heyerdahl, *Aku-Aku*, Chicago, Rand McNally, 1958, p. 352.

[38] Langer, «The Black Death», p. 5; véase también McNeill, *Plagues and Peoples*.

que las ventajas que tenían los europeos en materia de tecnología militar y social les hubieran permitido dominar América, como acabaron dominando China, la India, Indonesia y África, pero no «poblar» el hemisferio. Para eso necesitaban la plaga. En consecuencia, aparte de la propia invasión europea (y africana), seguramente la pestilencia sea el acontecimiento más importante de la historia de América.

Las primeras epidemias sembraron el caos, no solo en las sociedades amerindias, también en los cálculos de población indígena precolombina. El resultado ha sido una polémica constante entre historiadores y antropólogos. En 1840 George Catlin situó en quizá catorce millones la cantidad de indígenas que había en los Estados Unidos y Canadá en el momento del contacto con los blancos. Creía que solo habían sobrevivido dos millones. En 1880, a consecuencia de la guerra, la deculturación y también las enfermedades, el número de nativos había caído hasta los 250.000, una reducción del 98 por ciento.[39] En 1921 James Mooney declaró que en 1492 solo vivían un millón de indígenas en los actuales Estados Unidos. El cálculo de Mooney se aceptó hasta las décadas de 1960 y 1970, aunque los argumentos que lo avalaban, basados mayormente en inferencias más que en pruebas, no fueran convincentes. Un ejemplo de ese argumento lo proporcionaba Colin McEvedy:

> Evidentemente, los que apuestan por cifras más altas afirman que el número de nativos lo habían reducido hasta estos escasos niveles [entre un millón y dos millones] las epidemias de viruela, de sarampión y de otras enfermedades procedentes de Europa, y en realidad puede que fuera así. Sin embargo, no tenemos constancia de que ningún grupo demográfico continental [europeo] se hubiera visto reducido en los porcentajes necesarios para pasar de veinte millones a dos o a un millón. Ni siquiera la peste negra llegó a reducir la población europea en más de un tercio.[40]

---

[39] Farb, *Man's Rise to Civilization*, pp. 294-295.

[40] Colin McEvedy, *The Penguin Atlas of North American History*, Nueva York, Viking, 1988, p. 3. McEvedy es psiquiatra clínico.

Hay que señalar que McEvedy ha prescindido tanto de los datos como del razonamiento sobre la enfermedad antes resumido, basándose prácticamente en el sentido común para rechazarlos. De hecho, señaló que «Nada bueno puede salir de la ofensa al sentido común». Pero la epidemiología de la América anterior a los Peregrinos no es una materia de andar por casa en la que el «sentido común» pueda sustituir a años de investigaciones. Lo que en realidad entendía McEvedy por «sentido común» era la tradición y esa tradición es eurocéntrica. Nuestros arquetipos del «continente virgen» y su corolario, la «tribu primitiva», influyeron sutilmente en los cálculos de población indígena: los expertos que consideraban primitivas las culturas nativas americanas redujeron sus estimaciones demográficas anteriores al contacto para que encajaran en ese estereotipo. En consecuencia, la minúscula estimación de Mooney «tenía sentido»: reflejaba el estereotipo. Poco importaba que la tierra no fuera realmente una virgen salvaje, sino una viuda reciente.[41]

Los Peregrinos sabían que eran ciertas las tasas de mortalidad que ahora les resultan difíciles de creer a algunos historiadores y geógrafos. Por ejemplo, William Bradford describía cómo los holandeses, rivales de Plymouth, se habían trasladado a comerciar a una aldea india de Connecticut. «Pero su empresa fracasó, pues plugo a Dios afligir a esos indios con pestilencias tan mortíferas que, de 1000 indios, murieron más de 950 y muchos, sin enterrar, se pudrían en el suelo…».[42] Este es precisamente el 95 por ciento de mortalidad que McEvedy rechazaba. Al otro lado del continente, la población nativa de California pasó drásticamente de trescientos mil individuos en 1769 (cuando ya las enfermedades traídas por los españoles la habían reducido a la mitad) a treinta mil un siglo después, a causa principalmente de la fiebre del oro, que trajo consigo «enfermedades, hambre, homicidios y una tasa de natalidad en declive».[43]

---

[41] Jennings, *The Invasion of America*, p. 16.

[42] Bradford, *Of Plimoth Plantation*, p. 258.

[43] Albert L. Hurtado, *Indian Survival on the California Frontier*, New Haven, Yale University Press, 1988, p. 1.

Después de Catlin, durante un siglo historiadores y antropólogos «pasaron por alto» los datos ofrecidos por los Peregrinos y por otros cronistas tempranos. Sin embargo, a partir de P. M. Ashburn (1947), las investigaciones han arrojado cálculos más precisos, basados en cuidadosas recopilaciones de estudios a pequeña escala de todo el continente y en datos sobre las primeras plagas. La mayoría de los cálculos actuales sobre la población anterior al contacto en los Estados Unidos y Canadá la sitúan entre los diez y los veinte millones.[44]

Ninguno de mis doce primeros libros de texto, la mayoría publicados en la década de 1980, permitía a sus lectores acceder al furioso debate registrado en las décadas de 1960 y 1970, indicando cómo y por qué habían cambiado los cálculos. Se limitaban a dar cifras, y cifras muy dispares. «Llegaban a los diez millones», proponía *American Adventures*. «Solo había en torno a 1 000 000 de indios norteamericanos», opinaba *American Tradition*. «Diseminados por el continente norteamericano había alrededor de 500 grupos distintos, muchos de ellos nómadas». Como otros estadounidenses que no han estudiado la bibliografía, los autores de esos manuales seguían sometidos a los arquetipos de la «tierra virgen» y la «tribu primitiva»; el cálculo de población amerindia que con más frecuencia utilizaban era la desacreditada cifra de un

[44] Entre las fuentes que sitúan las poblaciones anteriores al contacto en esa franja figuran P. M. Ashburn, *The Ranks of Death*, Filadelfia, Porcupine, 1980 [1947]; Woodrow Borah, «The Historical Demography of Aboriginal and Colonial America», en William Denevan, ed., *The Native Population of the Americas in 1492*, Madison, University of Wisconsin Press, 1976, pp. 13-34; Sherburne Cook y Woodrow Borah, *Essays in Population History: Mexico and the Caribbean*, vol. 1, Berkeley y Los Ángeles, University of California Press, 1971; Crosby, *The Columbian Exchange*; Jared Diamond, «The Arrow of Disease», *Discover*, octubre de 1992, pp. 64-73; Dobyns, *Their Number Become Thinned*, p. 42; Jennings, *Invasion of America*, pp. 16-30; Simpson, *Invisible Armies*; David Stannard, *American Holocaust*, Nueva York, Oxford University Press, 1992, pp. 11-24; y Russell Thornton, *American Indian Holocaust and Survival: A Population History Since 1492*, Norman, University of Oklahoma Press, 1987, y «The Native American Holocaust», *Winds of Change*, 4, nº 4, otoño de 1989, pp. 23-28. Para conocer una revision de la bibliografía sobre demografía, véase Melissa Meyer y Russell Thornton, «Indians and the Numbers Game», en Colin Calloway, ed., *New Directions in American Indian History*, Norman, University of Oklahoma Press, 1988, cap. 1.

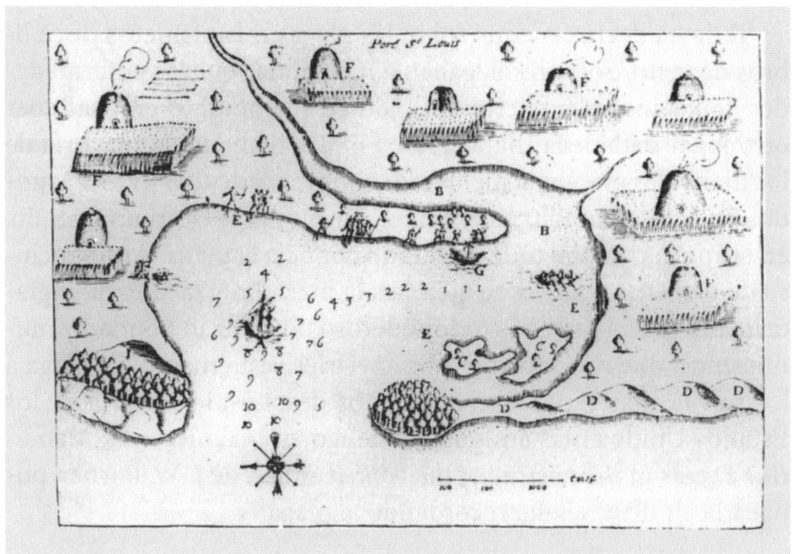

Es probable que entre las fuentes de información que los Peregrinos tenían sobre Nueva Inglaterra figuraran los mapas de Samuel de Champlain, entre ellos este de Patuxet (Plymouth), cuando todavía era una aldea india, antes de la plaga de 1617.

millón, proporcionada por cinco libros de texto. Solo dos hablaban de entre diez y doce millones, situándose en la franja avalada por los expertos actuales. Dos se cubrían las espaldas hablando de entre uno y doce millones, una actitud que razonablemente cabría esperar que en el aula desatara debates sobre la razón que explica la vaguedad de las cifras. Tres manuales omitían la cuestión por completo. Los nuevos son todavía peores: ninguno plantea siquiera el problema de las estimaciones demográficas.

El problema no son tanto las cifras como la actitud. Parece que presentar una polémica es algo radical. Invita a los estudiantes a llegar a sus propias conclusiones. Algo que no permiten los autores de libros de texto. Creen que su trabajo es presentar «hechos» que los chavales deben «aprender», no animarles a pensar por sí mismos. Ese enfoque mantiene a los alumnos al margen del razonamiento, los argumentos y la necesidad de sopesar los datos que conllevan las ciencias sociales.

Todavía decían menos sobre las plagas mis primeros doce libros de texto. Solo tres llegaban a mencionar que las enfermedades de los indios hubieran influido en Plymouth o en cualquier otro lugar de Nueva Inglaterra.[45] En la actualidad, la mayoría de los manuales nuevos sí incluye las enfermedades del «Viejo Mundo» en el intercambio colombino. ¡Ya era hora! Después de todo, en la época colonial todo el mundo conocía la plaga. Antes incluso de que el *Mayflower* se hiciera a la mar, el rey Jacobo de Inglaterra dio gracias a «Dios todopoderoso por la gran bondad y munificencia que nos mostró» por enviarles «esta magnífica plaga a los salvajes [sic]».[46] Doscientos años después, la historia de los Estados Unidos más antigua que tengo en mi colección, *Interesting Events in the History of the United States*, de J. W. Barber, publicada en 1829, seguía recordando la plaga:

> Unos años antes de la llegada de los pobladores de Plymouth, una enfermedad muy mortífera azotó con gran violencia a los indios que habitaban las zonas orientales de Nueva Inglaterra. «Pueblos enteros quedaron deshabitados. Los vivos no podían enterrar a los muertos y, muchos años después, sus cuerpos aparecían tendidos en el suelo. Se dice que los indios massachusetts pasaron de 30.000 a 300 guerreros. En 1633 la viruela se llevó por delante a un gran número».[47]

Por desgracia, la llegada de los Peregrinos a Massachusetts plantea otra polémica histórica que a los autores de libros de texto no les duelen prendas en esquivar. Los manuales dicen que los Peregrinos tenían intención de ir a Virginia, donde ya había un asentamiento inglés. Sin embargo, «la primera tierra que avistaron fue cabo Cod, muy al norte de su objetivo», según explica *The American Journey*. «Como era noviembre y el invierno se acercaba con

---

[45] Un párrafo de *The American Pageant* sí habla del 90 por ciento de víctimas mortales en todo el hemisferio, pero sin mencionar en modo alguno la plaga de Plymouth.

[46] Citado en Ziner, *Squanto*, p. 147.

[47] J. W. Barber, *Interesting Events in the History of the United States*, New Haven, Barber, 1829, p. 30. Barber no menciona la fuente que cita.

rapidez, los pobladores decidieron soltar anclas en la bahía de cabo Cod». No obstante, el comienzo del invierno no podía ser la razón, porque el tiempo sería mucho más benigno en Virginia que en Massachusetts. Además, los Peregrinos se pasaron seis semanas enteras —hasta el 26 de diciembre— explorando cabo Cod en busca del mejor lugar. ¿Cómo es posible que los Peregrinos acabaran en Massachusetts cuando se dirigían a Virginia? Según algunos libros de texto, «virulentas tormentas desviaron de su rumbo el navío»; otros achacan el hecho a un «error de navegación». Puede que ambas explicaciones sean erróneas. Algunos historiadores creen que los holandeses sobornaron al capitán del *Mayflower* para que navegara hacia el norte, con el fin de que los Peregrinos no se asentaran cerca de Nueva Ámsterdam. Otros sostienen que los viajeros fueron deliberadamente a cabo Cod.[48]

Hay que tener en cuenta que los Peregrinos solo eran unos 35 pobladores de los 102 que viajaban a bordo del *Mayflower*; los demás eran gente corriente que iba a probar suerte a la nueva colonia de Virginia. El historiador George Willison ha señalado que los líderes de los Peregrinos, deseosos de alejarse del control anglicano, nunca pensaron en asentarse en Virginia. Habían debatido las relativas ventajas que proporcionaba la colonia sudamericana de la Guayana en comparación con la costa de Massachusetts y, según Willison, su intención era llevar a cabo un secuestro.

No cabe duda de que los Peregrinos ya sabían bastante sobre lo que Massachusetts podía ofrecerles, desde las excelentes pesquerías de cabo Cod hasta la «magnífica plaga» que proporcionaba

---

[48] Aunque «Virginia» incluía entonces gran parte de Nueva Jersey, el *Mayflower* atracó a cientos de millas al noreste. Entre los historiadores partidarios de la teoría de que obraron «deliberadamente» figuran George F. Willison, *Saints and Strangers*, Nueva York, Reynal and Hitchcock, 1945; Lincoln Kinnicutt, «The Settlement at Plymouth Contemplated Before 1620», *Publications of the American Historical Association*, 1920, pp. 211-221; y Neal Salisbury, *Manitou and Providence*, Nueva York, Oxford University Press, 1982, pp. 109 y 270. Leon Clark Hills, *History and Genealogy of the Mayflower Planters*, Baltimore, Genealogical Publ. Co., 1975, y Francis R. Stoddard, *The Truth about the Pilgrims*, Nueva York, Society of Mayflower Descendants, 1952, pp. 19-20, avalan la teoría del «soborno holandés», que Nathanial Morton fundamenta en fuentes primarias. En Plimoth Plantation, los historiadores avalan teorías basadas en un error del capitán o en una tormenta.

una insólita oportunidad al asentamiento de ingleses. Según algunos historiadores, Squanto, un indio wampanoag de la aldea de Patuxet (Massachusetts) había proporcionado a Ferdinando Gorges, uno de los líderes de la Compañía de Plymouth en Inglaterra, una descripción detallada de la zona. Puede que Gorges hubiera llegado incluso a enviar como avanzadilla a Squanto y al capitán Thomas Dermer a esperar a los Peregrinos, aunque Dermer se hizo a la mar cuando los Peregrinos se retrasaron en Inglaterra. En cualquier caso, los Peregrinos ya conocían la topografía de la zona. Mapas recientemente publicados que Samuel de Champlain había realizado cuando la recorrió en 1605 complementaban la información que habían proporcionado los exploradores del siglo XVI. John Smith, que había estudiado la región y en 1614 la llamó «Nueva Inglaterra», llegó incluso a ofrecerse a guiar a los líderes de los Peregrinos. Estos rechazaron sus servicios por considerarlos demasiado caros y optaron por llevarse la guía que él había escrito.[49]

Esas consideraciones me inducen a creer que probablemente los líderes de los Peregrinos terminaran deliberadamente en Massachusetts. Pero las pruebas para llegar a cualquier conclusión son tenues. Algunos historiadores creen que Gorges se atribuyó a posteriori la responsabilidad del atraque en Massachusetts. En realidad, puede que el *Mayflower* no tuviera un destino claro. Los lectores podrían quedar fascinados si los autores de libros de texto les presentaran dos o más de las diversas posibilidades, pero, como de costumbre, es un tabú dar a conocer polémicas históricas a los alumnos. Cada manual elige una sola razón y la presenta como algo incuestionable.

Solo uno de los libros de texto que he revisado cree en la posibilidad del secuestro. «El atraque en Nueva Inglaterra fue una desagradable sorpresa para la empapada y cansada mayoría de quienes iban a bordo del *Mayflower* [que no eran Peregrinos]», afirma *Land of Promise*. «Se habían unido a la expedición buscando

[49] Ziner, *Squanto*, p. 147; Kinnicutt, «The Settlement at Plymouth Contemplated Before 1620»; Almon W. Lauber, *Indian Slavery in Colonial Times Within the Present Limits of the United States*, Williamstown, MA, Corner House, 1970 [1913], pp. 156-159; Stoddard, *The Truth about the Pilgrims*, p. 16.

oportunidades económicas en las plantaciones de tabaco de Virginia». Evidentemente, a esos pasajeros no les gustó que los llevaran a otro sitio, y menos a una costa carente de un asentamiento inglés previo al que unirse. «No tardó en correr el rumor de que habría un motín». A continuación, *Promise* vincula este malestar con el Pacto del *Mayflower*, dando a sus lectores una novedosa interpretación sobre las razones que explican que los pobladores llegaran a un acuerdo y por qué fue tan democrático: «Para evitar la rebelión, los líderes de los Peregrinos hicieron una concesión notable a los demás colonos. Pidieron a todos los varones que iban a bordo, fuera cual fuera su credo religioso o situación económica, que participaran en la creación de un «cuerpo político civil». El pacto alcanzó su objetivo: la mayoría aceptó.

En realidad, la hipótesis del secuestro no da tan mala imagen de los Peregrinos. El pacto solucionaba de manera airosa un engorroso problema. Aunque no cabe duda de que, hoy como ayer, el secuestro y la falsedad deliberada son delitos graves, la colonia sobrevivió con un índice de mortalidad inferior al de Virginia, así que el daño no fue permanente. No obstante, toda esta historia ofrece un retrato un tanto deshonroso de los Peregrinos, lo cual quizá explique que solo uno de los libros de texto opte por esa versión.

El «error de navegación» no resulta plausible: el único parámetro que los marineros podían medir en esa época para navegar por el océano, y lo midieron con precisión, era la latitud, es decir, la distancia que, al norte o al sur, separa del ecuador. Quizá la excusa de las «tormentas» sea todavía menos verosímil, porque, si alguna los hubiera desviado de su rumbo, al mejorar el tiempo podrían haber virado de nuevo hacia el sur, adentrándose en alta mar para sortear los posibles bancos de arena. Después de todo, tenían comida y cerveza en abundancia.[50] Pero las tormentas y el error del capitán

---

[50] El *Mayflower*, según varios de nuestros libros de texto, navegó hacia el sur durante medio día, hasta toparse con «bancos de arena peligrosos». Después el capitán y los líderes de los Peregrinos insistieron en regresar a Provincetown y finalmente a New Plymouth. Para los teóricos de la conspiración, esto era una estratagema para disuadir a la mayoría de que insistieran en ir a Virginia. Véase *Saints and Strangers*, pp. 145 y 466; Kinnicutt, «The Settlement at Plymouth Contemplated Before 1620», y Salisbury, *Manitou and Providence*, pp. 109 y 270.

dan una visión inmaculada de los Peregrinos, lo cual explica que la mayoría de los manuales opte por una de estas dos versiones.

Fuera cual fuera la razón, el Pacto del *Mayflower* proporcionó una base democrática a la colonia de Plymouth. Sin embargo, como los artífices de nuestra Constitución en realidad pusieron poco interés en ese pacto, apenas merece la atención que los autores de libros de texto le prodigan. Pero está claro que esos autores quieren vendernos a unos Peregrinos que constituyen un grupo piadoso y moral que sentó las bases de nuestras tradiciones democráticas. En ningún lugar se aprecia de manera más sonrojante esta motivación que en *American History*, de John Garraty. «Según demuestran todas las fuentes, esta fue la primera vez en la historia humana que un grupo de personas creó conscientemente un Gobierno allí donde ninguno había existido con anterioridad». Aquí Garraty parafrasea un discurso del Día de los Antepasados, pronunciado en Plymouth en 1802, en el que John Adams celebraba «el ejemplo único que, dentro de la historia humana, constituye ese positivo y primigenio pacto social». George Willison ha señalado secamente que Adams estaba «esquivando varios hechos importantes: sobre todo, las circunstancias que condujeron al pacto, que fue pura y simplemente un instrumento del gobierno minoritario».[51] Evidentemente, la paráfrasis de Garraty también pone de manifiesto su ignorancia respecto a la República de Islandia, la Confederación Iroquesa y otras innumerables entidades políticas anteriores a 1620. Una explicación de ese tipo no hace más que inducir a los estudiantes al etnocentrismo.

En su piadosa forma de tratar a los Peregrinos, los manuales de historia introducen el arquetipo del excepcionalismo estadounidense: la idea de que los Estados Unidos son diferentes y mejores que los demás países del planeta. ¿En qué sentido son los Estados Unidos excepcionales? Bueno, para empezar, somos excepcionalmente *buenos*. Como dijo Woodrow Wilson, «América es la única nación idealista del mundo».[52] Y también somos

[51] Willison, *Saints and Strangers*, pp. 421-422.

[52] Discurso pronunciado en Sioux Falls, 08/09/1919, en *Addresses of President Wilson*, Washington, D.C., Government Printing Office, 1919, p. 86.

excepcionalmente fuertes y recios: en palabras de *The American Pageant*, de cara al futuro, «la república más antigua del mundo podía contar con una extraordinaria tradición de resistencia e inventiva». (Poco importaba que la minúscula San Marino se hubiera constituido como república en el año 301, que Islandia lo fuera en 930 y que Suiza accediera a esa condición en torno a 1300). Según nuestros libros de texto, esas cualidades estelares son evidentes desde el «principio», aquí en Plymouth Rock. Los Peregrinos, según nos informan Boorstin y Kelley, «estaban provistos de la combinación perfecta de esperanzas y miedos, optimismo y pesimismo, confianza en sí mismos y humildad, para ser pobladores eficaces. Y esta fue una de las coincidencias más afortunadas de nuestra historia». Ese halagador retrato de los Peregrinos solo se puede ofrecer si se omite la información sobre la plaga, el posible secuestro y los vínculos de ese grupo con los indios.

Para subrayar esa halagüeña descripción, los libros de texto quitan importancia a Jamestown y a los asentamientos españoles del siglo XVII y consideran que Plymouth Rock es la cuna de los Estados Unidos por antonomasia. Según T. H. Breen, Virginia «hizo un flaco favor a los historiadores posteriores que buscaban orígenes míticos para la cultura estadounidense».[53] Poco podían ensalzar los historiadores la intención moral de Virginia, porque, según decía la primera historia de ese territorio escrita por un virginiano, «el deseo principal de todas las partes interesadas era arrancarle sus tesoros, tratando más de obtener una ganancia inmediata que de constituir una colonia regular».[54] Las relaciones de los virginianos con los indios americanos fueron especialmente desabridas: al contrario que en el caso de Squanto, que ayudó voluntariamente, los ingleses de Virginia tomaron prisioneros indígenas y los obligaron a enseñarles a cultivar.[55] En 1623 los ingleses recurrieron por primera vez a la guerra química, al negociar un tratado con las tribus del río Potomac, lideradas por Chiskiak. Los

---

[53] T. H. Breen, «Right Man, Wrong Place», *New York Review of Books*, 20/11/1986, p. 50.

[54] Escrito por Robert Beverley en 1705 y citado en Wesley Frank Craven, *The Legend of the Founding Fathers*,Westport, CT, Greenwood, 1983 [1956], pp. 5-8.

[55] Axtell, *The European and the Indian*, pp. 292-295.

ingleses ofrecieron un brindis «como muestra de amistad eterna», tras lo cual, el jefe, su familia, sus asesores y doscientos seguidores cayeron muertos por envenenamiento.[56] Además de eso, los primeros virginianos eran dados a las peleas, la indolencia e incluso el canibalismo. Sus primeros días se los pasaron haciendo agujeros a diestro y siniestro, buscando infructuosamente oro en lugar de cultivar. No tardaron en pasar hambre y en desenterrar pútridos cadáveres de indios para comérselos o en darse en servidumbre a familias indias: no se podía decir que fueran los heroicos fundadores que una gran nación exige.[57]

Los libros de texto sí hablan de la colonia de Virginia y, por lo menos, mencionan los asentamientos españoles, aunque siguen dedicando un cincuenta por ciento más de espacio a Massachusetts. En consecuencia, y debido también a la Acción de Gracias, está claro que será mucho más probable que los estudiantes identifiquen a los Peregrinos con nuestros fundadores.[58] Así que les incomoda que les recuerde Virginia o a los españoles, porque, cuando se les insiste, los alumnos sí recuerdan haber oído hablar de una y otros. Sin embargo, ni nuestra cultura ni nuestros libros de texto otorgan a Virginia la misma categoría arquetípica que a Massachusetts. Eso explica que casi todos mis estudiantes conozcan el nombre del barco de los Peregrinos, en tanto que la mayoría no recuerda los de los tres navíos que trajeron a los ingleses a Jamestown. (¡Para la próxima, ya podéis *prepararos*!: se llamaban *Susan Constant*, *Discovery* y *Godspeed*).

A pesar de haber terminado a muchas millas de distancia de otros enclaves europeos, no se puede decir que los Peregrinos «partieran de cero» en un «territorio salvaje». En todo el sur de Nueva Inglaterra, los americanos nativos no habían dejado de

---

[56] J. Leitch Wright Jr., *The Only Land They Knew*, Nueva York, Free Press, 1981, p. 78.

[57] Kupperman, *Settling with the Indians*, p. 173; James Truslow Adams, *The March of Democracy*, Nueva York, Scribner's, 1933, 1, p. 12.

[58] A la mayoría de esos alumnos los conocí en Nueva Inglaterra, pero muchos de ellos procedían de suburbios de Filadelfia, Washington, D.C., y Nueva Jersey. Sospecho que en el resto de los Estados Unidos las respuestas serían parecidas, quizá con la salvedad del Lejano Oeste.

quemar el sotobosque, creando un entorno como de huerta. Después de atracar en Provincetown, los Peregrinos construyeron una barca para explorar y comenzaron a buscar un lugar en el que instalarse. Eligieron Plymouth por sus hermosos y despejados campos, en los que recientemente se había sembrado maíz, y por su útil bahía y su «arroyo de agua limpia». Era un sitio encantador para instalar un pueblo. De hecho, hasta la plaga, eso es lo que había sido, porque «New Plimoth» en realidad no era más que la aldea de Patuxet, la de Squanto. Los invasores siguieron una pauta: en todo el hemisferio, en lugares como Cuzco, México D.F., Natchez o Chicago, los europeos sentaron sus reales en medio de poblaciones indígenas. En toda Nueva Inglaterra, los colonos se apropiaron de maizales indios para instalar sus primeros asentamientos, evitando así la extenuante tarea de limpiar el terreno de árboles y piedras.[59] (Esto explica que, hasta nuestros días, los nombres de muchas localidades de la región acaben en *field* [campo], por ejemplo, Marshfield, Springfield o Deerfield). Puede que «Misión en territorio salvaje» sirviera bien como título de sermón en 1650, como título de literatura popular en 1950 y como típica expresión de libro de texto en 2000, pero nunca fue exacta. Los nuevos pobladores no encontraron un territorio salvaje: «En esta bahía en la que vivimos», apuntó uno de ellos en 1622, «en épocas anteriores habían vivido unos dos mil indios».[60]

Por otra parte, no todos los habitantes indígenas habían perecido y los supervivientes facilitaron en ese momento el asentamiento inglés. Los Peregrinos comenzaron a recibir ayuda india el segundo día que pasaron entero en Massachusetts. El diario de un colono describe cómo unos marineros descubrieron casas indias:

> Provistos de sus armas y al no escuchar voces, entraron en las casas y descubrieron que nadie había. Los marineros tomaron algunas cosas, pero no se atrevieron a quedarse… Teníamos intención

---

[59] Gary Nash, *Red, White, and Black*, Englewood Cliffs, NJ, Prentice Hall, 1974, p. 139, describe el mismo proceso en Pensilvania.

[60] Carta de Emmanuel Altham citada en Sydney V. James, ed., *Three Visitors to Early Plymouth*, Plymouth, Plimoth Plantation, 1963, p. 29.

> de dejar en las casas abalorios y otras cosas en señal de paz y para demostrar que queríamos comerciar con ellos. Pero no lo hicimos por la premura con la que nos fuimos. Sin embargo, en cuanto podamos hablar con los indios, les pagaremos bien todo lo que nos llevamos.

Los Peregrinos no solo robaron en las casas. Así continúa el relato nuestro testigo ocular:

> Entramos en el lugar llamado Cornhill [la colina del maíz], donde antes habíamos encontrado maíz. En otro lugar que antes habíamos visto, cavamos y encontramos algo más de maíz, para llenar dos o tres canastas, y un saco de fríjoles… En total recogimos diez fanegas, que bastarán para sembrar. Con ayuda de Dios encontramos este maíz, porque cómo si no podríamos haberlo encontrado sin toparnos con indios que nos molestaran.

Desde el principio los Peregrinos dieron gracias a Dios, no a los indios americanos, por la ayuda que estos, sin pretenderlo, les habían dispensado y esto sentó la pauta de las posteriores acciones de gracias. Así continúa nuestro periodista:

> A la mañana siguiente encontramos un lugar que parecía una tumba. Decidimos cavar. Primero encontramos una estera y debajo un excelente arco… También encontramos cuencos, bandejas, platos y cosas así. Elegimos algunas de las cosas más hermosas para llevárnoslas y volvimos a cubrir el cadáver.[61]

Un lugar que ¡«parecía una tumba»!

[61] ¿Podría establecerse un paralelismo entre esta acción de los Peregrinos y algún cuento de hadas? Como Ricitos de Oro, los Peregrinos incurrieron en un allanamiento de morada, entraron sin permiso, destrozaron y robaron, y, también como Ricitos de Oro, los educadores los excusan porque eran arios. El cuento de Ricitos de Oro deshumaniza a sus víctimas y nuestra dudosa forma de presentar a los indios también resta humanidad a las víctimas de los Peregrinos. Tengo que agradecer a Toni Cade Bambara este análisis de Ricitos de Oro.

Aunque Karen Kupperman dice que los Peregrinos siguieron asaltando tumbas durante años,[62] un indio vivo, Squanto, continuó prestándoles más ayuda. Aquí mis alumnos vuelven a pisar un terreno conocido, porque todos se saben la leyenda de Squanto. *Land of Promise* proporciona el relato habitual:

> Según explicaba Squanto, él había aprendido su lengua de los pescadores ingleses que todos los veranos se aventuraban en las aguas de Nueva Inglaterra. Squanto enseñó a los Peregrinos a cultivar maíz, calabacines y calabazas. ¿Habría sobrevivido ese pequeño grupo de pobladores sin la ayuda de Squanto? Es imposible saberlo. Pero llegado el otoño de 1621, los colonos y los indios ya se sentaban durante días a celebrar banquetes y dar gracias a Dios (algo que posteriormente se convertiría en el Día de Acción de Gracias).

¿Qué es lo que omiten la mayoría de los libros sobre Squanto? En primer lugar, cómo aprendió inglés. Según Ferdinando Gorges, en torno a 1605 un capitán inglés capturó a Squanto, que entonces todavía era un niño, y a otros cuatro penobscot, y se los llevó a Inglaterra. Allí Squanto pasó nueve años, tres al servicio de Gorges. Al final, este ayudó a Squanto a organizar su regreso a Massachusetts. Algunos historiadores dudan de que el indio estuviera entre los cinco capturados en 1605.[63] No obstante, todas las fuentes coinciden en que en 1614 un cazador de esclavos inglés capturó a Squanto y a dos docenas de indios y que los vendió como esclavos en Málaga. Lo que ocurrió a continuación convierte a Ulises en un hombre hogareño. Squanto escapó de su servidumbre y de España y consiguió regresar a Inglaterra. Después de intentar

---

[62] Kupperman, *Settling with the Indians*, p.125.

[63] Entre sus cinco nombres no figuran ni Squanto ni Tisquantum, pero es cierto que a veces los indios atendían a diferentes nombres en diferentes tribus. La biógrafa de Squanto, Feenie Ziner, cree que sí era uno de los cinco. En 1658 Ferdinando Gorges declaró que Squanto estaba entre los capturados en 1605 y que vivió con él en Inglaterra durante tres años, lo cual convenció a Kinnicutt («The Settlement at Plymouth Contemplated Before 1620», pp. 212-213), pero no a los historiadores de Plimoth Plantation ni a Neal Salisbury (*Manitou and Providence*, pp. 265-266), aunque este se muestre más a favor en «Squanto: Last of the Patuxets». Véase también Lauber, *Indian Slavery in Colonial Times*, pp. 156-159.

volver a casa pasando por Terranova, en 1619 convenció a Thomas Dermer de que lo llevara con él en su siguiente viaje a cabo Cod.

La cuestión es que la fantástica odisea de Squanto nos proporciona un «gancho narrativo» que nos conduce a la historia de la plaga, un gancho que nuestros libros de texto deciden no utilizar, porque cuando Squanto pisó de nuevo la tierra de Massachusetts y caminó hasta su aldea natal de Patuxet, descubrió horrorizado que «él era el único miembro vivo» de ese pueblo. Todos los demás habían perecido en la epidemia de dos años antes.[64] No es extraño que Squanto uniera su suerte a la de los Peregrinos.

¡Esa sí que es una historia que merece la pena contar! Compárese con el insulso relato de *Land of Promise*: «Había aprendido su lengua de los pescadores ingleses».[65]

En su calidad de traductor, embajador y asesor técnico, Squanto fue esencial para la supervivencia de Plymouth durante sus dos primeros años. Al igual que les ocurrió a otros europeos en América, hasta que los indios se lo enseñaron, los Peregrinos no tenían ni idea de qué podían comer ni de cómo criar ganado o encontrar comida. Para William Bradford, Squanto era «un instrumento especial, enviado inesperadamente por Dios para su bien. Los enseñó a plantar maíz, a encontrar pesca y a procurarse otros productos, y también los condujo a lugares desconocidos en los que podrían lucrarse». Squanto no fue el único ayudante de los Peregrinos: en el verano de 1621 Massasoit envió a otro indio, Hobomok, a vivir con ellos durante varios años, en calidad de guía y de embajador.[66]

La mayoría de los colonos del *Mayflower* había emprendido su viaje principalmente para «lucrarse». Como ha señalado Robert Moore, «los libros de texto no entran a analizar el deseo de lucro que subyace tras gran parte de nuestra historia».[67] Los indios también proporcionaron lucro a través del comercio de pieles, sin el cual

---

[64] Simpson, *Invisible Armies*, p. 6.

[65] Uno de los libros de texto, la última edición del de Boorstin y Kelley, sí resume la vida de esclavitud de Squanto y la destrucción de su aldea.

[66] William Bradford, *Of Plimouth Plantation*, p. 99. Véase también, entre otras obras, Salisbury, «Squanto: Last of the Patuxets», pp. 228-246.

[67] Robert Moore, *Stereotypes, Distortions, and Omissions in U.S. History Textbooks*, Nueva York, CIBC, 1977, p. 19.

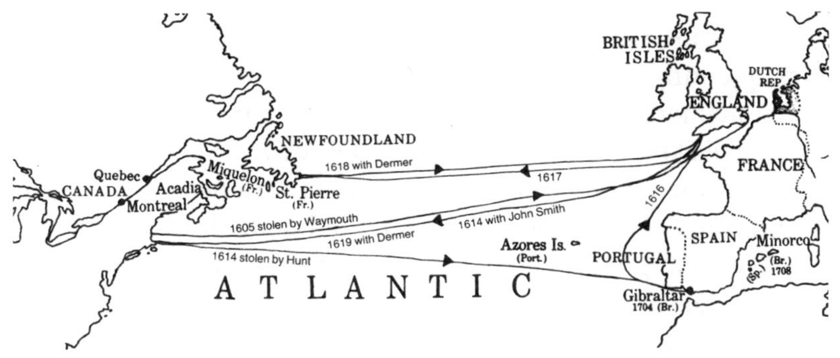

Los viajes de Squanto le familiarizaron con más partes del mundo de las que ningún Peregrino conocía. Es posible que cruzara el Atlántico en seis ocasiones, dos como cautivo de los ingleses, y que, además de en Massachusetts, hubiera vivido en Maine, Terranova, España e Inglaterra.

Plymouth nunca hubiera podido mantenerse. Hobomok ayudó a la colonia a fundar puestos de venta de pieles en la desembocadura de los ríos Penobscot y Kennebec (Maine), en Aptucxet (Massachusetts) y en Windsor (Connecticut).[68] Los europeos no tenían ni capacidad ni ganas de «adentrarse con audacia allí donde nadie se había atrevido a ir antes». Acudían a los indios.[69]

Todo esto nos lleva a la Acción de Gracias. Cada otoño, en todo el país, los niños de primaria representan una pequeña alegoría moral, la *Primera Acción de Gracias*, nuestro mito de origen nacional, ataviados con sombreros de Peregrinos hechos de cartulina de colores o disfrazados de guerreros indios con plumas en el pelo. La Acción de Gracias es el momento en el que, como nación,

---

[68] Robert M. Bartlett, *The Pilgrim Way*, Filadelfia, Pilgrim Press, 1971, p. 265; y Loeb, *Meet the Real Pilgrims*, p. 65.

[69] Charles Hudson et al., «The Tristan de Luna Expeditions, 1559-61», en Jerald T. Milanich y Susan Milbrath, eds., *First Encounters*, Gainesville, University of Florida Press, 1989, pp. 119-134, describe gráficamente hasta qué punto los europeos dependían de los indios para encontrar comida. Hablan de la segunda y poco conocida expedición (posterior a la de Hernando de Soto) realizada por los españoles en lo que ahora es el sureste de los Estados Unidos. Como los indios se retiraban a su paso y quemaban sus propios campos, los europeos estuvieron a punto de morir de hambre.

agradecemos a Dios las bendiciones que Él [sic] nos ha otorgado. Más que ninguna otra celebración, más incluso que fiestas tan declaradamente patrióticas como el Día de la Independencia y el *Memorial Day* [Día de los Caídos], el Día de Acción de Gracias es una celebración de nuestro etnocentrismo. Ya hemos visto, por ejemplo, que el rey Jacobo y los primeros líderes de los Peregrinos daban gracias por la plaga, que les demostraba que Dios estaba de su lado. Los arquetipos relacionados con la Acción de Gracias —Dios está de nuestro lado, la civilización arrancada a la tierra salvaje y el orden al desorden gracias al esfuerzo y a los positivos rasgos de carácter de los Peregrinos— continúan irradiando desde nuestros manuales de historia. Hace muchas décadas, en un análisis sobre cómo se enseñaba la historia de los Estados Unidos en los años veinte del pasado siglo, Bessie Pierce apuntó la utilización política que se hace de la Acción de Gracias: «En virtud de esas irrepetibles bendiciones, al alumno se le insta a seguir los pasos de sus antepasados, a ofrecer una obediencia incondicional a la ley del país y a continuar la labor iniciada».[70]

La cena de Acción de Gracias es un ritual, con todas las características que Mircea Eliade atribuye a las prácticas rituales de los mitos de origen:

1. Constituye la historia de los actos de los fundadores, de los seres sobrenaturales.
2. Esta historia se considera absolutamente verdadera.
3. Se refiere a cómo se ha fundado una institución.
4. Al realizar el ritual asociado con el mito se «conoce el origen de las cosas» y, por consiguiente, se llega a dominarlas.
5. Se «vive» el mito como si fuera una religión.[71]

---

[70] Bessie L. Pierce, *Public Opinion and the Teaching of History in the United States*, Nueva York, Alfred A. Knopf, 1926, pp. 113-114. Véase también Alice B. Kehoe, «"In fourteen hundred and ninety two, Columbus sailed . . .": The Primacy of the National Myth in U.S. Schools», en Peter Stone y Robert MacKenzie, eds., *The Excluded Past*, Londres, Unwin Hyman, 1990, p. 207.

[71] Mircea Eliade, *Myth and Reality*, Nueva York, Harper and Row, 1963, pp. 18-19 [ed. cast.: *Mito y realidad*, Barcelona, Labor, p. 14, traducción de Luis Gil (*N. del T.:* aquí he partido de esta traducción)].

En mi diccionario Random House, la principal entrada relacionada con los pobladores de Plymouth no es la de los *Peregrinos* sino la de los *Padres Peregrinos*. Hasta hace poco, el encabezamiento de materia que servía para ordenar los fondos de la Biblioteca del Congreso sobre Plymouth era *Padres Peregrinos* y, por supuesto, *Padres* aparecía en mayúscula, con lo que se quería decir que eran los «padres de nuestro país», no los de los hijos de los Peregrinos. En consecuencia, la Acción de Gracias ha pasado del ámbito de la historia al de la religión, la «religión civil», como la llamaba Robert Bellah. Para este autor, las religiones civiles mantienen unidas a las sociedades. Plymouth Rock cobró un significado simbólico en torno a 1880, cuando unos emprendedores habitantes de la localidad unieron sus dos partes en la bahía, erigiendo allí un templete griego. Este se convirtió en santuario, el Pacto del *Mayflower* pasó a ser un texto sagrado y nuestros libros de texto, al enseñarnos qué significa el rito civil de la Acción de Gracias, comenzaron a desempeñar la misma función que el Libro de Oración Común anglicano.[72]

El carácter religioso de la historia de los Peregrinos resplandece en una introducción de Valerian Paget a la famosa crónica *Of Plimoth Plantation* escrita por William Badford:

> Los ojos de Europa estaban puestos sobre este pequeño puñado de inconscientes héroes y santos ingleses, cobrando valor paso a paso en ellos. Para los hijos de sus hijos, los mismos ideales de libertad ardían con tanta claridad y vigor que… el pequeño episodio al que acabamos de asistir condujo al nacimiento de los Estados Unidos de América y, sobre todo, a la fundación de los valores humanitarios que representa, y para los que los Peregrinos ofrecieron su sacrificio en el altar del Hijo del Hombre.[73]

---

[72] Robert N. Bellah, «Civil Religion in America», *Daedalus*, invierno de 1967, pp. 1-21. Respecto a Plymouth Rock, véase Hugh Brogan, *The Pelican History of the USA*, Harmondsworth, Inglaterra, Penguin, 1986, p. 37. Véase también Michael Kammen, *Mystic Chords of Memory*, Nueva York, Alfred A. Knopf, 1991, pp. 207-210.

[73] Valerian Paget, introducción para *Bradford's History of the Plymouth Settlement, 1608-1650*, Nueva York, McBride, 1909, p. XVII.

En esta invocación, los Peregrinos no solo proporcionan el origen de los Estados Unidos, también la inspiración para la democracia en Europa y ¡quizá para toda la bondad existente en el mundo actual! Sospecho que esto habría hecho reír a los primeros colonos, tanto separatistas como anglicanos.

El rito civil que practicamos margina a los americanos nativos. Nuestra imagen arquetípica de la primera Acción de Gracias presenta mesas repletas de comida en medio del bosque y a Peregrinos con su mejor ropa de domingo bien almidonada junto a sus invitados indios, prácticamente desnudos. Como dice una tarjeta de felicitación: «La *I* representa a los indios a los que invitamos a compartir nuestros alimentos». Toda esa necedad alcanza su punto culminante en los panfletos que los escolares llevan a casa desde hace décadas, que incluyen pies de foto como este: «Sirvieron calabazas, pavos y maíz y calabacín. ¡Los indios nunca habían visto un banquete así!». Cuando el hijo del novelista amerindio Michael Dorris llevó a casa esta «información» que le habían dado en su escuela primaria de New Hampshire, Dorris señaló que «de hecho, eran los Peregrinos los que no habían visto en su vida "un banquete así", ya que todos los alimentos mencionados son exclusivos de América y *los había proporcionado* la tribu local [o se habían obtenido gracias a ella]».[74]

Esta idea de que «nosotros», los pueblos avanzados, mantuvimos a los nativos, exactamente lo contrario de lo que ocurrió, no es inofensiva. Reaparece una y otra vez en nuestra historia para complicar las relaciones raciales. Se nos dice, por ejemplo, que los hacendistas blancos de las plantaciones proporcionaban alimentos y asistencia médica a sus esclavos, aunque cualquier cosa, por nimia que fuera, que en las plantaciones contribuyera a la alimentación, la vivienda y la vestimenta se había criado, construido, tejido o sufragado mediante el trabajo de los negros. En la actualidad, la forma de entender políticamente el mundo que tenemos los estadounidenses dicta que el volumen de nuestra ayuda exterior nos hace la nación más generosa de la tierra, aunque pasamos

[74] Dorris, «Why I'm Not Thankful for Thanksgiving», p. 9. Para mayor precisión he añadido el texto que figura entre corchetes.

por alto el hecho de que prácticamente todo el flujo neto de dólares procedente de países del Tercer Mundo se canaliza *hacia* Estados Unidos.

La verdadera historia de la Acción de Gracias pone de manifiesto datos engorrosos. Los Peregrinos no iniciaron la tradición: los indios del este llevaban siglos festejando la cosecha en otoño. Aunque George Washington sí destinó días a una acción de gracias nacional, las celebraciones actuales solo se remontan a 1863. Durante nuestra Guerra Civil, cuando la Unión necesitaba todo el patriotismo que un rito así podía recabar, Abraham Lincoln proclamó fiesta nacional el Día de Acción de Gracias. Los Peregrinos no tenían nada que ver, no hasta que en la década de 1890 se los incorporó a la tradición. Esta es la razón de que hasta la década de 1870 ni siquiera se les conociera popularmente como «los Peregrinos».[75]

El significado ideológico que la historia de los Estados Unidos ha atribuido a la Acción de Gracias acentúa el bochorno. Esa leyenda convierte a los estadounidenses en etnocéntricos. Después de todo, si nuestra cultura tiene a Dios de su lado, ¿por qué debemos tomarnos en serio a otras culturas? Este etnocentrismo se acrecentó a mediados del pasado siglo. En *La raza y el destino manifiesto*, Reginald Horsman ha demostrado que la idea de tener a «Dios de nuestro lado» se utilizó para legitimar la expresión sin tapujos de la superioridad anglosajona frente a mexicanos, indios americanos, pueblos del Pacífico, judíos e incluso católicos.[76] En la actualidad, cuando los libros de texto fomentan este etnocentrismo con sus historias sobre los Peregrinos, limitan las posibilidades que tienen los estudiantes de aprender de miembros de otras culturas y de relacionarse con ellos.

---

[75] Plimoth Plantation, «The American Thanksgiving Tradition, or How Thanksgiving Stole the Pilgrims», Plymouth, MA, sin fecha, fotocopia; Stoddard, *The Truth about the Pilgrims*, p. 13. Jeremy D. Bangs, «Thanksgiving on the Net: Roast Bull with Cranberry Sauce Part 1», página web de la Society of Mayflower Descendants in the Commonwealth of Pennsylvania, sail1620.org/ discover_feature_thanksgiving_on_the_ net_roast_bull_with_cranberry_sauce_ part_l.shtml, 1/2007.

[76] Reginald Horsman, *Race and Manifest Destiny*, Cambridge, Harvard University Press, 1981, p. 5 [ed. cast.: *La raza y el destino manifiesto: orígenes del anglosajonismo racial norteamericano*, México, Fondo de Cultura Económica, 1985].

Algunas veces, el precio que pagamos es más evidente: la censura. En 1970, por ejemplo, el Departamento de Comercio de Massachusetts pidió a los wampanoag que eligieran a un ponente que hablara con motivo del 350 aniversario del desembarco de los Peregrinos. «Se seleccionó [a Frank James], pero primero tuvo que enseñar una copia de su discurso a los blancos encargados de la ceremonia. Cuando vieron el escrito, se negaron a permitirle que lo leyera».[77] Esto es lo que había escrito James:

> Hoy es un día de celebración para ustedes..., pero no lo es para mí. Con gran pesar recuerdo lo que le ocurrió a mi pueblo... Los Peregrinos apenas habían explorado las costas de cabo Cod durante cuatro días cuando saquearon las tumbas de mis ancestros, robándoles su maíz, su trigo y sus fríjoles... Massasoit, el gran líder de los wampanoag, sabía todo eso, pero él y su pueblo acogieron a los pobladores y se hicieron amigos de ellos... poco conscientes de que... antes de que pasaran 50 años, los wampanoag... y otros indios que vivían cerca de los pobladores caerían muertos por sus armas o por las enfermedades que nos contagiaron... Aunque nuestra forma de vida ha desaparecido casi por completo y nuestra lengua prácticamente se ha extinguido, los wampanoag seguimos pisando la tierra de Massachusetts... Lo que ocurrió no se puede cambiar, pero hoy en día trabajamos para una América mejor y más india, en la que la gente y la naturaleza vuelvan a ser importantes.[78]

Lo que censuró el Departamento de Comercio de Massachusetts no era una incendiaria falsedad, sino la verdad histórica. Si a James se le hubiera permitido hablar, nada de lo que hubiera dicho habría sido erróneo, salvo la palabra *trigo*. La mayoría de nuestros libros de texto también omite mencionar el saqueo de tumbas, la esclavitud de los indios y todo lo demás, aunque fueran cosas por

---

[77] Arlene Hirshfelder y Jane Califf, «Celebration or Mourning? It's All in the Point of View», Nueva York, Council on Interracial Books for Children, *Bulletin*, 10, nº 6, 1979, p. 9.

[78] Frank James, «Frank James' Speech», Nueva York, Council on Interracial Books for Children *Bulletin*, 10, nº 6, 1979, p. 13.

todos conocidas en la Nueva Inglaterra colonial. En consecuencia, nuestra historia popular de los Peregrinos no ha ido ganando perspectiva con el tiempo, sino que constituye un proceso de olvido deliberado. En lugar de contener esos datos importantes, los libros de texto proporcionan reconfortantes naderías sobre la buena disposición de Squanto, su nombre, los pececillos en los montículos de maíz y a veces incluso el menú y el número de americanos nativos que asistieron a la típica primera cena de Acción de Gracias.

Aquí me he centrado en los pormenores indignos solo porque durante demasiado tiempo nuestras historias han censurado cualquier detalle incómodo. El valor que mostraron los Peregrinos al emprender su travesía a finales de otoño hacia un continente nuevo para ellos sigue siendo absolutamente insólito. Durante su primer año, los Peregrinos, al igual que los americanos nativos, sufrieron enfermedades, entre ellas escorbuto y neumonía, y la mitad de ellos murieron. No fue inmoral por su parte ocupar Patuxet. No habían sido ellos los causantes de la plaga y su origen los desconcertaba tanto como a los afligidos aldeanos indios. A Massasoit le pareció bien que los Peregrinos utilizaran la bahía, porque los patuxet, al estar muertos, ya no la necesitaban. Las relaciones entre los Peregrinos y los indios comenzaron relativamente con buen pie. Los recién llegados acabaron pagando a los wampanoag el maíz que se habían llevado después de desenterrarlo. Plymouth, al contrario que muchas otras colonias, solía pagar a los indios las tierras que ocupaba. En algunos casos los europeos se asentaron en localidades indias porque los nativos *los habían invitado* a hacerlo para protegerse de otra tribu o de algún rival europeo cercano.[79] En resumen, podemos decir que la historia de los Estados Unidos no es ni más violenta ni más opresiva que la de Inglaterra, Rusia, Indonesia o Burundi, pero tampoco es excepcionalmente menos violenta.

---

[79] Willison, *Saints and Strangers*; Salisbury, *Manitou and Providence*, pp. 114-117; Wright, *The Only Land They Knew*, p. 220. No obstante, Salisbury, en *Manitou and Providence*, pp. 120-125, describe el carácter militarista y coactivo que desde el principio tuvieron los tratos de Plymouth con los indios.

El antídoto contra una historia reconfortante no es una historia que nos incomode, sino una historia veraz e inclusiva. Si los autores de libros de texto se sienten obligados a darnos la instrucción moral que siempre han proporcionado los mitos de origen, podrían conseguir su objetivo permitiendo a los alumnos que aprendieran tanto lo «bueno» como lo «malo» que tiene el relato de los Peregrinos. De ese modo, el conflicto entraría a formar parte de la historia y los estudiantes podrían descubrir que lo que aprenden tiene repercusiones para su vida. Si se enseñaran adecuadamente, los problemas de la época de la primera Acción de Gracias podrían ayudar a los estadounidenses a ser más considerados y tolerantes, no más etnocéntricos. Irónicamente, Plymouth (Massachusetts), el lugar en el que se inició el mito, ahora nos proporciona un modelo. Los americanos nativos y sus aliados no indígenas no se quedaron de brazos cruzados ante la censura que sufrió el discurso de Frank James. Ese mismo año y cada noviembre desde entonces han organizado un desfile alternativo, «El Día de Duelo Nacional», que se opone directamente a la tradicional celebración del Día de Acción de Gracias. Después de años de enfrentamientos, Plymouth accedió a permitir los dos desfiles, sufragando también la instalación de dos nuevas placas explicativas con la versión que dan los wampanoag de la historia.

Los libros de texto tienen que aprender de Plymouth. Los mitos de origen salen caros. Glorificar a los Peregrinos es peligroso. Las desenfadadas omisiones y detalles inventados con los que nuestros libros de texto nos venden el arquetipo del Peregrino son primos hermanos de la censura descarada practicada por el Departamento de Comercio de Massachusetts al negarle a Frank James el derecho a hablar. No cabe duda de que, cuando hablamos de historia «la verdad debe ser sagrada, cueste lo que cueste».

04

Ojos de piel roja

«Es imposible comprender cómo se conformó la América anglosajona sin fijarse atentamente en cómo evolucionaron sus antecesores, aliados y némesis indígenas».

James Axtell[1]

«Los invasores también anticiparon, con razón, que otros europeos pondrían en cuestión la moralidad de su empresa. En consecuencia [prepararon]... grandes cantidades de propaganda para imponerse a los escrúpulos de sus propios compatriotas. La propaganda poco a poco se convirtió en una ideología normalizada, con unos presupuestos y una semántica aceptados. Todavía vivimos con ella».

Francis Jennings[2]

«"Yo he hecho eso", dice mi memoria. "Yo no puedo haber hecho eso", dice mi orgullo y permanece inflexible. Al final, la memoria cede».

Friedrich Nietzsche[3]

«En toda la historia de este país no hay un solo indio que no se revuelva de angustia y frustración ante estos libros de texto. No hay un solo niño indio que no haya vuelto a casa avergonzado y llorando».

Rupert Costo[4]

«Los viejos mitos nunca mueren, solo se quedan incrustados en los libros de texto».

Thomas Bailey[5]

---

[1] James Axtell, «Europeans, Indians, and the Age of Discovery in American History Textbooks», *American Historical Review*, 92, 1987, pp. 629-630.

[2] Francis Jennings, *The Invasion of America*, Chapel Hill, University of North Carolina Press, 1975, p. VII.

[3] Friedrich Nietzsche, *Beyond Good and Evil*, Nueva York, MacMillan, 1907, p. 86 [ed. cast.: *Más allá del bien y del mal*, Madrid, Alianza, trad. de Andrés Sánchez Pascual, 1995 [1975], p. 92, aforismo 68].

[4] Rupert Costo, «There Is Not One Indian Child Who Has Not Come Home in Shame and Tears», en Miriam Wasserman, *Demystifying School*, Nueva York, Praeger, 1974, pp. 192-193.

[5] Thomas Bailey, «The Mythmakers of American History», *Journal of American History*, 1968, p. 18.

A lo largo de la historia, los indios americanos han sido la parte de la población sobre la que más se ha mentido. Por eso Michael Dorris dijo que, al aprender algo sobre los americanos nativos, «No se empieza de cero, sino de diez bajo cero».[6] Los estudiantes de secundaria parten de menos cero porque sus libros de texto, sin arrepentimiento alguno, presentan a los americanos nativos tal como los ven los blancos. Los manuales de hoy en día tendrían que haberse aprendido mejor la lección, sobre todo desde que en la década de 1970 floreciera lo que los historiadores llaman historia india (que en realidad es interracial) y porque la información en la que podrían basarse los nuevos manuales ya está en los estantes de las bibliotecas.

Desde hace algunos años, los libros de texto se ocupan mejor de los pueblos nativos. En 1961 el superventas *Rise of the American Nation* contenía diez ilustraciones (de un total de 268) con indígenas, solos o con blancos; la mayoría de las imágenes se centraban en la vida primitiva y el salvajismo en el combate. Veinticinco años después, ese volumen, con el nuevo título de *Triumph of the American Nation*, contenía quince ilustraciones de indios americanos y, lo que es más importante, ya no se les presentaba como seres primitivos unidimensionales. Eran, más bien, gente que participaba en combates para conservar su identidad y su territorio. Entre ellos figuraban Metacomet (King Philip), Crispus Attucks (primera víctima mortal de la Revolución americana, que también

---

[6] Citado en Calvin Martin, ed., *The American Indian and the Problem of History*, Nueva York, Oxford University Press, 1987, p. 102.

Un indio americano casi desnudo, esculpido en piedra arenisca en el Capitolio estadounidense, estrecha la mano de William Penn. Como he estado en Filadelfia en agosto, puedo asegurar que, si esta negociación tuvo lugar en ese mes, Penn debía de estar a punto de morirse de calor. Como también he estado en Filadelfia después del Día de Acción de Gracias, puedo asegurar que, si dicha negociación tuvo lugar en invierno, los nativos tendrían que haber sufrido congelación.

tenía ancestros negros), Secoya (que inventó el alfabeto cheroqui) y los navajos que hablaban en lenguaje cifrado durante la Segunda Guerra Mundial. En 2003, el sucesor del anterior, *Holt American Nation*, tenía cuarenta y tres ilustraciones de indios americanos. Algunos otros libros de texto publicados después de 2000 siguen ahondando en esta tendencia de otorgar más atención a los americanos nativos. *The Americans* destaca por su veraz descripción de algunos de los acontecimientos que tratará este capítulo y de cerca lo sigue *American Journey*, un texto para el ciclo intermedio [previo a la secundaria].

Con todo, como señaló Jamex Axtell en 1987, los autores de manuales de historia de los Estados Unidos siguen «necesitando un programa intensivo de relativismo cultural y de sensibilidad étnica. Incluso *The Americans*, el mejor de todos, dedica sus dos primeras páginas a reproducir *El tratado de Penn con los indios*, un cuadro de Benjamin West pintado en 1771, casi un siglo después del acontecimiento. West se atenía a las convenciones habituales: mostraba a unos europeos totalmente vestidos, incluso con sombreros, pañuelos y prendas de abrigo, que ofrecían mercancías a americanos prácticamente desnudos. En realidad, está claro que nunca ha habido sobre la faz de la tierra y reunidos en el mismo sitio dos grupos humanos que se vistieran de manera tan diferente. El artista no intentaba verdaderamente retratar la realidad. Lo que pretendía era mostrar a los «primitivos» (indios americanos) y a los «civilizados» (europeos).

Axtell también critica los libros de texto por seguir utilizando expresiones como *mestizo*, *masacre* y *grito de guerra indio*.[7] Igualmente sesgado resulta reservarles a los blancos expresiones más templadas, como *iniciativa de frontera* y *pobladores*. Si prescindiéramos de nuestra americanidad y nos imagináramos que procedemos, por ejemplo, de Botsuana, esta típica frase (de *The American Journey*) nos parecería bastante chocante: «En 1637 estalló la guerra en Connecticut entre los pobladores y los pequot». Seguramente, los pequot, después de haber vivido en aldeas de Connecticut probablemente durante miles de años, fueran «pobladores». Los ingleses eran recién llegados, ya que, como máximo, llevaban en esa zona tres años; los comerciantes sentaron sus reales en Windsor en 1634. La sustitución de *pobladores* por *blancos* proporciona una frase más exacta pero más «inquietante». *Invasores* sería todavía más precisa, pero aún más inquietante.

Todavía peores son las interpretaciones generales de los autores, que continúan encadenados a «los presupuestos y la semántica convencionales» que, según Axtell, han «explicado» durante siglos las relaciones entre indios y blancos. Los autores de libros de texto siguen redactando la historia para confortar a los descendientes de los «pobladores».

Nuestra travesía hacia una historia más precisa de los pueblos amerindios y de sus relaciones con los invasores europeos y africanos no puede ser una agradable excursión. Los americanos nativos no son ni deben ser accesorios de una especie de parque

[7] Axtell, «Europeans, Indians, and the Age of Discovery», pp. 621-632.

temático histórico al que acudimos a pasar un buen rato y ver culturas exóticas. Según el antropólogo Sol Tax, «lo que les hemos hecho a los pueblos que vivían en Norteamérica» es «nuestro pecado original».[8] Si miráramos directamente a la cara a la historia india, se nos enrojecerían los ojos. Sin embargo, ese es nuestro pasado y debemos aceptarlo. Ha llegado la hora de que los libros de texto manden a los niños blancos a casa, si no con los ojos enrojecidos, por lo menos sí con preguntas que les hagan pensar.

Gran parte de los libros de texto actuales intenta por lo menos referirse con veracidad a las culturas amerindias. Trece de los dieciocho manuales que he analizado comienzan dedicando más de cinco páginas a las sociedades nativas antes del contacto con los europeos.[9] No obstante, desde el principio las culturas amerindias suponen un problema para los libros de texto.[10] Sus autores son consumidores, no profesionales de la arqueología, la etnobotánica, la lingüística, la antropología física, los estudios del folclore, la etnohistoria y otras disciplinas afines. Los expertos de todas ellas pueden decirnos mucho, aunque sea de manera hipotética, sobre lo que ocurrió en América antes de la llegada de europeos y africanos. Por desgracia, para los autores de los libros de texto,

---

[8] Sol Tax, prefacio al libro editado por Virgil Vogel, *This Country Was Ours*, Nueva York, Harper and Row, 1972, p. XXII.

[9] Las excepciones son *Pathways to the Present*, que solo dedica a este asunto una página y media de 1088, es decir, el 0,1 por ciento; *Discovering American History*, 2 de 831, el 0,2 por ciento; *The American Pageant* (1991), 4 de 1077, el 0,4 por ciento; *Pageant* (2006), 4 de 1162, 0,3 por ciento; y Boorstin y Kelley, 4 de 1056, 0,2 por ciento. Mi edición de *Pathways to the Present*, aunque trata la historia de los Estados Unidos desde el principio, hace más hincapié en la época contemporánea: es posible que otra edición dedique más espacio a las culturas amerindias.

[10] Utilizaré indistintamente los términos *tribu* y *nación*, porque algunos líderes nativos americanos aducen que la *nación* es un concepto europeo, dando a entender que insiste más en el Estado de lo que a su juicio puede aplicarse a la mayoría de las sociedades indias. Como se ha explicado en el capítulo anterior, también considero que *nativo americano* y *amerindio* son sinónimos. Los libros de texto que he analizado también transitan este campo de minas lingüístico. Curiosamente, los que utilizan *nativo americano* no siempre son los que más han actualizado sus interpretaciones. Aludo a los individuos indios por su nombre indio, después de presentarlos con dichos nombres y también con los más conocidos para los lectores no indios.

la arqueología y las demás disciplinas son materias muertas en las que se buscan respuestas como si de una mina se tratara. Esos campos de estudio tratan de personas muertas, pero están vibrantes de polémicas. Todos los años aparecen titulares sobre restos de carbón vegetal, posiblemente de cuarenta mil años de antigüedad, encontrados en fogatas de Brasil; dataciones nuevas para una excavación arqueológica de Pensilvania o afirmaciones más especulativas sobre nuevos restos humanos, objetos o ideas que procederían de China, Europa o África. En 2007 se encontraron indicios de que un cometa podría haber explotado en la atmósfera terrestre hace trece mil años y que quizá incendiara gran parte de Norteamérica. Posiblemente, la tormenta de fuego resultante acabara con la vida de grandes mamíferos como caballos y mastodontes, diezmando la población humana.[11]

Sin embargo, la palabra posiblemente no encaja en el estilo de los libros de texto, basado en presentar respuestas definitivas. Solo *The American Adventure* admite la incertidumbre: «Puede que esta página esté desfasada cuando llegue al lector». A continuación, *Adventure* presenta afirmaciones encontradas sobre la presencia de seres humanos en América desde hace doce mil, veintiún mil y cuarenta mil años. En consecuencia, aunque *Adventure* es uno de los libros de texto más antiguos que he revisado, sus páginas de tema precolombino no están desfasadas.[12] La mayoría de los demás libros de texto mantiene su tono de autoridad habitual. Las estimaciones sobre la fecha del primer asentamiento humano en América van desde los doce mil años a los más de setenta mil AP.[13] Algunos científicos creen que los pobladores originales

---

[11] Robin McKie, «Diamonds Tell Tale of Comet That Killed Off the Cavemen», *The Observer*, 20/05/2007; observer.guardian.co.uk/, 20/05/2007.

[12] Aunque se niega a renunciar al habitual tono «sabelotodo» de los libros de texto, hay otra obra, *The United States -A History of the Republic*, de James Davidson y Mark Lytle, que sí menciona las polémicas e incertidumbres arqueológicas.

[13] John N. Wilford, «New Mexico Cave Yields Clues to Early Man», *New York Times*, 5 de mayo de 1991, describe las investigaciones de Richard MacNeish, que apuntan a 35 000 años antes del presente. David Stannard, *American Holocaust*, Nueva York, Oxford University Press, 1992, p. 10, sugiere un período situado entre 32 000 y 70 000 años AP. Sharon Begley proporciona un útil y accesible resumen en «The First Americans», publicado en un número especial de *Newsweek* titulado *When*

fueron llegando en oleadas sucesivas durante miles de años; las similitudes genéticas convencen a otros de que la mayoría de los indios descendía de un único y pequeño grupo de personas.[14] La mayoría de los autores de libros de texto se limita a elegir una fecha y a presentarla como un dato indiscutible. Algunos de los manuales más recientes añaden el adverbio *probablemente*, como en la siguiente frase: «Probablemente la gente siguiera a rebaños de animales», de *Holt American Nation*. Sin embargo, al igual que los demás, con posterioridad ofrecen al estudiante una fecha que debe memorizar.

Los autores tienen que esforzarse más. El cruce a través de Beringia (el istmo que recorre el estrecho de Bering) no es más que una hipótesis. Deberían atender a otras teorías, entre ellas la de la navegación. Tampoco es que tuvieran que hacer todo el trabajo solos, sino que podrían soltar a los estudiantes en Internet y en la biblioteca, proporcionándoles a ellos y sus profesores ideas sobre lo que hay que buscar y cómo evaluar los presuntos descubrimientos. De este modo, el curso escolar podría comenzar con un debate entre alumnos que han elegido fechas y rutas distintas, y cada uno esgrimiría datos glotocronológicos (que datan los cambios lingüísticos), genéticos, arqueológicos y de otras disciplinas para avalar su conclusión. A los estudiantes les apasionaría. Comprenderían, desde el principio, que la historia todavía está por hacer, que no es solo un cadáver inerte hecho de datos que memorizar.

Desde el principio podemos apreciar la ausencia de la pasión intelectual. ¿Cómo llegó la gente aquí? Todos los libros dicen algo parecido a este párrafo de Boorstin y Kelley:

Worlds Collide (otoño-invierno de 1991, pp. 15-20). Cf. Andrew Murr, «Who Got Here First?», *Newsweek*, 15/11/99; Marc Stengel, «The Diffusionists Have Landed», *Atlantic Monthly*, 01/01/2000, pp. 35-48, theatlantic.com/issues/2000/01/001stengel.htm; Steve Olson, «The Genetic Archaeology of Race», *Atlantic Monthly*, 4/2001, pp. 70-71; y Steve Olson, «First Americans More Diverse than Once Thought, Study Finds», *Washington Post*, 31/07/2001.

[14] Según Robert F. Spencer, Jesse D. Jennings et al., *The Native Americans*, Nueva York, Harper and Row, 1977, p. 8, la mayoría de los arqueólogos cree que solo hubo un reducido banco de genes.

> Las aguas de la Tierra se habían congelado hasta tal punto que el nivel del mar descendió en el estrecho de Bering. De manera que, al perseguir a sus piezas de caza, pudieron cruzar las 56 millas [90 km] que separan Siberia de Alaska. Sin saberlo, habían descubierto dos grandes continentes absolutamente deshabitados, pero llenos de animales salvajes que cazar... Durante los miles de años posteriores, muchos fueron los grupos que los siguieron. Esas pequeñas partidas se diseminaron por toda América del Norte y del Sur.

En realidad, aunque la mayoría de los expertos sigue aceptando que se cruzó «Beringia», los datos arqueológicos son escasos, y cada vez hay más arqueólogos que creen que es posible que el cruce se realizara, de manera accidental o deliberada, en barco. Después de todo, hace por lo menos cuarenta mil años ya había gente en Australia e, independientemente de la cantidad de hielo que se acumulara sobre la tierra durante las glaciaciones, era imposible caminar hasta Australia cruzando la profunda divisoria oceánica conocida como Línea de Wallace. Evidentemente, los arqueólogos no han descubierto pruebas de que en ningún lugar del mundo hubiera barcos hace más de diez mil años. La cuestión es que de fechas tan remotas no sobreviven más que herramientas de piedra y ningún ser humano fue nunca tan primitivo como para concebir barcos de piedra. La falta de pruebas no demuestra que no las haya.[15]

A mí me parece que a los autores de libros de texto les gusta Beringia porque encaja en su relato general, el de un progreso que avanza implacable. A los propios seres humanos de esa época se les pinta como salvajes primitivos, vagamente neandertales. Es probable que detrás de este arquetipo de gente no muy lista, en guerra constante con la naturaleza y con otros seres humanos, subyazca la convicción, por parte de los autores, de que esos individuos

[15] Como a Australia llegó gente hace mucho más de 12 000 años AP y es imposible que llegara allí a pie, no podemos estar seguros de que los indios no llegaran a América en barco. La arqueología no nos proporciona barcos de esa época, pero es imposible que se hubieran construido de piedra y, de haber sido de madera, no habrían sobrevivido.

caminaron hasta América. Al contrario que nosotros, los americanos primigenios no tenían por qué ser inteligentes, solo tenían que caminar.[16] Y desde luego no eran muy espabilados, porque «sin saberlo, habían descubierto dos grandes continentes». Es una afirmación asombrosa. De alguna manera, nuestros autores, que escriben como mínimo doce mil años después de esos hechos, saben lo que pensaban esos primeros pobladores o, más bien, saben que no pensaban que habían llegado a nuevos continentes. La misma afirmación hace *American History*, de John Garraty: «No sabían que estaban explorando un nuevo continente». Ahora bien, *continente* significa «extensa masa de tierra rodeada de agua». ¿Cómo podían los seres humanos enfrentarse a la inmensidad de Canadá, aún mayor que la de Australia, y *no saber* que estaban explorando una extensa masa de tierra? Esos primeros pobladores debían de ser asombrosamente estúpidos.[17]

El retrato de esas mentes tan romas se mantiene cuando Garraty habla de «los trotamundos» que «avanzaron lentamente hacia el sur y el este… Pasaron muchos miles de años antes de que se diseminaran por toda América del Norte y del Sur». En realidad, muchos arqueólogos creen que la gente llegó a la mayor parte de América a lo largo de mil años, con una rapidez tal que no permite determinar fácilmente la dirección y el ritmo de su migración. Las fuentes arqueológicas no son más antiguas a medida que avanzamos hacia el noroeste por el territorio de Yukón y nos adentramos en Alaska.[18] Por otra parte, aunque los primeros

---

[16] *American Journey* llega incluso a sugerir «que los inuit fueron los últimos migrantes en cruzar el puente hacia Norteamérica». Cabe suponer que esas poblaciones, famosas por sus kayaks, ¡los llevaran a hombros!

[17] No cabe duda de que, cuando el nivel del mar bajó y afloró el istmo en el estrecho de Bering, América del Norte y del Sur no estaban totalmente rodeadas de agua, así que no hay razón para que los primeros pobladores —o Boorstin, Kelley o Garraty— concluyeran que sí lo estaban. No obstante, en una época que concede la categoría de continente a Europa, que no está en absoluto rodeada de agua, centrarse en este asunto sería buscarle tres pies al gato y no es lo que defienden nuestros autores.

[18] Una vez más, la falta de pruebas no demuestra que no las haya. Ni tampoco se han hecho, en modo alguno, suficientes excavaciones arqueológicas en Alaska o Canadá, y casi ninguna en las rutas costeras, ahora anegadas, que más propicias habrían sido a esas tempranas migraciones humanas.

americanos hubieran llegado realmente a pie, no cabe duda de que eran tan exploradores como Colón.

Garraty sigue con su cantinela, dando a entender que los primeros pobladores eran bastante cortos: «Ninguno de los grupos hizo grandes avances en el desarrollo de máquinas sencillas ni en la sustitución de la fuerza muscular por la tracción mecánica, ni siquiera por la tracción animal». Pero esto no era «culpa» de los americanos, ya que no se disponía de «tracción animal». Esta es la razón de que en la Europa y el Asia anteriores a 1769 la mayoría de las «máquinas sencillas» dependieran de caballos, bueyes, búfalos de agua, mulas o ganado vacuno (animales desconocidos en América). En *Armas, gérmenes y acero: breve historia de la humanidad en los últimos trece mil años*, Jared Diamond plantea que la disponibilidad de por lo menos alguno de estos animales para su domesticación fue un factor esencial a la hora de desarrollar no solo maquinaria, sino la división del trabajo a la que llamamos «civilización».[19]

Todos los libros de texto se han quedado en la vieja escuela antropológica de alrededor de 1875, que se remonta a L. H. Morgan y Karl Marx, y que propugna la existencia de tres fases sucesivas: salvajismo, barbarie y civilización. Es muy posible que sus autores se toparan en los cursos de antropología de sus licenciaturas con ese planteamiento, que sin embargo ya no se imparte. Garraty es un ejemplo del estereotipo evolutivo: «Quienes sembraban y cultivaban la tierra en lugar de limitarse a cazar y recolectar comida estaban más seguros y cómodos». No parece que se haya topado con la teoría del «primitivo próspero» que hace unos cuarenta años convenció a los antropólogos de que los cazadores-recolectores vivían con bastante comodidad. *American History* comete un error todavía más tonto: «Esos agricultores eran mayormente pacíficos, aunque podían luchar violentamente para proteger sus campos. Por su parte, los cazadores y los trotamundos eran bastante belicosos, porque la necesidad de ir de un lado a otro los enfrentaba frecuentemente con otros grupos». Aquí

---

[19] Las llamas eran el único animal de tiro de las Américas y Diamond explica por qué no eran realmente adecuadas.

Garraty confunde los conceptos *civil* y *civilización*. Hace décadas, la mayoría de los antropólogos cuestionó este desfasado continuo, determinando que los cazadores y recolectores, en comparación con los agricultores, eran relativamente pacíficos y que las sociedades modernas eran todavía más belicosas. Basta recordar la historia del siglo XX para ver al instante que la violencia puede incrementarse con la civilización.

La mayoría de los libros de texto sí concede rasgos civilizados a algunos nativos —aztecas, incas y mayas—, partiendo de una premisa en la que también creían los propios conquistadores españoles: que riqueza equivale a civilización. En palabras de *The American Adventure*: «Al contrario que los pueblos no civilizados del Caribe, los aztecas eran ricos y prósperos». A Boorstin y Kelley les cuesta aceptar fácilmente hasta eso. Después de dedicar una página a las civilizaciones avanzadas de mayas, incas y aztecas, a continuación, ambos autores las minusvaloran: «A diferencia de los pueblos de Europa, no habían construido barcos para cruzar los océanos. No habían tendido la mano al mundo. Su aislamiento dificultaba el aprendizaje de novedades. A la llegada de los españoles, parecía que los incas, los mayas y los aztecas habían dejado de progresar. Era el momento de conquistarlos».

Entre otras cosas, este párrafo no es más que historia de mala calidad. En realidad, el ritmo del cambio se estaba acelerando en el hemisferio occidental antes de la llegada de los españoles. A los incas les había costado menos de un siglo, el anterior, levantar su enorme imperio. Mediante alianzas y por la fuerza, los aztecas habían llegado a dominar el centro de México en fechas aún más recientes.

Para Boorstin y Kelley, los nativos del norte, los que habitaban los actuales Estados Unidos, iban todavía más a la zaga de los «poco avanzados» aztecas, mayas e incas. Evidentemente, si esos dos autores hubieran echado un vistazo a la realidad del mundo en 1392, no habrían apreciado ninguna diferencia importante entre las culturas de América y las de Europa. Estamos ante una arraigada forma de predestinación: cuando los historiadores observan que hay pueblos que son conquistados, se les ocurren razones que explican por qué debía ser así. En sociología, a esto lo llamamos «culpar a la víctima». El mismo enfoque adoptan los autores de *The American Pageant*:

> Al contrario que los europeos, que no tardarían en llegar, presuponiendo que los seres humanos tenían el control del mundo y de las tecnologías que permitían cambiar la faz de la tierra, los americanos nativos carecían del deseo y de los medios para manipular agresivamente la naturaleza... Estaban tan poco extendidos por el continente que había zonas enormes prácticamente ajenas a cualquier presencia humana. En el fatídico año de 1492, probablemente no hubiera más de cuatro millones de americanos nativos recorriendo los susurrantes y primigenios bosques y vadeando las espumosas aguas vírgenes de Norteamérica. Afortunadamente no sabían que el histórico aislamiento de las Américas estaba a punto de acabar para siempre.

Este fragmento pone de relieve los lamentables resultados que tiene que los editores intenten mantener indefinidamente a la venta textos antiguos. En 1956, cuando Bailey escribió la primera edición de este libro aparentemente intemporal, ya se sabía que esos tópicos sobre los americanos nativos eran falsos. El capítulo 3 demuestra lo irreal que es este escenario definido por lo salvaje. Para empezar, todas las cifras son erróneas. Solo en el valle central de México vivían unos veinticinco millones de personas. En el resto de Norteamérica quizá habitaran veinte más. Por otra parte, la imagen del indio en mocasines «recorriendo» un bosque virgen no encaja: la mayoría de los indios que habitaban lo que ahora son los Estados Unidos se dedicaban a la agricultura y la ganadería. *Pageant* surgió hace más de medio siglo y ya va por su 13ª edición. Puede que en 1956 lo escribiera su «autor», Thomas Bailey, pero no se sabe quién ha escrito la edición actual.

A finales de la década de 1990 alguien comprendió —desde luego no Bailey, muerto hacía tiempo, y probablemente ninguno de los otros dos autores que menciona el libro— que el texto necesitaba mencionar el intercambio colombino y las epidemias posteriores a 1492, que diezmaron a los indios americanos. Así que una página posterior refiere esas asombrosas caídas demográficas, sin reconocer la contradicción existente entre el fragmento anterior y este. En consecuencia, el propio libro de Thomas Bailey demuestra que él tenía razón: «Los viejos mitos nunca mueren, solo se quedan incrustados en los libros de texto». Todavía menos competentes son Boorstin y Kelley, que siguen omitiendo por completo el intercambio colombino.

Ni siquiera los mejores manuales pueden resistirse a contrastar a los americanos «primitivos» con los europeos modernos. Parte del problema está en que los libros en realidad están comparando la América rural con la Europa urbana: Massachusetts con Londres. Una impresión diferente podría causar la comparación entre Tenochtitlán (ahora México D.F.) y la Escocia rural, porque a la llegada de Cortés era aquella una ciudad de entre cien mil y trescientos mil habitantes, cuyo mercado central estaba tan concurrido y era tan ruidoso que, según Bernal Díaz del Castillo, que acompañó a Cortés, «el rumor y zumbido de las voces y palabras que allí había sonaba más que de una legua».[20] Sería todavía mejor que los autores pudieran abandonar por completo el continuo que va del primitivismo a la civilización. Después de todo, desde la perspectiva del habitante medio, puede que la vida fuera igual de «avanzada» y mucho más agradable en Massachusetts o Escocia que en el México azteca o en Londres.

Los indios americanos llevan mucho tiempo reprendiendo a los autores de libros de texto por reservar el adjetivo *civilizado* para las culturas europeas. En 1927 una organización de líderes indios llamada Gran Consejo en torno al Fuego de los Indios Americanos tachó los libros de texto de «injustos con la vida de nuestro pueblo», para después preguntarse: «¿Qué es la civilización? Sus sellos son una religión y una filosofía nobles, artes originales, una música emocionante, una historia y una leyenda ricas. Nosotros las teníamos. Entonces no éramos salvajes, sino una raza civilizada».[21]

---

[20] Díaz del Castillo citado en *Sources in American History*, Orlando, FL, Harcourt Brace Jovanovich, 1986. Sobre la población, Robert F. Spencer y Jesse D. Jennings, *The Native Americans*, p. 480 [ed. cast. de cita de Bernal Díaz del Castillo: http://www.antorcha.net/biblioteca_virtual/historia/bernal/39.html].

[21] Citado en Costo y Henry, *Textbooks and the American Indian*.

Hasta los elogios a las culturas indígenas refuerzan el etnocentrismo si no cuestionan ese continuo que va del primitivismo a la civilización, que confunde inevitablemente el significado que tiene *civilizado* en la conversación cotidiana —«refinado o ilustrado»— con la idea de «tener una compleja división del trabajo», la única definición que defienden los antropólogos. Bien pensado, ese continuo se convierte inmediatamente en algo problemático. ¿Acaso era civilizado, por ejemplo, el Tercer Reich? La mayoría de los antropólogos diría que sí. ¿En qué sentido preferimos el civilizado Tercer Reich a la sociedad arahuaca, más primitiva, que encontró Colón? Y si nos negáramos a calificar de civilizado al Tercer Reich, ¿no estaríamos acaso utilizando el término en el sentido de «educado, refinado»? Si fuera así, deberíamos considerar civilizados a los arahuacos y primitivos, cuando no salvajes, a Colón y los españoles. Irónicamente, las sociedades caracterizadas por una compleja división del trabajo suelen definirse por la desigualdad y cuentan con grandes ejércitos especializados. Son precisamente estas sociedades «civilizadas» las más proclives a recurrir a la violencia extrema cuando tratan de conquistar a sociedades «primitivas».[22]

La utilización irreflexiva de los términos *civilizado* y *civilización* bloquea cualquier verdadera revisión de la visión del mundo o la estructura social de la persona o la sociedad «no civilizada». En 1990 el presidente George H. W. Bush condenó la invasión de Irak por parte de Kuwait diciendo que «todo el mundo civilizado está en contra de Irak», una ironía si se tiene en cuenta que los valles iraquíes del Tigris y el Éufrates fueron las primeras cunas conocidas de la civilización.

En mi selección de nuevos libros de historia, los tres manuales «escritos desde cero» hacen un poco mejor su tarea que los antiguos. Reconocen la diversidad de las sociedades indias. Hablan de la Confederación de las Cinco Naciones creada por los iroqueses en el noroeste, de los *potlaches* que celebraban los indios del

---

[22] En *The Cunning of History*, Nueva York, Harper, 1987, p. 91, una reflexión sobre el Holocausto nazi, Richard L. Rubenstein recalca que «el Holocausto atestigua *el avance de la civilización*».

litoral en esa misma zona, de las viviendas rupestres del suroeste y de las castas de los natchez del sureste. No obstante, es imposible que los libros de texto alcancen un elevado nivel de complejidad cuando presentan diez o veinte culturas distintas en seis u ocho páginas. Así que se fijan en lo insólito. Poco importa que los choctaw fueran más numerosos y que tuvieran un papel mucho más importante en la historia de América que los natchez, pero eran más vulgares. Entre los americanos nativos retratados en los libros de texto, los alumnos no encontrarán a mucha «gente corriente» con la que identificarse.

Después del contacto con los europeos y los africanos, las sociedades amerindias cambiaron con rapidez. Los nativos no solo incorporaron a sus culturas armas de fuego, mantas y calderos, también nuevos alimentos, formas de construir las casas e ideas cristianas. La mayoría de los manuales de historia de los Estados Unidos solo insiste en los cambios registrados en un grupo: el de los indios de las praderas. La rápida floración de esta vistosa cultura después de que los españoles introdujeran el caballo en el Oeste americano proporciona un estimulante ejemplo de sincretismo, al fusionar elementos de dos culturas diferentes para crear algo nuevo.[23] Sin embargo, la transformación de las culturas de las praderas solo fue la punta del iceberg del cambio cultural. Y cuando los europeos vincularon a los pueblos indígenas con el desarrollo de la economía mundial se produjo una metamorfosis todavía más profunda. Es un proceso que todavía hoy en día sigue afectando a culturas antes independientes. Por ejemplo, a comienzos de la década de 1970 los lapones de Noruega sustituyeron sus trineos de perros por motonieves, con lo que acabaron siendo vulnerables a los embargos de exportación de petróleo decretados por los países árabes.[24]

---

[23] La Navidad es un ejemplo de sincretismo en la cultura europea, que conjuga elementos de la religión judía, como la idea del mesías, y prácticas «paganas» del norte de Europa como la celebración del solsticio de invierno y el interés en plantas que están verdes en esa estación (como el acebo, la hiedra, los árboles de hoja perenne o el muérdago). La cultura del maíz de los iroqueses y otras naciones indias del este de los Estados Unidos es un ejemplo de sincretismo dentro de la cultura americana, que combina el maíz de México y el Perú con ideas ya presentes en el noreste de los Estados Unidos.

[24] Pertti Pelto, *The Snowmobile Revolution*, Menlo Park, CA, Cummings, 1973.

En la década de 1990 muchos grupos amerindios no solo lograron más riqueza, sino más respeto de sus vecinos no indios, cuando gracias a sus nuevos casinos y hoteles se vincularon a la economía mundial. Esta conexión parece inevitable, de ahí que quizá no haya ni que encomiarla ni denostarla, pero tampoco hay que hacer como que no existe, porque es crucial para comprender cómo se apropiaron los europeos de América.

En la Norteamérica atlántica había miembros de las naciones indias con conocimientos diversos y elaborados, desde el trenzado de cestas estancas hasta la utilización de ciertas plantas para reducir el dolor. Al principio, los americanos nativos intercambiaban con franceses, holandeses e ingleses maíz, castor, pescado, sasafrás y otros productos, obteniendo a cambio hachas, mantas, ropa, abalorios y calderos. Sin embargo, los europeos no tardaron en convencer a los indios de que se especializaran en el comercio de pieles y esclavos. A los nativos se les daba mejor cazar y poner trampas que a los europeos y, con las armas de fuego que estos les vendían, mejoraron aún más. Otras capacidades indias comenzaron a atrofiarse. ¿Por qué pasar horas haciendo cestas estancas cuando en una décima parte de tiempo se podían cazar castores suficientes para cambiarlos por un caldero? Hasta la agricultura, que los indios habían enseñado a los europeos, entró en decadencia, porque se volvió más fácil obtener alimentos mediante el comercio que cultivarlos. Todo el mundo siguió sus intereses egoístas racionales al entrar en ese sistema —es decir, los indios no solo fueron víctimas—, porque el nivel de vida general aumentó, al menos en teoría.

Algunos de los rápidos cambios acaecidos en las sociedades indias orientales son un ejemplo de sincretismo. Cuando los iroqueses conjugaron las armas de fuego europeas con las tácticas indias para aplastar a los huron, controlaron su propia cultura y decidieron qué elementos de la europea querían incorporar, cuáles modificar y cuáles dejar de lado. Los americanos nativos aprendieron a reparar armas de fuego, fabricar balas, levantar fuertes más resistentes y luchar hasta la aniquilación.[25] Los indios

---

[25] Fred Anderson, reseña de *The Skulking Way of War*, en *Journal of American History*, 79, nº 3, diciembre de 1992, p. 1134.

también llegaron a ser famosos por su capacidad para aprender lenguas, ya que con frecuencia hablaban dos idiomas europeos (francés, inglés, neerlandés, ruso o español) y, por lo menos, otros dos amerindios. En ocasiones los colonos ingleses se servían de nativos como intérpretes cuando trataban con los españoles o franceses, no solo con otras naciones indias.

Sin embargo, no todo esto fue fruto de una feliz evolución económica y de una sincrética y voluntaria transformación cultural. Los nativos eran conscientes de que vivían bajo la amenaza militar y cultural. No tardaron en deducir que las armas de fuego europeas eran más eficaces que sus arcos y flechas. Por su parte, los europeos dedujeron rápidamente que los productos comerciales podían utilizarse para obtener y mantener alianzas políticas con las naciones amerindias. Para enfrentarse a la nueva amenaza y porque los blancos, «para relacionarse, exigían instituciones que fueran reflejo de las suyas», muchos grupos indios fortalecieron sus gobiernos tribales.[26] Los jefes adquirieron un poder que nunca habían tenido. Era frecuente que esos gobiernos rigieran los destinos de zonas de una extensión nunca vista, porque la mejora del armamento y las plagas se habían llevado por delante a las tribus más pequeñas o la necesidad de protección las había inducido a fusionarse con otras más grandes. Las grandes naciones se convirtieron en crisoles étnicos, que incorporaban a blancos, negros y a otros indios. Surgieron nuevas confederaciones y naciones como los creek, los semínolas y los lumbi.[27] Igualmente, las tribus, por imitar a los europeos o por la mayor importancia que cobraron las capacidades bélicas en sus culturas, pasaron a estar más dominadas por los hombres.[28]

---

[26] Robert Utley, *The Indian Frontier of the American West*, Albuquerque, University of New Mexico Press, 1984, p. 12.

[27] En las reservas actuales, esta mezcolanza de pueblos dentro de las sociedades indias dificulta la identificación de los tipos físicos. La caracterización de «creek» o «lumbi» es cultural, no física. J. Leitch Wright Jr., *The Only Land They Knew*, Nueva York, Free Press, 1981, p. 230. Las potencias europeas también obligaron a los pueblos indígenas a contar con gobiernos más centralizados y poderosos con los que tratar en caso de conflicto.

[28] Gary Nash, *Red, White, and Black*, Englewood Cliffs, NJ, Prentice Hall, 1974, p. 257; James Axtell, *The European and the Indian,* Nueva York, Oxford University Press, 1981, p. 257.

Las tribus que mejor se llevaban con los europeos obtenían antes armas de fuego que podían probarse con pueblos del interior que aún no las habían conseguido. De repente, algunas naciones tuvieron una gran ventaja militar sobre las demás. El resultado fue una escalada bélica entre los indios. Está claro que las naciones nativas se habían enfrentado entre sí antes de la llegada de los europeos. Sin embargo, no solían luchar hasta la aniquilación. Algunas tribus no querían ocupar las tierras de otras naciones, en parte porque cada una de ellas tenía sus propios lugares sagrados. En cualquier caso, era difícil que una nación exterminara a sus vecinos, porque todas ellas contaban prácticamente con las mismas tecnologías militares. Pero todo eso cambió. Las potencias europeas fomentaron deliberadamente las guerras al enfrentar a unas naciones indias con otras. Los españoles, por ejemplo, utilizaron la estrategia de divide y vencerás para derrotar a los aztecas en México. En Escocia e Irlanda, los ingleses habían enfrentado a las tribus autóctonas para extender el dominio británico. Lo mismo harían después en Norteamérica.[29]

La razón de que muchas tribus combatieran más que antes era el deseo de capturar a otros nativos para venderlos como esclavos a los europeos a cambio de más armas de fuego y calderos. Mientras que las tribus del norte se especializaron en pieles, ciertas tribus meridionales se especializaron en personas. Algunos indios americanos habían sometido a otros a la servidumbre mucho antes de la llegada de los europeos. Pero estos extendieron enormemente la esclavización de los indios.[30] Yo esperaba encontrar en nuestros libros de texto el tópico de que los indios no eran buenos esclavos, pero hay dos libros, *Triumph of the American Nation* y *The American Tradition*, que ni siquiera dicen eso. *American His-*

---

[29] Sobre Irlanda, véase Allen Barton, *Communities in Disaster*, Garden City, NY, Doubleday, 1970, pp. 11-12. Las grandes naciones de México y el Perú, al igual que las de Europa, libraban grandes guerras. En algunas zonas de los actuales Estados Unidos, sobre todo en el noroeste, la guerra entre tribus fue en ocasiones brutal antes de la influencia europea.

[30] Wright, *The Only Land They Knew*, p. 138; Patricia Galloway, «Choctaw Factionalism and Civil War, 1746-1750», *Journal of Mississippi History*, 44, nº 4, 11/1982, pp. 289-327; Joseph L. Peyser, «The Chickasaw Wars of 1736 and 1740», *Journal of Mississippi History*, 44, nº 1, 1/1982, pp. 1-25.

tory entierra la frase «se esclavizó a unos pocos indios» en el texto que dedica a la trata de esclavos africanos. Aparte de eso, los manuales guardan silencio sobre la trata de esclavos indios en lo que ahora es Estados Unidos, salvo por una sorprendente mención. *The American Pageant* contiene un párrafo que relata cómo los colonos de Carolina reclutaron a los indios de la costa de Savannah para que les trajeran esclavos del interior, convirtiendo a «indios esposados... en las principales exportaciones de la joven colonia». Posteriormente, *Pageant* relata cómo los cautivos indios terminaban siendo esclavos en las Antillas o en Nueva Inglaterra.[31]

El sometimiento a la servidumbre de los amerindios por parte de los europeos tiene una larga historia. En realidad, Ponce de León no fue a Florida en busca de la mítica fuente de la juventud: su principal objetivo era buscar oro y capturar a esclavos para llevarlos a La Española.[32] En Nueva Inglaterra, la esclavitud de los indios condujo directamente a la de los africanos: los primeros negros que se importaron a la zona, en 1638, llegaron de las Antillas y se cambiaron por indígenas de Connecticut.[33] En vísperas de la rebelión de esclavos registrada en Nueva York en 1712, que unió a esclavos indios y africanos, alrededor de uno de cada cuatro habitantes de la ciudad era esclavo y uno de cada cuatro esclavos era indio. El censo realizado en South Kingston (Rhode Island) en 1730 indicaba que había 935 blancos, 333 esclavos africanos y 223 esclavos amerindios.[34]

Como da a entender (únicamente) *Pageant*, el centro de la esclavitud amerindia, al igual que el de la afroamericana, era Carolina del Sur. En 1708 su población incluía a 3960 blancos libres, 4100 esclavos africanos y 1400 esclavos indios, además de 120 siervos temporales, seguramente blancos. Con todo, esas cifras

[31] Seis de los dieciocho libros mencionan que los supervivientes de la guerra de los Pequot o guerra de King Philip se vendieron como esclavos, pero lo ven como algo aislado y, aparte de eso, no aluden a la trata de esclavos indios.

[32] Wright, *The Only Land They Knew*, pp. 33 y 130.

[33] Peter N. Carroll y David Noble, *The Free and the Unfree*, Nueva York, Penguin, 1988, p. 57.

[34] Almon W. Lauber, *Indian Slavery in Colonial Times Within the Present Limits of the United States*, Williamstown, MA, Corner House, 1970 [1913], p. 110.

Ran away from his Master Nathanael Holbrook of Sherburn, on Wednesday the 19th of Sept last, an Indian Lad of about 18 Years of Age, named John Pittarne; He is pretty well sett and of a guilty Countenance and has short Hair; He had on a grey Coat with Pewter Buttons, Leather Breeches, an old tow Shirt, grey Stockings, good Shoes, and a Felt Hat.

Whoever shall take up the said Servant, and convey him to his Master in Sherburn, shall have Forty Shillings Reward and all necessary Charges paid. We hear the said Servant intended to change his Name and his Clothes.

Al igual que los esclavos africanos, los indios escapaban cuando podían. Este aviso se publicó en el *Boston Weekly News-Letter* del 4 de octubre de 1739: «El miércoles 19 del pasado mes de septiembre escapó de su amo Nathanael Holbrook de Sherburn, un muchacho indio de unos 18 años de edad, llamado John Pittarne; es de complexión fuerte, tiene expresión culpable y pelo corto; llevaba una casaca gris con botones de peltre, calzones de cuero, una vieja camisa de estopa, medias grises, buen calzado y sombrero de fieltro.

»Quien se haga cargo de ese siervo y lo lleve hasta su amo en Sherburn recibirá una recompensa de cuarenta chelines, cubriéndose todos sus gastos. Sabemos que el mencionado siervo tenía intención de cambiar de nombre y de indumentaria.»

no reflejan la magnitud de la esclavitud indígena, porque no mencionan la trata de exportación. Desde Carolina, al igual que desde Nueva Inglaterra, los colonos enviaban a indios esclavos (que podían escaparse) a las Antillas (de donde nunca podrían escaparse) y a cambio recibían esclavos africanos. En un solo año, de Charleston partieron hacia las Antillas más de diez mil indios encadenados.[35] Más al oeste se vendieron tantos indios pawnee a los blancos que el nombre de esa tribu se convirtió en el que, en las

[35] Lauber, *Indian Slavery in Colonial Times*, p. 106. Nash, *Red, White, and Black*, pp. 113 y 119, proporciona cifras un tanto distintas: 5300 blancos, cabe suponer que incluyendo a personas vinculadas por contratos de servidumbre temporal; 2900 negros y 1400 indios.

praderas, denominaba a todos los esclavos, independientemente de que fueran de origen indio o africano.[36] En la Costa Oeste, Pierson Reading, capataz de la enorme concesión de tierra india que recibió John Sutter en la California central, ensalzaba así la vida regalada que llevaba en 1844: «Los indios de California son esclavos tan obedientes y sumisos como los negros del Sur». En el suroeste, los blancos esclavizaron a los navajos y a los apaches hasta la propia época de la Guerra Civil.[37]

La mayor intensidad de las guerras y la trata de esclavos volvieron inseguros los asentamientos estables, lo cual contribuyó a apartar de la agricultura a los amerindios. Para evitar que los capturaran, abandonaron sus campos de maíz y aldeas y comenzaron a vivir en asentamientos más pequeños, de los que era más fácil escapar para refugiarse en el bosque. Al final, acabaron teniendo que comerciar con los europeos hasta para conseguir comida.[38] Cuando los europeos fueron aprendiendo de los nativos qué tenían que cultivar y cómo, comenzaron a depender menos de ellos y de su tecnología, en tanto que los indios se hicieron más dependientes de los europeos y de su tecnología.[39] En consecuencia, lo que a corto plazo sirvió a los indios, a largo plazo les resultó contraproducente. A la larga, ellos fueron los esclavizados, los que morían, y lo que se perdió y se desmoronó fueron su tecnología y sus culturas. Cuando los lastimosos vestigios de la tribu de los

---

[36] J. A. Rogers, *Your History*, Baltimore, Black Classic Press, 1983 [1940], p. 78. Véase también Frederick W. Hodge, ed., *Handbook of the Indians*, Bureau of American Ethnology *Bulletin*, vol. 30, 2ª parte, Washington, D.C., Government Printing Office, 1906, p. 216.

[37] Sobre California, véase Albert Hurtado, *Indian Survival on the California Frontier*, New Haven, Yale University Press, 1988, p. 75. Sobre el suroeste, véase Jack Forbes, *The Indian in America's Past*, Englewood Cliffs, NJ, Prentice Hall, 1964, pp. 94-95. Cf. Alan Gallay, *The Indian Slave Trade*, New Haven, Yale University Press, 2002.

[38] Wright, *The Only Land They Knew*, pp. 81-83.

[39] Henry Dobyns, *Their Number Become Thinned*, Knoxville, University of Tennessee Press, 1983, p. 332. También señala que las plagas, al matar a los expertos y reducir el conjunto de la población, disminuyeron también la división del trabajo, contribuyendo a la descualificación de los indios. Véase también Nash, *Red, White, and Black*, p. 97; Jennings, *The Invasion of America*, pp. 41 y 87; Anthony F. C. Wallace, *The Death and Rebirth of the Seneca*, Nueva York, Alfred A. Knopf, 1970, pp. 24-25; Neal Salisbury, *Manitou and Providence*, Nueva York, Oxford, 1982, pp. 56-57.

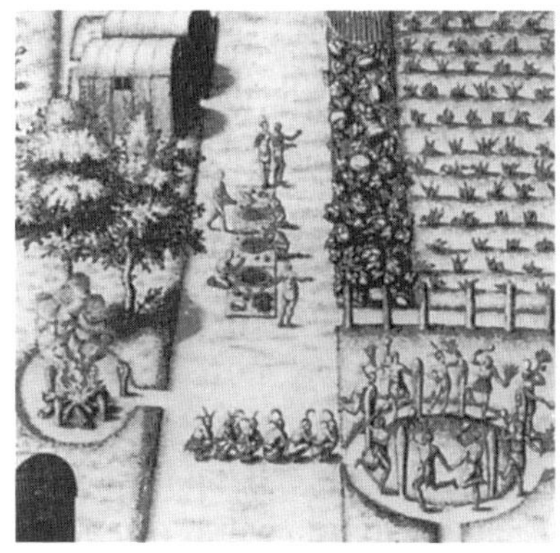

El libro de texto *Life and Liberty* se distingue por su presentación gráfica del cambio en las sociedades indígenas. Pone ante los ojos de los alumnos este provocador par de ilustraciones, preguntándoles: «¿Cuál muestra cómo era la vida de los indios antes de la llegada de los europeos y cuál cómo era después? ¿Qué dato te indica la fecha?». De ese modo *Life and Liberty* ayuda a los alumnos a comprender que los europeos no «civilizaron» ni «asentaron» a los «errantes» indios, sino que más bien consiguieron lo contrario.

massachusetts se convirtieron al cristianismo, uniéndose a los «pueblos de indios orantes» de los puritanos, lo hicieron para responder a una cultura invasora que les decía que su religión se equivocaba y que la cristiana no. Este proceso es un ejemplo de lo que los antropólogos llaman *imperialismo cultural*. Hasta los orgullosos indios de las praderas, en cuya sincrética cultura convivían los caballos y las armas de fuego de los españoles con el arte, la religión y las formas de cazar nativas, mostraban las consecuencias del imperialismo cultural: la palabra siux para denominar al hombre blanco, *wasichu*, significa «el que tiene todo bien».[40]

[40] Utley, *The Indian Frontier of the American West*, p. 21. En lakota, *wasichu* significa también «el que se apodera de la grasa», el avaricioso (Wendy Rose, «For Some, It's a Time of Mourning», *The New World* [Smithsonian Quincentenary Publication], nº 1, primavera de 1990, p. 4). Según una comunicación privada mantenida con Ray Fadden el 25 de noviembre de 1993, la palabra cheroqui para aludir al *hombre blanco* también significa «gente que [avariciosamente] va buscando tierras».

Para poder comprender el contacto cultural desde el punto de vista antropológico, los alumnos deberían familiarizarse con las expresiones *sincretismo* e *imperialismo cultural*, o por lo menos con los conceptos a los que aluden. Ninguno de los libros de texto que he estudiado las menciona y la mayoría habla poco del proceso de cambio cultural, una vez más con la excepción de la cultura hípica de los indios de las praderas, que, en consecuencia, parece algo único. Hasta los mejores manuales recientes adolecen de falta de análisis. No abordan la importancia crucial que tuvo la incorporación a la economía global, que ayuda a entender por qué en unas ocasiones los europeos comerciaban y coexistían con los nativos y en otras se limitaban a atacarlos. Tampoco relatan cómo contribuyó el contacto a la descualificación de los americanos nativos.

Igual que cambiaron las sociedades americanas al encontrarse con los blancos, cambiaron las europeas al encontrarse con los indios. Los libros de texto evitan totalmente esta vertiente del proceso mutuo de adaptación y aculturación.[41] Y más bien su visión de las relaciones entre blancos e indios está dominada por el arquetipo de la frontera. Para los libros de texto, el proceso se basa en una cambiante línea de asentamientos blancos (y negros): los amerindios a un lado y los blancos (y negros), al otro. Aparte de Pocahontas y de Squanto, los indios y los europeos no se relacionan mucho en los libros de texto, salvo cuando los blancos van empujando a los nativos hacia el Oeste. En realidad, en lo que ahora es Estados Unidos, los blancos y los americanos nativos colaboraron, en ocasiones convivieron y se pelearon durante 325 años, desde el primer asentamiento español permanente de 1565 hasta el final de la autonomía de siux y apaches, en torno a 1890.

Poca justicia hace el término *frontera* a este proceso, porque conlleva la existencia de una línea de demarcación o de una linde. Pero la norma fue el contacto, no la separación. La *frontera* también sitúa al observador en algún lugar del Este urbano, desde donde la frontera parece algo que está «allá lejos». Los autores de

---

[41] *The Americans* sí menciona que los europeos «necesitan pedir prestado a los pueblos que pretendían dominar», pero no da ni un ejemplo.

libros de texto no parecen haberse topado con la pregunta del millón: «¿qué fue primero, la civilización o la tierra salvaje?». La respuesta es la civilización, porque solo la mente «civilizada» podía calificar de «salvaje» el mundo de los agricultores, pescadores y cazadores-recolectores indios que coexistían con los bosques, los cultivos y los animales. Al calificar de *frontera* o de *territorio salvaje* la zona que escapaba al control europeo se convierte ese entorno en algo sutilmente extraño. Es una perspectiva intrínsecamente eurocéntrica, que margina las acciones de los pueblos no urbanos, ya sean indios o no indios.[42]

La franja de interacción era asombrosamente multicultural. En 1635 «se podían escuchar dieciséis lenguas distintas entre los pobladores de Nueva Ámsterdam»: eran lenguas de Norteamérica, África y Europa.[43] En 1794, cuando la zona de contacto había llegado al Medio Oeste oriental, una sola localidad del norte del Ohio, «the Glaize», se componía de cientos de indios shawnee, miami y delaware; tratantes y artesanos británicos y franceses; varios nanticokes, cheroquis e iroqueses; unos pocos afroamericanos y cautivos americanos blancos, y blancos que se habían casado con indias o que habían sido adoptados por familias nativas. The Glaize era realmente multicultural en sus días de fiesta, ya que celebraba el Mardi Gras [martes de carnaval], el Día de San Patricio, el cumpleaños de la reina británica y festividades amerindias.[44] En 1835, cuando la zona de contacto ya estaba cerca de la Costa Oeste, John Sutter, con permiso de las autoridades mexicanas, reclutó a indios para incrementar su cosecha de trigo, trabajar

---

[42] D. W. Meinig, «A Geographical Transect of the Atlantic World, ca. 1750», en Eugene Genovese y Leonard Hochberg, eds., *Geographic Perspectives in History*, Oxford, Basil Blackwell, 1989, p. 197; Patricia Nelson Limerick, «The Case of the Premature Departure: The Trans-Mississippi West and American History Textbooks», *Journal of American History*, 78, nº 4, 3/1992, p. 1381. La perspectiva de los libros de texto puede contrastarse con la que muestra la película *Koyaanisqatsii*, que, filmada desde el punto de vista de los hopi, ofrece una visión serena de los cañones del Oeste, que sin embargo se inquieta ante los *cañones* de Nueva York.

[43] Ronald Sanders, *Lost Tribes and Promised Lands: The Origins of American Racism*, Boston, Little, Brown, 1978, pp. 373-374.

[44] Helen H. Tanner, «The Glaize in 1792: A Composite Indian Community», *Ethnohistory*, 25, nº 1, invierno de 1978, pp. 15-39.

en una destilería, una fábrica de sombreros y otra de mantas, y construir un fuerte (que en la actualidad es Sacramento). Después de agenciarse uniformes a través de comerciantes rusos y oficiales europeos, Sutter organizó un ejército indio de doscientos hombres que, ataviado con uniformes zaristas, ¡recibía las órdenes en alemán![45]

Nuestros libros de texto siguen borrando el carácter interracial y multicultural de la vida de frontera. Boorstin y Kelley nos dicen que «el fuerte construido por John Sutter era uno de los centros de la vida de la comunidad», pero no mencionan que esa «comunidad» estaba mayormente compuesta por indios. *American History* dedica casi una página al fuerte de Sutter, sin siquiera insinuar que los americanos nativos fueran otra cosa que enemigos: «Poco a poco levantó una ciudad fortificada a la que llamó *Sutter's Fort*. Toda ella estaba rodeada por un grueso muro de 18 pies de alto (unos 6 metros), coronado por cañones que protegían de los hostiles indios». Ningún lector deduciría de ese relato que fueron precisamente los hostiles indios quienes levantaron el fuerte.

El historiador Gary Nash nos dice que en Virginia hubo desde el principio un proceso de fecundación intercultural, «que facilitó el hecho de que algunos indios convivieran con los ingleses en calidad de jornaleros, en tanto que varios pobladores huyeron a aldeas indias para no tener que soportar los rigores que suponía vivir con los autocráticos ingleses».[46] En realidad, muchos recién llegados blancos y negros optaban por vivir como los amerindios. En sus *Cartas de un granjero americano*, Michel Guillaume Jean de Crévecoeur escribía que «en el vínculo social de los indios debe de haber algo especialmente cautivador y muy superior a cualquier cosa de la que nosotros nos vanagloriemos, porque miles de europeos son indios y no tenemos ni siquiera un ejemplo de uno de esos aborígenes que, por propia voluntad, haya elegido ser europeo».[47] Crévecoeur exageraba: como sabemos por el ejemplo de Squanto, desde el principio sí hubo algunos nativos

---

[45] Hurtado, *Indian Survival on the California Frontier*, pp. 47-49.

[46] Nash, *Red, White, and Black*, p. 60.

[47] Citado en Peter Farb, *Man's Rise to Civilization*, Nueva York, Dutton, 1978, p. 313.

que eligieron vivir con los blancos. No obstante, la migración fue sobre todo en sentido contrario. Como dijo Benjamin Franklin, «ningún europeo que haya probado la vida salvaje podrá después soportar la vida en nuestras sociedades».[48]

Los europeos siempre intentaron detener la sangría. Hernando de Soto tuvo que colocar guardianes para impedir que sus hombres y mujeres se pasaran a las sociedades indígenas. Los Peregrinos temían tanto la *indigenización* que convirtieron en delito que los hombres llevaran el pelo largo. Según nos dice Karen Kupperman, «quienes lograban escapar con los indios podían contar con castigos muy severos, incluso la pena capital» si los blancos los capturaban.[49] Con todo, hasta el final de la independencia de las naciones indias en 1890, los blancos siguieron desertando y los blancos que vivían como los indios, gente como Daniel Boone, se convirtieron en héroes culturales dentro de la sociedad blanca.

La Europa del Este comunista levantó un Telón de Acero para impedir su propia sangría, pero nunca pudo explicar por qué, si las sociedades comunistas eran las más avanzadas de la tierra, tenían que impedir que su población las abandonara. El bochorno colonial americano apuntaba igualmente al corazón de su ideología, también basada en el progreso. En Europa del Este y en los Estados Unidos los libros de texto han tratado el problema de la misma manera: silenciando los hechos. Ningún manual de historia de los Estados Unidos menciona la atracción que, para los americanos de origen europeo o africano, tuvieron las sociedades indígenas.

Los afroamericanos huían con frecuencia a esas sociedades para escapar de la esclavitud. ¿Y a los blancos qué les parecía tan seductor? Según Benjamin Franklin, «su único gobierno es un

---

[48] Benjamin Franklin, citado en Bruce Johansen, *Forgotten Founders: How the American Indian Helped Shape Democracy*, Cambridge, MA, Harvard Common Press, 1982, pp. 92-93. Farb, *Man's Rise to Civilization*, p. 313; Frederick Turner, *Beyond Geography*, Nueva York, Viking, 1980, p. 244; Nash, *Red, White, and Black*, pp. 317-318; y James Axtell, «The White Indians», en *The Invasion Within*, Nueva York, Oxford University Press, 1985, pp. 302-327, coincide en que hubo muchos más blancos que se hicieron indios que indios que se hicieran blancos.

[49] Turner, *Beyond Geography*, p. 241; Karen Ordahl Kupperman, *Settling with the Indians*, Londres, J. M. Dent, 1980, p. 156. Véase también Axtell, «The White Indians», y *The European and the Indian*, pp. 160-176.

Después de que en 1763 el coronel Henry Bouquet derrotara a los indios de Ohio en Bushy Run, exigió la liberación de todos los blancos cautivos. A la mayoría, sobre todo a los niños, hubo que «atarlos de pies y manos» y devolverlos a la fuerza a la sociedad blanca. Entretanto, los prisioneros indígenas, en palabras del antropólogo Frederick Turner (en *Beyond Geography*, p. 245), «regresaron con sus derrotados parientes con grandes muestras de alegría». Turner califica, con razón, de «infames y bochornosas» esas escenas.

consejo de sabios. No hay fuerza, no hay prisiones, no hay funcionarios que impongan la obediencia o castigos». Quizá lo que más suscitara la admiración de los observadores europeos fuera la ausencia de jerarquía en las sociedades indias del Este de los Estados Unidos.[50] A los hombres de la frontera los cautivaba la

---

[50] Franklin citado en José Barreiro, ed., *Indian Roots of American Democracy*, Ithaca, NY, Cornell University American Indian Program, 1988, p. 43; Vogel, ed., *This Country Was Ours*, pp. 257-259. No todas las sociedades indias eran igualitarias: los natchez de Misisipi y los aztecas mexicanos tenían una estricta jerarquía.

libertad individual que disfrutaban los amerindios. Las mujeres también tenían más peso y poder en la mayoría de las sociedades indias que en las blancas de la época, algo que las mujeres blancas observaron con envidia al relatar sus experiencias en cautividad. Aunque en algunas naciones la autoridad era en gran medida hereditaria, la mayoría de las sociedades amerindias situadas al norte de México eran mucho más democráticas que las de España, Francia o incluso Inglaterra en los siglos XVII y XVIII. «Entre los príncipes de las cinco naciones, no hay un solo hombre que no haya obtenido su cargo por otra cosa que no sea el mérito», afirmaba embelesado el vicegobernador Cadwallader Colden de Nueva York en 1727. «Su autoridad solo radica en la consideración del pueblo y cesa en cuanto dicha consideración se pierde». Colden se refirió a los iroqueses con términos que recordaban a «los derechos naturales de la humanidad»: «Estamos ante el origen natural de todo poder y autoridad en un pueblo libre».[51]

En realidad, ideas tomadas de los americanos nativos son en parte responsables de nuestras instituciones democráticas. Ya hemos visto de qué manera ideas indígenas como las de libertad, fraternidad e igualdad llegaron hasta Europa e influyeron en filósofos sociales como Tomás Moro, Locke, Montaigne, Montesquieu y Rousseau. A su vez, estos pensadores europeos influyeron en americanos como Franklin, Jefferson y Madison.[52] En los últimos años los historiadores han debatido si las ideas de los indígenas de América también podrían haber influido más directamente en nuestra democracia. A lo largo de 150 años de contacto, la Confederación Iroquesa se alzó ante las colonias como un ejemplo patente de cómo gobernar democráticamente un extenso territorio. Cincuenta años después, los términos utilizados por el vicegobernador Colden tuvieron su eco en nuestra Declaración de Independencia.

---

[51] Cadwallader Colden citado en Vogel, ed., *This Country Was Ours*, p. 259.

[52] Alvin Josephy, Jr., *The Indian Heritage of America*, Nueva York, Alfred A. Knopf, 1973, p. 35; William Brandon, *New Worlds for Old*, Athens, Ohio University Press, 1986, pp. 3-26; Michel de Montaigne, «On Cannibals», en Thomas Christensen y Carol Christensen, eds., *The Discovery of America and Other Myths*, San Francisco, Chronicle Books, 1992, pp. 110-115.

En la década de 1740 los iroqueses se hartaron de tratar con varias colonias inglesas, con frecuencia a la greña, y sugirieron que estas constituyeran una unión similar a su propia confederación. En 1754 Benjamin Franklin, que había pasado mucho tiempo con los iroqueses observando sus deliberaciones, rogó a los líderes coloniales que tomaran en consideración su Plan de Unión de Albany: «Extraño sería que seis naciones de salvajes ignorantes fueran capaces de constituir un marco para tal unión y ser capaces de ponerlo en práctica de modo que se haya mantenido durante mucho tiempo y parezca insoluble, y que una unión de tal índole sea irrealizable para diez o doce colonias inglesas».[53]

Las colonias rechazaron el plan, que sin embargo fue precursor de los Artículos de la Confederación y de la Constitución. Tanto el Congreso Continental como la Convención Constitucional aludieron abiertamente a las ideas y la imaginería iroquesas. En 1775 el Congreso dirigió un discurso a los iroqueses, firmado por John Hancock, que citaba consejos de 1744 de esos indios. «Las Seis Naciones son gente sabia», escribía el Congreso, «atendamos a su consejo y enseñemos a nuestros hijos a seguirlo».[54]

---

[53] Citado en Bruce Johansen y Roberto Maestas, *Wasichu: The Continuing Indian Wars*, Nueva York, Monthly Review Press, 1979, p. 35.

[54] Jack Weatherford, *Indian Givers*, Nueva York, Fawcett, 1988, cap. 8 [ed. cast.: *El legado indígena: de cómo los indios americanos transformaron el mundo*, Barcelona, Andrés Bello, 2000]; Johansen, *Forgotten Founders*; Barreiro, ed., *Indian Roots of American Democracy*, pp. 29-31. Véase también Bruce A. Burton, «Squanto's Legacy: The Origin of the Town Meeting», *Northeast Indian Quarterly*, 6, nº 4, invierno de 1989, pp. 4-9; Donald A. Grinde Jr., «Iroquoian Political Concept and the Genesis of American Government», *Northeast Indian Quarterly*, 6, nº 4, invierno de 1989, pp. 10-21; y Robert W. Venables, «The Founding Fathers», *Northeast Indian Quarterly*, 6, nº 4, invierno de 1989, pp. 30-55. Aunque esto fuera en parte adulación, en este y en otros documentos de la época el Congreso utilizó en repetidas ocasiones símbolos e ideas de la Confederación Iroquesa. No solo Franklin, también Thomas Jefferson y Thomas Paine conocían y respetaban la filosofía política y la organización de los indios. No obstante, Elizabeth Tooker niega su influencia en «The U.S. Constitution and the Iroquois League», *Ethnohistory*, 35, nº 4, otoño de 1988, pp. 305-336. Pero véase «Commentary» sobre Tooker en *Ethnohistory*, 37, nº 3, verano de 1990. En *The Disuniting of America*, Nueva York, Norton, 1992, p. 127, Arthur Schlesinger Jr. hace la eurocéntrica afirmación de que Europa «fue también el origen —el *único* origen— de esas liberadoras ideas de libertad individual…», pero no da pruebas que lo demuestren, solo lo afirma. No parece que tenga conocimiento del asombro de

Como símbolo de los nuevos Estados Unidos, los americanos eligieron un águila que agarra un haz de flechas. Sabían que tanto el águila como las flechas eran símbolos de la Confederación Iroquesa. Aunque una flecha se quiebra con facilidad, nadie puede romper seis (o trece) de una sola vez.

John Mohawk ha defendido que los amerindios son directa o indirectamente responsables de la tradición de la reunión pública, de la libertad de expresión, de la democracia y de «todas esas cosas que se añadieron a la Declaración de Derechos». Sin el ejemplo indígena, «¿creen ustedes realmente que todas esas ideas habrían llegado a nacer en un pueblo que se había pasado un milenio masacrando a otra gente por intolerancia en materia de religión?».[55] Puede que Mohawk exagerara en su defensa de la democracia india, ya que en muchas sociedades indígenas la elección de cargos dependía enormemente de cuestiones hereditarias. Con todo,

Europa no solo ante la libertad de los amerindios, sino ante la libertad religiosa en China y Turquía. Marco Polo declaró que, de todas las cosas fabulosas que vio durante su viaje de veintisiete años a «Catay», ninguna le asombró más que su libertad religiosa: judíos, cristianos, musulmanes y budistas practicaban con libertad y participaban en la sociedad civil sin obstáculos. Cuando España expulsó a los judíos en 1492, Turquía los recibió y permitió su culto.

[55] John Mohawk, «The Indian Way Is a Thinking Tradition», en Barreiro, ed., *Indian Roots of American Democracy*, p. 16.

a la solidez de su argumentación contribuye el hecho de que, dondequiera que iban los europeos en las Américas, no dejaban de proyectar monarcas («King Philip» [rey Felipe]) u otros líderes no democráticos sobre las sociedades indias. Hasta cierto punto, esta proyección era fruto del interés europeo en poder afirmar que gracias a sus tratos con una persona o facción habían comprado tierras tribales. La práctica también delataba rasgos habituales del pensamiento europeo: los europeos no se podían creer que las naciones indias no tuvieran dirigentes de ese rango, puesto que ese era el único tipo de régimen que conocían.

Durante los cien años posteriores a nuestra Revolución, los estadounidenses vieron en los americanos nativos uno de los orígenes de sus instituciones democráticas. Los dibujantes de viñetas de la época revolucionaria utilizaban imágenes de indios para representar a las colonias enfrentadas a los británicos. Las patrióticas compañías de fusileros de Virginia llevaban indumentaria y mocasines indios en sus combates con los casacas rojas. Cuando los colonos pasaban a la acción para oponerse a una autoridad injusta, como en el caso del Boston Tea Party o de las manifestaciones contra los alquileres registradas en las plantaciones holandesas del río Hudson durante la década de 1840, utilizaban prendas indias no para echar la culpa a los nativos de esas acciones, sino para apropiarse de un símbolo identificado con las libertades.[56]

Evidentemente, las tradiciones holandesas influyeron tanto en Plymouth como en Nueva York. También influyeron el derecho consuetudinario y la Carta Magna de Inglaterra. Se diría que la democracia estadounidense es otro ejemplo de sincretismo, que conjuga ideas de Europa y la América indígena. La magnitud de esta última influencia es difícil de concretar, ya que se canalizó

---

[56] James Axtell, «The Indian in American History, the Colonial Period», en *The Impact of Indian History on the Teaching of United States History*, Chicago, Newberry Library, 1984, pp. 20-23; Barreiro, ed., *Indian Roots of American Democracy*, pp. 40-41; Bernard Sheehan, «The Ideology of the Revolution and the American Indian», en Francis Jennings, ed., *The American Indian and the American Revolution*, Chicago, Newberry Library, 1983, pp. 12-23; y Stewart Holbrook, *Dreamers of the American Dream*, Garden City, NY, Doubleday, 1957, pp. 137-145, respecto al estado de Nueva York.

de diversas maneras. Los libros de texto podrían presentarla como una hipótesis por confirmar, no como un hecho incontestable. Pero no deberían descartarla. En todos los manuales que he revisado, el debate sobre cualquier posible influencia intelectual de los americanos indígenas sobre los de origen europeo se limita a un único pie de foto en un solo libro, *Discovering American History*. Debajo de una doble ilustración, compuesta por un cinturón de *wampum* [cuentas hechas de conchas] y de la famosa viñeta creada por Benjamin Franklin en la que aparece una serpiente cortada en pedazos y, por tanto, agonizante, se dice que «puede que el Plan Albany de Franklin lo inspirara la Confederación Iroquesa». Y continúa: «El cinturón de *wampum* simboliza la unidad de las tribus alcanzada gracias a la Confederación. Compárese con la viñeta de Franklin». Los demás libros guardan silencio al respecto.

En cualquier caso, los manuales no incorporan casi ninguna contribución de los americanos nativos a la cultura de los Estados Unidos. Nuestras cocinas regionales —los platos que distinguen la comida del país— suelen conjugar elementos indios, europeos y africanos. Los ejemplos van desde el cerdo con judías de Nueva Inglaterra al *gumbo* de Nueva Orleans, pasando por el chili texano.[57] La aculturación mutua entre indios y afroamericanos, debida a la experiencia compartida de la esclavitud y a la evasión de los negros hacia comunidades indígenas, explica que la *soul food* [comida de los negros del Sur] sea en parte india y que se componga de pan de maíz, *grits* [gachas de sémola de maíz], verdura y *hush puppies* [bolas de pan de maíz].[58] Nuestro paisaje está salpicado de nombres indios, desde Okefenokee hasta Alaska. Los métodos de cultivo indígena no eran «primitivos». En algunas tribus, los agricultores extraían del terreno dos o tres veces más cantidad de alimento que nosotros.[59] Los topónimos también evidencian un intercambio intelectual. Los blancos tenían que preguntarles a los

---

[57] Weatherford, *Indian Givers*, cap. 6.

[58] Wright, *The Only Land They Knew*, p. 264.

[59] Alfred Crosby Jr., «Demographics and Ecology», ponencia presentada en un seminario celebrado en la Smithsonian Institution, Washington, D.C., septiembre de 1990, p. 4. Los indígenas andinos practicaban el único tipo de agricultura conocido que, más que agotar el mantillo, produce más. Todavía debemos descifrar todos

indios «¿dónde estoy?», «¿cómo se llama este sitio?», «¿qué animal es este?» o «¿cómo se llama esa montaña?».

Aunque los libros de texto «valoran» las culturas indias, la posibilidad de un auténtico proceso de fecundación intercultural, sobre todo desde el punto de vista intelectual, les es ajena. Es una lástima, porque de ese modo los autores dejan a un lado gran parte de lo que diferencia a América de Europa. En un relato de viajes, Peter Kalm escribió en 1750 que «franceses, ingleses, alemanes, holandeses y otros europeos que han vivido durante varios años en provincias lejanas, cerca de los indios o con ellos, se llegan a parecer tanto a ellos en comportamiento y pensamiento que solo se les puede distinguir por su color».[60] En el famoso ensayo *La frontera en la historia americana*, Frederick Jackson Turner relató de qué manera la frontera domina al europeo, «le arranca las prendas de la civilización» y le exige pensar y vestirse como un indio. «No pasa mucho tiempo antes de que siembre maíz indio y de que are con un palo puntiagudo». Paulatinamente va creando algo nuevo, «pero el resultado no es la vieja Europa». Es algo sincrético, americano.[61]

Para reconocer lo indios que somos culturalmente, es decir, hasta qué punto los Estados Unidos, y también Europa, se han visto influidos no solo por ideas europeas, sino también amerindias, se precisaría una considerable labor de reescritura de los libros de texto. Para reconocer la importancia que tuvieron los amerindios como antecedentes intelectuales de nuestra estructura política, tendríamos que reconocer que el proceso de aculturación ha sido recíproco y quizá tuviéramos que reevaluar una concepción que legitima toda la conquista: la de que la cultura india es primitiva.[62]

---

los secretos de la agricultura mexicana y guatemalteca, que parece haber conjugado la existencia de jardines flotantes con canales y pesquerías.

[60] Vogel, ed., *This Country Was Ours*, p. 268.

[61] Ibíd., pp. 266-267.

[62] Faith Davis Ruffins, coloquio celebrado en el National Museum of American History, Washington, D.C., 25 de abril de 1991, sobre imágenes de fármacos patentados. Véase también cómo trata el tema *American Indian Medicine* de Virgil J. Vogel, Norman, University of Oklahoma Press, 1990. Bruce Johansen, *Forgotten Founders*, p. 117; Warren Lowes, *Indian Giver*, Penticton, British Columbia, Theytus Books, 1986, p. 51; William B. Newell, «Contributions of the American Indian to

En el siglo XIX, los americanos sabían de las aportaciones médicas de los indios. El sesenta por ciento de las medicinas patentadas en ese período se vendió con imágenes de indios, entre ellas el jarabe contra la tos, el *sagwa* [remedio para todo] y la loción del Indio Kickapoo. En este siglo, los Estados Unidos han censurado la imagen del indio como sanador.

En 1970 Indian Historian Press publicó *Textbooks and the American Indian*, una crítica de nuestros libros de historia. Uno de los criterios para evaluarlos era la pregunta: ¿describe el libro las religiones, filosofías y contribuciones intelectuales del indio americano?[63] Lamentablemente, la respuesta sigue siendo «no».

Pensemos en las religiones indígenas, que para los libros de texto son un todo unitario. Con estas palabras describe *The American Way* la religión amerindia: «Esos americanos nativos [del suroeste] creían que la naturaleza estaba llena de espíritus. Cualquier forma de vida, vegetal o animal, tenía un espíritu. La tierra y el aire también tenían espíritus. La gente nunca estaba sola. Compartía su vida con los espíritus de la naturaleza». *American Way* intenta mostrar respeto por la religión de los indios, pero sin

---

Modern Civilization», *Akwesasne Notes*, finales de la primavera de 1987, pp. 14-15; Lewis Hanke, *The Spanish Struggle for Justice in the Conquest of America*, Filadelfia, University of Pennsylvania Press, 1949, p. 90 [ed. cast.: *La lucha española por la justicia en la conquista de América*, Madrid, Aguilar, 1959], respecto a las influencias políticas e ideológicas.

[63] Costo y Henry, *Textbooks and the American Indian*, p. 22.

conseguirlo. Expuestas con esa simpleza, las creencias parecen una fantasía, no la compleja teología de una civilización superior. Intentemos resumir igual de sucintamente las creencias de muchos cristianos actuales: «Estos americanos creían que un gran dios masculino regía el mundo. A veces lo dividían en tres partes, que llamaban padre, hijo y espíritu santo. Comían galletitas y tomaban vino o zumo de uva, creyendo que ingerían el cuerpo y la sangre del hijo del dios. Si su fe era lo suficientemente intensa, vivirían para siempre después de morir».

Los libros de texto nunca describen así el cristianismo. Es ofensivo. Los creyentes no tardarían en aducir que ese retrato no trasmite ni el significado simbólico ni la satisfacción espiritual de la comunión.

Los manuales podrían presentar las religiones amerindias desde una perspectiva que se las tomara en serio, considerándolas sistemas de creencias atractivos y convincentes.[64] El antropólogo Frederick Turner ha señalado que cuando los blancos subrayan que para los indios todos los animales o piedras tienen un espíritu están admitiendo implícitamente que ellos han perdido su relación espiritual profunda con la tierra. Los americanos nativos forman «parte del conjunto del universo vivo», escribió Turner; «solo hay salud espiritual si se acepta esta condición y si se intenta vivir de acuerdo con ella». Turner postula que esta perspectiva vital es más saludable que las alternativas europeas: «Nuestra concepción de la creación está espantosamente muerta. Nosotros somos las únicas cosas del universo a las que concedemos una verdadera vitalidad, razón por la cual no estamos realmente vivos».[65] Así es como Turner demuestra que para tomarnos en serio las religiones amerindias quizá tuviéramos que reexaminar la tradición judeocristiana. Ningún libro de texto llegaría a proponer algo tan polémico.

Los libros de texto tampoco dan a los lectores ninguna pista sobre cómo eran las zonas de contacto para los nativos. Insisten

---

[64] Eso es lo que hace el escritor amerindio Vine Deloria en *God Is Red*, Golden, CO, North American Press, 1992 [1973].

[65] En Calvin Martin, ed., *The American Indian and the Problem of History*, Nueva York, Oxford University Press, 1987, p. 21.

en figuras indias como Squanto y Pocahontas, que se pusieron de parte de los invasores. E invierten los términos, presentando a los invasores blancos como «pobladores» y mostrando a menudo a los pobladores indígenas como agresores. «El Departamento de Interior de los Estados Unidos había intentado dar a cada tribu tierras y dinero», afirma *The American Way* al describir la política estadounidense, que consistía en obligar a las tribus a ceder gran parte de sus tierras para después confinarlas en reservas. Según *American Way*, a los blancos los desconcertaba la ingratitud que mostraban los indios cuando les «ofrecían» esta tierra: «Los americanos blancos no podían entender a los indios. Para ellos, poseer tierras era un sueño hecho realidad». Sin embargo, los blancos de la época no se quedaron muy desconcertados. Hasta el general Philip Sheridan —tristemente famoso por haber dicho que «el único indio bueno es el indio muerto»— lo comprendió. «Les arrebatamos su país y sus medios de sustento y por eso y contra eso hicieron la guerra», escribió. «¿Cabía esperar algo menos?».[66] Los libros de texto han puesto la historia patas arriba.

Vamos a intentar ponerla en pie. «Después de la guerra de King Philip, el conflicto se perpetuó en la frontera de Nueva Inglaterra. En Vermont los pobladores temían que los salvajes les arrancaran la cabellera». Esta descripción es exacta, pero siempre que el lector comprenda que los pobladores eran americanos nativos y los que arrancaban cabelleras, blancos. Ni siquiera los mejores manuales de historia de los Estados Unidos llegan a mostrar qué acciones de los blancos tenían que soportar los americanos nativos que vivían en las fronteras de las zonas controladas por europeos. La situación era tan mala y los indios tenían tan pocos derechos que en 1788 los catawba de Carolina del Norte «huyeron en todas direcciones» cuando un blanco solitario irrumpió inopinadamente en su aldea. ¡Y los catawba eran una tribu amiga![67]

---

[66] Citado en Lee Clark Mitchell, *Witnesses to a Vanishing America*, Princeton, NJ, Princeton University Press, 1981, p. 260. Véase también Richard Drinnon, *Facing West*, Minneapolis, University of Minnesota Press, 1980, p. 539.

[67] James Merrell, *The Indians' New World*, Chapel Hill, University of North Carolina Press, 1989, pp. 193-195.

Matanza cometida por los indios en Wilkes-Barre muestra un tema habitual en las litografías del siglo XIX: unos indios que vulneran la inviolabilidad del hogar de los colonos blancos. En realidad, los blancos estaban invadiendo las tierras indias y con frecuencia sus casas, pero el tópico sigue estando en imágenes como esta, contrarias a la realidad.

Desde la otra costa procede una historia que podría ayudarnos a comprender esa dispersión: «Un viejo poblador blanco le contó a su hijo, que estaba escribiendo sobre su vida en la frontera de Oregón, un incidente que recordaba de los tiempos de los vaqueros y los indios. Unos vaqueros se presentaron ante las familias indias cuando sus hombres no estaban presentes. Como era habitual, los vaqueros dieron caza a las indias, con la intención de violarlas. Sin embargo, una mujer se puso arena en la vagina para desbaratar los planes de sus perseguidores».[68] Ese acto de resistencia fue lo que hizo memorable un episodio que, por otra parte, era absolutamente habitual. Ese carácter habitual es precisamente lo que nuestros libros de texto no contemplan. No cuestionan el

[68] Drinnon, *Facing West*, pp. XVII-XIX. En su conocida novela *Rabbit Boss*, Nueva York, Vintage, 1989 [1973], que habla de los indios washo en la California del siglo XIX y comienzos del XX, Thomas Sánchez ofrece un gráfico retrato de lo que le ocurre a un pueblo que carece de igualdad de derechos ante la ley.

típico retrato que ofrecía Laura Ingalls Wilder, con pacíficos colonos blancos que de vez en cuando sufren brutales ataques indios. Si lo cuestionaran, podríamos entender que muchas tribus recurrieran a la guerra, incluso después de 1815, cuando estaba claro que la resistencia era inútil.

Nuestra historia está llena de guerras con naciones indias. «Durante casi doscientos años», apunta David Horowitz, «un estado de guerra casi permanente asoló el continente americano; ninguna otra nación iba a volver a enfrentarse a un conflicto tan amenazador como ese». Durante la administración de George Washington, la guerra con los indios absorbió el 80 por ciento del presupuesto federal y persiguió a sus sucesores durante un siglo, convirtiéndose en un gran problema y en un gran gasto. Sin embargo, la mayoría de los doce primeros libros que revisé prácticamente no mencionaba el asunto. *The American Pageant* sigue proporcionando un cuadro de «Coste total y número de muertos en combate en las principales guerras de los Estados Unidos» que omite por completo las guerras con los indios. *Pageant* incluye la guerra Hispano-estadounidense [la guerra de Cuba de 1898], a la que atribuye 385 muertos en combate, pero no contempla la de Ohio de 1790-1795, que, en una sola batalla, la del río Wabash, ocasionó 630 muertos y desaparecidos a las tropas de los Estados Unidos.[69]

Por lo menos los libros de texto actuales, al contrario que la mayoría de los escritos antes del movimiento por los derechos civiles, ya no atribuyen toda la violencia a los indios. Antes los historiadores decían: «La guerra civilizada es la que nosotros libramos contra *ellos*, en tanto que la guerra salvaje es la guerra atroz que ellos libran contra nosotros».[70] En ninguno de los dieciocho libros que he examinado aparecen los nativos como salvajes. Los autores de los volúmenes más recientes tienen cuidado de admitir la

[69] David Horowitz, *The First Frontier*, Nueva York, Simon & Schuster, 1978, p. 14; Stephen Aron, Lessons in Conquest, Princeton, NJ, Princeton University, 1993, texto mecanografiado, p. 15; Wiley Sword, *President Washington's Indian War*, Norman, University of Oklahoma Press, 1985, pp. 191-197. Una excepción es *Land of Promise*, que, con un subapartado titulado «150 años de guerra», proporciona una relato competente del conjunto de las guerras con los indios y especialmente de la de King Philip.

[70] Jennings, *The Invasion of America*, p. 146.

brutalidad de ambos bandos. Algunos mencionan la matanza de amerindios indefensos en Sand Creek y Wounded Knee. Como gran parte de nuestro «conocimiento» sobre los americanos nativos, el estereotipo del «salvaje» no solo procedía de los antiguos libros de texto, sino de la cultura popular, sobre todo de películas y novelas del Oeste, como la conocida serie *Wagons West*, de Dana Fuller Ross. Estos libros de bolsillo, de los que se han vendido cientos de miles de ejemplares, afirman abiertamente que «se han seguido fielmente los perfiles históricos generales». Las cubiertas de las novelas, tituladas con nombres de estados de los Estados Unidos, advierten de que «amenazadoras pandillas de indios están diseminando el asesinato y el caos entre aterrorizados colonos».[71] En el Oeste hollywoodiense, las caravanas de carros siempre eran rodeadas por hordas de indios salvajes. A caballo, los americanos nativos describían círculos en torno a los «pobladores», mientras John Wayne los iba abatiendo cuando se subían a las ruedas de los carros o en cajas. Esa desafortunada imagen de los indios describiendo círculos la tomó Hollywood del Espectáculo del Oeste de Buffalo Bill Cody, en el que tenían que cabalgar en círculo, mostrando un flanco lateral, ¡porque estaban en la tienda de un circo!

En el Oeste verdadero, de 250 000 blancos y negros que viajaron por las grandes praderas entre 1840 y 1860, solo murieron 362 pioneros (y 426 indios) en todas las batallas de las que hay constancia entre ambos grupos. Mucho más habitual era que los amerindios orientaran a los pobladores, les enseñaran dónde había pozos, les vendieran comida y caballos, les compraran ropa y armas de fuego y les sirvieran de guías e intérpretes.[72] Esas actividades no suelen aparecer en las películas o las novelas, y tampoco en nuestros libros de texto. Al aspirar la desinformación de la cultura popular, los estudiantes no tienen ni idea de que, para los indios, la forma de hacer la guerra de los europeos era mucho más salvaje que la suya.

---

[71] Tomado de la camisa interior de *Missouri!*, Nueva York, Bantam, 1984. Ross era el seudónimo de Noel B. Gerson, autor de un total de 325 libros.

[72] Joe Feagin, *Racial and Ethnic Relations*, Englewood Cliffs, NJ, Prentice-Hall, 1984, p. 181. John D. Unruh, *The Plains Indians*, Urbana, University of Illinois Press, 1979.

La mayoría de los manuales nuevos sí habla de la primera guerra india registrada en Nueva Inglaterra, la de los Pequot, de 1636-1637, que proporciona un estudio de caso sobre la intensa forma de combate que los europeos trajeron a América. Aliados con los narragansett, enemigos tradicionales de los pequot, los colonos atacaron al amanecer. Después de rodear la aldea pequot, habitada principalmente por mujeres, niños y viejos, los ingleses le prendieron fuego y dispararon contra los que intentaban escapar de las llamas. William Bradford describió la escena: «Era espantoso verlos achicharrados por el fuego y los chorros de sangre sofocándolo, y horrible el hedor y el olor que desprendían, pero la victoria pareció un dulce sacrificio y dieron gracias a Dios, que tan maravillosamente había obrado con ellos».[73] La matanza conmocionó a los narragansett, que solo pretendían someter a los pequot, no exterminarlos. Los primeros reprocharon a los ingleses su forma de hacer la guerra, «es un ultraje, es un ultraje, porque es demasiado feroz y da muerte a demasiados hombres». Por su parte, el capitán John Underhill se mofó de los narragansett, diciendo que combatían más «para pasar el rato que para conquistar y someter a los enemigos». El análisis que hacía Underhill de la función que tenía la guerra en la sociedad de los narragansett era certero y podría aplicarse perfectamente a otras tribus. A lo largo de los siglos, los blancos acusaron con frecuencia a sus aliados indios de no combatir con suficiente empeño. Los puritanos, que intentaron borrar a los pequot hasta de la memoria, aprobaron una ley que convertía en delito la sola mención de su nombre. La conclusión de Bradford era orgullosa: «Los demás están diseminados y los indios de aquí o allá están tan aterrados que temen darles refugio».[74] Ninguna de esas citas entró en nuestros libros de texto

---

[73] Citado en Kupperman, *Settling with the Indians*, p. 185. Véase también Jennings, *The Invasion of America*, p. 220.

[74] Bradford, *Of Plimoth Plantation*, edición de Valerian Paget, Nueva York, McBride, 1909, pp. 284-287. Underhill citado en Jennings, *The Invasion of America*, p. 223, y Segal y Stineback, *Puritans, Indians, and Manifest Destiny*, p. 106. Los indios se adaptaron rápidamente a las técnicas bélicas europeas, acentuando en la misma medida sus niveles de violencia. Los pequot no fueron destruidos por completo: quedan unos pocos en una diminuta reserva —y cerca de ella— de pocas hectáreas de extensión de Connecticut, donde poseen un enorme casino.

más antiguos, que, en promedio, solo dedicaban una frase y cuarto a esta guerra. Aunque ningún libro cita literalmente a Bradford —¡no suelen citar literalmente a nadie!—, sí relatan cómo los colonos ingleses destruyeron a los pequot. En consecuencia, quizá los futuros estudiantes universitarios, al contrario que los míos, ya no mencionen el adjetivo *salvaje* cuando les pregunten cinco calificativos para referirse a los indios.

Los libros de texto actuales también prestan una atención considerable a la que quizá fuera la más violenta de las guerras libradas con los indios, la de King Philip. Comenzó en 1675, cuando los blancos de Nueva Inglaterra ejecutaron a tres indios wampanoag y esta tribu los atacó. Una de las razones de que acabara la paz fue que el comercio de pieles, que había relacionado económicamente a nativos y europeos, estaba perdiendo importancia en Massachusetts.[75] Al citar al líder indio Miantonomo, *Pathways to the Present* ofrece a los alumnos la versión indígena del conflicto:

> Nuestros padres tuvieron muchos ciervos y pieles, nuestras praderas estaban llenas de ciervos y también nuestros bosques, y de pavos, y nuestras bahías y refugios llenos de peces y aves de corral. Pero estos ingleses se han apropiado de nuestra tierra, con guadañas han segado la hierba y con hachas han derribado los árboles; sus vacas y caballos se comen la hierba, y sus puercos destruyen nuestros bancos de almejas y todos moriremos de hambre.

The Americans también cita a Miantonomo y otros libros recientes explican de manera bastante aceptable la guerra de King Philip, y esto es importante, porque no fue una guerra cualquiera. Según Nash, «de unos 90 pueblos puritanos, 52 habían sido atacados y destruidos». Y añade: «Al final de la guerra varios miles de ingleses y quizá el doble de indios yacían muertos».[76] En términos absolutos, la guerra de King Philip costó más vidas de americanos

---

[75] Peter A. Thomas, «Cultural Change on the Southern New England Frontier, 1630-1655», en Fitzhugh, ed., *Cultures in Contact*, p. 155.

[76] Nash, *Red, White, and Black*, p. 126. Pero véanse las cifras más reducidas de Jennings, *The Invasion of America*, p. 324.

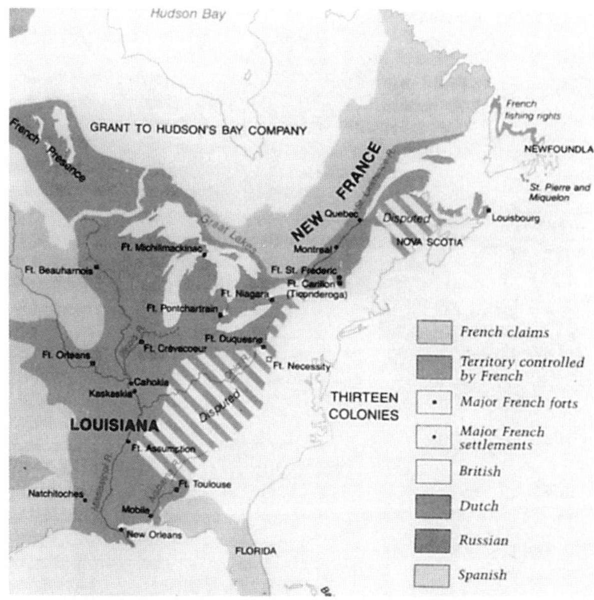

La mayoría de los mapas de libros de textos, como el que aparece arriba, muestran el «territorio francés», el «territorio británico», el «territorio español» y, en ocasiones, el «territorio en disputa», pero no aluden en absoluto a los indios. En los que sí incluyen a las naciones indias, como el de la página siguiente, tomado de D. W. Meinig, *The Shaping of America*, New Haven, Yale University Press, 1986, 1, p. 209, queda patente la función de los indios como barrera entre las potencias coloniales.

Hudson Bay	Bahía de Hudson	Trece Colonias	Trece Colonias
Grant to Hudson's Bay Company	Cesión a la Compañía de la Bahía de Hudson	New Orleans	Nueva Orleans
French fishing rights	Derechos pesqueros de Francia	French claims	Territorios reclamados por los franceses
Newfoundland	Terranova	Territory controlled by French	Territorios controlados por los franceses
French Presence	Presencia francesa	Major French forts	Principales fuertes franceses
New France	Nueva Francia	Major French settlements	Principales asentamientos franceses
Disputed	En disputa	British	Británicos
Nova Scotia	Nueva Escocia	Dutch	Holandeses
Louisiana	Luisiana	Russian	Rusos
Disputed	En disputa	Spanish	Españoles

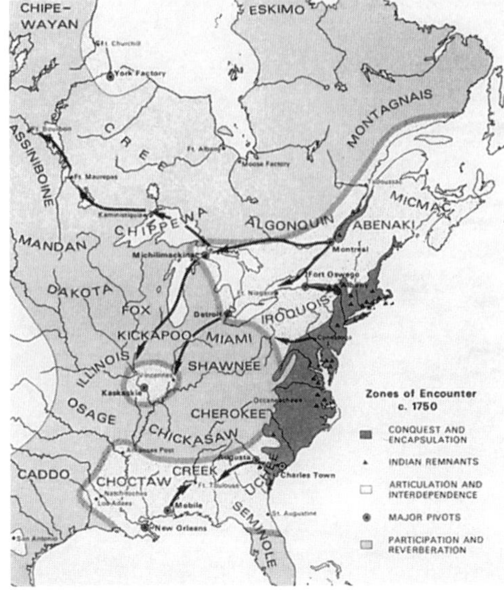

Eskimo	Esquimales
Algonquin	Algonquines
Iroquois	Iroqueses
Seminole	Seminolas
New Orleans	Nueva Orleans
Zones of Encounter, c. 1750	Zonas de encuentro, c. 1750
Conquest and encapsulation	Conquista y embolsamiento
Indian remnants	Vestigios indios
Articulation and interdependence	Articulación e interdependencia
Major pivots	Ejes principales
Participation and reverberation	Participación y difusión

—ingleses y nativos— que la Franco-india, la Revolución, la guerra de 1812, la guerra con México o la Hispano-estadounidense. En relación con la población, las bajas fueron mayores que en ninguna otra guerra de los Estados Unidos.[77]

La guerra con los indios americanos se inició en 1598 en Nuevo México, cuando los habitantes del pueblo de Acoma mataron a trece conquistadores españoles que intentaban tomar la localidad.[78] Se extendió al sureste, donde «a causa de la fiereza e implacable resistencia india, los españoles no lograron colonizar Florida durante más de cien años».[79] Dejando a un lado pequeñas

[77] Para poder afirmar esto, incluyo las vidas perdidas en ambos bandos, ya que los wampanoag y los narragansett son ahora ciudadanos de los Estados Unidos. Con todo, si solo incluimos las muertes de colonos, la guerra de King Philip fue más letal que la Franco-india, la de 1812 o la Hispano-estadounidense. Véase también Stephen Saunders Webb, tal como lo parafrasea Pauline Maier, «Second Thoughts on Our First Century», *New York Times Book Review*, 07/08/1985.

[78] Weatherford, *Indian Givers*, p. 225.

[79] Jan Carew, *Fulcrums of Change*, Trenton, NJ, Africa World Press, 1988, p. 55. Carolyn Stefanco-Schill, «Guale Indian Revolt», *Southern Exposure*, 12, nº 6, 11/1984, pp. 4-9.

escaramuzas, las guerras terminaron en 1890 con la matanza de Wounded Knee. Es imposible que nuestras historias describan cada una de las guerras, porque fueron muchas. Pero precisamente por su abundancia, minimizar las que nos enfrentaron a los indios supone una tergiversación de nuestra historia.

También debemos admitir que algunas de nuestras otras guerras no tuvieron que ver con los indios. Entre 1600 y 1754 Europa estuvo con frecuencia en guerra y participó incluso en tres conflictos mundiales: la guerra de la Liga de Augsburgo (1689-1697), conocida en los Estados Unidos como guerra del Rey Guillermo; la guerra de Sucesión Española (1702-1713), conocida aquí como de la Reina Ana; y la guerra de Sucesión Austriaca (1744-1748), conocida en los Estados Unidos como guerra del Rey Jorge. En Norteamérica las principales potencias europeas, Inglaterra, Francia y España, separadas entre sí por territorios indios, se enfrentaron principalmente a través de aliados indígenas. Sin saberlo, los americanos nativos regalaron a las colonias una paz relativa al absorber el impacto de los combates.

En Norteamérica se libró otra guerra mundial, la de los Siete Años (1754-1763), llamada en los Estados Unidos guerra Francoindia, que en ambos bandos libraron también principalmente americanos nativos. Estos no solo lucharon en la Revolución americana, sino que fueron su primera causa, porque la Proclamación de 1763, que apaciguó a las naciones indias al prohibir a las colonias que hicieran concesiones territoriales más allá de la línea de los Apalaches, enfureció a muchos colonos. Consideraban que estaban sufragando un ejército británico que no hacía más que entorpecerles la toma de territorios indios en la frontera occidental. No obstante, una vez iniciadas las hostilidades con los británicos, las jóvenes Colonias Unidas se mostraron inicialmente más preocupadas por sus relaciones con las naciones indias que con Europa, así que primero enviaron a Benjamin Franklin a hablar con los iroqueses y después a Francia.[80] Los indios también fueron muy importantes en la guerra de 1812 y participaron

---

[80] Dorothy V. Jones, *License for Empire*, Chicago, University of Chicago Press, 1982, p. 125.

Arriba se ve una de las muchas litografías antiguas en las que aparecen indios norteamericanos atacando a Braddock. Para algunos libros de texto actuales, los indios son invisibles. Abajo figura la ilustración que muestra la edición de 2007 de *The Americans*, titulada «El general británico Edward Braddock se topa con la derrota y la muerte cerca de Fort Duquesne en 1755». A juzgar por esta imagen, nadie podría pensar que los nativos hubieran tenido algo que ver con su derrota.

igualmente en la guerra con México y la Guerra Civil.[81] En todas esas guerras, los indios lucharon principalmente contra otros indios. Y, en todas ellas, la mayoría se alineó contra las colonias, más tarde los Estados Unidos, percibiendo con razón que, por razones geopolíticas, era más probable que los enemigos de Estados Unidos respetaran sus derechos humanos y les permitieran conservar su tierra.

Hay libros de texto que, incluso al describir la guerra Franco-india, ¡dejan fuera a los indios! Una de las peores humillaciones que los amerindios infligieron a las fuerzas blancas fue la aplastante derrota que sufrió el general Braddock en 1755 en Pensilvania. Braddock tenía 1460 hombres, entre ellos ocho exploradores indios y un destacamento de milicianos de Virginia al mando de George Washington. Frente a ellos estaban entre 600 y 1000 indios, y 290 soldados franceses, pero, a juzgar por lo que se lee en *The American Tradition*, nadie podría pensar que allí hubiera habido indios:

> El 9 de julio, cuando se acercaban al fuerte, los franceses lanzaron una emboscada, las fuerzas de Braddock se vieron rodeadas y derrotadas. Los soldados británicos, con casacas rojas, no acostumbrados a luchar en territorio salvaje [sic], sufrieron más de 900 bajas. Braddock, herido de muerte, murmuró: «Esto nos enseñará cómo tratarlos la próxima vez».

De este modo, *Tradition* hace incomprensibles las últimas palabras de Braddock, porque ese *tratarlos* no se refiere a los franceses, sino a los indios. Durante nuestra Revolución, gran parte de la Confederación Iroquesa se alió con los británicos y atacó a los americanos blancos en Nueva York y el norte de Pensilvania. En 1778 Estados Unidos sufrió una gran derrota cuando varios cientos de indios tories y senecas aplastaron a 400 milicianos y regulares en Forty Fort, Pensilvania, dejando 340 muertos. Después de la Revolución, Gran Bretaña se dio por vencida, pero sus aliados

---

[81] La novela *Okla Hannali*, de R. A. Lafferty (Garden City, NY, Doubleday, 1972, pp. 136-142 y 186-189), habla de la Guerra Civil dentro del Territorio Indio.

indios no. Nuestra insistencia en tratar a los indios como si los hubiéramos derrotado condujo a la guerra de Ohio de 1790-1795 y posteriormente a la de 1812.

El origen incesante de las disputas era la tierra. Para explicar este permanente conflicto, la mitad de los libros de texto que he examinado, entre ellos varios actuales, recurren al tópico de que los amerindios tenían una concepción premoderna de la propiedad de la tierra. Cuando los estudiantes aprenden en *American Journey*, por ejemplo, que los holandeses «le compraron Manhattan al pueblo manhate por una pequeña cantidad de abalorios y otros productos», cabe suponer que deben sonreír con indulgencia. ¡Vaya ganga! ¡Qué insensatos eran esos indios al no reconocer el potencial de la isla! Ningún libro señala que los holandeses pagaron por Manhattan *a la tribu equivocada*. No cabe duda de que los canarsi, originarios de Brooklyn, se quedaron encantados con un trato que, que conste, probablemente nada tuviera que ver con abalorios, sino con más de 2400 dólares actuales en calderos de metal, cuchillos y hachas de acero, armas de fuego y mantas. Menos les gustó el trato a los weckquaesgeek, que vivían en Manhattan y eran realmente sus propietarios. Durante años, siguieron guerreando esporádicamente con los holandeses. Quizá la calle más famosa de los Estados Unidos, Wall Street, deba su nombre al muro que los holandeses levantaron para proteger Nueva Ámsterdam de los weckquaesgeek, lo cual demuestra que en realidad los holandeses no pensaban que habían comprado la isla a sus verdaderos propietarios. Pero nuestros libros de historia no incluyen esa parte del relato. Puede que los autores de uno de los manuales, *American Pageant*, sepan realmente que los holandeses no pagaron a la tribu que debían. Sin embargo, tal como redactan la frase —los holandeses compraron «la isla de Manhattan a los indios (que en realidad no la "poseían") prácticamente por unas baratijas»—, vuelven a invitar a los lectores a deducir que los americanos nativos no creían en la propiedad de la tierra y que no podían negociar con inteligencia.[82]

---

[82] Irving Wallace, David Wallechinsky y Amy Wallace, *Significa*, Nueva York, Dutton, 1983, p. 326. Cf. James W. Loewen, *Lies Across America*, Nueva York, New Press, 1999, pp. 385-389.

Los europeos siempre estaban pagando a la tribu que no debían o a una pequeña parte de una tribu más grande. Lo más habitual es que ni siquiera les importara: se limitaban a buscar justificaciones para sus robos. Puede que esas fraudulentas transacciones les acabaran incluso beneficiando, porque con frecuencia terminan enfrentando a las tribus o facciones. La principal compra a la tribu equivocada tuvo lugar en 1803. Todos los libros de texto relatan que Jefferson «duplicó el tamaño de los Estados Unidos comprándole a Francia la Luisiana». Ni uno solo menciona que Francia no tenía derecho a venderla, ya que era territorio indio. Los franceses no consultaron a los propietarios indígenas antes de vender; la mayoría de los americanos nativos ni siquiera llegó a tener conocimiento de la venta. En realidad, Francia no vendió la Luisiana por 15 millones de dólares, sino que se limitó a vender *el derecho que se arrogaba sobre ella*. Durante todo el siglo XIX, los Estados Unidos siguieron pagando a las tribus amerindias por la Luisiana. También luchábamos con los indios por ella: en el período 1819-1890, el *Army Almanac* [Almanaque del Ejército] mencionaba más de cincuenta guerras con los indios relacionadas con la compra de la Luisiana. Es eurocéntrico considerar, como hacen todos nuestros libros de texto, que la vendedora era Francia. Igualmente eurocéntricos son los mapas que los manuales utilizan para describir la expedición de Lewis y Clark. Hasta los más recientes mantienen la pueril costumbre de calificar enormes territorios de «españoles», «británicos» y «franceses», haciendo invisibles a los indios y dando a entender que los Estados Unidos compraron tierras vacías a los franceses. Aunque los indios mandan recibieron a la expedición durante el invierno de 1804-1805 y los clatsop hicieron lo propio al invierno siguiente, ni siquiera esas tribus aparecen. Se diría que Lewis y Clark lo hicieron todo solos.

Algunos libros de texto recientes siguen censurando a los nativos por no comprender que cuando vendían su tierra no solo trasferían los derechos agrícolas, sino el derecho a cazar, pescar y a pura y simplemente divertirse en esos territorios. En palabras de *The Americans*, «para los americanos nativos, nadie poseía la tierra: todo el mundo podía utilizarla». ¡Qué tontería! Los amerindios y los europeos tenían más o menos la misma concepción de la propiedad de la tierra, aunque los indios no pensaban que fueran *los individuos,* sino aldeas enteras, quienes podían comprar o vender. Los autores no parecen conscientes de que la mayoría de las ventas de tierra anteriores al siglo XX, entre ellas las que se realizaron entre blancos, transferían principalmente los derechos de cultivo, explotación ganadera o minera, y cualquier uso que conllevara el desarrollo de la tierra, no el de impedir el paso por la misma. Se consideraba que las tierras privadas incultas eran públicas y que cualquiera podía entrar en ellas, siempre que se comportara adecuadamente.[83] Por otra parte, los negociadores de las tribus solían asegurarse de que los contratos y tratados reservaran expresamente derechos de caza, pesca, recolección y desplazamiento a los americanos nativos.[84]

La mayoría de los libros de texto sí afirma que el conflicto por la tierra fue la causa esencial de nuestras guerras con los indios. *Pathways to the Present*, por ejemplo, comienza su análisis de la guerra de 1812 relatando cómo se reunió Tecumseh con el gobernador William Henry Harrison, del Territorio de Indiana, para quejarse de que los blancos estaban invadiendo tierras indias. Otros manuales recientes también recalcan que el conflicto con los indios, que se consideraban respaldados por los británicos, era la razón principal de las disputas. A lo largo de la línea de demarcación, desde Vermont al Piedmont de Georgia, los americanos blancos querían forzar sus límites para adentrarse aún más en territorio indio con sus asentamientos. Esta incorporación supone una mejora considerable: los libros de texto anteriores se limitaban a repetir el pretexto ofrecido por la administración de Madison —la negativa británica a mostrar el debido respeto a los buques y marineros americanos—, aunque no tuviera

[83] Todavía en la actualidad sigue siendo así: se considera que la gente tiene derecho a cazar, pescar y caminar por terrenos rurales privados a menos que se indique lo contrario, y las indicaciones son algo relativamente reciente.

[84] Carleton Beals, *American Earth*, Filadelfia, Lippincott, 1939, pp. 327-330; Steven Hahn, «Hunting, Fishing, and Foraging», *Radical History Review*, 26, 1982, pp. 37-64; Peter A. Thomas, «Cultural Change on the Southern New England Frontier, 1630-1655», en Fitzhugh, ed., *Cultures in Contact*, p. 151.

sentido. Después de todo, las leyes marítimas británicas no ocasionaron ninguna guerra hasta que en 1810 los estados fronterizos enviaron al Congreso *halcones de guerra*: senadores y miembros de la Cámara de Representantes que prometían acciones militares para ampliar los límites de los Estados Unidos. Los blancos de la frontera querían guerra y fue a lo largo de la frontera donde, a partir de noviembre de 1811, cuando Harrison respondió a la queja de Tecumseh atacando a los shawnee y a las tribus aliadas en la batalla de Tippecanoe, se libraron la mayoría de las guerras. Los Estados Unidos libraron cinco de las siete grandes batallas terrestres de la guerra de 1812 principalmente contra los indios.[85]

A excepción de dos libros de texto, a todos se les escapa el resultado principal de la guerra. ¡Algunos autores llegan a señalar que el principal fue el himno «Bandera tachonada de estrellas»! Otros afirman que fomentó «el orgullo de pertenecer a la nación» o que «ayudó a los americanos a ganarse el respeto de Europa». *The American Adventure* destaca al señalar que «los indios americanos fueron los verdaderos perdedores de la guerra». Los mismos sentimientos expresa, aunque eufemísticamente, *Triumph of the American Nation*: «Después de 1815 el pueblo americano comenzó la apasionante labor de ocupar los territorios occidentales». A todos los demás libros se les escapa el resultado principal: a cambio de que dejáramos en paz a Canadá, Gran Bretaña renunció a sus alianzas con las naciones indias dentro de lo que serían después los Estados Unidos. Sin material bélico y sin otras ayudas de los aliados europeos, las futuras guerras con los indios dejaron de ser grandes conflictos continentales para convertirse en operaciones de limpieza interna. Fue esta una consecuencia capital para las relaciones entre los nativos y los Estados Unidos durante lo que quedaba de siglo. Por tanto, después de 1815 las guerras con los indios, aunque a ambos bandos les costaran miles de vidas, nunca volverían a representar una amenaza importante

---

[85] Véase, por ejemplo, Pierre Berton, *The Invasion of Canada, 1812-1813*, Toronto, McClelland and Stewart, 1980, p. 27. Las siete batallas no incluyen la de Tippecanoe, anterior a la declaración formal de guerra contra Inglaterra.

para los Estados Unidos.[86] Aunque los americanos nativos ganaron muchas batallas en las guerras posteriores, ya no había la más mínima duda sobre quién acabaría ganando.

Otra consecuencia de la guerra de 1812 fue la pérdida de parte de nuestra historia. Como ha señalado el historiador Bruce Johansen, «estaba llegando a su fin un siglo de aprendizaje [de los indios]. Se iniciaba otro siglo y pico de olvido, de pedirle a la historia que contribuyera a racionalizar la conquista».[87] Después de 1815, los indios americanos ya no pudieron desempeñar el papel que los sociólogos atribuyen al antagonista en un conflicto —alguien al que es esencial tener en cuenta—, de manera que los americanos se olvidaron de que los nativos habían llegado a tener importancia en nuestra historia. Hasta la terminología cambió: hasta 1815 la palabra *americanos* se había usado generalmente para aludir a los indios; después de 1815 se utilizaría para designar a los americanos de origen europeo.[88]

Irónicamente, varios libros de texto que omiten la guerra de King Philip y el papel de los amerindios en la de 1812 se centran en guerras menores de las praderas como la de 1885-1886, protagonizada por los apaches de Gerónimo, en la que quizá participaran cuarenta guerreros de esa tribu.[89] Las guerras de las praderas encajan en la línea argumental, posterior a 1815, de los libros de texto, ya que enfrentaron a colonos blancos con indios seminómadas. Los de las praderas son aquellos cuya desaparición más gustan de llorar los libros de texto: los autores pueden lamentar

---

[86] El nuevo carácter de las guerras con los indios después de 1815 lo puso de manifiesto la siguiente que se registró en el noroeste, la del Halcón Negro, de 1832. Aunque estuvo a punto de destruir a las naciones sac y fox, fue insignificante si se compara con las batallas registradas en ese mismo teatro de operaciones durante la guerra de 1812. Véase también Brian Dippie, *The Vanishing American*, Middletown, CT, Wesleyan University Press, 1982, pp. 7-8.

[87] Johansen, *Forgotten Founders*, p. 118. Véase también Frances FitzGerald, *America Revised*, Nueva York, Vintage, 1980, p. 90-93.

[88] Según William Clark (famoso por la expedición junto a Lewis), antes de 1815 «las tribus más cercanas a nuestros asentamientos constituían un formidable y terrible enemigo; desde entonces su poder se ha quebrado… y ellas mismas han caído en la autoconmiseración». Citado en Dippie, *The Vanishing American*, pp. 7-9.

[89] Fergus M. Bordewich, reseña del libro de David Roberts, *Once They Moved Like the Wind*, en *Smithsonian*, 3/1994, p. 128.

su desaparición sin dejar de considerarla inevitable y, por tanto, no problemática.

Los manuales tampoco enseñan las repercusiones que las continuas guerras con los indios tuvieron para nuestra cultura. Carleton Beals ha escrito que «nuestro consentimiento a la desposesión india ha modelado el carácter estadounidense».[90] En cuanto los nativos dejaron de ser antagonistas primordiales, la imagen mental que muchos blancos tenían de ellos se deterioró. Kupperman también ha demostrado cómo se desarrolló este proceso en Virginia después de la derrota india en la década de 1640: «Lo que posibilitó que se viera a los indios como un pueblo sin derechos fue su definitiva indefensión, no su inferioridad racial».[91] Los indios que en 1610 eran «ingeniosos», «industriosos» y «de rápido aprendizaje», ahora se tornaron en «harto perezosos e indolentes, viciosos, melancólicos [y] desaliñados». Estamos ante otro ejemplo de disonancia cognitiva. Al igual que Cristóbal Colón, George Washington cambió de actitud respecto a los indios. Al principio de su vida los veía con buenos ojos, pero después de lanzarles ataques durante la Guerra Revolucionaria y la guerra de Ohio, en 1790, comenzaría a tacharlos de «animales de presa».[92]

Extraoficialmente, este proceso de racionalización se convirtió en política nacional después de la guerra de 1812. En 1845 William Gilmore Simms escribió: «Nuestros cegadores prejuicios… se han alentado, considerándolos necesarios para justificar las acciones de nuestra temeraria y despiadada mano, que ha caído [sobre los indios americanos] en sus propias casas y los ha expulsado de su tierra». En 1871 Francis A. Walker, comisionado de Asuntos Indios, consideraba que los nativos *no merecían* ser objeto de

---

[90] Carleton Beals, *American Earth*, pp. 63-64. Véase también Reginald Horsman, *Race and Manifest Destiny*, Cambridge, Harvard University Press, 1981, pp. 1, 3 y 190-195.

[91] Kupperman, *Settling with the Indians*, p. 188; y Dippie, *The Vanishing American*, pp. 7-9.

[92] Nash, *Red, White, and Black*, p. 63; Jennings, *Empire of Fortune*, p. 63; Horsman, *Race and Manifest Destiny*, pp. 32-36. Cf. Leon Festinger, *A Theory of Cognitive Dissonance*, Evanston, IL, Row, Peterson, 1957.

consideraciones morales: «Cuando se trata con hombres salvajes, al igual que cuando se trata con bestias salvajes, ninguna consideración sobre el honor nacional puede hacerse». Fuera cual fuera la alternativa por la que optaran los Estados Unidos, «solo se trata de una cuestión de conveniencia».[93] Así destruyó la disonancia cognitiva el idealismo nacional. A partir de 1815, en lugar de extender la democracia, exportamos la ideología de la supremacía blanca. Poco a poco fuimos buscando la hegemonía sobre México, Filipinas, gran parte de la cuenca del Caribe e, indirectamente, otras naciones. Aunque las europeas se decían conmocionadas por nuestras acciones en la frontera occidental, no tardaron en emularnos. Gran Bretaña exterminó a los aborígenes de Tasmania y Alemania lanzó la guerra total contra los herero de Namibia. La mayoría de las naciones occidentales aún no ha afrontado esta historia. Irónicamente, Adolf Hitler parecía saber más sobre cómo tratamos a los amerindios que los estudiantes de secundaria estadounidenses de hoy, que se fían de sus libros de texto. Hitler admiraba los campos de concentración para indios que instalamos en el Oeste y, según su biógrafo John Toland, «elogiaba con frecuencia ante sus allegados la eficacia del exterminio estadounidense: mediante el hambre y el combate desigual», viendo en él un modelo para su propio exterminio de judíos y gitanos (romaníes).[94]

¿Acaso había alternativas a este belicismo? Por supuesto que sí. De hecho, Francia, Rusia y España optaron por otras alternativas en América. No obstante, como en gran medida las alternativas a la guerra son caminos no transitados en los Estados Unidos, para los historiadores son temas delicados. Como señaló Edward Carr, «La historia, mayormente, registra lo que la gente hace, no lo que no hace».[95] Por otra parte, hacer que el presente parezca

---

[93] William Gilmore Simms, citado en Mitchell, *Witnesses to a Vanishing America*, p. 255. Véase también Vogel, ed., *This Country Was Ours*, p. 286. Francis A. Walker, mensaje a su departamento, 1871.

[94] John Toland, *Adolf Hitler*, Garden City, NY, Doubleday, 1976, p. 702 [ed. cast.: *Adolf Hitler: una biografía narrativa*, Barcelona, Ediciones B, 2009].

[95] Edward H. Carr, *What Is History?*, Nueva York, Random House, 1961, p. 167 [ed. cast.: *¿Qué es la historia?*, Barcelona, Ariel, 1983].

inevitable priva a la historia de toda su vitalidad y de gran parte de su significado. La historia depende de las acciones humanas. «El deber del historiador», según nos recuerda Gordon Craig, «es devolver al pasado las opciones que en su día tuvo». Craig también ha señalado que esta es una forma apropiada de enseñar historia y de hacerla memorable.[96] Los americanos blancos eligieron entre alternativas reales y con frecuencia estuvieron divididos. En diversos momentos de nuestra historia, nuestras políticas antiindias pudieron tomar otra dirección. Por ejemplo, una de las razones de que la guerra de 1812 fuera tan impopular en Nueva Inglaterra fue que sus habitantes la atribuían al intento descarado de los propietarios de esclavos por apropiarse de tierra india.

Quizá la coexistencia pacífica entre americanos blancos y nativos se presente como la alternativa más evidente, ¿pero era realmente posible? Al tratar esta cuestión, debemos tener cuidado de no comparar una estática cultura india con la cambiante cultura moderna. Ya hemos observado que en determinadas culturas indias se produjeron cambios rápidos como el abandono de la agricultura y la ganadería para responder a las acciones militares europeas, el florecimiento del multilingüismo, el desarrollo de jerarquías más formales o toda la cultura de los indios de las praderas. No cabe duda de que esos cambios habrían seguido produciéndose. En consecuencia, no estamos hablando de cazadores de arco y flecha que vivieran junto a informatizados urbanitas.

Debemos tener en cuenta que los miles de americanos blancos y negros que se unieron a las sociedades amerindias debían de creer que la coexistencia era posible. Sin embargo, desde el principio la conducta de los blancos obstaculizó la coexistencia pacífica. En última instancia, después de mil pequeñas invasiones, a los indios americanos les resultó imposible cultivar y criar ganado junto a los blancos. En torno a Plymouth, los indios arrendaron sus pastos, pero conservaron las tierras de cultivo. Demasiado tarde comprendieron que esto no impedía que los colonos dejaran suelto al ganado para que arruinara sus sembrados. Cuando los

---

[96] Gordon Craig, «History as a Humanistic Discipline», en Paul Gagnon, ed., *Historical Literacy*, Nueva York, Macmillan, 1989, p. 134.

americanos nativos protestaban, solían descubrir que los tribunales coloniales no tenían en cuenta su testimonio. Sin embargo, «el indio que se atrevía a matar a los animales de un inglés que anduvieran sueltos por su terreno era inmediatamente trasladado a un tribunal hostil».[97] El precedente establecido en la costa atlántica —en el sentido de que los amerindios no eran ciudadanos del Estado europeo y carecían de derechos legales— impidió la coexistencia pacífica entre blancos e indios durante todo el período colonial y posteriormente en los Estados Unidos. Incluso en Territorio Indio, supuestamente bajo control nativo, tanto si los indios eran acusados de cometer delitos que atentaran contra las tierras de los blancos como en caso contrario, el juicio debía celebrarse en un tribunal blanco de Misuri o Kansas, situado a muchos kilómetros de distancia.[98]

Como muchos blancos tenían intereses materiales en desposeer a los indios americanos de sus tierras y como las poblaciones europea y africana no dejaban de crecer, en tanto que las plagas continuaban reduciendo la población indígena, estaba claro que los Estados Unidos iban a imponerse. En este sentido, la guerra no hizo más que posponer lo inevitable. Otra alternativa a la guerra habría sido el compromiso expreso de respetar la armonía racial: unos Estados Unidos predominantemente europeos, pero no racistas, que no diferenciaran, por motivos raciales, entre indios y no indios.[99] La historia de los Estados Unidos proporciona varios ejemplos de enclaves relativamente carentes de racismo. Los sociólogos los llaman *islas trirraciales,* porque podría decirse que su patrimonio es blanco, negro y rojo. Durante siglos esas comunidades, con la intención primordial de que las dejaran en paz, ocuparon pantanos y tierras indeseables. El héroe de la Guerra Revolucionaria Crispus Attucks, un esclavo cimarrón de origen wampanoag, europeo y africano, perteneció a un enclave de

---

[97] Jennings, *The Invasion of America*, p. 144.

[98] Ronald Satz, *American Indian Policy in the Jacksonian Era*, Lincoln, University of Nebraska Press, 1975, p. 143.

[99] Parece que en 1573 Francis Drake tuvo en mente algo parecido para la Norteamérica británica, pero sus planes nunca llegaron a buen puerto. Véase Sanders, *Lost Tribes and Promised Lands*, pp. 218-219.

ese tipo. Los indios lumbi de Carolina del Norte son el grupo trirracial más numeroso. Entre las demás islas trirraciales figuran los wampanoag de Massachusetts, los semínolas de Florida y pequeños grupos diseminados desde Luisiana hasta Maine.[100]

Es probable que el primer asentamiento inglés de Norteamérica, la isla de Roanoke, de 1585, no desapareciera, sino que fuera absorbido por los indios vecinos, los croatoan, y que, en palabras del historiador J. F. Fausz, «constituyera así una armoniosa sociedad birracial que siempre escapó a los hacendados coloniales». Puede que al final ingleses y croatoan entraran a formar parte de los lumbi. No obstante, los ingleses nunca supieron qué fue de la «colonia perdida». Frederick Turner ha sugerido que quizá no quisieran pensar que los suyos hubieran podido sobrevivir fusionándose con americanos nativos. Más bien, según nos dice Fausz, «los relatos sobre la "colonia perdida" se convirtieron en el símbolo del carácter traicionero de los hostiles indios, sirviendo, al igual que la "sangrienta camisa" del mito poético, para justificar años después las agresiones contra los powhatan». En líneas generales, las islas trirraciales solo han despertado el desprecio de sus vecinos blancos, razón por la cual han optado por aislarse en zonas rurales. Nuestros libros de texto también las aíslan: ninguno menciona ni el concepto ni a sus gentes.[101]

Para nativos, europeos y africanos, otra de las posibilidades era el matrimonio mixto. Es habitual que dos sociedades que tienen

---

[100] Con el paso del tiempo, los lumbi y los semínolas se volvieron más racistas. Los primeros dejaron fuera de sus escuelas a un grupo vecino «más negro», en tanto que los segundos eliminaron a los «semínolas negros» de su presentación sobre la historia de la tribu en el Museo Nacional del Indio Americano.

[101] J. F. Fausz, «Patterns of Anglo-Indian Aggression and Accommodation Along the Mid-Atlantic Coast, 1584-1634», en William Fitzhugh, ed., *Cultures in Contact*, Washington, D.C., Smithsonian Institution, 1985, pp. 234-235; Adolph Dial y David Eliades, *The Only Land I Know*, San Francisco, Indian Historian Press, 1975, pp. 2-13. Véase también Turner, *Beyond Geography*, pp. 241-242. *Challenge of Freedom* sí menciona la posibilidad de que los descendientes de la colonia perdida puedan encontrarse hoy en día entre los lumbi. Peter Hulme, *Colonial Encounters*, Londres, Methuen, 1986, p. 143, coincide en la probabilidad de que esa colonia se convirtiera en parte de los indios croatoan. *Holt American Nation* sí sugiere que quizá fuera absorbida por una tribu amerindia cercana, pero, aparte de eso, no alude a posibles sociedades bi o trirraciales.

que tratarse establezcan alianzas matrimoniales, y los indios de los Estados Unidos no dejaron de proponer esa práctica.[102]

Hombres españoles desposaron a mujeres indias en California y Nuevo México y les hicieron adoptar sus costumbres. Tratantes de pieles franceses se casaron con mujeres indias en Canadá e Illinois y adoptaron las costumbres indígenas. Pero los ingleses no. Podría ser útil que los libros de texto trasladaran a los estudiantes el viejo tópico de que los franceses penetraron en las sociedades indias, los españoles las cambiaron mediante la aculturación y los ingleses las expulsaron, porque proporciona un resumen en gran medida exacto de las relaciones entre europeos e indios.[103] En Nueva Inglaterra y Virginia los colonos ingleses no tardaron en prohibir los matrimonios mixtos.[104] Pocahontas destaca por su condición de primera y casi última indígena en ser aceptada, a través del matrimonio, en la sociedad británico-americana, que en consecuencia podríamos denominar «sociedad blanca». Después de ella, la mayoría de las parejas mixtas encontraron una mayor aceptación en la sociedad india. En ella sus hijos fueron con frecuencia jefes, porque su origen bicultural suponía una ventaja en el complejo mundo en el que, llegado ese momento, tenían que desenvolverse las tribus.[105] Sin embargo, la sociedad anglosajona no valoraba a los «mestizos», sino que los estigmatizaba.

Otra alternativa a la guerra fue la creación de un estado amerindio dentro de los Estados Unidos. En 1778, cuando los indios

---

[102] Robert Beverly, *The History and Present State of Virginia*, Chapel Hill, University of North Carolina Press, 1947 [1705], p. 38.

[103] Lauber, *Indian Slavery in Colonial Times*; Lonn Taylor, «American Encounters», alocución pronunciada en la Smithsonian Institution, Washington, D.C., 29/04/1993.

[104] Thomas, «Cultural Change on the Southern New England Frontier, 1630-1655», en Fitzhugh, ed., *Cultures in Contact*, p. 141. Durante sus primeros años en Virginia, los británicos fomentaron los matrimonios mixtos para favorecer las alianzas con los vecinos indios, llegando incluso a ofrecer un soborno a cualquier blanco virginiano que se casara con una india, pero esta oferta duró poco, y pocos colonos se aprovecharon de ella.

[105] Wright, *The Only Land They Knew*, p. 235; Nash, *Red, White, and Black*; Axtell, «The White Indians».

delaware propusieron que la unión admitiera un estado independiente formado por americanos nativos, el Congreso se negó a debatir siquiera la idea.[106] En la década de 1840, el Territorio Indio intentó acceder al derecho que tenían los demás territorios a enviar representantes al Congreso, pero los blancos sureños lo impidieron.[107] Sin embargo, la Confederación obtuvo el respaldo de la mayoría de los indios americanos del Territorio Indio al prometer que, si el Sur ganaba la Guerra Civil, el territorio tendría condición de estado. Después de la contienda, los americanos nativos propusieron el mismo arreglo a los Estados Unidos, que una vez más lo rechazaron, aunque al final admitieran el Territorio Indio convertido en el estado de Oklahoma, dominado por los blancos (irónicamente, ese nombre significa, en lengua choctaw, *[tierra para pieles rojas*).

Nuestros libros de texto no prestan atención a ninguna de esas posibilidades y, más bien, abundan en otra alternativa por la que tampoco se optó: la aculturación total y unívoca a la sociedad blanca. La línea argumental que sigue la mayoría de los manuales de historia de los Estados Unidos al hablar de los indios es esta: intentamos europeizarlos; no quisieron o no podían, así que los desposeímos. Aunque este enfoque muestre una mejor disposición que la de libros de texto anteriores, cae en la trampa de reproducir, como si fuera un hecho histórico, la propaganda que durante el siglo XIX utilizaron los políticos para justificar la expulsión de los indios: obstaculizaban el progreso. En realidad, la única diferencia es de tono. Cuando los americanos blancos estaban llevando a cabo la desposesión, las justificaciones eran estridentes. Tachaban a las culturas nativas de primitivas, salvajes y nómadas. Con frecuencia los autores invocaban la mano o las bendiciones de Dios, que se decía que favorecía a quienes «hacían más» con la tierra.[108] Ahora que la desposesión está hecha, desde 1980 nuestras historias pueden apreciar más virtudes en las culturas conquistadas.

---

[106] Francis Jennings, *Empire of Fortune*, Nueva York, Norton, 1988, p, 479. Véase también Charles J. Kappler, *Indian Treaties 1778-1883*, Nueva York, Interland, 1972 [1904], p. 5.

[107] Satz, *American Indian Policy in the Jacksonian Era*, pp. 216-218.

[108] Pearce, *The Savages of America.*

Cuando subrayan la nula disposición de los nativos a aculturarse, los manuales de historia de los Estados Unidos se deslizan hacia la línea argumental que proclama el sello oficial de la Colonia de la Bahía de Massachusetts. La frase «Acercaos y ayudadnos» es propaganda de colonos blancos, convertida en un arquetipo: el de los bienintencionados europeos frente a unos indios trágicamente distintos.

Aunque siguen retratando a unos americanos nativos trágicamente distintos, sin capacidad o voluntad de aculturarse.

El caso es que no fue así. El problema no fue que los indios no se aculturaran. En realidad, muchos americanos de origen europeo no querían que se aculturaran. No les interesaba. A veces esto fue evidente, como cuando en 1789 la asamblea de Massachusetts aprobó una ley que prohibía «bajo pena de muerte» enseñar a leer y escribir a los americanos nativos.[109] En 1808, el presidente Thomas Jefferson le dijo a una delegación de cheroquis: «Déjenme por tanto que les ruegue que en las tierras ahora entregadas [sic] cada hombre cree una granja, que pueda cercarla, cultivarla, levantar en ella una casa cálida y que cuando muera quede para su esposa y sus hijos».[110] En realidad, los cheroquis ya eran agricultores y visitaban al presidente Jefferson precisamente para pedirle que les asignara sus tierras en régimen de *severalty* (propiedad individual de cada parcela) y el acceso a la ciudadanía.[111] Jefferson

[109] S. Blancke y C.J.P. Slow Turtle, «The Teaching of the Past of the Native Peoples of North America in U.S. Schools», en Peter Stone y Robert MacKenzie, eds., *The Excluded Past*, Londres, Unwin Hyman, 1990, p. 123.

[110] Reginald Horsman, «American Indian Policy and the Origins of Manifest Destiny», en Francis Prucha, ed., *The Indian in American History*, Nueva York, Holt, Rinehart and Winston, 1971, p. 22.

[111] Drinnon, *Facing West*, p. 85.

les dio largas. *The American Way* pregunta a los alumnos: «¿Por qué se desplazó a los indios hacia el Oeste?». La respuesta se da en la edición para el profesor: «Los desplazaron para que los pobladores pudieran utilizar la tierra para cultivar». Siguiendo ese mismo esquema, podríamos añadir: «¿Qué hacían los indios en esas tierras?». «¡Pues cultivar!». Cuando Jefferson habló con los cheroquis, los blancos llevaban 186 años —habían empezado en Virginia en 1622— quemando casas y maizales de los indios.

Por mucho que los indios se aculturaran, no podían triunfar en la sociedad blanca. Los blancos no se lo permitían. Según Nash, «A los indios siempre se les consideró extranjeros y pocas veces se les dejaba vivir en la sociedad blanca, a no ser que fuera en la periferia».[112] Los americanos nativos que acumulaban propiedades, poseían casas de estilo europeo y quizá tenían aserraderos que se convertían sin más en objetivo principal de matones blancos que codiciaban su tierra y sus éxitos. En tiempo de guerra, la posición de los indios asimilados se volvía especialmente desesperada. Pensemos en Pensilvania. Durante la guerra Franco-india, los susquehanna, que vivían pacíficamente en pueblos de los blancos, fueron víctimas de sus vecinos, que los mataron a hachazos para después cobrar recompensas de unas autoridades a las que poco les importaba por qué cabellera estuvieran pagando, siempre que fuera india. A lo largo de los siglos y en todo el país, esa fue una pauta recurrente. En 1860, por ejemplo, los rancheros de California mataron a 185 de los 800 wiyot, una tribu aliada de los blancos, porque les indignaban las razias que, para capturar ganado, realizaban *otras tribus*.[113]

A los nuevos libros de texto se les da estupendamente explicar lo bien que se aculturaron las «cinco tribus civilizadas» —los choctaw, chickasaw, cheroqui, creek y semínolas—, a las que de todas formas se desterró a Oklahoma. Con todo, los autores nunca permiten que esos indios sedentarios obstaculicen la línea argumental

[112] Nash, *Red, White, and Black*, p. 285. Cf. Evon Vogt, «Acculturation of American Indians», en Prucha, ed., *The Indian in American History*, pp. 99-107; y Axtell, *The European and the Indian*, p. 168.

[113] Hurtado, *Indian Survival on the California Frontier*, p. 122.

Un censo de los cheroquis realizado en Georgia en 1825 (del que se da cuenta en Vogel, *This Country Was Ours*, p. 289) demostró que poseían «33 molinos, 13 aserraderos, 1 fábrica de pólvora, 69 herrerías, 2 curtidurías, 762 telares, 2486 hilaturas, 172 carromatos, 2923 arados, 7683 caballos, 22 531 vacas, 46 732 puercos y 2566 ovejas». Algunos cheroquis eran acaudalados hacendados, entre ellos Joseph Vann, que tenía trescientos acres cultivados, disponía de un transbordador, un barco de vapor, un molino y una taberna, además de poseer este palacete. Según Lela Latch Lloyd, Vann despertó la envidia del *sheriff* y de otros blancos del condado de Murray, que en 1834 le expulsaron de su casa y se apropiaron de ella.

tradicional. Al olvidarse de cómo los blancos obligaron a los nativos a vagabundear, al olvidarse de quién enseñó realmente a cultivar a los Peregrinos, nuestra cultura y nuestros libros de texto siguen difundiendo el arquetipo de unos amerindios nómadas, primitivos y cazadores que, por serlo, son desventuradas víctimas del progreso. Como señalan Boorstin y Kelley: «Al norte de México, la mayoría de la gente formaba parte de tribus nómadas y llevaba una vida sencilla. Los indios norteamericanos eran mayormente cazadores y recolectores de plantas silvestres. Muy pocos fueron los que —en Arizona y México— llegaron a asentarse y hacerse granjeros».

Irónicamente, para los nativos, los nómadas eran los europeos. Como el jefe Seattle señaló en 1855: «Para nosotros, las cenizas de nuestros antepasados son sagradas y su lugar de descanso es terreno consagrado. Vosotros os alejáis de las tumbas de vuestros antepasados y parece que lo hacéis sin remordimiento». Por el contrario, el «vagabundeo» de los indios consistía principalmente en trasladarse de sus moradas de invierno a las de verano, y viceversa.[114]

Para comprender por qué la aculturación no podía funcionarle a la mayoría de los nativos, podemos imaginar que Estados Unidos permitiera una discriminación ilegal contra cualquier persona cuyo apellido comenzara por la letra L. ¿Cuánto tiempo *resistiríamos*? Los primeros que quisieran quedarse con nuestras casas o nuestros trabajos y cuyo apellido no empezara con L podrían expulsarnos y nos quedaríamos sin recursos. A continuación, la gente de nuestro entorno nos echaría la culpa a nosotros, los de la L, por ser unos vagabundos. Eso es lo que les ocurrió a los americanos nativos. En Massachusetts, los colonos tenían siempre la tentación de pelearse con familias indias porque era probable que así pudieran quedarse con su tierra.[115] El proceso continuaba 240 años después, en Oregón. En 1862 se trasladaron a la reserva de los nez percé diez mil blancos, así que el senado de Oregón propuso que los Estados Unidos expulsara a esa nación. Así explicaba el problema el senador William Fessenden, de Maine: «Entiendo que en Oregón no hay dificultad para impedir que haya gente en tierras que son propiedad de hombres blancos. Pero cuando el

---

[114] Chief Seattle, «Our People Are Ebbing Away», en Wayne Moquin con Charles Van Doren, *Great Documents in American Indian History*, Nueva York, Praeger, 1973, pp. 80-83. Seguramente, el habitante actual de Manhattan, que se pasa el verano en Vermont, comprenderá fácilmente las pautas de desplazamiento indias.

[115] Ruellen Ottery, «Treatment of Native Americans Under the Jurisdiction of the Plymouth Colony», Johnson, VT, 1984, mecanografiado, pp. 8-9; Jennings, *The Invasion of America*, pp. 144-145. Alden Vaughan, *New England Frontier*, Nueva York, Norton, 1979, afirma que a los indios les fue bien en los tribunales de Nueva Inglaterra, aunque investigaciones recientes han criticado su libro.

poseedor es indio, la cuestión cambia por completo».[116] Sin derechos legales, la aculturación era imposible. Inmuttooyahlatlat, conocido por los blancos como jefe Joseph, lo expresó elocuentemente: «Pedimos que la misma ley se aplique a todos los hombres por igual. Si un indio infringe la ley, que la ley le castigue. Si un hombre blanco infringe la ley, que también se le castigue. Dejadme ser libre: libre para viajar, para detenerme, para trabajar, para comerciar donde yo quiera, libre para hablar y pensar y actuar por mi cuenta».[117] La petición fue en vano. La mayoría de los tribunales se negaba por sistema a escuchar testimonios de indios que fueran en contra de los blancos. Después de señalar cómo los no indios podían ascender en la escala social india, el antropólogo Peter Farb resumió las posibilidades en la sociedad blanca: «Sin embargo, prácticamente en ningún momento de la historia de los Estados Unidos se concedió a los indios oportunidades similares de asimilación voluntaria».[118] El nativo aculturado se convertía simplemente en un objetivo visible.

A veces los autores de los manuales de historia anuncian sus intenciones por escrito. En la edición para el profesor de *The American Way*, por ejemplo, Nancy Bauer afirma: «El objetivo de este libro es que los lectores comprendan Estados Unidos, se enorgullezcan de sus virtudes, comprueben con alegría su voluntad de mejorar y agradezcan la oportunidad de participar activamente, como ciudadanos, en *la forma de vida americana*». Resulta lógico que a la autora le resulte imposible prestar una atención razonable a la historia india. Es comprensible que los autores de libros de texto escriban de manera que los descendientes de los «pobladores» puedan tener un buen concepto de sí mismos porque el pasado les parece reconfortante. Es lógico que los seres humanos quieran sentirse bien, pero ese deseo impone a la historia un peso que no puede soportar sin convertirse en algo simplón. Proyectar la historia india en forma de tragedia porque los americanos

---

[116] David A. Nichols, *Lincoln and the Indians*, Columbia, University of Missouri Press, 1978, pp. 189-190.

[117] Inmuttooyahlatlat citado en Robert C. Baron, ed., *Soul of America*, Golden, CO, Fulcrum, 1989, p. 289.

[118] Farb, *Man's Rise to Civilization*, p. 317.

nativos no pudieron o no quisieron aculturarse es hacer una historia reconfortante para blancos. Al minusvalorar las guerras con los indios, los manuales nos ayudan a olvidar que les arrebatamos el continente a los americanos nativos. Los estudiantes universitarios actuales, cuando les piden una lista de las guerras que ha librado Estados Unidos, nunca piensan en incluir ninguna de las que los enfrentaron a los indios ni tampoco el conjunto de esas contiendas. Las guerras entre blancos e indios que dominaron nuestra historia entre 1622 y 1815, y que tuvieron una importancia considerable hasta 1890, han desaparecido prácticamente de la memoria nacional.

La respuesta que hay que dar a la minimización de las guerras con los indios no es su maximización. Relatar la historia de los nativos como un desfile de malvados blancos podría conducir a una historia reconfortante para quienes gustan de regodearse en la maldad de los Estados Unidos o de los blancos. Lo que ocurrió es más complicado, así que la historia que contemos también debe serlo. Los libros de texto están comenzando a poner de manifiesto algunas divisiones entre blancos que otorgaron una considerable vitalidad a las alternativas a la guerra. Varios mencionan a Roger Williams de Salem, que en la década de 1630 puso a Massachusetts ante la tesitura de renunciar a la patente real que le concedía la tierra, proclamando que «los nativos son sus verdaderos propietarios», a menos que la vendan. (Los puritanos abjuraron de Williams, que tuvo que huir a Rhode Island).[119] En la actualidad, la mayoría de los autores de libros de texto menciona a Helen Hunt Jackson, quien en 1881 sufragó la entrega a todos los miembros del Congreso de ejemplares de *Un siglo de deshonor*, su famosa crítica a las políticas respecto a los indios.[120] Todos los libros de texto recientes relatan la titánica batalla que libraron Andrew Jackson y John Marshall por el intento de someter a los cheroquis que

[119] Charles M. Segal y David C. Stineback, *Puritans, Indians, and Manifest Destiny*, Nueva York, Putnam, 1977, p. 48. Turner, *Beyond Geography*, pp. 215-216, también afirma que las relaciones entre indios y blancos y las, según Williams, «injustificadas y blasfemas» pretensiones que estos tenían sobre la tierra fueron la causa principal de su destierro.

[120] Prucha, ed., *The Indian in American History*, p. 7.

lanzó Georgia. Marshall, presidente del Tribunal Supremo, falló a favor de esa tribu, en tanto que el presidente Jackson hizo caso omiso del fallo, supuestamente diciendo que «John Marshall ha tomado su decisión, ¡pues ahora que la aplique!». Pero esa cuestión, relativa a uno de los problemas principales de nuestro primer siglo como nación, no parece intrigarle lo más mínimo a ningún libro de texto. Ninguno nos dice que varias iglesias cristianas —cuáqueros, *shakers*, hermanos moravos, algunos presbiterianos— y una facción del Partido *Whig* apelaron a la opinión pública para que se movilizara en defensa de un trato justo para los americanos nativos.[121] Al no mencionar a los *whigs*, parece que los manuales dan a entender que la expulsión de los cheroquis era inevitable, otro ejemplo de aborígenes no aculturados que obstaculizaban indefensos el progreso.

Los americanos nativos querrían que los libros de texto señalaran que, a pesar de todas las guerras, las plagas, las presiones que sufrieron sus culturas, hay indios que han sobrevivido, física y culturalmente, y que todavía mantienen relaciones, de gobierno a gobierno, con Estados Unidos. Todavía en 1984, un estudio de los manuales de historia de los Estados Unidos seguía quejándose de que «cuestiones actuales que son importantes para los pueblos nativos se vean totalmente proscritas».[122] Los libros que yo analicé estaban mejor. A comienzos de la década de 1970, el Movimiento Indio Americano (AIM, por sus siglas en inglés) promovió tres importantes ocupaciones por parte de los americanos nativos: la isla de Alcatraz en la bahía de San Francisco, el Departamento de Asuntos Indios en Washington, D.C., y Wounded Knee, en Dakota del Sur. En su mayoría, los nuevos manuales explican competentemente las causas y resultados de las tres.

El racismo antiindio se atenuó considerablemente durante el siglo XX. Aprovechándose de la condición especial de «naciones internas dependientes», otorgada hace mucho tiempo por el presidente del Tribunal Supremo Marshall, muchas tribus crearon

---

[121] Satz, *American Indian Policy in the Jacksonian Era*, p. 25.

[122] Blancke y Slow Turtle, «The Teaching of the Past of the Native Peoples of North America in U.S. Schools», p. 121.

establecimientos de juego y hoteles para desarrollar una relación sólida con la economía global. Irónicamente, el hecho de que los Estados Unidos estén comenzando a permitir que los indios se aculturen realmente, aunque sea desde presupuestos anglosajones, supone una nueva amenaza para la coexistencia india. Durante mucho tiempo, la pobreza y la discriminación contribuyeron a aislar a los americanos nativos. Si, como ocurre ahora, algunos pueden acceder a buenos trabajos, comprar vehículos nuevos y televisiones con conexión vía satélite o trasladarse diariamente a trabajar a la ciudad, es mucho más difícil mantener los valores intangibles que constituyen el núcleo de las culturas indias.[123] Solo un libro de texto —uno de los más antiguos que he estudiado— plantea el problema principal que ahora tienen ante sí los americanos nativos: ¿pueden sobrevivir unas culturas indias diferenciadas? *Discovering American History* trata este asunto de manera ejemplar, invitando a los alumnos a apreciar ese dilema a través de las palabras de adolescentes indios. Los libros de texto más recientes no pueden hablar de ese tema porque siguen aferrados a unas fuentes y un marco de interpretación no indios. Los manuales siguen definiendo a los americanos nativos en virtud de la oposición a la civilización y continúan viendo en las culturas indígenas lo que los antropólogos llaman el presente etnográfico, congelado en el momento del contacto con los blancos. Cuando los libros de texto se compadecen de «la trágica lucha de los amerindios por mantener su forma de vida», están dando un ejemplo de su miopía. Los americanos nativos nunca tuvieron «una» forma de vida, sino muchas. Y no las habrían mantenido intactas aunque no se hubiera producido la inmigración de europeos y africanos. Ya llevaban mucho tiempo luchando por cambiarlas. Nosotros les arrebatamos esa autonomía. Hoy en día, todavía dividimos a los líderes americanos nativos entre los «avanzados» que quieren aculturarse y los «tradicionales» que quieren «seguir

[123] Esto es lo que dan a entender Dean A. Crawford, David L. Peterson y Virgil Wurr en «Why They Remain Indians», en Vogel, ed., *This Country Was Ours*, pp. 282-284. Véase también Robert Berkhover, *The White Man's Indian*, Nueva York, Alfred A. Knopf, 1978, pp. 192-193.

Quizá los americanos nativos puedan superar el dilema de la aculturación y ser modernos al tiempo que indios. No cabe duda de que sus artistas ya lo han conseguido. Hasta la década de 1930 los inuit de Canadá no comenzaron a tallar esteatita, un material que durante el siglo anterior sus antepasados utilizaban para fabricar vasijas. Esta escultura, *Bailando al son de mi espíritu*, de Nalenik Temela, es un hermoso ejemplo de sincretismo.

siendo indios». Esa camisa de fuerza no se la ponen los autores de libros de texto a otros estadounidenses. Los no indios elegimos lo que queremos del pasado o de otras culturas. Arrojamos por la borda las prácticas médicas de la década de 1780 pero nos quedamos con la Constitución. Sin embargo, se considera que los médicos indios que abandonan las prácticas tradicionales para utilizar la pasteurización francesa o los antibióticos ingleses están poniendo en peligro su condición de indios. Nosotros podemos cambiar de medios de transporte y de tipo de vivienda, sin dejar por eso de ser «americanos», pero los indios no pueden hacer tal cosa y seguir siendo «indios» ante nuestros ojos.

Si mejoraran los enfoques históricos se podrían incrementar las posibilidades de sincretismo a ambos lados de nuestra frontera ideológica. Si supiéramos hasta qué punto las ideas amerindias han conformado la cultura estadounidense, los Estados Unidos podrían ver en las sociedades amerindias activos culturales de los que podríamos continuar aprendiendo. En la actualidad, ninguno de nuestros libros de texto apunta en esa dirección; ni siquiera los mejor informados, que se limitan a defender la necesidad de tratar mejor a los indios, pero sin llegar a sugerir que nuestra sociedad podría aún beneficiarse de las ideas amerindias.

Con todo, aunque ya no quedaran nativos entre nosotros, seguiría siendo importante comprender las alternativas a las que hemos renunciado, recordar las guerras y aprender la pura verdad sobre las relaciones entre indios y blancos. La historia india es el antídoto para el piadoso etnocentrismo del excepcionalismo estadounidense, que dicta que los americanos de origen europeo son el pueblo elegido por Dios. La historia india pone de manifiesto que los Estados Unidos y sus antecesoras, las colonias británicas, han causado un gran daño al mundo. No debemos olvidarlo: no para regodearnos en nuestros desmanes, sino para comprender y aprender que quizá podamos no volver a causarlos. Según apunta Christopher Vecsey, debemos templar el orgullo nacional con un conocimiento crítico de nosotros mismos: «Estudiar nuestro contacto con los indios, imaginar el lado oscuro de nuestro yo americano puede insuflarnos dudas que nos afiancen».[124] Ver la historia con ojos de piel roja ofrece a nuestros hijos una comprensión más profunda que la que emana de un encuentro con el pasado conformado como relato del inevitable triunfo de los buenos.

---

[124] Christopher Vecsey, «Envision Ourselves Darkly, Imagine Ourselves Richly», en Martin, ed., *The American Indian and the Problem of History*, p. 126. Un planteamiento similar hace Jennings en *The Ambiguous Iroquois Empire*, Nueva York, Norton, 1984, p. 482.

05

Lo que el viento se llevó: la invisibilidad del racismo en los manuales de historia de los Estados Unidos

«La historia, a pesar de su dolor desgarrador,
no puede desvivirse, y, si con valor la afrontamos,
no tiene por qué vivirse de nuevo».

MAYA ANGELOU[1]

«La brecha entre blancos y negros es el núcleo de la historia de los Estados Unidos. Es el gran desafío que deben afrontar nuestras más profundas aspiraciones. Si lo olvidamos —si olvidamos la gran mácula de la esclavitud, que impregna el corazón de nuestro país, nuestra historia, nuestro experimento—, olvidamos quiénes somos y contribuimos a ahondar y ampliar cada vez más esa brecha».

KEN BURNS[2]

«Hemos llegado a un punto en el que no podemos
utilizar nuestras experiencias en la Guerra Civil ni las
posteriores para elevar e ilustrar a la humanidad».

W.E.B. DUBOIS[3]

«La historia del Sur durante los años de la Guerra Civil
y la Reconstrucción la han aprendido más americanos
con Lo que el viento se llevó *de Margaret Mitchell que con*
todos los eruditos volúmenes sobre ese período».

WARREN BECK y MYLES CLOWERS[4]

---

[1] Maya Angelou, «On the Pulse of Morning», poema escrito para la toma de posesión de Clinton, 20 de enero de 1993.

[2] Ken Burns, «Mystic Chords of Memory», discurso pronunciado en la Universidad de Vermont, Burlington, 12 de septiembre de 1991.

[3] W.E.B. DuBois, *Black Reconstruction*, Cleveland, World Meridian, 1964 [1935], p. 722.

[4] Warren Beck y Myles Clowers, *Understanding American History Through Fiction*, Nueva York, McGraw-Hill, 1975, 1, p. IX.

¿Cuándo comenzó a poblarse el país que ahora conocemos como los Estados Unidos? Si nos olvidamos por el momento de la lección del último capítulo —que quienes lo poblaron fueron los americanos—, la mejor respuesta podría ser 1526. En el verano de ese año quinientos españoles y cien esclavos negros fundaron un pueblo, quizá cerca de la desembocadura del río Pee Dee, en la actual Carolina del Sur. Las enfermedades y las disputas con los indios vecinos ocasionaron muchas muertes en los primeros meses de existencia del asentamiento. En noviembre se rebelaron los esclavos, mataron a varios de sus amos y huyeron hacia los indios. Para entonces, solo quedaban vivos 150 españoles, que se replegaron a Haití. Aquí quedaron los antiguos esclavos, que probablemente se fusionaran con las naciones indias de la zona.[5]

Supongo que estas son menudencias de conversación de café. No se pueden criticar los manuales de historia de los Estados Unidos por no mencionar que los primeros pobladores no indios de los Estados Unidos eran negros. Sin embargo, desde el punto de vista educativo, el episodio sí tiene utilidad. Demuestra que los africanos (¿es demasiado pronto para llamarlos afroamericanos?) se rebelaron contra la esclavitud desde el principio. Apunta al relevante tema de las relaciones entre tres razas —indios, africanos

[5] Herbert Aptheker, *Essays in the History of the American Negro*, Nueva York, International, 1964 [1945], p. 17; Irving J. Sloan, *Blacks in America, 1492-1970*, Dobbs Ferry, NY, Oceana, 1971, p. 1. Según J. A. Rogers, *Your History*, Baltimore, Black Classic Press, 1983 [1940], p. 73, es posible que entre los negreros españoles también hubiera negros. Como en el capítulo 2, sigo hablando de Haití, aunque para los españoles fuera Santo Domingo.

y europeos—, que la mayoría de los libros de texto omite por completo.[6] Enseña que la esclavitud no puede sobrevivir fácilmente sin fronteras seguras. Y, simbólicamente, pone de manifiesto que los afroamericanos y las consiguientes relaciones entre negros y blancos forman parte de la historia de los Estados Unidos desde los primeros intentos de asentamiento europeo.

Quizá el tema más omnipresente de nuestra historia sea la dominación de la América negra por parte de la blanca. En la vida de los Estados Unidos, es la raza lo que ocasiona la división más punzante y profunda. Cuestiones relativas a las relaciones entre negros y blancos precipitaron el derrumbe del Partido *Whig*, atizaron la formación del Republicano e hicieron que el Demócrata, durante casi un siglo, se considerara a sí mismo el «partido del hombre blanco». Una de las primeras veces que el Congreso pasó por encima del veto presidencial fue con ocasión de la Ley de Derechos Civiles de 1866, aprobada por los republicanos en contra de la voluntad de Andrew Johnson. En 1964 se organizó en el Senado la campaña de filibusterismo parlamentario más larga de la historia de los Estados Unidos (más de 534 horas), para oponerse a otra Ley de Derechos Civiles. Thomas Byrne Edsall ha demostrado que fue la raza lo que desató el arrollador realineamiento político del período 1964-1972, en el que el Sur blanco dejó de ser un bastión demócrata para convertirse en una plaza fuerte republicana.[7] Las cuestiones raciales siguen influyendo en la política: en 2004, George W. Bush solo obtuvo el 11 por ciento del voto negro, pero el 57 por ciento del blanco.

Prácticamente ninguna manifestación de nuestra cultura popular escapa a las consideraciones raciales. Entre la década de 1850

---

[6] Dos nuevos libros de texto —*The Americans* y *Pathways to the Present*— estructuran sus relatos sobre los primeros Estados Unidos partiendo del encuentro, mutuamente influyente, entre esas tres áreas culturales, lo cual es pedagógicamente eficaz e históricamente preciso. Sin embargo, no llegan a desarrollar la idea de las relaciones raciales a tres.

[7] Información sobre el filibusterismo en John y Claire Whitecomb, *Oh Say Can You See?*, Nueva York, Morrow, 1987, p. 116. Sobre los republicanos, véase Richard H. Sewell, *Ballots for Freedom*, Nueva York, Oxford University Press, 1976, p. 292. Sobre los partidos, véase Thomas Byrne Edsall, *Chain Reaction*, Nueva York, Norton, 1991, y «Willie Horton's Message», *New York Review of Books*, 13/02/1992, pp. 7-11.

y la de 1930, salvo quizá durante la Guerra Civil y la Reconstrucción, los *minstrel shows* [espectáculos de variedades con actores pintados de negro], perversas derivaciones de la esclavitud en las plantaciones, fueron la principal forma de entretenimiento popular en los Estados Unidos. Durante gran parte de ese período, la obra de teatro que más tiempo estuvo en cartel fue *La cabaña del tío Tom*, que conoció miles de montajes. La primera gran película épica de la historia de los Estados Unidos, *El nacimiento de una nación*; la primera sonora, *El cantor de jazz*, y el mayor éxito cinematográfico de la historia, *Lo que el viento se llevó*, tenían mucho que ver con las relaciones raciales. El programa de radio de más éxito de la historia fue *Amos 'n' Andy*, protagonizado por dos hombres blancos que jocosamente se hacían pasar por ineptos afroamericanos.[8] La miniserie de televisión de más éxito de la historia ha sido *Raíces*, que cambió nuestra cultura al desencadenar una explosión de interés en la genealogía y los antecedentes raciales. En música, las relaciones raciales constituyen el fondo temático subyacente de muchos de nuestros espirituales, canciones de blues, reggae y rap.

---

[8] Los *minstrel shows* fueron un importante entretenimiento de masas entre 1850 y 1930, y el predominante entre más o menos 1875 y la Primera Guerra Mundial. *Lo que el viento se llevó* ha sido la película que más recaudación ha tenido, en dólares constantes. Cuando se programó por primera vez en televisión, también fue el programa de entretenimiento que más audiencia había tenido hasta ese momento. Hay que reconocer que en primer lugar es una historia romántica, pero su contexto social tiene que ver sobre todo con la raza. En *Time*, 14/02/1977, se habla de la popularidad de la serie *Raíces*. Para un debate general sobre los tópicos acerca de los negros en los medios de comunicación, véase, Michael Rogin, «Making America Home», *Journal of American History*, 79, nº 3, 12/1992, pp. 1071-1073; Donald J. Bogle, *Toms, Coons, Mulattoes, Mammies, and Bucks*, Nueva York, Bantam, 1974; y James W. Loewen, «Black Image in White Vermont: The Origin, Meaning, and Abolition of Kake Walk», en Robert V. Daniels, ed., *Bicentennial History of the University of Vermont*, Boston, University Press of New England, 1991.

En un primer borrador de este párrafo se citaba un contenido racial que yo recordaba de *Fantasía*, la primera película de animación de larga duración. Cuando alquilé el vídeo para comprobar si mi memoria no se equivocaba, no encontré ningún contenido racial. Después supe por Ariel Dorfman (*The Empire's Old Clothes* [Nueva York, Pantheon, 1983], p. 120) que la compañía Disney había eliminado de la reedición en vídeo todos los fragmentos que contenían estereotipos raciales.

Puede que la lucha que suscitó la esclavitud por motivos raciales sea el tema principal de la historia de los Estados Unidos. Hasta finales del siglo XIX, el algodón —plantado, cultivado, cosechado y alijado mayormente por esclavos— fue, con diferencia, nuestra principal exportación.[9] Casi todas las residencias elegantes construidas antes de nuestra Guerra Civil, tanto del Norte como del Sur, las construyeron esclavos o se hicieron con los beneficios que generaba la trata de esclavos o la venta de algodón. Las relaciones entre blancos y negros se convirtieron en el asunto primordial de la Guerra Civil, que mató a casi tantos estadounidenses como todas nuestras demás guerras juntas. Esas relaciones fueron el principal objeto de atención durante la Reconstrucción posterior a la guerra; un siglo después, la incapacidad que mostraron los Estados Unidos para conceder igualdad de derechos a los afroamericanos acabó conduciendo a la lucha por los derechos civiles.

Es este un tema que surge donde menos te lo esperas: en el Álamo, durante todas las guerras con los semínolas e incluso en la expulsión de los mormones de Misuri.[10] Tiene razón Studs Terkel: la raza es nuestra «obsesión americana».[11] Desde que esos primeros africanos y españoles desembarcaron en la costa de Carolina en 1526, el problema de las relaciones entre blancos y negros ha desgarrado nuestra sociedad en repetidas ocasiones y a veces la ha unido.

---

[9] Exposición de 1993: «El alijador de algodón y su agridulce cosecha», en el Old State Capitol Museum de Jackson (MS).

[10] Del Álamo y de los semínolas hablaremos más adelante, en este mismo capítulo. La principal razón de que en la década de 1930 los blancos de Misuri empujaran a los mormones del estado a trasladarse a Illinois fue la sospecha de que no eran «firmes» respecto a la esclavitud. En realidad, no lo eran: admitían en el sacerdocio a los varones negros e invitaron a los libertos a unírseles en Misuri. Ante la presión que sufrieron, los mormones no solo huyeron de ese estado, sino que cambiaron de actitud y de políticas para acercarlas a las de la mayoría de los americanos blancos en la década de 1840, llegando a la conclusión de que los negros eran inferiores y que no debían ser miembros de pleno derecho. Hasta 1978 no volvieron a cambiar de actitud. Véase Ray West Jr., *Kingdom of the Saints*, Nueva York, Viking, 1957, pp. 45-49 y 88; Forrest G. Wood, *The Arrogance of Faith*, Nueva York, Alfred A. Knopf, 1990, pp. 96-97; y Newell Bringhurst, *Saints, Slaves, and Blacks*, Westport, CT, Greenwood, 1981.

[11] Studs Terkel, *Race: How Blacks and Whites Think and Feel About the American Obsession*, Nueva York, New Press, 1992.

A lo largo de los años, la América blanca se ha contado a sí misma diversas historias sobre la esclavitud de los negros. Las dos novelas de más éxito en los dos siglos anteriores se desarrollaban en medio de la esclavitud: *La cabaña del tío Tom*, de Harriet Beecher Stowe, y *Lo que el viento se llevó*, de Margaret Mitchell. Ambas relatan historias muy distintas: *La cabaña del tío Tom* presenta la esclavitud como un mal al que hay que oponerse, en tanto que *Lo que el viento se llevó* da a entender que la esclavitud era una estructura social ideal cuya desaparición es lamentable. Hasta la aparición del movimiento por los derechos civiles, los manuales de historia de los Estados Unidos del siglo XX estaban bastante de acuerdo con Mitchell. En 1959 mi libro de texto de secundaria presentaba la esclavitud como algo que, después de todo, no estaba tan mal. Si la servidumbre era una carga para los afroamericanos, la verdad es que los esclavos también eran una carga para *Ole Massa* y *Ole Miss* [los amos]. Además, los esclavos eran razonablemente felices y estaban bien alimentados. Esos razonamientos constituyen «el mito de magnolia», según el cual la esclavitud era una estructura social armoniosa y grácil que en realidad no perjudicaba a nadie, blanco o negro. De hecho, un famoso libro de texto de 1950, escrito por Samuel Eliot Morison y Henry Steele Commager, decía así: «En cuanto a Sambo [término ofensivo para referirse a los negros], cuyas malas acciones enfurecían y hacían llorar a los abolicionistas, hay razones para creer que sufría menos que ninguna otra clase del Sur a causa de su "peculiar institución"».[12] Evidentemente, esa *peculiar institución* era la esclavitud, y el retrato que de ella hacían Morison y Commager procedía directamente de *Lo que el viento se llevó*.

No es esto lo que dicen los libros de texto actuales. Desde el movimiento por los derechos civiles, los manuales han desandado parte del camino para acercarse a la arrasadora crítica que hizo Stowe de esa institución. En *American History*, el debate

---

[12] Samuel Eliot Morison y Henry Steele Commager, *The Growth of the American Republic*, Nueva York, Oxford University Press, 1950, p. 521. En la película de Andrew Rooney y Perry Wolf, *Black History: Lost, Stolen or Strayed?*, Santa Mónica, CA, BFA, 1968, Bill Cosby señala que este libro de texto lo escribieron dos historiadores del Norte que habían obtenido el premio Pulitzer.

comienza con un fragmento que describe positivamente las condiciones de vida de los esclavos: «En general, su alimentación, su vestimenta y su vivienda eran adecuadas». Pero el autor no tarda en señalar que «los esclavos carecían por completo de *derechos*. No solo no podían votar ni tener propiedades, sino que sus amos tenían el control absoluto de sus vidas». Su conclusión es que, «en realidad, la esclavitud era prácticamente inhumana». *American Adventures* nos dice que «la esclavitud conducía a la desesperación y que a veces esta conducía a los negros al suicidio. O, en algunos casos, les inducía a rebelarse contra los blancos que tenían esclavos». Más halagüeña es la visión de *Life and Liberty*: «Los historiadores no se ponen de acuerdo sobre la severidad del trato que recibían los esclavos»; posteriormente, el libro señala que los latigazos eran habituales en algunos lugares y nunca vistos en otras plantaciones. No obstante, *Life and Liberty* termina este apartado sobre la vida de los esclavos citando los títulos de varios espirituales —«Todos mis sufrimientos, señor, pronto habrán acabado»— y mencionando los inhumanos pormenores de las leyes que daban cobertura a la esclavitud. Nadie que lea cualquiera de estos tres libros puede pensar bien de ella. En realidad, la mayoría de los manuales que he estudiado la describen como algo intolerable para el esclavo.[13]

Los libros de texto actuales demuestran cómo la esclavitud fue dominando cada vez más nuestra vida política durante la primera

---

[13] *The American Way*, de Nancy Bauer, dice poco sobre la esclavitud tal como la experimentaban los esclavos, pero sí menciona las revueltas de esclavos y el llamado «ferrocarril clandestino» [una red de ayuda a esclavos evadidos]. *Discovering American History* habla de la esclavitud utilizando fuentes primarias, pero todas están escritas por blancos y poco contienen sobre el punto de vista de los esclavos. Si tenemos en cuenta lo diversos que son los relatos de estos, resulta sorprendente que *Discovering* deje fuera las fuentes negras.

Nada hay de «novedoso» en la forma de tratar la esclavitud de estos libros. Hace veinte años los historiadores desarrollaron la teoría de la «comunidad de esclavos» para poner de relieve cómo vivieron los afroamericanos esa institución, pero ningún libro de texto muestra familiaridad alguna con esa escuela. Los autores tampoco describen las polémicas que enfrentan a diversas «escuelas» de estudio de la esclavitud. Para un debate conciso sobre estas interpretaciones, véase James W. Loewen, «Slave Narratives and Sociology», *Contemporary Sociology*, 11, nº 4, 7/1982, pp. 380-384, donde se reseñan obras de Blassingame, Escott, Genovese, Gutman y Rawick.

mitad del siglo XIX. Dicen que la alijadora de algodón hizo más rentable la esclavitud.[14] Dicen que en la década de 1830 los estados sureños y el Gobierno federal expulsaron a los indios de amplias zonas de Misisipi, Alabama y Georgia, y que la esclavitud se extendió. Y dicen que entre las décadas de 1830 y 1860 las exigencias ideológicas de esa práctica se volvieron más vociferantes, más abiertamente racistas. Los hacendados y negreros ya no se conformaban con tener que disculparse diciendo que la esclavitud era un mal necesario, sino que comenzaron a ver en ella algo, en palabras de *Triumph of the American Nation*, «positivo para los propios esclavos». Este extremismo ideológico tuvo su correlato en nuevas leyes y costumbres más inclementes. Según *The United States —A History of the Republic*: «Se fue haciendo cada vez más peligroso hablar de liberar a los esclavos en el Sur». En algunos estados esclavistas, la simple *recepción* de obras que defendieran la abolición se convirtió en delito. Los estados sureños aprobaron nuevos decretos que se entrometían en el derecho que tenían los amos a liberar a sus esclavos. La situación jurídica de los afroamericanos libres se fue volviendo cada vez más precaria, incluso en el Norte, ya que los sureños blancos se impusieron al Gobierno federal para que fuera más difícil restringir la esclavitud en ningún lugar del país.[15]

Entretanto, muchos blancos del Norte, así como algunos que vivían por debajo de la línea Mason-Dixon, estaban cada vez más descontentos, asqueados con una nación que había perdido el idealismo.[16] El debate sobre la esclavitud, que cada vez pesaba

---

[14] Hace unos años el debate sobre si la esclavitud era rentable durante el siglo XIX desató una pequeña tempestad histórica. Aunque erosionó el suelo sureño y aunque la economía del Sur se fue haciendo cada vez más dependiente de la del Norte, hay indicios de que a los hacendados la esclavitud les resultaba rentable. Véase, entre otros, Herbert Aptheker, *And Why Not Every Man?*, Nueva York, International, 1961, pp. 191-192.

[15] James Currie, crítica de *The South and Politics of Slavery*, en *Journal of Mississippi History*, 41, 1979, p. 389; véase también William Cooper, Jr., *The South and the Politics of Slavery, 1828-56*, Baton Rouge, Louisiana State University Press, 1978.

[16] Roger Thompson, «Slavery, Sectionalism, and Secession», *Australian Journal of American Studies*, 1, nº 2, 7/1981, pp. 3 y 5; William R. Brock, *Parties and Political Conscience*, Millwood, NY, KTO Press, 1979.

más, lo impregnaba todo. En 1848 Thomas Hart Benton, senador por Misuri, comparó la ubicuidad del asunto con una plaga bíblica: «No se puede mirar sobre la mesa sin ver ranas. No se puede uno sentar a la mesa de un banquete sin ver ranas. No se puede acudir al lecho nupcial y levantar las sábanas sin ver ranas. No podemos ver nada, tocar nada, proponer ninguna medida, sin que nos arrojen encima esta peste».[17]

La esclavitud era lo que en el fondo explicaba que Carolina del Sur, seguida de otros diez estados, abandonara la Unión. En 1860 los mandatarios del estado sabían perfectamente el porqué de su secesión. En Nochebuena firmaron una «Declaración sobre las causas inmediatas que provocan y justifican la secesión de Carolina del Sur de la Unión Federal». El primer agravio era «que catorce estados se hayan negado deliberadamente, en los años pasados, a cumplir con sus obligaciones constitucionales», especialmente con la siguiente cláusula, que citaban: «Ninguna persona sujeta al servicio o al trabajo en un estado, en virtud de sus leyes, que escape a otro estado podrá ser, en aplicación de ninguna ley o regulación, ser liberada de ese servicio o trabajo, sino que será entregada...». Evidentemente, estamos ante la cláusula de esclavos fugitivos, amparándose en la cual el Congreso había aprobado la Ley del Esclavo Fugitivo de 1850, que, por supuesto, Carolina del Norte había aprobado. Era una legislación que exigía no solo a la policía, sino a cualquier ciudadano de los estados libres, que participara en la captura y devolución de los afroamericanos que los blancos tuvieran por esclavos. Esta situación convertía en cómplices de la esclavitud a los estados libres, que se revolvían, intentando no cumplir del todo la legalidad. Pensilvania, por ejemplo, aprobó una ley que, reconociendo la supremacía de la ley federal, señalaba que los ciudadanos de ese estado seguían teniendo derecho a decidir el sueldo de su policía y que se negaban a pagarles el tiempo que pasaban capturando y devolviendo a supuestos esclavos. Carolina del Norte atacó esa ostentación que hacían los estados de sus derechos:

---

[17] Joseph R. Conlin, ed., *Morrow Book of Quotations in American History*, Nueva York, Morrow, 1984, p. 38.

> Pero una creciente hostilidad, por parte de los estados no esclavistas hacia la institución de la esclavitud, ha conducido a un desprecio de sus obligaciones... Los estados de Maine, New Hampshire, Vermont, Massachusetts, Connecticut, Rhode Island, Nueva York, Pensilvania, Illinois, Indiana, Michigan, Wisconsin y Iowa han aprobado leyes que o bien anulan las del Congreso o convierten en inútil cualquier pretensión de ejecutarlas.

En consecuencia, Carolina del Sur *se opuso* a los derechos de los estados cuando los defendían los estados libres. Y es comprensible. Históricamente, en los Estados Unidos, cuando una facción no ocupa el poder, defiende los derechos de los estados. Durante toda la década de 1850, los blancos sureños dominaron los poderes ejecutivo y judicial del Gobierno federal —y, gracias al Partido demócrata, también el legislativo—, así que, evidentemente, se oponían a los derechos de los estados. A los propietarios de esclavos les encantó que el presidente del Tribunal Supremo Taney fallara en 1857 que, en todo el país, al margen de cuáles fueran los deseos de los gobiernos estatal o territorial, los negros no tenían derechos que los blancos debieran respetar. Al año siguiente, los propietarios de esclavos presionaron al presidente Buchanan para que utilizara el poder federal para legitimar la tenencia de esclavos en Kansas. Hasta que no perdieron el control del ejecutivo con las elecciones de 1860 no comenzaron esos propietarios a proponer la limitación del poder federal.

Los mandatarios de Carolina del Sur llegaron a condenar a Nueva York por negar «incluso el derecho de tránsito a un esclavo» y también a otros estados del Norte por permitir votar a los afroamericanos. Antes de la Guerra Civil, esas cuestiones eran prerrogativa de los estados. No obstante, Carolina del Sur se arrogó el derecho a decidir si Nueva York podía prohibir la esclavitud dentro de sus límites o si Vermont podía definir la ciudadanía en los suyos. Los de Carolina impugnaron incluso los derechos que tenían los residentes en otros estados a *tener otra opinión* sobre su peculiar institución, aduciendo que también justificaba la secesión el hecho de que los norteños «hubieran tachado de pecaminosa la institución de la esclavitud». En suma, la esclavitud impregna de principio a fin el documento. Evidentemente, la elección de Lincoln supuso un detonante, pero el propósito de la secesión siempre fue la protección, el mantenimiento y el fomento de la esclavitud. Por otra parte, Carolina del Sur no fue un ejemplo insólito: otros estados utilizaron un lenguaje similar cuando se separaron del resto.

A pesar de lo claras que son las pruebas, antes de 1970 muchos libros de texto sostenían que, *salvo la esclavitud*, casi cualquier cosa condujo a la secesión: las diferencias sobre aranceles y mejoras internas, el conflicto entre el Sur agrario y el Norte industrial, y, sobre todo, «los derechos de los estados». Era una especie de apologética sureña.[18] Nunca había habido excusas que justificaran esa mala práctica histórica y, después del movimiento por los derechos civiles, la mayoría de los autores de libros de texto coincidió con lo dicho por Abraham Lincoln durante su segundo discurso de toma de posesión: la esclavitud «era en cierto modo la causa de la guerra». Como señalaba en 1981 *The United States: A History of the Republic*, «en el centro del conflicto estaba la esclavitud, un problema que se negaba a desaparecer».

Para mi sorpresa, nuestros libros de texto más recientes han retrocedido a este respeto. *American Journey*, por ejemplo, afirma:

> Los sureños justificaban la secesión en la teoría de *los derechos de los estados*. Según ellos, los estados habían elegido voluntariamente entrar en la Unión. Definían la Constitución como un contrato entre estados independientes. Como en ese momento el gobierno nacional había violado ese contrato —al negarse a aplicar la Ley del Esclavo Fugitivo y negar a los estados sureños igualdad de derechos en los territorios—, los estados tenían razones para abandonar la Unión.

---

[18] Frank Owsley, un historiador afín a los confederados, defendió que la guerra no la había producido la esclavitud, sino otras cosas. Sin embargo, cuando se estaba librando, prácticamente todo el mundo, entre ellos Abraham Lincoln, Oliver Wendell Holmes y Ulysses S. Grant en el bando unionista, y Jefferson Davis y Alexander H. Stephens, presidente y vicepresidente de la Confederación, pensaban que la había ocasionado la esclavitud. Véase Daniel Aaron, *The Unwritten War*, Nueva York, Oxford University Press, 1973, pp. 28 y 180.

Como hemos visto, el gobierno nacional no se había negado a aplicar la Ley del Esclavo Fugitivo y los estados, ya sean del Norte o del Sur, no tienen «derechos en los territorios» que están separados de ellos, así que este párrafo, más que explicar, confunde. Igualmente confusos son otros libros de texto recientes. *Pathways to the Present* muestra un cuadro que compara «Los objetivos del Sur» con «Los objetivos del Norte». Cita una resolución de la Cámara de Representantes del 25 de julio de 1861 para demostrar que los Estados Unidos estaban luchando «para preservar la Unión», algo exacto en ese momento de la guerra (acabar con la esclavitud no fue un objetivo bélico hasta 1863). Pero la cita relativa a los objetivos de guerra sureños, tomada del discurso de toma de posesión de Jefferson Davis, solo dice que «en vano hemos intentado garantizar la tranquilidad y obtener respeto a los derechos que se nos concedieron». ¿Qué derechos? ¿Por qué se separó el Sur? *Pathways* guarda silencio. Boorstin y Kelley, aparte de citar el detonante que proporcionó la elección de Lincoln, no analizan en absoluto por qué se separó el Sur. ¿Por qué no citar simplemente la «Declaración» de Carolina del Sur? Después de todo, este estado la escribió precisamente para «justificar la secesión».[19]

En la actualidad, la mayoría de los libros de texto, salvo cuando vuelven a las andadas respecto al papel que tuvo la esclavitud en la secesión, afrontan el asunto con profundidad y comprensión. ¿Por qué han mejorado? Este es un debate que pertenece a la «historiografía», a la escritura de la historia. ¿Quién ha escrito ese libro de texto? ¿Cuál es su origen social? ¿A qué público se dirige? ¿Cuándo lo ha escrito? Antes de la década de 1960, los editores estaban sometidos al Sur blanco. En la de 1920, Florida y otros estados sureños aprobaron leyes exigiendo «garantías para una correcta historia de los Estados Unidos, incluyendo una verdadera y correcta historia de la Confederación».[20] Muchos estados exigían que los libros de texto llamaran a la Guerra Civil «la guerra

---

[19] *Pageant* sí cita brevemente este documento, pero la mención es tan imprecisa que pocos lectores la entenderán.

[20] Bessie L. Pierce, *Public Opinion and the Teaching of History in the United States*, Nueva York, Alfred A. Knopf, 1926, pp. 66-70. Durante esas décadas, el Norte tampoco incubó muchos libros de texto progresistas.

entre los estados», como si no hubiera existido una única nación que la secesión hubiera desgarrado (no he podido encontrar ninguna prueba de que alguien la llamara «la guerra entre los estados» cuando se estaba produciendo).

No obstante, en los quince años que mediaron entre 1955 y 1970, el movimiento por los derechos civiles acabó con la segregación como sistema formal en los Estados Unidos. No logró cambiar las relaciones raciales en el país, pero sí ayudó a los afroamericanos a tener más poder. Hoy en día, muchos consejos escolares, comisiones curriculares y departamentos de Historia de secundaria incluyen a americanos negros o blancos que se han deshecho de la ideología de la supremacía blanca. En consecuencia, el *cuándo* se escribe un relato, influye en *qué* se escribe. Ahora los libros de texto pueden dedicar más espacio al tema de la esclavitud y utilizarlo para ofrecer un retrato más preciso.[21]

Parece que a los estadounidenses no deja nunca de sobresaltarles la esclavitud. Los niños se quedan boquiabiertos cuando se enteran de que George Washington y Thomas Jefferson tenían esclavos. Los intérpretes del museo Williamsburg Colonial señalan que muchos visitantes se quedan sorprendidos al enterarse de que allí, ¡en plenas plantaciones de Virginia!, también había esclavos. Muy pocos adultos de hoy en día son conscientes de que nuestra sociedad ha sido esclava durante mucho más tiempo que libre. Menos todavía son los que saben que, hasta la Guerra Revolucionaria, la esclavitud también tenía mucho peso en el Norte. La primera colonia que legalizó la esclavitud no fue Virginia, sino Massachusetts. En 1720, de los siete mil habitantes de Nueva York, mil seiscientos eran afroamericanos, la mayoría esclavos. En Wall

[21] Frances FitzGerald, *America Revised*, Nueva York, Vintage, 1980, relata cómo cambiaron los libros de texto su forma de abordar la esclavitud y la Reconstrucción durante la década de 1970. En *The American Schoolbook*, Nueva York, Morrow, 1967, capítulo 8, Hillel Black describe la influencia que antes tenían los segregacionistas blancos sureños y la nueva influencia, resultante del movimiento por los derechos civiles y del Black Power, que tienen ahora los negros en los distritos escolares urbanos del Norte. «Liberating Our Past», *Southern Exposure*, 11/1984, pp. 2-3, describe la influencia del movimiento por los derechos civiles. Las nuevas formas de tratar la esclavitud están más próximas a la mayoría de las escritas durante la época y a las fuentes primarias.

Street es donde estaba el mercado en el que los propietarios podían alquilar sus esclavos por días o por semanas.[22]

No obstante, la mayoría de los libros de texto minusvalora la importancia de la esclavitud en el Norte, con lo que ese problema parece algo más bien regional, no nacional. En realidad, dentro de la línea argumental general de nuestros manuales, ni siquiera la mayor cobertura que recibe la esclavitud permite considerarla algo más que una mácula desafortunada pero menor. James Oliver Horton ha señalado que «la experiencia de los negros no se podrá esclarecer del todo sin dar una nueva perspectiva al estudio de la historia de los Estados Unidos».[23] Los autores de libros de texto no han presentado ninguna perspectiva novedosa. De hecho, introducen con calzador la descripción, mejorada y más precisa, de la esclavitud en la antigua línea argumental del «progreso de siempre». Según ese épico relato, los Estados Unidos siempre son, por definición y cada vez más, democráticos, y la tenencia de esclavos no es más que una aberración temporal, ajena al cuadro general. Irónicamente, el propio éxito del movimiento por los derechos civiles permite a los autores dar a entender que el problema de las relaciones raciales entre blancos y negros ya se ha resuelto, por lo menos formalmente. Lo cual permite a los manuales hablar de la esclavitud sin abandonar su sempiterno optimismo.

Aunque en la actualidad los libros de texto muestran lo horrible que fue la esclavitud y sus repercusiones en la población negra de los Estados Unidos, mayormente guardan silencio sobre el impacto que tuvo sobre los blancos, tanto del Norte como del Sur del país. A los manuales les cuesta reconocer que en algo puedan equivocarse los blancos de los Estados Unidos o el conjunto del país. Quizá lo más fácil sea contar de manera realista cómo vivían los esclavos su condición. Después de todo, la esclavitud, como institución, está muerta. Ya la hemos dejado atrás, así que podemos reconocer los males que ocasionó. Hasta el Museo

[22] Entrevistas celebradas en Williamsburg; Sloan, *Blacks in America, 1492-1970*, p. 2; Howard Zinn, *The Politics of History*, Boston, Beacon, 1970, p. 67.

[23] A Horton le cita Robert Moore en *Stereotypes, Distortions, and Omissions in U.S. History Textbooks*, Nueva York, Council on Interracial Books for Children, 1977, p. 17.

de la Confederación de Richmond organizó una exposición sobre la esclavitud que no daba una visión romántica de la institución.[24] Sin embargo, si no explicamos la relevancia que tiene la esclavitud para el presente, darle más espacio en los libros será como dárselo a la Ley de Aranceles de 1930 (conocida como Hawley-Smoot Tariff); es decir, será proporcionar más datos que memorizar a los desventurados alumnos de undécimo curso.

Las dos herencias que la esclavitud ha legado al presente son la inferioridad social y económica que dejó a los negros y el racismo cultural que insufló en los blancos. Ambas cosas siguen pesando sobre nuestra sociedad. En consecuencia, abordar el persistente legado de la esclavitud solo puede ser polémico. El racismo, al contrario que la esclavitud, aún sigue existiendo.

Para comportarse realmente como ciudadanos en estos tiempos agitados, los estudiantes deben conocer las causas del racismo. Aunque sea un complejo problema histórico, el racismo del mundo occidental arranca principalmente de dos procesos interrelacionados: la toma de tierras a los pueblos indígenas y la destrucción de esos pueblos, y el sometimiento a la esclavitud de los africanos para cultivar dichas tierras. Para enseñar esa relación, los libros de texto tendrían que mostrar a los alumnos la dinámica interacción entre la esclavitud como sistema socioeconómico y el racismo como sistema ideológico. Para los sociólogos, lo primero es la *estructura social* y lo segundo la *superestructura*. La esclavitud existió y ha existido en muchas sociedades y muchos períodos antes y después de la trata de esclavos africanos. La que pusieron en marcha los europeos en el siglo XV, posibilitada por las ventajas de Europa en materia de tecnología militar y social, era distinta, porque se convirtió en el sometimiento de una *raza* a manos de otra. A los blancos cada vez les parecía menos legítimo esclavizar a otros blancos, pero sí se volvió aceptable someter a esa suerte a los africanos. Al contrario que en otras formas de esclavitud anteriores, los hijos de los esclavos afroamericanos serían esclavos para siempre y nunca podrían alcanzar la libertad casándose con

[24] *Before Freedom Came*, que también se convirtió en un libro editado por E.D.C. Campbell Jr. (Richmond, VA, Museum of the Confederacy, 1991).

miembros de la clase propietaria. El racismo era la lógica que sustentaba esa diferencia de trato. Como señaló irónicamente en 1748 Montesquieu, el filósofo francés que tan profundamente influyó en la democracia americana, «nos resulta imposible creer que esas criaturas sean hombres, porque, si les permitiéramos serlo, surgiría la sospecha de que nosotros no somos cristianos»[25]. Aquí Montesquieu presagia el concepto de disonancia cognitiva al mostrar cómo moldeamos «nosotros» lo que pensamos (sobre los negros) para racionalizar lo que hacemos.

Los historiadores han dejado constancia de cómo surgió el racismo en Occidente. Antes de la década de 1450 los europeos consideraban a los africanos exóticos, pero no necesariamente inferiores. Al ir aumentando el número de países que participaba en la trata de esclavos, los europeos fueron tachando a los africanos de estúpidos, retrasados y no civilizados. La amnesia cobró carta de naturaleza y Europa fue descubriendo poco a poco lo bien que le venía olvidar que los moros africanos habían traído a España e Italia gran parte del conocimiento que condujo al Renacimiento. Los europeos habían sabido que Timbuctú, famosa por su universidad y su biblioteca, era un centro de erudición. Ahora, olvidándose de Timbuctú, Europa y los americanos de origen europeo veían en África el «continente negro».[26] En la década de 1850, muchos americanos blancos, entre ellos algunos norteños, afirmaban que los negros eran tan irremediablemente inferiores que la esclavitud era para ellos una forma de educación adecuada, que también los apartaba físicamente de la supuesta barbarie del «continente negro».

La superestructura racista ha sobrevivido mucho tiempo a la estructura social esclavista que la generó. El siguiente fragmento de *Lo que el viento se llevó* de Margaret Mitchell, escrito en la década de 1930, demuestra que entonces el racismo estaba vivito y coleando. Quien narra está interpretando la Reconstrucción:

---

[25] Citado en Felix Okoye, *The American Image of Africa: Myth and Reality*, Buffalo, Black Academy Press, 1971, p. 37. Aquí Montesquieu presagia el concepto de disonancia cognitiva de Festinger. Véase Leon Festinger, *A Theory of Cognitive Dissonance*, Evanston, IL, Row, Peterson, 1957.

[26] Okoye, *The American Image of Africa.*

> Los antiguos jornaleros se encontraron de pronto en puestos de poder. Allí se condujeron como sería natural esperar de criaturas de escasa inteligencia. Como monos o niños pequeños a los que se deja corretear entre objetos preciados cuyo valor escapa a su comprensión, dieron rienda suelta a sus impulsos, bien por el perverso placer de la destrucción, bien por ignorancia.[27]

La supremacía blanca impregna el superventas romántico de Mitchell. Sin embargo, cuando en 1988 la Asociación Americana de Bibliotecas preguntó a los usuarios de esos centros cuál era el mejor libro de su biblioteca, ¡*Lo que el viento se llevó* se impuso por mayoría frente a todos los demás libros de la historia![28]

La propia esencia de lo que hemos heredado de la esclavitud es que es «natural» que los blancos estén por encima y los negros debajo. En el fondo, lo que nos dice nuestra cultura —a todos, también a los afroamericanos— es que los europeos llegaron a dominar el mundo porque eran más inteligentes. En el fondo, muchos blancos y algunas personas de color así lo creen. No cabe duda de que la supremacía blanca no es solo un residuo de la esclavitud. La evolución histórica de los Estados Unidos desde el fin de la esclavitud ha mantenido esa supremacía. Nueve de los dieciocho libros de texto sí añaden a sus índices analíticos la palabra *racismo* (o expresiones como *discriminación racial* o *prejuicio racial*), pero hay varios en los que la palabra no aparece en el texto. La palabra *racismo* solo le sirve al indizador para remitir a párrafos sobre temas como la esclavitud o la segregación. El término solo lo define un libro: *Pathways to the Present*.[29]

Lo que es peor, únicamente tres manuales se ocupan de lo que podría haber ocasionado el racismo (o, por ejemplo, el prejuicio racial). Lo más parecido a una explicación de la relación existente entre esclavitud y racismo que encontramos en todos esos libros

---

[27] Margaret Mitchell, *Gone With the Wind*, Nueva York, Avon, 1964 [1936], p. 645 [ed. cast.: *Lo que el viento se llevó*, Barcelona, Plaza & Janés, 1990].

[28] Al informar sobre la encuesta, un periodista añadió lacónicamente: «La Biblia también estaba bien situada».

[29] También busqué, entre otras, entradas como *racismo blanco* o *supremacía blanca*, pero no encontré nada.

es esta única frase de *The American Pageant* que, después de decirnos que los propietarios de esclavos «fueron convenciéndose cada vez más de que vivían en un estado de sitio», señala que «sus miedos reforzaron una embriagadora teoría sobre la superioridad racial basada en motivos biológicos…». *The American Tradition* incluye una frase parecida, pero mucho más vaga: «Para defender su "peculiar institución", los sureños fueron empeñándose cada vez más en mantener su forma de vida»; sin embargo esa afirmación de poco sirve para enseñar a los estudiantes de hoy cuál fue el origen del racismo en nuestra sociedad: ni siquiera utiliza la palabra *racismo*. El texto más largo, con mucho, es el que ofrece *The American Adventure*: «El aspecto de [los afroamericanos] era distinto al de los miembros de los grupos étnicos blancos. El color de su piel dificultaba la asimilación. Esta es la razón de que siguieran estando excluidos». Aquí *Adventure* ha abandonado la historia para entrar en la psicología para aficionados. Por desgracia para este argumento, el color de la piel no explica por sí solo el racismo. Los famosos experimentos realizados por Jane Elliot en las aulas de Iowa han demostrado que los niños pueden desarrollar con rapidez comportamientos discriminatorios y creencias prejuiciosas basadas en el color de los ojos. Por el contrario, los puestos de autoridad que con frecuencia han ocupado afroamericanos en naciones amerindias situadas desde Ecuador hasta el Ártico demuestran que la discriminación en función del color de la piel no es algo automático.[30]

[30] Sobre Ecuador, véase Ivan Van Sertima, *They Came Before Columbus*, Nueva York, Random House, 1976, p. 30. Sobre la influencia de los negros entre los semínolas, véase Daniel F. Littlefield, Jr., *Africans and Creeks*, Westport, CT, Greenwood, 1979. Sobre el experimento que hizo Elliot en Iowa con el color de los ojos, véase el documental del programa *Frontline* de la PBS titulado *A Class Divided*, vídeo, Yale University Films, Alexandria, Virginia, PBS, 1986. Sobre el Ártico, véase «Discoverers' Sons Arrive for Reunion», *Burlington Free Press*, 1 de mayo de 1987; Susan A. Kaplan, introducción para el libro de Matthew Henson, *A Black Explorer at the North Pole*, Lincoln, University of Nebraska Press, 1989; e Irving Wallace, David Wallechinsky y Amy Wallace, *Significa*, Nueva York, Dutton, 1983, pp. 17-18. Hay que señalar que *The American Adventure* da alegremente por hecho que el objetivo es asimilarse a la sociedad blanca.

Lo que explica el racismo son los acontecimientos y los procesos que han tenido lugar en la historia de los Estados Unidos desde la época de la esclavitud hasta la actualidad. No obstante, a excepción de la media frase de *Pageant* antes citada, ningún libro de texto establece una relación entre historia y racismo. De manera que el vacío analítico que dejan esos manuales se lanzan a llenarlo conceptos poco elaborados y carentes de fundamento. Las tres frases de *Adventure* insinúan que es natural excluir a la gente que tiene otro color de piel. Los estudiantes blancos pueden llegar a la conclusión de que *todas* las sociedades son racistas, quizá por definición, así que el racismo está bien. Los negros pueden llegar a la conclusión de que todos los blancos son racistas, quizá por definición, así que oponerse a los blancos está bien. La simpleza argumental de las tres frases de *Adventure* es palmaria. Sin embargo, este es el texto más enjundioso sobre las causas del racismo que encontramos en los libros de texto, viejos o nuevos, que he analizado. En *We Americans*, seis páginas precedidas por el título «Segregación y discriminación» nos hablan de linchamientos (pero sin ilustraciones), leyes segregadoras e inclementes normas de comportamiento racial, pero nada dicen de sus causas.

En lugar de analizar el racismo, los libros de texto siguen constituyendo sutiles ejemplos del mismo. Pensemos en un fragmento del final de *Holt American Nation* (¡de la página 1083!), en el que se ensalza la importancia de las pruebas de ADN: «Como Jefferson no tuvo hijos varones, los científicos compararon el ADN de varones descendientes del abuelo paterno de Jefferson con el de descendientes de Eston Hemings, hijo menor de Sally Hemings. Descubrieron una coincidencia. Como las posibilidades de coincidencia eran de menos del uno por ciento, es muy probable que Jefferson fuera el padre de Eston Hemings». *Holt* no se da cuenta de que el final del párrafo contradice su inicio. Jefferson *sí* tuvo, por lo menos, un hijo varón: Eston Hemings. Bastaría con cambiar *no tuvo hijos varones* por *no tuvo hijos varones reconocidos* para arreglar la frase; seguramente se pasó por alto este lapsus porque Jefferson no tuvo hijos varones *blancos*, es decir, hijos varones «como es debido».

Al no mencionar el racismo o abordarlo de manera tan pobre, los manuales de historia eluden su responsabilidad crítica. No todos los blancos son o han sido racistas. Además, los niveles de racismo han cambiado con el tiempo.[31] Si los libros de texto explicaran esto, proporcionarían a los alumnos cierta perspectiva para entender qué ocasionó el racismo en el pasado, qué lo perpetúa hoy en día y cómo podría reducirse en el futuro.

Aunque los autores de libros de texto ya no edulcoran la influencia que tuvo la esclavitud sobre los afroamericanos, sí minimizan la complicidad de los blancos en ella. La presentan como algo que prácticamente carece de causas, una tragedia, no una fechoría cometida por unas personas contra otras. Algunos libros mantienen la ficción de que los hacendados trabajaban en sus plantaciones. Según *Triumph of the American Nation*, «siempre había mucho que hacer, porque quien cultivaba algodón también producía gran parte de los alimentos que comían su familia y sus esclavos». Aunque seguramente llevar un negocio de cientos de miles de dólares exigiera bastante dedicación, es muy probable que la verdad sobre quién hacía casi todo en la plantación la plasme con más veracidad esta cita de un hacendado de Misisipi lamentándose de su situación después de la guerra: «En mi vida había trabajado un día entero y no sé por dónde empezar. Me ve usted con esta ropa basta y vieja; pues, hasta la guerra, en mi vida había llevado ropa basta».[32]

La emoción que suscitan las descripciones de la esclavitud de los libros de texto es tristeza, no indignación. Porque no hay nadie con quien indignarse. De alguna forma, en los Estados Unidos acabamos teniendo cuatro millones de esclavos que no tenían dueño. Esta actitud constituye una pauta de nuestros libros de texto: las cosas negativas de la historia de los Estados Unidos no son obra de nadie. Todos aquellos a los que se menciona hicieron aportaciones positivas (salvo John Brown, como demuestra el capítulo

[31] El hecho de que el racismo haya cambiado constituye un problema para los retóricos negros, que siempre pretenden convertirlo en la fuerza histórica predominante, lo cual, evidentemente, reduce nuestra capacidad para detectar otros factores.

[32] James W. Loewen y Charles Sallis, *Mississippi: Conflict and Change*, Nueva York, Pantheon, 1980, p. 141.

siguiente). O, como señaló Frances FitzGerald cuando analizó libros de texto en 1979, «en toda la historia, no se sabe de nadie que creara problemas a los demás».[33]

Desde luego, los Padres Fundadores no crearon ninguno. Según apunta el historiador David Lowenthal, «los retratos populares que se hacen en la actualidad de Washington y Jefferson no encajan en absoluto con sus vidas, las de hacendados del siglo XVIII que tenían esclavos».[34] A ello contribuyen también los libros de texto al minimizar el peso de la esclavitud en la vida de los fundadores. Al igual que en los casos de Woodrow Wilson, Helen Keller y Cristóbal Colón, los autores no pueden soportar que se revele nada malo sobre nuestros héroes. En 2003 una profesora de Illinois les dijo a sus alumnos de sexto que la mayoría de los presidentes anteriores a Lincoln había tenido esclavos. Los alumnos se quedaron indignados, no con los presidentes, sino con ella, por mentirles. «¡No es verdad!», protestaron: «¡O lo pondría en el libro!». Aducían que su libro de texto dedicaba muchas páginas a Washington, Jefferson, Madison, Jackson y otros presidentes de los inicios, y que nada decía de que hubieran tenido esclavos. Por supuesto, la profesora tenía razón y en el último capítulo de este libro sabremos qué imaginativa respuesta dio a sus estudiantes.

En la vida real los Padres Fundadores y sus esposas se debatían con la esclavitud. Los libros de texto canonizan a Patrick Henry por el discurso en el que afirmó: «Dadme la libertad o dadme la muerte». Pero nadie nos dice que ocho meses después de pronunciarlo ordenó a «diligentes patrullas» que impidieran que los esclavos de Virginia aceptaran la oferta que les habían hecho los británicos: la liberación a quienes se pusieran de su parte. Henry lidió con la contradicción: exclamando «¿Acaso creería alguien que soy amo de esclavos que yo mismo he comprado?».[35] En nuestros días,

[33] FitzGerald, *America Revised*, p. 158. Lo mismo señala Matthew Downey en «Speaking of Textbooks: Putting Pressure on the Publishers», *History Teacher*, 14, 1980, p. 68.

[34] David Lowenthal, *The Past Is a Foreign Country*, Cambridge, Cambridge University Press, 1988, p. 343 [ed. cast.: *El pasado es un país extraño*, Tres Cantos, Akal, 1998].

[35] Richard R. Beeman, *Patrick Henry*, Nueva York, McGraw-Hill, 1974, p. 182; Henry citado en J. Franklin Jameson, *The American Revolution Considered as a Social Movement*, Boston, Beacon Press, 1965, p. 23.

casi nadie lo creería, porque solo dos de los libros de texto que he analizado, *Land of Promise* y *The American Adventure*, llegan a mencionar la incoherencia.[36] Lamentablemente para sus esclavos, el hecho de que Henry asumiera la discrepancia entre sus palabras y sus hechos nunca le llevó a cambiar de comportamiento. Durante todo el período revolucionario no dejó de incorporar esclavos a su patrimonio e incluso en su lecho de muerte, al contrario que algunos otros hacendados de Virginia, no liberó a ninguno. Con todo, *Triumph of the American Nation* cita a Henry calificando la esclavitud de algo «tan repugnante para la humanidad como incoherente con la Biblia y destructor de las libertades», sin mencionar nunca que tenía esclavos. *American Adventures* dedica tres páginas enteras a Henry y construye un ficticio melodrama en el que su padre se pregunta preocupado: «¿Cómo va a ganarse la vida?». *Adventures* nos dice después que Henry fracasó como tendero, «intentó ganarse la vida cultivando tabaco», «puso otra tienda», «tenía que mantener a tres hijos y una esposa», «sabía que *de alguna manera* tenía que ganarse la vida», «así que decidió hacerse abogado». El alumno que lea este capítulo y después se entere de que Henry hizo fortuna gracias al trabajo de decenas de esclavos tiene derecho a sentirse estafado. A este respecto, tampoco es mejor ninguno de los nuevos libros de texto.

Todavía más engorroso es el caso del padre fundador Thomas Jefferson. Los manuales de historia de los Estados Unidos utilizan varias tácticas para quitar hierro a la contradicción entre la proclama de Jefferson, en el sentido de que todo el mundo tiene el mismo derecho a la «vida, la libertad y la búsqueda de la felicidad», y el hecho de que cuando escribió esas palabras estuviera esclavizando a 175 seres humanos. La tenencia de esclavos por

[36] *The American Adventure*, un manual de indagación, en parte elaborado con fuentes primarias, incluye otros fragmentos de la carta de la que procede la cita mencionada. Henry escribía también: «Trasmitamos a nuestros descendientes, junto con nuestros esclavos, la pena por su desventurado destino y la aversión a la esclavitud». Su biógrafo Richard R. Beeman describe secamente su concepción de la esclavitud: «Si no era hipocresía, era por lo menos un autoengaño de grandes proporciones». Véase *Patrick Henry*, Nueva York, McGraw-Hill, 1974, p. 97.

parte de Jefferson afectó a casi todo lo que hizo, desde su oposición a las mejoras internas a su política exterior.[37] No obstante, la mitad de los libros de mi muestra anterior no mencionaba que Jefferson tuviera esclavos. *Life and Liberty* ofrecía una minibiografía de Jefferson en media página que desvelana que era «tímido», que «tartamudeaba» y que «siempre ponía mucho empeño en lo que hacía». En otras partes de *Life and Liberty* se mencionan toda clase de nimiedades sobre el personaje, cosas como que se negaba a llevar peluca o que en el desfile de su toma de posesión caminó en lugar de ir a caballo, pero nada sobre Jefferson y la esclavitud.

Todos los libros de texto recientes mencionan que tenía esclavos, pero se quedan ahí: lo mencionan, casi siempre en una oración subordinada. Esto es todo lo que dice *The Americans*: «A pesar de proceder de la elite y de tener esclavos, era un ferviente aliado del pequeño granjero y del ciudadano medio». Igual de conciso es *American Journey*: «En la Declaración de Independencia proclamó que "a todos los hombres los han creado iguales", pero él tenía esclavos». *Pathways to the Present* concede seis palabras a la complicidad de Jefferson con la esclavitud. Van detrás de cuatro párrafos de alabanza al personaje, que incluyen su oposición a esa práctica. «En su época, el compromiso de Jefferson con la igualdad entre los hombres blancos, así como su oposición a la esclavitud, eran ideas valientes y radicales. Hoy en día, Jefferson sigue siendo un enigma para los historiadores: el autor de algunas de las palabras más elocuentes que se han escrito sobre la libertad humana era propietario de esclavos». En realidad, en 1820 Jefferson ya era un ferviente defensor de la extensión de la esclavitud a los territorios occidentales. Y nunca permitió que su ambigüedad sobre ese asunto influyera en su vida privada. Jefferson era el típico propietario que mandaba azotar a sus esclavos y los vendía en el profundo Sur para dar ejemplo a los demás e inducirlos a obedecer.

---

[37] Paul Finkelman, «Jefferson and Slavery», en Peter S. Onuf, ed., *Jeffersonian Legacies*, Charlottesville, University Press of Virginia, 1993, pp. 181-221, constituye un extenso análisis de la tenencia de esclavos por parte de Jefferson y de lo que influyó en su pensamiento.

En 1822 tenía 267 esclavos. Durante su larga vida, de los cientos que poseyó, solo liberó a tres, y cinco más en el momento de morir (todos ellos consanguíneos suyos).[38]

La táctica que sigue otro libro de texto para minimizar la tenencia de esclavos por parte de Jefferson es admitirla, pero recalcando que otros no eran mejores. «Jefferson se mostró como un hombre de su tiempo», afirma *Land of Promise*. ¿Y cuál era ese tiempo? Desde luego, la mayoría de los estadounidenses de la década de 1770 eran racistas. Sin embargo, las relaciones raciales estaban transformándose a causa de la Guerra Revolucionaria y su subyacente ideología de los derechos de la humanidad que Jefferson, entre otros, tanto había hecho por difundir. En el Ejército Continental lucharon cinco mil soldados negros junto a los blancos «con valor y competencia», según *Triumph of the American Nation*. En realidad, está claro que algunos lucharon con «valor y competencia», como algunos reclutas blancos, y otros, al igual que otros reclutas blancos, no lograban disparar y salían corriendo.[39] Sin embargo, como esos hombres luchaban mayormente en unidades mixtas y recibían una misma soldada, la propia existencia de esas unidades contribuyó a reducir el racismo blanco.[40]

Por otra parte, la Revolución americana es uno de esos momentos de nuestra historia en los que el poder de las ideas tuvo

---

[38] Paul Finkelman, «Treason Against the Hopes of the World: Thomas Jefferson and the Problem of Slavery», Washington, D.C., National Museum of American History, coloquio celebrado el 23 de marzo de 1993; Roger Kennedy, *Mr. Lincoln's Ancient Egypt*, Washington, D.C., National Museum of American History, 1991, texto mecanografiado, p. 93; Ronald Takaki, *A Different Mirror*, Boston, Little, Brown, 1993, p. 69. William W. Freehling también trata la ambigüedad de Jefferson respecto a la esclavitud en *The Road to Disunion*, Nueva York, Oxford University Press, 1990, pp. 123-131 y 136.

[39] Seguramente, cumplidos condescendientes como estos pretenden atraerse a los miembros afroamericanos y progresistas blancos de las comisiones que eligen los libros de texto. O quizá las editoriales se imaginen que esos halagos ayudan a los estudiantes blancos a pensar menos mal de los afroamericanos actuales. Sin embargo, demostrar cómo redujo la Revolución el racismo blanco sería más legítimo históricamente y probablemente más útil para reducir la intolerancia actual.

[40] Bruce Glasrud y Alan Smith, *Race Relations in British North America, 1607-1783*, Chicago, Nelson-Hall, 1982, p. 330.

una auténtica influencia. «Al luchar por el nacimiento de la libertad», declaró un capitán del Ejército, «hemos aprendido a compadecernos de la servidumbre ajena».[41] En 1774 Abigail Adams escribió a su esposo para preguntarle cómo podíamos «luchar contra nosotros mismos por lo que a diario les robamos y saqueamos a quienes tienen tanto derecho a la libertad como nosotros».[42] La contradicción existente entre sus propias palabras y el hecho de que tuviera esclavos avergonzaba a Patrick Henry, que solo ofreció una endeble excusa: «Me dejo llevar por la incomodidad general de vivir aquí sin ellos» y admitía que «no lo justificaré, no puedo justificarlo».[43] Los hacendados tenían otras opciones. Algunos, entre ellos George Washington, valoraban la coherencia más que Henry o Jefferson y liberaron a sus esclavos directamente o por lo menos en sus testamentos. Otros propietarios de esclavos liberaron a los varones para que lucharan en el ejército colonial y cobraron una recompensa por cada uno que se alistaba. En las dos primeras décadas posteriores a la Revolución, en Virginia el número de libertos negros se multiplicó por diez, pasando de dos mil en 1780 a veinte mil en 1800. La mayoría de los estados del Norte erradicó por completo la esclavitud. De manera que Thomas Jefferson, en su comportamiento respecto a esa práctica, fue a la zaga de muchos blancos de su época.[44]

No obstante, la manumisión fue paulatinamente flaqueando, porque gran parte de los blancos sureños que, como Jefferson, conservaron sus esclavos, se hicieron ricos. Sus vecinos tenían buen concepto de ellos, algo que suele ocurrirles a quienes son

---

[41] George Imlay, citado en Okoye, *The American Image of Africa*, p. 55. Véase también Glasrud y Smith, *Race Relations in British North America*, pp. 278-330.

[42] Aptheker, *Essays in the History of the American Negro*, p. 76.

[43] Citado en Jameson, *The American Revolution Considered as a Social Movement*, p. 23.

[44] Respecto a la influencia de la Revolución en la esclavitud, véase Glasrud y Smith, *Race Relations in British North America*, p. 278; Richard H. Sewell, *Ballots for Freedom*, Nueva York, Oxford University Press, 1976, p. 3; Dwight Dumond, *Antislavery*, Nueva York, Norton, 1966 [1961], pp. 27-34; Arthur Zilversmit, *The First Emancipation*, Chicago, University of Chicago Press, 1967; y Paul Finkelman, *An Imperfect Union*, Chapel Hill, University of North Carolina Press, 1981. Las cifras de Virginia proceden de Finkelman, «Jefferson and Slavery», p. 187.

más ricos que los demás. Hasta cierto punto, la ideología de la clase alta se convirtió en la del conjunto de la sociedad y, a medida que se perdía de vista la Revolución, esa ideología iba justificando más y más la esclavitud. Jefferson gastó gran parte de la riqueza que le reportó la esclavitud en su mansión de Monticello y en libros que posteriormente donó a la Universidad de Virginia; esos gastos pasaron a integrar su sacrosanto legado, otorgándole así a la historia otra razón más para recordarle con afecto.[45]

Con todo, otras perspectivas son posibles. En 1829, tres años después de la muerte de Jefferson, David Walker, un negro de Boston, advirtió a los miembros de su raza que debían recordar a Jefferson como a su peor enemigo. «Las observaciones del señor Jefferson respecto a nosotros han calado profundamente en el corazón de millones de blancos y no viviremos para asistir a su desaparición».[46] Durante los cien años siguientes, el descarado supremacismo blanco del Partido Demócrata, legado político de Jefferson a la nación, corroboraría la advertencia de Walker.

Los libros de texto están en buena compañía: el Monumento a Jefferson también le hace un lavado de cara al propio homenajeado. El tercero de los muros de mármol que lo rodean se compone de un batiburrillo de citas, tomadas de diferentes períodos de la vida de Thomas Jefferson, que vienen a crear la impresión de que prácticamente era abolicionista. En sus contextos originales, esas mismas citas ponen de manifiesto la conflictiva relación que tuvo con la esclavitud: en ocasiones fue su crítico más acerbo, pero lo más habitual es que la defendiera. Quizá sea excesivo pedirle a un monumento de mármol que diga la verdad. Sin embargo, ¿deben también los manuales de historia ser un santuario? ¿Deben animar a los estudiantes a venerar a Jefferson? ¿O deben ayudarles a comprenderle, a debatirse con los problemas con los que él se debatió, a entender sus logros y también reconocer sus fracasos?

---

45 Finkelman, «Treason Against the Hopes of the World».

46 David Walker, citado en Okoye, *The American Image of Africa*, pp. 45-46. Aunque atacara a Jefferson, Walker no dejaba de citar con aprobación la Declaración de Independencia.

Al principio, la chispa de idealismo de nuestra Revolución, que tanta incomodidad ocasionó al discurso de Patrick Henry, convirtió a los Estados Unidos en defensores de la democracia en el mundo. Sin embargo, la esclavitud y sus ideas concomitantes, que legitimaban la jerarquía y el dominio, debilitaron nuestro idealismo revolucionario. La mayoría de los libros de texto ni siquiera da pistas sobre la existencia de este choque ideológico y mucho menos sobre su influencia en nuestra política exterior.

Después de la Revolución, muchos estadounidenses esperaban que nuestro ejemplo inspirara a otros pueblos. Y así fue. Nuestra joven nación tuvo la primera oportunidad de ayudar en la década de 1790, cuando Haití se alzó contra Francia. El hecho de que un presidente tuviera esclavos parece que determinó su política respecto a la segunda nación independiente del hemisferio. Así fue en el caso de Washington, ya que su administración prestó cientos de miles de dólares a los hacendados franceses de Haití para ayudarles a reprimir a sus esclavos. No ocurrió lo mismo con John Adams, cuya administración otorgó un apoyo considerable a los haitianos. La presidencia de Jefferson supuso un generalizado retroceso del idealismo revolucionario. Al igual que otros propietarios de esclavos, Jefferson prefería tener en el Caribe una colonia napoleónica antes que una república negra. En 1801 invirtió la tradicional política estadounidense respecto a Haití y avaló en secreto la reconquista de la isla por parte de Francia. De ese modo, los Estados Unidos no solo traicionaron su legado, sino que fueron en contra de sus propios intereses. Porque si Francia hubiera logrado realmente reconquistar Haití, Napoleón habría mantenido el sueño de crear un imperio americano. Así las cosas, los Estados Unidos habrían quedado rodeados por Francia al oeste, Gran Bretaña al norte y España al sur.[47] Pero a los hacendados de los Estados Unidos les daba miedo la revolución haitiana. Pensaban que podría inspirar revueltas de esclavos aquí (y así ocurrió). Cuando

---

[47] Cuando comprendió que Napoleón quería realmente ocupar «Luisiana», Jefferson dejó de inclinarse a favor de Francia y retomó una posición de neutralidad. Véase John Chester Miller, *The Wolf by the Ears*, Nueva York, Free Press, 1977, pp. 134-137.

Haití se impuso, a pesar de nuestro viraje, los Estados Unidos ni siquiera quisieron concederle el reconocimiento diplomático, por si acaso su embajador, en palabras de un senador por Georgia, encendía a nuestros esclavos «encarnando en sí mismo el ejemplo de una revuelta victoriosa».[48] Nueve de los dieciocho libros de texto mencionan que la resistencia haitiana indujo a los franceses a vendernos el derecho que se arrogaban sobre Luisiana, pero nadie habla de nuestro viraje.

La esclavitud por motivos raciales también influyó en nuestra política hacia los siguientes países americanos que se alzaron las colonias españolas. El ejemplo de Haití les animó a buscar la independencia y el gobierno haitiano ayudó directamente a Simón Bolívar. Nuestros estadistas se mostraron ambiguos: estaban deseando echar a una potencia europea del hemisferio, pero les preocupaba que la expulsión fuera obra de rebeldes mestizos. Algunos hacendados querían que nuestro gobierno sustituyera a España como potencia colonial, sobre todo en Cuba. Jefferson propuso anexionarse la isla. Cincuenta años después, diplomáticos de la administración de Franklin Pierce firmarían el Manifiesto de Ostende, que proponía que los Estados Unidos se la comprara a España o la ocupara. Los propietarios de esclavos, todavía obsesionados con el deseo de emulación que podía suscitar Haití, esperaban así impedir que Cuba se convirtiera en una segunda Haití y que, como decía el Manifiesto, sus «llamas [pudieran] extenderse a nuestras propias costas».[49] En suma, la esclavitud, en lugar de engendrar en los Estados Unidos la visión de una liberación democrática de Latinoamérica, les indujo a concebir planes imperialistas para esa región.

La esclavitud influyó también de otras maneras en nuestra política exterior. El primer requisito para que exista una sociedad esclavista es la existencia de fronteras seguras. No nos gusta pensar

---

[48] Piero Gleijesus, «The Limits of Sympathy», *Journal of Latin American Studies*, 24, nº 3, octubre de 1992, pp. 486 y 500; Roger Kennedy, *Orders from France*, Nueva York, Alfred A. Knopf, 1989, pp. 140-145 y 152-157.

[49] Gleijesus, «The Limits of Sympathy», p. 504; el Manifiesto de Ostende se cita en Dumond, *Antislavery*, p. 361. Véase también Robert May, *The Southern Dream of a Caribbean Empire, 1854-1861*, Baton Rouge, Louisiana State University Press, 1973.

que los Estados Unidos son un Estado policial, una nación como Alemania del Este, de la que la gente huye, pero eso es lo que eran precisamente lo estados esclavistas. En realidad, después de la Ley del Esclavo Fugitivo de 1850, que facilitaba a los blancos el secuestro y la venta de negros libres para esclavizarlos, miles de afroamericanos libertos comprendieron que ni siquiera podían estar seguros en los estados del Norte y huyeron a Canadá, México y Haití.[50] Sus temores se vieron confirmados en 1857 con el fallo sobre el caso Dred Scott, que declaraba que «un negro carecía de derechos que un hombre blanco tuviera que respetar». Los propietarios de esclavos dominaron nuestra política exterior hasta la Guerra Civil. Siempre les preocuparon nuestras fronteras con los indios y consiguieron que los tratados con las naciones indias estipularan que los nativos entregarían a todos los afroamericanos y que devolverían a cualquier evadido.[51]

En gran medida, la expansión territorial de los Estados Unidos entre 1787 y 1855 se debió a la influencia de los esclavistas. El grupo de presión que más abogó por la guerra de 1812 fue el de los propietarios de esclavos, que codiciaban las tierras indias y españolas, y querían alejar aún más a las sociedades nativas de los estados esclavistas para impedir la huida de los esclavos. Aunque España apenas tuvo que ver con esa guerra, después del conflicto le arrebatamos Florida porque los propietarios de esclavos así lo exigieron. De hecho, en 1816 Andrew Jackson atacó un fuerte seminola de Florida precisamente porque daba refugio a cientos de esclavos evadidos y así se inició la primera guerra con los seminolas.[52]

Este grupo no existía ni como tribu ni como nación antes de la llegada de los europeos y de los africanos. Eran una isla trirracial compuesta por indios creek, restos de tribus menores, esclavos

---

[50] Henry Sterks, *The Free Negro in Antebellum Louisiana*, Rutherford, NJ, Fairleigh Dickenson University Press, 1972, pp. 301-304.

[51] William S. Willis, «Division and Rule: Red, White, and Black in the Southeast», en Leonard Dinnerstein y Kenneth Jackson, eds., *American Vistas, 1607-1877*, Nueva York, Oxford University Press, 1975, pp. 61-64; véase también Littlefield, *Africans and Creeks*, pp. 10-100, y Theda Perdue, «Red and Black in the Southern Appalachians», *Southern Exposure*, 12, nº 6, noviembre de 1984, p. 19.

[52] Sloan, *Blacks in America*, p. 9; Littlefield, *Africans and Creeks*, pp. 72-80.

evadidos y blancos que preferían vivir junto a los indios. La palabra *semínola* es una corrupción de la palabra española *cimarrón* (que a su vez degeneró en *maroon* en Jamaica) que acabó aludiendo a los esclavos evadidos.[53] La negativa de los semínolas a entregar a sus miembros afroamericanos condujo a la primera y la segunda guerra de los Semínolas (1816-1818, 1835-1842). Los blancos no los atacaron porque quisieran los Everglades, que en el siglo XIX carecían de valor económico para los Estados Unidos, sino para acabar con un refugio de esclavos evadidos. La segunda guerra de los Semínolas fue la más larga y costosa que libraron los Estados Unidos con los indios.[54] El manual universitario *America: Past and Present* explica por qué libramos esa guerra, situándola en el contexto de las revueltas de esclavos:

> La iniciativa más continua y eficaz de los esclavos para alcanzar su libertad por la fuerza de las armas se produjo en Florida entre 1835 y 1842, cuando cientos de fugitivos negros lucharon en la segunda guerra de los Semínolas junto a los indios que les habían dado refugio. Los semínolas se estaban resistiendo a su traslado a Oklahoma, pero los negros que participaron luchaban por alcanzar su libertad, y el tratado que puso fin a la guerra permitió a la mayoría de ellos acompañar a sus aliados indios al Oeste, al otro lado del Misisipi.

Cinco de los seis nuevos libros de texto sí mencionan esta guerra, pero solo *Pathways to the Present* está a punto de decir que su verdadera motivación fueron los antiguos esclavos.

Es posible que la esclavitud fuera también el factor determinante de la guerra de Texas [guerra de Independencia de Texas],

---

[53] William C. Sturtevant, «Creek into Seminole», en Eleanor Burke Leacock y Nancy O. Lurie, eds., *North American Indians in Historical Perspective*, Prospect Heights, IL, Waveland, 1988 [1971], pp. 92-128.

[54] J. Leitch Wright Jr., *The Only Land They Knew*, Nueva York, Free Press, 1981, p. 277; William Loren Katz, *Teachers' Guide to American Negro History*, Chicago, Quadrangle, 1971, pp. 34 y 63. Véase también Scott Thybony, «Against All Odds, Black Seminole Won Their Freedom», *Smithsonian Magazine*, 22, nº 5, 8/1991, pp. 90-100; y Littlefield, *Africans and Creeks*, pp. 85-90.

de 1835-1836. La libertad por la que lucharon en El Álamo Davy Crockett, James Bowie y los demás era la libertad para tener esclavos. En cuanto los anglosajones crearon la República de Texas, su asamblea legislativa ordenó la expulsión del estado de todos los negros libres.[55] Nuestro siguiente conflicto importante, la guerra entre los Estados Unidos y México (1846-1848), también la promovieron principalmente los hacendados sureños que querían alejar de los estados esclavistas las fronteras de las tierras libres.

Es probable que el indicador más claro de hasta qué punto afectó la esclavitud a la política exterior de los Estados Unidos sea la Guerra Civil, porque entre 1861 y 1865 tuvimos dos políticas exteriores, la de la Unión y la de la Confederación. La Unión reconoció diplomáticamente a Haití y tenía considerables coincidencias ideológicas con el México postrevolucionario. La Confederación amenazó a México con invadirlo y después acogió de buen grado que Luis Napoleón se hiciera cargo del país convirtiéndolo en colonia francesa, porque así desaparecía como baluarte de la libertad y como refugio de esclavos evadidos.[56] Si hubieran ganado la Guerra Civil, hay que decir que los diplomáticos confederados también tenían la vista puesta en Cuba.

En consecuencia, durante nuestros primeros setenta años como nación, la esclavitud hizo que nuestra política exterior fuera más afín al imperialismo que a la autodeterminación. Los libros de texto no pueden demostrar la influencia de la esclavitud en nuestra política exterior si no están dispuestos a plantear ideas como el racismo, que podrían dar mala imagen de los blancos. Cuando los

---

[55] Reginald Horsman, «American Indian Policy and the Origins of Manifest Destiny», en Francis Prucha, ed., *The Indian in American History*, Nueva York, Holt, Rinehart and Winston, 1971, p. 28. Casi todos los libros de texto mencionan que la esclavitud fue un problema en Texas, pero la mayoría lo entierran dentro de los otros «derechos» que los mexicanos negaban a los anglos. Sobre los libertos negros, véase Moore, *Stereotypes, Distortions, and Omissions in U.S. History Textbooks*, p. 24. Los lectores también pueden disfrutar de la magnífica novela histórica de R. A. Lafferty, *Okla Hannali*, Garden City, NY, Doubleday, 1972, p. 100, en la que se declara que «por mucho que se falseara (y la falsificación sigue siendo un clásico), allí solo había un problema: la esclavitud».

[56] Thomas David Schoonover, *Dollars Over Dominion*, Baton Rouge, Louisiana State University Press, 1978, pp. 41 y 78.

autores de libros de texto centran su atención en la política interna, el racismo sigue siendo igualmente invisible. Por tanto, aunque esos libros dedican bastante atención a Stephen A. Douglas, el líder más importante del Partido Demócrata a mediados del siglo XIX, no mencionan su racismo. Es preciso recordar que en 1854 Douglas había forzado la aprobación en el Congreso de la llamada Ley Kansas-Nebraska. El propio Douglas, senador por Illinois y aspirante a la presidencia, no estaba ni a favor ni en contra de la esclavitud. Para él lo primordial era que Estados Unidos organizara gobiernos territoriales en Kansas y Nebraska, hasta entonces zonas indias, porque tenía relaciones con quienes pretendían construir un ferrocarril que cruzara esos territorios.[57] Necesitaba votos sureños. Durante gran parte de las décadas de 1840 y 1850 los hacendados del Sur controlaron el Tribunal Supremo, la presidencia y, como mínimo, una de las cámaras del Congreso. Envalentonados por su poder, pero preocupados porque su apoyo entre la población blanca del país estaba menguando, los propietarios de esclavos acordaron apoyar a los nuevos territorios solo si Douglas incluía en la ley una cláusula que los abriera a la esclavitud. Douglas capituló e incorporó al texto una alusión a lo que él llamó «soberanía popular». Esto suponía que Kansas podía hacerse esclavista si quería, aunque estuviera al norte de la línea marcada por el Compromiso de Misuri, creada en 1820 para separar la esclavitud de la libertad. En la misma situación que Kansas se encontraba Nebraska. El resultado fue la guerra civil en Kansas.

Aunque los libros de texto no dan a Stephen Douglas el tratamiento de gran héroe que conceden a Cristóbal Colón o Woodrow Wilson, hablan de él con simpatía. En 1858 Douglas se presentó a las elecciones como oponente de Abraham Lincoln, en una pugna que presagió las ideologías que dominarían a los dos grandes partidos durante las tres décadas siguientes.[58] En consecuencia, los libros de texto otorgan a los debates un espacio extraordinario: un

---

[57] Patricia N. Limerick, *The Legacy of Conquest*, Nueva York, Norton, 1987, pp. 92-93.

[58] Los debates también fueron los primeros acontecimientos de la vida pública estadounidense en trascribirse literalmente, lo cual permitió una mayor y más precisa cobertura mediática.

promedio de siete párrafos y dos ilustraciones.[59] Los autores de los libros seleccionados en mi muestra anterior utilizaban este espacio como si escribieran para el *Gentlemen's Quarterly*. Por ejemplo *American History* concedía dieciséis párrafos a los debates. Aquí están dos de ellos:

> Aun sin su alto sombrero de «estufa» [chistera], con sus seis pies y seis pulgadas de alto [el autor ha añadido dos pulgadas], Lincoln se elevaba por encima del Pequeño Gigante [Douglas]. Llevaba una seria levita negra, generalmente arrugada y siempre demasiado corta para cubrir sus largos brazos y piernas. Podríamos decir que Douglas se vestía de manera ostentosa. Llevaba camisas de volantes, chalecos con extravagantes bordados y un alto sombrero de fieltro. Su forma de hablar, rápida como un disparo, contrastaba con el estilo de Lincoln, pausado, reflexivo…
>
> La voz de Lincoln era aguda, la de Douglas grave. Ambos debían tener pulmones poderosos para hacerse oír en medio del ruido callejero y el trajín del gentío. No contaban con amplificadores de sonido que los ayudaran.

Así que nos enteramos de que Douglas vestía de manera ostentosa y de que hablaba con energía, pero ¿cuáles eran sus ideas?, ¿qué decía? Los doce libros de mi muestra original solo ofrecían tres fragmentos de frases del propio Douglas. A continuación figuran todas las palabras que de él proporcionaban: «siempre divididos entre estados libres y esclavistas, como lo quisieron nuestros padres», «piensa que el negro es su hermano» y «un día o una hora». ¡Solo veinticuatro palabras en doce libros! Aun rindiendo homenaje al Pequeño Gigante por su «enérgico discurso» o su «espléndida oratoria», nueve libros le silenciaban por completo.

---

[59] Resulta increíble que los dos manuales de indagación solo mencionen de pasada esos debates. *The American Adventure* únicamente incluye un párrafo de preguntas; *Discovering American History*, solo un párrafo de prosa descriptiva (aunque sí cita textualmente el discurso de Lincoln sobre la «casa dividida»). Cuando se trata de acciones es comprensible que a los manuales de indagación les cueste incorporar fuentes primarias, que por definición suelen ser palabras, no actos. Sin embargo, aquí la acción está hecha de palabras ¡y los libros de texto prescinden de ellas!

Dos de los seis libros de texto nuevos proporcionan al menos un trozo de frase más largo de Douglas: «En ningún lugar podrá la esclavitud existir un día o una hora, a menos que se apoye en normas policiales locales» (esta es la llamada doctrina Freeport de Douglas). En *Holt American Nation* aparece una cita más larga. En tanto que *Pathways to the Present* no cita literalmente, solo resume: «Douglas era partidario de la soberanía popular y eso incluía cuestiones como la esclavitud». En consecuencia, cuatro libros de texto recientes sí indican que los debates tuvieron algo que ver con la esclavitud. Deberían ir más allá. La posición de Douglas no era tan imprecisa. En gran medida, los debates tuvieron que ver con la raza y con la posición que los afroamericanos deberían acabar teniendo en nuestra sociedad. Esa esa la razón de que Paul Angle escogiera el título *¿Creados iguales?* para la edición de los debates en su centenario.[60] El 9 de julio de 1858, Douglas dejó clara su posición en Chicago y lo hizo en repetidas ocasiones durante ese verano:

> En mi opinión este gobierno nuestro se asienta en la base blanca. Lo hicieron hombres blancos, por el bien de los hombres blancos, para que lo gestionen hombres blancos…
>
> Me opongo a cualquier medida que reconozca al hombre negro o indio la condición de igual al blanco. Me opongo a darle voz en la gestión del gobierno. Sí extendería al negro, al indio y a todas las razas dependientes cualquier derecho, privilegio e inmunidad consecuentes con la seguridad y el bienestar de las razas blancas; pero nunca debieran tener igualdad, ya sea política o social, ni de ninguna otra índole.
>
> Ya veis, amigos míos, que las cuestiones están perfectamente perfiladas.[61]

Sin embargo, los lectores de libros de texto *no pueden* apreciar que estén perfectamente perfiladas, porque ni siquiera los manuales

---

[60] Paul M. Angle, *Created Equal? The Complete Lincoln-Douglas Debates of 1858*, Chicago, University of Chicago Press, 1958. Véase también Gustave Koerner, *Memoirs*, 2, pp. 58-60, citado en Angle, *The American Reader*, Nueva York, Rand McNally, 1958, p. 297.

[61] Angle, *Created Equal?*, pp. 22-23.

más recientes llegan a insinuar siquiera el racismo de Douglas. De entre dieciocho libros, solo uno, *American History*, contiene una cita de Douglas sobre raza: «Lincoln "cree que el negro es su hermano", afirmó con sorna el Pequeño Gigante». Poca justicia hacen a la concepción de la raza de Douglas esas ocho palabras, citadas en un solo libro, ya descatalogado, de entre dieciocho manuales.

¿Por qué censuran a Douglas los libros de texto? No puede ser por falta de espacio, ya que sí dedican párrafos a su guardarropa. No cabe duda de que los autores de manuales no suelen citar las palabras de nadie. Sin embargo, en este caso concreto, parece que estamos de nuevo ante un proceso de *heroización*. Las palabras de Douglas sobre la raza podrían hacernos pensar mal de él. Así que dejémoslas fuera.

En comparación con Douglas, Lincoln era un igualitarista idealista, pero en el sur de Illinois, discutiendo con Douglas, él también expresó ideas supremacistas blancas. Así, en el debate de Charleston dijo: «No estoy a favor, ni nunca lo he estado, de promover ninguna igualdad social y política entre las razas blanca y negra [aplauso]. Tampoco estoy ni he estado nunca a favor de convertir a los negros en votantes o jurados». La mayoría de los autores de libros de texto nos protegen del Lincoln racista. De ese modo reducen la capacidad que tienen los alumnos de reconocer la fuerza del racismo en la vida estadounidense. Porque, si Lincoln podía ser racista, los demás también podríamos serlo. Y si Lincoln pudo superar el racismo, como hizo en ocasiones, los demás también podríamos.

Durante la Guerra Civil, los demócratas del Norte refutaban a los republicanos, que los acusaban de favorecer la rebelión, proclamándose «el partido del hombre blanco». Criticaron que el gobierno emancipara a los esclavos en el Distrito de Columbia y que reconociera diplomáticamente a Haití. Afirmaban que los republicanos no tenían «nadas más que "negros en la cabeza"». Les enfureció que el Ejército de los Estados Unidos aceptara reclutas afroamericanos. Y convirtieron la raza en un elemento primordial de sus campañas.

En esa época anterior a la televisión, los partidos celebraban concentraciones coordinadas. El último sábado antes de las elecciones, los senadores demócratas podían dirigirse a multitudes reunidas en todas las poblaciones importantes, en tanto que los cargos locales se explayaban en localidades menores. En todas esas concentraciones había música. Se imprimían cientos de miles de cancioneros para que los fieles al partido pudieran cantar las mismas canciones en todo el país. Una de las favoritas de 1864 se cantaba utilizando la melodía de «Yankee Doodle Dandy»:

El NUEVO HIMNO NACIONAL
«NIGGER DOODLE DANDY»[62]

Yankee Doodle ya pasó,
sin nombre y sin condición;
Nigger Doodle aquí está,
y a mezclarse tocan ya.

ESTRIBILLO:
Nigger Doodle hace furor,
¡fíjense qué canillas!
«Leales», inclínense
ante Nigger Doodle dandy.

La raza blanca, ¡qué tostón!,
no da ningún aroma,
mejor un negro como el betún,
un «rey africano», todavía mejor.

ESTRIBILLO: Nigger Doodle hace furor, etc.

Labios carnosos, ¡cómo no!
Pelo crespo, ¡sin parangón!

[62] La canción «Yankee Doodle Dandy», con la que los británicos se mofaban antes de la guerra de Independencia de los Estados Unidos de la simpleza de los colonos, acabó convirtiéndose en himno oficioso de los rebeldes durante la guerra. Se sustituye aquí el término *yankee*, que desde antes de la guerra de Independencia de los Estados Unidos comenzó a utilizarse para aludir a los colonos del noreste de los futuros Estados Unidos, por la palabra *nigger*, utilizada para referirse muy despectivamente y de forma racista a los negros [*N. del T.*].

¡Y qué delicados pies,
con las herraduras de tacón!

ESTRIBILLO: Nigger Doodle hace furor, etc.

He repartido estas letras a cientos de estudiantes universitarios y decenas de profesores de historia de secundaria. Para conseguir que el público se tome la letra en serio, suelo intentar que la canten a coro. Lo normal es que los grupos, aunque solo estén compuestos por blancos, se nieguen a cantarla. Les escandaliza lo que leen. En sus manuales de historia de secundaria no había nada que insinuara que la política nacional hubiera podido ser así.

En parte porque muchos militantes y líderes políticos no se identificaron con el esfuerzo bélico, cuando los Estados Unidos se impusieron, los demócratas se convirtieron en un partido minoritario. Los republicanos controlaron la Reconstrucción. Este período, al igual que la esclavitud, es uno de los asuntos que los libros de texto tratan de manera más adecuada desde la aparición del movimiento por los derechos civiles. Las primeras explicaciones al respecto, escritas incluso antes de que terminara la Reconstrucción, describían a los gobiernos estatales republicanos luchando por gobernar equitativamente, pero enfrentados a enormes problemas, de los que no era el menor la violenta resistencia de exconfederados racistas. Sin embargo, el retrato que hacían los manuales escritos entre 1890 y 1960 de los gobiernos republicanos de la posguerra pintaba un cuadro opresivo, nada halagüeño, que podríamos calificar de mito confederado de la Reconstrucción. Durante años las familias negras mantuvieron viva la verdad sobre ese período. Los viejos esclavos, cuyos relatos registraron durante la década de 1930 escritores de la WPA (Organización para el Progreso de las Obras Públicas, por sus siglas en inglés), seguían estando orgullosos del papel de los negros durante la Reconstrucción. Algunos todavía recordaban los nombres de los afroamericanos elegidos para ocupar cargos públicos sesenta años antes. «Ya sé que hay gente que cree que los libros dicen la verdad», declaró un exesclavo de ochenta y ocho años, «pero no es así en absoluto».[63] No obstante, a medida que iban muriendo quienes habían conocido directamente la Reconstrucción, la versión de los libros de texto se fue imponiendo incluso entre la comunidad negra.

Mi encuentro más memorable con el mito confederado de la Reconstrucción se produjo una tarde de enero de 1970 durante un debate con diecisiete estudiantes de primero en Tougaloo College, un centro universitario predominantemente negro de Misisipi. Estaba a punto de dar comienzo a una unidad sobre la Reconstrucción y necesitaba saber qué sabían los estudiantes. «¿Qué fue la Reconstrucción?», pregunté. «¿Qué imágenes se os vienen a la cabeza cuando pensáis en esa época?». Todos coincidían: la Reconstrucción fue la época en la que los afroamericanos se hicieron cargo del gobierno de los estados sureños, entre ellos Misisipi. Pero, como acababan de salir de la esclavitud, lo estropearon todo y gobernaron de manera corrupta, y los blancos tuvieron que recuperar el control de los gobiernos estatales.

Me quedé estupefacto. De esa afirmación emanaban errores tan garrafales que uno no sabía por dónde empezar a rebatirlos. Los afroamericanos nunca se hicieron cargo del gobierno de los estados sureños. Todos los gobernadores eran blancos y, durante toda la Reconstrucción, casi todas las asambleas estatales tuvieron mayorías blancas. Los afroamericanos no «lo estropearon todo». en realidad, durante la Reconstrucción el gobierno de Misisipi fue menos corrupto que en las décadas inmediatamente posteriores. Los «blancos» no recuperaron el control de los gobiernos estatales, sino que, más bien, *algunos blancos demócratas* recurrieron a la fuerza y al fraude para arrancar el control a coaliciones birraciales republicanas.

Resultaba trágico que los jóvenes afroamericanos se hubieran creído ese dañino mito sobre su pasado. Les inducía a dudar de sus propias capacidades, ya que su raza «lo había estropeado todo» durante su única aparición estelar en la historia de los Estados Unidos. También les inducía a pensar que es justo que los

[63] Citado en Paul D. Escott, *Slavery Remembered*, Chapel Hill, University of North Carolina Press, 1979, p. 153.

blancos tengan siempre el control. Sin embargo, mis alumnos se habían limitado a aprender lo que sus libros de texto les habían enseñado. Como casi todos los estadounidenses que terminaron la enseñanza secundaria antes de la década de 1970, en sus clases de historia de los Estados Unidos se habían topado con el mito confederado de la Reconstrucción. Yo también lo aprendí en mi manual de historia universitario. John F. Kennedy y su escritor en la sombra lo reproducían en el retrato que de L.Q.C. Lamar hacían en *Profiles in Courage*, libro que obtuvo el premio Pulitzer.

En comparación con la década de 1960, los libros de texto actuales han mejorado enormemente su forma de tratar la Reconstrucción. Salvo cuatro de ellos, los dieciocho que he revisado hacen una descripción de la Reconstrucción muy diferente a la de *Lo que el viento se llevó*.[64] Las historias ya no afirman que las tropas

---

[64] Las excepciones son *The American Pageant*, *The American Way* y *Discovering American History*. *American Pageant* se basa en una serie de parches introducidos por David Kennedy en el original de Thomas Bailey, ¡que se remonta a 1956! En tanto que Bailey hacía suya la versión de Margaret Mitchell —«El Viejo Sur de antes de la guerra, con sus noches de luna y sus magnolias, se lo había llevado el viento»—, Kennedy añade, después de «antes de la guerra», «en gran medida imaginario, en cualquier caso». A pesar de novedades como esa, el resultado sigue siendo una interpretación desfasada y racista de la «Reconstrucción mediante la espada», que insiste en su «drástica legislación» y minusvalora completamente la considerable aceptación que las políticas republicanas tuvieron entre muchos blancos sureños. *The American Way* califica a los republicanos «radicales» de oportunistas que «enviaron a norteños al Sur para conseguir que los negros se acordaran de votar por el partido que los había liberado» (evidentemente, los negros no necesitaban tal ayuda, ¡durante gran parte de la década de 1950 muchos votaron a los republicanos!). *The American Way* afirma también que «los radicales tenían la sensación de que no bastaba con otorgar a los negros los mismos derechos que a los blancos», así que «se las arreglaron para aprobar la Decimocuarta Enmienda»: ¡Pero la enmienda otorgó a los negros exactamente los mismos derechos que tenían los blancos! En conjunto, la versión que ofrece *American Way* es poco seria. Todavía más escueta es la cobertura que contiene *Discovering American History*, un manual de indagación que solo dedica dos páginas a toda la Reconstrucción del Congreso, y gran parte de ese espacio lo dedica a reproducir los textos de las enmiendas Decimocuarta y Decimoquinta. *Discovering American History* es el único manual que evita los términos *carpetbagger* y *scalawag*, aunque la verdad es que prácticamente no habla de la Reconstrucción.

[El carácter despectivo y la utilización de *carpetbagger* y de *scalawag* después de la Guerra Civil estadounidense se explican en el siguiente capítulo (*N. del T.*)].

federales controlaran la sociedad sureña durante una década o más. Ahora señalan que la militarización terminó en torno a 1868 en todos los estados, salvo en tres. Tampoco dicen ya que al permitirse el voto de los hombres negros se desatara una orgía de saqueos y corrupción. La edición de 1961 de *Triumph of the American Nation* condenaba la época de control republicano del Sur: «Muchos de los gobiernos de *carpetbaggers* fueron ineficaces, derrochadores y corruptos». Muy al contrario, la versión de 1986 explica que «las cámaras sureñas de la Reconstrucción pusieron en marcha muchas mejoras públicas necesarias y largamente esperadas... fortalecieron la educación pública... extendieron más equitativamente la carga fiscal... [e] introdujeron reformas muy necesarias en el gobierno local y el sistema judicial». De los libros más recientes, únicamente el de Boorstin y Kelley sigue calificando la Reconstrucción del Congreso de «acto de venganza que convirtió los estados en provincias conquistadas».

Al igual que en el caso de la esclavitud, la renovada perspectiva de la Reconstrucción que ofrecen los nuevos manuales supone un giro de ciento ochenta grados, necesario desde hacía tiempo, mucho más cercano a lo que revelan las fuentes originales del período y mucho menos dominado por el supremacismo blanco. Las mejoras han continuado desde que apareció la primera edición de *Patrañas* en 1995. Sin pretenderlo, los libros de texto de la década de 1980 y comienzos de la de 1990 seguían adoptando un punto de vista supremacista. Su retórica convertía a los afroamericanos, no a los blancos, en el problema, dando por hecho que el principal desafío de la Reconstrucción fue la integración de los negros en el sistema económico y político. «La esclavitud había terminado», decía *The American Way*. «Pero el Sur estaba arruinado y había que introducir a los negros en la sociedad productiva». Evidentemente, los negros ya estaban produciendo. ¡Cabe preguntarse qué pensaba el autor que hacían durante la esclavitud![65] Igualmente,

---

[65] Quizá a Bauer le influyera la descripción de Margaret Mitchell, según la cual los afroamericanos se entregaron a la holganza en cuanto terminó la esclavitud y se relajó la supervisión de los blancos. Sin embargo, los escritos y recuerdos de quienes acababan de ser liberados no refrendan esta descripción. Véase Escott, *Slavery Remembered*, que proporciona valiosa información sobre cómo se recordaba

Esta ilustración, que muestra a blancos armados irrumpiendo en un barrio negro de Memphis, Tennessee, durante los disturbios de 1866, ejemplifica los actos de violencia que enfrentaron a blancos y negros durante la Reconstrucción y después de ella. Cuarenta afroamericanos murieron durante estos disturbios; los blancos incendiaron por completo todas las escuelas e iglesias negras de la ciudad.

según *Triumph of the American Nation*, con la Reconstrucción «se solucionó el problema de devolver a los americanos negros a la normalidad de la vida nacional». *Triumph* proporcionaba un instructivo ejemplo del mito del negro perezoso y desamparado: «Cuando los hacendados blancos abandonaron las plantaciones que tenían en las islas de la costa de Carolina del Sur, los negros se quedaron desamparados y en la indigencia». En realidad, esos negros se alistaron en los ejércitos de la Unión, organizaron ellos mismos las plantaciones e hicieron incursiones en el interior para liberar a esclavos de las plantaciones del continente.

Los libros de texto de hoy en día muestran a los afroamericanos afanándose por mejorar. Pero los autores siguen restándole

---

la Reconstrucción. Véanse también estudios de ciertas localidades y análisis de ámbito estatal como el de Roberta Sue Alexander, *North Carolina Faces the Freedmen*, Durham, Duke University Press, 1985.

importancia al problema principal de la Reconstrucción: los actos de violencia cometidos por los blancos. Las cifras son asombrosas. Los vencedores de la Guerra Civil solo ejecutaron a un cargo confederado, Henry Wirz, comandante, tristemente famoso, de la cárcel de Andersonville, en tanto que los perdedores asesinaron a cientos de unionistas, con o sin cargos, negros y blancos.[66] Solo en el condado de Hinds (Misisipi), los blancos mataron a un promedio de un afroamericano al día, muchos de ellos soldados, durante la época de la Reconstrucción confederada (el período que medió entre 1865 y 1867, durante el cual los exconfederados ocuparon el gobierno de la mayoría de los estados sureños). En Luisiana, durante el verano y el otoño de 1868, blancos demócratas mataron a 1081 personas, la mayoría afroamericanos y republicanos blancos.[67] En un distrito judicial de Carolina del Norte, un juez republicano contó 700 apaleamientos y 12 asesinatos.[68] Por otra parte, la violencia solo fue la parte más visible de una pauta más amplia de resistencia de los blancos ante el avance de los negros.

Atacar la educación era un importante elemento del programa supremacista blanco. «La oposición a la educación de los negros se dejó sentir por doquier, con el objetivo de no permitir que los libertos tuvieran cuartos o edificios en los que instalar escuelas», según declaró el general O. O. Howard, director de la Oficina para los Libertos. «En 1865, 1866 y 1867 turbas de las clases más abyectas, intermitentemente y en todas las zonas del Sur, iban quemando edificios escolares e iglesias utilizadas como escuelas, azotaban a los profesores o los echaban del lugar y en ciertos casos los asesinaban».[69]

---

[66] George C. Rable, *But There Was No Peace*, Athens, University of Georgia Press, 1984, p. 1.

[67] Morgan Kousser, «The Voting Rights Act and the Two Reconstructions», Washington, D.C., Brookings Institution, 19 de octubre de 1990; DuBois, *Black Reconstruction*, p. 681.

[68] Eric Foner, *Reconstruction*, Nueva York, Harper & Row, 1988, reseñado por C. Vann Woodward en «Unfinished Business», *New York Review of Books*, 12/05/1988, y aludiendo a los datos recogidos por Albion W. Tourgée. Véase también Alexander, *North Carolina Faces the Freedmen.*

[69] General O. O. Howard citado en Robert Moore, *Reconstruction: The Promise and Betrayal of Democracy*, Nueva York, CIBC, 1983, p. 17.

Aunque haya mejorado el relato de los libros de texto, no ha sido así en el caso de algunas de sus ilustraciones. Siete de los dieciocho manuales presentan esta viñeta, «El firme Sur», representado por una delicada mujer blanca, que aparece casi aplastada por el peso de Grant y del armamento que atiborra un bolso de viaje de tapicería, que sostienen unos casacas azules del ejército de ocupación. Dos nuevos libros de texto piden a los alumnos que interpreten la viñeta. La nueva edición de *Pageant* alude únicamente a las «maletas de tapicería y bayonetas de la administración de Grant», como si fueran algo innegable. Los otros cuatro manuales se limitan a utilizar el dibujo como ilustración de la Reconstrucción. El pie de foto de *Triumph of the American Nation* es: «La pesada carga del Sur».

Casi todos los libros de texto incluyen por lo menos un párrafo sobre los actos de violencia cometidos por blancos durante la Reconstrucción. La mayoría señala que esos actos, unidos a la incapacidad que mostraron los Estados Unidos para imponer leyes de defensa de los derechos civiles, tuvieron mucho que ver con el fin de los gobiernos estatales republicanos en el Sur y, por tanto, con el fin de la Reconstrucción. No obstante, en líneas generales, al hablar de ese período los manuales siguen errando el tiro: el problema de la Reconstrucción radicó en integrar en el nuevo orden a los confederados, no a los afroamericanos. La Reconstrucción terminó en cuanto el Gobierno federal dejó de enfrentarse al problema de los blancos racistas. Como a los libros de texto les cuesta decir cualquier cosa que pueda perjudicar realmente a los blancos, su forma de tratar la Reconstrucción sigue adoleciendo de falta de claridad.

Hasta la década de 1990, los manuales de historia de los Estados Unidos siguieron presentando el final de la Reconstrucción como un fracaso de los afroamericanos. En 1990, *Triumph* explicaba que «otros norteños se hartaron de los problemas de los negros sureños, mostrándose menos dispuestos a ayudarles a aprender cuál era su nuevo papel como ciudadanos». *The American Adventure* se hacía eco de la misma idea: «En diez años, millones de antiguos esclavos no podían convertirse en votantes instruidos, ni en políticos, granjeros y hombres de negocios prósperos». Sin embargo, los votantes negros votaron con más sensatez que la mayoría de los blancos. Estaba claro que durante la Reconstrucción les interesaba votar a los republicanos y así lo hicieron la mayoría de ellos, pero algunos estaban dispuestos a votar por los blancos demócratas que se esforzaban sinceramente por granjearse su apoyo. Entretanto, un número creciente de sureños blancos votaba ciegamente a los demócratas blancos simplemente porque defendían la supremacía blanca.

Como yo también «aprendí» que los afroamericanos eran el problema no resuelto de la Reconstrucción, me resultó muy esclarecedor leer el libro de Gunnar Myrdal *An American Dilemma*. Myrdal iniciaba su libro de 1944 describiendo cómo había tenido que cambiar de punto de vista para realizar su investigación.

> Cuando este investigador inició su estudio, lo que se presuponía era que había que centrarse en los negros... Pero, al ir avanzando en el estudio del problema negro, fue quedando cada vez más patente que poco o nada podía explicarse científicamente partiendo de las peculiaridades de los propios negros... El problema negro es un problema... predominantemente blanco.[70]

Esta es precisamente la conclusión a la que todavía han de llegar muchos no negros. Va contra nuestra cultura. Como me dijo un estudiante universitario: «No se podría usted creer todo lo que llegué a aprender en el instituto sobre la Reconstrucción; cosas como que no fue tan mala, que se crearon escuelas. Después vi *Lo que el viento se llevó* y ¡aprendí la verdad sobre la Reconstrucción!». Lo que se identifica como problema determina el marco retórico y las soluciones que se buscan. La innovación de Myrdal, el hecho de que se centrara en los blancos, es esencial para comprender ese período. Los libros de texto siguen sin contrarrestar el mito confederado de la Reconstrucción, tan bien retratado en *Lo que el viento se llevó*, con un análisis igualmente poderoso.

Centrarse en el racismo blanco es todavía más primordial para comprender el período calificado por Rayford Logan de «nadir de las relaciones raciales en los Estados Unidos»: los años comprendidos entre 1890 y 1940, cuando los afroamericanos volvieron a la condición de ciudadanos de segunda clase.[71] Durante esa época, los estadounidenses blancos, del Norte y del Sur, se unieron para restringir los derechos civiles y económicos de los negros. Por desgracia, la mayoría de los estadounidenses ni siquiera conoce el término *nadir* y ni uno solo de los libros de texto que he analizado lo utiliza. Sí dividen el período en varias épocas, la mayoría tan inexactas como intrascendentes, como los alegres noventa o los locos años veinte. Durante los alegres noventa, por ejemplo, los Estados Unidos sufrieron la segunda peor depresión

---

70 Gunnar Myrdal, *An American Dilemma*, Nueva York, McGraw-Hill, 1964 [1944], pp. LXXV–LXXVI.

71 Rayford W. Logan, *The Betrayal of the Negro*, Nueva York, Macmillan, 1970 [1954]. Véase también Foner, *Reconstruction*, p. 604.

económica de su historia, así como las huelgas de Pullman y Homestead, y otros importantes conflictos laborales. Así que, cuando hablamos de «alegres noventa», lo lógico es preguntarse: «¿Alegres para quién?».

Aunque nadie utilice el término *nadir*, la mayoría de los libros de texto sí menciona algunas de las ramitas que rodean ese bosque, sin ofrecer una panorámica del mismo. La mejor cobertura general, la de *American History*, resume el período en el apartado titulado «Comienza la larga noche»: «Después del Compromiso de 1877 los ciudadanos blancos del Norte volvieron la espalda a los ciudadanos negros del Sur. Paulatinamente los estados sureños fueron incumpliendo la promesa de tratar equitativamente a los negros. Poco a poco les privaron del derecho al voto y los degradaron a la condición de ciudadanos de segunda clase». A continuación, *American History* describe las técnicas que utilizaron los blancos sureños —restricción del voto, segregación en los espacios públicos y linchamientos— para mantener su supremacía.

Por su parte, *Triumph of the American Nation* hace su resumen con estas insípidas palabras: «La Reconstrucción dejó varios importantes problemas sin resolver y creó otros nuevos y apremiantes. Así fue a pesar de que muchas fuerzas del Norte y del Sur seguían esforzándose por reconciliar a los dos sectores». Esas frases son tan imprecisas que carecen de contenido. Frances FitzGerald utilizó una versión anterior de este párrafo para atacar una forma de tratar la historia de los Estados Unidos basada en «problemas». «Esos "problemas" parecen surgir por doquier», afirmó con tono impasible. «En esos textos la historia parece un amasijo de problemas».[72] Quinientas páginas después, cuando los autores de *Triumph* llegan al movimiento por los derechos civiles, las relaciones raciales se convierten de nuevo en un «problema». Los autores no establecen ninguna relación entre el hecho de que los Estados Unidos no garantizaran sus derechos a los negros en 1877 y la necesidad de que un siglo después un movimiento tuviera que defenderlos. Las relaciones causales no existen. Las cosas ocurren porque sí.

---

[72] FitzGerald, *America Revised*, p. 157.

En realidad, durante la Reconstrucción y el nadir se libró una enconada batalla por el alma del blanco racista sureño y, en cierto modo, por la de toda la nación. Se puede establecer un paralelismo con la reconstrucción de Alemania después de la Segunda Guerra Mundial, una batalla por el alma del pueblo alemán, que el nazismo perdió (eso esperamos). Pero en los Estados Unidos, como señala *American History*, el racismo se impuso. Entre 1890 y 1907 todos los estados sureños y fronterizos privaron «legalmente» del derecho al voto a la inmensa mayoría de sus votantes afroamericanos. Los linchamientos alcanzaron su punto histórico culminante. En 1896 el Tribunal Supremo refrendó la vigencia de la segregación en el caso Plessy v. Ferguson.

Por desgracia, en líneas generales, los libros de texto malinterpretan la segregación. En consecuencia, malinterpretan el fallo del Tribunal Supremo sobre el caso Brown, que en 1954 comenzaría a desmantelarla. «Sin embargo, el problema», en palabras de *American Journey*, «era que las instalaciones estaban separadas, pero en modo alguno eran iguales». *The Americans* coincide: «Sin excepción, las instalaciones reservadas a los blancos eran mejores que las reservadas a los no blancos». Aunque es cierto que *separadas* pocas veces significaba *iguales*, eso nunca fue el quid de la cuestión. Como falló el Tribunal Supremo en el caso Brown «[Algunas] de las escuelas para negros y para blancos en cuestión se han equiparado o se están equiparando en lo tocante a edificios, currículos, preparación, salarios de los profesores y otros factores "tangibles". En consecuencia, nuestra decisión no puede basarse únicamente en una comparación de esos factores tangibles».

Solo Boorstin y Kelley entienden correctamente el caso Brown: «Evidentemente, el problema era que en realidad era imposible que hubiera instalaciones "separadas pero iguales" para las dos razas. Cuando a cualquiera de las dos se la mantenía al margen de la otra, se le privaba de su igualdad; es decir, de su derecho a un trato igual al de los demás ciudadanos». Los libros de texto deben ofrecer la definición sociológica de *segregación*: un sistema de comportamiento racial que mantiene al grupo oprimido separado del opresor cuando ambos están desempeñando tareas equiparables, como aprender la tabla de multiplicar, pero que les permite estar muy próximos cuando las tareas son jerárquicas, como cocinar o limpiar para los empleadores blancos. En consecuencia, la lógica de la segregación conlleva que los oprimidos sean unos parias. «¡Sucio!» era el mensaje de casta que trasmitían todas las fuentes, salas de espera y Biblias de los tribunales a la «gente de color». Implícitamente, todas las escuelas que excluían a los negros (y con frecuencia a los mexicanos, americanos nativos y «orientales») les estaban llamando «inferiores». Esta ideología nació de la esclavitud y se mantuvo viva para dar lógica a la ciudadanía de segunda clase impuesta a los afroamericanos después de la Reconstrucción. Este estigma explica que la separación nunca pudiera conllevar igualdad, aun en el caso de que las instalaciones para negros pudieran ser más nuevas o mejores. Ciertos componentes de este estigma perviven en la actualidad para dañar la imagen que de sí mismos tienen algunos afroamericanos, lo cual contribuye a explicar que el rendimiento de los negros caribeños que emigran a Estados Unidos supere con frecuencia al de los propios negros de los Estados Unidos.[73]

Durante el nadir, la segregación aumentó en todas partes. Jackie Robinson no fue el primer jugador negro de la primera división de béisbol. En el siglo XIX hubo negros en las principales ligas, pero en 1889 los blancos ya los habían obligado a abandonarlas. En 1911 el Derby de Kentucky eliminó a los jinetes negros después de que ganaran quince de los primeros veintiocho derbis.[74] En el Sur, muy especialmente, los blancos atacaban a los afroamericanos más ricos y triunfadores, al igual que habían hecho con los americanos nativos más aculturados, de manera que la movilidad ascendente no ofrecía a los negros una salida, sino que los convertía en un blanco más visible. En el Norte, como en el Sur, los blancos expulsaron a los afroamericanos de los puestos cualificados e incluso de otros no cualificados, como el

[73] En *Minority Education and Caste*, Nueva York, Academic Press, 1978, el antropólogo John Ogbu utiliza el estigma para explicar que los miembros de minorías oprimidas suelan tener mejor rendimiento fuera de sus sociedades de origen.

[74] Michael L. Cooper, *Playing America's Game*, Nueva York, Lodestar, 1993, p. 10; Gordon Morgan, «Emancipation Bowl», Fayetteville, University of Arkansas Department of Sociology, sin fecha, manuscrito mecanografiado.

Estas viñetas de Thomas Nast reflejan la revitalización del racismo en el Norte. A la izquierda, *And Not This Man?* [¿Este hombre no?] de *Harper's Weekly*, 5 de agosto de 1865, deja patente el idealismo de Nast en la época inmediatamente posterior a la Guerra Civil. Nueve años después, cuando la Reconstrucción estaba comenzando a perder fuelle, las imágenes de afroamericanos de Nast reflejaban el racismo creciente de la época. En la página 290 aparece *Colored Rule in a Reconstructed (?) State* [Gobierno negro en un estado reconstruido (?)], publicado en la misma revista el 14 de marzo de 1874. Era evidente que, como el Norte blanco se planteaba no otorgar derechos civiles a los negros, ya no podría haber legisladores tan estúpidos.

de cartero.[75] Al final, nuestro sistema de segregación se extendió a Sudáfrica, a las Bermudas e incluso a enclaves controlados por europeos de China y la India.

Cuando los norteños no hicieron nada por impedir el llamado «Plan de Misisipi», la Constitución de ese estado que en 1890 privó «legalmente» (pero contraviniendo las enmiendas Decimocuarta y Decimoquinta) a los afroamericanos de sus derechos de ciudadanía, los estados del Norte se convirtieron en cómplices. Llegado el año 1907, todos los demás estados sureños y lugares tan lejanos como Oklahoma habían seguido el ejemplo y la nación lo consintió. La cultura popular estadounidense evolucionó para racionalizar la retirada de derechos a los afroamericanos que practicaban los blancos. El zoo del Bronx exhibía a un africano entre rejas,

---

[75] Robert Azug y Stephen Maizlish, eds., *New Perspectives on Race and Slavery in America*, Lexington, University Press of Kentucky, 1986, pp. 118-121 y 125; Loewen y Sallis, *Mississippi: Conflict and Change*, p. 241.

como si fuera un gorila.[76] Durante todo el nadir hubo montajes teatrales de *La cabaña del tío Tom*, pero como el ataque de la novela a la esclavitud ya no encajaba con una sociedad blanca cada vez más racista, hubo reescrituras que presentaban al tío Tom no como a un mártir que daba la vida para proteger a su gente, sino como a un tontorrón sentimental, siempre leal a sus amables amos. En la comunidad negra, el tío Tom acabó equivaliendo a una afroamericano sin integridad que vende los intereses de su propio pueblo. En las décadas de 1880 y 1890, los *minstrel shows* con blancos pintados de negro que farfullaban y se equivocaban al hablar hicieron furor entre las masas, desde Nueva York hasta California. Al presentar personajes afroamericanos enormemente caricaturescos que, felices en la plantación, se sentían perdidos y eran incompetentes lejos de ella, esos espectáculos degradaban las capacidades de los negros. Canciones vodevilescas como «Carry Me Back to Old Virginny», «Old Black Joe» y «My Old Kentucky Home» les decían a los blancos que Harriet Beecher Stowe se había equivocado por completo con *La cabaña del tío Tom*: a los negros en realidad les gustaba la esclavitud. Lo que merecía una gente tan penosa era una ciudadanía de segunda clase.[77]

Los libros de texto abandonaron su retrato idealista de la Reconstrucción para entregarse al mito confederado, porque si los negros eran inferiores, el período histórico en el que tuvieron igualdad de derechos debía de haber estado dominado por americanos que, al estar equivocados, probablemente se habrían guiado por el afán de lucro. Después de los *minstrel shows*, el vodevil siguió mostrando a negros idiotas, mentirosos y ladrones de poca monta. Lo mismo ocurrió con las primeras películas mudas. Algunas llegaron incluso a lanzar acusaciones todavía más graves contra los afroamericanos: *El nacimiento de una nación*, la épica

---

[76] Wallace, Wallechinsky y Wallace, *Significa*, pp. 26-27, «Man in the Zoo».

[77] Sobre el significado cultural del *minstrel*, véase Robert Toll, *Blacking Up*, Nueva York, Oxford University Press, 1974, p. 57, y la introducción del libro de Ike Simond, *Old Slack's Reminiscence and Pocket History of the Colored Profession*, Bowling Green, OH, Popular Press, 1974, p. xxv; Joseph Boskin, *Sambo*, Nueva York, Oxford University Press, 1986, p. 129; Myrdal, *An American Dilemma*, p. 989; y Loewen, «Black Image in White Vermont».

y racista obra de D. W. Griffith, los presentaba obsesionados con las relaciones sexuales interraciales y envilecidos por corruptos oportunistas blancos del Norte.

En 1892 el electorado blanco era ya tan racista que el candidato demócrata Grover Cleveland llegó en parte a la Casa Blanca porque achacó a los republicanos el intento de garantizar derechos civiles para los afroamericanos, conjurando así el miedo a la «dominación negra», tanto entre los blancos del Norte como entre los del Sur. Desde la Guerra Civil hasta finales del XIX ni un solo demócrata del Congreso, ya representara al Norte o al Sur, llegó a votar a favor de legislación alguna relacionada con los derechos civiles. Peor fue el Tribunal Supremo, que con sus fallos segregacionistas —desde 1896 (caso Plessy) hasta por lo menos 1927 (caso Rice v. Gong Lum, que bloqueó el acceso de los chinos a las escuelas blancas)— le decía a la nación que los blancos eran la clase superior. Ya hemos visto cómo accedió a la presidencia Woodrow Wilson en 1912 y cómo procedió a segregar el Gobierno federal. Con la ayuda de *El nacimiento de una nación*, estrenada en 1915, el

En algunas ciudades no solo los trabajos industriales, sino los servicios de mudanzas estaban reservados para los blancos. [Texto del cartel: «¡Solo trabajadores blancos! Bill y Rex, Servicio de mudanzas 226-1991. ¡Llame hoy mismo!»].

Ku Klux Klan alcanzó su punto culminante y presumía de tener más de cuatro millones de miembros. Durante un tiempo, el KKK dominó descaradamente los gobiernos estatales de Georgia, Indiana, Oklahoma y Oregón, y es probable que, durante una ceremonia celebrada en la propia Casa Blanca, aceptara como miembro al presidente Warren G. Harding. Durante las administraciones de Wilson y Harding, quizá se produjeran hasta cien disturbios raciales, más que en ningún otro período posterior a la Reconstrucción. En todo el país, turbas de blancos mataban a afroamericanos. Algunos de esos sucesos, como los disturbios de Chicago de 1919, son bien conocidos. Otros, como los desórdenes registrados en 1921 en Tulsa (Oklahoma), en los que los blancos lanzaron dinamita desde aviones sobre un gueto negro, lo cual acabó con la vida de más de setenta y cinco personas y destruyó más de mil cien casas, han desaparecido por completo de nuestros libros de historia.[78]

---

[78] Sobre Cleveland, véase Stanley Hirshson, *Farewell to the Bloody Shirt*, Chicago, Quadrangle, 1968, pp. 239-245. Para los demócratas, véase Kousser, «The Voting Rights Act and the Two Reconstructions», p. 12. Para Harding, véase Wyn Craig

Es casi imposible concebir lo racistas que se volvieron los Estados Unidos durante el nadir. Desde Myakka City (Florida) hasta Medford (Oregón), los blancos atacaban a sus vecinos negros, expulsándolos para que las localidades fueran exclusivamente blancas. Hubo lugares sin población negra que aprobaron ordenanzas o decidieron informalmente amenazar de muerte a los afroamericanos recién llegados que pernoctaran en el lugar. Así se crearon miles de *sundown towns*, probablemente la mayoría de las comunidades de nueva planta de Illinois, Indiana, Oregón y otros estados del Norte. El tamaño de las *sundown towns* iba desde los 500 habitantes de DeLand (Illinois) hasta los 75 000 de Appleton (Wisconsin), pasando por los casi 200 000 de Warren (Michigan). Muchos suburbios no admitían a judíos; en el Oeste, muchas poblaciones dejaban fuera a chinos, mexicanos o indios. Zonas enteras —gran parte de los montes Ozark, la cuenca del río Cumberland, la península superior del lago Michigan— se vaciaron prácticamente de afroamericanos. En las zonas metropolitanas, los blancos empujaron a los negros a lo que ahora se conoce como «barrios negros», ¡a medida que las zonas residenciales urbanas quedaban cada vez más segregadas![79]

En todo el Sur y en muchos lugares del Norte, los afroamericanos fueron excluidos de los jurados, lo que generalmente conllevó que tuvieran que olvidarse del derecho a la reparación legal, incluso en casos de delitos flagrantes como agresiones, robos o

---

Wade, *The Fiery Cross*, Nueva York, Simon & Schuster, 1987, p. 165. La toma de posesión de Harding se limitó a dejar patente la legitimidad del KKK; su administración no fue tan racista como la de Wilson, aunque no deshizo las políticas segregacionistas de este. Sobre Rice v. Gong Lum, véase James W. Loewen, *The Mississippi Chinese: Between Black and White*, Prospect Heights, IL, Waveland Press, 1988, pp. 66-68. Sobre Tulsa, véase Wallace, Wallechinsky y Wallace, *Significa*, pp. 60-61. En el momento de escribir este capítulo, en 1992, en Los Ángeles estalló lo que para muchos reporteros era «el peor disturbio racial del siglo». Es posible que, como se habían criado con nuestros manuales de historia, no tuvieran noticia de los virulentos disturbios del nadir.

[79] Véase James W. Loewen, *Sundown Towns: A Hidden Dimension of American Racism*, Nueva York, New Press, 2005, sobre todo el capítulo 3.

[El nombre *sundown town* procede de los carteles que se colocaban a la entrada de esas poblaciones, advirtiendo a los negros de que debían abandonarlas antes de que cayera el sol (*sundown*) (*N. del T.*)].

incendios cometidos por blancos. Los linchamientos dejan patente lo indefensos que estaban los negros, porque lo que define un linchamiento es que el asesinato tiene lugar en público, de manera que todo el mundo sabe quién lo comete, aunque el crimen queda impune. Durante el nadir, hubo linchamientos en lugares tan septentrionales como Duluth. Una vez más, como el caso Dred Scott había proclamado en 1857, «un negro carecía de derechos que un hombre blanco tuviera que respetar». Por insignificante que fuera el contacto, siempre que los afroamericanos se relacionaban con americanos de origen europeo tenían que ser muy conscientes de cómo se presentaban, para evitar ofender con una mirada directa al interlocutor, olvidándose de decir «señor» o «extralimitándose» de alguna otra manera. La amenaza de que sobre ellos cayera una fuerza incontenible siempre estaba al acecho.[80]

El nadir colocó a los afroamericanos ante un dilema. El «éxodo» hacia el Oeste, para formar allí nuevas comunidades, no conducía a una auténtica liberación, en tanto que la migración hacia el Norte solo conducía a guetos urbanos segregados. Centrarse en el plan de desarrollo económico de Booker T. Washington, que renunciaba a los derechos civiles y políticos, era algo que no podía funcionar, porque las ganancias económicas no podían mantenerse sin esos derechos.[81] El «regreso a África» era inviable.

Muchos afroamericanos perdieron la esperanza; la inestabilidad familiar y la delincuencia aumentaron. Este período de la vida estadounidense, no la esclavitud, es lo que marcó el inicio de lo que algunos científicos sociales han denominado la «maraña patológica» de la sociedad afroamericana.[82] De hecho, algunos

---

[80] Puede que para los estadounidenses que no han sufrido la segregación, que en el Sur acabó en torno a 1970, estas palabras resulten melodramáticas. Los manuales de historia de los Estados Unidos no ayudan a los alumnos de hoy a apreciar realmente cómo fue ese período. Les ruego que consulten el último estudio de campo sobre la segregación, en Loewen, *The Mississippi Chinese*, pp. 45-48, 51 y 131-134.

[81] En *The Mississippi Chinese*, p. 48, demuestro que, en sí mismo, el éxito económico de los negros suponía una afrenta para los blancos sureños y era difícil de mantener sin derechos legales.

[82] Véase Stanley Lieberson, *A Piece of the Pie: Blacks and White Immigrants Since 1880*, Berkeley, University of California Press, 1980. En *The Black Family in Slavery and Freedom*, Nueva York, Vintage, 1977, Herbert Gutman señala que la inestabilidad

historiadores sitúan el inicio de la escasa moral de los negros en períodos posteriores como la gran emigración a las ciudades del Norte (1918-1970), la Depresión (1929-1939) o en los cambios registrados después de la Segunda Guerra Mundial en la vida urbana y la estructura laboral. Esta maraña fue el resultado, no la causa, de la segregación y la discriminación que sufrían los afroamericanos. Se excluyó a los jinetes y carteros negros no porque no sirvieran, sino porque eran buenos.

Los últimos libros de texto mencionan más árboles del bosque del nadir. En *The American Way* los estudiantes aprenden que «a comienzos de la década de 1900 [los trabajadores blancos] habían convencido a la mayoría de los sindicatos de que no debían admitir a negros». *The Americans* dice que en el Norte «los afroamericanos se vieron obligados a vivir en barrios segregados». Boorstin y Kelley exculpan a Woodrow Wilson del racismo extremo que mostró su administración, y echan la culpa al fiscal general A. Mitchell de inducir a «ciudadanos excitables» a «dar rienda suelta a sus miedos y odios contra cualquier americano que pareciera "diferente"», entre ellos «negros, judíos y católicos». Varios libros hablan de linchamientos, aunque ninguno incluye fotos. Tres nuevos libros de texto aluden a los disturbios ocurridos en 1908 en Springfield (Illinois), en los que los blancos expulsaron a dos tercios de la población negra, intentando que la localidad se convirtiera en una *sundown town*. Todos los nuevos libros mencionan el ascenso del «segundo» Ku Klux Klan.

Por otra parte, diez manuales insinúan o afirman que Jackie Robinson fue, en palabas de *The American Journey*, «el primer afroamericano que jugó en la primera división de béisbol», aunque no fue así. Los estudiantes no aprenden que los negros

---

de la familia negra no se remonta ni a la esclavitud ni a la Reconstrucción. En «Negrophobia», *New York Review of Books*, 16/06/1988, pp. 27-29, Edmund S. Morgan, resumiendo investigaciones de Roger Lane, indica que en la Filadelfia de la década de 1890 lo que explicaba que los negros se dedicaran a actividades delictivas en mucho mayor porcentaje que los blancos era su exclusión de prácticamente todos los oficios industriales. Véase también Vernon Burton, *In My Father's House Are Many Mansions*, Chapel Hill, University of North Carolina Press, 1985. Sobre la «maraña patológica», véase Lee Rainwater, ed., *The Moynihan Report and the Politics of Controversy*, Cambridge, MA, MIT Press, 1967.

jugaron en las ligas principales hasta el nadir, así que sigue vigente el argumento habitual en los libros de texto: un progreso general que continúa ininterrumpido hasta el presente. Ninguno de los libros que se ocupa de los disturbios de Springfield nos dice que su objetivo era expulsar de la ciudad a toda la población negra. Ninguno llega siquiera a mencionar las *sundown towns*. *The Americans* señala que los progresistas «hicieron poco» por los afroamericanos, algo que poca justicia hace al movimiento que apartó a los concejales negros de los ayuntamientos del país mediante la aplicación del voto en bloque. Los autores actuales sí recalcan que los afroamericanos no fueron puras y simples víctimas, sino que reaccionaron ante la nueva opresión que los rodeaba. Sin embargo, *Journey* va demasiado lejos en ese sentido. Nos asegura que «los afroamericanos aceptaron el reto de alcanzar la igualdad» y así titula subepígrafes posteriores: «Igualdad para los afroamericanos» y «Otros éxitos». ¡Pero no hay ningún nadir! Además, ninguno de los libros de texto que más o menos reconoce la existencia de ese nadir llega a analizar las causas de que empeorara la situación.

Los autores de libros de texto no tendrían que partir de cero para describir el nadir. Los afroamericanos han dejado un abundante y amargo legado sobre el período. Los estudiantes que se topen con el relato que hace Richard Wright de su infancia en *Chico negro*, que lean la descripción de un linchamiento en *The Red Record* [Testimonio en rojo] de Ida B. Wells o que canten a voz en grito la canción de Big Bill Broonzy «If You're Black, Get Back» [Si eres negro, date la vuelta] no podrán más que comprender el sufrimiento de un pueblo que veía cómo sus opciones se iban reduciendo. Ningún libro puede trasmitir la hondura de la experiencia de los negros sin incluir testimonios del grupo oprimido. Sin embargo, en mi muestra original, ninguno permitía a los propios afroamericanos describir a qué condiciones se enfrentaban.

También es crucial que los alumnos comprendan que la discriminación que sufrieron los afroamericanos durante el nadir (y posteriormente) fue de carácter nacional, no solo sureña. Pocos manuales lo señalan. En consecuencia, la mayoría de mis alumnos de primero de licenciatura no tiene ni idea de que, hasta después

Era habitual que las turbas que cometían linchamientos posaran ante la cámara. Sus miembros no mostraban miedo a ser identificados, porque sabían que ningún jurado blanco los condenaría. *Mississippi: Conflict and Change*, un manual de historia revisionista de ese estado del que fui coautor, fue rechazado por la Comisión Estatal de Libros de Texto de Misisipi, en parte por incluir esta fotografía. Durante el juicio posterior, un miembro de la comisión de evaluación afirmó que este tipo de contenido dificultaría al docente el control de sus alumnos, sobre todo a una «señora profesora blanca» en una clase predominantemente negra. Llegados a este punto, el juez se hizo cargo de las preguntas. «¿Acaso en Misisipi no tuvieron lugar linchamientos?», preguntó. Sí, admitió el miembro de la comisión, pero fue hace mucho tiempo, ¿por qué darle más vueltas? «Este es un libro de historia, ¿verdad?», preguntó el juez, que al final falló a favor del libro. Ninguno de los dieciocho manuales de mi muestra incluye fotos de linchamientos. Tengo que asegurarles que ni nuestro libro ni esta fotografía produjeron desórdenes en ninguna clase.

de la Segunda Guerra Mundial, muchas poblaciones, también del Norte, estaban segregadas: entre otras cosas, los negros no podían comprar casas en comunidades de los alrededores de Minneapolis, no podían trabajar en oficios relacionados con la construcción en Filadelfia o se negaban a contratarlos como dependientes en las tiendas de Chicago. Todavía en las décadas de 1990 y 2000 algunos suburbios del Norte continuaban logrando impedir la entrada a los afroamericanos. Y, medio siglo después del fallo en el caso Brown, lo mismo ocurría en cientos de poblaciones degradadas y no encuadradas en ningún otro municipio.

Ni siquiera *The American Adventure* recuerda la buena cobertura que le ha dado al nadir y en otros apartados del libro proporciona esta perspectiva simplista de esos años: «El período que va desde 1880 a 1910 parecía plagado de contradicciones... Durante la Reconstrucción mucha gente se esforzó por ayudar a los negros del Sur. Después, durante años, la mayoría de los americanos blancos apenas prestaron atención a los negros. Sin embargo, poco a poco, aumentó la preocupación por ellos». El problema es que, al salir del instituto, muchos blancos comparten esta idea. Aun en el caso de que la preocupación de los blancos por los negros hubiera sido solo esporádica, los primeros se preguntarían por qué los afroamericanos no se espabilaron en los más de cien años posteriores al término de la Reconstrucción. Después de todo, a los grupos de inmigrantes tampoco se les entregó todo en bandeja de plata.

Es cierto que algunos grupos de inmigrantes sufrieron una brutal discriminación, que iba desde los carteles que en Boston indicaban IRLANDESES, ABSTÉNGASE hasta el linchamiento de americanos de origen italiano en Nueva Orleans, pasando por los pogromos antichinos en los campos de trabajo de California. Hasta hace pocos años, algunas comunidades suburbanas blancas del Norte estaban vedadas a judíos y católicos. No obstante, la segregación y la violencia física que sufrieron los afroamericanos ha sido de una magnitud mayor. Si los afroamericanos de la época del nadir solo hubieran sufrido la indiferencia de los blancos, como insinúa *The American Adventure*, y no una descarada resistencia violenta, podrían haber seguido ganando derbis en Kentucky, distribuir el correo e incluso comprarse una casa en barrios blancos. El problema de los negros no era su propia incapacidad ni la indiferencia de los blancos: era el racismo de estos.

Aunque formalmente la discriminación racial cada vez sea más excepcional, a medida que los estadounidenses van cumpliendo años no pueden evitar toparse con la brecha racial. En la televisión se encontrarán con equipos deportivos predominantemente negros vitoreados por animadoras predominantemente blancas; en los campus universitarios, cantinas autosegregadas, y en el ámbito laboral, debates sobre la discriminación positiva. A excepción de la variable sexual, la racial será la que más determinará con quién contraerán matrimonio. Mayormente, sus redes sociales se mantendrán segregadas en función de la raza y formarán parte de iglesias, logias y otras asociaciones que, en su inmensa mayoría, serán negras o no negras. Los incidentes de origen étnico o los disturbios raciales de mañana provocarán discusiones todavía más desesperantes.

Desde el nadir, el clima de las relaciones raciales ha mejorado, gracias sobre todo al movimiento por los derechos civiles. No obstante, sigue habiendo enormes desigualdades raciales, de las que aquí solo podemos ofrecer un resumen. En 2000 las rentas medianas de la familia afroamericana y la americana nativa solo representaban un 62 por ciento de la de la familia blanca; la de los hispanos representaba en torno al 64 por ciento de la blanca. En nuestra sociedad, el dinero se puede utilizar para comprar muchas cosas, desde una puntuación mejor en la SAT [prueba de acceso a la universidad] hasta clases de natación, y las familias afroamericanas, hispanas e indias van rezagadas en su acceso a todo eso. En última instancia, el dinero compra la propia vida, al proporcionar una nutrición y una asistencia sanitaria mejores, además de protegerte del peligro y de la tensión. En consecuencia, no debería sorprendernos que en 2000 la esperanza de vida mediana de afroamericanos y americanos nativos en el momento de nacer fuera de seis años menos que la de los blancos.

En promedio, los afroamericanos siguen teniendo peores viviendas, peor puntuación en las pruebas de cociente intelectual y un porcentaje más elevado de jóvenes varones encarcelados. En el fondo, nadie pone en cuestión la insidiosa sospecha que tienen algunos negros y muchos blancos de que quizá los afroamericanos sean inferiores. Es facilísimo echarle la culpa a la víctima y llegar a la conclusión de que la propia gente de color es la responsable de haberse quedado atrás. Sin un análisis histórico causal es imposible explicar esas disparidades raciales.

Cuando los libros de texto invisibilizan el racismo en la historia de los Estados Unidos obstruyen nuestra ya de por sí escasa capacidad para apreciarlo en el presente. Solo se acercan mínimamente al análisis al presentar una imprecisa sensación de optimismo: en las relaciones raciales, como en todo lo demás, nuestra sociedad no deja de mejorar. Antes teníamos esclavitud; ya no la tenemos. Antes teníamos linchamientos; ya no los tenemos. Antes el béisbol era solo para blancos; ya no es así. La idea del progreso invade la forma de tratar las relaciones entre blancos y negros que tienen los libros de texto, dando a entender que, en cierto modo, las relaciones raciales no han dejado de mejorar por sí solas. Este risueño optimismo no hace más que agravar el problema, porque los blancos pueden deducir que ya no hay racismo. Según nos asegura *The American Tradition*, «A lo largo de la historia, los Estados Unidos han hecho más que ninguna otra nación para extender la igualdad de derechos». Evidentemente, sus autores no se han parado a pensar seriamente en los niveles actuales de respeto a los derechos humanos en los Países Bajos, Lesoto o Canadá, ni en los de la sociedad choctaw de 1800, porque no se pretende establecer una verdadera comparación, únicamente animar como lo hace un hincha deportivo, pero etnocéntrico.

Según las encuestas nacionales, los estudiantes de instituto «tienen una concepción negativa de las relaciones raciales en los Estados Unidos de hoy en día». Alumnos de todos los orígenes raciales le dan vueltas a este asunto.[83] Otra encuesta pone de manifiesto que, por primera vez en este siglo, los jóvenes adultos blancos tienen actitudes menos tolerantes hacia los negros americanos que los mayores de treinta años. Una de las razones es que «la generación de menores de treinta años tiene un desconocimiento ridículo de la historia reciente de los Estados Unidos».[84] Ese grupo, que es demasiado joven para haber participado en el movimiento por los derechos civiles o para haber asistido a su desa-

[83] «Racial Division Taking Root in Young America, People for Finds», People for the American Way *Forum*, 2, nº 1, 3/1992, p. 1.

[84] Richard Cohen, «Generation of Bigots», *Washington Post*, 23/07/1993; Marttila & Kiley, Inc., *Highlights from an Anti-Defamation League Survey on Racial Attitudes in America*, Nueva York, Anti-Defamation League, 1993, p. 21.

rrollo, no comprende cómo ha funcionado o funciona el racismo en la sociedad estadounidense.

Los educadores dicen que hay que enseñar historia porque nos permite observar el presente en perspectiva. Si hay una cuestión actual con la que los autores deberían relacionar la historia que narran es el racismo. Sin embargo, mientras los manuales de historia conviertan el racismo blanco en algo invisible en el siglo XX, ni ellos ni los alumnos que utilizan esos libros serán capaces de analizar con inteligencia las relaciones raciales durante el siglo XXI.

06

John Brown y Abraham Lincoln: la invisibilidad del antirracismo en los manuales de historia de los Estados Unidos

«Los libros no solo prescinden de ideas radicales o de aquellas que no están de moda, sino que prescinden de todas las ideas, incluidas las de sus héroes».

FRANCES FITZGERALD[1]

«Muy fácilmente podréis deshaceros de mí. Prácticamente ya se han deshecho de mí. Pero todavía queda por solucionar este problema; es decir, el problema del negro, cuyo fin aún no ha llegado».

JOHN BROWN[2]

«Estoy aquí para defender su causa ante ustedes.
No defiendo su vida, sino su carácter:
su vida inmortal, que así se convierte por completo
en la causa de ustedes y en modo alguno la de él».

HENRY DAVID THOREAU,
«Un ruego en nombre del Capitán Brown», 1859[3]

«Vamos a necesitar todo el ánimo antiesclavista que haya en el país y aún más; podéis volver a casa e intentar convencer a la gente de vuestras ideas y, si de algo sirve, decid lo que queráis de mí... Cuando llegue el momento de ocuparse de la esclavitud, confío en estar dispuesto a cumplir con mi deber, aunque me cueste la vida».

ABRAHAM LINCOLN a unos pastores
unitaristas abolicionistas, 1862[4]

---

[1] Frances FitzGerald, *America Revised*, Nueva York, Vintage, 1980, p. 151.

[2] John Brown citado por Henry David Thoreau en «A Plea for Captain John Brown», en Richard Scheidenhelm, ed., *The Response to John Brown*, Belmont, CA, Wadsworth, 1972, p. 58.

[3] Ibíd., p. 57.

[4] Se lo dijo a los reverendos M. D. Conway y William Henry Channing y se cita en Carl Sandburg, *Abraham Lincoln*, Nueva York, Harcourt, Brace and World, 1954, p. 315.

Quizá la crítica más contundente que hizo Frances FitzGerald en *America Revised*, su repaso de 1979 a los manuales de historia de los Estados Unidos, fuera que prescinden de las ideas. La autora apuntaba que, a juzgar por los libros de texto de la década de 1970, «la vida política estadounidense era absolutamente insustancial».[5]

¿Por qué habrían de evitar los autores de libros de texto hasta las ideas con las que están de acuerdo? Tomarse en serio las ideas es algo que no encaja con el estilo retórico de los manuales, que presenta los acontecimientos como algo previamente dispuesto dentro de una línea de progreso constante. La inclusión de ideas convertiría la historia en algo contingente: las cosas podrían salir de un modo o de otro, como en ocasiones ha ocurrido. No siempre ha ganado la gente «adecuada», armada con las ideas «adecuadas». Cuando no ha ganado, los autores se encontrarían en la engorrosa situación de tener que rechazar uno de los resultados del pasado. La inclusión de ideas introduciría incertidumbre. No es ese el estilo de los libros de texto, que relatan la historia sin ningún sentido dramático y sin darle intriga, solo melodrama.

Respecto a las relaciones raciales, hoy en día la declaración de John Brown, en el sentido de que «todavía queda por solucionar este problema», resulta casi tan pertinente y amenazadora como

[5] FitzGerald, *America Revised*, p. 151. Paul Gagnon señala que los libros de texto también minusvaloran la repercusión mundial de la Revolución americana en *Democracy's Half-Told Story*, Nueva York, American Federation of Teachers, 1989, pp. 46-47.

cuando la hizo en 1859. Lo contrario del racismo es el antirracismo, evidentemente, o lo que podríamos llamar idealismo o igualitarismo racial, y todavía no está claro si se impondrá. En esta lucha, nuestros manuales de historia son de poca ayuda. Del mismo modo que quitan importancia al racismo blanco, también desatienden el idealismo racial. Con esa actitud privan a los estudiantes de posibles modelos de comportamiento a los que podrían recurrir si intentan superar las fracturas que irradiarán desde la gran brecha de nuestro pasado hacia el futuro.

Dado que las ideas y las ideologías tuvieron un papel especialmente relevante en la época de la Guerra Civil, los manuales de historia de los Estados Unidos proporcionan una visión singularmente embrionaria de ese combate. Del mismo modo que hablan de una esclavitud carente de racismo, también tratan el abolicionismo sin apenas idealismo.[6] Pensemos en John Brown, el más radical de los abolicionistas blancos.

La forma de tratar a Brown, al igual que la de abordar la esclavitud y la Reconstrucción, ha cambiado en los manuales de historia de los Estados Unidos. Desde 1890 hasta más o menos 1970 John Brown estaba loco. Antes de 1890 estaba perfectamente cuerdo y después de 1970 ha ido recuperando lentamente la cordura. Antes de revisar otros seis libros entre 2006 y 2007, pensé que mantendrían esa tendencia y que presentarían las acciones de Brown de manera que por lo menos resultaran, si no inteligentes, sí inteligibles. Sin embargo, en su forma de presentar a Brown los nuevos libros de texto no difieren mucho de los de la década de 1980, así que hablaré conjuntamente de unos y otros. Dado que el propio Brown no cambió después de morir —salvo para irse descomponiendo—, el estado de su salud mental que retratan nuestros

---

[6] Muchos autores de libros de texto sí describen qué hicieron William Lloyd Garrison, Theodore Weld y, en ocasiones, otros abolicionistas, pero lo hacen sin mencionar ni sus palabras ni sus ideas, y sin mucha simpatía. Más vida cobran en los libros abolicionistas negros como Sojourner Truth, Harriet Tubman y Frederick Douglass. *American Adventures* es excepcional por el afectuoso y largo texto que dedica a Thaddeus Stevens, y *Discovering American History*, un manual de indagación, cita lo suficiente a Garrison como para que los alumnos se hagan idea de cuál fue su posición.

libros de texto proporciona un involuntario indicador del nivel de racismo blanco que hay en nuestra sociedad. Quizá los nuevos libros de texto estén sugiriendo que las relaciones raciales en torno a 2007 no sean mucho mejores que las de alrededor de 1987.

En los dieciocho libros de texto que he revisado, Brown aparece dos veces: una en Pottawatomie (Kansas), otra en Harpers Ferry (Virginia). Hay que recordar que la Ley Kansas-Nebraska de 1854 intentaba resolver el problema de la esclavitud mediante la «soberanía popular». La consecuencia práctica que tuvo dejar en manos de cualquiera que se asentara en Kansas la decisión de adoptar o no la esclavitud fue una enloquecida oleada de asentamientos cuya motivación era ideológica. Los norteños se lanzaron a vivir y cultivar en el Territorio de Kansas, convirtiéndolo en «terreno libre». Pocos hacendados sureños se trasladaron a Kansas con sus esclavos, pero los propietarios de esclavos de Misuri sí cruzaban constantemente el Misuri para votar en las elecciones territoriales y consolidar un reinado de terror destinado a expulsar a los granjeros partidarios del terreno libre. En mayo de 1856 cientos de «rufianes de la frontera» (así se los acabaría llamando), partidarios de la esclavitud, irrumpieron en la localidad de Lawrence (Kansas), un terreno libre, y mataron a dos personas, incendiaron por completo un hotel y destruyeron dos imprentas. Uno de los libros antiguos, *The American Tradition*, describe sin contemplaciones la acción de Brown en Pottawatomie: «En venganza, un combativo abolicionista llamado John Brown encabezó a media noche un ataque sobre el asentamiento proesclavista de Pottawatomie. Murieron cinco personas a manos de Brown y sus seguidores». La edición de 2006 de *The American Pageant* ofrece un relato mucho más matizado, aunque esté lejos de ser neutral.

> Por aquel entonces la fanática figura de John Brown se cernía sobre el campo de batalla de Kansas. Enjuto, de barba gris y voluntad de hierro, se entregó obsesivamente a la causa abolicionista. Según él mismo decía, tanto poder tenían sus centelleantes ojos grises que su penetrante mirada podía obligar a un perro o a un gato a huir atemorizado de una sala. Después de verse envuelto

> en negocios turbios, entre ellos el robo de caballos, se trasladó a Kansas desde Ohio con una parte de su extensa familia. En mayo de 1856, dándole vueltas al reciente ataque registrado en Lawrence, el «Viejo Brown» de Osawatomie dirigió a su grupo de seguidores contra Pottawatomie Creek. Allí despedazaron verdaderamente a cinco sorprendidos hombres, supuestamente proesclavistas. Esta diabólica carnicería mancilló la causa de los partidarios del terreno libre y ocasionó sanguinarios actos de venganza de los partidarios de la esclavitud.

La prosa de *Pageant* es típica de los libros escritos durante el nadir de las relaciones raciales, entre 1890 y 1940 (cuando la mayoría de los americanos blancos, historiadores incluidos, pensaba que los negros no debían acceder a la igualdad de derechos), y resulta bastante chocante a comienzos del siglo XXI. Según esta versión, quienes luchaban por la igualdad de los negros debían de ser gente empecinada.

De hecho, la primera edición de ese libro de texto se publicó en 1956, mucho antes de que los cambios que ocasionó el movimiento por los derechos civiles tuvieran alguna oportunidad de calar en nuestra cultura e influir en la redacción de nuestros manuales de historia. Poca objetividad muestra el vocabulario elegido, que va desde «fanática figura» y «negocios turbios» hasta «diabólica carnicería». Lo que para unos es «cernerse», para otros es «caminar». La parcialidad también se aprecia en los detalles que se decide incluir u omitir. El relato siempre ve en los norteños a los primeros agresores, pero sin mencionar los anteriores asesinatos cometidos por sureños proesclavistas. En realidad, los partidarios de los estados libres, al ser la mayoría, habían intentado ganarse Kansas de manera democrática y legal; fueron las fuerzas proesclavistas las que recurrieron al terror y las amenazas para intentar controlarlo. Ningún lector de *Pageant* se imaginaría que hombres partidarios de la esclavitud habían matado hacía poco a cinco colonos contrarios a esa práctica, entre ellos los dos asesinados en la incursión ocurrida en Lawrence. Por otra parte, tampoco Brown se había trasladado a Kansas «con su extensa familia», sino que se había instalado en las montañas de Adirondac, confiando en que sus hijos varones le siguieran allí; sin embargo, cinco de ellos y sus familias sí fueron a Kansas, con la esperanza de poder dedicarse en paz a las labores del campo. Después pidieron ayuda a su padre cuando sus vecinos proesclavistas los amenazaron. Entre los demás errores figuran cosas como hablar de «hombres, supuestamente proesclavistas» (lo eran) y de que fueron «verdaderamente despedazados» (no fue así).[7]

De los dieciocho libros de texto, otro de los nuevos, *Pathways to the Present*, es el más comprensivo con Brown, aunque nunca va más allá de la neutralidad. Describe de manera concisa la incursión de Brown en Harpers Ferry:

> El 16 de octubre de 1859, el antiguo asaltante de Kansas John Brown y una pequeña cuadrilla de hombres atacaron el arsenal federal de Harpers Ferry (Virginia)... Brown y sus seguidores confiaban en hacerse con armas y entregárselas a los esclavos para que pusieran en marcha un levantamiento.
>
> Tropas de los Estados Unidos al mando del coronel Robert E. Lee rodearon y derrotaron a los hombres de Brown. Condenado por traición, Brown fue sentenciado a la horca. Poco antes de su ejecución escribió una nota que resultaría absolutamente certera: «Yo, John Brown, estoy ahora seguro de que los crímenes de esta tierra culpable solo llegarán a purgarse con sangre».

Negativa es la visión que dan otros ocho libros, nuevos y viejos, aunque sin dar a entender que Brown estuviera loco. Los otros nueve son abiertamente hostiles. Varios manuales, entre ellos cuatro de los seis más recientes, insisten en que, en realidad, ningún esclavo se unió a Brown. Boorstin y Kelley se explayan a este respecto: «El grupo "liberó" por la fuerza a unos 30 esclavos. Acompañados a regañadientes por esas personas, Brown y sus hombres se retiraron al arsenal. Irónicamente, el primero en morir en el

[7] Sara Robinson, *Kansas: Its Interior and Exterior Life*, cap. 16, «The Attack upon Lawrence», kancoll.org/books/robinson/r_chap16.htm; Marvin Stottelmire, «John Brown: Madman or Martyr?», *Brown Quarterly*, 3, nº 3, invierno de 2000, brownvboard.org/brwnqurt/03-3/03-3a.htm#cap1, 9/2006; Louis A. DeCaro, Jr., *John Brown—The Cost of Freedom*, Nueva York, International, 2007, pp. 41-42.

incidente —muerto a manos de John Brown y los suyos— fue un liberto negro que fue abatido a tiros por estos "liberadores"».

A las Hijas Unidas de la Confederación (UDC, por sus siglas en inglés) les encantarían estos relatos, porque se puede entender que en el fondo dicen que los afroamericanos no tenían interés en la libertad. La UDC levantó en Harpers Ferry un monumento a Haywood Shepherd, el liberto al que aluden Boorstin y Kelley. Durante su inauguración en 1931 declararon que «representaba a los negros de la vecindad, que no quisieron participar» en el suceso. Pero esto es hacer mala historia. Hannah Geffert y Jean Libby han demostrado que Brown recabó un apoyo considerable entre los afroamericanos esclavizados de la zona de Harpers Ferry. Sus hombres armaron a los treinta mencionados por Boorstin y Kelley, entre ellos a algunos procedentes de plantaciones cercanas nunca visitadas por los asaltantes.[8] A continuación, los recién liberados detuvieron el tren de pasajeros que iba hacia el este, lo vigilaron, ayudaron a los asaltantes a encontrar a otros propietarios de esclavos y es probable que mataran a un residente blanco de la localidad, que iba armado, cuando se negó a acatar la orden de detenerse. (Después de la incursión, el estado presentó cargos contra once de estos hombres por las acciones cometidas). Hasta bastante después de esta incursión, los afroamericanos continuaron con la resistencia a la esclavitud que el ataque de Brown había desatado: Libby apunta que muchos esclavos de la zona aparecían como «fugitivos» en el censo de 1860 y que «se quemaron los cobertizos de todos los jurados participantes en el juicio de John Brown, una práctica muy común en las revoluciones».[9] En consecuencia, la interpretación propia de la UDC que proporcionan los libros de texto, al dar a entender que los propios esclavos no simpatizaban con la causa abolicionista, es pura y simplemente falsa.

Cuatro libros de texto siguen instalados en la época anterior, cuando las acciones de Brown demostraban que estaba loco. «Es

[8] A los esclavos que se negaron a participar se les dejó en paz.

[9] Hannah Geffert y Jean Libby, «Regional Involvement in John Brown's Raid on Harpers Ferry», en T. M. McCarthy y J. Stauffer, eds., *Prophets of Protest*, Nueva York, New Press, 2006, pp. 173-175; Jean Libby, ed., *John Brown Mysteries*, Missoula, MT, Pictorial Histories Publishing, 1999, pp. 16-21, 25 y 29-35.

prácticamente seguro que John Brown era un demente», opina *American History. The American Way* suelta una bola: «[P]osteriormente se demostró que Brown tenía una enfermedad mental». La edición de 2006 de *American Pageant*, al igual que su antecesora, dice que Brown estaba «trastornado» y «demacrado», y que era «lúgubre» y «terrible»; también señala que «se consideraba que trece de sus parientes más próximos estaban locos, entre ellos su madre y su abuela», y califica la incursión en Harpers Ferry de «hazaña demente». Otros libros sortean el asunto de la locura limitándose a calificar a Brown de «fanático». Ningún autor, viejo o nuevo, le muestra ninguna simpatía y tampoco les agradan en modo alguno ni sus ideales ni sus acciones.

Por el bien de lectores que, como yo mismo, crecieron leyendo que Brown era como mínimo un fanático, cuando no un perturbado, pensemos en los datos disponibles. No cabe duda de que algunos de los abogados y parientes de Brown, con la esperanza de salvarle el pellejo, adujeron demencia en su defensa. Pero nadie que conociera a Brown pensaba que estuviera loco. Causó una favorable impresión a quienes hablaron con él tras su captura, incluyendo a su carcelero e incluso a periodistas que trabajaban para periódicos demócratas, partidarios de la esclavitud. El gobernador Wise, de Virginia, dijo de él que era un «hombre preclaro», después de que Brown pudiera con él durante una entrevista informal. «Equivocados están los mismos que le consideran loco», declaró el gobernador Wise. En su mensaje a la asamblea legislativa de Virginia, dijo que Brown evidenciaba una «percepción rápida y clara», «premisas racionales y un razonamiento lógico», «compostura y serenidad».[10]

---

[10] Evidentemente, Wise quería ver en Brown a una persona cuerda para poder colgarle, del mismo modo que sus defensores querían aducir su demencia para salvarle. Las mejores pruebas de su salud mental son sus propias cartas, declaraciones y entrevistas, que no muestran indicio alguno de demencia. Véase también el análisis de Stephen B. Oates, *To Purge This Land With Blood*, Nueva York, Harper and Row, 1970, pp. 329-334. «Message to the Virginia Legislature, December 5, 1859», de Wise, se reproduce en Scheidenhelm, ed., *The Response to John Brown*, pp. 132-135; su evaluación de Brown figura en la p. 143. Por otra parte, a Wise le cita Henry David Thoreau en «A Plea for Captain John Brown», en la p. 51 de la misma obra.

Después de 1890, los autores de libros de texto dedujeron la locura de Brown de su plan, claramente rocambolesco. Poco importa que el propio John Brown proféticamente le dijera a Frederick Douglass que, aunque fracasara, la empresa tendría un clamoroso impacto. Ni que a sus alrededor de veinte seguidores tampoco se les pudiera considerar locos.[11] Más bien debemos reconocer que la locura de la que los historiadores han acusado a John Brown nunca fue psicológica. Fue ideológica. Entre 1890 y más o menos 1970 los autores de libros de texto no entendían sus acciones. Cuando las cosas no se entienden es porque son demenciales.

Está claro que los contemporáneos de Brown no le consideraban un demente. Su influencia ideológica fue inmensa en el mes anterior a su ahorcamiento y continuó siéndolo después de su muerte. Amplió las fronteras de lo que se consideraba aceptable pensar y hacer respecto a la esclavitud. Antes de Harpers Ferry, ser abolicionista no era del todo aceptable, ni siquiera en el Norte. El simple hecho de hablar de la liberación de los esclavos —de defender su emancipación inmediata— era algo que quedaba fuera del espectro político. Al emprender acciones armadas, con asesinatos incluidos, John Brown convirtió el puro y simple abolicionismo en algo mucho menos radical.

Después de la oleada inicial de repulsa que suscitó Brown, tanto en el Norte como en el Sur, a los estadounidenses comenzó a fascinarles su discurso. Cuando se le juzgó en 1859, John Brown captó la atención del país más que ningún otro abolicionista o propietario de esclavos antes o después que él. Y lo sabía: «Toda mi vida anterior no me había concedido ni la mitad de las oportunidades de defender lo que está bien».[12] En su alegato del 2 de noviembre ante el tribunal, poco antes de que el juez le condenara a muerte, Brown afirmó que «si hubiera interferido para defender a los ricos, a los poderosos, no habría pasado nada». Aludió a la Biblia que veía en la sala, «que me enseña que absolutamente todo lo que me

---

[11] Como Brown señaló durante su último alegato en el tribunal, todos «se unieron a mí por su propia voluntad». Así fue incluso en el caso de sus hijos.

[12] Carta al juez Daniel R. Tilden, 28/11/1959, citada en Barrie Stavis, *John Brown: The Sword and the Word*, Nueva York, A. S. Barnes, 1970, p. 164.

A la izquierda se ve a John Brown con el aspecto que tenía en 1858. Parecía un hombre de negocios de mediana edad, que es lo que era. Ese mismo año se dejó barba, en parte para intentar mínimamente ocultarse, después de que se le comenzara a buscar por ayudar a escapar de la esclavitud a once afroamericanos en Misuri. Pocos estadounidenses reconocerían este retrato. A la derecha se le ve tal como se lo imaginó en 1937 John Steuart Curry, que pintó una versión de este mismo retrato en los muros del Capitolio de Kansas. Es el Brown demacrado y perturbado que, llegado el año 1937, ya formaba parte de nuestra cultura. Resulta asombroso que, a comienzos del nuevo milenio, *American Journey* eligiera únicamente una variante de ese cuadro para retratar a Brown. A este hombre sí pueden identificarle muchos estadounidenses.

gustaría que los hombres hicieran por mí yo debo hacerlo, pese a todo, por ellos. Digo más, me enseña a recordar a quienes están encadenados como si yo también lo estuviera. Esa instrucción yo traté de llevarla a la práctica». Posteriormente, Brown se atribuyó una elevada autoridad moral: «Creo que, al haber interferido como lo he hecho, como siempre he admitido libremente que hice, en defensa de Sus [de Dios] pobres despreciados, no obré mal, sino bien». Aunque creía injusta su inminente pena de muerte, la aceptó y señaló injusticias más graves: «Si ahora se considera necesario que pierda la vida por el bien de la justicia y que mezcle aún más mi sangre con la de mis hijos y con la de millones de personas en este territorio esclavista cuyos derechos se ven despreciados por leyes perversas, crueles e injustas, yo digo que así sea».[13]

La disposición que mostraba Brown de ir al cadalso por lo que juzgaba justo tenía su propia fuerza moral. «Parece que ningún hombre haya muerto antes en América, porque para morir es preciso haber vivido antes», apuntó Henry David Thoreau en un panegírico pronunciado en Boston. «Esos hombres, al enseñarnos cómo morir, nos han enseñado al mismo tiempo cómo vivir». Thoreau llegaba a comparar a Brown con Jesús de Nazaret, que de forma similar había encontrado la muerte a manos del Estado.[14]

Durante el resto del mes de noviembre, Brown proporcionó a la nación una digna lección sobre cómo afrontar la muerte. En Larchmont (Nueva York) George Templeton Strong escribió en su diario que «la propia fe en cualquier cosa se ve tremendamente sacudida por cualquiera que esté dispuesto a ir al cadalso condenándola y denunciándola».[15] Las cartas que Brown envió a su familia y amigos suavizaron su imagen, mostraron su vertiente humana y desataron una oleada de compasión hacia sus hijos y la que pronto sería su viuda, cuando no por el propio Brown. Las misivas que remitió a sus partidarios y los comentarios que envió a periodistas, que tuvieron gran difusión, constituyeron una constante condena de la esclavitud. En la siguiente carta que le remitió a Brown a la cárcel «un cristiano conservador» —así firmaba el autor—, apreciamos el carisma del reo: «Aunque no pueda aprobar todos sus actos, me sobrecoge la posición que ha adoptado desde su captura y no me atrevo a oponerme a usted, por miedo a encontrarme en pugna con Dios; porque habla usted como el que tiene autoridad y se diría que su fortaleza viene de lo alto».[16]

---

[13] John Brown, «Last Words in Court», en Scheidenhelm, ed., *The Response to John Brown*, pp. 36-37.

[14] Thoreau, «A Plea for Captain John Brown», en Scheidenhelm, ed., *The Response to John Brown*, p. 53.

[15] George Templeton Strong citado en Daniel Aaron, *The Unwritten War*, Nueva York, Oxford University Press, 1973, p. 24.

[16] Carta citada en William J. Schafer, ed., *The Truman Nelson Reader*, Amherst, University of Massachusetts Press, 1989, p. 250.

Cuando Virginia ejecutó a John Brown el 2 de diciembre, convirtiéndole en el primer estadounidense ahorcado por traición desde la fundación del país, en localidades de todo el Norte las campanas de las iglesias doblaron por él. Entre los poetas que reaccionaron ante ese acontecimiento estuvieron Louisa May Alcott, William Dean Howells, Herman Melville, John Greenleaf Whittier y Walt Whitman. «En este momento, la mirada de Europa está clavada en América», escribió Victor Hugo desde Francia. El autor francés pronosticó que la ejecución de Brown «abrirá una fisura latente que al final acabará partiendo en dos la Unión. Puede que el castigo a John Brown consolide la esclavitud en Virginia, pero no cabe duda de que hará añicos a la democracia americana. Preserváis vuestra vergüenza, pero acabáis con vuestra gloria».[17]

Brown siguió siendo polémico después de muerto. Los congresistas republicanos mantuvieron las distancias respecto a sus actos criminales. Con todo, a los propietarios de esclavos sureños les horrorizaron las muestras de compasión que el Norte mostró hacia Brown y decidieron mantener la esclavitud a toda costa, aunque eso supusiera abandonar la Unión si perdían las siguientes elecciones. Entretanto, el carisma de Brown en el Norte no se agotaba, sino que lo acrecentaba lo que muchos llegaron a pensar que había sido un martirio. Al aproximarse la guerra, cuando miles de estadounidenses se veían en la misma tesitura en que se había visto John Brown, la de enfrentarse a la muerte, la fuerza de su ejemplo cobró una mayor relevancia. Por eso muchos soldados iban al combate cantando «John Brown's Body» [El cuerpo de John Brown]. Dos años después, había congregaciones de fieles que entonaban esa canción con la nueva letra escrita por Julia Ward Howe: «Como Él murió por santificar a los hombres, muramos nosotros para liberarlos», y la identificación entre John Brown y Jesucristo dio un nuevo giro. Al año siguiente se pudo ver al 54º Regimiento de Color de Massachusetts, que, desfilando por Boston al ritmo de esa melodía, iba camino de su heroico encuentro con la muerte en Carolina del Sur, mientras desde su

[17] Stavis, *John Brown: The Sword and the Word*, pp. 14 y 167; Richard Warch y Jonathan Fanton, eds., *John Brown*, Englewood Cliffs, NJ, Prentice Hall, 1973, p. 142.

balcón William Lloyd Garrison, con la mano sobre un busto de John Brown, contemplaba a los asistentes lanzando vítores. En febrero de 1865 otro regimiento de color de Massachusetts desfiló al ritmo de la misma tonada por las calles de Charleston (Carolina del Sur).[18]

Ese fue el momento culminante de John Brown. A finales del XIX, cuando los estados sureños y fronterizos privaron del voto a los afroamericanos, cuando proliferaban los linchamientos, cuando los espectáculos de *minstrels* pintados de negro acabaron dominando la cultura popular estadounidense, la América blanca se libró de las últimas esquirlas de idealismo racial. Un libro de historia publicado en 1923 deja clara la relación con la demencia de Brown: «Cuanto más nos alejamos de la excitación de 1859, más dispuestos estamos a considerar que este hombre extraordinario sufría delirios».[19] Hasta la llegada del movimiento por los derechos civiles de la década de 1960 no se libraron los Estados Unidos del suficiente racismo como para aceptar que una persona blanca no tuviera que estar loca para morir por la igualdad de los negros. En cierto sentido, los asesinatos durante esa década de Mickey Schwerner y Andrew Goodman en Misisipi, de James Reeb y Viola Liuzzo en Alabama, y de otros blancos defensores de los derechos civiles en diversos estados sureños concedieron a los autores de libros de texto la libertad para volver a apreciar cordura en John Brown. *Rise of the American Nation*, escrito en 1961, califica el plan de ataque de Harpers Ferry de «idea disparatada, condenada al fracaso», en tanto que en *Triumph of the American Nation*, publicado en 1986, el plan se convierte en «una idea atrevida, pero prácticamente condenada al fracaso».[20]

---

[18] De ese modo, la melodía volvió a su punto de partida, porque al principio había sido el cántico metodista «Say Brothers, Will You Meet on Canaan's Happy Shore». Leon Litwack describe la escena ocurrida en Boston en *Been in the Storm So Long*, Nueva York, Alfred A. Knopf, 1979, pp. 77-78. En 1990, Hollywood acabó retratando al 54° de Massachusetts en *Tiempos de gloria*.

[19] John Spencer Bassett, *A Short History of the United States*, Nueva York, Macmillan, 1923, p. 502.

[20] La edición actual de *Holt American Nation* supera por fin esa forma de expresarse y no cuestiona la cordura de Brown al hablar de Harpers Ferry.

En la historia de los Estados Unidos coinciden con frecuencia las necesidades ideológicas de los racistas blancos y los nacionalistas negros. Así ocurrió con sus respectivas formas de ver a John Brown. Durante el apogeo del movimiento de los Panteras Negras, en un foro de Misisipi escuché a varios oradores condenar a los blancos. «Son nuestros enemigos», proclamó atronador un activista negro. «Ni un solo blanco ha llegado a tomarse en serio los intereses de los negros». En ese momento pensé en John Brown, pero el orador se anticipó a mi objeción: «Se podría decir que John Brown sí lo hizo, pero recordad que estaba loco». John Brown podría servir como defensa frente a esos ataques contra todos los blancos, pero, por desgracia, los manuales de historia de los Estados Unidos han eliminado la posibilidad de que sirva para ese fin.

Ninguno de los negros que conoció a John Brown pensó que estuviera loco. Muchos líderes negros del momento —Martin Delaney, Henry Highland Garnet, Frederick Douglass, Harriet Tubman y otros— le conocían y respetaban. Solo la enfermedad impidió que Tubman se uniera a él en Harpers Ferry. El día de su ejecución, en todo el Norte los negocios propiedad de afroamericanos cerraron en señal de duelo. Frederick Douglass dijo que Brown era «uno de los más grandes héroes que habían conocido la fama en América».[21] Hubo un colegio universitario negro que deliberadamente eligió instalarse en Harpers Ferry y en 1918 sus antiguos alumnos dedicaron una placa de piedra a Brown y a sus hombres «para rendir homenaje a su heroísmo». Entre otras cosas, la placa decía: «Para que en esta nación renaciera la libertad, para que la esclavitud desapareciera para siempre de la tierra americana, dieron la vida John Brown y sus 21 hombres».

Es muy posible que los libros de texto no deban convertir a este asesino en un héroe, aunque otros asesinos, desde Cristóbal Colón a Nat Turner, sí son tratados como héroes. Sin embargo, la rotunda redacción que esos manuales utilizan con Brown no es realmente neutral. Está claro que los autores no le tienen simpatía, el tono que utilizan para hablar de él no es el mismo que emplean

---

[21] Véase Benjamin Quarles, *The Black Abolitionists*, Nueva York, Oxford University Press, 1969, p. 244.

para hablar de casi todos lo demás personajes. Así lo comprobamos, por ejemplo, cuando aluden a sus creencias religiosas. John Brown era un cristiano sincero que, bien versado en la Biblia, se tomaba en serio sus preceptos morales. Sin embargo, los últimos libros de texto, a excepción de *Pathways to the Present*, no solo no reconocen su religiosidad, sino que se la afean.[22] «Brown creía que Dios le había llamado a combatir la esclavitud». *The Americans* lo repite dos veces. Pero Brown nunca creyó que Dios le mandara, en el sentido de darle instrucciones, sino que estaba convencido del contenido moral del cristianismo y decidió que la esclavitud era incompatible con él. Para Boorstin y Kelley, Brown es «el autoproclamado mesías del antiesclavismo». Pero Brown nunca se consideró un mesías. Al contrario, intentó que Frederick Douglass o Harriet Tubman se le unieran porque creía mucho más probable que los afroamericanos esclavizados los siguieran a ellos que a él.

A modo de comparación, pensemos en Nat Turner, que en 1831 lideró la revuelta de esclavos más importante desde la constitución de los Estados Unidos. Tanto John Brown como Nat Turner mataron a blancos a sangre fría. Los dos eran religiosos, pero, al contrario que Brown, Turner tenía visiones y escuchaba voces. En la mayoría de los libros de texto Turner se ha convertido en una especie de héroe. Varios manuales dicen que era «profundamente religioso» o un «predicador de talento». Nadie dice que fuera «un fanático religioso». Esa calificación la reservan para Brown. El libro de texto que más cerca está de sugerir que Turner estuviera loco es *American History* en el siguiente fragmento: «Los historiadores siguen debatiendo si Turner era un demente». Pero al autor le falta tiempo para matizar: «La cuestión es que prácticamente todos los esclavos odiaban la servidumbre. Casi todos estaban deseando que se hiciera algo para destruir el sistema». De manera que incluso *American History* insiste en la relevancia política y social del comportamiento de Turner, no en que su génesis psicológica radicara en una mente supuestamente cuestionable.

La falta de simpatía que los libros de texto le tienen a Brown también queda patente en lo que dicen y no dicen sobre su vida

[22] *Pathways* se limita a no mencionar que Brown era religioso.

antes de Harpers Ferry. Según *American Adventures*: «De alguna manera, en la década de 1840 se interesó en ayudar a los esclavos negros». Ese interés de Brown no tiene ningún misterio: lo tomó de su padre, miembro del consejo rector del Oberlin College, un centro de simpatías abolicionistas. De haberlo querido, *Adventures* podría haber referido la bien conocida historia de la amistad que trabó el joven John con un muchacho negro durante la guerra de 1812, la cual le convenció de que los negros no eran inferiores. Sin embargo, su frase suena a difamación. Igualmente, los autores de libros de texto convierten las muertes ocasionadas por Brown en Pottawatomie en algo carente de motivos, puesto que no mencionan que hasta ese momento los actos de violencia cometidos en Kansas habían sido principalmente obra de esclavistas. De hecho, los partidarios de esa práctica ya habían matado a seis colonos que defendían la libertad del territorio. Meses después de los sucesos de Pottawatomie, en Osawatomie (Kansas) Brown había ayudado a treinta y cinco colonos antiesclavistas a defenderse de varios cientos de saqueadores esclavistas de Misuri, granjeándose así el apodo de «Osawatomie John Brown». Ni uno solo de los libros de texto menciona lo que Brown hizo en Osawatomie, donde fue el defensor de la plaza. Pero catorce o quince manuales sí relatan lo que hizo en Pottawatomie, donde era el atacante.[23]

Nuestros libros de texto también perjudican a Brown al no permitirle hablar por sí mismo. ¡Hasta su carcelero le dejó escribir! Doce de los dieciocho manuales que he estudiado no proporcionan siquiera una frase dicha o escrita por él. En consecuencia, las palabras de Brown, que emocionaron a una nación, no pueden emocionar a la mayoría de los estudiantes de hoy.

Puede que los autores de libros de texto eviten las ideas de Brown porque están teñidas de cristianismo. La religión ha sido una de las grandes inspiraciones y explicaciones que han tenido las empresas humanas en este país. Sin embargo, aunque los libros de texto pueden mencionar organizaciones religiosas como

---

[23] Para un relato completo de las acciones de Brown, véase Oates, *To Purge This Land With Blood.*

los *shakers* o los seguidores de la ciencia cristiana, nunca abordan con seriedad, en ningún período, las ideas religiosas.[24] Sería polémico describir en profundidad el mormonismo, la ciencia cristiana o el metodismo del gran despertar. Peor aún sería mencionar el ateísmo o el deísmo. «¿Es que les vas a decir a los niños que Thomas Jefferson no creía en Jesús? ¡Pues yo no!», me dijo acalorado un editor de libros de texto. Tampoco funcionaría abordar las ideas religiosas de manera neutral, no religiosa, simplemente como factores sociales, porque es posible que eso ofendiera a algunos fieles. La solución que adoptan los libros de texto es la de prescindir por completo de esas ideas.[25] Citar la recreación que hizo John Brown ante el tribunal de la ley de oro de la ética —«absolutamente todo lo que me gustaría que los hombres hicieran por mí yo debo hacerlo, pese a todo, por ellos»— iría en contra de ese tabú.

En la historia, las contradicciones ideológicas son terriblemente importantes. Las ideas son poderosas. Las que motivaban a John Brown y el ejemplo que dio pervivieron mucho después de

[24] *The American Pageant* es el que más cerca está de conseguirlo, ya que dedica un espacio considerable a las religiones como instituciones sociales y analiza con cierto detenimiento sus ideas. Por otra parte, estoy de acuerdo con la evaluación que hace Robert Bryan en *History, Pseudo-History, Anti-History: How Public School Textbooks Treat Religion*, Washington, D.C., Learn, Inc., 1984, p. 3, quien señala que, después de los Peregrinos, el cristianismo carece de presencia histórica en los manuales estadounidenses. Véase también Paul Gagnon, *Democracy's Untold Story: What World History Textbooks Neglect*, Washington, D.C., American Federation of Teachers, 1987; Charles C. Haynes, *Religion in American History*, Alexandria, VA, Association for Supervision and Curriculum Development, 1990; y William F. Jasper, «America's Textbooks Are Censored in Favor of the Left», en Lisa Orr, ed., *Censorship: Opposing Viewpoints*, San Diego, Greenhaven, 1990, pp. 154-159.

[25] A quienes critican los libros de texto desde la derecha les indigna con razón este asunto; como señaló una de las reseñistas del grupo de Mel Gabler, criticando *Life and Liberty*, «es evidente que los editores no se sienten amenazados al admitir que los arapaho eran religiosos; entonces, ¿por qué no lo es igualmente el notable pasado y presente de los americanos [no indios]?» (crítica sin título realizada por Deborah L. Brezina [sin fecha, texto mecanografiado distribuido por Educational Research Analysts, de Mel Gabler, 1993], p. 7). Por desgracia, los críticos de la asociación de Gabler solo quieren que se digan cosas positivas de la religión, y sobre todo de la suya, la cristiana. En consecuencia, denuestan otros manuales por mencionar que Benjamin Franklin era deísta.

que su cuerpo comenzara a descomponerse en la tumba. Sin embargo, los manuales de historia de los Estados Unidos no nos permiten de ninguna manera saber el papel que han tenido las ideas en nuestro pasado.

Es posible que los autores de manuales hagan caso omiso de las ideas de John Brown porque, para ellos, sus violentas acciones imposibilitan que se aborde su figura desde la afinidad. Cuando pasamos de Brown a Abraham Lincoln, dejamos a una de las figuras más polémicas de la historia de los Estados Unidos para centrarnos en una de las más veneradas. Evidentemente, los libros de texto describen a Lincoln con simpatía. Con todo, también restan importancia a sus ideas, sobre todo a las raciales. En vida, Abraham Lincoln se debatió con el problema racial más abiertamente que ningún otro presidente, quizá a excepción de Thomas Jefferson, y, al contrario que este, en ocasiones las acciones de Lincoln fueron parejas a sus palabras. Nada dicen la mayoría de nuestros libros de texto sobre el debate interno de Lincoln. ¡Qué magníficos instrumentos docentes serían si lo mencionaran! Los estudiantes verían que los oradores modifican sus ideas para apaciguar y atraerse a sus diferentes auditorios, así que no podemos limitarnos a tomarnos al pie de la letra sus declaraciones. Si los libros de texto reconocieran el racismo de Lincoln, los alumnos sabrían que el racismo no solo afecta a los extremistas del Ku Klux Klan, sino que ha sido algo «normal» a lo largo de nuestra historia. Y observando a Lincoln debatirse internamente para aplicar los principios democráticos de los Estados Unidos sin importarle la divisoria de raza, los estudiantes verían cómo pueden desarrollarse las ideas y evolucionar las personas.

Como todos los blancos de su siglo, al conversar, Lincoln aludía a los negros utilizando el término despectivo *niggers*. Durante los debates entre Lincoln y Douglas, en ocasiones el primero caía abiertamente en la supremacía blanca, como ya vimos en el capítulo anterior. No obstante, las ideas raciales de Lincoln eran más complejas que las de Douglas. Un día después de que este se proclamara a favor de la supremacía blanca en Chicago, afirmando que las cuestiones estaban «perfectamente perfiladas», la contestación de Lincoln sí que perfiló con verdadera claridad el asunto:

> Me gustaría sabe dónde vamos a detenernos si comenzamos a introducir excepciones en esta antigua Declaración de Independencia, que proclama la igualdad, por principio, entre todos los hombres. Si un hombre dice que no se refiere a los negros, ¿por qué no habrá de decir otro que no se refiere a otro hombre? Si esa Declaración no es… justa, ¡hagámosla pedazos! [Gritos de «¡no, no!»]. Entonces, atengámonos a ella, defendámosla con firmeza.[26]

Ningún libro de texto cita este fragmento y todos, salvo uno, omiten su contundente forma de resumir lo que realmente estaba detrás de sus debates con Douglas: «Ese es el problema que seguirá existiendo en este país cuando las pobres lenguas del juez Douglas y la mía hayan callado. Es la eterna lucha entre dos principios, lo que está bien y lo que está mal, en todo el mundo».[27]

Puede que el reconocimiento por parte de Lincoln de que los afroamericanos eran al fin y cabo humanos se lo debiera a su padre, que en parte trasladó a la familia a Indiana porque no le gustaba la esclavitud por motivos raciales que Kentucky aprobaba. O puede que emanara de una experiencia que Lincoln tuvo en 1841 en un barco de vapor y que recordaría años después al escribir a su amigo Josh Speed: «Puede que recuerdes, igual que yo, que desde Louisville hasta la desembocadura del Ohio iban a bordo diez o doce esclavos, encadenados unos a otros con grilletes. Esa visión no dejó de atormentarme y siempre que me acerco al Ohio o a cualquier otra frontera esclava veo algo parecido». Lincoln terminaba diciendo que el recuerdo seguía teniendo «la capacidad de entristecerme».[28] Ningún manual cita esta carta ni ningún otro texto similar.

Ya en 1835, durante su primera legislatura en la Cámara de Representantes de Illinois, Lincoln depositó uno de los cinco únicos

---

[26] Paul M. Angle, *Created Equal? The Complete Lincoln-Douglas Debates of 1858*, Chicago, University of Chicago Press, 1958, p. 41.

[27] La nueva edición de *The American Pageant* incluye un párrafo cuidadosamente elegido en el que Lincoln coincide con Douglas en que los blancos deben ser superiores socialmente, pero defendiendo que los negros deben tener igualdad de derechos.

[28] Richard Current, *The Lincoln Nobody Knows*, Westport, CT, Greenwood Press, 1980 [1958], p. 216.

votos que se opusieron a una resolución de condena de los abolicionistas. Los libros de texto dan a entender que en 1860 Lincoln fue nominado a la presidencia por su postura moderada respecto a la esclavitud, aunque, en realidad, los republicanos le eligieron a él y no al favorito, William H. Seward, en parte por el «férreo antiesclavismo» de Lincoln y porque se consideraba que Seward era blando en las negociaciones.[29]

Una vez en la presidencia, Lincoln comprendió la importancia simbólica que tenía liderar una mejora de las relaciones raciales. Por primera vez los Estados Unidos intercambiaron diplomáticos con Haití y Liberia. En 1863 Lincoln acabó con la segregación entre el personal de la Casa Blanca, lo cual inició en el Gobierno federal un proceso que se prolongó hasta Woodrow Wilson. Lincoln abrió la Casa Blanca a los visitantes negros, entre los que destacó Frederick Douglass. También continuó debatiéndose con su propio racismo y pidió a sus asesores que indagaran la viabilidad de deportar a afroamericanos a África o Latinoamérica (algo que eufemísticamente se llamó *colonizar*).

Gran parte de los libros de texto menciona que Lincoln se opuso «personalmente» a la esclavitud. Dos de ellos llegan incluso a citar su carta de 1864: «Si la esclavitud no es injusta, no hay nada injusto».[30] No obstante, la mayoría de los libros de texto hace lo posible por distanciar a Lincoln de un idealismo indebido respecto a la esclavitud. Le veneran sobre todo porque «salvó la Unión». Con mucho, su declaración favorita de Lincoln, citada o parafraseada por quince de los dieciocho manuales, es su carta del 22 de agosto de 1862 a Horace Greeley, del *New York Tribune*:

> Mi objetivo primordial en esta lucha es salvar la Unión, no salvar o destruir la esclavitud. Si pudiera salvar la Unión sin liberar a *ningún* esclavo, lo haría; si pudiera salvarla liberando a *todos* los esclavos, lo haría, y si pudiera salvarla liberando a algunos y

[29] Richard H. Sewell, *A House Divided*, Baltimore, Johns Hopkins University Press, 1988, pp. 74-75.

[30] *American Adventures* y *American History* citan la carta de Lincoln a Albert Hodges, 4 de abril de 1864. Para conocer el texto íntegro, véase Herbert Aptheker, *And Why Not Every Man?*, Nueva York, International, 1961, p. 249.

> dejando a otros como están, también lo haría. Lo que haga con la esclavitud y con la raza de color lo haré porque creo que ayuda a salvar esta Unión y lo que no haga no lo haré porque creo que no contribuirá a salvar la Unión…

Al insistir en esta cita, la mayoría de los libros de texto presenta a un Lincoln moralmente indiferente a la esclavitud y al que, desde luego, no le importaban los negros. Como señala *Pathways to the Present*, «Lincoln acabó pensando que acabar con la esclavitud era una estrategia más para finalizar la guerra». Irónicamente, este es también el Lincoln que los nacionalistas negros presentan ante los afroamericanos para convencerlos de que dejen de pensar bien de él.[31]

Para presentar a ese Lincoln, los libros de texto tienen que prescindir por completo del contexto. Lo primero que omiten es la siguiente afirmación que hace Lincoln: «… He proclamado aquí mi voluntad, según yo concibo el deber *oficial*, y no pretendo modificar mi deseo *personal*, tantas veces expresado, de que todos los hombres puedan ser libres en todas partes». Evidentemente, eso dice algo bastante distinto sobre la esclavitud. De manera que todos los manuales, salvo tres, prescinden de esa parte.

A continuación, se libran del contexto político. Cualquier historiador sabe que el fragmento de la carta de Lincoln a Greeley que la mayoría de los libros de texto cita simplemente no representa solo sus intenciones respecto a la esclavitud. Lincoln redactó la carta para recabar apoyo en la guerra de los habitantes de Nueva York, una de las ciudades norteñas más partidarias de los demócratas (y por tanto del supremacismo blanco). Nunca se granjearía su apoyo afirmando que la guerra iba a poner fin a la esclavitud. Ese asunto los habría puesto en su contra. Así que apeló a lo único que podía: que apoyaran la guerra y la nación se mantendría unida. No se dirigía a Greeley, que quería poner fin a la esclavitud,

[31] Véase, por ejemplo, Jehuti El-Mali Amen-Ra, *Shattering the Myth of the Man Who Freed the Slaves*, Silver Spring, MD, Fourth Dynasty Publishing, 1990, p. 21. Amen-Ra, un nacionalista «afrikano» de Baltimore, recorta la carta de Lincoln, como hacen los autores de libros de texto, pero para desacreditarle.

sino a los antibelicistas demócratas y a los americanos antinegros de origen irlandés, también a los gobernadores de los estados fronterizos y a los muchos norteños que se oponían a la emancipación de los esclavos. Salvar la Unión *nunca* había sido la única preocupación de Lincoln, como demuestra que en 1860 rechazara en el último momento el Compromiso de Crittenden, una enmienda constitucional destinada a preservar la Unión a costa de mantener para siempre la esclavitud.[32] Ni un solo autor explica el contexto político ni a quién se dirigía la carta enviada a Greeley. Tampoco hay un solo libro que cite lo que ese mismo verano les dijo Lincoln a unos pastores unitaristas, a los que animó a «volver a casa e intentar convencer a la gente de vuestras ideas» porque «vamos a necesitar todo el ánimo antiesclavista que haya en el país y aún más». Si lo citaran, los estudiantes comprenderían que la reacción de Lincoln ante el problema de la esclavitud en los Estados Unidos no fue en absoluto de indiferencia.

Cuando los manuales analizan la Proclamación de Emancipación, explican las acciones de Lincoln aduciendo motivaciones de realismo político. «En septiembre de 1862», afirma *Triumph of the American Nation*, «Lincoln había decidido, a regañadientes, que librar una guerra, al menos en parte, para liberar a los esclavos granjearía el apoyo europeo y reduciría el peligro de intervención extranjera a favor de la Confederación». No cabe duda de que a Lincoln, un político consumado, le influían las consideraciones políticas, tanto internas como internacionales. Pero también las relativas a lo que era justo o injusto. Según los analistas políticos de entonces y de ahora, el hecho de que en septiembre de 1862 Lincoln anunciara la emancipación les costó a los republicanos el control del Congreso en las posteriores elecciones de noviembre, porque en el Norte la opinión pública blanca necesitaría otro año

---

[32] Este compromiso, propuesto por los estados fronterizos, habría contravenido el fallo del caso Dred Scott, reinstaurando la demarcación del Compromiso de Misuri y garantizando para siempre el mantenimiento de la esclavitud al sur de la misma. Como Lincoln no podía soportar esto, pidió a los congresistas republicanos que no lo apoyaran. Sin el apoyo republicano, la propuesta fracasó por poco en las dos cámaras. Varios manuales nuevos sí incluyen la oposición de Lincoln al Compromiso de Crittenden.

para estar a favor de la libertad de los negros.[33] Los libros de texto impiden que se contemple la posibilidad de que Lincoln actuara, por lo menos en parte, porque pensaba que era lo justo. Desde las guerras con los indios hasta Vietnam, pasando por la esclavitud, los autores de manuales no solo evitan preguntarse qué han tenido de bueno o de malo nuestras acciones pasadas, sino que evitan incluso reconocer que los estadounidenses del momento se hicieran tales consideraciones.

Abraham Lincoln fue uno de los grandes maestros de la lengua inglesa. Es posible que, más que ningún otro presidente, utilizara y manipulara en sus discursos símbolos poderosos para motivar a la opinión pública, vnculándolos con frecuencia con las relaciones raciales y la esclavitud. Los libros de texto, ateniéndose a la costumbre de darle un tono monótono a su discurso, nos van proporcionando pequeñas dosis de tres o cuatro palabras de Lincoln. Ninguno de ellos facilita más alocución o carta completa que el discurso de Gettysburg y ni siquiera en ese caso encontramos más de seis manuales que lo proporcionen. Los tres párrafos de Gettysburg, que constituyen uno de los discursos más importantes pronunciados en la historia de los Estados Unidos, solo ocupan un cuarto de página en los libros de texto que los incluyen. No obstante, hay cinco que ni siquiera mencionan ese discurso, en tanto que otros cinco solo citan su última oración o frase: «El gobierno del pueblo, por y para el pueblo». Su utilización más absurda es la que hace la nueva edición de *The American Pageant*, que, aunque dedica una página entera a la alocución, la destina mayormente a mostrar el manuscrito escrito por la mano del propio Lincoln, ¡reduciéndolo hasta tal punto para que quepa en la página que resulta ilegible![34] *Pageant* dedica más palabras sobre el discurso de las que este tenía, pero no incluye ni una sola frase escrita por Lincoln.

Con todo, las palabras son importantes y también que los estudiantes piensen en ellas. Lincoln comprendió que librar una

---

[33] V. J. Voegeli, *Free but Not Equal*, Chicago, University of Chicago Press, 1967, pp. 62-63 y 128-150.

[34] *Pageant* proporciona una ampliación de la segunda mitad de la última oración, que, en consecuencia, puede leerse, aunque con dificultad.

guerra en defensa de la libertad era ideológicamente más satisfactorio que librarla únicamente para conservar una Unión moralmente neutral. Para salvar la Unión, era necesario encontrar motivaciones bélicas que no fueran precisamente «salvar la Unión». En Gettysburg Lincoln dio una.

Lincoln era un excelente abogado que sabía perfectamente que los Estados Unidos habían nacido en medio de la esclavitud, ya que la Constitución trata directamente el tema por lo menos en cinco ocasiones. No obstante, comenzó diciendo que «hace ochenta y siete años, nuestros padres alumbraron en este continente una nueva nación, concebida en libertad y consagrada a la idea de que todos los hombres fueron creados iguales». De este modo, Lincoln envolvía la causa de la Unión en la retórica de la Declaración de Independencia, que hacía hincapié en la libertad, aunque muchos de sus signatarios fueran propietarios de esclavos.[35] Con ese enfoque, Lincoln utilizaba al mismo tiempo la Declaración de Independencia para redefinir la causa de la Unión, dando a entender que, en última instancia, conllevaba la igualdad de derechos para todos los estadounidenses, fuera cual fuera su raza.

«En la actualidad estamos librando una grave guerra civil», añadió Lincoln, «para comprobar si esta nación o cualquier nación, así concebida y consagrada, puede mantenerse durante mucho tiempo». Una vez más, Lincoln medía bien sus palabras: en 1863 otras naciones se habían unido al carro de la democracia. Esa era la razón de que todas las naciones europeas y gran parte de las americanas hubieran proscrito la esclavitud. ¿Cómo ponía a prueba nuestra Guerra Civil la posibilidad de que *esas* democracias se mantuvieran a flote? Aquí Lincoln estaba envolviendo la causa de la Unión en el antiguo manto de «la última y mejor esperanza de la humanidad», versión laica de la idea que propugnaba que entre los Estados Unidos y Dios había una especial alianza.[36] Ese

---

[35] Ese mismo año crearía el Día de Acción de Gracias, para identificar con los Estados Unidos a otro conjunto de Padres Fundadores.

[36] En el caso de que este análisis ofrezca una imagen demasiado etnocéntrica de Lincoln, hay que señalar que algunos europeos, entre ellos Tocqueville, y muchos estadounidenses del siglo XIX creían que los Estados Unidos ejemplificaban realmente el futuro. Véase Abbott Gleason, «Republic of Humbug», *American Quarterly*,

tipo de retórica sirve para concebir discursos magníficos, aunque históricamente sea deficiente. De este modo, el presidente pedía a los demócratas antibelicistas del Norte que le apoyaran en una guerra cuyo objetivo era el bien de toda la humanidad.

Después de invocar un tercer y poderoso símbolo —«los valerosos hombres, vivos y muertos, que aquí han luchado»— Lincoln puso punto final identificando la causa por la que tantos habían muerto: «Que, en presencia de Dios, esta nación vuelva a nacer a la libertad». ¿A qué libertad se refería? A la de los negros, por supuesto. Como bien sabía Lincoln, la propia guerra estaba minando la esclavitud, porque lo que se había iniciado como un combate para salvar la Unión era cada vez más una guerra por la libertad de los negros. En esa época, los ciudadanos comprendían perfectamente a Lincoln. De hecho, durante todo el período, los estadounidenses adquirieron ejemplares de discursos políticos, los leían, debatían cuestiones candentes y votaban en porcentajes que ahora nos parecen inalcanzables. *The Chicago Times*, un periódico demócrata, denostó el discurso precisamente por «la idea de que todos los hombres fueron creados iguales». Según afirmaba el *Times*, la Unión la habían creado «hombres que se respetaban demasiado a sí mismos como para declarar que los negros eran iguales que ellos o que tuvieran iguales privilegios».[37]

Los libros de texto no tienen por qué explicar como yo lo he hecho las palabras de Lincoln en Gettysburg. Ese discurso tiene complejidad suficiente para sobrevivir a varios análisis.[38] Sin embargo,

---

44, nº 1, 3/1992, pp. 1-20; y G. D. Lillibridge, *Beacon of Freedom*, Filadelfia, University of Pennsylvania Press, 1955.

[37] Citado en M. Hirsh Goldberg, *The Book of Lies*, Nueva York, Morrow, 1990, pp. 79-80.

[38] Los intelectuales siguen debatiendo sus repercusiones actuales. Véase, entre otras obras, las de Clarence Thomas, «The Modern Civil Rights Movement», Winston-Salem, NC, The Tocqueville Forum, 18/04/1988; Garry Wills, *Lincoln at Gettysburg*, Nueva York, Simon & Schuster, 1992; Robert Lowell, tal como lo describe Allan Nevins, ed., *Lincoln and the Gettysburg Address*, Urbana, University of Illinois Press, 1964, pp. 88-89; Robert Bellah, «Civil Religion in America», *Daedalus*, invierno de 1967, pp. 1-21; Willmoore Kendall, «Equality: Commitment or Ideal?», *Intercollegiate Review*, otoño de 1989, pp. 25-33; y Harry V. Jaffa, «Inventing the Gettysburg Address», *Intercollegiate Review*, otoño de 1992, pp. 51-56.

de los seis libros que reproducen el discurso, cuatro se limitan a meterlo, sin nada más, en un recuadro colocado en una esquina de la página. Posteriormente, *Pathways to the Present* ofrece un resumen bastante vacuo. Solo *Life and Liberty* plantea preguntas inteligentes al respecto.[39] En consecuencia, todavía no me he encontrado a nadie que en sus años de instituto haya dedicado tiempo a pensar en el discurso de Gettysburg.

Todavía peor es el tratamiento que se da en los libros de texto a la segunda toma de posesión de Lincoln. En este imponente discurso, una de las obras maestras de la oratoria estadounidense, Lincoln apuntó claramente que las diferencias respecto a la esclavitud eran la causa principal de la Guerra Civil, entonces en su cuarto y sangriento año.[40]

> Si hubiéramos de suponer que la esclavitud en América es una de esas ofensas que, según la providencia de Dios, debía forzosamente ocurrir, pero que, habiéndose prolongado el tiempo preciso, el Señor quiere ahora eliminar y que, tanto al Norte como al Sur, les ha traído esta terrible guerra, porque así deben penar quienes esa ofensa ocasionaron, ¿no deberíamos ver en ello alguna mudanza en los atributos divinos que quienes creen en un Dios viviente siempre le atribuyen?

Con ese mismo tono continuó Lincoln invocando la doctrina de la predestinación, un elemento que entonces era mucho más vital que ahora para el marco ideológico del país:

> Esperamos con devoción y rogamos con fervor que el imponente azote de la guerra pase cuanto antes. Mas, si Dios quiere que continúe hasta que toda la riqueza acumulada durante doscientos cincuenta años por el esfuerzo no recompensado del siervo se

---

[39] *Triumph of the American Nation* se hace dos preguntas, pero las sepulta dentro de dos páginas dedicadas a cosas como «Revisión de términos importantes» o «Prácticas de pensamiento crítico», que aparecen al final de la unidad.

[40] Siguiendo el mismo razonamiento, Paul Gagnon coincide en que «todos los textos deberían reproducir [el discurso de la segunda toma de posesión] en su totalidad», en *Democracy's Half-Told Story*, pp. 70-71.

> consuma y hasta que la última gota de sangre arrancada por el látigo se pague con otras arrancadas por la espada, como se dijo hace tres mil años, una vez más habrá que decir que «los castigos del Señor son completamente justos y rectos».

La última frase es asombrosa, aunque solo sea por su longitud. Los políticos ya no hablan así. Cuando los estudiantes leen en alto este pasaje, con detenimiento y atención, no dejan de percibir que es una virulenta diatriba contra los pecados cometidos por los Estados Unidos contra los negros. La Guerra Civil ha sido, con mucho, la experiencia más devastadora de nuestra historia nacional. Sin embargo, Lincoln aquí dice que nos la merecíamos. Y en su marco retórico, en puridad hay que hablar de pecado o de crimen, no solo de tragedia. En realidad, esta diatriba contra las relaciones raciales en los Estados Unidos se hace eco de la nota postrera de John Brown: «Yo, John Brown, estoy ahora seguro de que los crímenes de esta tierra culpable solo llegarán a purgarse con sangre».[41]

El segundo discurso de toma de posesión de Lincoln causó tanto impacto entre los estadounidenses que, un mes después, cuando fue asesinado, los granjeros de Nueva York y Ohio recibieron al tren que llevaba su cadáver con pancartas que mostraban frases del discurso. Sin embargo, solo *The United States—A History of the Republic* incluye fragmentos del texto antes citado.[42] Otros siete manuales limitan la cita a la frase final, relativa a la necesidad de vendar las heridas de la nación «sin rencor hacia nadie». Diez manuales prescinden por completo del discurso.

Puede que, al igual que ocurría con la preocupación de Helen Keller por la injusticia que conllevan las clases sociales, la de Lincoln por el crimen que supone el racismo les parezca impropia a los autores de libros de texto. ¿Es eso por lo que debemos recordar a Lincoln? ¡Vamos a prescindir de ella! A esa forma de tratar a Lincoln se la podría denominar interpretación a lo Walt Disney: en el pabellón que Disney presentó en la Feria Mundial de Nueva

[41] Cf. Voegeli, *Free but Not Equal*, p. 138.

[42] *Pathways to the Present* sí incluye otra frase que alude a la esclavitud.

La extraña trayectoria de la cabaña de madera en la que nació Abraham Lincoln simboliza en cierto modo lo que los libros de texto han hecho con él. Es probable que la cabaña en cuestión cayera en el abandono antes de que Lincoln accediera a la presidencia. Según la investigación realizada por D. T. Pitcaithley, la nueva cabaña, un fraude construido en 1864, se alquiló a los dueños de un parque de atracciones, fue a parar a Coney Island, donde se fundió con la cabaña natal de Jefferson Davis (otro fraude); y posteriormente se redujo y volvió a montar para que cupiera en el panteón de mármol de Kentucky, donde sigue estando. La cabaña también se convirtió en un juguete: Lincoln Logs, creado en 1920 por el hijo de Frank Lloyd Wright, John, ¡contenía instrucciones para construir tanto la cabaña de Lincoln como la del tío Tom! La cabaña todavía sigue haciendo su típica aparición en nuestros libros de texto como símbolo del legendario tránsito de la pobreza a la riqueza que manifiesta la movilidad ascendente de Abraham Lincoln. No es extraño que lo único que un estudiante universitario pudiera decir de él fuera esta frecuentísima incongruencia: «Nació en una cabaña de madera que había construido con sus propias manos».

York de 1964 había una escultura articulada de Lincoln que hablaba durante varios minutos, eligiendo cuidadosamente sus palabras para no decir nada sobre la esclavitud.

Una vez desvinculado Lincoln de cualquier consideración sobre lo justo o lo injusto, varios libros de texto presentan de igual

Triumph of the American Nation incluye esta evocadora fotografía de la tripulación del *USS Hunchback* durante la Guerra Civil. La integración racial que muestra desapareció entre 1890 y 1940, durante el nadir de las relaciones raciales en los Estados Unidos.

manera la Guerra Civil. En realidad, los soldados de los Estados Unidos, que comenzaron a luchar para salvar la Unión y no para mucho más, terminaron combatiendo por todas las imprecisas pero portentosas ideas del discurso de Gettysburg. A partir de 1862, los ejércitos de la Unión cantaban la canción «Battle Cry of Freedom», compuesta por George Root en el verano de ese mismo año:

> En nuestras filas acogeremos a los verdaderamente
> leales y valientes,
> lanzando el grito de guerra de la libertad.
> Y aunque el hombre sea pobre, nunca será esclavo,
> lanzando el grito de guerra de la libertad.[43]

Seguramente, todavía hoy en día, nadie puede entonar esos versos sin percibir que tanto la libertad como la pervivencia de la Unión

---

[43] Letra citada en James M. McPherson, *Battle Cry of Freedom*, Nueva York, Oxford University Press, 1988, p. VI.

eran objetivos de guerra de los Estados Unidos y sin sentir hasta cierto punto la intensidad que tenía esa combinación. Esa es la intensidad que los libros de texto omiten: no trasmiten a los estudiantes ni un ápice de *la importancia* que tienen las ideas.

Las acciones de los afroamericanos fueron de gran importancia a la hora de poner en cuestión el racismo blanco. Los esclavos huían para unirse a las filas de la Unión. Una vez que se permitió combatir a las tropas negras, su contribución al esfuerzo bélico les puso a los blancos más difícil negarles a sus compañeros negros la condición de seres humanos completos.[44] Así escribía un capitán de la Unión a su esposa: «Hay muchos [blancos] que creen que toda la raza negra es enormemente inferior a ellos —me parece que unas pocas semanas de vida tranquila y desprejuiciada se lo desmentirán—, yo tengo una opinión de sus capacidades mucho más elevada de la que tuve nunca».[45] Al contrario que los historiadores de hace unas décadas, los autores de libros de texto actuales comprenden que presentar la guerra sin las acciones de los afroamericanos es una práctica histórica deficiente. Los dieciocho manuales mencionan por lo menos a los más de 180 000 negros que lucharon en el ejército de tierra y la Marina de la Unión. Varios incluyen ilustraciones de soldados afroamericanos y señalan la diferente paga que percibieron hasta casi el final de la contienda.[46] *Discovering American History* señala que los soldados de la Unión que se quedaban atrapados tras las filas confederadas descubrían que los esclavos eran «de incalculable ayuda». Sin embargo, solo *The United States—A History of the Republic* va más allá para señalar hasta qué punto la existencia y el éxito de las tropas negras redujo el racismo blanco.[47]

---

[44] Véase Carleton Beals, *War Within a War*, Filadelfia, Chilton, 1965, pp. 145-150.

[45] Citado en James M. McPherson, «Wartime», *New York Review of Books*, 12 de marzo de 1990, p. 33. Según Litwack, *Been in the Storm So Long*, p. 100, los soldados negros ocasionaron «una revolución mental» en el ejército de la Unión.

[46] *The American Adventure*, *Challenge of Freedom*, *Discovering American History* y *Life and Liberty* tratan especialmente bien el tema de los soldados negros.

[47] Un lector especialmente sagaz podría deducir tal cosa de la cobertura que da al tema *The American Journey*.

Las repercusiones que para el antirracismo tuvo la Guerra Civil fueron especialmente patentes en los estados fronterizos. La Proclamación de Emancipación de Lincoln solo se aplicó a la Confederación. La esclavitud no se vio afectada en estados unionistas como Delaware, Maryland, Kentucky y Misuri. Pero la guerra afectó a todos. La situación de los hacendados se tornó ambivalente: poseer negros ya no era a lo que aspiraba un hombre blanco ni lo que una mujer blanca esperaba conseguir mediante el matrimonio. Maryland era un estado esclavista que al iniciarse la guerra mostró un apoyo considerable a la Confederación. Pero se mantuvo al lado de la Unión y envió a miles de soldados a defender Washington. Lo que ocurrió a continuación constituye un ejemplo «positivo» de las consecuencias de la disonancia cognitiva: para los blancos de Maryland, el hecho de librar una guerra contra los propietarios de esclavos y permitir al mismo tiempo la esclavitud dentro de sus fronteras creó una tensión que había que resolver. En 1864, los abolicionistas de Maryland, cada vez más convincentes, sometieron el asunto a votación. Por un estrecho margen, el recuento iba en contra de la emancipación, hasta que se contó el gran número de votos a distancia. En su inmensa mayoría, estos eran favorables a la libertad. ¿Quién emitía la mayor cantidad de votos a distancia en el Maryland de 1864? Los soldados y los marineros, por supuesto. Esos combatientes, que ahora iban camino de la batalla con «John Brown's Body» en los labios, también habían cambiado de opinión para ponerse del lado de la libertad que sus actos estaban forjando.[48]

Como se apuntó en el capítulo anterior, canciones como «Nigger Doodle Dandy» reflejan el tono racista de la campaña presidencial demócrata de 1864. ¿Cómo respondieron los republicanos? En parte, buscaron el voto blanco mostrándose antirracistas. La campaña republicana, potenciada por las victorias militares del otoño de 1864, fue eficaz. Las descaradas apelaciones al racismo

[48] Bill Evans señala (en un mensaje privado de diciembre de 1993) que otro de los factores que alentó el abolicionismo en los estados fronterizos fue la ausencia de las urnas de ciertos simpatizantes con la causa esclavista que luchaban en el Ejército Confederado.

Este es el póster central aparecido en el número del 15 de octubre de 1864 de *Harper's Magazine*, que durante todo el siglo XIX fue el portavoz del Partido Republicano. El texto proviene del programa demócrata. Las ilustraciones, del joven Thomas Nast, muestran los puntos flacos de ese programa. Hoy día sería impensable imaginarse un partido político que buscara el voto blanco partiendo de ese tipo de idealismo racial.

de los demócratas fracasaron y los republicanos antirracistas se impusieron casi por doquier. Un republicano neoyorquino escribió: «El cambio de opinión sobre esta cuestión de la esclavitud... es un importante hecho histórico. ¿Quién podría haber predicho... esta enorme y bendita revolución?».[49] En todo el mundo hubo gente que apoyó a la Unión por razones ideológicas. Solo de Canadá se desplazaron cuarenta mil hombres hacia el Sur, algunos negros, para presentarse voluntarios a luchar por la causa unionista. «Las ideas son más importantes que las batallas», afirmó el senador abolicionista Charles Sumner cuando la guerra iba perdiendo virulencia.[50]

Entre los confederados, las ideas tuvieron el efecto contrario. Las contradicciones ideológicas afligieron al sistema esclavista antes incluso del inicio de la guerra. John Brown sabía que, en el fondo, aunque aseguraran a los abolicionistas que los esclavos estaban encantados con la esclavitud, los amos temían que pudieran alzarse. Una de las razones de que su incursión en Harpers Ferry desatara tantas protestas en el Sur es que los propietarios de esclavos temían que sus esclavos se le unieran. Sin embargo, con sus muestras de repulsa a Brown y a los «republicanos negros» que le financiaban no convencieron a los moderados del Norte, sino que solo los empujaron hacia el bando abolicionista. Después de todo, si Brown, tal como afirmaban los propietarios de esclavos, era realmente peligroso, la esclavitud era algo verdaderamente injusto. Unos esclavos felices nunca se rebelarían.

Los sureños blancos fundaron la Confederación en la ideología de la supremacía blanca. Según Alexander Stephens, su vicepresidente: «Las bases de nuestro Nuevo gobierno se asientan, su piedra angular descansa, en la gran verdad de que el negro no es igual al hombre blanco, que la esclavitud —la subordinación a la raza superior— es su estado natural y normal». Los soldados confederados, de camino a Antietam y Gettysburg, sus principales

---

[49] Tal como se cita en McPherson, *Battle Cry of Freedom*, p. 688 (omisiones de McPherson).

[50] Hugh L. Keenleyside, *Canada and the United States*, Nueva York, Knopf, 1952, p. 115; Aptheker, *Essays in the History of the American Negro*, p. 159; Charles Sumner, discurso del 1 de junio de 1865.

El programa demócrata se iniciaba de manera bastante inofensiva: «Con inquebrantable fidelidad respetaremos la UNIÓN constitucional, único fundamento sólido de nuestra FUERZA, SEGURIDAD Y FELICIDAD como PUEBLO». Pero la ilustración de Nast era un auténtico bofetón: muestra a cazadores de esclavos que, provistos de perros, persiguen a desventurados evadidos hasta un pantano. Espolea al lector para que se pregunte: «¿Y ellos qué? ¡también son personas!».

incursiones en los estados de la Unión, pusieron en práctica su ideología: capturaron a multitud de negros libres en Maryland y Pensilvania y los convirtieron en esclavos enviándolos al Sur. Cuando capturaban a soldados negros de la Unión, los confederados los maltrataban.[51] Según señala el historiador Paul Escott, durante toda la guerra «la protección de la esclavitud había sido

[51] Solo *The American Adventure*, un manual de indagación, incluye esta cita. *The American Pageant* proporciona un fragmento igualmente elocuente del abolicionista James Russell Lowell sobre las razones para la secesión del Sur. Al margen de eso, aunque la tergiversación sobre la razón de ser del Sur prolifera en todos los Estados Unidos y podría contrarrestarse mediante esta cita, ningún libro la incluye. Véase McPherson, *Battle Cry of Freedom*, p. 649; Reid Mitchell, «The Creation of Confederate Loyalties», en Robert Azug y Stephen Maizlish, eds., *New Perspectives on Race and Slavery in America*, Lexington, University Press of Kentucky, 1986, pp. 101-102.

Como ilustración del tema «LIBERTADES Y DERECHOS PÚBLICOS», Nast muestra los disturbios que generó en 1863 el reclutamiento en Nueva York: matones blancos ejercen su «derecho» a golpear y asesinar a afroamericanos, entre ellos a un niño al que tienen colgando boca abajo.

y seguía siendo el eje central de los objetivos confederados».[52] Los libros de texto restan importancia a todo esto, probablemente porque no quieren ofender a los sureños blancos de hoy.

En el capítulo anterior se demostraba que la defensa de los derechos de los estados no motivó la secesión. Es más, mientras duró la guerra, la Confederación comenzó a negarles sus derechos a los estados de la nueva nación. Ya en diciembre de 1862 el presidente Jefferson Davis tachó esos derechos de destructivos para la Confederación. Los condados montañosos del oeste de Virginia salieron disparados en dirección a la Unión. Las tropas confederadas tuvieron que ocupar el este de Tennessee para impedir que siguiera los pasos de Virginia occidental. En Luisiana, Winn Parish se negó a separarse de la Unión. El condado de Winston, en Alabama, se proclamó Estado Libre de Winston. Granjeros y leñadores unionistas del condado de Jones (Misisipi) proclamaron el Estado Libre de Jones. Con la excepción de Carolina del Sur, todos los estados confederados enviaron un regimiento o por lo menos una compañía de soldados blancos al Ejército de la Unión

[52] Paul Escott, *After Secession*, Baton Rouge, Louisiana State University Press, 1978, p. 254.

y también muchos reclutas negros. En todos los estados confederados proliferaron las acciones de guerrilleros armados (con la excepción de Misuri y de los disturbios que provocó en 1863 el reclutamiento en Nueva York, pocos estados de la Unión sufrieron problemas similares). Para los confederados se volvió peligroso viajar en ciertas zonas de Alabama, Florida, Carolina del Norte, Tennessee y Texas. La guerra no solo enfrentó al Norte con el Sur, sino a unionistas y confederados dentro de la Confederación (y de Misuri).[53] Al llegar febrero de 1864, el presidente Davis estaba desesperado: «En nombre de la soberanía estatal, se están celebrando reuniones públicas de carácter sedicioso». En consecuencia, los derechos de los estados, en cuanto ideología, eran algo contradictorio que a la larga no podía movilizar al Sur blanco.

Todos los libros de texto recientes indican de qué manera el problema de los derechos de los estados obstaculizó la causa confederada. No obstante, si dejamos de lado ese tema, no tienen en cuenta el papel de las ideas en el Sur. El pensamiento racial de la Confederación resultó todavía menos práctico para el esfuerzo bélico. Según la ideología confederada, a los negros les gustaba la esclavitud; sin embargo, para evitar que hubiera revueltas y cimarrones, los estados confederados aprobaron la «ley de los veinte negros», que eximía del reclutamiento a un hombre blanco por cada veinte esclavos, a los que debía vigilar. Durante toda la guerra, los confederados llegaron a alejar del frente a un tercio de sus fuerzas de combate para diseminarlas por las zonas de mayor concentración de esclavos con el fin de evitar levantamientos.[54] Cuando los Estados Unidos permitieron alistarse a los afroamericanos, la ideología de los confederados les obligó a proclamar que la medida no funcionaría, que los negros no podían luchar de ninguna manera como los blancos. El valor indiscutible del regimiento 54° de Massachusetts y de otros regimientos negros desmintió su supuesta inferioridad racial. Después se asistió a la incongruencia

[53] James W. Loewen y Charles Sallis, eds., *Mississippi: Conflict and Change*, Nueva York, Pantheon, 1980, pp. 129-131; Beals, *War Within a War*; Mitchell, «The Creation of Confederate Loyalties», pp. 93-108.

[54] Beals, *War Within a War*, pp. 12 y 142; véase también Stavis, *John Brown: The Sword and the Word*, pp. 100-101.

del comportamiento realmente bestial que mostraron los blancos sureños al capturar a soldados negros, como ocurrió en la tristemente famosa matanza de Fort Pillow, cometida por las tropas comandadas por Nathan Bedford Forrest, que, después de crucificar a los prisioneros negros en el armazón de tiendas de campaña, los quemaron vivos, todo ello en nombre de la pervivencia de la civilización blanca.[55]

Después de la caída de Vicksburg, el presidente Davis propuso que se armara a los esclavos para que lucharan por la Confederación, prometiéndoles la libertad para conseguir su colaboración. Pero, según repusieron los defensores de la esclavitud, si la servidumbre era lo mejor para el esclavo, ¿cómo podía ser la libertad una recompensa? El comportamiento de los negros demostró que los esclavos *sí valoraban la libertad*: varios libros de texto muestran cómo se desmoronaba la esclavitud cuando se acercaban los ejércitos de la Unión. Sin embargo, los autores no reparan en la confusión ideológica que causaba la deserción de los esclavos entre sus antiguos amos. Las contradicciones se iban acumulando. Para recabar el reconocimiento extranjero, otros líderes confederados propusieron la abolición total de la esclavitud. Algunos directores de periódicos se mostraron de acuerdo. «Aunque la esclavitud es uno de los principios por los que comenzamos a combatir», afirmó el *Jackson Mississippian*, si había que tirarla por la borda para alcanzar la «separación de nuestra

[55] John Cimprich y Robert C. Mainfort Jr., «The Fort Pillow Massacre: A Statistical Note», *Journal of American History*, 76, nº 2, 12/89, pp. 832-837; Brian S. Wills, *A Battle from the Start*, Nueva York, Harper, 1993, pp. 77-78, 178, 186-193 y 215; David Ndilei, *Extinguish the Flames of Racial Prejudice*, Gainesville, FL, I.E.F. Publications, 1996, pp. 40, 91, 131 y 157-158; John L. Jordan, «Was There a Massacre at Fort Pillow?», *Tennessee Historical Quarterly*, 6, 1947; Nathan Bedford Forrest, despacho del 15/04/64, tomado de *War of the Rebellion: Official Records*, v. 32 1ª parte, DC, GPO, 1891, pp. 609-610; Richard Nelson Current, *Lincoln's Loyalists*, Nueva York, Oxford University Press, 1992, pp. 139-143; Richard L. Fuchs, *An Unerring Fire: The Massacre at Fort Pillow*, Rutherford, NJ, Fairleigh Dickinson University Press, 1994, pp. 23, 116-117 y 144-146; James McPherson, *Battle Cry of Freedom*, Nueva York, Oxford University Press, 1988, pp. 565-566 y 793-795; McPherson, *The Negro's Civil War*, Nueva York, Pantheon, 1965, pp. 186-187; Joseph T. Glatthaar, *Forged in Battle: The Civil War Alliance of Black Soldiers and White Officers*, Nueva York, Free Press, 1990, pp. 133-134.

nación, ¡librémonos de ella!». Un mes antes de Appomattox, el Congreso Confederado aprobó el reclutamiento de tropas negras, demostrando que la guerra había mejorado hasta la concepción que tenían algunos propietarios de esclavos sobre la capacidad de los negros para combatir y poniendo también de manifiesto una absoluta confusión ideológica. Después de todo, ¿por qué iban a luchar los nuevos soldados negros?, ¿por la esclavitud?, ¿por la secesión? En realidad, ¿para qué iban a luchar las tropas blancas sureñas una vez que los negros también estuvieran armados? Como afirmó Howell Cobb, de Georgia, «si los esclavos resultan ser buenos soldados, toda nuestra teoría sobre la esclavitud será errónea».[56]

Hasta cierto punto, a consecuencia de estas contradicciones algunos soldados confederados cambiaron de bando ya en 1862. Cuando Sherman emprendió su famosa marcha hasta el mar, desde Atlanta a Savannah, su ejército en realidad fue aumentando porque, de camino, miles de sureños blancos se le iban uniendo. Entretanto, casi dos tercios del Ejército Confederado que se oponía a Sherman se desvaneció a causa de las deserciones.[57] A Sherman se unieron también dieciocho mil esclavos, tantos que el ejército tuvo que rechazar a algunos. Compárense estos datos con el retrato habitual en nuestros libros de texto, que presentan a los saqueadores de Sherman abriéndose paso a golpe de pillaje por un Sur unido.

La creciente confusión ideológica que cundía en los estados confederados, unida a la creciente fortaleza ideológica de los Estados Unidos, contribuye a explicar la victoria de la Unión. «A pesar de todas las penurias», ha señalado Carleton Beals, «hasta el final el Sur dispuso de una gran cantidad de recursos y de fuerza

[56] Escott, *After Secession*, p. 198; McPherson, *Battle Cry of Freedom*, pp. 833-835; Beals, *War Within a War*, p. 147.

[57] Stavis, *John Brown: The Sword and the Word*, pp. 101-102; véase también McPherson, *Battle Cry of Freedom*, pp. 832-838; Joseph T. Glatthaar, *The March to the Sea and Beyond*, Baton Rouge, Louisiana State University Press, 1995. Hasta el último año de guerra, los índices de deserción en la Unión fueron casi tan altos como en la Confederación, pero los desertores de la primera casi nunca se unían al ejército enemigo.

de combate». Muchas naciones y pueblos han seguido luchando con medios y armas muy inferiores. Beals piensa que las contradicciones ideológicas de la Confederación fueron su peor lastre, el que acabó llevándola a la derrota. Este autor muestra que durante la primavera de 1865, sin tener siquiera cerca a las fuerzas de la Unión, el Ejército Confederado se estaba descomponiendo en Texas y otros estados. También en la retaguardia, como señaló Jefferson Davis, «El entusiasmo del pueblo está flaqueando».[58]

¿Por qué los libros de texto guardan silencio sobre las ideas o ideologías que debilitaron a la Confederación?[59] Después de todo, la Guerra Civil tenía una razón de ser que llegó incluso a influir en su resultado. Los manuales deberían decirnos cuál era esa razón.[60]

---

[58] Beals, *War Within a War*, p. 73. Véase también Gabor Boritt, ed., *Why the Confederacy Lost*, Nueva York, Oxford University Press, 1992.

[59] Un antiguo libro de mi primera muestra, *The American Adventure*, citando fuentes originales sobre la evolución de los objetivos de guerra de la Unión, se preguntaba: «¿Cómo afectarían esas actitudes a la gestión y el resultado de la guerra?».

[60] En *American History*, cuyo autor no parece conocer la bibliografía sobre la división interna en el Sur, se llega incluso a señalar que para los confederados fue una ventaja que «toda su forma de vida [estuviera] en juego. Esto acentuó su determinación y contribuyó a compensar la escasez de hombres y suministros». Evidentemente, las ideas no fueron la única causa de la victoria de la Unión. Muchos libros de texto mencionan las considerables ventajas que en materia de población, industria y ferrocarriles tenía el Norte. Algunos mencionan el bloqueo naval del Sur, agravado por el deficiente sistema de transporte interno de la región. Varios reconocen que el gobierno de la Unión y su financiación eran mecanismos que ya estaban en marcha. Por otra parte, algunos manuales señalan que los confederados tenían la ventaja de luchar en su propio territorio y que sus líneas de abastecimiento eran más cortas; unos pocos apuntan también que al principio los sureños tenían la simpatía de los gobiernos británico y francés. Al margen de esos factores, también influyeron consideraciones peculiares: lo que los historiadores gustan de llamar contingencias históricas. Al principio, el Sur contaba con mejores generales. Lincoln era un presidente mucho mejor que Davis. McClellan era indeciso. Dos de los generales más capaces del Sur, Albert Sidney Johnston y Stonewall Jackson, murieron al comienzo de la contienda. En ciertas batallas, influyó que algunos oficiales utilizaran o no a tiempo sus tropas. Los planes de Lee para Antietam cayeron en manos de la Unión. Y así sucesivamente. En consecuencia, el resultado no era inevitable y yo no quiero decir que los libros de texto se equivoquen al no decir que la Unión ganó por razones ideológicas. Lo que sí señalo es que, como los manuales de historia de los Estados Unidos no suelen analizar efectos causales en absoluto, no es probable que aborden adecuadamente las causas de la victoria de la Unión y, de hecho, hay cinco libros de texto que, a este respecto, ¡no mencionan *ninguna razón*! Como los

Ese silencio tiene su historia. Durante todo el siglo XX, los libros de texto presentaron la Guerra Civil como un combate entre «pueblos prácticamente idénticos». Todo esto forma parte del tácito acuerdo al que se llegó durante el nadir de las relaciones raciales en los Estados Unidos (1890-1940), según el cual los blancos del Sur eran tan estadounidenses como los del Norte.[61] En esos años, los blancos del Norte y del Sur se reconciliaron a costa de los afroamericanos, en tanto que los abolicionistas se convirtieron en los malos de la película.

Cuando el nadir ya había arraigado, al coronel confederado John S. Mosby, «Fantasma gris de la Confederación», le frustraba la confusión que los historiadores estaban arrojando sobre las verdaderas causas de la contienda. En busca de precisión histórica, en 1907 escribió que «el Sur fue a la guerra por la esclavitud». Citaba la proclamación de secesión de Carolina del Sur y señalaba con desdén que «Carolina del Sur debería saber cuál fue la causa de su secesión». En la década de 1920, el Gran Ejército de la República, organización de veteranos de la Unión, se quejaba de que los manuales de historia de los Estados Unidos presentaran la Guerra Civil «sin sugerir siquiera» que la razón hubiera estado de parte de la Unión. Parece que sobre las editoriales pesaban más las Hijas Unidas de la Confederación (UDC, por sus sigls en inglés).[62] Además de influir en el tono que los libros de texto utilizan para retratar con simpatía la causa confederada, la UDC ha logrado incluso erigir una estatua en honor de los muertos confederados *en Wisconsin*, en la que proclaman que «murieron para repeler una invasión anticonstitucional, para proteger los derechos reservados al

---

manuales debaten ideas todavía con menor frecuencia, tampoco es probable que en el caso de la Guerra Civil encuentren razones ideológicas. *The American Adventure* lo hace con inteligencia.

[61] David Lowenthal, *The Past Is a Foreign Country*, Cambridge, Cambridge University Press, 1988, p. 345; véase también Peter Novick, *That Noble Dream*, Cambridge, Cambridge University Press, 1988, pp. 74-80.

[62] Bessie L. Pierce, *Public Opinion and the Teaching of History in the United States*, Nueva York, Alfred A. Knopf, 1926, pp. 146-170; véase también Lowenthal, *The Past Is a Foreign Country*, p. 345; John S. Mosby, carta a Sam Chapman, 04/07/1907, en Gilder Lehrman Institute of American History, gilderlehrman.org/collection/docs_current.html.

pueblo, para perpetuar la soberanía de los estados».[63] Ni una palabra sobre la esclavitud y, ni siquiera, sobre la desunión.

Todavía en la actualidad, los manuales de historia siguen considerando igualmente idealistas a los simpatizantes de la Unión y de la Confederación. El Norte luchaba para mantener unida la Unión, en tanto que los estados del Sur combatían, según *The American Way*, «para preservar sus derechos y la libertad para decidir por sí mismos». Nadie luchó para preservar la esclavitud por motivos raciales; nadie luchó para acabar con ella. Una de las consecuencias de todo esto es que, al contrario que ocurre con la esvástica nazi, que es motivo de oprobio, la bandera confederada de las «barras y estrellas» la siguen mostrando orgullosos hasta blancos del Norte en muros de graneros, matrículas de coche, camisetas y logotipos escolares. Hay incluso algunos norteños (blancos) que, sin precisar mucho, lamentan la derrota de la «causa perdida». Es como si se pudiera recordar con nostalgia el racismo sufrido por los negros.[64] En este sentido, mucho después de Appomattox, la Confederación acabó imponiéndose.

Cinco días después de Appomattox fue asesinado el presidente Lincoln. Su martirio llevó la ideología de la Unión un paso más allá. Hasta los blancos que se habían opuesto a la emancipación se unieron para calificar a Lincoln de gran emancipador.[65] Liderado

---

[63] Michael Kammen, *Mystic Chords of Memory*, Nueva York, Alfred A. Knopf, 1991, p. 118.

[64] Mark Halton proporciona un interesante análisis del resurgimiento de la bandera confederada en la década de 1950 y de su oposición simbólica al movimiento por los derechos civiles en «Time to Furl the Confederate Flag», *Christian Century*, 105, nº 17, 18/05/1988, pp. 494-496. «Embattled Emblem» [Emblema de combate o asediado], una exposición celebrada en el Museo de la Confederación, dedicada a la historia de la bandera del Ejército del Norte de Virginia desde la Reconstrucción hasta la década de 1990, atribuye igualmente su resurgimiento a la oposición de los blancos a los derechos civiles. El Sur blanco está abandonando lentamente su identificación con la Confederación. En 1983, hasta la Universidad de Misisipi, en su día baluarte de la resistencia al cambio racial, aprobó que la bandera confederada dejara de ser su símbolo oficial. En 2001 Georgia la retiró de su bandera estatal y en 2004 los votantes avalaron el nuevo diseño.

[65] Carl Sandburg, *Abraham Lincoln: The War Years*, Nueva York, Harcourt, Brace, 1939, 4, pp. 347-349.

por los republicanos, el país entró en la Reconstrucción, un período de conflictos ideológicos constantes.

Al principio los confederados intentaron mantener las condiciones anteriores a la guerra aprobando nuevas leyes, basadas en sus propias normas para con los esclavos y en las restricciones que pesaban sobre los negros antes de la contienda. Misisipi fue el primer estado en aprobar esas draconianas «normas negras», que, sin embargo, no funcionaron. La Guerra Civil había cambiado la ideología estadounidense. Durante una década, el nuevo antirracismo forjado entre sus llamas se impondría en el pensamiento del Norte. El *Chicago Tribune*, órgano principal del Partido Republicano en el Medio Oeste, reaccionó con acritud: «A los hombres blancos de Misisipi les decimos que los del Norte convertirán el estado de Misisipi en una charca de ranas antes que permitir que cualquiera de esas leyes mancille un solo pie de la tierra en la que descansan los huesos de nuestros soldados y sobre la que ondea la bandera de la libertad».[66] Así es como los derechos civiles para los negros volvieron a convertirse en el tema central de las elecciones legislativas de 1866. «Apoya al Congreso y apoyarás al negro», decían los demócratas en un panfleto de campaña que contenía una repugnante caricatura de un afroamericano. «Mantén al presidente y estarás protegiendo al hombre blanco».[67] Los votantes del Norte no tragaron. Devolvieron al Congreso a los «radicales» republicanos, rechazando atronadoramente las concesiones del presidente Andrew Johnson a los antiguos confederados. El antirracismo, todavía más que en 1864, cuando los republicanos se llevaron de calle el Congreso, se convirtió en política nacional, aceptada por gran parte de sus votantes. A pesar de la oposición de Johnson, el Congreso y los estados aprobaron la Decimocuarta Enmienda, que convertía en ciudadanos a todas las personas, garantizándoles «la misma protección de las leyes». La aprobación en defensa de los negros de esta radiante

---

[66] Loewen y Sallis, eds., *Mississippi: Conflict and Change*, pp. 145-147. John Hope Franklin propuso que a la «Reconstrucción presidencial» se la rebautizara con el nombre de «Reconstrucción confederada».

[67] American Social History Project, *Who Built America?*, Nueva York, Pantheon, 1989, p. 482.

joya de nuestra Constitución demuestra lo idealistas que eran los cargos del Partido Republicano, sobre todo si tenemos en cuenta que hoy en día no puede aprobarse una legislación similar relativa a la mujer.[68]

Durante la Reconstrucción, un abanico de personas sorprendentemente variado acudió a los nuevos «frentes» civiles para colaborar con los afroamericanos del Sur a los que se acababa de liberar. Muchos eran negros del Norte, entre ellos varios licenciados del Oberlin College. El siguiente fragmento de una carta escrita por Edmonia Highgate, una mujer negra que se desplazó al Sur para dar clase en una escuela, describe su vida en la parroquia de Lafayette (Luisiana).

> La mayoría de mis alumnos procede de plantaciones situadas a tres, cuatro e incluso ocho millas de distancia. Tan deseosos están de aprender que recorren a pie esas distancias muy temprano, para nunca llegar tarde.
>
> La escuela ha suscitado mucha oposición. En dos ocasiones me han disparado cuando estaba en mi cuarto. A mis alumnos de la escuela nocturna les han disparado, pero ninguno ha muerto. Hace una semana, los balazos que recibió un anciano liberto de una casa de enfrente llegaron a romperle un brazo y una pierna. Los rebeldes de aquí amenazaron con incendiar del todo la escuela y la casa en la que me alojo, pero físicamente no nos han hecho daño. La protección militar más cercana está a 200 millas de distancia, en Nueva Orleans.[69]

Hubo soldados de la Unión que se quedaron en el Sur una vez desmovilizados. Algunos republicanos del Norte con aspiraciones políticas se trasladaron al Sur para organizar su partido en una zona en la que antes de la guerra no había tenido ningún peso. Algunos lo hicieron con la esperanza de conseguir algún cargo gracias a las urnas o mediante un nombramiento. Muchos

---

[68] Eric Foner, *Reconstruction*, Nueva York, Harper and Row, 1988, p. 267.

[69] Edmonia Highgate, citada en Robert Moore, *Reconstruction: The Promise and Betrayal of Democracy*, Nueva York, CIBC, 1983, p. 17.

La mujer blanca de la izquierda, a la que los libros de texto calificarían de *carpetbagger*, poco podía esperar hacerse rica enseñando en una escuela cercana a Vicksburg, escenario de esta ilustración. Esta mujer ponía en peligro su vida para enseñar someramente a leer y escribir a niños y adultos afroamericanos durante la Reconstrucción.

abolicionistas mantuvieron su compromiso trabajando en la Oficina para los Libertos y en organizaciones privadas que ayudaban a los negros a obtener derechos civiles y políticos plenos. La filiación partidista de casi todas esas personas era republicana; aparte de eso, constituían un grupo diverso. En cualquier caso, a excepción de uno de ellos, los dieciocho libros de texto utilizan regularmente la vergonzosa etiqueta de *carpetbagger*, sin entrecomillarla y con frecuencia sin apuntar el sesgo que conlleva describir con ella a los republicanos blancos del Norte que vivían en el Sur durante la Reconstrucción.[70]

---

[70] La excepción, *Discovering American History*, no menciona en absoluto a los republicanos sureños y apenas se ocupa de la Reconstrucción.

Muchos blancos nacidos en el Sur apoyaron la Reconstrucción. En todos los estados sureños había unionistas, que en algunos casos se habían presentado voluntarios para luchar con el Ejército de la Unión. Después de la guerra, la mayoría se hicieron republicanos. Algunos exconfederados, entre ellos el general James Longstreet, segundo en la línea de mando después de Lee en Gettysburg, también se pasaron a los republicanos, tras convencerse de que la igualdad para los negros era moralmente justa. El hacendado de Misisipi Robert Flournoy, que había constituido una compañía de soldados confederados, renunció al mando militar y regresó a casa porque «había un conflicto en mi conciencia». Durante la guerra fue detenido en una ocasión por animar a los negros a pasarse a las filas unionistas y durante la Reconstrucción contribuyó a organizar el Partido Republicano, publicó el periódico *Equal Rights* y defendió tanto la retirada de la segregación en la Universidad de Misisipi como el nuevo sistema de educación pública estatal.[71] Las políticas republicanas, entre ellas la educación pública gratuita, a la que hasta ese momento no había podido acceder ningún niño del Sur de ninguna raza, convencieron a algunos blancos pobres de que debían votar a los republicanos. Muchos antiguos *whigs*, en lugar de pasarse a su antigua némesis, los demócratas, se hicieron republicanos. Lo mismo ocurrió con algunos blancos sureños, ahora convencidos de que el voto negro no tenía marcha atrás: antes que perder, preferían ganar poder político con los negros de su parte. Otros se hicieron republicanos para establecer contactos u obtener contratos de los nuevos gobiernos estatales republicanos. De los 113 congresistas republicanos blancos que tenía el Sur durante la Reconstrucción, 53 eran sureños, muchos de ellos de familias acaudaladas.[72] En resumen, este es otro grupo diverso, que representaba entre un cuarto y un tercio de la población blanca y que en algunos condados era el mayoritario. No obstante, todos los libros de texto,

[71] William C. Harris, «A Reconsideration of the Mississippi Scalawag», *Journal of Mississippi History*, 37, nº 1, 2/1970, pp. 11-13.

[72] Ibíd., pp. 3-42; C. Vann Woodward, «Unfinished Business», *New York Review of Books*, 12 de mayo de 1988.

salvo uno, siguen aplicando por sistema la vergonzosa y antigua etiqueta de *scalawag* a los republicanos blancos del Sur.[73]

Los términos difamatorios *carpetbagger* y *scalawag* los acuñaron los demócratas blancos sureños para restar legitimidad a sus adversarios. En esa época, por lo menos los periódicos de Misisipi utilizaban mucho más el término *republicano* que las palabras *carpetbagger* o *scalawag*. La primera da a entender que la escoria de la sociedad norteña, llevando todo lo que tenía en un bolso de viaje de tapicería, se había trasladado al Sur para hacer fortuna a costa del «postrado sur [blanco]». *Scalawag* significa «granuja». Ambos términos se impusieron mucho después de la Reconstrucción, durante el nadir de las relaciones raciales, cuando a los blancos estadounidenses, tanto del Norte como del Sur, les resultaba difícil creer que hubiera habido blancos del Norte que, sin algún motivo oculto, se hubieran desplazado al Sur para ayudar a los negros. Si los autores explicaran cuándo y por qué se difundieron esos términos, los alumnos aprenderían algo importante sobre la Reconstrucción, el nadir y cómo se escribe la historia. El único libro que se acerca, levemente, a ese propósito es *The Americans* con la siguiente oración: «Aunque los términos *scalawag* y *carpetbagger* eran etiquetas negativas impuestas por adversarios políticos, los historiadores siguen utilizándolos para referirse a los dos grupos». Como todos los demás libros, posteriormente *The Americans* utiliza ambas palabras como si fueran legítimas etiquetas históricas, sin entrecomillarlas.

Pensemos en la siguiente frase de *Pathways to the Present*, que enumera a las víctimas de los actos de violencia cometidos por el Klan: «*Carpetbaggers*, *scalawags*, libertos que habían prosperado e incluso quienes simplemente habían aprendido a leer». ¿Por qué no decir simplemente «republicanos, negros y blancos»? O en esta de *The American Tradition*: «En contra de lo que decían los blancos sureños, los regímenes radicales no estaban dominados por

[73] Una vez más, la excepción es *Discovering American History*, porque no menciona en absoluto a los republicanos sureños y apenas presta atención a la Reconstrucción. Irónicamente, la mayoría de los blancos del Norte que marcharon al Sur por razones económicas eran demócratas.

negros, sino por *scalawags* y *carpetbaggers*». En realidad, los *scalawags* eran, por supuesto, blancos sureños, pero esta oración, tal como solían hacer los confederados acérrimos, los arranca del Sur blanco. Por otra parte, aludir a gobiernos perfectamente legales calificándolos de «regímenes» es una forma de deslegitimarlos, una técnica que *Tradition* no aplica a ninguna otra administración, ni siquiera a la República de Texas de 1836 ni a la instaurada en Hawai en 1893 por James Dole, presidente de la Hawaiian Pineapple Company.

Desde luego, las ediciones más recientes de los manuales de historia de los Estados Unidos ya no vilipendian a los norteños que participaron en la política y la sociedad sureñas calificándolos de «aventureros inmorales que solo pensaban en barrer para dentro a costa de los demás», como hacía *Rise of the American Nation* en 1961. Una vez más, el movimiento por los derechos civiles nos ha permitido repensar nuestra historia. Después de ver cómo en la década de 1960 norteños negros y blancos se trasladaban al Sur para ayudar a los negros a conseguir sus derechos civiles, los autores de los manuales actuales muestran más simpatía hacia los norteños que colaboraron con los negros del Sur durante la Reconstrucción.[74] Aquí está el párrafo sobre *carpetbaggers* de *Holt American Nation*, sucesor de *Rise* publicado en 2003:

> La llegada de republicanos del Norte, tanto blancos como afroamericanos, deseosos de participar en las convenciones estatales, acentuó el resentimiento de muchos sureños blancos, que llamaban ***carpetbaggers*** a estos republicanos del Norte. En sus bromas, estos recién llegados eran «aventureros necesitados», de la «más baja estofa», que podían llevar consigo todas sus pertenencias en un bolso de viaje de tapicería, una especie de maleta barata.

Y aquí está el párrafo sobre los *scalawags*:

> Los antiguos confederados guardaban todavía más desprecio para los blancos sureños que habían respaldado la causa de la

[74] Los editores, «Liberating Our Past», *Southern Exposure*, 12, nº 6, 11/1984, p. 2.

> Unión y que ahora eran partidarios de la Reconstrucción. Los llamaban ***scalawags*** o granujas blancos. Los consideraban «renegados sureños, traidores a su raza y su país».

Este nuevo tratamiento distancia al autor de los términos despectivos, poniéndolos en boca de «muchos blancos sureños», pero sin llegar nunca a desacreditarlos. Más bien hay que aprendérselos, razón por la cual se ponen en negrita. Y los libros de texto siguen mencionando la codicia para «explicar» las motivaciones de los blancos que creían que los negros debían tener derechos civiles y políticos. Está claro que los autores podrían utilizar el deseo de obtener ganancias personales para menospreciar a cualquiera de los héroes de los libros de texto, desde Cristóbal Colón hasta Jackie Robinson, pasando por los Peregrinos y George Washington. Pero no lo hacen. Solo achacan motivaciones egoístas a aquellos con los que simpatizan poco, como los idealistas de la Reconstrucción. De ese modo, los elementos negativos se quedan en la cabeza, asentados en pegadizos términos peyorativos como *carpetbaggers* y *scalawags*, en tanto que matizaciones como *muchos blancos sureños* posiblemente se olviden.

Cualquiera que apoyara los derechos de los negros en el Sur durante la Reconstrucción corría un riesgo. A comienzos de ese período, solo con caminar hasta una escuela para dar clase suponía poner en peligro la propia vida. A finales de la Reconstrucción, solo votar a los republicanos podía conllevar el mismo riesgo. Aunque no cabe duda de que algunos *reconstruccionistas* obtuvieron ganancias económicas, serlo era una forma peligrosa de ganar dinero. Los libros de texto tienen que mostrar el riesgo que corrían y el idealismo racial que alentaba a la mayoría de ellos.[75]

Sin embargo, la mayoría de los manuales nos priva de nuestros idealistas raciales, desde Highgate y Flournoy, a los que no mencionan, hasta Brown, al que convierten en un fanático, pasando

---

[75] Véase LaWanda Cox y John Cox, «Negro Suffrage and Republican Politics: The Problem of Motivation in Reconstruction Historiography», *Journal of Southern History*, 33, agosto de 1967, pp. 317-326; Richard Curry, ed., *Radicalism, Racism, and Party Realignment*, Baltimore, Johns Hopkins University Press, 1969.

En Vicksburg, Misisipi, este grupo de afroamericanos se congregó ante el tribunal para escuchar la confirmación de la muerte de Lincoln, para expresar su dolor y quizá para buscar protección frente a un incierto futuro.

por Lincoln, cuyo idealismo rebajan. En el curso de los acontecimientos, Lincoln acabaría consiguiendo a escala nacional lo que Brown había intentado en Harpers Ferry: ayudar a los afroamericanos a movilizarse para luchar contra la esclavitud. Al final, al igual que John Brown, Abraham Lincoln acabó convertido en mártir y en héroe. Siete millones de estadounidenses, casi un tercio de la población de la Unión, asistieron al paso del tren que transportaba su cadáver.[76] Los afroamericanos le lloraron con especial intensidad. El secretario de Marina Gideon Welles, que recorrió las calles de Washington al amanecer, una hora antes de que el presidente lanzara su último suspiro, describió la escena: «La gente de color, y en ese momento quizá hubiera más de color que blancos, era la que más abrumada estaba por el dolor». Posteriormente, Welles relataba que durante todo el día «en la avenida

---

[76] McPherson, *Battle Cry of Freedom*, p. 853. La Unión tenía veintidós millones de habitantes. En «The Reconstruction of Abraham Lincoln», cap. 5, David Middleton y Derek Edwards, eds., *Collective Remembering*, Londres, Sage, 1991, Barry Schwartz analiza el funeral de Lincoln, que considera un paso fundamental hacia la conversión del presidente en un icono digno de adoración.

que hay delante de la Casa Blanca había varios cientos de negros, la mayoría mujeres y niños, llorando por lo que habían perdido», y que esa muchedumbre «no pareció disminuir durante todo ese frío y húmedo día». Las muestras de dolor de los afroamericanos no iban desencaminadas ni eran infantiles. Tal como el propio Lincoln había supuesto, llegado el momento de enfrentarse a la esclavitud, él cumplió con su obligación y eso le costó la vida.[77] Con racismo y todo, Abraham Lincoln, al igual que John Brown antes que él, era el legítimo héroe de los negros. En cierto sentido, hasta la acción que motivó los asesinatos de Brown y de Lincoln fue la misma: armar a los negros para que emprendieran su propia liberación. En todo el mundo hubo gente que lloró la muerte de esos dos hombres.

Sin embargo, cuando el primer día de clase pregunto a mis estudiantes universitarios (blancos) quiénes son sus héroes en la historia de los Estados Unidos, solo uno o dos de cada cien eligen a Lincoln.[78] Hasta los que le eligen solo saben que fue «realmente importante», pero no saben por qué. Su ignorancia es comprensible: después de todo, los libros de texto presentan a un Abraham Lincoln prácticamente carente de contenido. Ningún estudiante elige a John Brown. Ninguno ha elegido nunca a ningún abolicionista blanco, a ningún republicano de la Reconstrucción ni a ningún mártir blanco de la lucha por los derechos civiles. Sin embargo, esos mismos estudiantes simpatizan con la lucha por mejorar las relaciones raciales en los Estados Unidos. Entre los personajes elegidos más frecuentes están algunos afroamericanos, que van desde Sojourner Truth y Frederick Douglass a Rosa Parks y Malcolm X.

---

[77] Sandburg, *Abraham Lincoln: The War Years*, 4, pp. 296 y 373-380; John T. Morse Jr., ed., *The Diary of Gideon Welles*, Boston, Houghton Mifflin, 1911, 2, pp. 288-290.

[78] En los estudios de opinión, los encuestados blancos suelen colocar el primero a Lincoln cuando se trata de elegir al «presidente más importante» o al «americano más importante», en parte porque, según señala Barry Schwartz en «Abraham Lincoln in the Black Community of Memory», Washington, D.C., coloquio del National Museum of American History, 24/08/1993, a los blancos les gustan rasgos personales suyos como el humanitarismo, el toque populista y la compasión.

Cuando se estaba juzgando a John Brown, el abolicionista Wendell Phillips habló del lugar de Brown en la historia. Phillips pensaba ya que la causa de la esclavitud se estaba quedando anticuada y, dirigiéndose «al pueblo americano» del futuro, al de «la civilización del siglo XX», cuando la esclavitud llevara mucho tiempo muerta, le preguntaba: «Cuando llegue ese día, ¿qué se pensará de esos primeros mártires que nos enseñan a vivir y a morir?».[79] La pregunta de Phillips era retórica. Nunca pensó que a los estadounidenses no les gustaría nada reconocer a quienes habían contribuido a conducir el país a la abolición de la esclavitud, ni que los libros de texto tacharían de desorientada, cuando no de fanática, a la pequeña cuadrilla de Brown, diciendo que posiblemente el propio Brown estuviera loco.[80]

El antirracismo es una de las grandes aportaciones de los Estados Unidos al mundo. Su relevancia va más allá de las propias relaciones raciales. Después de la Guerra Civil, el antirracismo generó «un renacimiento de la libertad», y no solo para los afroamericanos. En dos ocasiones, una en cada siglo, el movimiento de defensa de los derechos de los negros desató el de defensa de los derechos de la mujer. En dos ocasiones revitalizó nuestro espíritu democrático, que se estaba atrofiando. En todo el mundo, desde Sudáfrica a Irlanda del Norte, movimientos de oprimidos continúan utilizando tácticas y palabras tomadas de nuestros abolicionistas y del movimiento por los derechos civiles. En las primeras reuniones clandestinas de anticomunistas celebradas en Alemania del Este siempre se cantaba «We Shall Overcome». Los iraníes utilizaron métodos no violentos, tomados de Thoreau y Martin Luther King Jr., para derrocar al aborrecido sah. El día que murió Ho Chi Minh, en la mesa de su despacho había un ejemplar de una biografía de John Brown. Entre los héroes que inspiraron con sus ideas a los estudiantes de la plaza de Tiananmen y cuyas palabras

[79] «The Lesson of the Hour», en Warch y Fanton, *John Brown*, p. 108.

[80] Debo apuntar una importante excepción: *American Adventures*, dirigido a lectores más jóvenes o «más lentos», dedica dos de sus capítulos, que tienen entre dos y tres páginas, a los abolicionistas William Lloyd Garrison y Thaddeus Stevens, a los que presenta con un brío insólito.

brotaban de sus labios estaba Abraham Lincoln.[81] Sin embargo, aquí en los Estados Unidos, cuyos idealistas antirracistas son admirados en todo el mundo, parece que se nos ha escapado la condición heroica de esos hombres y mujeres. Nuestros libros de texto tienen que presentarlos de forma que todos podamos quizá volver a valorar nuestro propio idealismo.

[81] Sobre Brown y Ho Chi Minh, véase Truman Nelson, *The Truman Nelson Reader*, Amherst, University of Massachusetts Press, 1989, p. 285; sobre Sudáfrica e Irlanda del Norte, véase Peter Maas, «Generations of Torment», *New York Times Magazine*, 10/06/1988, p. 32; 1988, documental de la cadena PBS, *We Shall Overcome.*

07

La tierra de las oportunidades

«Antes que el capital está el trabajo, que es independiente de él. El capital es solo el fruto del trabajo y sin él nunca podría haber existido. El trabajo está por encima del capital y merece una más alta consideración».

Abraham Lincoln[1]

«Hubo un tiempo en el que creí que todos éramos dueños de nuestro destino, que podíamos darle a nuestra vida la forma que quisiéramos… Yo había superado lo suficiente la sordera y la ceguera como para ser feliz, y suponía que cualquiera podía salir victorioso si se arrojaba valientemente a la lucha por la vida. Pero cuanto más viajaba por el país, más comprendía que había hablado con confianza sobre un tema del que poco sabía… Comprendí que la capacidad de progresar en la vida no está al alcance de cualquiera».

Helen Keller[2]

«Diez hombres de nuestro país podrían comprarse todo el mundo y diez millones no tienen ni para comer».

Will Rogers, 1931

«Por desgracia, la historia de una nación se escribe con demasiada facilidad como si fuera la de su clase dominante».

Kwame Nkrumah[3]

---

[1] Abraham Lincoln citado en Carl Sandburg, *Abraham Lincoln*, Nueva York, Harcourt, Brace, 1954, p. 271.

[2] Helen Keller, *Midstream: My Later Life*, Nueva York, Greenwood, 1968 [1929], p. 156.

[3] Kwame Nkrumah, *Consciencism*, Nueva York, Monthly Review Press, 1964, p. 63.

Los estudiantes de instituto tienen vista, oído y televisiones (hay demasiados que tienen su propio aparato), de manera que saben mucho sobre el privilegio relativo en los Estados Unidos. Comparan la posición social de su familia con la de otras familias y la de su comunidad con otras comunidades. Sin embargo, sobre todo los estudiantes de clase media, poco saben sobre cómo funciona la estructura de clases en los Estados Unidos y nada sobre cómo ha ido cambiando con el tiempo. No solo terminan el instituto sin saber cómo funciona la estructura de clases, sino que, como sociólogos, son pésimos. «¿por qué hay gente pobre?», les he preguntado a los alumnos de Primer curso de licenciatura. O, si ellos mismos ocupan una posición de privilegio social relativo: «¿Por qué tu familia es acomodada?». A las respuestas que he recibido, por calificarlas de manera indulgente, les falta un hervor y son ingenuas. Los estudiantes echan la culpa a los pobres de su falta de éxito.[4] No entienden en absoluto cómo funciona la desigualdad de oportunidades en los Estados Unidos ni tienen ni idea de que la estructura social hostiga a la gente, influyendo en sus ideas y en cómo conduce su vida.

Parte de la responsabilidad de esta situación la tienen los manuales de historia de secundaria. Algunos sí hablan de ciertos acontecimientos importantes de historia laboral, como la huelga

---

[4] Cynthia S. Sunal y Perry D. Phillips también relatan que sus alumnos de entre seis y dieciocho años «parecían incapaces de explicar las desigualdades». Véase «Rural Students' Development of the Conception of Economic Inequality», Nueva Orleans, American Educational Research Association, 1988, resumen, ERIC ED299069.

registrada en 1894 en Pullman, cerca de Chicago, con la que el presidente Cleveland acabó enviando tropas federales, o el incendio ocurrido en 1911 en la fábrica de confección Triangle Shirtwaist de Nueva York, que causó la muerte a 146 mujeres, pero, en la mayoría de los libros, el acontecimiento más reciente de ese tipo que se menciona es la aprobación, hace sesenta años, de la Ley Taft-Hartley. No hay ninguno que hable de las importantes huelgas fallidas de finales del siglo XX, como la que en 1985 realizaron en Austin (Minnesota) los trabajadores de la cárnica Hormel o la de 1991 en Caterpillar, empresa situada en Decatur (Illinois): unas derrotas que simbolizan la reducción del poder sindical actual.[5] La mayoría de los libros de texto tampoco describe problemas laborales constantes como el desarrollo de las grandes multinacionales y la deslocalización del empleo hacia otros países. Con omisiones como esas, los autores de manuales pueden interpretar la historia de los obreros como si fuera algo antiguo, como la esclavitud, y que, al igual que esta, se corrigió hace tiempo. De ello se concluye lógicamente que los sindicatos son algo anacrónico. Nada se dice de que quizá sean necesarios para que los trabajadores tengan voz en el centro de trabajo.

El deficiente planteamiento que tienen estos libros al tratar la historia de los obreros es magnífico en comparación con el que ofrecen de la clase social. *Nada* de lo que abordan, ni siquiera las huelgas, se basa nunca en análisis alguno sobre la clase social.[6] ¡Esto equivale a presentar las notas a pie de página antes que la propia

---

[5] Dos libros recientes sí mencionan la huelga de controladores aéreos con la que acabó el presidente Reagan, pero la encuadran dentro del apartado dedicado a su presidencia, no aluden a la historia del movimiento obrero.

[6] Jean Anyon, «Ideology and United States History Textbooks», *Harvard Educational Review*, 49, nº 3, 8/1979, p. 373. Anyon afirma que los manuales de historia de secundaria siempre se centran en «las mismas tres huelgas»: la de ferrocarriles de 1877, la de la acería de Homestead de 1892 y la de Pullman de 1894. Todas fueron «especialmente violentas», escribe la autora, y en las tres el movimiento obrero fue derrotado, de ahí que insistir en ellas comporte «arrojar dudas sobre la validez del recurso a la huelga». Sin embargo, si los libros de texto insistieran en huelgas que lograron sus objetivos, Anyon podría acusarles de minimizar la gravedad de la lucha que tenían ante sí los obreros. Por otra parte, la mayoría de los libros de texto no menciona otros conflictos de clase terriblemente violentos.

Esta fotografía, tomada a comienzos de la década de 1990 en un hacinado taller textil del barrio chino de Nueva York, pone de manifiesto que en los Estados Unidos sigue habiendo una clase obrera que en ocasiones trabaja en condiciones no muy diferentes a las de hace un siglo y con frecuencia en los mismos sitios.

lección! La mitad de los dieciocho manuales de historia de los Estados Unidos de secundaria que he analizado no remite en sus índices analíticos a la *clase social*, la *estratificación social*, la *estructura de clase*, la *distribución de la renta*, la *desigualdad* ni a ningún tema que pudiera relacionarse con alguno de esos epígrafes. Ni un solo libro remite tampoco a *clase alta* o *clase baja*. Tres sí remiten a la *clase media*, pero solo para asegurar a los estudiantes que los Estados Unidos son un país de clases medias. «A excepción de los esclavos, la mayoría de los colonos eran miembros de los "estamentos intermedios"», dice *Land of Promise*, y remacha la afirmación de que somos un país de clases medias pidiéndoles a los alumnos que «describan tres valores "de clase media" que unieron a los americanos libres de todas las clases». Varios de los manuales señalan la proliferación de suburbios de clase media después de la Segunda Guerra Mundial. Sin embargo, hablar de la clase media no es precisamente equivalente a hablar de estratificación social. Más bien, como ha señalado Gregory Mantsios, «esas referencias parecen aceptables precisamente porque ponen sordina a las diferencias de clase».[7]

En la actualidad, insistir en nuestra pertenencia a las clases medias se está volviendo cada vez más problemático, porque la proporción de hogares que gana entre el 75 y el 125 por ciento de la renta mediana no ha dejado de reducirse desde 1967. Las administraciones de Reagan y Bush aceleraron esa compresión de la clase media y la mayoría de las familias que abandonó ese grupo lo hizo para bajar de categoría, no para ascender.[8] Todavía en 1970, las rentas familiares en los Estados Unidos eran solo ligeramente menos desiguales que las de Canadá. Al llegar 2000 la desigualdad en los Estados Unidos era mucho mayor que la de Canadá; Estados Unidos se empezaba a parecer más a México, una sociedad muy estratificada.[9] La segunda administración de Bush, con sus reducciones de impuestos, dirigidas claramente a los más ricos, siguió incrementando la brecha entre poseedores y desposeídos. Es la clase de tendencia histórica que cabría imaginar que los libros de historia consideraran apropiado abordar, pero solo cinco de los dieciocho manuales de mi muestra analizan de alguna manera la estratificación social en los Estados Unidos. Pero incluso

[7] Gregory Mantsios, «Class in America: Myths and Realities», en Paula S. Rothernberg, ed., *Racism and Sexism: An Integrated Study*, Nueva York, St. Martin's, 1988, p. 56. La edición de 2003 de *Holt American Nation* sí habla de «la nueva clase trabajadora» de comienzos del siglo xx y al hablar de otras épocas sí que trata un poco la pobreza.

[8] Ibíd., p. 60; Kevin Phillips, *The Politics of Rich and Poor*, Nueva York, Random House, 1990; Robert Heilbroner, «Lifting the Silent Depression», *New York Review of Books*, 24/10/1991, p. 6; y Sylvia Nasar, «The Rich Get Richer», *New York Times*, 16/08/1992. Stephen J. Rose, *Social Stratification in the United States*, Nueva York, New Press, 2007, es un libro en forma de cartel desplegable que muestra gráficamente cómo se ha comprimido la clase media entre 1979 y 2004.

[9] «Income Disparity Since World War II—The Gini Index», en «Gini coefficient», en wikipedia.org/wiki/Gini_coefficient, 9/2006.

esos análisis fragmentarios se refieren principalmente a la época colonial. Boorstin y Kelley, que sorprendentemente sí incluyen la *clase social* en su índice analítico, solo remiten a las *clases sociales en 1790* y a las *clases sociales del inicio de los Estados Unidos*. En realidad, ambas referencias conducen al mismo párrafo, que nos dice que Inglaterra «era una tierra de clases sociales estancas», en tanto que aquí en América «las clases sociales eran mucho más abiertas». Lo mismo recalca *The American Tradition*: «Una gran diferencia entre la sociedad colonial y la europea era que entre los colonos había mucha más movilidad social». Poco importa que los conflictos de clase más violentos de la historia de los Estados Unidos, las rebeliones de Bacon y de Shays, tuvieran lugar durante la época colonial y poco después de la independencia, respectivamente. Los libros de texto continúan diciendo que la sociedad colonial carecía prácticamente de clases y que se caracterizaba por su movilidad ascendente.

Y después, las cosas no han hecho más que mejorar. Según nos asegura *The Challenge of Freedom*, «en 1815» dos clases se habían desvanecido y «América era un país de gente y de objetivos de clase media». En este libro se vuelve una y otra vez, más o menos cada cincuenta años, a lo abiertas que están las oportunidades en los Estados Unidos. Resulta asombrosa la insistencia en la movilidad ascendente. En ninguno de estos libros de texto se puede encontrar prácticamente nada sobre desigualdades de clase o sobre algún tipo de barrera que frene la movilidad social. «¿Qué condiciones posibilitaron que los inmigrantes blancos pobres se enriquecieran en las colonias?», se pregunta *Land of Promise*. Nadie se pregunta: «¿Qué condiciones lo dificultaron o lo dificultan?». Boorstin y Kelley finalizan su único texto sobre clases sociales (en 1790, antes aludido) con una alegre frase: «Como no tardarían en demostrar las carreras de los presidentes estadounidenses, aquí una persona, gracias al esfuerzo, la inteligencia, la capacidad y quizá un poco de suerte, podía pasar de los estratos más bajos a los más altos».

¡Ojalá fuera así! Es probable que la clase sea la variable social más determinante. Desde la cuna a la tumba se correlaciona con casi todos los demás factores sociales que podemos medir. Las embarazadas acomodadas tienen muchas más probabilidades de recibir asistencia prenatal y consejos médicos constantes, y, en general, de que su salud, su forma física y su nutrición sean buenas. Muchas futuras madres pobres y de clase trabajadora establecen su primer contacto con la profesión médica durante el último mes de gestación, a veces en las horas previas al parto. Los niños ricos nacen más sanos y con más peso que los pobres. En casa, los pequeños se encuentran situaciones muy dispares. Los pobres tienen más posibilidades de tener cantidades nocivas de plomo en su entorno o su propio organismo. Los ricos disfrutan de más tiempo y más interacción verbal con sus padres y madres, y, cuando no están con ellos, reciben una mejor atención de profesionales. Cuando entran en preescolar y en los doce años posteriores, los niños ricos cuentan con escuelas del extrarradio que gastan entre dos y tres veces más dinero por alumno que las de los centros urbanos o las zonas rurales empobrecidas. Los niños pobres acuden a clases que con frecuencia tienen un 50 por ciento más de alumnos que las de los niños de familias acomodadas. Esas diferencias contribuyen a explicar la elevada tasa de abandono escolar de los pobres.

Aun en el caso de que los niños pobres tengan la suerte de ir a la misma escuela que los ricos, se toparán con profesores que solo esperan que se sepan bien la lección los chavales de familias pudientes. Las investigaciones de las ciencias sociales han demostrado que con frecuencia los profesores se sorprenden de que los niños pobres destaquen y que es algo que incluso les suele poner tensos. Los docentes y los orientadores creen que pueden determinar quién es «apto para la universidad». Como muchos niños de clase obrera, ya desde primer curso, emiten señales erróneas, en secundaria acaban conduciéndolos a la llamada «educación general».[10] Según señala Theodore Sizer en *Horace's Compromise*,

[10] Jere Brophy y Thomas Good resumen parte de la ingente bibliografía sobre clase social, expectativas de los docentes y separación según capacidades en *Teacher-Student Relationships*, Nueva York, Holt, 1974, sobre todo las pp. 7-171. Ray Rist observó pautas similares de separación según capacidades y de diferencias de expectativa de los docentes en función de la clase social dentro de las clases de primero en escuelas negras, tal como lo resumen Edsel Erickson et al., «The Educability of Dominant Groups», *Phi Delta Kappan*, diciembre de 1972, p. 320. Dale Harvey y

su estudio sobre los institutos de secundaria de los Estados Unidos, que fue un superventas: «Si tus padres son de renta baja, tienes muchas probabilidades de recibir una atención limitada y con frecuencia descuidada de los adultos de tu instituto». En cambio: «Si tus padres son de renta alta o media, tienes muchas posibilidades de recibir una atención considerable y cuidada».[11] La investigadora Reba Page nos ha proporcionado gráficos relatos sobre cómo en los cursos de historia de los Estados Unidos que se imparten en secundaria se abusa de la memoria para desincentivar a los alumnos de clase baja.[12] De este modo, las escuelas han llevado a la práctica la recomendación de Woodrow Wilson: «Queremos que una clase de personas tenga una educación liberal y queremos que otra clase de personas, una clase mucho más amplia, necesaria en cualquier sociedad, renuncie al privilegio de tener una educación liberal y se prepare para desempeñar determinadas y difíciles tareas manuales».[13]

Por si toda esta desigualdad doméstica y escolar no fuera suficiente, después los adolescentes ricos reciben los servicios de Princeton Review o se apuntan a otras sesiones preparatorias para la Prueba de Aptitud Académica (SAT, por sus siglas en inglés). Aun sin esas ayudas, los niños de familias acomodadas tienen más ventajas, porque su entorno familiar es similar al de quienes elaboran las pruebas, así que se sienten cómodos con el vocabulario que estas emplean y con sus sutiles presupuestos subculturales. Como cabía esperar, hay una estrecha correlación entre clase social y resultados en la SAT.

Todas estas razones, entre otras, son las que explican que la clase social pronostique mucho mejor que ningún otro factor,

---

Gerald Slatin demostaron que los profesores, basándose en fotografías, clasifican de buen grado a los niños en función de la clase social, y esperan más de los de clase media y alta; véase «The Relationship Between Child's SES and Teacher Expectations», *Social Forces*, 54, nº 1, 1975, pp. 140-159. Véase también Richard H. DeLone, *Small Futures*, Nueva York, Harcourt Brace Jovanovich, 1979.

[11] Sizer citado en Walter Karp, «Why Johnny Can't Think», *Harper's*, 6/1985, p. 73.

[12] Reba Page, «The Lower-Track Students' View of Curriculum», Washington, D.C., American Education Research Association, 1987.

[13] Woodrow Wilson citado en Lewis H. Lapham, «Notebook», *Harper's*, 7/1991, p. 10.

incluyendo la capacidad intelectual (al margen de cómo se mida), el índice de asistencia a la universidad y el tipo de centro universitario que se elige. Después de la universidad, la mayoría de los niños de familia acomodada accede a empleos de oficina, los de clase trabajadora a empleos manuales y las diferencias de clase se mantienen. De adultos, los ricos tienen más posibilidades de tener contratado a un abogado y de pertenecer a organizaciones que incrementan su poder social. Los pobres tienen más posibilidades de estar viendo la televisión. Como las familias acomodadas pueden ahorrar dinero, en tanto que las pobres tienen que gastarse lo que ganan, las diferencias de riqueza son diez veces superiores a las de renta. En consecuencia, la mayoría de las familias pobres y de clase trabajadora no puede reunir el dinero necesario para dar una entrada que les permita comprar una vivienda, lo que, a su vez, les priva del principal refugio tributario: la amortización de los intereses de la hipoteca. Los padres de clase obrera no pueden permitirse vivir en las parcelas de las elites ni acceder a guarderías de primera calidad, así que el proceso que genera la desigualdad educativa se reproduce en la siguiente generación. Al final, los estadounidenses acaudalados también tienen una mayor esperanza de vida que la gente de clase baja y trabajadora, en gran medida porque pueden permitirse una mejor sanidad.[14] En la misma línea que el estudio sobre la ceguera de Helen Keller, hay investigaciones que han detectado que la mala salud no se distribuye de manera aleatoria en la estructura social, sino que se concentra en la clase baja. En consecuencia, la Seguridad Social de los Estados Unidos se convierte en un enorme sistema de transferencias que utiliza el dinero aportado por todos los estadounidenses para sufragar las prestaciones que desproporcionadamente reciben los ciudadanos más acomodados y que más viven.

En última instancia, la clase social determina qué piensa la gente sobre la propia clase social. Cuando a los estadounidenses

---

[14] La diferencia queda terriblemente patente en la película *Health Care: Your Money or Your Life*, Nueva York, Downtown Community TV Center, c. 1977, que compara dos hospitales cercanos de Nueva York, los dos financiados con dinero público: uno que se ocupa sobre todo de pobres y otro de una clientela más acomodada.

se les preguntó si la culpa de la pobreza es de los pobres o del sistema, el 57 por ciento de los directivos de empresas contestaba que de los pobres y solo el 9 por ciento culpaba al sistema. Las respuestas de los líderes sindicales eran absolutamente contrapuestas: solo el 15 por ciento respondió que la responsabilidad era de los pobres, en tanto que el 56 por ciento se la atribuía al sistema (algunas personas contestaron «no sé» o eligieron una respuesta situada entre las otras dos). La principal diferencia entre nuestros dos partidos políticos mayoritarios radica en la concepción que tienen sus miembros de la clase social: el 55 por ciento de los republicanos culpaba a los pobres de su pobreza, en tanto que solo el 13 por ciento se la achacaba al sistema; por su parte, el 68 por ciento de los demócratas echaba la culpa al sistema y solo el 5 por ciento a los pobres.[15]

Ya sé que pocas de estas afirmaciones son novedosas, razón por la cual no me he molestado en documentar gran parte de ellas, pero la mayoría de los estudiantes de instituto no conoce esas ideas o no las comprende. Por otra parte, los procesos han ido cambiando con el tiempo, porque la estructura de clases actual de los Estados Unidos no es la misma que la de 1890, ni desde luego igual a la del período colonial. Sin embargo, en el último *American Pageant*, por ejemplo, no se alude a la clase social en el siglo XX. Muchos profesores agravan la situación evitando referirse al tema en el siglo XXI. Un estudio sobre profesores de historia y de sociales «puso de manifiesto que su conocimiento, académico y personal, sobre economía era mucho mayor del que admitían en clase». Los docentes «manifestaban miedo a que los estudiantes pudieran descubrir las injusticias y deficiencias de sus instituciones económicas y políticas».[16] De este modo, al no echar nunca la culpa al

[15] Datos demoscópicos de 1979 presentados en Sidney Verba y Gary Orren, *Equality in America*, Cambridge, Harvard University Press, 1985, pp. 72-75 [ed. cast.: *La igualdad en los Estados Unidos: perspectiva desde la cumbre*, Madrid, Centro de Publicaciones del Ministerio de Trabajo y Seguridad Social, 1992]. Otras encuestas, anteriores y posteriores, arrojan resultados parecidos.

[16] Linda McNeil, «Defensive Teaching and Classroom Control», en Michael W. Apple y Lois Weis, eds., *Ideology and Practice in Schooling*, Filadelfia, Temple University Press, 1983, p. 116.

sistema, lo que los cursos de historia de los Estados Unidos presentan es una historia que sigue la concepción republicana.

A lo largo de la historia, la clase social aparece unida a todo tipo de acontecimientos y procesos del pasado. Nuestro sistema de gobierno lo crearon hombres ricos, siguiendo teorías que veían en él un baluarte de la clase propietaria. A pesar de ser rico, a James Madison le preocupaba la desigualdad social y escribió el *Federalista nº 10* para explicar por qué el gobierno que se proponía no debía sucumbir a la influencia de los ricos. Según Edward Pessen, que examinó de qué clases sociales procedían todos los presidentes estadounidenses hasta Reagan, Madison no logró del todo su objetivo. Pessen descubrió que más del 40 por ciento eran de clase alta, sobre todo de los estratos superiores de la elite, y que otro 15 por ciento procedía de familias situadas entre las clases altas y las medias-altas. Más del 25 por ciento procedían de familias bien asentadas en la clase-media alta, y solo quedaban seis presidentes, el 15 por ciento, procedentes de clases medias o medias-bajas, y únicamente uno, Andrew Johnson, representante de algún segmento de clase baja. Uno de nuestros últimos presidentes, Bill Clinton, también es de origen obrero, lo cual arroja un total de dos. No es extraño que Pessen titulara su libro *The Log Cabin Myth* [El mito de la cabaña de madera].[17] Está claro que Boorstin y Kelley no han leído a Pessen, porque, de haberlo hecho, no podrían afirmar que las carreras de nuestros presidentes demuestran cómo se puede ascender «desde las posiciones más bajas a las más elevadas». En realidad, como han demostrado los sociólogos, la mayoría de los estadounidenses se muere en la misma clase social en la que nació y los que cambian de clase solo suelen ascender o descender un escalón.

La clase social te da la vida incluso en medio del peligro. El hundimiento del *Titanic*, como dice el estribillo de una canción de los *scouts*, fue una tragedia, pero lo fue todavía más para las clases bajas: de las mujeres, solo desaparecieron 4 de las 143 que iban en primera clase, en tanto que solo se hundieron 15 de las 93 pasajeras de segunda, junto con 81 mujeres y niñas de las 179 de

[17] Edward Pessen, *The Log Cabin Myth*, New Haven, Yale University Press, 1984.

La cerveza ha sido uno de los pocos productos (junto con las furgonetas, algunos medicamentos y los falsos dentífricos blanqueadores) que se han tratado de vender con imágenes de obreros. Los anunciantes utilizan iconografía de clase media alta para vender casi todo, desde vino hasta medias de nailon, pasando por productos para limpiar retretes. Desde los zapatos hasta los sombreros, los dos hombres de la foto aparecen cubiertos de símbolos de clase. Fíjense en quién de los dos tiene el periódico, el maletín, la cartera con el almuerzo y, como remate final, las latas y las botellas de cerveza.

tercera. La tripulación ordenó a los pasajeros de tercera que no subieran a cubierta, impidiéndoselo a algunos a punta de pistola.[18] En una época más reciente, la clase social fue determinante a la hora de decidir quién luchaba en la guerra de Vietnam: durante gran parte del conflicto, y a pesar del carácter «universal» de la llamada a filas, los varones de familias ricas obtuvieron prórrogas por estudios o por razones médicas. El ejército totalmente voluntario que lucha en Irak se compone todavía más de reclutas de clase baja que se alistan para escapar de la pobreza.[19] Los libros de texto y los profesores no prestan atención a todo eso.

Puede que los docentes eludan la clase social por el loable deseo de no poner en una situación incómoda a sus pupilos. De ser así, su preocupación está fuera de lugar. Cuando mis estudiantes de entornos no acomodados aprenden cómo funciona el sistema

---

[18] August Hollingshead y Frederick C. Redlich, *Social Class and Mental Illness*, Nueva York, Wiley, 1958, p. 6. Los tradicionales roles de género, que aquí favorecieron a las mujeres, hicieron que entre los hombres de todas las clases sociales el índice de mortalidad fuera mucho mayor.

[19] Lawrence M. Baskir y William Strauss, *Chance and Circumstance*, Nueva York, Random House, 1986.

de clases, la experiencia les parece liberadora. Al conocer los procesos sociales que han contribuido a mantener en la pobreza a sus familias, pueden librarse de la imagen negativa que tenían de sí mismos por ser pobres. Si con la comprensión llega el perdón, para los niños de clase obrera comprender cómo funciona la estratificación supone perdonarse *a sí mismos* y a sus familias. Conocer el sistema de clases sociales también reduce la tendencia que muestran los estadounidenses de otras clases sociales a echar la culpa de su pobreza al que la sufre. Desde el punto de vista pedagógico, la estratificación constituye una apasionante experiencia educativa. A los estudiantes les fascina descubrir que la clase alta tiene un poder desproporcionado en todo tipo de cosas: desde las leyes del Congreso que regulan la energía hasta la zonificación de las localidades pequeñas.

Pensemos en una estudiante blanca de noveno curso [entre 14 y 15 años] que estudie historia de los Estados Unidos en una localidad mayoritariamente de clase media de Vermont. Su padre es instalador de pladur, lo cual supone que en épocas de poco trabajo la familia sea bastante pobre. Su madre, además de ocuparse de sus dos hermanos pequeños, aporta su sueldo de conductora de autobús escolar a tiempo parcial. La chica vive con su familia en una casa pequeña, una antigua cabaña de veraneo acondicionada para el invierno, en tanto que casi todos sus compañeros de clase viven en amplias casas de zonas residenciales. ¿De qué manera va a interpretar esta muchacha su pobreza? Como para los libros de texto el pasado estadounidense se compone de cuatrocientos años de progreso y nuestra sociedad está en una tierra de las oportunidades en la que la gente consigue lo que se merece y se merece lo que tiene, es inevitable que a los estadounidenses de clase trabajadora se les eche en cara la incapacidad de superar su origen social.

No es probable que en su comunidad blanca de clase trabajadora la muchacha encuentre a mucha gente —profesores, miembros de su iglesia, familiares— que puedan hablarle de héroes o de luchas emprendidas por gente de su entorno, porque, salvo en lugares que han sido focos constantes de luchas sociales, la clase obrera suele olvidarse de su propia historia. Los alumnos blancos de clase trabajadora son el grupo social que más se cree que merece la posición inferior que ocupa. Lo cual conduce a una subcultura caracterizada por la vergüenza. Esta percepción negativa de uno mismo es uno de los rasgos principales de lo que Richard Sennett y Jonathan Cobb han denominado «heridas de clase ocultas».[20] Me lo demostraron dos alumnos míos: primero se pasearon por Burlington (Vermont) en un espacioso y reluciente automóvil negro prácticamente nuevo y de alta gama, después en un pequeño y desvencijado utilitario de más de diez años de antigüedad. En ambas ocasiones, al llegar a un semáforo que se les ponía en verde, no reanudaban la marcha hasta que no les pitaban. Cuando iban en el utilitario, el tiempo medio que les concedían los demás conductores antes de pitarles era de siete segundos, pero si iban en el coche de lujo disponían de 13,2 segundos antes de oír el claxon. Además de darnos una buena razón para comprarnos un coche caro, este experimento demuestra que, inconscientemente, los estadounidenses muestran respeto a quienes tienen formación y éxito. Como los conductores de todos los estratos sociales estaban más dispuestos a pitar al utilitario, en cierto sentido los de clase trabajadora se estaban faltando a sí mismos al respeto, al tiempo que mostraban deferencia a los que tienen mejor posición social. La cáustica pregunta de «si eres tan listo, ¿por qué no eres rico?» trasmite el daño que sufre la autoestima de los pobres cuando en la escuela no se cuestiona la idea de que los Estados Unidos son una meritocracia.

Hasta cierto punto, el problema radica en que los manuales de historia de los Estados Unidos califican de meritocrática la propia educación del país. Un enorme corpus de investigaciones confirma que la educación está dominada por la estructura de clase y que sirve para reproducirla en la generación siguiente.[21] Entre

---

[20] Richard Sennett y Jonathan Cobb, *The Hidden Injuries of Class*, Nueva York, Alfred A. Knopf, 1972.

[21] Véanse, entre otras obras, y citando únicamente títulos de la década de 1970, las de Joel Spring, *Education and the Rise of the Corporate State*, Boston, Beacon, 1972; Ray Rist, *The Urban School: A Factory for Failure*, Cambridge, MIT Press, 1973; Samuel Bowles y Herbert Gintis, *Schooling in Capitalist America*, Nueva York, Basic Books, 1976 [ed. cast.: *La instrucción escolar en la América capitalista: la reforma educativa y las contradicciones de la vida económica*, Madrid, Siglo XXI de España, 1985]; Joel Spring, *The Sorting Machine*, Nueva York, David McKay, 1976; James

tanto, los manuales de historia mencionan alegremente muestras de generosidad del Gobierno federal para con la educación como la Ley de Educación Elemental y Secundaria, aprobada durante la presidencia de Lyndon Johnson. Ni un solo libro de texto ofrece cifras o análisis de la desigualdad en las instituciones educativas. Ninguno menciona que los condicionantes económicos que sufren los distritos escolares en las zonas de menor renta son tan clamorosos que Jonathan Kozol los califica de «desigualdades salvajes».[22] Ningún libro de texto propone que los alumnos investiguen la historia de su propio centro y la población a la que sirve. ¡Los únicos que llegan a relacionar la educación con el sistema de clases ven la primera como un antídoto contra el segundo! Según *The Challenge of Freedom*, la escolarización «fue la clave de la movilidad ascendente en los Estados Unidos de la posguerra». También fue la clave de la desigualdad.[23]

La tendencia de los profesores y libros de texto a evitar la clase social, como si fuera un secretillo indecente, no hace más que reforzar la renuencia de las familias de clase trabajadora a hablar del tema. Paul Cowan ha dado cuenta de sus entrevistas con hijos de trabajadores italianos inmigrantes participantes en la famosa huelga del sector textil registrada en 1912 en Lawrence (Massachusetts). Cowan habló con la hija de una trabajadora de Lawrence que declaró ante la comisión del Congreso que investigó la huelga. La trabajadora, Camella Teoli, que cuando contaba trece años, justo antes de la huelga, había perdido el cuero cabelludo a causa de un retorcedor de algodón, había estado hospitalizada durante varios meses. Su testimonio «saltó a las primeras páginas de todo Estados Unidos». Pero la hija de Teoli, a la que entrevistó en 1976, después del fallecimiento de su madre,

---

Rosenbaum, *Making Inequality*, Nueva York, Wiley, 1976; Paul Willis, *Learning to Labor*, Farnborough, UK, Saxon House, Teakfield Ltd., 1977 [ed. cast.: *Aprendiendo a trabajar: cómo los chicos de clase obrera consiguen trabajos de clase obrera*, Tres Cantos, Akal, 2005]; y Jerome Karabel y A. H. Halsey, eds., *Power and Ideology in Education*, Nueva York, Oxford University Press, 1977.

[22] Jonathan Kozol, *Savage Inequalities*, Nueva York, Crown, 1991.

[23] De los dieciocho libros que he revisado, el que más se acerca a un análisis de la relación entre educación y clase social es el manual de indagación *The American Adventure*.

no pudo ayudar al autor. Su madre no le había dicho nada ni del suceso, ni del viaje a Washington, ni de su influencia en la conciencia de los Estados Unidos, todo ello a pesar de que casi a diario la hija «le había hecho un moño a su madre para ocultar la calva».[24] Un profesional de clase trabajadora me contó una historia similar sobre la vergüenza que sentía de que su tío «fuera obrero siderúrgico». La cultura de clase trabajadora lleva implícito cierto carácter defensivo: incluso actos de resistencia obrera eficaces como la huelga de Lawrence presuponen la existencia de una posición social y una renta inferiores, de ahí que impliquen cierta inferioridad. Si, como nos dicen los libros de texto, el conjunto de la comunidad es tan bueno, parece que rendir homenaje al enfrentamiento con el mismo o incluso trasmitir su recuerdo es un tanto desleal.

Los manuales sí presentan la historia de los inmigrantes. Al iniciarse el siglo XX estos dominaban la clase obrera urbana en los Estados Unidos, incluso en localidades tan apartadas de la costa como Des Moines y Louisville. Cuando más del 70 por ciento de la población blanca había nacido en los Estados Unidos, más del 90 por ciento de la clase obrera urbana había nacido fuera.[25] Pero la historia de los inmigrantes que relatan los libros de texto hace hincapié en gente como Joseph Pulitzer o Andrew Carnegie, inmigrantes a los que no les pudo ir mejor. Varios manuales utilizan las expresiones *pasar de la miseria a la riqueza* o *la tierra de las oportunidades* para referirse a la inmigración. No cabe duda de que esos legendarios éxitos son ciertos, pero fueron la excepción, no la regla. El 95 por ciento de los directivos y financieros de los Estados Unidos a comienzos del siglo XX procedía de la clase alta o media-alta. Menos del 3 por ciento habían salido de entornos pobres o agrícolas. Durante todo el siglo XIX, de la clase obrera solo salió el 2 por ciento de los industriales estadounidenses.[26] Al

---

[24] La obra de Cowan se describe y cita en Herbert Gutman, *Power and Culture*, Nueva York, Pantheon, 1987, pp. 396-397.

[25] Gutman, *Power and Culture*, pp. 386-390.

[26] William Miller, «American Historians and the Business Elite», en Miller, ed., *Men in Business*, Nueva York, Harper and Row, 1962, pp. 326-328, resumiendo sus propias investigaciones y el trabajo de Reinhard Bendix y F. W. Howton. Véase

centrarse en las excepciones que más inspiran, los libros de texto presentan la historia de la inmigración como otra alentadora confirmación de que los Estados Unidos proporcionan oportunidades inusitadas.

Una y otra vez, los libros de texto insisten en las diferencias que han marcado los Estados Unidos respecto a Europa al tener menos estratificación social y más movilidad económica y social. Es este otro aspecto del arquetipo del excepcionalismo estadounidense: nuestra sociedad ha sido singularmente justa. En Francia o Australia, por ejemplo, a los historiadores no se les ocurriría afirmar que su sociedad ha sido excepcionalmente igualitaria. ¿Acaso esta forma de hablar de los Estados Unidos prepara a los alumnos para la realidad? Desde luego, no describe con precisión la situación actual del país. En muchas ocasiones los científicos sociales han comparado el nivel de igualdad económica imperante en los Estados Unidos con el de otros países industriales. Dependiendo de cuál sea la medida utilizada, los Estados Unidos aparecen en el puesto sexto de seis países, séptimo de siete, noveno de doce, trigésimo tercero de trece o decimocuarto de catorce.[27] En los Estados Unidos, un quinto de la población, el más rico, tiene doce veces más renta que el quinto más pobre, lo cual arroja una de las proporciones más elevadas de los países industrializados a ese respecto; en el Reino Unido la proporción es de siete a uno, en Japón solo de cuatro a uno.[28] En 1965, el presidente medio de empresa de los Estados Unidos ganaba una media de 26 veces más que el trabajador medio. En 2004 sus emolumentos eran ya 431 veces superiores al salario de ese trabajador. Entretanto, los presidentes de empresas japonesas continúan ganando unas 26 veces más que el promedio de sus trabajadores, y resulta difícil afirmar

---

también David Montgomery, *Beyond Equality*, Nueva York, Vintage, 1967, p. 15. Otros estudios demostraron proporciones marginalmente superiores, no materialmente distintas, salvo por desperdigadas bolsas de oportunidad, entre ellas Paterson, Nueva Jersey.

[27] Verba y Orren, *Equality in America*, p. 10. Véase también Paul Gagnon, *Democracy's Half-Told Story*, Nueva York, American Federation of Teachers, 1989, pp. 84-85; «Income Disparity Since World War II», op cit.

[28] Mantsios, «Class in America», p. 59; Isaac Shapiro y Robert Greenstein, *The Widening Gulf*, Washington, D.C., Center on Budget and Policy Priorities, 1999.

que los directivos de GM y Ford sean mucho mejores que los de Toyota y Honda.[29] El engreimiento jeffersoniano de una nación compuesta por granjeros y mercaderes independientes también desapareció hace tiempo: solo uno de cada trece estadounidenses trabaja por cuenta propia, frente a uno de cada ocho en Europa occidental.[30] En consecuencia, no solo tenemos muchos menos emprendedores independientes en comparación con los que teníamos hace doscientos años, sino que tenemos menos en comparación con los de la Europa actual.

Como los libros de texto afirman que las colonias norteamericanas estaban muchísimo menos estratificadas que Europa, deberían decirles a sus lectores cuándo se instaló la desigualdad. Seguramente no haya sido una evolución reciente. En 1910 el 1 por ciento más rico de la población de los Estados Unidos percibía más de un tercio de la renta total, en tanto que el quinto inferior percibía menos de un octavo de la misma.[31] Este nivel de desigualdad iba parejo al de Alemania o el Reino Unido.[32] Si los libros de texto reconocieran la desigualdad, podrían describir los cambios que ha experimentado nuestra estructura de clase a lo largo del tiempo, lo cual introduciría a los alumnos en un fascinante debate histórico.[33]

---

[29] «Index», *Harper's*, mayo de 1990, p. 19, citando datos del Sindicato de Trabajadores de Automoción de los Estados Unidos; Jeanne Sahadi, «CEO Pay: Sky High Gets Even Higher», CNNMoney.com, 8/30/2005; money/cnn.com/2005/08/26/news/economy/ceo_pay/.

[30] «Index», *Harper's*, enero de 1993, p. 19, citando a la Organización para la Cooperación y el Desarrollo Económico (OCDE).

[31] David Tyack y Elisabeth Hansot, «Conflict and Consensus in American Public Education», *Daedalus*, 110, nº 2, verano de 1981, pp. 11-12.

[32] Jeffrey Williamson y Peter H. Lindert, *American Inequality: A Macroeconomic History*, Nueva York, Academic Press, 1980, capítulo 3. Seymour Martin Lipset, *The First New Nation*, Nueva York, Basic Books, 1963, pp. 324-326, sostiene que la distribución de la riqueza era menos equitativa en el Reino Unido, pero no la de la renta.

[33] *The American Pageant* (2006) destaca al señalar que «muchas naciones contaban con distribuciones de la riqueza más equitativas». Este libro también revela que «de alguna manera, la brecha entre ricos y pobres se agrandó incluso en la década de 1980». Lamentablemente, *The American Pageant* también señala que en la década de 1990 el 80 por ciento de los trabajadores ocupaba puestos administrativos, el doble de la proporción actual.

Por ejemplo, algunos historiadores señalan que en la sociedad colonial la riqueza estaba distribuida de manera más equitativa que en la actualidad y que la desigualdad económica se incrementó durante la presidencia de Andrew Jackson, un período irónicamente conocido como la época del hombre corriente. Otros creen que el florecimiento de las grandes empresas a finales del siglo XIX hizo más rígida la estructura de clases. Walter Dean Burnham ha señalado que la victoria de los republicanos en las presidenciales de 1896 (McKinley venció a Bryan) trajo consigo un imponente realineamiento político que transformó «un régimen bastante democrático en una oligarquía con una base bastante amplia», de manera que, al llegar la década de 1920, las empresas controlaban las políticas públicas.[34] Está claro que la brecha entre ricos y pobres, al igual que la distancia entre negros y blancos, era mayor al final de la Era del Progreso, en 1920, que en sus inicios, en torno a 1890.[35] Pero no todo en esta historia refleja un incremento de la estratificación social, porque entre la Depresión y el fin de la Segunda Guerra Mundial, en los Estados Unidos los niveles de renta y de riqueza se fueron paulatinamente equiparando. A partir de ese momento, la distribución de la renta se mantuvo razonablemente constante hasta la llegada al poder del presidente Reagan en 1981, cuando la desigualdad comenzó a aumentar.[36] Hay también otros expertos para los que los cambios han sido escasos desde la Revolución. Lee Soltow, por ejemplo, detecta una «sorprendente desigualdad respecto a la riqueza y la renta» en los Estados Unidos de 1798. Stephan Thernstrom concluye, por lo menos en el caso de Boston, que las desigualdades respecto a la esperanza de vida que ocasiona la clase social

[34] Walter Dean Burnham, «The Changing Shape of the American Political University», *American Political Science Review*, 59, 1965, pp. 23-25.

[35] Barry Schwartz, «The Reconstruction of Abraham Lincoln», en David Middleton y Derek Edwards, eds., *Collective Remembering*, Londres, Sage, 1991 [ed. cast.: *Memoria compartida: la naturaleza social del recuerdo y el olvido*, Barcelona, Paidós, 1992].

[36] Williamson y Lindert, *American Inequality*, pp. 41-42 y 49-51; Robert E. Gallman, «Trends in the Size Distribution of Wealth in the Nineteenth Century», en Lee Soltow, ed., *Six Papers on the Size Distribution of Wealth and Income*, Nueva York, National Bureau of Economic Research, 1969, pp. 6-7.

presentan una inquietante continuidad.[37] Todo esto forma parte de la historia de los Estados Unidos. Pero no de la que se enseña en educación secundaria.

Para los científicos sociales, el nivel de desigualdad es un dato portentoso para conocer una sociedad. Cuando ordenamos los países en función de esa variable, descubrimos que los escandinavos están en los puestos superiores, que son los más igualitarios, y que sociedades agrícolas como Colombia y Zimbabue están en los inferiores. Las políticas de Reagan y de la primera administración de Bush, descaradamente favorables a los ricos, dispararon una tendencia secular ya en marcha, con lo que la desigualdad se incrementó apreciablemente entre 1981 y 1992. No es un asunto menor que la desigualdad social en los Estados Unidos se esté acercando perceptiblemente a la de Colombia.[38] Seguramente a los estudiantes de instituto les gustaría saber que en 1950 los médicos tenían unos ingresos dos veces y medio superiores a los de los trabajadores industriales sindicados, pero que ahora ganan cinco veces más que ellos. Seguramente necesitan comprender que los principales directivos de las empresas textiles, que antes ganaban 50 veces más que sus empleados en los Estados Unidos, ahora ganan más de 1500 veces lo que perciben sus trabajadores en Bangladesh. Seguramente no esté bien que nuestros manuales y profesores de historia no desvelen la información histórica que podría desatar y fundamentar debates sobre esas tendencias.

¿Por qué habrían de cometer un error tan garrafal? La razón primera y primordial radica en la censura que ejercen los editores sobre los autores de libros de texto. «Si hablas de clase social, siempre corres el riesgo de que te tachen de marxista», me dijo la editora de estudios sociales e historia de una de las principales

---

[37] Lee Soltow, *Distribution of Wealth and Income in the United States in 1798*, Pittsburgh, University of Pittsburgh Press, 1989, p. 252; Stephan Thernstrom, *The Other Bostonians*, Cambridge, Harvard University Press, 1973, capítulos 5 y 9.

[38] Véase Alan Macrobert, «The Unfairness of It All», *Vermont Vanguard Press*, 30 de septiembre de 1984, pp. 12-13; Alfie Kohn, *You Know What They Say...*, Nueva York, HarperCollins, 1990, pp. 38-39; Heilbroner, «Lifting the Silent Depression», p. 6; Sheldon Danziger y Peter Gottschalk, *Uneven Tides*, Nueva York, Sage, 1993.

editoriales. De manera directa o tácita esta editora trasmite ese tabú a todos los autores con los que trabaja, y me dio a entender que lo mismo hacen los demás editores.

En parte, la presión de las editoriales se deriva de las comisiones de adopción de libros de texto y de las comisiones escolares estatales y de distrito, sometidas a su vez a la presión de grupos organizados y de individuos que se presentan ante ellas. Es posible que el más enérgico de esos grupos de presión siga siendo Educational Research Analysts, dirigido hasta 2004 por Mel Gabler, de Texas. Para su escudería de críticos derechistas, hasta afirmar que un libro de texto contiene cierto análisis de las clases sociales constituye una crítica demoledora. Como ha señalado un autor, «es inaceptable, quizá antiamericano, plantear cuestiones haciéndose consideraciones de clase».[39] Para un editor, el miedo a que un libro de texto no sea elegido en Texas es un motivo de angustia de primera magnitud y podría ayudar a explicar que *Life and Liberty* limite su análisis de las clases sociales a *Inglaterra* durante la época colonial. Por el contrario, «las colonias eran lugares de grandes oportunidades», incluso en esa época. Con todo, algunos texanos no se dejan amilanar tan fácilmente. Deborah L. Brezina, aliada de Gabler, escribió que la descripción que hace *Life and Liberty* de los Estados Unidos lo pinta «como una sociedad injusta» con los estratos económicos inferiores, por lo que no debería aprobarse.[40] Esas presiones no son nuevas. *Introduction to Problems of American Culture*, de Harold Rugg, y el difundido libro de texto que escribió el mismo autor durante la Depresión incluían ciertos análisis de clase. Según Frances FitzGerald, a comienzos de la década de 1940 la Asociación Nacional de Fabricantes atacó los libros de Rugg, en parte por esa razón, y «puso fin» al análisis social y económico en los manuales de historia de los Estados Unidos.[41]

Lo más habitual es que la influencia de la clase alta sea menos directa. En la historia de los Estados Unidos, la lógica que con más

---

[39] Mantsios, «Class in America», p. 56.

[40] Deborah L. Brezina, «Critique of *Life and Liberty*», sin página ni fecha, mecanografiado y distribuido por Mel Gabler's Educational Research Analysts, 1993, p. 2.

[41] Frances FitzGerald, *America Revised*, Nueva York, Vintage, 1979, pp. 108-109.

energía ha impulsado el privilegio de clase ha sido el darwinismo social, un arquetipo que sigue teniendo un gran peso en la cultura del país. Puede que el principio de supervivencia de los más dotados, que explicaría el ascenso y caída de la gente, no encaje con los datos sobre movilidad intergeneracional en los Estados Unidos, pero eso no ha evitado en modo alguno que el arquetipo perviva en la educación estadounidense, sobre todo en las clases de historia.[42] Los datos que no encajan en el arquetipo, cosas como toda la bibliografía sobre estratificación social, se quedan fuera, sin más.

Puede que los autores de libros de texto ni siquiera tengan que recibir presiones de los editores, la derecha, la clase alta o los arquetipos culturales para prescindir de la estratificación social. Dentro del proceso de *heroización*, esos autores tratan a los propios Estados Unidos como si fueran un héroe; en realidad *el héroe* de sus libros, así que sus máculas se retiran. Hasta dar cuenta de cómo se distribuye la renta y la riqueza podría parecer una crítica a los Estados Unidos como héroe, porque es difícil concebir una teoría de la justicia social que pueda explicar que el 1 por ciento de la población controle casi el 40 por ciento de la riqueza. ¿Es posible que el 99 por ciento restante sea *tan* perezoso o indigno por alguna otra razón? Está claro que incluir alguno de los mecanismos —entre otros, la desigualdad educativa— que le sirven a la clase alta para seguir siéndolo comportaría una crítica a nuestro querido país.

Por cualquiera de esas razones o por todas ellas los libros de texto restan importancia a la estratificación social. Pero después hacen algo menos comprensible: no explicar las ventajas de la libre empresa. Al escribir sobre una generación anterior de libros de texto, Frances FitzGerald señaló que esas obras no prestaban atención a «las virtudes y tampoco a los vicios de su propio sistema económico».[43] Los profesores podrían mencionar la libre empresa con respeto, pero esa expresión no suele aparecer más que

---

[42] David Tyack y Elisabeth Hansot, «Conflict and Consensus in American Public Education», *Daedalus*, 110, nº 2, verano de 1981, pp. 1-25, descubrieron que la desigualdad económica se justifica normalmente aludiendo a dos principios que van unidos: la meritocracia y la igualdad de oportunidades.

[43] FitzGerald, *America Revised*, p. 109. Los Gabler y sus aliados no dejar de lanzar la misma crítica; véase Brezina, «Critique of *Life and Liberty*», p. 2.

como lema publicitario.[44] Es una omisión extraña, porque, después de todo, el capitalismo tiene sus ventajas. Michael Jordan, en su día estrella del baloncesto; el directivo de Chrysler, Lee Iacocca; y los fabricantes de helado Ben and Jerry se hicieron ricos proporcionando bienes y servicios que la gente quería. No cabe duda de que, en gran medida, la estratificación social no se puede justificar tan fácilmente, porque surge del uso abusivo de la riqueza y el poder que hacen quienes, teniendo ambas cosas, las utilizan para excluir a quienes no las tienen. En su calidad de orden social y económico, el sistema capitalista tiene muchos elementos criticables, pero también loables. Para mucha gente, los Estados Unidos *sí son una tierra de oportunidades*. Y a pesar de todas las distorsiones que el capitalismo le impone, la democracia también se beneficia de la separación entre las esferas pública y privada. Nuestros manuales de historia no enseñan esas ventajas.

Es evidente que las editoriales o aquellos que en ellas influyen han llegado a la conclusión de que lo que la sociedad estadounidense necesita para conservar su vigor son ciudadanos que acaten sin pensar su estructura social y su sistema económico. En consecuencia, los libros de texto actuales defienden nuestro sistema económico de manera mecánica, mostrando una insoportable devoción hacia su singular falta de estratificación, con lo que generan exalumnos de cursos de historia de los Estados Unidos incapaces de criticar o defender con conocimiento de causa nuestro sistema de estratificación social.

¿Pero acaso no es bonito creer sin más que los Estados Unidos son igualitarios? Quizá el arquetipo de la «tierra de las oportunidades» sea un mito empoderador: quizá creer en él pueda incluso contribuir a hacerlo realidad. Porque si los estudiantes *piensan* que pueden conseguir todo lo que se propongan, quizá aspiren a lo más alto; en tanto que, sin ese convencimiento, no se lo propondrán.

La analogía del género señala el problema que plantea esa forma de pensar. ¿Cómo podrían comprender las muchachas de secundaria su lugar en la historia de los Estados Unidos si los libros de texto les dijeran que, desde la época colonial hasta el presente,

---

44 McNeil, «Defensive Teaching and Classroom Control», p. 125.

las mujeres han tenido igualdad de oportunidades para ascender socialmente y acceder a la participación política? ¿Cómo podrían explicar entonces que ninguna mujer haya ocupado la presidencia? Las chicas tendrían que deducir, quizá inconscientemente, que la culpa ha sido de su propio género, una conclusión que no resulta muy empoderadora.

Los libros de texto sí dicen que, en muchos estados, las mujeres no tuvieron derecho al voto hasta 1920 y que otras barreras obstaculizaron su ascenso social. También hablan de los obstáculos a los que se enfrentan las minorías raciales. La pregunta que *Land of Promise* hace a sus estudiantes al final del apartado sobre «movilidad social» es: «¿Qué barreras sociales impidieron a negros, indios y mujeres competir en igualdad de condiciones con los colonos blancos de sexo masculino?». Después del pasaje en el que ensalza la movilidad ascendente, *The Challenge of Freedom* señala que «sin embargo, no todo el mundo disfrutó de igualdad de derechos o de iguales posibilidades para mejorar su forma de vida», y a continuación trata los problemas que plantean el sexismo y el racismo. Sin embargo, ni aquí ni en ningún otro sitio apuntan *Promise* o *Challenge* (ni la mayoría de los demás libros de texto) la posibilidad de que hoy en día las oportunidades no sean iguales para los estadounidenses blancos de clase baja y alta.[45] Quizá esto explique que, incluso los directivos de empresas y los republicanos, los que estadísticamente es más probable que, según los sociólogos, «echen la culpa a la víctima» al responder a una encuesta, culpen al sistema social y no a los afroamericanos de la pobreza que sufren los negros, y también echen la culpa a ese sistema, no a las mujeres, de la inferioridad de sus logros en el mundo laboral. En suma, los estadounidenses ricos, al igual que sus libros de texto, están dispuestos a atribuir la pobreza de los negros y los indios a la discriminación racial, y la desigualdad de la mujer a la discriminación sexual, pero, en general, no creen que la discriminación de clase ocasione pobreza.[46]

---

[45] Las excepciones son un párrafo titulado «Una clase permanente de trabajadores pobres», en *The American Way*, y otro de *The American Pageant*.

[46] Datos demoscópicos de Verba y Orren, *Equality in America*, pp. 72-75.

Los cursos de historia de los Estados Unidos, más que los de matemáticas o ciencia, todavía más que los de literatura estadounidense, son los que pueden decirles a los estudiantes de secundaria cómo han llegado a ser como son ellos y sus padres, sus comunidades y su sociedad. Una de las cosas que causa desigualdad es la clase social. Aunque los niños pobres y de clase obrera no suelen poder identificar la causa de su alienación, la historia suele aburrirles porque, más que explicar el presente, lo justifica. Cuando esos alumnos reaccionan dejando de lado los estudios, aunque solo sea mentalmente, no físicamente, su poco éxito escolar contribuye a convencerles, a ellos y a sus compañeros más aventajados, de que el sistema es meritocrático y de que a ellos les faltan méritos. En última instancia, el hecho de que los cursos de historia de los Estados Unidos no analicen las clases sociales contribuye al sesgo antiobrero que tiene la educación en nuestro país.

08

Vigilando al Gran Hermano: qué enseñan los libros de texto sobre el Gobierno federal

«El historiador no debe tener país.»

John Quincy Adams[1]

«¿Qué has aprendido hoy en la escuela, mi niño?
He aprendido que nuestro gobierno debe ser fuerte.
Siempre tiene razón, nunca se equivoca…
Eso es lo que he aprendido en la escuela».

«What did you learn in school today?»,
Tom Paxton, 1963[2]

«Debemos afrontar tanto la vertiente desagradable como la positiva de la historia humana, y eso incluye nuestra historia como nación, la propia historia de nuestros pueblos. Tenemos que poner en orden los hechos negativos para protegernos de la visión oficial de la realidad».

Bill Moyers[3]

«Mientras estés convencido de que nunca has hecho nada, nunca podrás hacer nada».

Malcolm X[4]

«Estudiar relaciones internacionales sin ponernos en el lugar de los demás es repartir ilusiones y preparar a los alumnos para que se pasen la vida malinterpretando nuestro lugar en el mundo».

Paul Gagnon[5]

---

[1] Lo dijo en relación con la forma de relatar la guerra de México; citado por Edward Pessen, «JQA...», en *Organization of American Historians newsletter*, 2/1988.

[2] Letra de la canción de Tom Paxton «What Did You Learn in School Today?», Cherry Lane Music Publishing Co., Inc., todos los derechos reservados, permiso concedido para su reproducción, copyright 1962 y 1990.

[3] «An Interview with Bill Moyers», en *Facing History and Ourselves News*, c. 1991, p. 4.

[4] Malcolm X citado en la película de Gil Noble *El Hajj Malik el Shabazz (Malcolm X)*, Carlsbad, CA, CRM Films, 1965.

[5] Paul Gagnon, «Why Study History», *Atlantic*, 11/1988, p. 63.

Algunos historiadores tradicionales, detractores del énfasis que ahora se pone en la historia social y cultural, creen que a los manuales de historia de los Estados Unidos los han engatusado para apartarlos de su relato principal, que para ellos es la historia del Estado. A mi modesto entender, protestan demasiado. El hecho de que ahora los manuales concedan más espacio a hablar de las mujeres, la esclavitud, los medios de transporte, la evolución de la música popular y otros asuntos no directamente relacionados con el Estado todavía no ha generado un nuevo relato primordial. En consecuencia, esos asuntos parecen distracciones innecesarias, que solo interrumpen el relato fundamental que todos los libros de texto siguen contando: el de la historia del gobierno de los Estados Unidos. Dos de los doce libros de texto de mi primera muestra eran manuales de «indagación», en su mayoría compuestos de fuentes primarias. Para ellos la historia del Estado no era ya tan esencial.[1] Los diez libros de carácter narrativo de esa muestra y todos los actuales continúan centrándose abrumadoramente en las acciones del brazo ejecutivo del Gobierno federal. Para ellos, la historia estadounidense se sigue organizando en función de las administraciones presidenciales.

En este sentido, *Land of Promise*, por ejemplo, concede a cada presidente un recuadro biográfico, incluso a William Henry Harrison (que solo ocupó el cargo un mes), pero no menciona al que sin duda ha sido nuestro principal compositor, Charles Ives, ni a Frank Lloyd Wright, nuestro arquitecto más influyente, ni

[1] Lamentablemente, los manuales de indagación ya están descatalogados.

tampoco a Helen Hunt Jackson, la figura humanitaria no india que más destacó en la defensa de los indios. Aunque los autores de libros de texto incluyen más historia social que antes, siguen considerando que, en comparación, las acciones y declaraciones del Estado son mucho más importantes que lo que el pueblo estadounidense ha hecho o escuchado, dónde ha dormido, qué experiencias ha tenido o qué ha pensado. Este énfasis resulta especialmente inapropiado respecto a los siglos anteriores a la administración de Woodrow Wilson, porque el ejecutivo federal no era en modo alguno tan importante como ahora.

¿Qué nos dicen los libros de texto sobre nuestro gobierno? En primer lugar, dan a entender que el Estado en el que ahora vivimos es el que se creó en 1789. Pasan por alto la posibilidad de que el equilibrio de poderes plasmado en la Constitución, que distribuye el poder entre los diversos componentes del Gobierno federal, otorgando una parte a los estados y reservando también una parte para los individuos, haya podido cambiar de manera decisiva durante los últimos doscientos años. El Gobierno federal que retratan sigue siendo un servidor del pueblo, manejable y dúctil. Paradójicamente, los libros de texto minusvaloran después el papel que tienen las instituciones no gubernamentales o los ciudadanos a la hora de promover mejoras en el medio ambiente, las relaciones raciales, la educación y otras cuestiones sociales. En pocas palabras, los autores de libros de texto presentan a un Estado heroico que, como sus demás héroes, prácticamente carece de defectos. Ese enfoque convierte los libros de texto en manuales de anticiudadanía, en instrucciones para la aquiescencia.

Quizá la mejor manera de mostrar lo aduladores que son los libros de texto sea examinar cómo tratan los autores al gobierno cuando sus acciones han sido menos defendibles. Comencemos por abordar cuestiones relacionadas con la política exterior de los Estados Unidos.

En líneas generales, los cursos universitarios de ciencia política adoptan uno de los dos enfoques siguientes al analizar las acciones exteriores de nuestro país. Algunos profesores y manuales universitarios son bastante críticos con lo que podríamos denominar el «coloso americano». En este «Siglo Americano» (¿1917-2017?), los

Estados Unidos han sido la nación más poderosa de la tierra y normalmente han actuado para mantener su hegemonía. Según esta interpretación, hace tiempo que los estadounidenses abandonamos nuestra ideología revolucionaria, si es que la tuvimos alguna vez, y ahora lo normal es que actuemos para reprimir a otras naciones y otros pueblos que legítimamente intentan decidir por sí mismos.

Más habitual es la perspectiva basada en el realismo político. George Kennan, que durante casi medio siglo fue artífice y analista de la política exterior estadounidense, resumió sucintamente este enfoque en 1948. En su calidad de director de la Oficina de Planificación de Políticas del Departamento de Estado, Kennan escribió en un memorándum ya famoso:

> Tenemos el 50 por ciento de la riqueza mundial, pero solo el 6,3 por ciento de su población. Esta situación hace imposible que no seamos objeto de envidias y resentimientos. En el período venidero, para nosotros el verdadero desafío será concebir una pauta de relaciones que nos permita mantener esta posición dispar. No tenemos por qué engañarnos pensando que podemos permitirnos el lujo del altruismo y la beneficencia en el mundo, es decir, objetivos irreales como los derechos humanos, la mejora de las condiciones de vida y la democratización.[2]

Siguiendo ese discurso, el historiador o el politólogo identifica los intereses nacionales de Estados Unidos tal como los articularon los políticos en el pasado y los historiadores hoy en día. A continuación, ese experto analiza nuestros actos y nuestras políticas para evaluar hasta qué punto obraron en beneficio de esos intereses.

Está claro que los manuales de historia de los Estados Unidos de secundaria no adoptan ni permiten siquiera atisbar la visión basada en el coloso americano. Lamentablemente, también omiten el enfoque que parte del realismo político. Más bien, adoptan

---

[2] George Kennan citado en Sheila D. Collins, «From the Bottom Up and the Outside In», *CALC Report* 15, nº 3, 3/1990, pp. 9-10.

una perspectiva sorprendentemente distinta. Para ellos nuestras políticas forman parte de una alegoría moral según la cual lo normal es que los Estados Unidos actúen en defensa de los derechos humanos, la democracia y la «forma de vida americana». Según esta visión, cuando los estadounidenses hemos hecho algo mal, es porque otros nos han malinterpretado o quizá porque nosotros mismos malinterpretamos la situación. Pero nuestra intención siempre fue buena. A este enfoque podríamos llamarlo el del «benefactor del mundo».

Los libros de texto no se permiten analizar directamente lo que es «bueno» ni lo que esa palabra podría significar. Utilizando la expresión de Frances FitzGerald, podríamos decir que presentan a los Estados Unidos como «a una especie de Ejército de Salvación para el resto del mundo».[3] Con esa actitud se hacen eco de la nación que nuestros líderes gustan de presentar ante los ciudadanos: la de un pacificador supremamente moral y desinteresado, un ciudadano del mundo supremamente responsable. «Otros países atienden a sus propios intereses», afirmó el presidente John F. Kennedy en 1961, aludiendo orgulloso a las que calificó de «obligaciones» de los Estados Unidos en todo el mundo. «Solo los Estados Unidos —y solamente somos el 6 por ciento de la población mundial— llevan esta especie de peso».[4] Hoy en día, este «peso del pacificador» se nos ha ido de las manos: en la actualidad, los Estados Unidos gastan más en sus fuerzas armadas que todas las demás naciones juntas y hay soldados suyos en 144 países. Sin embargo, según la interpretación del benefactor del mundo alentada por Kennedy y por los autores de nuestros libros de texto, esas acciones se convierten más en símbolos de nuestro altruismo que de nuestra hegemonía. Desde la década de 1920, por lo menos, los autores de libros de texto también vienen señalando que los Estados Unidos proporcionan ayuda exterior con más generosidad que ningún otro país del mundo.[5] El mito era falso

---

[3] Frances FitzGerald, *America Revised*, Nueva York, Vintage, 1980, p. 129.

[4] Citado en James Oliver Robertson, *American Myth, American Reality*, Nueva York, Hill and Wang, 1980, p. 272.

[5] Bessie L. Pierce, *Civic Attitudes in American School Textbooks*, Chicago, University of Chicago Press, 1930, pp. 110-111.

entonces y hoy también. En la actualidad, hay por lo menos veinte países europeos y árabes que dedican a la ayuda exterior una proporción mucho mayor de su Producto Interior Bruto (PIB) o de su gasto público total que Estados Unidos.[6]

El deseo de insistir en nuestras acciones humanitarias en el mundo influye en lo que los autores deciden incluir y omitir. De mis primeros doce libros, todos menos uno contenían por lo menos un párrafo sobre el Cuerpo de Paz y hablaban de él con adoración. «Gracias al Cuerpo de Paz, los Estados Unidos hicieron amigos por doquier», proclamaba embelesado *Life and Liberty*. En ello coinciden la mayoría de los libros de texto más recientes: «Un enorme éxito», proclama *The Americans*. Solo uno de ellos admite que hubiera algún problema: «Curar los males de los necesitados no fue tan sencillo», apuntan Boorstin y Kelley. «Inteligentes y jóvenes americanos de elevados ideales no solían tener ni el conocimiento ni la formación que se precisaban».

Por lo menos el Cuerpo de Paz tiene buena intención. Más importantes y con frecuencia menos afables son otras exportaciones estadounidenses: nuestras multinacionales. Solo una de ellas, International Telephone and Telegraph (ITT), la primera en instigar a nuestro gobierno a desestabilizar al gobierno socialista de Salvador Allende, tuvo más influencia en Chile que todos los miembros del Cuerpo de Paz que hayamos enviado a Latinoamérica a lo largo de la historia. Lo mismo podría decirse de Union Carbide en la India y de United Fruit en Guatemala. Al influir en las políticas del gobierno estadounidense, otras multinacionales radicadas en nuestro país han tenido consecuencias todavía más profundas para otros países.[7] En ocasiones, la influencia de las grandes

---

[6] Ruth Leger Sivard, *World Military and Social Expenditures, 1985*, Washington, D.C., World Priorities, 1985, pp. 35-37 [ed. cast.: *Gastos militares y sociales en el mundo*, Madrid, Centro de Investigación para la Paz, 1986]; Curt Tarnoff y Larry Nowels, «Foreign Aid: An Introductory Overview of U.S. Programs and Policy», Washington, D.C., Library of Congress Congressional Research Service, 2004; David Wallechinsky, «Is America Still No. 1?», *Parade*, 14/01/2007, p. 4. Además, gran parte de la ayuda exterior solo va a parar a cuatro o cinco países, entre los que siempre están Israel y Egipto, y es de carácter más militar que social o educativo.

[7] Las entrevistas con importantes directivos de multinacionales que figuran en el vídeo de Larry Adelman, *Controlling Interest: The World of the Multinational*

empresas ha sido constructiva. Por ejemplo, cuando el presidente Gerald Ford estaba intentando convencer al Congreso de que apoyara una intervención militar a favor de los rebeldes de UNITA en la guerra civil angoleña, Gulf Oil presionó en contra de la intervención. Gulf estaba encantado extrayendo petróleo en colaboración con el régimen marxista de Angola, cuando descubrió que sus refinerías estaban siendo atacadas con armas proporcionadas por los estadounidenses a UNITA. En otras ocasiones, las multinacionales han convencido a nuestro gobierno para que intervenga cuando solo estaban en juego sus intereses empresariales, no el interés nacional.

Todo esto puede ser de gran interés para los estudiantes, a los que después de la graduación podrían enviar a combatir en otro país, en parte porque la política de los Estados Unidos se ha visto indebidamente influida por alguna empresa de Delaware, alguna constructora de Texas o un banco de Nueva York. O quizá los alumnos asistan a la desaparición de sus empleos por multinacionales que trasladan sus fábricas o departamentos de programación a países del Tercer Mundo cuyos ciudadanos deben trabajar por casi nada.[8] Antes los científicos sociales describían el mundo aludiendo a un centro rico e industrializado y una periferia pobre y colonizada; ahora algunos sostienen que las multinacionales y la mayor velocidad de los medios de transporte y comunicación han convertido la gestión en el nuevo centro, de manera que tanto los trabajadores de aquí como los del extranjero constituyen la nueva periferia. Aunque a los alumnos no les afecte personalmente, sí tendrán que afrontar la *multinacionalización* del mundo. Mientras multinacionales como Wal-Mart y Mitsubishi tienen presupuestos más abultados que los de la mayoría de los gobiernos, las economías nacionales se están quedando obsoletas.

Corporation, San Francisco, California Newsreel, 1978, demuestran su influencia, sobre todo en la política estadounidense respecto a Chile.

[8] Con el final del comunismo en Europa Oriental, la expresión *Segundo Mundo* ya no tiene el significado que tenía. Hablar de *Tercer Mundo* siempre ha sido algo etnocéntrico, porque presuponía que nuestro mundo era el primero. Como la expresión *países menos desarrollados* también resulta problemática y *Tercer Mundo* es la que se utilizaba en la época, será esta la que yo utilice aquí.

Los autores de libros de texto eligen fotografías que insistan en la idea de que el principal papel de nuestro país en el mundo es hacer el bien. Esta fotografía de *The Americans* se presenta con el siguiente pie de foto: «Una voluntaria del Cuerpo de Paz lleva a cuestas a una niña nigeriana». No tengo nada en contra del Cuerpo de Paz, pero los estudiantes deberían saber que donde más influencia ha tenido ha sido en el desarrollo intelectual de sus propios voluntarios.

Robert Reich, secretario de Trabajo en la administración de Clinton, ha declarado que «la propia idea de que exista una economía estadounidense está perdiendo sentido, y con ella la idea de que haya grandes empresas, capital, productos y tecnología estadounidenses».[9] Las multinacionales pueden representar una amenaza para la autonomía nacional, no solo de las naciones pequeñas, también de los Estados Unidos.

---

[9] Robert Reich citado en Robert Heilbroner, «The Worst Is Yet to Come», *New York Times*, 14/02/1993, p. 25.

Cuando los estadounidenses intenten poner en orden las cuestiones que plantea la compleja interrelación entre nuestros intereses económicos y políticos, no les servirá de ayuda lo que aprendieron en sus cursos de historia de los Estados Unidos. La mayoría de los manuales de historia ni siquiera menciona a las multinacionales. El asunto no encaja en el enfoque del «benefactor del mundo». Entre mis primeros doce libros de texto, solo *American Adventures* llegaba a incluir el término *multinacionales* en su índice temático y solo hablaba de ellas en una frase: «Estas inversiones [en Europa después de la Segunda Guerra Mundial] condujeron al desarrollo de multinacionales: grandes empresas con intereses en diversos países». Pero hasta esta única afirmación es inexacta: en Europa hay multinacionales desde hace siglos y las estadounidenses han tenido un importante papel en nuestra historia por lo menos desde 1900.

De los seis nuevos libros, solo dos llegan a mencionar el término y los dos lo vinculan con «beneficios». *Pathways to the Present* ofrece estas dos oraciones:

> Las multinacionales benefician a consumidores y trabajadores de todo el mundo al proporcionar nuevos productos y empleos, e introducir tecnologías y métodos de producción avanzados. Por otra parte, esas poderosas grandes empresas a veces escapan al control de la ley al utilizar su peso económico para influir indebidamente en los políticos o para conseguir, por medios fraudulentos, que sus beneficios no dejen de crecer.

No es una explicación suficiente. Con frecuencia las multinacionales sobornan a las elites de países pobres como Guinea Ecuatorial, Kazajistán y Nigeria. En diversos países se ha demostrado que IBM, Monsanto, Schering-Plough y muchas otras empresas han tenido directivos o políticas de carácter corrupto. En Guinea Ecuatorial, por ejemplo, las petrolíferas pagan millones de dólares a los dirigentes del régimen por el privilegio de extraer el petróleo del país, contribuyendo a que sus hijos vivan lujosamente cuando estudian fuera, alquilándoles edificios o simplemente pagándoles sobornos. Entretanto, tres cuartas partes de la población del país sufren desnutrición. ¿Por qué nuestras petroleras trabajan así? Porque solo pagan un 10 por ciento de derechos de explotación por llevarse el petróleo guineano, mucho menos de lo que pagarían en un país que se rigiera con justicia.[10] De ese modo, dichas empresas van conformando una fuerza antidemocrática que contribuye a consolidar el control que ejerce una elite rapaz sobre el país. Es exactamente lo contrario de lo que la influencia de los Estados Unidos debería lograr, tanto según el modelo basado en el realismo político como en el del «benefactor del mundo». Al final, como ocurrió en Irán, enredarnos con regímenes como el guineano puede salirnos caro.

El peso indebido de las multinacionales en los gobiernos no solo afecta a países extranjeros. Los libros de texto tienen que sacar a la luz su influencia en la política exterior de los Estados Unidos, empezando quizá con la administración de Woodrow Wilson. Por ejemplo, la presión que ejerció el First National Bank de Nueva York contribuyó a desatar la intervención de Wilson en Haití. Según el historiador Barry Weisberg, después de que el nuevo régimen comunista ruso nacionalizara todos los activos petrolíferos, Standard Oil de Nueva Jersey constituyó «el principal impulso» que alentó la invasión estadounidense de Rusia en 1918.[11] Sin embargo, los libros de texto desdibujan esas circunstancias. Donde más cerca están de relatar la historia de las influencias económicas que pesan sobre nuestra política exterior es en fragmentos como este, de la edición actual de *American Pageant*:

---

[10] «Corporate Crime and Abuse», página web del Center for Corporate Policy, corporatepolicy.org/issues/FCPA.htm, 1/2007; «Kuwait of Africa?», *60 Minutes*, 18/07/2004, página web de CBS News, cbsnews.com/stories/2003/11/14/60 minutes; Katy Shaw, «Making a Killing: Corporations, Conflict and Poverty in Equatorial Guinea», conferencia anual 2005 sobre Guerra a la Necesidad, página web de War on Want, waronwant.org/download.php?id=299, 10/2006; Eduardo Cue, «Dictator and Diplomat», *U.S. News & World Report*, 17/09/2006, usnews.com/usnews/news/articles/060917/25oil.htm, 1/2006; John Vidal, «Oil Rich, Dirt Poor», *The Guardian*, 26/08/2004, guardian.co.uk/print/0,,5001814-114321,00.html, 1/2007; Justin Blum, «U.S. Oil Firms Entwined in Equatorial Guinea Deals», *Washington Post*, 07/09/2004, washingtonpost.com/ac2/wp-dyn/A1101-2004Sep6 . . ., 1/2007.

[11] Barry Weisberg, *Beyond Repair*, Boston, Beacon Press, 1971, p. 79. Puede que el empeño de los aliados y el anticomunismo de Wilson fueran factores más importantes.

> Con la esperanza de evitar el peligro, Washington instó a los banqueros de Wall Street a bombear dólares hacia los vacíos financieros que constituían Honduras y Haití, para así impedir la entrada de fondos extranjeros. Siguiendo la Doctrina Monroe, los Estados Unidos se negaban a permitir intervenciones de terceros países y, en consecuencia, se sentían obligados a pasar monetariamente a la acción para evitar la inestabilidad económica y política.

¡Está claro que hasta nuestras intervenciones financieras eran humanitarias! A los autores de *Pageant* nos les vendría mal una dosis del realismo que esgrimía el exgeneral de los infantes de marina Smedley D. Butler, cuya declaración en 1931 se ha hecho famosa:

> En 1914 contribuí a que los intereses petrolíferos de los Estados Unidos estuvieran a salvo en México. Contribuí a que Haití y Cuba acogieran bien a los muchachos del National City Bank que iban a hacer caja. Contribuí a purificar Nicaragua para la delegación de banca internacional de Brown Brothers... En 1916 llevé la luz a la República Dominicana para alumbrar a las empresas azucareras estadounidenses. En 1903 contribuí a «enderezar» Honduras para las compañías fruteras de los Estados Unidos. Pensándolo bien, podría haberle dado algunas pistas a Al Capone.[12]

La influencia empresarial en la política exterior de los Estados Unidos no comenzó con la administración de Woodrow Wilson. En *Imperialismo,* el libro publicado por John A. Hobson en 1903, se describe la «constante y creciente tendencia» de la clase adinerada a «utilizar su poder político como ciudadanos de este Estado para inmiscuirse en la situación política de aquellos en los que tienen intereses industriales».[13] Esa influencia tampoco acabó con

---

[12] General Smedley D. Butler, citado en una entrevista publicada en *The New York Times*, 21/08/1931, reproducida en Joseph R. Conlin, ed., *The Morrow Book of Quotations in American History*, Nueva York, Morrow, 1984, p. 58.

[13] John A. Hobson, citado en Lloyd C. Gardner, *Safe for Democracy*, Nueva York, Oxford University Press, 1984, p. 11.

Wilson. El excelente libro de Jonathan Kwitny *Endless Enemies* [Innumerables enemigos] menciona varias distorsiones de la política exterior de los Estados Unidos ocasionadas por intereses económicos de ciertas grandes empresas o por descabellados intereses ideológicos de quienes diseñan la política exterior del país. Kwitny señala que durante todo el período 1953-1977 los encargados de la política exterior estadounidense estaban a sueldo de la familia Rockefeller. La propia solvencia de Dean Rusk y Henry Kissinger, artífices de nuestra política exterior entre 1961 y 1977, dependía de los pagos que hacían los Rockefeller.[14] No obstante, ningún libro de texto menciona la influencia de las multinacionales en la política estadounidense. No tiene que ser necesariamente porque los autores de libros de texto teman ofender a las multinacionales, sino porque nunca tratan de ninguna influencia que pese sobre las políticas estadounidenses. Más bien, las presentan como respuestas racionales y humanitarias ante situaciones acuciantes, sin intentar horadar la superficie de lo que el propio gobierno dice para explicar sus acciones.

Una vez que dejan a un lado el porqué de los actos del Gobierno federal, los libros de texto también dejan de lado gran parte de lo que hace. Los autores de manuales ofrecen una imagen simpática y agradable de esas acciones, aunque los propios cargos gubernamentales hayan admitido la existencia de motivaciones e intenciones de índole muy distinta. Entre los ejemplos menos edificantes figuran diversos intentos de asesinato de dirigentes o de derrocamiento de gobiernos extranjeros que han llevado a cabo agentes y organismos estadounidenses. Los Estados Unidos vienen permitiéndose actividades de este tipo por lo menos desde la administración de Wilson, que contrató a dos mexicano-japoneses para que envenenaran a Pancho Villa.[15] Revisé los dieciocho libros para ver cómo trataban otras seis iniciativas subversivas recientes de los Estados Unidos contra gobiernos extranjeros. Con el fin de asegurarme de que esos acontecimientos hubieran

[14] Jonathan Kwitny, *Endless Enemies*, Nueva York, Congdon and Weed, 1984, p. 178.

[15] Charles Harris III y Louis Sadler, *The Border and the Revolution*, Silver City, NM, High-Lonesome Books, 1988, capítulo 1.

sido adecuadamente tratados por la bibliografía histórica, solo analicé los registrados antes de 1973, mucho antes de que esos libros de texto llegaran a la imprenta. Se trata de los siguientes episodios:

1. Nuestra ayuda a los partidarios del sah de Irán, que en 1953 depusieron al primer ministro Mossadeq y reinstauraron en el trono al primero.
2. Nuestra participación, en 1954, en el derrocamiento del gobierno legítimo de Guatemala.
3. Nuestra manipulación de las elecciones libanesas de 1957, que afianzaron el poder de los cristianos y un año después condujeron a una revuelta musulmana y a la guerra civil.
4. Nuestra participación en el asesinato del primer ministro zaireño Patrice Lumumba en 1961.
5. Nuestros repetidos intentos de asesinar al presidente cubano Fidel Castro y de acabar con su régimen mediante el terror y el sabotaje.
6. Nuestro papel en el derrocamiento del gobierno legítimo de Chile en 1973.

El gobierno de los Estados Unidos califica esas acciones de «terrorismo de Estado» cuando otros países las promueven contra nosotros. Nos indignaría enterarnos de que los cubanos o los libios tratan de influir en nuestra política o desestabilizar nuestra economía. Nuestro gobierno se mostró escandalizado cuando el presidente iraquí Sadam Husein intentó organizar el asesinato del expresidente George H. W. Bush durante su visita a Kuwait en 1993 y su represalia fue un bombardeo sobre Bagdad, pero los Estados Unidos han orquestado en repetidas ocasiones atentados similares.

Nuestra revisión empieza de manera prometedora. Ocho de los doce libros de texto que revisé para la primera edición de *Patrañas* omitían cualquier mención al golpe que la CIA patrocinó en Irán en 1953 para devolver al poder al sah Mohamed Reza Pahlevi. Los seis libros nuevos sí hablan de nuestro derrocamiento de Mossadeq. Así lo explica *The American Pageant*:

> El gobierno de Irán, supuestamente influido por el Kremlin, comenzó a resistirse al poder de las gigantescas compañías occidentales que controlaban el petróleo del país. Como respuesta, la... CIA ayudó a organizar en 1953 un golpe de Estado que colocó en el poder, como una especie de dictador, al joven sah de Irán Mohamed Reza Pahlevi. Aunque a corto plazo lograra garantizar a Occidente el petróleo iraní, la intervención americana dejó en muchos iraníes un amargo legado de resentimiento.

Estas frases proporcionan a los alumnos algunos recursos para entender por qué los iraníes ocuparon la embajada de los Estados Unidos en 1979, reteniendo a sus ocupantes durante más de un año.

La constante hostilidad que Irán ha mostrado hacia las políticas de los Estados Unidos en Oriente Medio podría explicar que en la actualidad los libros de texto aborden con más detalle nuestras provocadoras acciones. Lamentablemente, aparte de Irán, los manuales no han mejorado en lo que se refiere a la cobertura de nuestras aventuras exteriores. En la Guatemala de 1944, estudiantes universitarios, trabajadores urbanos y personas de clase media se unieron para derrocar a un dictador e instaurar un régimen democrático. Durante los diez años siguientes, gobiernos elegidos democráticamente concedieron el voto a indígenas, pobres (ambos términos eran prácticamente sinónimos) y mujeres; acabaron con el trabajo esclavo en los cafetales y pusieron en marcha otras reformas. Todo ese proceso llegó a su fin en 1954, cuando la CIA amenazó con una invasión armada al gobierno de Jacobo Árbenz, que se había enemistado con la United Fruit Company al proponer una reforma agraria y planear la construcción de una autopista y una línea de ferrocarril que podían poner en peligro su monopolio. Los Estados Unidos eligieron como nuevo presidente a un desconocido coronel y cuando Árbenz, presa del pánico, pidió asilo en la embajada mexicana, enviamos a la capital guatemalteca a nuestro hombre, a bordo del avión privado del embajador de los Estados Unidos. El resultado fue una represiva junta militar que durante otros cuarenta años trató brutalmente a la mayoría indígena.

Cuatro de los seis últimos libros de texto mencionan estos hechos. El tratamiento que les da *The American Journey* puede servir de ejemplo:

> La administración de Eisenhower también se enfrentó al desafío comunista en Latinoamérica. En 1954 la Agencia Central de Inteligencia ayudó a derrocar al gobierno guatemalteco de Jacobo Árbenz, que algunos dirigentes estadounidenses temían que estuviera inclinándose hacia el comunismo.

Aquí *Journey* ve en el anticomunismo la única motivación de las políticas de los Estados Unidos. Hay que tener en cuenta que ese episodio tuvo lugar en pleno macartismo, cuando, como ha señalado el analista Lewis Lapham, los Estados Unidos veían comunistas por doquier: «Cuando el discurso de Jacobo Árbenz, presidente legítimo de Guatemala, comenzó a parecerse demasiado al de un demócrata, los Estados Unidos le tacharon de comunista».[16] Cincuenta años después, *The American Journey* mantiene la retórica macartista del gobierno estadounidense. Lo mismo ocurre con otros libros de texto; eso si llegan a mencionar Guatemala.

Ningún manual dice una sola palabra sobre la ayuda que prestaron los Estados Unidos a los cristianos del Líbano para amañar las elecciones parlamentarias de 1957, en un país que entonces se mantenía en un precario equilibrio. Al año siguiente, los musulmanes, tras negárseles acceder por medios electorales al poder que les correspondía, tomaron las armas y el presidente Eisenhower envió a los marines para proteger a los cristianos. Ocho de los dieciocho libros hablan de esa intervención de 1958. *Land of Promise* es el que ofrece el texto más detallado:

> A continuación, el caos se adueñó del Líbano y el presidente libanés, Camille Chamoun, temiendo un golpe de Estado izquierdista,

[16] Lewis H. Lapham, *America's Century Series Transcript*, San Francisco, KQED, 1989, p. 48; Greg Grandin, «Your Americanism and Mine: Americanism and Anti-Americanism in the Americas», *Historical Review Forum*, 10/2006, historycooperative.org/journals/ahr/111.4/grandin.html, 11/2006, p. 1.

> pidió ayuda a los Estados Unidos. Aunque no quería intervenir, en julio de 1958 Eisenhower envió al Líbano a 15.000 marines estadounidenses. El orden no tardó en recuperarse y se retiró a los marines.

Esta es la retórica habitual en los libros de texto: siempre parece que el caos impera o está a punto de imperar y los americanos solo intervienen «a regañadientes». Aparte del comunismo, es el «caos» lo que los libros de texto suelen aducir para explicar las acciones del otro bando. La última edición de *American Pageant* se basa en la explicación anterior, el comunismo:

> [L]as conspiraciones de los egipcios y los comunistas amenazaban con anegar un Líbano favorable a Occidente. Una vez que su presidente pidió ayuda acogiéndose a la Doctrina Eisenhower, los Estados Unidos desembarcaron con audacia a varios miles de soldados y ayudaron a reinstaurar el orden sin cobrarse ni una vida.

Sin embargo, el comunismo nunca tuvo mucho peso en el Líbano y en otros países tampoco suele ofrecer una explicación mejor que el caos. Kwitny señala que el comportamiento de los Estados Unidos en el Tercer Mundo ha sido con frecuencia tan malo que algunos gobiernos y movimientos independentistas no han visto más alternativa que volverse hacia la URSS.[17] Como los autores de libros de texto no están dispuestos a criticar al gobierno estadounidense, presentan de forma incomprensible a los adversarios de nuestro país. Esto no hace más confundir y desconcertar a los estudiantes. Solo desvelando nuestras acciones podrán los libros de texto ofrecer a sus lectores explicaciones racionales sobre nuestros adversarios.

Promise se lanza a relatar los halagüeños resultados de nuestra intervención: «Aunque el Líbano no estaba bajo ninguna amenaza comunista directa, Eisenhower demostró que los Estados Unidos

---

[17] Kwitny, *Endless Enemies*, p. 389. Lo mismo aduce Andrew Kopkind en «One-and-a-Half (Strangled) Cheers for the USSR», *Village Voice*, 04/02/1980.

podían reaccionar con rapidez. De este modo, las tensiones en la región remitieron». En realidad, en 1975 volvió a estallar la guerra civil en el Líbano, lo cual generó una mayor destrucción de Beirut y del conjunto del país. En 1983 estalló un caos todavía mayor, así que el presidente Reagan volvió a enviar a nuestros infantes de marina. Una bomba colocada en un camión acabó posteriormente con la vida de 241 marines acuartelados, lo cual indujo a Reagan a retirar a los demás. Varios manuales relatan este suceso, pero ninguno explica a los estudiantes nada relevante sobre la continuidad del conflicto libanés ni sobre nuestra contribución a su inicio. En 2006 el «caos» volvió a imponerse en el país a través de una pequeña guerra entre la organización nacionalista árabe Hezbolá e Israel. Las superficiales exposiciones que sobre el pasado del Líbano ofrecen los libros de texto no sirven de ninguna ayuda para que los alumnos puedan comprender este nuevo conflicto.

Zaire o el Congo solo aparece en el índice analítico de dos de los libros antiguos, *Triumph of the American Nation* y la edición de 1991 de *American Pageant*. Ninguno de ellos menciona que la CIA instigó el asesinato de Patrice Lumumba en 1961.[18] *Pageant* ofrecía un relato preciso del comienzo de las tensiones: «Bélgica concedió en 1960 la independencia al Congo africano, en el que

[18] Según las pruebas presentadas por la Comisión Church del Senado estadounidense, resumidas en Satish Kumar, *The CIA and the Third World*, Nueva Delhi, Vikas, 1981, pp. 86-90, Allen Dulles, director de la agencia, indicó a sus hombres en Zaire que la «retirada» de Lumumba «debía ser una prioridad máxima de nuestra acción encubierta». A continuación, la sede de la CIA envió a sus agentes en el Zaire sustancias tóxicas con las que podrían asesinar a Lumumba mientras estuviera en manos de la ONU. Charles Ameringer describe al presidente Eisenhower ordenando de manera indirecta el asesinato del primer ministro zaireño el 18 de agosto de 1960, en *U.S. Foreign Intelligence*, Lexington, MA, D. C. Heath, 1990, p. 291. Al final fueron agentes congoleños, no de la CIA, los que mataron a Lumumba cuando ya no estaba en poder de la ONU, de modo que, aunque la CIA aprobó el asesinato, había intentado anteriormente cometerlo por sus propios medios y conocía de antemano el plan de traslado de Lumumba al lugar en el que sería asesinado, los Estados Unidos podían negar la participación directa en su desaparición. Véase también Ellen Ray et al., eds., *Dirty Work 2*, Secaucus, NJ, Lyle Stuart, 1979, pp. 15-19, 185-192 y 202-211; Victor Marchetti y John D. Marks, *The CIA and the Cult of Intelligence*, Nueva York, Dell, 1974, pp. 131-132 [ed. cast.: *La CIA y el culto del espionaje*, Barcelona, Euros, 1974]; y Kevin Reilly, *The West and the World*, Nueva York, Harper and Row, 1989, pp. 412-415.

inmediatamente estalló la violencia. Las Naciones Unidas enviaron una fuerza de pacificación, a la que Washington aportó dinero, pero no efectivos». *Pageant* se queda ahí. El relato de *Triumph of the American Nation* mencionaba el nombre de Lumumba: «En 1961 se produjo una nueva crisis cuando fue asesinado Patrice Lumumba, líder de la facción procomunista». *Triumph*, que nada dice de la implicación de los Estados Unidos en el asesinato, acaba el relato con un colofón de lo más festivo: «A finales de la década de 1960, la mayoría de las heridas de la guerra civil parecían cicatrizadas. El Congo (Zaire) se convirtió en una de las naciones más prósperas de África». ¡Ojalá fuera así! La CIA ayudó a llevar al poder a Joseph Mobutu, exsargento del ejército. En contra de lo que indica *Triumph*, a finales de la década de 1960, el Zaire de Mobutu era, económica y políticamente, uno de los países más espantosos de África. En la primera edición de este libro pronostiqué que «en 1994, en el Zaire se dan las circunstancias para que se produzca una "nueva" crisis». De hecho, en el país no tardó en estallar una guerra civil, que en 1997 obligó a Mobutu a huir. Desde entonces, en diversas zonas del país no han dejado de producirse enfrentamientos que han causado la muerte de casi cuatro millones de habitantes. Sin embargo, en la actualidad ni los alumnos ni los autores disponen de fundamentos para comprender esta nueva irrupción del «caos», porque ningún libro reciente menciona siquiera el Congo/Zaire.

Tampoco hay ningún libro de texto, viejo o nuevo, que mencione nuestras repetidas intentonas de asesinar al presidente cubano Fidel Castro.[19] Según una declaración ante el Senado de los Estados Unidos, en 1965 el Gobierno federal ya había intentado matarle en ocho ocasiones; según Cuba, en 1975 el propio Castro había frustrado veinticuatro intentonas. Esas tentativas iban desde la chapucera iniciativa que pretendía que Castro encendiera un puro explosivo hasta un contrato firmado con la mafia para que lo eliminara. Después del fracaso de la invasión en la bahía de Cochinos, el presidente John F. Kennedy (JFK) puso en marcha la

---

[19] *Holt American Nation* sí dice que los Estados Unidos querían «retirar» a Castro.

Operación Mangosta, que, según Pierre Salinger, secretario de prensa de Kennedy, era «un ambicioso programa encubierto» destinado a desestabilizar Cuba. Salinger ha escrito también que JFK, hasta que la crisis de los misiles lo impidió, tenía incluso planeado invadir Cuba con las propias fuerzas armadas estadounidenses.[20] Ningún libro de texto habla de la Operación Mangosta.

El silencio de los autores sobre nuestros intentos de asesinar a Castro resta credibilidad a su forma de abordar el asesinato de JFK. Como es probable que Kennedy ordenara personalmente varios de los atentados anteriores contra Castro, entre ellos el encargado a la mafia, su propio asesinato se podría explicar aludiendo a una venganza. Está claro que Lee Harvey Oswald pudo matar por su cuenta y riesgo a Kennedy y que Jack Ruby pudo hacer lo propio con Oswald. Sin embargo, como ningún libro de texto nos dice cómo intentó Kennedy matar a Castro, es imposible plantear lógicamente una conexión cubana o mafiosa al hablar de la muerte del presidente.[21] Los autores de libros de texto más bien se limitan

---

[20] Pierre Salinger, «Gaps in the Cuban Missile Crisis Story», *New York Times*, 05/02/1989. Véase también Lapham, *America's Century Series Transcript*, p. 51; Ameringer, *U.S. Foreign Intelligence*, pp. 285-295; Rhodri Jeffreys-Jones, *The CIA and American Democracy*, New Haven, Yale University Press, 1989, pp. 131-140.

[21] Philip Agee y Louis Wolf, *Dirty Work*, Secaucus, NJ, Lyle Stuart, 1978, pp. 270-271. Puede que solo fuera casual que Lee Harvey Oswald, supuesto asesino de Kennedy, intentara ir a Cuba. No lo sabemos: todavía hoy en día la desconfianza que suscita la Comisión Warren, de carácter oficial, alienta las especulaciones. A muchos estadounidenses les pareció convincente la película *JFK* de Oliver Stone, aunque la conspiración que urde parece incluir al vicepresidente Johnson, a gerifaltes del Pentágono, a la CIA, al complejo militar-industrial, a la mafia y al coro del Tabernáculo Mormón. Los libros de texto tienen cierta responsabilidad en la credibilidad de la población, porque no cumplen bien con la obligación de analizar el asesinato de Kennedy. Confían, casi sin pensárselo, en la conclusión de la Comisión Warren, según la cual Oswald fue el único asesino, aunque sus motivaciones fueran peculiares. Otros arrojan dudas sobre esa comisión, pero se muestran absolutamente imprecisos sobre quién más podría haber estado involucrado. Según el historiador Jeffreys-Jones, *The CIA and American Democracy*, p. 140, el fiscal general Robert Kennedy no quería que la población conociera la Operación Mangosta ni los contratos con la mafia de JFK; el secretismo que rodeó estos aspectos contribuyó al carácter incompleto del informe Warren, tanto sobre Castro como sobre la mafia. Lyndon B. Johnson pensaba que probablemente Castro encargara el asesinato de JFK en venganza por los intentos de asesinarle de este, pero ningún libro de texto plantea esa posibilidad. Véase Nathan Miller, *Spying for America*, Nueva York, Paragon, 1989,

a hacer afirmaciones imprecisas como esta, tomada de *Pathways to the Present*: «Algunas investigaciones avalan la teoría de que Oswald estaba implicado en una conspiración de más alcance y que le mataron para proteger a otros que habían colaborado en el asesinato de Kennedy».

Sin dejarse desanimar por sus fracasos en Cuba, la CIA desplazó su atención más al sur. Solo seis de los dieciocho libros de texto llegan a mencionar Chile: «El presidente Nixon ayudó al ejército chileno a derrocar al gobierno surgido de las urnas porque no le gustaban sus radicales políticas socialistas», afirma sin rodeos *Life and Liberty*. Esta única frase, que es todo lo que ofrece este manual, aparece sumergida en un apartado dedicado a las actividades del presidente Carter en defensa de los derechos humanos, pero es lo mejor que encontramos en ningún libro de texto. Dos títulos recientes, *The American Journey* y *Holt American Nation*, repiten con menos rotundidad la versión de *Life and Liberty*. Otros tres dejan en el aire la participación de los Estados Unidos, que no está en absoluto en cuestión. Los otros doce prescinden por completo del asunto.

¿Por qué dejar esa cuestión abierta? Los historiadores saben que la CIA ya había colaborado con ITT para intentar derrotar a Allende en las elecciones de 1970. Como fracasaron, los Estados Unidos intentaron perturbar la economía chilena y acabar con el gobierno de Allende. Los Estados Unidos bloquearon los préstamos internacionales al país, subvencionaron a sindicatos, partidos y periódicos opositores, se negaron a suministrar repuestos a las fábricas, sufragaron y animaron a los camioneros que con su huelga paralizaron la economía chilena, y formaron y financiaron a los militares que en 1973 organizaron el sangriento golpe de Estado que ocasionó la muerte de Allende. Al año siguiente, el director de la CIA William Colby testificó que «una comisión de inteligencia de alto nivel, dirigida por el propio Kissinger, había

---

p. 375. En 1978 la Comisión Selecta de la Cámara de Representantes sobre Magnicidios llegó a la conclusión de que probablemente la mafia fuera la responsable, ya que tanto Oswald como su asesino, Jack Ruby, tenían vínculos con ella, pero ningún manual baraja esa posibilidad. Véase G. R. Blakey, «Murdered by the Mob?», *Washington Post*, 07/11/1993.

autorizado a la CIA a gastar más de ocho millones de dólares durante el período 1970-1973 para "desestabilizar" al gobierno del presidente Allende».[22] El propio secretario de Estado Kissinger explicaría posteriormente: «No veo razón para permitir que un país se haga marxista solo porque su pueblo es irresponsable».[23] Como la «irresponsabilidad» del pueblo chileno consistió en votar a Allende, aquí Kissinger reconocía abiertamente que los Estados Unidos no debían respetar y no respetarían ni el proceso electoral ni la soberanía de otro país si el resultado no era de nuestro agrado.[24]

¿Es necesario que los libros de texto incluyan todos los trapicheos gubernamentales? Desde luego que no. Yo no estoy a favor de lo que Paul Gagnon denomina «menciones incesantes».[25] Sin embargo, los libros de texto sí tienen que analizar en profundidad por lo menos algunas de nuestras intervenciones, ya que plantean cuestiones importantes. No es fácil defender moralmente esas medidas. Son acciones que rebajan la política exterior estadounidense al nivel de los matones mafiosos, le privan del derecho a actuar de forma legítima y reducen nuestro prestigio en el mundo. No cabe duda de que los actos de violencia encubiertos pueden ser defendibles desde el realismo político, que los considera apropiados para solventar problemas internacionales. Se podría defender que los Estados Unidos *deben* desestabilizar gobiernos de otros países, asesinar a líderes hostiles a nosotros y librar guerras secretas no declaradas. Sin embargo, las seis operaciones llenas de intrigas que aquí hemos relatado no avalan esta perspectiva. En Cuba, por ejemplo, en palabras de Rhodri Jeffreys-Jones,

---

[22] Christopher Cerf y Victor Navasky, *The Experts Speak*, Nueva York, Pantheon, 1984, p. 145; Ameringer, *U.S. Foreign Intelligence*, pp. 261-264.

[23] Kissinger, citado en Thomas G. Paterson, J. G. Clifford y K. J. Hagen, *American Foreign Policy: A History Since 1900*, Lexington, MA, D. C. Heath, 1983, p. 589.

[24] Agradezco a David Shiman algunas de las ideas y de la redacción presentes en estos párrafos sobre Chile, que en parte aparecieron por primera vez en «U.S. in the Third World: Challenging the Textbook Myth», de David Shiman y James W. Loewen, capítulo 11 de T. M. Thomas et al., eds., *Global Images of Peace: Transforming the War System*, Kottayam, India, Prakasam Publications, 1985, reimpreso en los Estados Unidos como *Global Images of Peace and Education*, Ann Arbor, Prakken, 1987. David también me sugirió la expresión *benefactor del mundo* y el título del libro.

[25] Gagnon, «Why Study History?», p. 60.

las «absurdas operaciones de sabotaje» de la CIA «no hicieron más que aumentar la popularidad de Castro». Aun en el caso de que triunfen, esas acciones encubiertas solo suponen un apaño transitorio, ya que solo mantienen temporalmente fuera del poder a la gente que nos preocupa, pero sirven para identificar a los Estados Unidos con regímenes represivos, antidemocráticos e impopulares, lo cual a la larga socava nuestros intereses.[26] El historiador Ronald Kessler cuenta que un agente de la CIA encargado de organizar la caída del presidente guatemalteco Árbenz reconoció posteriormente que derrocar a líderes elegidos democráticamente es una política cortoplacista.[27] «¿Acaso era deseable cambiar a Mossadeq por el ayatolá Jomeini?», se pregunta el historiador Charles Ameringer sobre nuestro «éxito» en Irán. El tiro que supone una acción encubierta siempre puede salirnos por la culata en forma de una venganza desde el exterior que no podemos contrarrestar eficazmente, porque los actos que la desatan se hicieron sin el apoyo del pueblo americano. Cuando las acciones encubiertas fracasan, como ocurrió con el desembarco en la bahía de Cochinos en 1961, al gobierno estadounidense no le queda más remedio que retirarse abochornado o lanzarse a una abierta intervención militar. Si en lugar de realizar acciones encubiertas hubiéramos debatido abiertamente cómo lidiar con Mossadeq o Castro, quizá hubiéramos podido evitar a Jomeini o el desastre en la bahía de Cochinos. Según cree Robert F. Smith, si no mostramos una actitud más abierta ante los gobiernos nacionalistas que encarnan los sueños de sus pueblos, nos enfrentaremos a «una crisis tras otra».[28]

Sin embargo, este debate no puede producirse en los cursos de historia de los Estados Unidos, porque la mayoría de los libros

---

[26] George W. Ball, «JFK's Big Moment», *New York Review of Books*, 13/02/1992, pp. 16-20; Jeffreys-Jones, *The CIA and American Democracy*, p. 131; Ameringer, *U.S. Foreign Intelligence*, pp. 250 y 268.

[27] Ronald Kessler, *Inside the CIA*, Nueva York, Pocket Books, 1992, p. 41; véase también George W. Ball, «JFK's Big Moment», p. 16; Marchetti y Marks, *The CIA and the Cult of Intelligence*, pp. 350-354.

[28] Robert F. Smith, *The United States and Revolutionary Nationalism in Mexico, 1916-1932*, Chicago, University of Chicago Press, 1972, p. XIII; véase también Ameringer, *U.S. Foreign Intelligence*, p. 268.

de texto no sueltan prenda sobre lo que ha hecho nuestro gobierno. Salvo en el caso de Irán, gran parte de los dieciocho manuales que revisé prescinde de los seis episodios mencionados. Cuando los autores abordan uno o dos, suelen dar a entender que nuestras acciones tenían motivaciones humanitarias. En consecuencia, el retrato que los autores de manuales hacen de los Estados Unidos presenta a un actor fundamentalmente idealista que responde con generosidad ante las tribulaciones sociales y económicas de otros países. Robert Leckie ha aludido al «mito de "la nación más pacífica del mundo"», señalando que sigue vigente en el «folclore estadounidense». También en nuestros manuales de historia.[29]

Esas intervenciones plantean otra cuestión: ¿son compatibles con la democracia? Las operaciones encubiertas violentas dirigidas contra naciones, individuos y partidos políticos extranjeros van en contra de la transparencia en la que se basa nuestra democracia. Es inevitable que la injerencia clandestina en terceros países genere mentiras en el interior del nuestro. Es imposible que los ciudadanos estadounidenses critiquen las políticas del gobierno si no las conocen. En consecuencia, las acciones encubiertas violentas suelen ir en contra de la voluntad popular. También ponen en peligro nuestra arraigada separación de poderes, que con tanta razón ensalzan los libros de texto en los capítulos dedicados a la Constitución. Las acciones encubiertas siempre las pone en marcha el ejecutivo, que normalmente miente al legislativo sobre lo que ha hecho y tiene pensado hacer, con lo que impide que el Congreso desempeñe el papel que le encomienda la Constitución.

El gobierno estadounidense mintió sobre la mayoría de los seis ejemplos de intervención extranjera que acabamos de describir. El mismo día de 1961 en que nuestros exiliados cubanos desembarcaban en la bahía de Cochinos con la desventurada intención de derrocar a Fidel Castro, el secretario de Estado Dean Rusk afirmó: «El pueblo americano tiene derecho a saber si estamos interviniendo en Cuba o si tenemos intención de hacerlo en el

---

[29] Robert Leckie, *The Wars of America*, Nueva York, Harper and Row, 1968, p. 12.

futuro. La respuesta a esa pregunta es no». Tres días después, entre los muertos hubo cuatro pilotos estadounidenses. Cuando a Henry Kissinger se le preguntó por Chile durante las vistas conducentes a su confirmación como secretario de Estado por el Senado, él contestó: «Hasta donde yo sé y creo, la CIA no tuvo nada que ver con el golpe de Estado [en Chile], y solo introduzco esta matización por si acaso apareciera por ahí algún loco que, sin instrucciones, hablara con alguien». Declaraciones posteriores del director de la CIA William Colby y del propio Kissinger contradijeron por completo este testimonio. La Comisión de Inteligencia del Senado estadounidense acabó denunciando nuestra campaña contra el gobierno de Allende.[30]

El presidente Eisenhower utilizó la seguridad nacional como excusa cuando se le sorprendió mintiendo descaradamente: negó que los Estados Unidos estuvieran sobrevolando el espacio aéreo soviético, aunque el aviador capturado Gary Powers admitió la verdad en la televisión rusa. Mucho después, la opinión pública se enteró de que el caso de Powers solo había sido la punta del iceberg: en la década de 1950 nos derribaron por lo menos treinta y un aviones de los que sobrevolaban la URSS, con más de 170 hombres a bordo. Durante décadas nuestro gobierno mintió a las familias de esos hombres y las protestas ante la URSS para que fueran devueltos nunca tuvieron mucha entidad, porque los vuelos eran ilegales y se suponía que secretos.[31] Igualmente, durante la guerra de Vietnam, el gobierno mantuvo en secreto durante años nuestros bombardeos sobre Laos, aduciendo posteriormente como excusa motivos relacionados con la seguridad nacional. Esto no engañó a los laosianos, que sabían perfectamente que los estábamos bombardeando, pero sí engañó a los estadounidenses. Los presidentes y sus asesores no suelen

---

[30] Nicolas Shumway, «Someone to Be Stopped in Chile», *New York Times Book Review*, 09/05/1993, p. 19; *Oversight of U.S. Government Intelligence Functions: Hearings Before the Committee on Government Operations*, U.S. Senate, 94th Congress, Second Session, Washington, D.C., U.S. Government Printing Office, 1976.

[31] Thomas W. Lippman, «138 Reported Missing in U.S. Spy Flights», *Washington Post*, 5 de marzo de 1993; Thomas Powers, «Notes from Underground», *New York Review of Books*, 21/06/2001, p. 51.

mantener en secreto las operaciones en el exterior por razones tácticas, sino porque sospechan que no le gustarán ni al Congreso ni al pueblo estadounidense.

Una y otra vez, los presidentes han decidido no poner en peligro su popularidad lanzando la campaña necesaria para convencer a los estadounidenses de que apoyen sus políticas militares secretas.[32] Nuestra Constitución dicta que sea el Congreso el que declare la guerra. En 1918 Woodrow Wilson intentó ocultar nuestra intervención en Rusia al Congreso y al pueblo estadounidense. Helen Keller contribuyó a revelar la verdad: «Nuestros gobiernos no son sinceros. No declaran la guerra abiertamente a Rusia proclamando sus razones», escribió en 1919 a un periódico de Nueva York. «Están luchando contra el pueblo ruso medio en secreto y sin explicarse, pero la mentira de la democracia no se les cae de la boca».[33] Al final, Wilson no logró mantener su invasión en secreto, pero sí ocultársela a los manuales de historia de los Estados Unidos. Ahí reside el problema: los libros de texto no pueden dar cuenta con exactitud de las seis intervenciones en el extranjero que hemos descrito en este capítulo sin mencionar que el gobierno estadounidense las encubrió.

La única actividad delictiva del gobierno que recogen la mayoría de los libros de texto es la serie de escándalos conocidos con el nombre de Watergate. Por su impacto en la opinión pública, ese allanamiento de morada sí destacó. A comienzos de la década de 1970 el Congreso y el pueblo estadounidense se enteraron de que el presidente Nixon había contribuido a ocultar una serie de actos ilegales, entre ellos robos en el Comité Nacional Demócrata y en la oficina del psiquiatra Lewis Fielding. Nixon había intentado también, con cierto éxito, utilizar el Internal Revenue Service [IRS, la Hacienda estadounidense], el FBI, la CIA y diversos organismos reguladores para atemorizar a su «lista de enemigos», compuesta por personas que se habían atrevido a oponerse a sus

---

32 Mark Danner, «How the Foreign Policy Machine Broke Down», *New York Times Magazine*, 07/03/1993, pp. 33-34.

33 Helen Keller, carta al *New York Call*, 10 de noviembre de 1919, en Philip S. Foner, ed., *Helen Keller: Her Socialist Years*, Nueva York, International Publishers, 1967, p. 100.

políticas o a su reelección. Al hablar del caso Watergate, los libros de texto echan la culpa, con razón, a Richard Nixon.[34] Pero no van más allá. Ante este innegable ejemplo de atropello oficial, se las arreglan para mantener la visión color de rosa que todos ellos tienen del gobierno. *Pathways to the Present* lo explicaba así, de una forma bastante representativa:

> Muchos americanos perdieron bastante fe y confianza en su gobierno. Sin embargo, el escándalo también demostró la fortaleza del orden constitucional del país, sobre todo el equilibrio entre sus poderes. Cuando miembros del poder ejecutivo infringieron la ley en lugar de hacerla valer, el judicial y el legislativo intervinieron para detenerlos.

Sin embargo, librarse de Richard Nixon no acabó con el problema, porque es algo estructural, que emana del enorme poder que ha ido acumulando la burocracia del Gobierno federal. En realidad, el escándalo Irán-Contra de las administraciones de Reagan y la primera de Bush, una maraña de acciones legales e ilegales secretas en las que estaban implicados el presidente, el vicepresidente, miembros del gobierno, agentes especiales como Oliver North y cargos públicos destacados en Israel, Irán, Brunei y otros países, demostraron en cierto modo que el poder ejecutivo estaba todavía menos controlado que en tiempos de Nixon.[35] El hecho de que los libros de texto no traten el caso Watergate desde esta perspectiva forma parte de la aparente intención que muestran sus autores de lavarle la cara al Gobierno federal para que los escolares lo respeten. Como el problema estructural del gobierno no ha desaparecido, es probable que los estudiantes, ya de adultos, vuelvan a encontrarse con un ejecutivo federal fuera de control, que dentro y fuera del país lleve a cabo políticas criminales; en realidad, hay

---

[34] Uno de ellos, *Life and Liberty*, carga las tintas en este sentido, ya que en dos lugares distintos afirma que «pruebas descubiertas posteriormente demostraron que Nixon sabía que los robos iban a producirse». Hasta el momento no se ha demostrado tal cosa.

[35] Richard Rubenstein, *The Cunning of History*, Nueva York, Harper & Row, 1987, p. 82.

quien ha señalado que el comportamiento de la administración del segundo Bush después de los atentados del 11-S es precisamente un ejemplo de esa situación.[36] Si su comprensión del gobierno que tienen los alumnos depende de los cursos de historia de los Estados Unidos, les conmocionarán esos acontecimientos, ya que no estarán preparados para pensar sobre ellos.

«Por nuestro país…, para que siempre tenga razón» fue el brindis que propuso en 1816 Stephen Decatur, «pero, con razón o sin ella, ¡será nuestro país». Se diría que los educadores y los autores de libros de texto quieren inculcar a la siguiente generación la lealtad ciega a nuestro país. Yendo aún más allá que Decatur, para evaluar nuestras acciones en el exterior los análisis de los libros de texto no se remiten a principios que dicten lo que está bien o mal, *ni tampoco* recurren al realismo político. Más bien, se limitan a dar por hecho que el gobierno intentó hacer lo que debía. Cabe suponer que los ciudadanos que hagan suya la visión del manual respaldarán cualquier intervención, armada o no, y cualquier política, independientemente de que proteja o no nuestros intereses nacionales, porque estarán convencidos de que unas y otras siempre tendrán objetivos humanitarios. Ese humanitarismo nunca se lo atribuirían a nuestros enemigos.

Si lo que queremos es tener ciudadanos que puedan pensar de manera racional sobre la política exterior estadounidense, ese enfoque, basado en el «benefactor del mundo», es disfuncional desde el punto de vista docente.[37] Para el ciudadano que se haya criado con los tópicos de los libros de texto, quizá sea doloroso contemplar el realismo político de George Kennan. Sometidos al arquetipo que propugna la bondad de los Estados Unidos, esperamos más de nuestro país. Pero Kennan describe el verdadero comportamiento de las naciones. No correríamos el riesgo de provocar la decadencia de la democracia ni el fin de la civilización occidental si permitiéramos a los estudiantes acceder simplemente a una descripción y un análisis realistas de nuestra política exterior. De ese modo

---

[36] Peter Kornbluh, «Back Into the Loop», *Washington Post*, 22/08/1993, C2; Fritz Schwartz, *Unchecked and Unbalanced*, Nueva York, New Press, 2007.

[37] Esto es lo que postula Theodore Draper en «American Hubris: From Truman to the Persian Gulf», *New York Review of Books*, 16/07/1987, pp. 40-48.

contribuiríamos a acabar con la vergonzosa distancia que separa lo que dicen los libros de texto de secundaria sobre la política exterior estadounidense y cómo tratan este tema sus hermanos mayores, los manuales universitarios de los cursos de ciencia política.

Cuando los manuales de historia de secundaria se centran en los asuntos internos del gobierno de los Estados Unidos vuelven a separarse de los politólogos. Gran parte del curso de introducción a la ciencia política se dedica a analizar las diversas fuerzas que influyen en las políticas internas de nuestro gobierno. Los manuales de historia de los Estados Unidos de secundaria se limitan a atribuir al gobierno gran parte de lo que se hace. No es sorprendente, ya que cuando los autores idealizan al Gobierno federal, no pueden sino distorsionar la verdadera dinámica existente entre gobernados y gobernantes. Especialmente perturbador resulta observar esta situación en el ámbito de los derechos civiles, donde los actos de valentía de miles de ciudadanos durante la década de 1960 suplicaron e incluso obligaron al gobierno a actuar.

Entre 1960 y 1968 el movimiento por los derechos civiles no dejó de solicitar protección al Gobierno federal ni de pedirle que aplicara sus leyes, entre ellas la Decimocuarta Enmienda y otras medidas aprobadas durante la Reconstrucción. La respuesta del gobierno, sobre todo durante la administración de Kennedy, fue tristemente insuficiente. En Misisipi, las oficinas del movimiento mostraban esta amarga réplica:

EN ITTA BENNA HAY UNA CALLE DE LA LIBERTAD.
EN MISISIPI HAY UN PUEBLO QUE SE LLAMA LIBERTADES.
EN WASHINGTON HAY UN DEPARTAMENTO DE JUSTICIA.

Especialmente importante fue la respuesta que dio a ese llamamiento el Departamento Federal de Investigación (FBI), ya que este es el principal organismo policial del país. La animadversión que esa oficina había mostrado hacia los afroamericanos tenía un largo y lamentable historial. J. Edgar Hoover y el organismo que se convertiría en el FBI comenzaron su andadura investigando a supuestos comunistas durante la administración de Woodrow Wilson. Aunque en los últimos cuatro años de esa administración se produjeron más disturbios antinegros que en ningún otro período de nuestra historia, Wilson hizo que los agentes se centraran en recabar información sobre afroamericanos, no sobre los americanos blancos que estaban vulnerando los derechos civiles de los negros. Hoover explicó los disturbios antinegros registrados en 1919 en Washington, D.C., aludiendo a «las numerosas agresiones que mujeres blancas habían sufrido a manos de negros». En ese año, la oficina institucionalizó la vigilancia de las organizaciones negras, no de organizaciones blancas como el Ku Klux Klan. En los primeros años de la oficina había unos pocos agentes negros, pero la criba que realizó Hoover en la década de 1930 solo dejó a dos. A comienzos de la década de 1960 en el FBI ya no había ni un solo agente negro, aunque Hoover, incluyendo a sus chóferes, intentó decir que sí los había.[38] En el Sur, los agentes del FBI eran mayormente sureños que tenían presente lo que de ellos pensaban sus vecinos, además de que ellos mismos eran supremacistas blancos. Y aunque mi siguiente queja puede recordar al comensal que protestaba tanto porque la sopa fuera terrible como porque no hubiera suficiente, hay que decir que el FBI tenía poquísimos agentes en el Sur. En Misisipi no tenía siquiera una delegación y sus primeros informes se los encargaba a los *sheriffs* y jefes de policía locales, que con frecuencia eran los mismos frente a los que pedía protección el movimiento por los derechos civiles.

En la década de 1960 Hoover seguía declarándose supremacista blanco y creía un terrible error que en 1954 el Tribunal Supremo hubiera prohibido la segregación racial al emitir su fallo sobre el caso que enfrentó a Oliver Brown con la Junta Educativa [de Topeka (Kansas)]. Ayudó a Kentucky a llevar a los tribunales a Carl Braden, líder blanco de los derechos civiles, por vender una casa en un barrio blanco a una familia negra. En agosto de 1963 Hoover puso en marcha una campaña para acabar con Martin Luther King

---

[38] Kenneth O'Reilly, «*Racial Matters*», Nueva York, Free Press, 1989, pp. 9, 12-13, 17 y 96-99; Ameringer, *U.S. Foreign Intelligence*, p. 109.

Jr. y el movimiento por los derechos civiles. Con la aprobación del fiscal general Robert F. Kennedy, pinchó los teléfonos de los colaboradores de King, instaló micrófonos en sus habitaciones de hotel y grabó sus conversaciones con y sobre mujeres. Posteriormente el FBI pasó información escabrosa, que incluía fotografías, transcripciones y cintas, al senador Strom Thurmond y a otros supremacistas blancos, periodistas, sindicalistas, gestores de fundaciones y, por supuesto, al presidente del país. En 1964 un alto cargo del FBI envió a la organización de King, la Conferencia de Liderazgo Cristiano del Sur (SCLC, por sus siglas en inglés), una cinta en la que se veía a King manteniendo relaciones sexuales, junto con una nota anónima que sugería al líder negro que se suicidara. El FBI debía de saber que el incidente no induciría a King a suicidarse y parece que lo que en realidad pretendía era que Coretta Scott King se divorciara de su marido o chantajear al propio King para que abandonara el movimiento por los derechos civiles.[39] En Europa, el FBI trató de sabotear las recepciones que se celebraban en honor de King cuando este viajó al continente para recibir el premio Nobel de la Paz. Hoover dijo de King que era «el más infame mentiroso del país» e intentó demostrar que la SCLC estaba plagada de comunistas. King no fue su único objetivo: Hoover también difundió información falsa sobre el Proyecto de Verano de Misisipi, otras organizaciones de defensa de los derechos civiles como CORE (Congreso por la Igualdad Racial, por sus siglas en inglés) y el SNCC (Comité de Coordinación Estudiantil No Violento, por sus siglas en inglés), y también sobre líderes de los derechos civiles, entre ellos Jesse Jackson.[40]

---

[39] O'Reilly, «*Racial Matters*», pp. 43, 126, 144 y 355; David J. Garrow, *The FBI and Martin Luther King Jr.*, Nueva York, Penguin, 1981, pp. 125-126 y 161-164; Taylor Branch, *Parting the Waters*, Nueva York, Simon & Schuster, 1988, p. 861; Ameringer, *U.S. Foreign Intelligence*, pp. 322-323; Frank J. Donner, *The Age of Surveillance*, Nueva York, Alfred A. Knopf, 1980, pp. 214-219; Athan Theoharis y John Stuart Cox, *The Boss*, Filadelfia, Temple University Press, 1988, pp. 354-357. En general, los medios de comunicación, que en esa época respetaban la diferencia entre vida privada y pública, se negaron a utilizar el material.

[40] Ameringer, *U.S. Foreign Intelligence*, p. 323; Branch, *Parting the Waters*, pp. 835-865; O'Reilly, «*Racial Matters*», p. 140 y 186; Garrow, *The FBI and Martin Luther King Jr.*, pp. 130-131; Donner, *The Age of Surveillance*, p. 217.

Al mismo tiempo, el FBI se negaba a pasarle a King información sobre las amenazas de muerte que pesaban sobre él.[41] El FBI sabía de la gravedad de esas amenazas, porque se estaba verdaderamente asesinando a defensores de los derechos civiles. Solo en Misisipi, esos activistas sufrieron más de mil detenciones realizadas por agentes locales, treinta y cinco tiroteos y seis asesinatos. No obstante, el FBI no dejaba de afirmar que proteger a los defensores de los derechos civiles no era su cometido.[42] En 1962 el SNCC demandó a Robert F. Kennedy y a J. Edgar Hoover para obligarlos a proteger a quienes se manifestaban en defensa de los derechos civiles. Desesperados por conseguir que el Gobierno federal aplicara la ley en el Profundo Sur, a Amzie Moore y Robert Moses, dos activistas por los derechos civiles de Misisipi, se les ocurrió la idea de organizar un «Verano de la libertad» en 1964, que consistiría en llevar a su estado a mil universitarios del Norte, la mayoría blancos, para que colaboraran con los negros en la defensa de sus derechos. Ni siquiera esta idea sirvió de mucho: solo durante el verano de 1964 los supremacistas blancos arrojaron bombas sobre treinta viviendas e incendiaron treinta y siete iglesias negras.[43] Sin embargo, después del clamor nacional que desataron los asesinatos de James Chaney, Andrew Goodman y Michael Schwerner en Filadelfia (Misisipi), el FBI abrió por fin una delegación en Jackson. Ese mismo verano, durante la convención demócrata celebrada en Atlantic City, el FBI pinchó los teléfonos del Partido Demócrata por la Libertad de Misisipi y de Martin Luther King Jr.; al hacerlo, cumplía órdenes del presidente Lyndon Johnson (LBJ).[44]

Como yo viví e hice investigaciones en Misisipi, me he centrado en actividades realizadas por el Gobierno federal y el movimiento por los derechos civiles en ese estado, pero la arremetida del FBI contra organizaciones negras e interraciales fue de alcance nacional. Por ejemplo, después de que el Congreso aprobara

---

[41] Branch, *Parting the Waters*, p. 692.

[42] O'Reilly, «*Racial Matters*», p. 357.

[43] James W. Loewen y Charles Sallis, eds., *Mississippi: Conflict and Change*, Nueva York, Pantheon, 1980, pp. 265-283.

[44] O'Reilly, «*Racial Matters*», p. 186.

en 1964 la Ley de Derechos Civiles, una bolera de Orangeburg (Carolina del Sur) se negó a acatarla. Estudiantes del vecino colegio universitario estatal se manifestaron frente al establecimiento. Al abrir fuego contra los manifestantes, la policía estatal mató a tres de ellos e hirió a otros veintiocho; muchos recibieron balazos en torno a la planta del pie al intentar huir y arrojarse al suelo para esquivar los tiros. En la llamada «matanza de Orangeburg», el FBI reaccionó negándose a colaborar con la identificación de los agentes que habían disparado y falsificando informaciones sobre los estudiantes para ayudar a los policías en su defensa.[45] En California, Chicago y otros lugares del Norte, el FBI intentó acabar con los desayunos gratuitos que ofrecían los Panteras Negras, difundió rumores falsos sobre enfermedades venéreas y citas con prostitutas para desestabilizar los matrimonios de sus miembros, contribuyó a agudizar las desavenencias entre otros grupos negros y los Panteras, y colaboró con la policía de Chicago cuando en 1969 esta irrumpió en el piso de Fred Hampton, al que mató allí en su propia cama.[46] El FBI alertó a la madre del líder negro Stokely Carmichael de la existencia de un falso complot urdido por los Panteras Negras para asesinar a su hijo, lo cual indujo a este a huir de los Estados Unidos.[47] Es posible incluso que el FBI o la CIA estuvieran implicados en el asesinato de Martin Luther King Jr. Puede que el «Raoul» de Montreal, el hombre que puso a James Earl Ray, condenado por el asesinato de King, el apodo de «Eric Gault», hubiera tenido relaciones con la CIA.[48] No cabe duda de que Ray, un muchacho de campo sin ingresos, no podría haber viajado a Montreal, buscarse una identidad falsa y volar a Londres y Lisboa sin ayuda. A pesar de estas incongruencias, o quizá a causa de ellas, el FBI

---

[45] Ibíd., p. 256; Arlie Schardt, «Civil Rights: Too Much, Too Late», en Pat Watters y Stephen Gillers, *Investigating the FBI*, Nueva York, Ballantine, 1973, pp. 167-179.

[46] Adam Hochschild, «His Life as a Panther», *New York Times Book Review*, 31 de enero de 1993; O'Reilly, «*Racial Matters*», pp. 302-316; Donner, *The Age of Surveillance*, pp. 220-232.

[47] Donner, *The Age of Surveillance*, p. 220.

[48] No hay que confundir a este Raoul, que al parecer se apellidaba Maora, con el «Raoul» que, según Ray, organizó todo el asesinato, al que, sin embargo, no se ha podido localizar y que probablemente fuera un personaje ficticio.

nunca ha mostrado interés alguno en esclarecer la conspiración que acabó con la vida de King. Más bien, poco después de su muerte en 1968, el FBI irrumpió en dos ocasiones en la sede del SNCC. Años después intentaría impedir que el cumpleaños de King se convirtiera en fiesta nacional.[49]

El FBI investigó a profesores universitarios negros en lugares que van desde Virginia hasta California y Montana. En 1970 Hoover aprobó la investigación automática de «todas las organizaciones estudiantiles negras y asociaciones parecidas, organizadas para proteger las demandas de los estudiantes negros». La institución en la que yo enseñaba, el Tougaloo College, se vio especialmente afectada: hubo un momento en el que los agentes de Jackson llegaron a proponer que se «neutralizara» todo el centro, en parte porque sus alumnos habían acogido «a oradores negros radicales de fuera del estado, campañas de registro para el voto, y seminarios y conferencias culturales africanas... [y] condenado varias conocidas injusticias que habían sufrido los derechos humanos de los negros en Misisipi». ¡Graves crímenes y fechorías, como se puede ver![50]

El comportamiento del FBI y de los dirigentes federales que lo toleraban y en ocasiones lo solicitaban forma parte del legado de la década de 1960, junto con logros tan importantes como la Ley de Derechos Civiles de 1964 y la Ley de Derecho al Voto de 1965.

---

[49] Donner, *The Age of Surveillance*, pp. 214-219; John Edginton y John Sergeant, «The Murder of Martin Luther King Jr.», *Covert Action Information Bulletin*, nº 34, verano de 1990, pp. 21-27; Theoharis y Cox, *The Boss*, p. 439. Véase también Ameringer, *U.S. Foreign Intelligence*, p. 322; John Elliff, «Aspects of Federal Civil Rights Enforcement», en *Law in American History*, vol. 5 de *Perspectives in American History*, Cambridge, Harvard University Press, 1971, pp. 643-647.

[50] O'Reilly, *«Racial Matters»*, pp. 336-337. Los directores de la unidad bajaron los humos a los agentes de Jackson, recordándoles que se centraran en el Comité de Acción Política de Tougaloo, «ya que, en sí mismo, el Tougaloo College no es un objetivo de los servicios de contrainteligencia». Véase también Donner, *The Age of Surveillance*, pp. 219-220. Donner señala que el FBI forzó la marcha de Misisipi de Muhammad Kenyatta, un destacado nacionalista negro residente en Jackson. En memorandos internos, los agentes del FBI se atribuían haber acusado con pruebas falsas a Kenyatta de intentar robar una televisión en el Tougaloo College. En realidad, Kenyatta precipitó su propia marcha cuando le sorprendieron haciendo precisamente eso.

Como señaló el historiador Kenneth O'Reilly, «cuando el FBI se oponía a los negros, también lo hacía el gobierno».[51] ¿Cómo tratan los manuales de historia de los Estados Unidos este legado? Pues prescindiendo de cualquier comportamiento censurable del gobierno. No solo omiten la campaña del FBI contra el movimiento por los derechos civiles, también los allanamientos de morada y las investigaciones secretas que sufrieron asociaciones religiosas, organizaciones que solicitaban cambios en la política de los Estados Unidos en Latinoamérica y el propio Tribunal Supremo estadounidense.[52] Los libros de texto ni siquiera quieren decir nada malo sobre los gobiernos estatales: los dieciséis libros de texto narrativos de mi muestra incluyen parte del discurso de Martin Luther King, conocido con el nombre de «Tengo un sueño», pero quince de ellos censuran sus comentarios negativos sobre los gobiernos de Alabama y Misisipi.

Los manuales no solo evitan reconocer la responsabilidad del Gobierno federal en su oposición al movimiento por los derechos civiles, sino que en realidad le atribuyen, prácticamente a él solo, los avances registrados durante el período. De ese modo, los manuales siguen una forma de ver la lucha por los derechos civiles que podríamos calificar de hollywoodiense. Hasta el momento, la principal película que ha producido Hollywood sobre ese movimiento es *Mississippi Burning*, de Alan Parker.[53] En los cinco primeros minutos de ese filme son asesinados tres activistas por los derechos civiles; durante las dos horas de película restante, no se retrata a ningún militante de ese movimiento ni a ningún negro de Misisipi de más de doce años con el que el espectador pueda llegar a identificarse. Por el contrario, Parker se inventa a dos agentes del FBI que, reproduciendo la vetusta fórmula del «poli bueno/poli malo», solucionan, ellos solitos, los asesinatos. En realidad —es decir, en la historia real en la que se basa la película—, partidarios del movimiento por los derechos civiles, entre ellos

[51] O'Reilly, «*Racial Matters*», p. 337.

[52] Ross Gelbspan, *Break-ins, Death Threats, and the FBI*, Boston, South End Press, 1991.

[53] *Freedom Song* [Canciones de libertad], de Danny Glover, aunque más fiel a los hechos, es casi desconocida.

Rita, viuda de Michael Schwerner, y todos los amigos blancos del Norte que el movimiento pudo reunir, presionaron al Congreso y al poder ejecutivo federal para que obligara al FBI a abrir una delegación en Misisipi y convirtiera en prioritario llevar a los asesinos ante la justicia. Entretanto, Hoover pinchaba el teléfono del padre de Schwerner para comprobar si era comunista. En el este de Misisipi hacía semanas que todo el mundo sabía quién había cometido el asesinato y que el ayudante del *sheriff* del condado de Neshoba estaba implicado. No se necesitaba ningún método policial innovador; el FBI acabó deteniendo a los conspiradores después de sobornar a uno de ellos con 30 000 dólares para que testificara contra los demás.[54]

Los doce libros que estudié para la primera edición de este libro ofrecían un análisis de todo el movimiento por los derechos civiles afín al de Alan Parker. Al igual que las detenciones de miembros del Klan, los avances en materia de derechos civiles solo procedían de aciertos gubernamentales. Por sí sola, la iniciativa federal «explicaba» hitos como la Ley de Derechos Civiles de 1964 y la Ley de Derecho al Voto de 1965. John F. Kennedy las había propuesto, Lyndon Baines Johnson consiguió su aprobación por el Congreso y por eso las tenemos hoy en día. O, dicho con la inmortal voz pasiva de *American History*, «fue aprobada otra medida de defensa de los derechos civiles, la Ley de Derecho al Voto». Varios libros de texto llegaban incluso a invertir el orden temporal, colocando primero las leyes y después el movimiento por los derechos civiles. *Challenge of Freedom* ofrecía el consabido enfoque:

> El presidente Kennedy y su administración respondieron a la llamada a la igualdad racial. En junio de 1963 el presidente solicitó que el Congreso pasara a la acción en ambiciosas leyes relacionadas con la igualdad de derechos. Siguiendo el ejemplo del presidente, miles de estadounidenses comenzaron a participar también

[54] Seth Cagin y Philip Dray, *We Are Not Afraid*, Nueva York, Bantam Books, 1991, describen los asesinatos y la labor policial que, a regañadientes, pero con eficacia, acabó desempeñando el FBI.

> en el movimiento por la igualdad de derechos. En agosto de 1963 más de 200 000 personas participaron en una manifestación celebrada en Washington, D.C.

Este relato invierte los papeles del líder y de quien le sigue. En realidad, al principio Kennedy intentó impedir la manifestación y envió a su vicepresidente a Noruega para mantenerle lejos de la misma, porque tenía la sensación de que Lyndon Johnson era demasiado favorable a los derechos civiles. Hasta Arthur Schlesinger Jr., partidario de Kennedy, ha comentado secamente que «en líneas generales, el espíritu más puro de Kennedy no participó en las deliberaciones raciales de su presidencia».[55]

El daño no se circunscribe al infundado espaldarazo que los libros de texto proporcionan a la reputación de Kennedy. El principal peligro radica en privar a los afroamericanos de lo que los académicos llaman «agencia». Al describir el ataque a la segregación que culminó con el fallo del Tribunal Supremo de 1954, dos libros muy vendidos, el antiguo *Triumph of the American Nation* y *The American Pageant*, más reciente, no mencionan que los afroamericanos fueron los demandantes y fiscales del caso Brown contra la Junta Educativa [de Topeka (Kansas)] ni que denuncias anteriores, también presentadas por la NAACP, allanaron el camino. De hecho, la última edición de *Pageant* afirma que fueron los Kennedy —Jack y Robert— quienes pincharon al SNCC y a otras organizaciones pro derechos civiles para que instigaran a los negros a registrarse para votar. ¡Pero el proceso fue más bien al revés! Hoy en día, muchos jóvenes afroamericanos creen que la abolición de la segregación racial fue algo que el Gobierno federal impuso a la comunidad negra. No tienen ni idea de que fue algo que esta obligó a llevar a cabo al Gobierno federal.[56] Entretanto, resulta razonable que muchos jóvenes estadounidenses blancos deduzcan que el Gobierno federal se ha portado bastante bien con los negros. Sin duda, atribuirle acciones provocadas por

---

[55] Arthur Schlesinger Jr., citado en Branch, *Parting the Waters*, pp. 918-919.

[56] Véase Beverly Kraft, «Some Lack Knowledge About Evers», *Jackson Clarion Ledger*, 20 de enero de 1994, p. 1A.

los afroamericanos y sus aliados blancos resta poder a los estudiantes negros de hoy, contribuyendo seguramente a que, como dijo Malcolm X, tengan la sensación de que «nunca han hecho nada».

Por fortuna, los seis libros de texto recientes sí presentan algunas mejoras. Todos relatan que las iniciativas para votar de los afroamericanos en Selma (Alabama) se toparon con cargas policiales. Todos dejan constancia de que la posterior manifestación entre Selma y Montgomery, encabezada por Martin Luther King Jr., indujo a LBJ y al Congreso a aprobar la Ley de Derecho al Voto de 1965. Tres de los seis libros actuales —*Pathways to the Present*, *The Americans* y *American Journey*— muestran que, en general, los afroamericanos obligaron al Gobierno federal a avanzar en materia de derechos civiles, aunque señalan que el presidente Kennedy, a título personal, era partidario de ellos.[57] Junto con *American Adventures* y *Discovering American History*, estos nuevos libros sí explican la dinámica general del movimiento por los derechos civiles: los afroamericanos, a menudo con aliados blancos, ponían en cuestión, con métodos no violentos, una ley o práctica injusta, lo cual incitaba a los blancos a responder de forma bárbara para defender la «civilización», lo que a su vez consternaba al país y convencía a algunos de que debían cambiar esa ley o práctica. Estos libros rinden homenaje al coraje de los voluntarios que defendían los derechos civiles. Pero solo *Discovering American History*, publicado en 1974, nos cuenta de qué manera el movimiento puso directamente en cuestión la costumbre de la segregación, lo cual desató que algunos defensores de los derechos civiles fueran asesinados o golpeados por racistas blancos, por cosas tan nimias como que una pareja interracial se diera la mano o comiera en un restaurante.

Un trato parecido dan los libros de texto al movimiento ecologista: relatan cómo «el Congreso aprobó» las leyes de creación de la Agencia para la Protección del Medioambiente, pero poca o ninguna atención prestan a la cruzada ecologista. Una vez más, se

---

[57] Hasta cierto punto, Boorstin y Kelley también proporcionan este análisis, pero, en general, su enfoque es confuso y podría inducir a los estudiantes a llegar a la conclusión contraria.

deja que los alumnos deduzcan que lo normal es que el gobierno haga lo que tiene que hacer motu proprio, y en esto coinciden tanto los manuales antiguos como los nuevos. Muchos docentes tampoco ayudan: un estudio sobre doce profesores de decimosegundo curso, elegidos al azar, que daban clase de sistema político estadounidense, llegó a la conclusión de que prácticamente daban a entender que los individuos solo podían influir en los gobiernos locales o nacional mediante el voto.[58]

Se diría que los autores de libros de texto creen que los estadounidenses únicamente pueden ser leales a su gobierno si creen que nunca ha hecho nada malo. En consecuencia, los manuales presentan a un ejecutivo que se merece la adhesión de los alumnos, no sus críticas. «Vivimos en el principal país del mundo», escribió James F. Delong, colaborador de Mel Gabler, crítico derechista de libros de texto, al reseñar *American Adventures*. «No cabe duda de que cualquier libro que se presente como una historia de este país debe trasmitir ese patrimonio y ese orgullo». Al plasmar la dinámica fundamental del movimiento por los derechos civiles, *American Adventures* da a entender que el gobierno de los Estados Unidos no hacía todo lo que debía por defender esos derechos. Quizá esa fuera la razón de que *Adventures* no pasara la prueba de patriotismo de Delong: «No aprobaré, no puedo aprobar, su utilización en nuestras escuelas».[59]

Puede que el retrato adulador que hacen los libros de texto del Gobierno federal facilite su adopción por las comisiones correspondientes, pero no les granjea la atención de los estudiantes. Es aburrido leer sobre todas las cosas buenas que ha hecho el gobierno, él solo, sin tensión dramática alguna. Por otra parte, la mayoría de los estadounidenses adultos ya no confía con tanta credulidad en el gobierno como en la década de 1950. Desde la guerra de Vietnam hasta las míticas armas de destrucción masiva que supuestamente indujeron a George W. Bush a invadir Irak, pasando

---

[58] Patrick Ferguson, «Promoting Political Participation: Teachers' Attitudes and Instructional Practices», San Francisco, American Educational Research Association, 1989.

[59] Crítica de James F. Delong, Hoover, AL, 1986, texto mecanografiado distribuido por Mel Gabler's Educational Research Analysts, 1993.

por el Watergate, el caso Irán-Contra y la vida sexual de Clinton, el encadenamiento de revelaciones sobre conductas poco éticas y engaños en el poder ejecutivo han hecho añicos la confianza del pueblo estadounidense, algo que no dejan de confirmar las encuestas de opinión. En 1964, el 64 por ciento de los americanos todavía confiaba en que el gobierno «hacía lo que debía»; treinta años después esa proporción había caído hasta solo el 19 por ciento. Los autores de libros de texto, como no están dispuestos a decir nada malo sobre el gobierno, dan la sensación de ser los últimos inocentes del país. Su confianza resulta conmovedora. Presentan ante los estudiantes un gobierno benévolo cuyas declaraciones hay que creerse. Pero no es esta la opinión de sus padres, que, según las encuestas, siguen sin creerse mucho lo que les dice el ejecutivo federal. Según Donald Barr, investigador sobre temas de educación, el hecho de encontrar tan pocos textos escolares sobre las acciones negativas del gobierno, sobre todo cuando esa actitud no coincide con la de los padres y los periódicos, «hace que toda la educación resulte sospechosa».[60]

El servilismo que los autores de libros de texto muestran hacia el gobierno tampoco puede enseñar a los alumnos a ser ciudadanos responsables. Del mismo modo que la historia de un Colón sabio va unida al tópico de la tripulación supersticiosa y levantisca, el tópico de un gobierno sabio y bueno conlleva que el papel que deban asumir los ciudadanos sea el de acatar su liderazgo. Sin forzar demasiado la analogía, podríamos decir que muchos Estados no democráticos, desde el Tercer Reich a la República Democrática de Corea (del Norte), pasando por el Imperio Centroafricano de Bokassa, han contado con ciudadanos que otorgaban a sus gobiernos una adhesión más excesiva que insuficiente. Por otra parte, los Estados Unidos han tenido la fortuna de contar con disidentes. Algunos se han visto obligados a abandonar el país. Desde 1776, Canadá ha ofrecido refugio a los estadounidenses que discrepan de las políticas de su gobierno: *tories* que huían del acoso

---

[60] Donald Barr, *Who Pushed Humpty Dumpty? Dilemmas in American Education Today*, Nueva York, Atheneum, 1972, p. 308; Lewis Lapham, *Pretensions to Empire*, Nueva York, New Press, 2006, p. 24.

que sufrieron durante y después de la Revolución, negros libertos que querían escapar del fallo judicial sobre el caso Dred Scott o jóvenes en edad militar que se oponían a la guerra de Vietnam. Ningún libro de texto menciona este papel de Canadá, porque ninguno presenta a un gobierno de los Estados Unidos que pudiera siquiera hacerse acreedor a una oposición así, basada en motivos de conciencia.[61]

No cabe duda de que muchos politólogos e historiadores estadounidenses dan a entender que las acciones de los gobiernos son más peligrosas para la democracia que la deslealtad ciudadana. A muchos les preocupa que el predominio del poder ejecutivo haya erosionado el sistema de pesos y contrapesos inherente a la Constitución. Algunos analistas también creen que el poder que tiene el Gobierno federal frente a los estados ha convertido el federalismo en una farsa. Desde la administración de Woodrow Wilson hasta la actualidad, el tamaño del ejecutivo federal no ha dejado de aumentar y ahora constituye, con mucha diferencia, el empleador más grande del país. En los últimos cincuenta años, el poder de la CIA, el Consejo de Seguridad Nacional y otros organismos cuyas labores se realizan en secreto se ha convertido, para algunos, en un temible cuarto poder gubernamental. Cuando miembros del FBI, la CIA, el Departamento de Estado y otros organismos dependientes del gobierno no solo determinan nuestras políticas, sino lo que la gente y el Congreso tienen que saber sobre ellas, la democracia corre un gran riesgo.[62]

Al restar importancia a las acciones encubiertas e ilegales del gobierno, los autores de libros de texto narcotizan a los estudiantes, impidiéndoles pensar en cuestiones como el predominio y el secretismo crecientes del poder ejecutivo. Al ponerse del lado del gobierno, esos manuales inducen a los alumnos a pensar que la crítica es incompatible con la ciudadanía. Y, al presentar las acciones

---

[61] Michigan State Board of Education, *1982-83 Michigan Social Studies Textbook Report*, Lansing, MI, Michigan State Board of Education, 1984.

[62] Rubenstein, *The Cunning of History*, pp. 80-82; Clarence Lusane, *Pipe Dream Blues*, Boston, South End Press, 1991, pp. 4, 116-122 y 200-201.

del ejecutivo descontextualizadas, no como su forma de reaccionar ante instituciones como las multinacionales y las organizaciones de defensa de los derechos civiles, los libros de texto convierten en algo misterioso la tensión creativa que existe entre el pueblo y sus gobernantes. Todo ello induce a los chavales a rendirse a la idea de que el gobierno lo condiciona todo, así que ¿para qué molestarse?, sobre todo si sus acciones suelen ser positivas. De manera que nuestros manuales de historia de los Estados Unidos minimizan el potencial poder del pueblo y, a pesar de sus grandes esfuerzos patrióticos, adoptan una posición manifiestamente antidemocrática.

09

¿Y qué tiene de malo?: la decisión de no fijarse en la guerra de Vietnam

«Si no hablamos de ello,
seguramente otros reescribirán el guion.
Se abrirán de nuevo todas las bolsas con cadáveres
y las fosas comunes y su contenido se convertirá,
por arte de magia, en una noble causa».

George Swiers, veterano de Vietnam[1]

«Hemos destruido sus dos instituciones
más preciadas: la familia y el pueblo.
Hemos destruido su tierra y sus cosechas…
Hemos corrompido a sus mujeres y niños
y hemos matado a sus hombres».

Martin Luther King Jr.[2]

«Sin censura, la opinión pública
puede confundirse terriblemente.»

General William Westmoreland[3]

«Es un amante de su país, que le reprende
y no disculpa sus pecados».

Frederick Douglass[4]

---

[1] George Swiers, citado en William Appleman Williams et al., eds., *America in Vietnam*, Nueva York, Norton, 1989, p. IX.

[2] Martin Luther King Jr., «Beyond Vietnam», Nueva York, sermón en la iglesia de Riverside, 04/04/1967.

[3] General William C. Westmoreland, citado en Brainy Quote, brainyquote.com, 5/2007 y Antiwar, antiwar.com/quotes.php, 5/2007, entre otros lugares.

[4] Frederick Douglass citado en la cubierta interior de Robert Moore, *Reconstruction: The Promise and Betrayal of Democracy*, Nueva York, Council on Interracial Books for Children, 1983.

Cuanto más mayores nos hacemos, más nos asombra a los profesores universitarios lo que nuestros estudiantes de licenciatura desconocen del pasado reciente. Fui consciente por primera vez de ese fenómeno cuando la década de 1970 daba paso inexorablemente a la de 1980. Al dar clase sobre Vietnam, cada vez me iba encontrando más rostros inexpresivos. Primero fue uno de cada cuatro, después uno de cada dos y, en la década de 1990, cuatro de cada cinco alumnos de primero de carrera no sabían qué connotaciones tenían dos «palabrotas»: *halcón* y *paloma*. En 1989, el primer día de clase sometí a los alumnos a un test que incluía la siguiente pregunta abierta: «¿Quiénes se enfrentaron en la guerra de Vietnam?». ¡Casi un cuarto de los alumnos contestó que habían sido Corea del Norte y Corea del Sur! Me quedé pasmado. Para mí era como responder «1957» a la pregunta «¿cuándo comenzó la guerra de 1812?». En realidad, muchos graduados de secundaria recientes saben más sobre la guerra de 1812 que sobre la de Vietnam.[5]

---

[5] La ignorancia estudiantil no es casual. Según escribe el historiador Michael Kammen en *Mystic Chords of Memory*, Nueva York, Alfred A. Knopf, 1991, pp. 661-662, el presidente Gerald Ford quería que nos olvidáramos de Vietnam. El presidente Reagan redujo drásticamente el presupuesto de los Archivos Nacionales y prolongó el período en que había que mantener el «secreto» documental, para así obstaculizar la producción y conocimiento de la historia reciente. En *A Shared Authority*, Albany, State University of New York Press, 1990, pp. 16-18, Michael Frisch cita un asombroso episodio ocurrido en un aula: una estudiante creía que Estados Unidos *había ganado* la guerra de Vietnam. En un interesante análisis, postula que no se trata aquí únicamente de un fallo de memoria, sino que coincide con Kammen en que nuestros dirigentes, seguramente influyendo en la cultura popular, suelen referirse a la necesidad de «dejar atrás» la guerra para evitar hablar de ella.

No tiene mucho sentido y seguramente no sirva de nada echarles la culpa a los alumnos. Seguramente no sea culpa suya. Si nuestra memoria cívica comienza a formarse en torno a los diez años, entonces los últimos alumnos que tenían recuerdos directos de la guerra de Vietnam habrían salido del instituto en la primavera de 1983. La guerra es un territorio desconocido para *los padres* de la mayoría de los estudiantes de secundaria actuales. También el movimiento feminista, el Watergate y la crisis de los rehenes de Irán. Los chavales necesitan que en secundaria los cursos de historia de los Estados Unidos les hablen de la guerra de Vietnam.

De los manuales de la década de 1980 no sacarían mucho. Como la contienda terminó en 1975, hasta los libros más antiguos podían beneficiarse tanto de la perspectiva que da el tiempo a la hora de enseñar un conflicto que con frecuencia se ha calificado de «la guerra más larga de los Estados Unidos» como de la ventaja que suponía que sus autores la hubieran conocido de primera mano. Pero dilapidaban esas ventajas.

Una comparación entre la cobertura que daban mis doce primeros libros de texto a la guerra de Vietnam y a la de 1812 arrojará luz sobre el asunto. La guerra de 1812 tuvo lugar hace casi dos siglos y quizá acabara con la vida de dos mil estadounidenses. No obstante, los libros de historia de secundaria de mi primera muestra dedicaban la misma cantidad de páginas —nueve— a esa guerra que a la de Vietnam. Supongo que se podría aducir que la guerra de 1812 fue mucho más importante que la de Vietnam, así que merece tener el mismo espacio, aunque tuviera lugar hace mucho tiempo. Pero nuestros libros de texto no dicen tal cosa: la mayoría de los autores no sabía qué interpretación darle a la guerra de 1812 y no le atribuía una especial importancia.

La escasez de espacio no era el único problema. Dedicarle a Vietnam nueve páginas de apasionante análisis podría ser más que suficiente.[6] Hay que preguntarse qué tipo de cobertura proporcionaban los libros de texto.

---

[6] En realidad, el manual de indagación *Discovering American History* concede menos de dos páginas a toda la guerra. Sin embargo, al centrar su texto en la causas y consecuencias del conflicto, precisamente equello en lo que fallan los típicos libros

En la edición original de *Patrañas* no expuse mi propio relato de la guerra para después criticar a los autores por presentar un análisis diferente. Más bien, para evitar que me acusaran de parcialidad, me centré en las fotografías de los libros de texto en cuestión. La guerra de Vietnam la definieron una serie de imágenes que se grabaron a fuego en la conciencia popular. Yo identifiqué siete: cinco fotografías famosas (como la de la niña que corría desnuda hacia la cámara, huyendo de un ataque con napalm, y la de los cadáveres amontonados en una zanja, pertenecientes a la matanza de My Lai) y dos más generales sobre la destrucción que ocasionó la guerra. En los Estados Unidos, las fotografías han formado parte de los testimonios bélicos desde las famosas imágenes que captó Matthew Brady durante nuestra Guerra Civil. En Vietnam, las imágenes de la televisión se juntaron con las fotografías para conformar las percepciones y la sensibilidad del pueblo estadounidense. Vietnam sigue siendo nuestra guerra más fotografiada y televisada, incluso en comparación con las más recientes de Irak.

Pregunté a docenas de adultos con edad suficiente para haber vivido la guerra que me dijeran qué imágenes recordaban; en las listas que proporcionaron abundan las repeticiones. Una lista reducida incluiría las cinco imágenes siguientes:

1. En un cruce de Saigón, un monje budista se inmola a lo bonzo como forma de protesta contra el gobierno survietnamita.
2. La niña que corre desnuda por la carretera 1, huyendo de un bombardeo con napalm.
3. El jefe de la policía nacional ejecuta a un aterrorizado miembro del Vietcong disparándole en la sien.
4. Cadáveres de la matanza de My Lai arrojados a una cuneta.
5. Un grupo de estadounidenses va a ser evacuado en un helicóptero que está sobre una azotea, mientras unos desesperados vietnamitas tratan de subirse al aparato.

---

de texto narrativos, este manual proporciona en mucho menos espacio que otros libros un relato más coherente y memorable de lo sucedido.

La lista también incluía dos imágenes más genéricas: aviones B-52 lanzando un rosario de bombas sobre los agujereados campos de Vietnam y una ciudad en ruinas como la de Hué, en la que solo se veían escombros, mientras tropas estadounidenses y survietnamitas procedían a reocuparla después de la ofensiva del Tet.[7]

A los estadounidenses de más edad les bastará leer esas breves descripciones para recordar con nitidez esas imágenes. Después también cobrarán vida las emociones que suscitaban. Evidentemente, como el punto culminante de la participación estadounidense en la guerra se alcanzó entre 1965 y 1973, los estadounidenses deben tener bastante más de cuarenta años para poder recordar hoy esas imágenes. Los jóvenes apenas tienen oportunidad de verlas o recordarlas, a menos que aparezcan en sus libros de historia.

En 1995 los doce manuales de mi muestra original fracasaban estrepitosamente. Uno de ellos, *The American Pageant*, incluía una de las fotos: la del jefe de policía disparando al hombre aterrorizado.[8] Ningún otro libro de texto reproducía ninguna de esas fotos. *The American Adventures* contenía una de nuestros bombardeos en Vietnam, pero en ella se veían, desde abajo, aviones B-52 y bombas cayendo, con lo que no se apreciaban los daños que causaban al caer. Así que el margen de mejora seguía siendo enorme.

Las siete fotografías citadas son ejemplos importantes de fuentes primarias sobre la guerra de Vietnam. Puede que para los *halcones* (los belicistas) esas imágenes exageren los aspectos de la guerra que retratan. Sin embargo, la relevancia histórica de esas fotos va más allá, porque ellas mismas *hicieron historia* al desatar la publicación de más noticias y cambiar la forma que tenía la opinión pública mundial de entender el conflicto. Según Patrick Hagopian, que ha estudiado cómo recuerdan los Estados Unidos

[7] El análisis que hace Lewis H. Lapham sobre la importancia de «una secuencia de imágenes brutales» refuerza lo dicho anteriormente. Lapham describe solo tres: la primera, la tercera y la séptima de mi lista. Véase *America's Century Series Transcript*, San Francisco, KQED, 1989, pp. 57-58.

[8] También incluía la confusa imagen de un estadounidense dando un puñetazo a un vietnamita, probablemente para evitar que subiera a un helicóptero de evacuación en Vietnam del Sur.

Quang Duc, el primer monje budista que se quemó a lo bonzo para protestar por las políticas del régimen de Ngo Dinh Diem, que los Estados Unidos apoyaba en Vietnam del Sur, conmocionó al pueblo survietnamita y al estadounidense. Antes de que la guerra terminara, otros vietnamitas y por lo menos un estadounidense siguieron los pasos de Quang Duc.

la guerra de Vietnam, varias de esas fotografías siguen contándose «entre las imágenes más conocidas del mundo, todavía en nuestros días [1991]».[9] Dejar fuera esas imágenes es darles gato por liebre a los lectores de hoy. Como escribió un estudiante mío: «Mostrar la fotografía de una niña desnuda que llora después de haber sido bombardeada con napalm cambia por completo el sentido de esa guerra para un alumno de instituto».

En Vietnam, los Estados Unidos lanzaron tres veces más explosivos que sobre los teatros de operaciones de la Segunda Guerra Mundial, incluyendo también los bombardeos nucleares sobre

[9] Hagopian se refiere, en concreto, a la niña bombardeada con napalm y a las víctimas de la matanza de My Lai, pero cita a otro estudiante de fotoperiodismo que añade la inmolación del monje y la ejecución del sospechoso de ser del Vietcong por parte del jefe de policía. Véase «Vietnam Veterans and the Right to the Past», Baltimore, American Studies Association, 1991, p. 14.

La niña Kim Phuc corre gritando por la carretera 1, huyendo de un bombardeo accidental de napalm llevado a cabo por aviones survietnamitas sobre su aldea. Mientras corría, se había ido quitando la ropa, que estaba en llamas. Las secuencias televisivas y las fotografías de su huida fueron de las imágenes más arrasadoras de la guerra. Es una imagen que vulnera dos tabúes a la vez: ningún libro de texto muestra desnudos y ninguno muestra sufrimientos tan atroces, ni siquiera en tiempo de guerra.

Hiroshima y Nagasaki, así que los autores de libros de texto podían elegir entre muchas fotografías de estragos ocasionados por bombardeos. Sobre el terreno, después de la ofensiva del Tet, con la que las tropas del Vietcong y norvietnamitas ocuparon ciudades y pueblos de todo Vietnam del Sur, las tropas estadounidenses y survietnamitas bombardearon Hué, Ben Tre, Quang Tri y otras localidades antes de volver a ocuparlas. Pese a todo, ni un solo manual mostraba los daños causados por nuestro bando.

Eso era antes. En el capítulo 11 se expone que en las décadas de 1980 y 1990 la guerra de Vietnam se seguía considerando un acontecimiento reciente, y los libros de texto siempre desdeñan el pasado reciente, por importante que sea. ¿Cómo se comportan ahora que, para la mayoría de los estadounidenses, la guerra ya pertenece al pasado lejano?

Nguyen Ngoc Loan, jefe de la policía nacional survietnamita, ejecutó sin pensárselo a este hombre, miembro del Vietcong, en una calle de Saigón el 1 de febrero de 1968, ante la mirada de un fotógrafo y de un equipo de televisión estadounidenses. La fotografía ayudó a convencer a muchos ciudadanos de los Estados Unidos de que su bando no era moralmente superior al de los comunistas.* La imagen es tan impactante que, cuarenta años después, solo tengo que simular que apunto con los dedos como si fueran una pistola y quienes en 1968 tenían edad suficiente para leer los periódicos o ver la televisión recuerdan inmediatamente el suceso y pueden describirlo con cierto detalle.

* Michael Delli Carpini, «Vietnam and the Press», pp. 125-156, en D. Michael Shafer, ed., *The Legacy*, Boston, Beacon, 1990, p. 142.

Dos «manuales históricos» —el de Boorstin y Kelley y *The American Pageant*—, herederos de libros publicados por primera vez hace medio siglo, siguen concediendo, sin ton ni son, casi tanto espacio a la guerra de 1812 como a la de Vietnam. Ninguno incluye ni una sola de las imágenes importantes de esta última. En realidad, *Pageant* ha ido para atrás, ya que retiró la foto del jefe de policía que ejecuta al miembro del Vietcong.

Los tres libros «realmente nuevos», además de *Holt American Nation* (descendiente lejano de *Triumph of the American Nation*,

Izquierda: En la matanza de My Lai, tropas de combate estadounidenses asesinaron a mujeres, ancianos y niños. Las fotografías de Ronald Haeberle, incluida esta, publicada en la revista *Life*, grabaron a fuego la matanza en la conciencia del país, algo que todavía sigue pesando en nuestra cultura.* Gran parte de las películas de Hollywood sobre Vietnam incluyen imaginería relacionada con My Lai; *Platoon* ofrece un ejemplo especialmente gráfico.

Derecha: El 29 de abril de 1975 este helicóptero estadounidense evacuaba a gente desde una azotea de Saigón. La ciudad cayó al día siguiente y la larga pesadilla estadounidense (y vietnamita) llegó a su fin. Más de la mitad de los estadounidenses actuales tenía menos de diez años o aún no había nacido cuando se hizo esa fotografía. En consecuencia, gran parte de la población conoce la guerra por las películas y los libros de texto. El 14 de enero de 2007 el *Washington Post* dedicó media página a esta imagen, con el siguiente pie de foto: «¿Será así el desenlace en Irak?».

* «The Massacre at Mylai», *Life*, 5 de diciembre de 1969, pp. 36-42; Kammen, *Mystic Chords of Memory*, p. 647; James Davidson y Mark Lytle, *After the Fact*, Nueva York, McGraw-Hill, 1992, 2: pp. 379-382.

de Todd y Curti), proporcionan una cobertura mucho más amplia. *The Americans* concede a la guerra más de treinta y cuatro páginas. Pese a todo, su punto de vista adolece de cierta blandura. Aunque este libro incluye veintiuna ilustraciones sobre la guerra, solo una —la del monje inmolándose— aparece en mi lista de siete fotografías. Ni una sola de las veintiuna fotos muestra daños ocasionados por Estados Unidos en Vietnam. *Pathways to the Present* también incluye la fotografía de la inmolación y este libro y *American Journey* muestran la evacuación desde la azotea cercana a nuestra embajada. *Journey* también proporciona una foto de escombros sin identificar. *Holt* muestra un paisaje salpicado de cráteres causados por B-52. Eso es todo en los seis libros.

Evidentemente, los autores y editores de los libros de texto eligen entre miles de imágenes de la guerra de Vietnam. Podrían hacer diversas selecciones sin dejar de hacer justicia a la contienda. Pero por lo menos deben mostrar las atrocidades cometidas contra la población civil vietnamita, porque fueron algo frecuente e incluso inevitable en esa guerra sin líneas de frente, en la que nuestras fuerzas armadas solo tenían una idea extremadamente difusa de quién era su aliado o su adversario. En realidad, los ataques a la población civil formaban parte de la política estadounidense, como demostró el general William C. Westmoreland al describir a las víctimas civiles: «Es algo que priva al enemigo de población, ¿verdad?».[10] Evaluábamos nuestro avance en función del número de cadáveres y establecíamos zonas de ataque indiscriminado en las que se consideraba enemiga a toda la población civil. Es una estrategia que conducía inevitablemente a la comisión de crímenes de guerra. Cualquier fotografía de un soldado estadounidense prendiendo fuego a una casucha vietnamita (*hootch* les llamaban los soldados), algo habitual durante la guerra, trasmitiría ese mensaje, pero ningún libro de texto muestra acciones como esa.[11] *American Journey* incluye una foto de infantes de marina trepando por «un montículo de escombros que antes era una torre de la fortaleza de Hué». Los lectores podrían deducir que nuestras municiones redujeron a escombros esa fortaleza, así que hay que considerar que esa fotografía es *la única* ilustración que se puede encontrar en cualquier libro de texto que muestre claramente la destrucción que ocasionó nuestro bando, incluso de objetivos legítimos. Se diría que los libros de texto actuales aplican precisamente la censura que el general William Westmoreland deseaba (véase la cita que encabeza este capítulo)

---

[10] General William C. Westmoreland, citado en Murray Kempton, «Heart of Darkness», *New York Review of Books*, 24/11/1988, p. 26.

[11] *Holt* sí que muestra a soldados estadounidenses retirándose de una aldea camboyana envuelta en llamas, pero la fotografía no aclara quién la ha quemado.

cuando era comandante en jefe de nuestras tropas. Por desgracia, la censura ocasiona, no remedia, la confusión sobre la guerra.

My Lai no fue un suceso menor que no merezca figurar en la historia de una nación, sino que fue importante precisamente porque simboliza gran parte de los errores cometidos en toda la guerra de Vietnam. My Lai fue el ejemplo más famoso de lo que John Kerry, en su día miembro de Veteranos de Vietnam contra la Guerra y ahora senador, calificó de «sucesos no aislados, sino crímenes cometidos a diario, de los que eran plenamente conscientes mandos situados en todos los niveles». En abril de 1971, durante una comparecencia ante la Comisión de Relaciones Exteriores del Senado, Kerry declaró que «más de ciento cincuenta veteranos licenciados con honores y muchos cargados de condecoraciones demostraron que en el Sudeste Asiático se habían cometido crímenes de guerra». Después volvió a relatar que los soldados estadounidenses «habían participado directamente en violaciones, habían cortado orejas y cabezas, habían conectado genitales humanos a la corriente eléctrica sirviéndose de cinta aislante y cables de teléfonos portátiles, habían cortado extremidades, volado cuerpos, disparado al azar sobre civiles, arrasado pueblos tal como lo hacía Gengis Kan, habían disparado para divertirse sobre reses y perros, habían envenenado depósitos de comida y, en general, habían devastado el campo survietnamita». Todo esto, «además de la destrucción que normalmente causa la guerra», como Kerry señaló en su testimonio.[12]

Solo *Discovering American History*, el libro más antiguo de mi muestra, considera que la matanza de My Lai no es más que un suceso aislado. *The Americans* tiene un párrafo perfectamente pertinente sobre My Lai, mucho mejor que el de ningún otro libro nuevo, aunque no menciona que los ataques contra civiles

---

[12] John Kerry, «Winter Soldier Investigation», declaración ante la Comisión de Relaciones Exteriores del Senado, 4/1971, reproducido en Williams et al., eds., *America in Vietnam*, p. 295. En 2006, los reportajes periodísticos confirmaron que My Lai representaba un determinado tipo de crimen. Véase «Declassified Papers Show U.S. Atrocities in Vietnam Went Far Beyond My Lai», *Los Angeles Times*, 06/08/06, en History News Network, hnn.us/ oundup/entries/28956.html.

[En la actualidad, abril de 2016, John Kerry es secretario de Estado (*N. del T.*)].

fueron siempre un problema. Además de permitir que los estudiantes se queden sin saber la historia de la guerra, el silencio de los manuales a este respecto también hace incomprensible el movimiento antibelicista.

Dos autores de libros de texto, James West Davidson y Mark H. Lytle, han demostrado en otra obra que sí conocían la importancia de My Lai. «La estrategia americana llevaba en su seno la atrocidad», me dijo Lytle. En su libro *After the Fact*, Davidson y Lytle dedican gran parte de un capítulo a la masacre de My Lai. Relatan hasta qué punto las noticias sobre la matanza dejaron atónitos a los Estados Unidos. «Una cosa estaba clara», escriben, «el descubrimiento supuso un punto de inflexión para la percepción pública de la guerra».[13] Sin embargo, está claro que no piensan que los estudiantes de instituto tengan que saberlo, porque su manual de historia para secundaria, *The United States—A History of the Republic*, al igual que otros diez manuales de mi muestra, no menciona en absoluto My Lai.[14]

Si los libros de texto no incluyen las fotografías importantes de la guerra de Vietnam, ¿cuáles incluyen? Imágenes no polémicas, sobre todo de soldados de patrulla, cruzando pantanos o saltando desde helicópteros. Diez libros muestran a refugiados o daños causados por el otro bando, pero como esos daños eran normalmente menores que los ocasionados por nuestros bombardeos, las imágenes no impresionan mucho.

Esto es escandaloso e inexcusable. En su libro *A History of US*, dirigido a alumnos de quinto curso o similar [10-11 años] Joy Hakim demuestra que las cosas se pueden hacer mejor. Incluye al policía disparando al hombre aterrorizado, una foto de un guardia que amenaza a un prisionero de guerra vietnamita con un cuchillo, otra de un pueblo destruido por «nuestro bando» y la instantánea

---

[13] Davidson y Lytle, *After the Fact*, 2, pp. 356-383, cita de 2, p. 371.

[14] Con y sin Lytle, Davidson no deja de encadenar historias de los Estados Unidos. Su obra más reciente, *The American Nation*, apareció en 2005; no forma parte de esta revisión porque va dirigida principalmente a alumnos del ciclo anterior a secundaria. En ella continúa la práctica de no mencionar My Lai ni nada parecido. En consecuencia, *After the Fact* constituye una reprimenda contra el grado de responsabilidad académica de su libro posterior.

En *Triumph of the American Nation*, la única fotografía en la que aparecen tropas muestra a unos soldados que rodean sonrientes al presidente Johnson cuando visitó la base estadounidense de Cam Ranh Bay durante la guerra.

más famosa de la matanza de May Lai. Curiosamente, Hakim también presenta a sus lectores la imagen de la niña que corre desnuda por la carretera 1. Es algo sorprendente, porque los editores de libros de texto suelen seguir la norma de «no publicar desnudos»; como me dijo uno de ellos: «En los libros de primaria las vacas no tienen ubres». Sin embargo, sus libros han sido superventas: quizá porque también son más amenos que la mayoría de los manuales corrientes.

¿Y qué podemos decir de su redacción? Lamentablemente, la mayoría de los autores de libros de texto también prescinde de las citas más memorables de la época. Ninguno reproduce las típicas cadencias de Martin Luther King Jr., el primer gran líder que se manifestó contrario a la guerra, que aparecen al comienzo de este capítulo.[15] Todavía más famosa fue la disidencia de Muhammad

[15] *We Americans* sí proporciona otras dos frases de King que mencionan los sacrificios que estaban haciendo los soldados negros en Vietnam, aunque en su país no tuvieran igualdad de derechos.

Ali, entonces campeón del mundo de los pesos pesados. Como se negó a alistarse, le arrebataron ese título y él declaró: «Ningún miembro del Vietcong me ha llamado nunca *nigger*». Los dieciocho libros de texto también omiten esa frase. Después de la ofensiva del Tet, un oficial del Ejército de los Estados Unidos participante en la reocupación de Ben Tre afirmó: «Para salvar la localidad era necesario destruirla». Para millones de estadounidenses, esta declaración resumía la influencia estadounidense en Vietnam. Ningún libro de texto la incluye.[16] Tampoco reproduce ninguno la súplica de retirada inmediata que hizo John Kerry. «¿Cómo se le pide a un hombre que sea el último en morir por un error?».[17] La mayoría de los libros también prescinde de las canciones antibelicistas, de las consignas —«¡Y un cuerno, no vamos a ir!» y «Oye, oye, LBJ, ¿a cuántos niños te has cargado hoy?»— y, sobre todo, de las emociones. En realidad, en muchos manuales todo el movimiento antibelicista se convierte en algo incomprensible, porque no se le permite expresarse. Prácticamente, a las únicas personas que se cita es a los presidentes Johnson y Nixon y al secretario de Estado Henry Kissinger.[18]

Tres nuevos libros ofrecen una mejor cobertura. El nuevo *Pageant* y *We Americans* incluyen las consignas que cantaba la oposición. Esos dos volúmenes y también *Pathways to the Present* conceden más espacio que los textos anteriores al movimiento antibelicista y a la sucia cara oculta de la guerra. Como veremos más adelante, quizá esta mejora ponga de relieve que, con el paso del tiempo, la guerra de Vietnam ya no es ni muy reciente ni muy

---

[16] Hay uno, *The Challenge of Freedom*, que ofrece esta recreación, más bien deslucida, de la cita sobre Ben Tre: «Otras *palomas* creían que la guerra estaba perjudicando a Vietnam del Sur. Esa gente decía que no tenía mucho sentido destruir el país para salvarlo del comunismo».

[17] Testimonio de John Kerry, reproducido en Williams et al., eds., *America in Vietnam*, p. 295.

[18] George W. Chilcoat demuestra que las canciones de la época de la guerra de Vietnam —desde «Where Have All the Flowers Gone?» y «Give Peace a Chance», del bando antibelicista, hasta «Okie from Muskogee» y «Ballad of the Green Berets», del bando contrario— proporcionan a los alumnos una fascinante introducción a cuestiones relacionadas con la misma en «The Images of Vietnam: A Popular Music Approach», *Social Education*, 49, 1985, pp. 601-603.

polémica. Quizá los autores se estén aviniendo a tratarla de forma más directa, como ahora hablan de la esclavitud, ya que la Guerra Fría, al igual que la segregación oficial que sufrían los afroamericanos, ha terminado.

Con todo, su exposición del tema es deslavazada, lo cual quizá refleje la multiplicidad de autores que la han escrito. El capítulo 12 explica que con frecuencia los autores que figuran en las cubiertas de los manuales de historia de los Estados Unidos de secundaria no han escrito esos libros, sobre todo sus últimas ediciones. Dos libros presentes en la muestra evidencian este problema en su exposición sobre la guerra de Vietnam.

Como algunos de los enemigos vivían entre la población civil, a las tropas de los Estados Unidos les resultaba difícil distinguir entre amigos y enemigos. Una mujer que vendiera refrescos a los soldados estadounidenses podía ser una espía del Vietcong. Un chico parado en una esquina podía estar listo para lanzar una granada.

The Americans

Las tropas americanas... nunca podían estar seguras de quién era amigo y quién enemigo. La mujer vietnamita que vendía refrescos junto a la carretera podía ser aliada del Vietcong y estar contando a los soldados del gobierno que pasaban por delante. Un niño que vendiera dulces podía estar ocultando una granada.

Pathways to the Present

No es muy probable que autores independientes escribieran estos dos fragmentos. ¿Acaso Gerald Danzer (o alguno de sus «coautores») copió y modificó lo que dice *Pathways*? ¿O es que Alan Winkler (o uno de sus «coautores») copió y modificó lo que dice *The Americans*? En tal caso, uno tendría que acusar al otro de plagio. Sin embargo, nadie lo hace —no en el caso de los manuales de secundaria—, porque en la industria editorial todo el mundo sabe que los «autores» no son los que han escrito realmente los libros. Es probable que los editores de *Pathways* y *The Americans* contrataran al mismo colaborador externo para escribir o actualizar ambos libros. Además, hay otros empleados no identificados que añaden fotos y redactan pies de foto y sugerencias para la docencia.

Recurrir a diferentes autores no identificados para redactar distintos capítulos, apartados destacados y actualizaciones no solo es engañoso, ya que las comisiones escolares eligen los libros de texto en parte porque creen que los han redactado historiadores de renombre. También resta coherencia a los manuales. Es frecuente que diferentes párrafos del relato general se contradigan entre sí. Estaría bien presentar puntos de vista contrapuestos, pero no es eso lo que hacen los libros de texto. Más bien, el tratamiento que dan a la guerra equivale a una sucesión de versiones que adolecen de falta de organización de conjunto y de perspectiva o interpretación. No pueden estar organizados porque prácticamente los escribieron sin orden ni concierto comisiones sucesivas que nunca se reunieron. Por eso Frances FitzGerald, quien además de *America Revised* escribió *El lago en llamas*, un buen libro sobre Vietnam, dijo de los libros que revisó en 1979 que «sobre la guerra, [no eran] ni belicosos ni pacifistas: simplemente se muestran esquivos». Después añadía que «como es bastante difícil hablar de la guerra sin entrar en ninguno de sus grandes temas, la lectura de sus apartados sobre Vietnam resulta sorprendente».[19]

Hasta cierto punto, la definición de esos temas depende de la interpretación y no me gustaría criticar los libros de texto por mantener una interpretación diferente a la mía. Podríamos coincidir en que cualquier texto razonable sobre la guerra de Vietnam debería plantear, como mínimo, las seis cuestiones siguientes:

¿Por qué luchaba Estados Unidos en Vietnam?
¿Cómo fue la guerra antes de la entrada de los Estados Unidos? ¿Cómo la cambiaron los Estados Unidos? ¿Cómo cambió la guerra a los Estados Unidos?
¿Por qué el movimiento antibelicista cobró tanta fuerza en los Estados Unidos? ¿Qué críticas hacía a la guerra? ¿Tenía razón?
¿Por qué perdieron los Estados Unidos la guerra?
¿Qué lección o lecciones debemos extraer de esa experiencia?

---

[19] Frances FitzGerald, *America Revised*, Nueva York, Vintage, 1980, p. 126.

Esta simple enumeración de cuestiones conlleva reconocer que todas ellas siguen siendo polémicas. Pensemos en la primera. Hay quien todavía sostiene que los Estados Unidos lucharon en Vietnam para garantizar el acceso a sus valiosos recursos naturales. El enfoque del «benefactor del mundo» mencionado en el capítulo anterior diría que luchamos para llevar la democracia al pueblo de Vietnam. Quizá sean más corrientes los análisis relacionados con nuestra política interna: los presidentes demócratas Kennedy y Johnson, después de ver cómo los republicanos habían fustigado a Truman por «perder» China, no querían que pareciera que «perdían» Vietnam. Uno de los enfoques basado en el realismo político hace hincapié en la teoría del dominó: aunque ahora sabemos que los comunistas de Vietnam están en contra de los chinos, entonces no lo sabíamos, y algunos dirigentes pensaban que, si Vietnam «caía» en manos de los comunistas, también caerían Tailandia, Malasia, Indonesia y Filipinas. Hay también otra teoría que señala que los Estados Unidos tenían la sensación de que su prestigio estaba en peligro, de manera que no querían ser derrotados en Vietnam por si eso ponía en peligro la *Pax Americana* en África, Sudamérica u otros lugares del mundo.[20] Algunos teóricos de la conspiración van aún más lejos y denuncian que fueron las grandes empresas las que fomentaron la guerra para mejorar la situación económica. Otros historiadores ven las cosas con más perspectiva y aducen que nuestra intervención en Vietnam se deriva de una pauta cultural que, basada en el racismo y el imperialismo, se inició en 1622 con la primera guerra contra los indios registrada en Virginia, continuó durante el siglo XX con el «Destino Manifiesto» y ahora está declinando durante el llamado «Siglo Americano». Señalan que en Vietnam los soldados estadounidenses coleccionaban y exhibían orejas de vietnamitas del mismo modo que los colonos británicos asentados en Norteamérica recogían y

---

[20] En «Falling Dominoes», *New York Review of Books*, 27/10/1983, p. 19, Theodore Draper señala que, si siguiéramos esa retórica, el tamaño, la ubicación y la importancia del país, y la amenaza real al que este o nosotros nos enfrentáramos carecería de importancia, porque esa argumentación presentaría motivos racionales para la intervención en cualquier lugar del mundo.

exhibían cueros cabelludos de indios.[21] Por último, podríamos mencionar la teoría de que no hubo ninguna motivación clara, ni desde luego un objetivo claro, y que cometimos el error garrafal de lanzarnos a la guerra porque ninguna de las administraciones posteriores tuvo el valor de deshacer el error cometido en 1946 al enfrentarnos a un movimiento popular de independencia. «El principal error garrafal respecto a Indochina se cometió después de 1945», escribió el secretario de Estado John Foster Dulles, cuando «nuestro gobierno dejó que le convencieran» los franceses y los británicos de que había que «devolver a Francia su posición colonial en Indochina».[22]

Es posible que las semillas de la trágica participación estadounidense en Vietnam se esparcieran en Versalles en 1918, cuando Woodrow Wilson no escuchó a Ho Chi Minh abogar por la independencia de su país. Quizá germinaran cuando la política que propugnaba Roosevelt de no ayudar a los franceses a recolonizar el Sudeste Asiático después de la Segunda Guerra Mundial acabó con la muerte del presidente. Como los libros de texto no suelen dar a entender que los acontecimientos de un periodo ocasionan los del siguiente, no es sorprendente que ninguno de los manuales que he revisado busque las razones que explican la guerra de Vietnam antes de la década de 1950.

Dentro de las décadas de 1950 y 1960 los datos históricos que avalan algunas de estas interpretaciones contrapuestas son mucho más endebles que los que avalan otras, aunque yo no voy a tomar partido.[23] Los autores de libros de texto tampoco tienen por qué hacerlo. Podrían presentar varias interpretaciones, revisar de manera general el apoyo que la historia da a cada una de ellas e invitar a los alumnos a llegar a sus propias conclusiones. Sin embargo,

---

[21] Véase Richard Drinnon, *Facing West*, Minneapolis, University of Minnesota Press, 1980, y Richard Slotkin, *Regeneration Through Violence*, Middletown, CT, Wesleyan University Press, 1973.

[22] John Foster Dulles, citado en Williams et al., eds., *America in Vietnam*, p. 167.

[23] Frances FitzGerald, *Fire in the Lake*, Boston, Atlantic-Little, Brown, 1972, baraja razones que explican la intervención estadounidense [ed. cast.: *El lago en llamas: imperialismo y revolución en Vietnam*, Barcelona, Muchnik, 1975]; Stanley Karnow, *Vietnam*, Nueva York, Viking, 1983, describe cómo se produjo la escalada.

esos desafíos no son propios de los autores de libros de texto, que parecen impelidos a ofrecer respuestas «correctas» a cualquier pregunta, incluso a las polémicas no resueltas.

Entonces, ¿qué interpretación eligen? ¡Ninguna de las anteriores! La mayoría de los libros de texto se limita a esquivar el problema. A continuación figura un análisis típico, tomado de *American Adventures*: «A finales de la década de 1950 estalló la guerra en Vietnam del Sur. En esta ocasión los Estados Unidos prestaron ayuda al gobierno survietnamita». «Estalló la guerra»: ¿hay una simpleza mayor? *Adventures* dedica cuatro páginas a explicar por qué entramos en la guerra de 1812, pero solo estas dos frases a explicar por qué luchamos en Vietnam. Los libros de texto más recientes remiten simplemente al anticomunismo para explicar la participación estadounidense.

No es probable que los profesores compensen las deficiencias que presentan sus libros de texto al hablar de la guerra. Según Linda McNeil, la mayoría tiene un especial interés en no dar clases sobre Vietnam. «Su recuerdo de la época de Vietnam les hacía evitar temas sobre los que los alumnos fueran probablemente a discrepar de su criterio o que los volvieran "cínicos" frente a las instituciones de los Estados Unidos». En consecuencia, en la década de 1980 el profesor medio concedía a la guerra de Vietnam entre 0 y 4,5 minutos del curso escolar. La cobertura no ha aumentado mucho desde entonces; multitud de estudiantes universitarios señalan que en el instituto los cursos de historia solían terminar en la época de la guerra de Corea.[24]

---

[24] Linda McNeil, «Defensive Teaching and Classroom Control», en Michael W. Apple y Lois Weis, eds., *Ideology and Practice in Schooling*, Filadelfia, Temple University Press, 1983, pp. 116 y 126-127; véase también David Jenness, *Making Sense of Social Studies*, Nueva York, Macmillan, 1990, pp. 270-275; y Jim DeFrongo, «How Sociologists Can Help Prevent War», Storrs, CT, sin fecha, mecanografiado. La guerra de Vietnam también se minimiza en la muestra museística que utiliza el portaaviones *Intrepid* en Nueva York. La película y las series de diapositivas que muestra el museo omiten por completo el papel del *Intrepid* en Vietnam. Según la comisión de Almirantes retirados que supervisa los programas de interpretación de esa institución por orden de la Armada, la guerra de Vietnam es demasiado «política». Véase James W. Loewen, *Lies Across America*, Nueva York, New Press, 1999, pp. 404-407.

Ni nuestros libros de texto ni la mayoría de nuestros profesores ayudan a los alumnos a pensar en Vietnam de forma crítica y disponen los datos históricos de manera que avalen sus conclusiones. Tampoco plantean cuestiones como «¿fue una guerra justa?», «¿fue ética?». Algunos manuales sí parecen ir a plantear problemas morales, pero después dan un giro. Por ejemplo, *Challenge of Freedom* se pregunta: «¿Por qué los Estados Unidos utilizaron tanta fuerza militar en Vietnam del Sur?». Podría ser interesante intentar responder a esa pregunta: ¿Porque nuestros enemigos no eran blancos?, ¿porque no podían contraatacar en los Estados Unidos?, ¿porque disponíamos de esa fuerza?, ¿porque a lo largo de la historia los Estados Unidos han adoptado una actitud imperialista con los pueblos «primitivos», desde nuestras guerras con los indios pasando por la guerra con Filipinas de 1899-1913, hasta llegar a Vietnam?, ¿porque, como la mayoría de las naciones, nuestro comportamiento no se rige por criterios morales, sino por el realismo político? Sin embargo, la respuesta que *Challenge* sugiere a los profesores demuestra que en realidad los autores no quieren que los estudiantes piensen en por qué intervinimos y, desde luego, tampoco en si debíamos hacerlo, sino que solo pretenden que repitan como loros la explicación que dio el presidente Johnson a tantos bombardeos, que el libro ya ha proporcionado: «Demostrar al Vietcong y a su aliado, Vietnam del Norte, que no podían ganar la guerra». Es una respuesta desconcertante, ya que el Vietcong y Vietnam del Norte acabaron ganando la guerra; además, cuando los autores afirman que conocen la motivación de Johnson no ofrecen pruebas al respecto. En el entorno retórico creado por este libro de texto, el hecho de que un profesor planteara una cuestión moral se consideraría una violación de las normas imperantes en el aula.

Boorstin y Kelley también se limitan mayormente a pedir cosas trilladas, como «Identifica a Dean Rusk», intercaladas algunas veces con cuestiones de «Pensamiento crítico» como «¿Hasta qué punto el episodio del golfo de Tonkín condujo a un incremento de nuestra participación en Vietnam?». En realidad, el 2 de agosto de 1964, el destructor estadounidense *Maddox* estaba patrullando por ese golfo a cuatro millas de islas pertenecientes a Vietnam del

Norte. Al mismo tiempo, barcos estadounidenses de menor tamaño trasladaban a comandos survietnamitas para atacar algunas de esas islas. Tres patrulleras norvietnamitas lanzaron torpedos sobre *Maddox*, sin alcanzarlo; el destructor inutilizó dos de ellas y hundió a la tercera. Vietnam del Norte protestó ante la Comisión de Control Internacional. Al día siguiente, mientras los buques más pequeños de los Estados Unidos transportaban a comandos que, en esta ocasión, atacarían objetivos en tierra, *Maddox* volvió y, pensando que estaban de nuevo atacándolo, disparó en todas direcciones. No tardó en quedar bastante claro que los ataques eran fantasmas ocasionados por inclemencias climatológicas y errores de interpretación del sónar. No obstante, el presidente Johnson se manifestó escandalizado y envió la llamada «resolución del golfo de Tonkín» al Congreso, que la apoyó por abrumadora mayoría. La resolución autorizaba al presidente a hacer lo que quisiera en Vietnam y él la utilizó inmediatamente para comenzar a bombardear Vietnam del Norte. Un verdadero «pensamiento crítico» podría inducir a los estudiantes a llegar a la conclusión de que a la pregunta se le puede dar la vuelta: nuestra mayor participación en el conflicto vietnamita condujo al episodio del golfo de Tonkín, sobre todo porque el segundo ataque contra el *Maddox*, en el que se basó «el incremento de nuestra participación en Vietnam», nunca tuvo lugar. (Como Johnson le confesó a un asesor en esa época, «esos marineros estúpidos y sin cabeza solo estaban disparando a peces voladores»).[25] Por desgracia, con la excepción del antiguo *Discovering American History*, publicado en 1974, ninguno de los manuales de historia de secundaria que revisé se atreve realmente a incitar a los alumnos a pensar de manera crítica sobre la guerra de Vietnam.

Irónicamente, es probable que los estudiantes pudieran «incurrir» en el pensamiento crítico sin ofender a sus padres. En la actualidad, el 70 por ciento de los estadounidenses, como mínimo, cree que la guerra de Vietnam fue tan moralmente errónea como tácticamente torpe.[26] Es un consenso bastante importante.

---

[25] Karnow, *Vietnam*, pp. 365-376.

[26] Encuesta de Gallup, noviembre de 1986; encuesta de Roper, 8/1984.

Con todo, los estridentes debates que desataron los historiales militares de George W. Bush y John Kerry en la campaña presidencial de 2004 demostraron que la guerra aún podía ser polémica. Puede que sea el miedo a la polémica lo que explique que, en Florida, Disney World presente un vídeo de animación de veintinueve minutos sobre la historia de los Estados Unidos titulado *Aventura americana*, en el que se prescinde, de manera torpe pero absoluta, de la guerra de Vietnam. Y también puede explicar que los manuales de historia omitan imágenes y problemas que hoy en día podrían perturbar a los estudiantes o a sus padres.

Al sumir en la confusión la guerra de Vietnam, no se permite a los chavales comprender gran parte del discurso público posterior a ese conflicto. Políticos de todo el espectro político invocaban «las lecciones de Vietnam» al debatir las intervenciones en Angola, el Líbano, Kuwait, Somalia, Bosnia y, más recientemente, Irak. Adhesivos con el lema EL SALVADOR QUIERE DECIR VIETNAM EN ESPAÑOL contribuyeron a impedir que los Estados Unidos enviaran tropas a ese país. Los libros de John Dumbrell y David Ryan, *Vietnam in Iraq*, y Robert Brigham, *Is Iraq Another Vietnam?* [¿Es Irak otro Vietnam?], establecen paralelismos concretos entre esas dos guerras aparentemente interminables.[27] En 2006 Henry Kissinger utilizó su perversa y errónea interpretación de nuestro desastre en Vietnam —echa la culpa al Congreso de la retirada— para aconsejar a George W. Bush que «mantuviera el rumbo» en Irak.[28] «Las lecciones de Vietnam» también se han utilizado para sustentar o tergiversar los debates sobre el secretis-

---

[27] Véase Dick Cluster, ed., *They Should Have Served That Cup of Coffee*, Boston, South End Press, 1979, pp. 149-179; John Dumbrell y David Ryan, *Vietnam in Iraq*, Taylor & Francis, 2006; Robert Brigham, *Is Iraq Another Vietnam?*, Washington, D.C., Public Affairs, 2006.

[28] La afirmación de Kissinger es perversa por dos razones. En primer lugar, él negoció nuestra retirada y sabe perfectamente que lo único que consiguió fue salvar la cara al conseguir un «intervalo aceptable» entre la retirada y la ofensiva final vietnamita. En segundo lugar, ¿para quién habría que «mantener el rumbo»? Kissinger también sabe que el desfile de generales que iban haciéndose cargo sucesivamente del «gobierno» de Vietnam del Sur no proporcionaba al pueblo vietnamita ni un liderazgo ni una ideología coherentes.

mo, la prensa, el funcionamiento del Gobierno federal e incluso la conveniencia de que el Ejército admita a homosexuales. Los graduados de secundaria tienen derecho a saber lo suficiente sobre la guerra de Vietnam como para poder participar con conocimiento de causa en esos debates. Después de todo, son ellos a los que se pedirá luchar en nuestra próxima guerra (y en la actual), se parezca o no a Vietnam.[29]

[29] Kammen, *Mystic Chords of Memory*, p. 639.

10

Por el desagüe de la memoria: la desaparición del pasado reciente

«No vemos las cosas como son,
sino como somos nosotros».

Anaïs Nin

«El patriotismo solo puede prosperar allí donde
no se da tregua al racismo y el nacionalismo.
Nunca deberíamos confundir el patriotismo con el nacionalismo.
Un patriota es aquel que ama a su patria. Un nacionalista
es aquel que desprecia las patrias de los demás».

Johannes Rau[1]

«Está claro que la gente no quiere guerras…
Pero, después de todo, son los dirigentes del país
quienes deciden la política, y siempre resulta sencillo llevarse a la
gente de calle, ya sea en una democracia, una dictadura fascista,
un parlamento o una dictadura comunista. Con voz o sin ella,
siempre se puede conseguir que la gente haga lo que se les antoja
a los dirigentes. Es fácil. Basta con decirle que la están atacando
y denunciar la falta de patriotismo de los pacifistas».

Mariscal de campo Hermann Goering,
18 de abril de 1946, Núremberg[2]

«Cuando quienes ostentan el poder retienen
sistemáticamente la información que en realidad
pertenece al pueblo, este tarda poco en dejar de ser
consciente de sus propios asuntos, en desconfiar
de quienes los gestionan y, al final, en ser incapaz
de decidir sobre su propio destino».

Richard Nixon[3]

---

[1] Citado por Daniel Barenboim, «Germans, Jews, and Music», *New York Review of Books*, 29/03/2001, p. 50.

[2] Goering, citado por Gustave Gilbert, capitán del Ejército estadounidense, en *Nuremberg Diary*, Cambridge, MA, Da Capo, 1995 [1947?]; cf. pinkfreud-ga, «Answer», 26/07/2003, en answers.google.com/answers/main?cmd=threadview&id=235519, 5/2007.

[3] Declaración presidencial de 1972 para fortalecer la Ley de Libertad de Acceso a la Información, citada en Tim Weiner, «The Cold War Freezer Keeps Historians Out», *New York Times*, 23 de mayo de 1993.

Muchas sociedades africanas dividen a los seres humanos en tres categorías: los que siguen vivos en la Tierra, los *sasha* y los *zamani*. Los que acaban de fallecer, cuyo tiempo coincidió con el de aquellos que aún están aquí, son los *sasha*, los muertos vivientes. No están del todo muertos, porque aún permanecen en la memoria de los vivos, que pueden recordarlos, representarlos por medios artísticos y hacerles cobrar vida al relatar anécdotas. Cuando fallece la última persona que conoció a un ancestro, este deja de ser *sasha* para convertirse en *zamani*, un muerto. En su calidad general de ancestros, a los *zamani* no se los olvida, sino que se los venera. A muchos de ellos, como George Washington o Clara Barton, se los recuerda por su nombre. Pero ya no son muertos vivientes. Hay una diferencia.[4]

Como nosotros no tenemos esos términos del suajili, no solemos establecer esta diferencia de manera sistemática, pero aun así la establecemos. Pensemos en cómo leemos el relato de un acontecimiento que hemos vivido, ya sea una competición deportiva o la guerra de Irak, sobre todo si hemos participado directamente en él. En parte lo leemos desde la crítica, evaluando en qué se equivocan los autores y asintiendo ante lo que no se equivocan, y quizá aprendiendo de ello. Cuando estudiamos el pasado lejano, también leemos de forma crítica, pero en ese caso nuestra actitud es principalmente digestiva. Cuando leemos por primera vez algo

[4] John Mbiti, *African Religions and Philosophy*, Oxford, Heinemann, 1990 [ed. cast.: *Entre Dios y el tiempo: religiones tradicionales africanas*, Madrid, Mundo Negro, 2007].

sobre un acontecimiento es cuando tenemos menos razones para tomar posición al respecto y para criticar lo que leemos.

Los autores de manuales de historia de los Estados Unidos parecen tener demasiado presentes a los *sasha*; es decir, el hecho de que los profesores, los padres y las comisiones que eligen los libros de texto estaban vivos en el pasado reciente. Parece que les incomoda. Más propio de ellos es venerar a los *zamani*, a los ancestros en general. El mundo de los *sasha* es polémico por definición, porque los lectores le aportan su conocimiento y su forma de interpretarlo, así que quizá no estén de acuerdo con lo que se escribe. En consecuencia, cuanto menos se diga del pasado reciente, mejor.

Analicé de qué manera los tres libros de historia narrativa de los Estados Unidos de mi muestra original cubrían las cinco décadas anteriores a la de 1980 (dejé fuera esta porque algunos de los manuales más antiguos se publicaron precisamente en los ochenta, así que era imposible que se ocuparan totalmente de ella). En promedio, los libros de texto dedican cuarenta y siete páginas a la década de 1930, cuarenta y cuatro a la de 1940, y menos de treinta y cinco a cada una de las posteriores. Ni siquiera la turbulenta década de 1960 —en la que tuvieron lugar el movimiento por los derechos civiles, gran parte de la guerra de Vietnam y los asesinatos de Martin Luther King Jr., Medgar Evers, Malcolm X y John y Robert Kennedy— merecía más de treinta y cinco páginas.[5]

[5] En el párrafo anterior he utilizado el adjetivo *narrativo* para referirme a los libros de texto porque mi examen puso de manifiesto la existencia de una sorprendente diferencia entre los dos manuales de «indagación» y los narrativos. *Discovering American History* y *The American Adventure*, que se componen en gran medida de mapas, ilustraciones y extractos de fuentes primarias, no restan importancia a los *sasha*. De hecho, su atención al pasado reciente pone de relieve el deseo que tienen sus autores de convertir la historia en algo pertinente para los acontecimientos y problemas actuales. En consecuencia, a pesar de que los dos volúmenes se publicaron antes del fin de la década de 1970, conceden más espacio a la de 1960 y a la propia de 1970 que los dieciséis libros de texto narrativos. Por desgracia, ya hace mucho tiempo que los manuales de indagación cayeron en desgracia y están descatalogados; hasta donde yo sé, ninguno sigue a la venta.

Los libros de texto de 2006-2007 presentan un enfoque bastante distinto. Ahora la década de 1960 ya no es historia reciente, así que los manuales pueden concederle el énfasis que siempre debieron darle: cincuenta y cinco páginas (un total mayor que el de ninguna otra década del siglo XX). Pero los manuales de hoy, publicados entre 2000 y 2007, despachan con rapidez el nuevo pasado reciente, las décadas de 1980, 1990 y 2000.[6] Ahora dedican cuarenta y nueve páginas a la década de 1930 y cuarenta y siete a la de 1940, pero menos de veinte a las de 1980 y 1990 (añadiendo incluso los primeros años del nuevo milenio). Sin embargo, fueron décadas importantes en las que los Estados Unidos atacaron Irak en dos ocasiones, pasaron por el segundo proceso de destitución presidencial de su historia, asistieron a las elecciones más reñidas y controvertidas en más de un siglo y sufrieron los atentados terroristas del 11 de septiembre de 2001.

No obstante, todas esas cuestiones siguen siendo polémicas. Unos padres son demócratas y otros republicanos, de manera que quizá lo que los autores digan sobre la destitución y el proceso contra Bill Clinton ofenda a la mitad de la comunidad. Una proporción creciente de estadounidenses cree que la guerra de Irak fue una mala idea, pero si los autores dicen tal cosa, se enajenarán el beneplácito de personas importantes, quizá incluso de los miembros de las juntas escolares. La homosexualidad es un tabú todavía mayor como objeto de debate o de aprendizaje en los institutos estadounidenses. La discriminación positiva suscita debates airados. El movimiento feminista todavía puede ser un campo minado, aunque su apogeo fuera en la década de 1970. En todos los distritos escolares hay padres que defienden enérgicamente los roles tradicionales de género y otros que no. Así que mejor no decir mucho sobre el feminismo actual: dejémoslo en la década de 1970. En consecuencia, los autores pasan de puntillas y con precaución extrema por entre los *sasha*, esquivando los asuntos principales, todo aquello que exija un porqué.

---

[6] El año *2007* debe aparecer entre signos de interrogación, porque los editores mienten en la página de créditos: el libro de «2007» yo lo tenía desde comienzos de 2006 y no contiene información que vaya más allá de mediados de 2005.

Los autores de libros de texto no son los únicos responsables de desdeñar el pasado reciente en los cursos de historia de secundaria. A muchos profesores también les falta valor o simplemente tiempo. Aun en el caso de que los manuales otorgaran a los *sasha* el espacio que merecen, la mayoría de los alumnos tendría que leerse esos textos por su cuenta, porque gran parte de los docentes no llega siquiera a acercarse al final del libro. En su curso anual de historia de los Estados Unidos, el profesor de quinto curso Chris Zajac, protagonista de *Among Schoolchildren* [Entre escolares], de Traccy Kidder, ¡nunca va más allá de la Reconstrucción![7] Pero el tiempo no es el único problema. Al igual que los editores, los profesores no quieren arriesgarse a ofender a los padres. El resultado es una forma de abordar el pasado que sigue los consejos de la madre de Tambor, el personaje de *Bambi*: «Si no puedes decir algo agradable, no digas nada».

Una de las excusas que en ocasiones dan los autores y editores de libros de texto para justificar que sus explicaciones sobre el pasado reciente de los Estados Unidos sean tan comprimidas e insulsas es precisamente lo reciente que es. No sabemos cómo verán los historiadores el período una vez que alcancen el distanciamiento que la perspectiva histórica les concederá, así que, cuanto menos se diga, mejor.

En los temas relacionados con los *zamani*, los autores de libros de texto sí utilizan la perspectiva histórica como escudo. Al adoptar un aburrido tono omnisciente cuando relatan acontecimientos de los *zamani*, los autores dan a entender que existe una única verdad histórica, sobre la que los historiadores se han puesto de acuerdo y que ahora enseñan ellos para que los estudiantes la memoricen. Esa forma de redactar da a entender también que, con el paso del tiempo, nuestra perspectiva histórica se torna cada vez más precisa, por lo que bendice a los autores de libros de texto actuales con una acumulada perspicacia histórica. Sin embargo, no pueden utilizar la perspectiva histórica para defender su forma de abordar los acontecimientos de los *sasha*. Sin ella, los autores de libros de texto aparecen desnudos: ninguna cualificación concreta

---

[7] Tracy Kidder, *Among Schoolchildren*, Nueva York, Harper Perennial, 1990.

les otorga el derecho a narrar acontecimientos recientes con el mismo distanciamiento olímpico y la certeza absoluta con la que sueltan peroratas sobre los acontecimientos de los *zamani*. Por otra parte, los libros de texto son fuentes terciarias que supuestamente se basan en fuentes secundarias, en su mayoría compuestas por libros y artículos que todavía no versan sobre el pasado reciente.

Tal como normalmente se entiende, la perspectiva histórica justifica tácitamente el abandono de los *sasha*. Los historiadores nos dicen que estamos demasiado cerca de los acontecimientos recientes como para poder pararnos a pensar y contextualizarlos. Según ellos, cuando los archivos van proporcionando materiales nuevos o el paso del tiempo va dejando más claras las consecuencias de las acciones, podemos llegar a evaluaciones más «objetivas». No obstante, el paso del tiempo, por sí solo, no proporciona perspectiva. El tiempo permite tanto la pérdida como la obtención de información. En consecuencia, no podemos excusarnos en una perspectiva histórica deficiente para dejar de lado a los *sasha*.

Llegados a este punto, vendría bien recordar tres cambios de perspectiva apuntados en capítulos anteriores. En la actualidad, Woodrow Wilson obtiene hoy una valoración muchísimo más positiva que en 1920. Este encumbramiento de su reputación no se deriva del descubrimiento de nuevas informaciones sobre su administración, sino de las necesidades ideológicas de finales de la década de 1940 y comienzos de la de 1950. En esos años los historiadores blancos no solían criticar a Wilson por segregar el Gobierno federal, porque no había un consenso que dictara que la segregación racial fuera negativa. Para la opinión pública de la posguerra, el asunto principal no eran las relaciones raciales, sino la contención del comunismo. Durante la Guerra Fría nuestro gobierno actuó como en la época de Wilson, librando guerras semideclaradas, engañando al Congreso y reprimiendo las libertades civiles en nombre del anticomunismo. Las políticas de Wilson, polémicas e impopulares en la década de 1920, ya eran algo corriente en la de 1950. Estadistas e historiadores de esta última rechazaban e incluso trivializaban el aislacionismo. Con la intención de forzar la mano de las Naciones Unidas, en gran medida bajo la férula de Estados Unidos en esa época, apreciaban las iniciativas que había promovido Wilson en nombre de la Sociedad de Naciones. El historiador Gordon Levin Jr. lo expresó con claridad: «En última instancia, en la época posterior a la Segunda Guerra Mundial, los valores wilsonianos acabarían imponiéndose totalmente en el consenso bipartidista de la Guerra Fría».[8] De este modo, la mejora de la evaluación de Wilson que se aprecia en los libros de texto actuales puede atribuirse en gran medida al hecho de que las necesidades ideológicas de la década de 1950, cuando Wilson estaba entre los *zamani*, eran diferentes a las de la década de 1920, cuando estaba entrando en los *sasha*.

Las transformaciones que propicia el tiempo también pueden cambiar nuestra forma de ver el pasado más lejano. Bartolomé de las Casas y otros autores y sacerdotes señalaron el maltrato que daban los españoles a los indios caribes mientras Colón estaba entre los *sasha*. Sin embargo, posteriormente, se encumbró al Almirante considerándole un osado hombre de ciencia que refutó la idea de que la Tierra era plana y que llevó el progreso a un nuevo hemisferio. Este Colón decimonónico atraía a un país que estaba poniendo fin a trescientos años de guerra triunfal contra las naciones indias. Sin embargo, en 1992 muchas de las celebraciones colombinas ya suscitaban conmemoraciones de signo contrario, con frecuencia organizadas por indígenas: Colón el explotador comenzaba ahora a tener el mismo peso que Colón el explorador. El «nuevo» Colón, más cercano al de los *sasha*, atraía a una nación que tenía que relacionarse con docenas de excolonias de las potencias europeas, ahora nuevas naciones, con frecuencia gobernadas por gentes de color. Como ya hemos visto, en 2007 hasta nuestros libros de texto comenzaron a dejar constancia tanto de las consecuencias desastrosas como de las benéficas que había tenido el intercambio colombino. El contraste entre las conmemoraciones del primer viaje de Colón registradas en

[8] Gordon Levin Jr., *Woodrow Wilson and World Politics: America's Response to War and Revolution*, Nueva York, Oxford University Press, 1968, p. 260. Cf. Arthur S. Link, ensayo sin título incluido en J. J. Huthmacher y W. I. Susman, eds., *Wilson's Diplomacy: An International Symposium*, Cambridge, Schenkman, 1973, p. 9.

1892 y 1992 también demuestra las consecuencias que reporta situarse en atalayas diferentes. Como señaló Anaïs Nin, vemos las cosas en función de cómo somos nosotros, y ese «nosotros» cambió entre 1892 y 1992.

El mito confederado de la Reconstrucción comenzó a calar en la bibliografía histórica entre 1890 y 1940, durante el nadir de las relaciones raciales, y aguantó en los libros de texto hasta la década de 1960. A los gobiernos de la Reconstrucción se los presentaba como ejemplos ilegítimos y corruptos de la «dominación negra». Ahora los historiadores han retomado la concepción de la Reconstrucción propuesta en historias anteriores, escritas mientras los gobiernos republicanos seguían rigiendo los estados sureños. Eric Foner, que acoge de buen grado el cambio, lo achaca a la «investigación objetiva y la experiencia moderna», una redacción que vincula de manera concisa las dos causas principales. En los estudios históricos existe la investigación objetiva, razón por la cual me atrevo a utilizar las palabras *verdad* y *patrañas*. Por desgracia, el paso del tiempo no fomenta por sí solo la investigación objetiva. La pura y simple distancia cronológica no alentó una descripción más precisa de la Reconstrucción. Como los hechos de ese período no encajaban en absoluto con la «experiencia moderna» de la época del nadir, se quedaron mudos durante las primeras décadas del siglo XX, cuando la mayoría de los historiadores los pasaron por alto. Hasta que el movimiento por los derechos civiles no alteró la «experiencia moderna», los hechos no pudieron hablarnos claramente.[9] En consecuencia, la perspectiva histórica no se deriva del paso del tiempo. Una visión más precisa emana de la teoría de la disonancia cognitiva expuesta por Leon Festinger, según la cual lo que en gran medida determina la perspectiva histórica sobre el pasado son las prácticas sociales del período en el que se escribe la historia.[10] La investigación objetiva debe vincularse a una experiencia moderna que le permita imponerse.

---

[9] Eric Foner ofrece una explicación condensada de los cambios registrados en la historiografía sobre la Reconstrucción en *Reconstruction*, Nueva York, Harper & Row, 1988, pp. XIX-XXIII y 609-611.

[10] Leon Festinger, *A Theory of Cognitive Dissonance*, Evanston, IL, Row, Peterson, 1957.

De este modo, puede que a la hora de escribir sobre el pasado reciente a los autores de libros de texto no les venga mal carecer de cierta perspectiva histórica. Por el contrario, el hecho de que los acontecimientos sean recientes les puede conceder ciertas ventajas. En primer lugar, como los propios autores vivieron los acontecimientos, pudieron acceder a múltiples informaciones televisivas y periodísticas, y a conversaciones con otras personas sobre los temas del momento. En segundo lugar, se dispone de múltiples puntos de vista, más o menos convincentes, todos ellos respaldados por datos. En tercer lugar, los autores pueden realizar sus propias investigaciones: consultar periódicos, entrevistar a protagonistas de la historia reciente y compartir sus interpretaciones con expertos de disciplinas como la ciencia política, que estén estudiando esas cuestiones. Una vez provistos de esa información, los autores de libros de texto podrían desarrollar una línea argumental sobre el pasado reciente que sería tan interesante como informativa. Eso es lo que intenté hacer al escribir este capítulo.[11] Llegué a la conclusión de que entre los asuntos más importantes de la década pasada estaban los atentados del 11 de septiembre de 2001, nuestra reacción en Afganistán y nuestra (segunda) guerra contra Irak. Esos tres acontecimientos prometen influir en nuestra vida futura mucho más que la destitución de Clinton, por ejemplo. ¿Qué dicen los libros de texto al respecto? ¿Qué *deberían* decir?

Respecto a los atentados, seguramente los estudiantes estadounidenses, al igual que el resto de sus compatriotas, busquen respuestas a cuatro preguntas: la primera, ¿qué ocurrió? La segunda, ¿por qué nos atacaron? La tercera, ¿cómo permitimos que ocurriera? Las dos últimas conducen lógicamente a una cuarta: ¿volverá a ocurrir?

Los libros de texto sí relatan lo que ocurrió el 11 de septiembre de 2001 y lo hacen con gran detalle, quizá porque esa es la tarea más fácil. *Holt American Nation* y *The Americans*, por ejemplo, dedican cinco páginas enteras a lo ocurrido en el World Trade Center [las Torres Gemelas] y el Pentágono. Cometen errores:

[11] Bueno, no entrevisté a ningún protagonista de la historia reciente.

Holt afirma, por ejemplo, que «por primera vez desde la guerra de 1812, un país extranjero atacaba el territorio estadounidense». Esta afirmación sorprenderá a los habitantes de Columbus (Nuevo México), donde el Parque Estatal Pancho Villa conserva la memoria del ataque que, lanzado por México en 1916, ocasionó la muerte de dos docenas de estadounidenses, dejando tras de sí una ciudad incendiada y en ruinas. Por otra parte, esos relatos son muy descuidados: desperdician palabras que habrían merecido un uso mucho mejor. Llegado cierto punto, *Holt* nos dice, por ejemplo, que «el derrumbe de los enormes edificios mató o atrapó a miles de personas que aún estaban en el interior o cerca de las torres, entre ellas a cientos de bomberos, policías y otros miembros de servicios de emergencia». Una página después repite que «unas 2500 personas murieron en el atentado contra el World Trade Center. Una cifra que incluye a más de 300 bomberos y muchos otros miembros de servicios de emergencia que trabajaron en la zona».

La narración de lo ocurrido contesta a la pregunta menos importante de las cuatro señaladas, porque los alumnos de secundaria actuales ya saben lo que pasó (sin embargo, dentro de tres o cuatro años, los que no tengan edad suficiente para recordarlo necesitarán esas descripciones). ¿Qué ocurre con el «porqué», que los estudiantes de hoy en día sí necesitan considerar? En su edición para el profesor, *Holt* deja claro que el «porqué» no es algo que los profesores deban tratar: «Díganles a los estudiantes que en este apartado conocerán los atentados del 11 de septiembre de 2001, sus consecuencias económicas y sociales y la respuesta de los americanos y del gobierno de los Estados Unidos». *Pathways to the Present* y Boorstin y Kelley también prescinden del «porqué». *The Americans* desdibuja cualquier posible indagación causal al mezclar esos sucesos con atentados terroristas cometidos por el IRA, el Sendero Luminoso peruano y la secta japonesa Aum Shinrikyo (Verdad Suprema).[12] Solo *Pageant* nos dice por qué se atacó a los Estados Unidos:

[12] *The American Journey* se imprimió antes de que ocurrieran los atentados.

> Se sabía que Bin Laden albergaba un ponzoñoso resentimiento contra los Estados Unidos por el embargo económico al que había sometido al Irak de Sadam Husein, su creciente presencia militar en Oriente Próximo (sobre todo en el territorio sagrado de la península arábiga) y su apoyo a los ataques de Israel al nacionalismo palestino. Bin Laden también se alimentaba del resentimiento mundial que suscita el enorme poder económico, militar y cultural de los Estados Unidos.

La primera frase resume con exactitud la «Declaración del Frente Islámico Mundial por la Yihad contra Judíos y Cruzados» que Osama bin Laden, líder de Al Qaeda, organización responsable de los atentados del 11-S, hizo pública en 1998.[13] La segunda frase también es precisa y útil.

Lamentablemente, al margen de las dos frases de *Pageant*, los libros de texto actuales dejan a los alumnos indefensos frente a las tergiversaciones deliberadamente difundidas por nuestro gobierno. Nueve días después de los atentados, el presidente George W. Bush respondió ante el Congreso sobre el «porqué» de la cuestión:

> Los americanos se preguntan: ¿por qué nos odian? Odian lo que vemos en esta misma cámara: un gobierno democráticamente elegido. Sus líderes se autoproclaman. Odian nuestras libertades: nuestra libertad de conciencia, nuestra libertad de expresión, nuestra libertad para votar, para reunirnos y discrepar.[14]

¡Qué bonito pensamiento: nos odian porque somos buenos!

Durante el año siguiente, Bush repitió de diversas maneras las ideas de ese párrafo. Su interpretación tuvo gran predicamento, quizá porque resulta bastante reconfortante. El primer libro en interpretar los atentados para los menores, y quizá el principal, fue *Understanding September 11th* [Cómo entender el 11-S], escrito

---

[13] Warren Bass, miembro del personal de apoyo a la Comisión Nacional sobre los Atentados Terroristas sufridos por los Estados Unidos, hizo un resumen sobre Bin Laden en «Incendiary», *Washington Post Book World*, 14/01/2007.

[14] George W. Bush, «Address to Joint Session of Congress», 20/09/2001, whitehouse.gov/news/releases/2001/09/20010920-8.html.

por el reportero de *Time* Mitch Frank, que afirmaba algo parecido, sobre todo en relación con el World Trade Center:

> Las Torres Gemelas debían ser un símbolo de paz. Poco después de que se finalizara su construcción en 1973, el arquitecto que las concibió, Minoru Yamasaki, declaró que «el comercio mundial equivale a la paz mundial. El World Trade Center es un símbolo patente de la entrega del hombre a la paz mundial. Debería convertirse en una representación de la fe del hombre en la humanidad, de su necesidad individual de dignidad, de su fe en la cooperación entre los hombres y de su capacidad para alcanzar la grandeza mediante la cooperación». Contra todo esto arremetieron los terroristas.[15]

Esto es, por supuesto, una tontería. Si el 10 de septiembre de 2001 Frank hubiera preguntado a cien visitantes del World Trade Center qué simbolizaban los edificios para ellos, ninguno le habría contestado que «la paz mundial», «la dignidad individual» o «la cooperación entre los hombres».[16] Después de todo, en el edificio trabajaban corredores de bolsa y banqueros de inversión. Como los editores de *American Heritage* escribieron en 2005, en un texto que ensalzaba los esfuerzos destinados a reinstaurar y mostrar el modelo arquitectónico de las Torres Gemelas, estas eran «símbolos internacionalmente reconocibles del poderío económico americano».[17]

La idea de que los terroristas nos atacaron por nuestros valores, nuestras libertades o por nuestra entrega a la paz mundial es interesada, pero superficial e inexacta. Si nos atenemos a la distinción establecida por Johannes Rau al inicio de este capítulo, podríamos decir que esa forma de pensar es nacionalista, pero escasamente patriótica. El nacionalismo no nos induce a criticar a nuestro país

---

[15] Mitch Frank, *Understanding September 11th*, Nueva York, Viking, 2002, p. 16; Mitch Frank, «Restoring the World Trade Center», *American Heritage*, 2/2005, p. 9.

[16] Para su construcción sí se recurrió a «la cooperación entre los hombres», pero lo mismo se puede decir de cualquier empresa de gran magnitud, incluido el propio atentado terrorista.

[17] Frank, «Restoring the World Trade Center», 2/2005, p. 9.

ni a tratar de que mejore. En consecuencia, solo nos sirve a corto plazo. A la larga, nuestra nación precisa de ciudadanos que, más que jalear sin más sus políticas, las cuestionen. En realidad, hubo estadounidenses informados que así se lo señalaron al periodista James Fallows, quien hizo el siguiente resumen en *Atlantic Monthly*: «Los soldados, espías, académicos y diplomáticos que he entrevistado afirman unánimemente que la idea de que "Nos odian por lo que somos" es una peligrosa majadería». El propio Fallows calificaba esa idea de «perezosa forma de justificarse y engañarse a uno mismo». Lo mismo pensaba Michael Scheuer, primer director de la unidad de la CIA encargada de encontrar a Bin Laden:

> Bin Laden les ha dicho con exactitud a los Estados Unidos las razones por las que nos declara la guerra. Ninguna de ellas tiene nada que ver con la libertad, el ejercicio de las libertades y la democracia, sino que se refieren exclusivamente a las políticas y acciones de los Estados Unidos en el mundo musulmán.

En noviembre de 2004 esta interpretación se vio refrendada por una curiosa fuente: un informe del Pentágono que señalaba que «los musulmanes no "odian nuestra libertad", sino que más bien odian nuestras políticas». Si nos tomáramos en serio esta frase podríamos cuestionar o cambiar nuestras políticas en Oriente Próximo. El análisis de Bush y la evitación que la mayoría de los libros de texto hacen de cualquier tipo de análisis ahogan tal pretensión.[18]

A los libros de texto no les resulta fácil cuestionar nuestra política exterior porque lo normal es que, de principio a fin, den por bueno el modelo expuesto en el capítulo 8, que ve en los Estados Unidos al «benefactor del mundo». Pensemos, por ejemplo, en la primera página de *Pathways to the Present*, que presenta la historia como un «tema» (como, entre otros, la geografía y la

---

[18] Los artículos de James Fallows en *Atlantic Monthly* se resumen en su libro *Blind into Baghdad*, Nueva York, Random House Vintage, 2006; a Michael Scheuer le cita Jason Burke en «Will the Real al-Qaida Please Stand Up?», *The Guardian*, 11/03/2006, books.guardian.co.uk/review/story/0,,1726185,00.html (mayo de 2007); informe del Pentágono 11/2004, citado en Thom Shanker, «U.S. Failing to Persuade Muslims, Panel Says», *International Herald Tribune*, 25/11/2004.

economía). A continuación figura la explicación completa que ese libro da a los estudiantes para justificar esta concepción de la «historia como tema»:

> La lucha por la libertad y la democracia: a lo largo de la historia de la nación, los estadounidenses han arriesgado su vida para proteger sus libertades y para luchar por la democracia, en su país y en el extranjero. Utiliza el apartado de *American Pathways* que aparece en las páginas 410-411 para localizar acontecimientos concretos en la lucha por la protección y defensa de esas ideas tan preciadas.

Si, tal como nos indican, consultamos esas páginas, veremos que el encabezamiento y la prosa son los mismos, y que van acompañados de imágenes de la Guerra Revolucionaria, la Guerra Civil, la Primera Guerra Mundial, la Segunda Guerra Mundial y la icónica instantánea de los bomberos alzando la bandera estadounidense delante de las ruinas del World Trade Center después del 11 de septiembre de 2001. Llama enormemente la atención la ausencia de imágenes relativas a los siglos de guerra contra los indios, la guerra contra México, la de Filipinas o cualquier otro conflicto que no pueda meterse con calzador bajo el epígrafe «la lucha por la democracia tanto en nuestro país como en el extranjero». Nuestra guerra más larga, la de Vietnam, ni siquiera merece una mención. No cabe duda de que algunas de nuestras empresas militares —quizá nuestra intervención en Serbia-Kosovo en 1999 o la Segunda Guerra Mundial— podrían colocarse bajo el rótulo del «benefactor del mundo». Pero no otras como la guerra contra los seminolas o la de Filipinas. Cuando los autores incurren en la práctica pueril de considerar que nuestra historia militar encaja bajo el epígrafe de «lucha por la libertad y la democracia», no hacen más que indicar a los estudiantes que no van a ofrecer un análisis serio.

Una señal parecida lanzan Boorstin y Kelley en medio de *A History of the United States*, cuando acaban de describir el fin de nuestra guerra contra Vietnam: «Estados Unidos, que seguía siendo una superpotencia, no podía evitar tener cierta responsabilidad en el mantenimiento de la paz mundial. Desde la Revolución americana, la nación había sido un baluarte de la esperanza para quienes querían gobernarse solos». Parece que los estudiantes no tienen por qué haberse dado cuenta de que los Estados Unidos acababan de pasarse una década en guerra, no «manteniendo la paz», y precisamente para negarles a los vietnamitas la capacidad de «gobernarse solos». Siguiendo ese «análisis», resulta difícil comprender por qué habría alguien de atacar a un pacificador, a «un baluarte de la esperanza».

El ejemplo más flagrante de todos lo proporciona el párrafo final de *The American Journey*, de Appleby, Brinkley y McPherson:

> Los Estados Unidos se pasaron la última década del siglo XX intentando fomentar la paz y la prosperidad en el mundo. Muchos americanos seguían creyendo que su país debía servirle de ejemplo al mundo. Como el presidente Clinton explicó en 1997 en su discurso del estado de la Unión: «Estados Unidos debe seguir siendo una implacable fuerza de paz, desde Oriente Próximo a Haití…».

¡Por favor! No se puede considerar que aquí se esté «diciendo la verdad sobre la historia», como titulaba en 1995 Appleby su libro sobre historiografía. Se podría decir que ese fragmento simplemente le hace el juego a la derecha y, si esa era la intención, ha funcionado. En 2004, el Instituto Thomas B. Fordham, un laboratorio de ideas conservador de Washington, D.C., presentó *A Consumer's Guide to High School History Textbooks* [Una guía para el consumidor de manuales de historia de secundaria], de Diane Ravitch, Chester Finn y otros autores, en el que se hacía una clasificación de cinco manuales de historia de los Estados Unidos. *Journey* era el mejor puntuado: «En líneas generales, el análisis parece justo, mesurado y razonable».[19] Pero seguramente ni Ravitch ni Finn afirmarían en una conferencia sobre política exterior estadounidense que «los Estados Unidos se pasaron la última década del siglo XX intentando fomentar la paz y la prosperidad en el mundo». Ni siquiera está claro que el país *deba tener* esa intención.

[19] Diane Ravitch, Chester Finn et al., *A Consumer's Guide to High School History Textbooks*, Washington, D.C., Thomas B. Fordham Institute, 2004.

Como todas las naciones, Estados Unidos pretende sobre todo aumentar su propia prosperidad e influencia en el mundo.

Con un *copyright* de 2000, *Journey* es el más antiguo de los seis nuevos manuales que estudié para este libro, así que no podemos saber con seguridad qué habrían podido decir sus autores cuando Estados Unidos —sin tratar ya de «incrementar la paz y la prosperidad del mundo»— atacó preventivamente Irak tres años después. ¿Pero se habrían quedado atónitos ante un comportamiento tan opuesto a la valoración que hacían de nuestro carácter nacional? Seguramente no; después de todo, durante los sesenta años anteriores a la publicación de su libro, los Estados Unidos habían estado casi siempre metidos en alguna guerra. Finalizar un manual con ese párrafo es confundir justificaciones con hechos, ofrecer ideología en lugar de análisis. Una vez más, esa clase de redacción no ayuda a los alumnos a comprender por qué otros querrían atacar a una nación tan desinteresada e inocente.

Presentar una nación sin pecado —que, por ejemplo, en sus políticas en Oriente Próximo siempre ha sido ecuánime, mostrando las mejores intenciones hacia palestinos e israelíes— es dejar a los estudiantes en la ignorancia, incapaces de comprender por qué irritamos a otros pueblos. Esa forma de retratarnos también alimenta el etnocentrismo de los alumnos: la idea de que nuestra sociedad es la mejor del mundo y que todas las demás naciones deberían ser como nosotros. Los estadounidenses son ya más etnocéntricos que cualquier otro pueblo, en parte porque las inmensas ventajas económicas, militares y culturales estadounidenses nos inducen a creer que nuestro país no es solo el más poderoso, sino también el mejor del planeta. Cualquier curso de historia que alimente todavía más este asentado etnocentrismo no hará más que reducir la capacidad de los alumnos para aprender de otras culturas.

Los autores de libros de texto, además de estar imposibilitados por el principio del «benefactor del mundo», adolecen de una segunda desventaja. Nuestras guerras con Irak tienen su historia. En el capítulo 8 ya se señaló el lamentable papel que han desempeñado nuestros libros de texto al analizar la historia de las intervenciones estadounidenses en Oriente Próximo. Fueron los Estados Unidos quienes ayudaron a Sadam Husein a llegar al poder.

En 1963, el primer ministro chií de Irak, el general Abdul Karim Qasim, «comenzó a poner en peligro la influencia estadounidense y británica», en palabras de los periodistas Anthony Lappé y Stephen Marshall. La CIA organizó el derrocamiento de Qasim; a cambio, Husein y su partido, el Baaz, recibieron inicialmente a las empresas petrolíferas occidentales. Sin embargo, pocos años después, Husein nacionalizó el sector petrolero iraquí. Con todo, dado que según un antiguo principio bélico y diplomático «el enemigo de mi enemigo es mi amigo», en 1980 los Estados Unidos apoyaron a Husein cuando invadió Irán. En 1982 el presidente Reagan retiró Irak de la lista de países terroristas para que pudiéramos proporcionarle equipo militar y contribuir de otras maneras a su guerra con Irán. Según el reportero John King, durante el resto de la década de 1980 los Estados Unidos vendieron a Irak helicópteros militares, ordenadores, instrumental científico, sustancias químicas y otros productos para sus programas de fabricación de misiles y de armamento químico, biológico y nuclear. La CIA y la Agencia de Inteligencia de la Defensa proporcionaron a Irak información destinada a ayudar a sus fuerzas a utilizar armas químicas contra las tropas iraníes. Aunque hacía años que esas armas estaban prohibidas, después los Estados Unidos bloquearon las resoluciones del Consejo de Seguridad de la ONU que condenaban su utilización por parte de Irak. Incluso una vez finalizada la guerra con Irán, cuando sabíamos que Husein estaba utilizándolas contra su propio pueblo, nosotros seguimos enviando a Irak bacilos de carbunclo y cianuro de uso militar, además de otras armas químicas y biológicas. Ningún libro de texto reconoce los vínculos que habíamos tenido con Husein.[20]

Todavía más importantes para comprender el 11-S eran nuestras acciones en Irán. El capítulo 8 habla de nuestras constantes intervenciones en defensa del sah, las cuales explican la animadversión

---

[20] Anthony Lappé y Stephen Marshall, *True Lies*, Nueva York, Penguin Plume, 2004, pp. 125-126; Gerald D. McKnight, «How the Warren Commission Failed the Nation and Why», fragmentos escogidos en History News Network, 28/11/05, hnn.us/articles/16615.html; John King, «Arming Iraq and the Path to War», *U.N. Observer and International Report*, 31/03/2003, unobserver.com/index.php?pagina=layout5.php&id=815&blz=1.

que hoy nos tiene ese país. La Revolución iraní que derrocó al sah es clave para comprender la historia posterior de Oriente Próximo. Como la mayoría de los manuales no presenta seriamente nuestro papel en Irán, están incapacitados para explicar lo que ocurrió a continuación, así que los alumnos no pueden utilizar la historia para comprender lo que ocurre en la actualidad. Del mismo modo que en la década de 1970 apoyamos al sah de Irán, ahora nos aliamos con regímenes represivos como los de Arabia Saudí, Kuwait, Egipto o Uzbekistán, lo cual induce a la mayoría de los árabes y a muchos otros musulmanes a considerar que, en palabras del historiador Scott Appleby, Estados Unidos es «un gran hipócrita». Predicamos la democracia mientras apoyamos a dictaduras.[21]

Para entender Oriente Próximo y el terrorismo, también es crucial nuestro sesgo proisraelí. Los Estados Unidos rechazan tajantemente que Irán tenga armas nucleares. El presidente Bush utilizó el supuesto intento por parte de Irak de obtener esas armas para legitimar nuestra guerra preventiva contra ese país. Sin embargo, ni siquiera hemos llegado nunca a amonestar verbalmente a Israel por tener armamento nuclear y hace décadas que sabemos que lo tiene.[22] Desde la constitución de Israel en 1948 hasta la actualidad, sin importarnos sus armas nucleares ni otras de sus políticas, los Estados Unidos siempre le han proporcionado apoyo económico y militar fundamental a ese país.

Después de pasar por encima de la cuestión relativa a «por qué nos atacaron», la mayoría de los libros de texto también deja de lado la tercera pregunta: ¿cómo pudimos permitir que ocurriera? Los autores no quieren criticar al gobierno estadounidense, pero los dos partidos tienen su parte de culpa. En sus ochos años en el poder, la administración de Clinton tomó pocas medidas para mejorar nuestra seguridad frente a atentados terroristas. En concreto, hace años que el Servicio de Inmigración y Naturalización es tristemente incompetente: incapaz de elaborar listas de personas

---

[21] R. Scott Appleby, «History in the Fundamentalist Imagination», *Journal of American History*, 9/2002, p. 511.

[22] Federation of American Scientists, «Nuclear Weapons», fas.org/nuke/guide/israel/nuke/, 1/2007.

cuya entrada no se debería permitir en los Estados Unidos, incapaz de encontrar a la gente cuando sus visados de estudiante o trabajo han caducado y permanecen en el país y ni siquiera dispuesta a buscar a aquellos que no se presentan a citas judiciales relacionadas con vulneraciones de la ley de inmigración. La administración de Bush se esforzó todavía menos por garantizar nuestra seguridad, pero nada dicen los autores sobre el hecho de que el presidente no tomara medidas ante las voces de alarma que se alzaron antes del 11 de septiembre de 2001. En 2000 la administración de Clinton había organizado ejercicios en los que se ensayaban acciones de rescate posteriores a un simulacro de choque aéreo contra el Pentágono, lo cual demuestra que eran conscientes de esa posibilidad. Según Lappé y Marshall, «por lo menos tres meses antes del 11-S hubo agentes alemanes que alertaron a la CIA de que "terroristas de Oriente Próximo estaban planeando secuestrar un vuelo comercial para utilizarlo como arma para atacar importantes símbolos de la cultura americana"». La CIA ni siquiera trasladó la advertencia a las compañías aéreas. En el FBI hubo agentes que enviaron informes a sus superiores sobre árabes sospechosos que se estaban preparando para pilotar aviones comerciales en escuelas de aviación estadounidenses, pero fue en vano. Más de un mes antes de los atentados, George W. Bush recibió un informe titulado «Bin Laden, decidido a golpear en los Estados Unidos», pero no hizo nada.[23]

Azuzado por los familiares de víctimas del 11-S y en vista de esos problemas, el Congreso creó una comisión que investigara los errores cometidos por los organismos de información, defensa y policiales en materia de cooperación, investigación y prevención de actividades terroristas. *The Americans* convierte a George Bush en el artífice de la resultante Comisión de Investigación del 11-S. En realidad, se opuso a ella y, después de que la opinión pública le obligara a aceptarla, su administración solo colaboró a regañadientes. Todos los demás libros evitan totalmente referirse a la comisión.

---

[23] Gerald Posner, *Why America Slept*, Nueva York, Random House, 2003, pp. 121, 152, 157 y 169; Lappé y Marshall, *True Lies*, pp. 52-53.

¿Volverá a ocurrir? Los libros, evidentemente, no lo dicen ni tampoco pueden decirlo, pero su tono es optimista. «El presidente también actuó con rapidez para combatir el terrorismo dentro del país», afirma *Pathways to the Present*. «Menos de un mes después de los atentados del 11-S Bush creó la Oficina de Seguridad Nacional». Después vienen tres largos y alentadores párrafos sobre esta reorganización del gobierno, que no contienen ni una crítica ni una duda. Está claro que *Pathways* se imprimió antes de que la ridícula respuesta que dio el Gobierno federal al huracán Katrina pusiera de manifiesto que la administración de Bush en realidad había recortado el personal y reducido la categoría de la FEMA (Agencia Federal para la Gestión de Emergencias), fusionándola con el Departamento de Seguridad Nacional, con lo que había cercenado la capacidad del país para enfrentarse a los desastres. Pero los autores sí disponían de múltiples críticas de expertos a nuestra preparación ante la entrada de materiales terroristas a través de nuestros puertos, el sistema de exenciones que facilitaba muy especialmente a los saudíes la obtención de visados y otros problemas que el Departamento de Seguridad Nacional no había encarado. Una prosa jovial solo tranquilizará a los alumnos hasta el próximo atentado. Después se sentirán engañados.

Lo primero que hicieron los Estados Unidos después del 11-S fue atacar al régimen talibán afgano en octubre de 2001. Al igual que Husein, este fundamentalismo musulmán había contado inicialmente con el apoyo de la CIA porque se oponía al régimen comunista de Afganistán, respaldado por la Unión Soviética. Durante la década de 1980 la CIA no solo proporcionó a los fundamentalistas islámicos afganos asesores y misiles antiaéreos estadounidenses, sino que ayudó a reclutar a musulmanes de otros países para que lucharan junto a los de Afganistán. Por desgracia, después de llegar al poder esos extremistas acogieron a Osama bin Laden y sus campos de entrenamiento, en los que se prepararon los terroristas que atacaron el World Trade Center y el Pentágono. Después de los atentados del 11 de septiembre de 2001, para responder a las exigencias estadounidenses, el régimen talibán se ofreció a entregar a Bin Laden a un tercer país. Los Estados Unidos

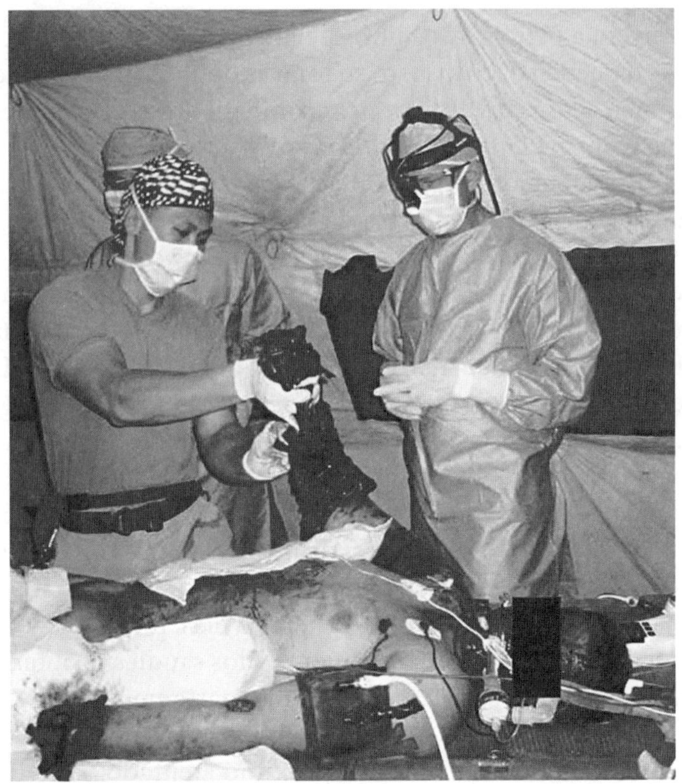

Parece que los Estados Unidos entran en guerra cada vez con más facilidad, en parte porque la mayoría de nosotros no conoce verdaderamente el coste humano de los conflictos. Varias razones explican nuestra ignorancia. En Irak, cosas como nuestros sistemas de protección corporal o nuestra asistencia sanitaria han sido mucho mejores que antes. En consecuencia, la proporción entre muertos en combate y heridos ha sido mucho menor: en torno a 1 de cada 9, en tanto que en Vietnam fueron 1 de cada 3. Es magnífico que mueran menos soldados, pero, como ahora hay muchos más heridos, algunos de gravedad, como este hombre del Centro Médico Militar de Walter Reed, las muertes ya solo son una parte de la historia. La cifra de bajas mortales se reduce aún más porque muchos servicios bélicos, como la conducción y vigilancia de convoyes de camiones, se han subcontratado a empresas privadas, cuyas bajas no figuran en las estadísticas oficiales. En el recuento total tampoco aparecen las cifras de muertos iraquíes, mucho más numerosas que las de los nuestros. Sin embargo, las bajas mortales siguen siendo el coste bélico que más conocemos, ya que la mayoría no hacemos sacrificios personales.

rechazaron la oferta, calificándola de insuficiente.[24] Un mes después comenzamos a bombardear a las fuerzas talibanes en nombre de su enemiga, la Alianza del Norte. Con nuestra ayuda, la Alianza obtuvo una rápida victoria. Al ser afganos, sus miembros podían diferenciar entre los partidarios de los talibanes y otros compatriotas. Sin embargo, entretenida con los preparativos de su inminente guerra contra Irak, la administración de Bush dejó de centrarse en capturar a Osama bin Laden y en garantizar la instauración en Afganistán de un Estado neutral o favorable. Esos errores de comienzos de 2002 seguían pesando sobre los Estados Unidos cinco años después, cuando Bin Laden seguía en libertad y el gobierno de Afganistán apenas controlaba una pequeña parte del país.[25]

Solo un libro de texto, *Pageant*, menciona que los Estados Unidos habían apoyado a los fundamentalistas islámicos en su combate contra el régimen comunista afgano. Al igual que otros libros, *Pageant* se equivoca al señalar que los talibanes se negaron de plano a entregar a Bin Laden. Aparte de eso, la mayoría de los manuales relata de manera concisa y razonable cómo Estados Unidos y la Alianza del Norte derrocaron al régimen talibán. E indican que Bin Laden escapó. Quizá no debería sorprendernos que sus relatos sean precisos: nuestra intervención en Afganistán, por lo menos al principio, estuvo justificada y fue eficaz.[26]

---

[24] Algunos observadores piensan que quizá los talibanes solo quisieran ganar tiempo.

[25] Mahmood Mamdani, «Good Muslim, Bad Muslim», en Eric Hershberg y Kevin Moore, eds., *Critical Views of September 11*, Nueva York, New Press, 2002, p. 52; Seymour Hersh, *Chain of Command*, Nueva York, Harper Perennial, 2005, p. 151 [ed. cast.: *Obediencia debida: del 11-S a las torturas de Abu Ghraib*, Madrid, Aguilar, 2004].

[26] Nuestra labor en Afganistán tiene una vertiente más oscura. En gran medida, la CIA financió la guerra con la URSS mediante el tráfico de drogas, algo que ya había hecho en las guerras de Nicaragua y el Sudeste Asiático. Esto hizo que Afganistán y las zonas fronterizas de Pakistán se convirtieran en los principales productores del mundo de heroína y opio. Siguiendo los principios coránicos, en 2000 los talibanes acabaron prácticamente con la producción de drogas. Hoy en día, gracias al gobierno que nosotros creamos en 2002, el cultivo más importante de Afganistán ha vuelto a ser la adormidera del opio. Por otra parte, hace años que Estados Unidos mantiene encarcelados a cientos de supuestos «combatientes enemigos» de la guerra en Afganistán, a los que quizá retenga hasta que se mueran, sin juicio y sin ni siquiera

Desde el punto de vista histórico, el siguiente acontecimiento es la guerra que los Estados Unidos lanzaron contra Irak en marzo de 2003. No obstante, es evidente que en este caso la cronología no coincide con la lógica. No cabe duda de que al principio la administración de Bush adujo la existencia de un vínculo entre los terroristas del 11-S y Sadam Husein. Dos días después de nuestro ataque, el presidente Bush lo explicó con tres razones: «arrancar a Irak las armas de destrucción masiva, poner fin al apoyo de Sadam Husein al terrorismo y liberar al pueblo iraquí». En la misma línea, el vicepresidente Dick Cheney calificó a Irak de «base geográfica de los terroristas que nos han venido asaltando durante muchos años, pero sobre todo el 11-S». Ya desde ese momento, el supuesto vínculo no tenía sentido. Irak no tenía relación con los atentados sufridos por los Estados Unidos el 11-S; Osama bin Laden solo sentía desprecio por la dictadura laica y brutal de Sadam Husein, y este, por su parte, no tenía ningún interés en permitir que los terroristas se organizaran en una nación como la suya, convertida en Estado policial.[27]

Tampoco tenía sentido la supuesta existencia de «armas de destrucción masiva», porque, el mes de noviembre anterior, la agresiva diplomacia de Bush había convencido a Husein de que permitiera el regreso a Irak de los inspectores de armamento de la ONU, que no habían encontrado pruebas de la existencia de tales armas. Al mes siguiente, el régimen iraquí también había presentado un informe en el que describía (resultó que sinceramente) cómo había desmantelado Irak sus programas de fabricación de armas de destrucción masiva (ADM) durante la década de 1990. Los inspectores rogaron a Bush que les permitiera finalizar sus inspecciones, pero este ordenó la salida de la ONU del país para poder proceder a la invasión. Después de nuestra victoria militar inicial, una exhaustiva búsqueda confirmó que en Irak no había ADM. Informaciones censuradas en su momento han

---

permitirles ver a sus familiares o contar con asistencia legal. Este es precisamente el comportamiento que lamentamos cuando son países del Tercer Mundo los que lo tienen con nuestros ciudadanos.

[27] Cheney y Bush, citados en Staughton Lynd y Carl Mirra, «I Am a Revisionist Historian», History News Network, hnn.us/articles/22700.html31306.

dejado claro que antes de la invasión de Irak el primer ministro británico Tony Blair y también el presidente Bush sabían que el país no tenía esas armas o que deberían haberlo sabido.[28] Además, aun en el caso de que los programas de fabricación de ADM iraquíes hubieran hecho los progresos señalados por la administración de Bush, estos habrían seguido yendo muy a la zaga de los de otras dos naciones a las que el presidente consideraba parte del «eje del mal», Irán y Corea del Norte. Con lo que, lógicamente, tendríamos que haber atacado primero a esos países. Pero atacamos Irak, precisamente porque era el objetivo más débil.[29] Entre los problemas que planteaba nuestro ataque figuraba el de que animó a Irán y Corea del Norte —además de a otras naciones deseosas de impedir un posible ataque futuro estadounidense— a *conseguir* armamento nuclear y otras armas de destrucción masiva. Está claro que atacamos Irak no porque tuviera ADM, sino porque *no las tenía*.

La tercera razón que adujo el presidente Bush para atacar Irak, «liberar al pueblo iraquí», es otro ejemplo de política exterior de Estados Unidos basada en el tópico del «benefactor del mundo». No cabe duda de los sufrimientos que con Husein padeció el pueblo de Irak, sobre todo la mayoría chií y la minoría kurda. La consecuencia fue que, al principio, y con razón, una parte considerable de la sociedad iraquí recibiera a nuestros soldados como si fueran liberadores. No obstante, la opresión de Husein nunca tuvo mucho peso como causa de nuestra intervención. Si el sufrimiento de un pueblo provocara intervenciones de los Estados Unidos, antes habríamos enviado tropas a Darfur, en el sur de Sudán, donde el gobierno, dominado por árabes, estaba matando a cientos de miles de habitantes negros o permitiendo que los mataran sus aliados civiles; o a Zimbabue, cuyo dictador, Robert Mugabe, se iba haciendo año tras año más represivo. Con todo,

---

[28] Colin Brown y Andy McSmith, «Diplomat's Suppressed Document Lays Bare the Lies Behind Iraq War», *The Independent*, 15/12/2006, news.independent.co.uk/uk/politics/article2076137.

[29] Carl M. Cannon, «Untruth and Consequences», *Atlantic*, 1/2007 the atlantic.com/doc/200701/cannon-lying, 1/2007; Eric Alterman, «Liar, "Liar"», *Nation*, 11/12/2006, p. 9.

la interpretación del «benefactor del mundo» proporcionó cobertura retórica a la invasión y convenció a algunos demócratas de votar a favor de la resolución que concedía poderes de guerra al presidente.

Si las razones aducidas por el gobierno para atacar Irak no cuadran, ¿qué explica realmente esta aventura militar? Seguramente, una causa imponente, nunca aducida, es que el presidente Bush y sus socios esperaban obtener beneficios políticos y económicos. Todo el mundo sabía que las fuerzas armadas de Husein, a las que los Estados Unidos habían derrotado fácilmente en la guerra del Golfo de 1991, eran ahora mucho más débiles. Antes de ese conflicto, Irak tenía 4280 tanques, pero lo terminó con 580.[30] Las fuerzas aéreas iraquíes se vieron aún más perjudicadas por la «zona de exclusión aérea» impuesta por los Estados Unidos y sus aliados desde 1991, lo que suponía que nuestros aviones controlaran el espacio aéreo de Irak desde el inicio de cualquier hostilidad. De manera que los políticos sabían que sería políticamente peligroso oponerse a una guerra que ganaríamos en pocas semanas. De hecho, en noviembre de 2004 las consecuencias electorales de esa guerra aparentemente triunfal y de la captura de Sadam Husein contribuyeron a otorgarle la reelección al presidente Bush y el control del Congreso a su partido. La economía tuvo un papel todavía más evidente. Hace tiempo que muchos amigos de la familia Bush tienen relación con el desarrollo del sector petrolífero y con proyectos de las fuerzas armadas. En abril de 2003 la administración de Bush hizo saber a la comunidad internacional que quienes reconstruirían Irak serían las empresas y los organismos públicos estadounidenses, no los de otros países. A nadie ha sorprendido que para esa reconstrucción Halliburton, antigua empresa del vicepresidente Cheney, haya recibido más dinero público que ninguna otra y que haya sido acusada de más fraudes y malversaciones. Entretanto, Cheney sigue recibiendo 150 000 dólares anuales en concepto de indemnización diferida de Halliburton y tiene en esa empresa opciones sobre acciones valoradas en más de 18 millones de dólares. Por

---

[30] Lappé y Marshall, *True Lies*, p. 146.

su parte, Halliburton, con el fin de garantizar la reelección de Cheney y de sus aliados, hizo llegar más de medio millón de dólares al Partido Republicano.[31]

La familia Bush está desde hace mucho tiempo vinculada al sector petrolífero y a comienzos de la presidencia de Bush el vicepresidente Cheney convocó un grupo de trabajo energético secreto compuesto principalmente por miembros de ese sector. En 2003, Tom Foley, un político bien informado, expresidente de la Cámara de Representantes, arremetió sin rodeos contra la concepción «benefactora» de la política exterior estadounidense, describiendo tácitamente un panorama mucho menos halagüeño en el que la administración estadounidense hace la guerra para defender los intereses de petrolíferas privadas: «Creemos que no somos interesados. Por ejemplo, tenemos la sensación de que en Irak no fuimos a la guerra para dominar el mercado petrolífero, y nos ofende mucho que alguien llegue a sugerir tal cosa. Siempre nos justificamos con motivaciones no interesadas».[32] Por si alguien seguía dudando del papel desempeñado por el petróleo, en 2007 Dow Jones anunció que el parlamento títere iraquí estaba barajando la aprobación de una ley «que el gobierno de los Estados Unidos ha estado ayudando a elaborar» y por la que se concedería a los gigantes del petróleo occidentales contratos de treinta años para extraer el crudo iraquí. Por otra parte, el 75 por ciento de los beneficios de los primeros años irían a parar a empresas extranjeras, frente a la media del 10 por ciento que impera en otros países productores de petróleo.[33]

Ningún libro de texto apunta que razones como esas pesaran de algún modo en la decisión de declarar la guerra o de elegir Irak como objetivo, ni en cuestiones tácticas (que ahora todo el

---

[31] David E. Sanger, «Bush Aide Says US, Not UN, Will Rebuild Iraq», *New York Times*, 05/04/2003; «Houston: We Have a Problem», CorpWatch, 2004, corpwatch.org/article.php?id=11322,2/2007; Frances Fox Piven, *The War at Home*, Nueva York, New Press, 2006, pp. 17-18.

[32] Lappé y Marshall, *True Lies*, p. 120; cf. Linda McQuaig, «Iraq's Oil», ZNet 9/27/2004, en netscape.com/viewstory/2006/10/21/iraqs- oil,10/2006.

[33] «Western Companies May Get 75% of Iraqi Oil Profits», Dow Jones Newswires, 08/01/2007, página web de Market Watch, marketwatch.com/news/story/western-companies-may-get-75/story.

mundo considera meteduras de pata) como marginar a países como Francia y Alemania y también a las Naciones Unidas del proceso de reconstrucción y reorganización de Irak. Nunca lo hacen. Aunque algunos sí mencionan el empujón de popularidad que los estadounidenses dieron a George H. W. Bush en las encuestas después de la rápida victoria estadounidense en la guerra del Golfo, los autores nunca apuntan que razones de orden interno puedan pesar sobre la decisión de iniciar una guerra.[34] Más bien, en lugar de horadar la superficie, optan por creerse las razones con las que los cargos públicos justifican sus acciones. Pensemos, por ejemplo, en la perspectiva adoptada en la primera frase del texto dedicado a la guerra de Irak en *The Americans*: «En 2003 Bush extendió a Irak la guerra contra el terrorismo». Como hemos visto, el ataque a Irak nada tuvo que ver con «la guerra contra el terrorismo». Hasta el propio Bush se vio pronto obligado a admitir la falta de relación entre una cosa y la otra.[35] No obstante, tanto el presidente como el vicepresidente siguieron insistiendo en unas ya refutadas declaraciones en las que relacionaban Irak con los atentados terroristas del 11-S. Politólogos como Amy Gershkoff y Shana Kushner han puesto de relieve que este vínculo imaginario fue la fuente principal de apoyo público a la guerra, lo cual demuestra cuánta razón tenía Hermann Goering al señalar que, para conseguir que la gente apoye una guerra, «basta con decirle que la están atacando» y tachar a los adversarios de falta de patriotismo. Cuando libros de texto como *The Americans* insisten en la relación ficticia entre el terrorismo

---

[34] Michael Billig, *Banal Nationalism*, Londres, Sage, 1995, p. 1 [ed. cast.: *Nacionalismo banal*, Madrid, Capitán Swing, 2014].

[35] Véase The Memory Hole, thememoryhole.org/war/no-saddam-qaeda.htm 2/2007, para una transcripción de la conferencia de prensa del 31 de enero de 2003, y Think Progress, thinkprogress.org/2006/08/21/bush-on-911/, 2/2007, para conocer un vídeo de Bush en el que, cuando se le pregunta qué tuvo que ver el 11-S con Irak, contesta que «nada». Posteriormente, la Comisión del 11-S no encontró «pruebas de [la existencia de] un vínculo operativo entre Irak y Al Qaeda», según Seymour Hersh, *Chain of Command*, Nueva York, Harper Perennial, 2005, pp. 210-211. Véase también Lynd y Mirra, «I Am a Revisionist Historian».

y el Irak de Sadam Husein, promueven entre nuestros jóvenes el apoyo a esta guerra insensata.[36]

Al margen de cuáles fueran sus razones para iniciar la guerra en Irak, la administración de Bush, después de su victoria inicial, olvidó la regla fundamental de toda ocupación eficaz: decapitar a la sociedad ocupada, para después regirla utilizando las estructuras existentes en el nivel local. Después de todo, Sadam Husein utilizaba a más de medio millón de soldados y policías para mantener la calma en Irak. Ante la insistencia del secretario de Defensa Donald Rumsfeld, que pasó por encima de los gerifaltes del Pentágono, entramos en el país con un contingente mucho menor, en el que prácticamente no había nadie que hablara árabe. Así que no tuvimos más remedio que recurrir al ejército iraquí para acordonar los depósitos de armas, acompañar a nuestras patrullas y realizar otras tareas útiles. Sin embargo, en contra de lo que aconsejaban estadounidenses con experiencia en Irak como el general Jay Garner, disolvimos sin más el ejército iraquí. Además, lo hicimos sin molestarnos en pedir a sus integrantes que se presentaran ante nosotros para desarmarlos, con lo cual se creó inmediatamente una fuerza armada ilegal que escapaba a nuestro control. No había que ser un genio para ocupar Irak. Solo teníamos que imitar las ocupaciones más eficaces de los últimos quinientos años. Por ejemplo, ¿cómo habían gobernado los alemanes Francia durante la década de 1940? Mediante la policía francesa, los líderes locales y el impuesto régimen de Vichy. Las decisiones que tomamos evidenciaron una enorme incompetencia.[37]

Desde el punto de vista del realismo político, la guerra contra Irak fue una mala idea desde el principio. Estados Unidos tenía arrinconado a Sadam Husein. El hecho de que cediera a las exigencias de la ONU y readmitiera a los inspectores que buscaban ADM dejó patente su dilema: gobernaba Irak por la fuerza, pero

---

[36] Amy Gerkshoff y Shana Kushner, «Shaping Public Opinion: The 9/11-Iraq Connection in the Bush Administration's Rhetoric», *Perspectives on Politics* 3, nº 3, 9/2005, p. 525.

[37] Fallows, *Blind Into Baghdad*, pp. 155-163; cf. Thomas E. Ricks, *Fiasco*, Nueva York, Penguin, 2006, y Nancy Trejos y K. I. Ibrahim, «A Call to Hussein-Era Soldiers», *Washington Post*, 17/12/2006.

apenas podía movilizar fuerzas importantes frente a la ONU y los Estados Unidos. Por otra parte, Irak era un Estado árabe laico, aunque no democrático. Ya en 2004 había expertos en Oriente Próximo, mandos militares y miembros de la CIA que le decían al periodista Fallows que la opción de atacar Irak «obstaculizó nuestra campaña en Afganistán antes de que se iniciaran los combates y redujo prematuramente su intensidad, con lo que de paso se perdió la oportunidad de capturar a Osama bin Laden». También apartó nuestra atención de los lugares en los que verdaderamente se habían organizado los atentados del 11 de septiembre de 2001 —Arabia Saudí, Egipto y Pakistán— y de los enormes boquetes que presentaba nuestro sistema de seguridad nacional. «Sobreexplotó y agotó» al ejército, añade Fallows, «sin destinar tropas suficientes para una ocupación eficaz». Pero lo peor de todo fue que creó nuevos terroristas. Cuatro meses después de atacar Irak, el presidente Bush retó a los extremistas musulmanes a «atacarnos aquí. Mi respuesta es ¡aquí los esperamos!».[38] Los extremistas respondieron. Al Qaeda, que no tenía presencia en Irak en tiempos de Husein, descubrió que en la etapa de Bush era un territorio abonado para reclutar adeptos.

No cabe duda de que en 2004 la forma de conducir la guerra no parecía ni tan desnortada ni tan errónea como en 2007, así que sería justo dar a entender que los autores de libros de texto deberían haber sabido entonces lo que hoy es evidente. Sin embargo, en líneas generales he resumido críticas expresadas por periodistas, historiadores y exmiembros del gobierno entre 2002 y 2004, antes de que se imprimieran cuatro de estos libros de texto. Está claro que en 2007 casi todos los historiadores y analistas políticos, así como la mayoría de los ciudadanos estadounidenses, habían llegado a la conclusión de que emprender la guerra en Irak había sido un error. Hoy en día, ese país, en lugar de ser un Estado laico (aunque no democrático) está cayendo en una anarquía que fomenta el terrorismo o bajo un control chií que acrecienta la influencia de Irán. Al contrario que Irak, Irán ha patrocinado la existencia de grupos terroristas en Oriente Próximo, así que el

[38] Fallows, *Blind Into Baghdad*, p. 146; Bush citado en p. 167.

Promedio de bajas diarias

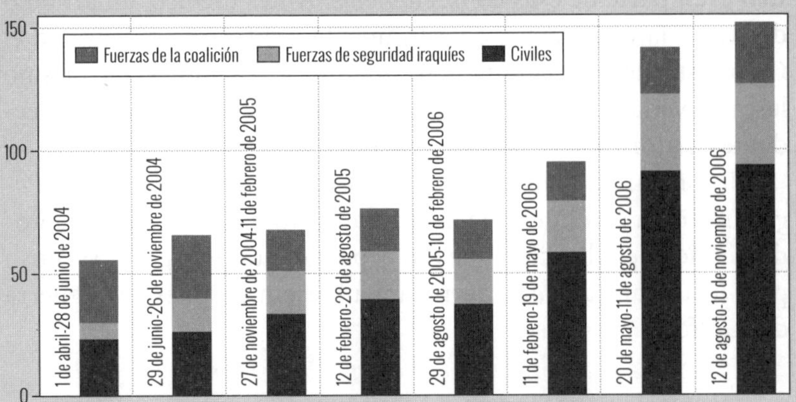

Este gráfico muestra la incesante caída de Irak en la anarquía. Evidentemente, esa anarquía era previsible una vez que los Estados Unidos disolvieron el gobierno y las fuerzas armadas del país.

Fuentes: Oficina de Cuentas del Gobierno de los Estados Unidos (atentados); Brookings Institution (bombas); Departamento de Defensa de los Estados Unidos (violencia sectaria, bajas)

incremento de su poder a causa de nuestra intervención no puede beneficiar a nuestros intereses. Nuestra presencia militar, en calidad de ocupantes, suscita un resentimiento cada vez mayor entre los musulmanes de todo el mundo, lo que a su vez ayuda a los terroristas a conseguir nuevos adeptos. Los sabotajes internos hacen que Irak apenas exporte petróleo y que también sufra escaseces, así que no se puede decir que la guerra haya contribuido a paliar el déficit de energía mundial. El prestigio de los Estados Unidos en el exterior ha caído hasta niveles nunca vistos, debido en parte a los métodos ilegales e inhumanos que hemos utilizado contra los «detenidos» por ser sospechosos de cometer actos terroristas. Todos esos problemas también eran predecibles desde el principio. De hecho, la CIA advirtió a la administración de Bush de las posibles consecuencias negativas de nuestra invasión, pero Bush y Cheney no prestaron atención. Y, en realidad, ya en abril de 1999, durante la administración de Clinton, una operación del gobierno estadounidense, que consistía en una serie de maniobras conocidas con el nombre de Cruce del Desierto, pronosticó gran parte de esas consecuencias. Antes incluso, un artículo de Ivan Eland, director de estudios de política de defensa en el Cato Institute, se preguntaba en su título: «¿Alientan el terrorismo las intervenciones de los Estados Unidos en el exterior?: antecedentes históricos». Y la respuesta era que sí.[39]

No obstante, solo un libro de texto —que vuelve a ser *Pageant*— da a entender que la guerra fue un error. Lo hace reproduciendo la explicación que dio el presidente George H. W. Bush para justificar que *no* se derrocara a Husein después de la guerra del Golfo:

> Intentar eliminar a Sadam… habría supuesto un coste incalculable, humano y político… Entrar en Irak y ocuparlo, rebasando por tanto el mandato de Naciones Unidas unilateralmente, habría desmentido el precedente que intentábamos dejar sentado respecto a la respuesta internacional a una agresión. Si hubiéramos optado por esa invasión, cabría imaginar que los Estados Unidos siguieran siendo una potencia ocupante en un territorio enormemente hostil. Habría sido un resultado completamente distinto y quizá estéril.

Como señalan los autores, «la lectura [del párrafo] resulta aleccionadora en el contexto de la posterior invasión de Irak por parte de su hijo». Con todo, sugerir que los otros cinco libros de texto apoyan la política de la administración sería ir demasiado lejos. Es probable que sus autores dijeran que ni la apoyan ni la censuran. Sin embargo, como en líneas generales adoptan los términos del gobierno y parten de la concepción del «benefactor del mundo», en conjunto sí trasmiten la idea de que le dan su apoyo. Además, teniendo en cuenta que el lodazal de Irak, como cualquier

---

[39] National Security Archive Electronic Briefing Book nº 207, gwu.edu/~nsarchiv/NSAEBB/NSAEBB207/index.htm, 12/2007; Ivan Eland, «Does U.S. Intervention Overseas Breed Terrorism? The Historical Record», Washington, D.C., Cato Institute, 1998; Walter Pincus, «Before War, CIA Warned of Negative Outcomes», *Washington Post*, 03/06/2007.

empresa fallida, no favorecía los intereses estadounidenses, hasta una evaluación neutral está fuera de lugar.

Las últimas páginas de los manuales de historia de los Estados Unidos, todavía más que sus capítulos anteriores, dan la impresión de ser «una condenada retahíla de cosas y más cosas» (una expresión que se ha atribuido a Henry Ford, Winston Churchill, Harry Truman, al historiador H.A.L. Fisher, a Voltaire y a una fuente anónima). A pesar de los nombres de afamados historiadores de imponente personalidad que aparecen en sus cubiertas, los últimos capítulos de los manuales parecen especialmente carentes de un punto de vista. Sospecho que eso se debe a que nadie los escribe, por lo menos nadie al que se contrate para tener un punto de vista. En el capítulo 12 se explica que los editores subcontratan a menudo la producción de los manuales de historia, sobre todo después de las primeras ediciones, para que los escriban subalternos. Muchos de esos empleados y colaboradores externos carecen de la cualificación necesaria para tener un punto de vista: algunos no han estudiado historia en absoluto, ni siquiera tienen una carrera. Tampoco disponen de tiempo suficiente, como el que yo tuve al escribir este capítulo, para revisar la bibliografía y familiarizarse con sus posiciones más convincentes. Los contratan simplemente para resumir lo ocurrido en el pasado reciente y desde luego lo resumen. El producto resultante tiene todavía menos estilo y es todavía más aburrido que el resto de esos pesados volúmenes. ¡No es extraño que los profesores se salten los últimos capítulos!

Con todo, la idea de que los cursos de historia deben desdeñar a los *sasha* para ocuparse de los lejanos *zamani* es perversa. Despachar con viento fresco a los primeros, como hacen la mayoría de los libros de texto, o evitar del todo el pasado reciente, como hacen la mayoría de los profesores, no responde a las necesidades de los alumnos. Los autores pueden partir de la base de que abundar en acontecimientos recientes es innecesario porque los estudiantes ya los conocen. Sin embargo, como los autores de libros de texto suelen ser mayores, lo que para ellos es *sasha*, para los estudiantes es *zamani*. Los chavales necesitan información sobre el pasado reciente para comprender los acontecimientos actuales. Sin embargo, los recién llegados al instituto apenas tienen recuerdo personal de la administración de Clinton, por no hablar de cualquier otra cosa anterior, como el movimiento feminista. Para los alumnos de secundaria, la polémica que los resultados electorales suscitaron en 2004 en Florida, tan reciente para muchos de nosotros, no tardará en ser historia antigua. Además, cuando los manuales y los profesores minusvaloran a los *sasha* dificultan que los alumnos establezcan vínculos entre el estudio del pasado y los problemas a los que seguramente se enfrentarán en el futuro, lo cual solo puede inducirles a pensar que toda la historia es irrelevante.

«El pasado nunca muere», escribió William Faulkner. «Ni siquiera es pasado». Es incuestionable que a quienes más puede aplicarse esta frase es a los *sasha*, que quizá sean nuestro pasado más importante, porque no es un muerto sino un muerto viviente. Su robo por parte de los libros de texto y los profesores constituye el delito más perverso que los centros docentes cometen contra los estudiantes de secundaria, porque les priva de perspectiva sobre los problemas que más les afectan. Las naderías medio recordadas que se llevan puestas sobre la batalla de Put-in-Bay o sobre Cal Coolidge, *el Silencioso*, son de poca ayuda para ayudarles a entender el mundo al que acceden al graduarse. Es un mundo que sigue sin solucionar cómo tratar los roles de género. Un mundo que se enfrenta a naciones como Pakistán, Irán y Corea del Norte, cada vez más capaces de fabricar bombas nucleares. Es un mundo caracterizado por una creciente desigualdad socioeconómica, nacional e internacional, algo que, entre otras cosas, subyace tras nuestra incapacidad para impedir la llegada de inmigrantes ilegales. Al dejar de lado el pasado reciente conseguimos que los estudiantes no saquen prácticamente nada de sus cursos de historia que puedan aplicar al mundo.

11

El progreso es nuestro producto principal

«Dios no ha preparado durante mil años a los pueblos de habla inglesa y teutones para nada… Nos ha dado el espíritu del progreso para superar a las fuerzas de la reacción en toda la Tierra. Nos ha hecho expertos en gobernar para que podamos regir los destinos de los salvajes y los seniles… Y dentro de nuestra raza ha señalado al pueblo americano, eligiendo a esta nación para encabezar por fin la redención del mundo».

SENADOR ALBERT J. BEVERIDGE, 1900[1]

«Para los americanos, la historia es una línea recta en cuya vanguardia ellos se alzan en representación de toda la humanidad».

FRANCES FITZGERALD[2]

«El estudio del crecimiento económico es demasiado importante para dejarlo en manos de los economistas».

E. J. MISHAN[3]

«Cada vez es más patente que las ventajas de este mundo no nos acompañarán durante mucho más tiempo. La inminente y esperada destrucción del ciclo ecológico vital terrestre solo podrá evitarse con un cambio radical de perspectiva que abandone nuestra concepción ingenua del mundo como campo de pruebas para adoptar una visión más madura del universo como matriz global de las formas de vida. Ese cambio de punto de vista es esencialmente religioso, no económico ni político».

VINE DELORIA JR.[4]

---

[1] Senador Albert J. Beveridge, discurso pronunciado en el Senado de los Estados Unidos el 9 de enero de 1900, *Congressional Record, 56th Congress*, 33, Washington, D.C., U.S. Government Printing Office, 1900.

[2] Frances FitzGerald, *Fire in the Lake*, Boston, Atlantic-Little, Brown, 1972, p. 8.

[3] E. J. Mishan, *The Economic Growth Debate*, Londres, George Allen and Unwin, 1977, p. 12.

[4] Vine Deloria Jr., *God Is Red*, Nueva York, Dell, 1983 [1973], p. 290.

Lector perseverante, estamos a punto de hacer algo que en los anales de la educación estadounidense ningún curso de historia de los Estados Unidos de secundaria ha logrado nunca: llegar al final del libro. ¿Cuáles son las últimas palabras que enseñan los cursos de historia de los Estados Unidos a los alumnos?

The American Tradition les asegura «que la tradición americana sigue siendo fuerte: lo suficiente para responder a los muchos desafíos que tiene ante sí». «Si esos valores son aquellos en los que la mayoría de los americanos puede coincidir», afirma *The American Adventure*, «la aventura americana continuará sin duda». Y *Land of Promise* concluye diciendo que «la mayoría de los americanos siguieron viendo con optimismo el futuro de la nación. Estaban convencidos de que la libertad de sus instituciones, su enorme riqueza natural y el genio del pueblo americano permitirían a Estados Unidos seguir siendo —como siempre había sido— LA TIERRA DE PROMISIÓN».

Incluso la mayoría de los libros de texto que no terminan con su propio título, culminan con la misma insulsa ovación. «El espíritu americano se llenó de vitalidad cuando la nación avanzaba hacia el final del siglo XX», nos aseguraban en 1991 los autores de *The American Pageant*, haciendo caso omiso de las encuestas, que más bien sugerían lo contrario. Quince años después, escribían que «El espíritu americano latía con vitalidad a comienzos del siglo XXI», aunque ahora «graves problemas continuaban asolando la República». *Life and Liberty* trepa todavía más arriba por esa hueca rama: «Los Estados Unidos tendrá mucho que decir en esos acontecimientos futuros. Esta nación depende de su gente».

¡Nadie lo va a discutir! «No cabe duda de que tenemos problemas por delante», afirma *American Adventures*. «Pero también oportunidades». Según *Triumph of the American Nation*, el pueblo americano «solo necesita voluntad y compromiso para responder a los nuevos desafíos del futuro». En pocas palabras, lo único que necesitamos para prepararnos para el mañana es no perder el optimismo colectivo. O, como *Holt American Nation* señalaba en 2003, «los americanos se enfrentaban al futuro con esperanza y determinación».[5]

En 1995, *Patrañas que mi profe me contó* se burlaba de los libros de texto por tener esos finales. Está claro que apenas influyó en sus editores.

¿Y por qué no terminar con alegría?, se podría contestar. No queremos deprimir a los estudiantes de secundaria. Después de todo, ya no estamos hablando de historia: es imposible saber qué va a ocurrir a continuación. Así que mejor terminar con optimismo.

---

[5] Dos nuevos libros de texto, *Pathways to the Present* y el de Boorstin y Kelley, terminan con menos pompa que lamento, y el lamento es el mismo:

> En mayo de 2003 Bush ratificó otra ley de rebaja de impuestos, en esta ocasión valorada en 350 000 millones de dólares. El presidente insistió en que este «enérgico paquete de desgravaciones fiscales» supondría un aumento de un millón de empleos en el primer año y un empujón para el mercado bursátil. Para sus detractores, la rebaja de impuestos prolongaría durante mucho tiempo enormes déficits fiscales.
>
> *Pathways*

> Sin embargo, en mayo de 2003 Bush ratificó otra ley de rebaja de impuestos, en esta ocasión valorada en 350 000 millones de dólares. El presidente insistió en que ese enérgico paquete de desgravaciones fiscales crearía empleo e impulsaría el mercado bursátil. Para sus detractores, la rebaja de impuestos podría prolongar durante muchos años enormes déficits fiscales.
>
> Boorstin y Kelley

En el capítulo 12 se explica que estos fragmentos no los escribieron sus supuestos autores, sino un empleado o un colaborador externo contratado por el editor. Parece que a esa persona encargada de terminar ambos volúmenes no se le pagaba lo suficiente para elaborar un verdadero colofón, así que el capítulo se detiene sin más después de esta última descripción.

Según *American History*, *Hacia el Oeste continúa su avance el imperio* se ha reproducido en más historias de los Estados Unidos que ningún otro dibujo de Currier e Ives. La ilustración, contrastando tópicamente a los «primitivos» cazadores y pescadores indígenas con los afanosos pobladores blancos, da a entender que el progreso condenó a los indios, así que hoy en día no necesitamos fijarnos mucho en el proceso de desposesión.

En realidad, del mismo modo que no podemos estar del todo seguros de lo que ocurrió hace miles de años, tampoco podemos saber lo qué ocurrirá a continuación. Lo cual explica precisamente que al final de esos libros los autores podrían atizar de nuevo la curiosidad intelectual. ¿Acaso pueden los alumnos aplicar ideas aprendidas en esos voluminosos manuales de historia de los Estados Unidos? Después de todo, como dijo Shakespeare, «el pasado es un prólogo». Si comprendemos qué cosas han ocasionado otras en el pasado, quizá podamos predecir qué ocurrirá a continuación e incluso adoptar políticas nacionales basadas en nuestro conocimiento. Seguramente enseñar a los alumnos a comprender tales procesos sea la motivación inicial y principal para enseñar historia. Si los manuales de historia proporcionaran herramientas de proyección o ejemplos causales del pasado que pudieran (o no) prolongarse en el futuro, animarían a los alumnos a pensar en lo que acaban de pasarse un año estudiando. ¡Qué forma tan emocionante sería de acabar un manual de historia!

Pero no es así; en esos libros, donde más patente es la falta de emoción intelectual es en sus finales. Los autores nos tranquilizan diciéndonos que todo está bien. Que sigamos como antes. No hay necesidad de plantearse si el país o toda la humanidad van por buen camino. No hay necesidad de pensar nada. Esto no solo es una pedagogía aburrida, sino historia de mala calidad. No obstante, ese tipo de finales son los habituales.

Como de costumbre, esa unanimidad vacua indica que sobre nosotros se cierne un arquetipo social. Este, el del progreso, estalla en las últimas páginas de los libros de texto como una flor en primavera, pero ha estado germinando desde los primeros capítulos.

Durante siglos, los estadounidenses han considerado que su historia era una demostración de la idea del progreso. Como señaló Thomas Jefferson:

> Que el observador filosófico emprenda viaje desde los salvajes de las Montañas Rocosas hacia el Este, en dirección a nuestro litoral. A aquellos los observará en su primigenia fase de asociación, viviendo sin más ley que la de la naturaleza... A continuación, encontrará en nuestras fronteras a otros [hombres] en la fase pastoral, criando animales domésticos que atenúan las deficiencias de la caza... de manera que al ir avanzando descubrirá las gradaciones que describe el hombre en su mejora, hasta llegar, en nuestras ciudades portuarias, a su fase más lograda hasta el momento. En realidad, esto equivale a un estudio, a lo largo del tiempo, del progreso del hombre desde la infancia de la creación a la actualidad. Y nadie sabe dónde se detendrá ese progreso.[6]

La idea del progreso dominó la cultura estadounidense durante el siglo XIX y en 1933 aún se le rendía homenaje durante la Exposición Universal de Chicago (titulada «Un siglo de progreso»). Todavía en la década de 1950 se daba por hecho que más equivalía a mejor. Todas las localidades del Medio Oeste mostraban orgullosas

---

[6] Thomas Jefferson citado en Robert Nisbet, *History of the Idea of Progress*, Nueva York, Basic Books, 1980, p. 198 [ed. cast.: *Historia de la idea del progreso*, Barcelona, Gedisa, 1981].

carteles que indicaban sus límites municipales: BIENVENIDOS A DECATUR (ILLINOIS), POR AHORA 65 000 HABITANTES. El crecimiento significaba progreso y este, de manera elemental pero irreflexiva, otorgaba un sentido. En Washington, el secretario de Estado no dejaba de celebrar los hitos que iba superando el país —170 000 000, 185 000 000 de habitantes, etc.— al recorrer su «reloj demográfico».[7] Nos vanagloriábamos de que el maravilloso sistema económico de los Estados Unidos había otorgado al país «el 72 por ciento de los coches del mundo, el 61 por ciento de sus teléfonos y el 92 por ciento de las bañeras» y todo eso teniendo únicamente el 6 por ciento de la población mundial.[8] El futuro parecía todavía más halagüeño: la mayoría de los estadounidenses creía que sus hijos heredarían un planeta mejor y que disfrutarían de una vida más plena.

Este es el país en el que crecieron la mayoría de los autores de libros de texto y el que todavía siguen intentando vender a los estudiantes de hoy en día. Quizá los manuales no cuestionen la idea de que «cuanto más grande, mejor» porque la idea del progreso encaja con la forma que tienen los estadounidenses de ver la educación: algo que va mejorando, incrementando paso a paso las oportunidades individuales y el avance del conjunto de la sociedad. La ideología del progreso también ofrece esperanza en el futuro. Desde luego, la mayoría de los estadounidenses quiere creer que su sociedad, poniéndolo todo en la balanza, ha sido una bendición, no una maldición para la humanidad y para el planeta.[9] Los manuales de historia van todavía más allá, al dar a entender

---

[7] Jules Henry, *Culture Against Man*, Nueva York, Random House, 1963, pp. 16-17 [ed. cast.: *La cultura contra el hombre*, México, Siglo XXI, 1967]. Crawford Young cita las declaraciones del dirigente de la India Jawaharlal Nehru y del sociólogo Orlando Patterson, en el sentido de que los países del Tercer Mundo también se entregaron a la idea del progreso. Véase «Ideas of Progress in the Third World», en Gabriel Almond et al., eds., *Progress and Its Discontents*, Berkeley y Los Ángeles, University of California Press, 1982, p. 83.

[8] Según *Good Citizen*, manual para el ciudadano del Advertising Council, citado en Stuart Little, «The Freedom Train», Bloomington, Indiana University, c. 1990, mecanografiado, p. 11.

[9] Edward H. Carr, *What Is History?*, Nueva York, Random House, 1961, pp. 158 y 166 [*¿Qué es la historia?*, Barcelona, Ariel, 1983]; véase también Almond et al., eds.,

En la década de 1950 una empresa de diseño reformuló el símbolo de los scouts para «actualizarlo». El nuevo símbolo, con una punta orientada hacia arriba y hacia delante, representa el arquetipo del progreso.

que, solo con formar parte de la sociedad, los estadounidenses benefician a una nación que nunca deja de progresar y que sigue siendo la esperanza del mundo. Como señalan Boorstin y Kelley cuando está a punto de concluir *A History of the United States*, «los americanos —creadores de algo a partir de la nada— han llevado una nueva forma de vida hasta los confines del mundo». De ese modo se proyecta hacia el futuro la idea del excepcionalismo estadounidense —los Estados Unidos son el mejor país del mundo— que en nuestros libros de texto arranca con los Peregrinos.

La fe en el progreso ha desempeñado diversas funciones, tanto en la sociedad como en los manuales de historia de los Estados Unidos. Ha fomentado el mantenimiento del statu quo, en su sentido más literal, porque proclama que para progresar basta con que sigamos como hasta ahora. Es una idea que ha sido especialmente útil para la clase alta, porque si los estadounidenses pensaban que el tamaño del pastel económico no dejaba de aumentar, se les podía convencer de que no prestaran atención a las injusticias de clase. La idea del progreso también encaja con la del darwinismo social, que implica que la clase baja es culpable de su propia situación de inferioridad. Como ideología, el progreso ha

---

Progress and Its Discontents, p. XI. Por el contrario, algunos estadounidenses tienen la necesidad de creer que nuestra sociedad ha sido, poniéndolo todo en la balanza, una maldición para la humanidad. Esa forma de pensar, que tiene sus propias compensaciones psicológicas y culturales, permite a sus partidarios considerarse más sabios, «más de izquierdas» o más críticos que sus compatriotas.

sido intrínsecamente contrarrevolucionario: como las cosas no dejan de mejorar, todo el mundo debe creer en el sistema. Ese retrato tan optimista de los Estados Unidos también ayuda a los libros de texto a resistir los ataques de los críticos ultrapatriotas de Texas y de otros estados que elaboran listas de manuales aptos para su uso docente.

En el ámbito internacional, calificar a las naciones pobres de «naciones en vías de desarrollo» ha ayudado a las «naciones desarrolladas» a no tener que enfrentarse a la injusticia que supone la estratificación mundial. En realidad, si se compara a las naciones del Tercer Mundo con las del Primer Mundo, el «desarrollo» las ha ido haciendo más pobres. En 1850, la renta per cápita en el Primer Mundo era cinco veces superior a la del Tercer Mundo; en 1960 era diez veces superior, y catorce en 1970. Esas proporciones resultan difíciles de calibrar, en parte porque el dólar tiene más capacidad de compra en el Tercer Mundo que en el Primero, pero ahora la renta per cápita de este es entre veinte y sesenta veces superior a la de aquel.[10] No obstante, el vocabulario del progreso sigue siendo implacablemente optimista respecto a los «no desarrollados». Como ha señalado el economista E. J. Mishan, «la complacencia impregna el mundo, al aludir a estos países miserables y en ocasiones desesperados con la fatua denominación de "naciones en vías de desarrollo"».[11] En el siglo XIX, el progreso proporcionó al imperialismo una lógica igualmente esplendorosa. Utilizando recursos naturales ajenos, europeos y estadounidenses consideraban que estaban desempeñando un servicio público para habitantes de tierras lejanas, demasiado atrasados para hacerlo por sí mismos.

---

[10] Carr, *What Is History?*, p. 116; L. S. Stavrianos, *Global Rift*, Nueva York, Morrow, 1981, p. 38. En *Why Are They Lying to Our Children?*, Nueva York, Stein and Day, 1984, p. 124, Herbert London postula que en la actualidad la brecha entre ricos y pobres está aumentando. Véase también Cliff DuRand, «Mexico-U.S. Migration: We Fly, They Walk», charla celebrada en Morgan State University, 16/11/2005, en la página web de World Prout Assembly, worldproutassembly.org/archives/2006/01/me xicous_mig rat.html, 11/2006; Giovanni Arrighi, «The African Crisis», *New Left Review* 15, 5/2002, newleftreview.org/?page=ar ticle&view=2387, 11/2006.

[11] Mishan, *The Economic Growth Debate*, p. 116.

Poco a poco, el arquetipo del progreso ha ido perdiendo influencia. En el último cuarto de siglo la comunidad intelectual de los Estados Unidos ha abandonado prácticamente la idea. Las encuestas demuestran que también la opinión pública ha ido perdiendo la fe en un futuro que vaya mejorando automáticamente. Así lo expresaban los editores de un simposio de 1982, titulado «El progreso y sus descontentos», dando cuenta de este nuevo clima de opinión: «Es probable que los historiadores del futuro dejen constancia de que a partir de mediados del siglo XX a todo el mundo le costó conservar la fe en la idea de un progreso inevitable y constante».[12]

Es probable que ni siquiera los autores de libros de texto sigan creyendo ya que lo más grande sea necesariamente mejor. Ninguno se alegra del crecimiento demográfico.[13] Hoy en día, en lugar de alardear de nuestro consumo, lo más probable es que lamentemos nuestro despilfarro, como en este fragmento de Donella H. Meadows, coautora de *Los límites del crecimiento*: «Desde el punto de vista de la destrucción del medio ambiente y de la utilización de los recursos de la Tierra, nosotros somos los ciudadanos más irresponsables y peligrosos del mundo». Cualquier estadounidense nacido en la década de 1970 desechará diez mil botellas no reutilizables y casi veinte mil latas, además de generar 126 toneladas de basura y 9,8 de partículas contaminantes. Y eso es solo la punta del iceberg de los desechos, porque, por cada tonelada de residuos que produce el consumidor, han hecho falta cinco en la fase de fabricación y todavía más durante la extracción inicial de los materiales.[14]

En ciertos sentidos, se sigue equiparando lo grande a lo mejor. Cuando nos comparamos con quienes nos rodean, parece que

---

[12] Almond et al., eds., *Progress and Its Discontents*, p. XI.

[13] Las administraciones de Reagan y Bush siguieron manteniendo durante toda la década de 1980 que no había crisis demográfica, ni siquiera en el Tercer Mundo, porque cuanto mayores fueran las poblaciones, más oportunidades habría para el desarrollo capitalista. Sin embargo, esas declaraciones, dirigidas a las asociaciones antiabortistas de los Estados Unidos, no pretendían promover análisis serios de la estructura social de las naciones desfavorecidas, cuyos dirigentes ridiculizaban la posición estadounidense.

[14] Donella H. Meadows, «A Look at the Future», en Robin Clarke, ed., *Notes for the Future*, Nueva York, Universe Books, 1976, p. 63; correspondencia con Donella H. Meadows, 15/11/1993.

tener más cosas reporta felicidad, porque ganar mucho dinero o conducir un coche caro conlleva una mayor valoración por parte de la sociedad. Los sociólogos encuentran constantemente correlaciones positivas entre renta y felicidad. No obstante, con el paso del tiempo, y en términos absolutos, puede que más cantidad no signifique más felicidad. En 1970 los estadounidenses se consideraban menos felices que en 1957 y todavía menos felices en 1998, pero en este año consumían mucha más energía y más materias primas per cápita.[15]

La crisis petrolífera de 1973 precipitó la aparición de este nuevo clima de opinión, porque demostró lo vulnerables que son los Estados Unidos a factores económicos e incluso geológicos sobre los que apenas tenemos control. Un ejemplo del nuevo pesimismo fue el enorme éxito cosechado en ese año por un superventas «ecocida», *Los límites del crecimiento*.[16] En un texto escrito al año siguiente, Robert Heilbroner aludía a nuevo pesimismo: «Hay una pregunta en el aire… "¿Hay esperanza para el hombre?"».[17] No obstante, Robert Nisbet, para quien la idea de progreso «ha hecho más bien durante 2500 años… que ninguna otra idea de la historia occidental»,[18] considera que dicha idea está en su ocaso. El cambio no ha tenido lugar de repente. Ya hacía algún tiempo que los intelectuales venían cuestionando el concepto de progreso, desde *La decadencia de Occidente*, publicada durante la Primera Guerra Mundial, en la que Oswald Spengler postulaba que la civilización occidental estaba entrando en un profundo e inevitable declive.[19] La propia guerra, la Depresión del 29, el estalinismo, el Holocausto

---

[15] General Social Survey, «Si en estos días tuviera usted que evaluar, en conjunto y de forma general, lo feliz o infeliz que es, diría usted que…», webapp.icpsr.umich.edu/GSS/, 11/2006.

[16] Donella H. Meadows et al., *The Limits to Growth*, Nueva York, Universe Books, 1972, 2ª ed., 1974 [ed. cast.: *Los límites del crecimiento*, México, Fondo de Cultura Económica, 1973].

[17] Robert L. Heilbroner, *An Inquiry into the Human Prospect*, Nueva York, Norton, 1974, p. 13.

[18] Nisbet, *History of the Idea of Progress*, p. 8 [ed. cast.: *Historia de la idea de progreso*, Barcelona, Gedisa, 1991, 2ª ed.].

[19] Oswald Spengler, *The Decline of the West*, Nueva York, Modern Library, 1965 [ed. cast.: *La decadencia de Occidente*, Madrid, Espasa-Calpe, 1983, 14ª ed.].

y la Segunda Guerra Mundial sacudieron los cimientos de la fe de Occidente en el progreso.

La evolución de la teoría social minó todavía más la idea de progreso, al convertir el darwinismo social en un concepto intelectualmente obsoleto. Los antropólogos actuales ya no creen que nuestra sociedad vaya «por delante» o esté «más dotada» que las llamadas sociedades «primitivas». Comprenden que la nuestra es más compleja que las anteriores, pero no sitúan nuestras religiones por encima de las «primitivas» ni consideran que nuestro sistema de parentesco sea superior. Puede que ni siquiera nuestra tecnología, aunque seguramente más avanzada, sea mejor, porque quizá a la larga no responda a las necesidades humanas.[20]

Otra de las justificaciones primordiales de nuestra fe en el progreso era la procedente de la teoría biológica. Antes los biólogos creían que la evolución natural se basaba en la pervivencia de los más aptos. Ya en 1973 se había impuesto en la disciplina una concepción mucho más compleja del desarrollo de los organismos. Según Stephen Jay Gould, «la vida no es una historia de progreso». «Más bien, es la historia de un complejo proceso de ramificaciones y rodeos en el que sujetos que sobreviven momentáneamente se adaptan a entornos locales cambiantes, sin acercarse a la perfección cósmica o funcional».[21]

Como los libros de texto no debaten ideas, no es sorprendente que no traten los cambios registrados en el pensamiento estadounidense a consecuencia de la Primera Guerra Mundial, la Segunda Guerra Mundial, el Holocausto o el estalinismo, por no hablar de la evolución operada en la teoría antropológica o biológica. Sin embargo, al llegar el año 1973 ya se estaba evidenciando la presencia de otro problema relacionado con el progreso: los enormes inconvenientes que conllevaba nuestro creciente dominio sobre la naturaleza. Año tras año, los problemas medioambientales se han ido tornando más inquietantes.

---

[20] Colin Turnbull, *The Human Cycle*, Nueva York, Simon & Schuster, 1983, p. 21.

[21] Stephen Jay Gould, *Hen's Teeth and Horse's Toes*, Nueva York, Norton, 1983 [ed. cast.: *Dientes de gallina y dedos de caballo: más reflexiones acerca de la historia natural*, Madrid, Blume, 1984].

En las décadas de 1980 y 1990, la mayoría de los libros mencionaba por lo menos las crisis energéticas ocasionadas por el embargo petrolífero de 1973 y la guerra entre Irán e Irak de 1980. Sin embargo, no había por qué preocuparse: los autores de los libros de texto daban a entender que ambas crisis se solucionaron inmediatamente. «A consecuencia» del embargo petrolífero de 1973, según nos decía *Triumph of the American Nation*, «Nixon anunció un programa destinado a conseguir que, a comienzos de la década de 1980, los Estados Unidos pudieran satisfacer todas sus necesidades energéticas sin depender de ningún país extranjero». Diez páginas después, como reacción al racionamiento de gas de 1979, «Carter propuso otro plan energético en el que abogaba por un programa masivo de desarrollo de combustibles sintéticos. A largo plazo, el objetivo del plan era reducir a la mitad la importación de crudo». En 1979 no se mencionaba el plan de 1973 de Nixon, que había fracasado tan estrepitosamente que nuestra dependencia del petróleo extranjero, más que caer en picado, se había disparado.[22] El plan de Carter de 1979 era insuficiente, pero tampoco se mencionaba que el Congreso no había llegado siquiera a aprobar la mayoría de sus elementos. Prácticamente todos los libros de texto adoptaban este despreocupado enfoque. «Al final de la administración de Carter, la crisis energética había remitido», decía en tono tranquilizador *Land of Promise* a sus lectores. En la misma idea incidía *The American Tradition* al decir que «los estadounidenses estaban fabricando y comprando coches más pequeños» y que «poco a poco, la gente comenzó a utilizar menos gasolina y a ahorrar energía».

¡Si todo fuera tan sencillo! Entre 1950 y 1975 el consumo mundial de combustible se multiplicó por dos, el de petróleo y gas por tres, y el de electricidad casi por siete.[23] Desde entonces la situación no ha hecho más que empeorar. Entretanto, la producción mundial de crudo se ha estancado, tal como predijo hace décadas M. K.

[22] En 1980 nuestras importaciones de petróleo se habían incrementado en un 63 por ciento respecto a las de 1973, según el *Statistical Abstract of the United States: 1993*, Washington, D.C., Bureau of the Census, 1993.

[23] Mike Feinsilber y William B. Mead, *American Averages*, Garden City, NY, Doubleday, 1980, p. 277; véase también Matthew Wald, «After 20 Years, America's Foot Is Still on the Gas», *New York Times*, 17/10/1993.

Hubbert. En 1994 yo escribí que «si nuestras fuentes de energía no son infinitas, algo bastante probable ya que vivimos en un planeta finito, en algún momento nos toparemos con escaseces». En 2007 estas han comenzado a apreciarse y las perturbaciones serán enormes. Hace un siglo, la agricultura de los Estados Unidos era energéticamente autosuficiente: el ganado proporcionaba abono y potencia de tiro para la labranza, las familias de labradores sembraban y escardaban, la leña calentaba la casa, el viento impulsaba las bombas de agua y la fotosíntesis actuaba en los cultivos. Hoy en día, la agricultura estadounidense depende de enormes cantidades de petróleo, no solo para alimentar los tractores, los camiones y el aire acondicionado, sino para producir fertilizantes y herbicidas. Ante esta situación, a partir de la crisis energética de 1973 la mayoría de los científicos sociales y naturalistas llegó a la conclusión de que ya no podemos mantener alegremente y de modo indefinido nuestro crecimiento. «Cualquiera que esté mínimamente relacionado con el funcionamiento físico del calor, la energía y la materia», escribió Mishan en 1977, «comprenderá que, desde el punto de vista del tiempo histórico, el fin del crecimiento económico, tal como lo conocemos, no puede estar lejos».[24] En gran medida, esto se debe al imponente poder del interés compuesto. Un crecimiento económico que siga el típico ritmo del 3 por ciento supone que, cada cuarto de siglo, la economía multiplique su tamaño por dos, normalmente duplicando también el consumo de materias primas, el gasto en energía y la producción de residuos.

Las crisis energéticas de 1973 y 1979 apuntaron la dificultad de que el capitalismo, un magnífico sistema de producción, nunca se concibió para adaptarse a situaciones de escasez. Se supone que para el capitalismo es *bueno* que la demanda supere a la oferta, lo cual genera un aumento de la producción y, con frecuencia, costes menores. Sin embargo, el petróleo en realidad no se produce, sino que se extrae. En cierto modo, las empresas petrolíferas y la OPEP lo racionan, explotando unas reservas desconocidas pero finitas. En consecuencia, quizá fuera más exacto decir que esas empresas,

---

[24] Mishan, *The Economic Growth Debate*, p. 53. Véase también Warren Johnson, *The Future Is Not What It Used to Be*, Nueva York, Dodd, Mead, 1985, pp. 22-24.

que solemos considerar productores capitalistas que compiten entre sí, son guardianes de un bien comunal.

En los Estados Unidos los bienes comunales ya han planteado problemas anteriormente. Imaginémonos un pueblo de la Nueva Inglaterra colonial en el que cada hogar tenga una vaca. Todas las mañanas, un miembro de cada familia lleva su vaca al pasto comunal, donde estará junto a otras vacas y pastará todo el día bajo la supervisión de un vaquero sufragado por la localidad. A una familia adinerada podría beneficiarle adquirir una segunda vaca, ya que los excedentes de leche y de mantequilla podría vendérselos a marineros y mercaderes que no tengan ganado. Sin embargo, este tipo de expansión solo podría prolongarse hasta cierto punto, cuando el pasto comunal estuviera saturado de ganado. Lo que a corto plazo beneficiaba a una familia, a largo plazo no beneficiaría a la comunidad. Si comparamos las empresas petrolíferas actuales con las familias coloniales que tenían vacas, comprenderemos que quizá sea necesario establecer nuevas normativas públicas, análogas al uso regulado del territorio comunal, para garantizar que nuestros hijos sigan teniendo bienes comunales, en este caso reservas de petróleo.[25]

El problema de los bienes comunales no solo afecta a nuestra sociedad de este modo. La explotación de las reservas de pescado y marisco está en crisis. En la bahía de Chesapeake se pasó de unas capturas de 20 millones de fanegas de cangrejos y ostras en 1892 a 3,5 millones en 1982 y solo 166 000 fanegas en 1992. La reacción de los pescadores fue la habitual que tiene la gente cuando ve en peligro su nivel de vida: trabajó con más ahínco. Esto supuso redoblar sus esfuerzos para capturar más cangrejos y ostras de los pocos que quedaban en la bahía. Aunque esta táctica puede beneficiar a una familia, solo puede traer el desastre al bien comunal. En 2006 los científicos calculaban que un quinto de la flota de pesca y de recogida de ostras de la bahía recogería más o menos la misma cantidad de piezas causando un daño ecológico mucho

---

[25] Véase Garrett Hardin, «The Tragedy of the Commons», *Science*, 162, 1968, pp. 1243-1248; y Garrett Hardin y John Baden, eds., *Managing the Commons*, San Francisco, W. H. Freeman, 1977.

menor. En los océanos, el problema de esa bahía se multiplica con la utilización de técnicas de pesca cada vez más elaboradas. Un informe publicado en *Science* en 2006 pronosticaba que en 2048 habría desaparecido el 90 por ciento de las especies de peces y mariscos que ahora sirven de alimento. Las capturas del 29 por ciento de esas especies ya se han desplomado, lo cual supone que ya representaban menos de una décima parte de lo que eran. Naciones Unidas se está esforzando por desarrollar un marco global «para gestionar y reproducir las especies que quedan». Sin embargo, como todo esto afecta a las aguas internacionales, puede que las negociaciones solo den fruto cuando muchas especies ya se hayan extinguido.[26]

Como la economía funciona a escala global, los bienes comunales abarcan ya a todo el planeta. Si pensamos que en todo el mundo los seres humanos tenían en 1990 diez veces más coches que en 1950, ningún observador en su sano juicio pronosticaría que ese incremento proporcional pueda o deba continuar durante los próximos cuarenta años.[27] Según Jared Diamond, en 2005 el estadounidense medio consumía treinta y dos veces más cantidad de los dones del mundo y producía treinta y dos veces más contaminación que el ciudadano medio del Tercer Mundo.[28] Nuestro constante desarrollo económico coexiste, de forma un tanto tensa, con una consecuencia del arquetipo del progreso: la idea de que lo que es bueno para los Estados Unidos es bueno para toda la humanidad. En consecuencia, nuestro liderazgo económico es

---

[26] B. D. Ayres Jr., «Hard Times for Chesapeake's Oyster Harvest», *New York Times*, 15 de octubre de 1993; David E. Pitt, «U.N. Talks Combat Threat to Fishery», *New York Times*, 25/07/1993; Pitt, «Despite Gaps, Data Leave Little Doubt That Fish Are in Peril», *New York Times*, 3 de agosto de 1993; Elizabeth Weise, «90% of the Ocean's Edible Species May Be Gone By 2048, Study Finds», *USA Today*, 03/11/2006; Juliet Eilperin, «U.S. Attempting to Reshape Fishing Rules», *Washington Post*, 8 de octubre de 2006; Chesapeake Research Consortium. «Managed Fisheries of the Chesapeake Bay», chesapeake.org/FEP-ManagedFisheries.pdf, 11/2006.

[27] Noel Perrin, «Who Needs the World When You Have Cable?», *New York Times Book Review*, 26 de abril de 1992.

[28] Natural History Museum: «Seeds of Change», exposición en la Smithsonian Institution, Washington, D. C., 1992; Richard A. Falk, *This Endangered Planet*, Nueva York, Random House, 1971, p. 139; Jared Diamond, conferencia pronunciada en Politics and Prose, Washington, D.C., 18/01/2006.

muy diferente a nuestro liderazgo político. Desde el punto de vista político, esperamos que otras naciones creen sistemas democráticos y respetuosos con las libertades civiles como el nuestro. Desde el económico, solo podemos esperar que nunca alcancen nuestro nivel de vida, porque, si lo hicieran, la Tierra se convertiría en un desierto. Económicamente, somos la pesadilla del mundo, no su esperanza. Como el planeta es finito, al expandir nuestra economía hacemos menos probable que los países menos desarrollados expandan las suyas. En la actualidad, el incremento de la demanda de combustible para los vehículos chinos ya está creando una escasez mundial de crudo.

Casi todos los días traen consigo nuevas razones de inquietud ecológica, desde la deforestación en el ecuador hasta los agujeros de ozono de los polos. La incidencia del cáncer se dispara y no sabemos por qué.[29] Ni siquiera tenemos forma de medir por completo el impacto de los seres humanos sobre la Tierra. El promedio de espermatozoides de que dispone un hombre sano en el mundo ha caído prácticamente un 50 por ciento en los últimos cincuenta años. Si la razón es medioambiental, no tiene ninguna gracia, porque si la calidad del esperma sigue deteriorándose a ese ritmo durante otros cincuenta años, habremos acabado con la humanidad sin siquiera darnos cuenta.[30] Durante años, tampoco fuimos conscientes de que matar mosquitos con DDT estaba acabando con las aves de presa del mundo. Al aumentar nuestro poder, también aumenta la posibilidad de que, accidentalmente, la humanidad convierta el planeta en inhabitable. En realidad, ya hemos estado a punto de conseguirlo varias veces. A comienzos de la década de 1990, por ejemplo, países de todo mundo acordaron dejar de producir muchos CFC (clorofluorocarbonos)

---

[29] Véase Barry Weisberg, *Beyond Repair*, Boston, Beacon, 1971, p. 9.

[30] «Sperm Counts Drop Over 50 Years», *Facts on File*, 52, nº 2706, 01/10/1992, p. 743 (1); Michael Castleman, «The Sperm Crisis», *Mother Earth News*, nº 83, 9/1983, pp. 176-177. La hipótesis más verosímil sobre la razón que explica la menor cantidad de espermatozoides puede tener que ver con los pañales desechables, que, al estar demasiado prietos, recalientan los testículos. Véase, entre otros autores, Andrea Braslavsky, «Could Disposable Diapers Lead to Infertility?», en AT&T Worldnet, dailynews.att.net, 28/09/2000. ¡Qué alivio!

que dañaban el ozono troposférico. En 2006 el periodista del *Washington Post* Joel Achenbach señaló que «los científicos no se quitan de la cabeza que si los CFC se hubieran fabricado con productos químicos ligeramente distintos, habrían destruido gran parte de la capa de ozono del planeta».[31] Tuvimos suerte, eso es todo.

Todas esas consideraciones suponen que, a la larga, seguir por el mismo camino del desarrollo económico y la institución del Estado-nación que tan lejos nos han llevado quizá no nos conduzca a un planeta habitable. No estamos únicamente ante una crisis energética que pueda solventarse con el desarrollo de formas de energía baratas que no contaminen o generen un calentamiento global. ¡Imaginémonos más bien el caos que podríamos ocasionar si tuviéramos una energía más barata! Los científicos ya se han imaginado cómo podríamos utilizarla despreocupadamente para disminuir la salinidad de los mares, incrementar la extensión de tierra cultivable y concebir otras formas de hacernos la vida más fácil, a corto plazo. La cuestión es que más bien tenemos que dejar de pensar que vamos a quedarnos en la Tierra. En algún momento futuro, quizá antes de que los lectores de los manuales de secundaria actuales lleguen a su decimoquinto cumpleaños, las naciones industrializadas, entre ellas los Estados Unidos, quizá tengan que avanzar hacia economías estacionarias respecto al consumo de energía y de materias primas. En consecuencia, lo mejor sería ver en la crisis petrolífera una llamada de atención que nos sirva para cambiar nuestras costumbres.

Sin embargo, para alcanzar el crecimiento económico cero hay que enfrentarse a otra manifestación del problema de los bienes comunales, porque ningún país querrá ser el primero en llegar a una economía sin crecimiento, del mismo modo que a ninguna familia le parece beneficioso tener una sola vaca. Quizá sea necesario crear un nuevo mecanismo internacional, algo que todavía en la actualidad resulta difícil de imaginar. Heilbroner se muestra pesimista: «Hoy en día no es siquiera remotamente imaginable una disminución importante y voluntaria del crecimiento, por no

[31] Joel Achenbach, «The Tempest», *Washington Post Magazine*, 28/05/2006, p. 24.

hablar de una reorganización planificada de la sociedad».[32] Si mañana los ciudadanos tuvieran que imaginarse una reducción del crecimiento, no podríamos descansar fácilmente, sabiendo que la mayoría de los cursos de historia de secundaria no hace nada para que los estadounidenses del futuro puedan abordar el problema con imaginación. La adhesión irreflexiva y constante a la idea del progreso que muestran nuestros libros de texto solo puede actuar como elemento disuasorio que, al impedir a los estudiantes apreciar la necesidad de un cambio, lo dificulte todavía más. Para David Donald, el «optimismo incurable» de los cursos de historia de los Estados Unidos «no es únicamente irrelevante, sino peligroso».[33] En este sentido, nuestra crisis medioambiental constituye un problema *educativo* que los cursos de historia de los Estados Unidos agravan.

Edward O. Wilson divide a quienes escriben sobre cuestiones medioambientales en dos bandos: los ecologistas y los excepcionalistas.[34] La mayoría de los expertos y autores, Wilson incluido, pertenece al primero. Al otro lado está un puñado relativamente pequeño de politólogos, economistas y naturalistas, varios relacionados con laboratorios de ideas de derechas, que han organizado aparatosas contraargumentaciones para oponerse al catastrofismo ecologista. En 1994 señalé a Julian Simon, Herman Kahn y otros autores que, al comparar su mundo con el de nuestros antepasados, postulaban que, aunque las sociedades actuales tienen más capacidad para perjudicar al planeta, también tienen más poder para arreglar el medio ambiente. Después de todo, a veces los daños medioambientales han podido repararse. Algunos ríos de los Estados Unidos que hace cuarenta años se consideraban irremediablemente contaminados ahora son aptos para la pesca y el baño humano. La actividad humana ha reforestado Corea del Sur.[35]

---

[32] Heilbroner, *An Inquiry into the Human Prospect*, p. 133.

[33] David Donald, citado por Paul Gagnon, «Why Study History?», *Atlantic*, 11/1988, p. 46.

[34] Edward O. Wilson, «Is Humanity Suicidal?», *New York Times Magazine*, 30/05/1993, pp. 24-29.

[35] Clyde Haberman, «South Korea Goes from Wasteland to Woodland», *New York Times*, 07/07/1985, p. 6E.

De ahí que, según los excepcionalistas, la tecnología actual pueda librarnos de las presiones medioambientales. Su idea es que los períodos de recuperación posteriores a catástrofes naturales como los terremotos o desastres ocasionados por el ser humano como la Segunda Guerra Mundial son hoy día mucho más breves que en el siglo XIX, gracias en parte a la capacidad que tienen nuestras grandes organizaciones burocráticas para recabar información y coordinar labores de gran magnitud. La esperanza de vida, uno de los indicadores de la calidad de vida, sigue aumentando. Herbert London, que tituló su libro *Why Are They Lying to Our Children?* [¿Por qué mienten a nuestros hijos?] porque cree que los profesores y los libros de texto hacen demasiado hincapié en los peligros del crecimiento económico, señaló que en 1990 se disponía de más alimentos que veinte años atrás.[36] Por su parte, Simon ha señalado que, en su mayoría, los pronósticos de situaciones de escasez a corto plazo de todo tipo de productos, desde el aceite de ballena el siglo pasado hasta la plata en la década de 1990, se han contrarrestado gracias a nuevos avances tecnológicos.[37] No cabe duda de que el aumento de los precios acabará haciendo rentables medidas extraordinarias como la presión de vapor para la extracción de crudo.

En 1994 yo criticaba los libros de texto por no informar a los estudiantes de las *dos* posturas que se enfrentan en este debate, aunque sí se les animara a pensar en el asunto. No solo los libros hacían como que esos problemas no existían, sino que tampoco presentaban las capacidades de adaptación de la sociedad contemporánea. Los autores deberían haber mostrado las tendencias del pasado que apuntan hacia la catástrofe y las que apuntan hacia la creación de soluciones. De ese modo se animaría a los estudiantes a utilizar los datos históricos disponibles para llegar a sus propias conclusiones. Sin embargo, lo que hacían los autores era asegurarnos de que al final todo saldría bien, que no necesitábamos

---

[36] London, *Why Are They Lying to Our Children?*, p. 53. ¡London no debía de haber leído el final de los manuales de historia de los Estados Unidos!

[37] John Tierney, «Bettingthe Planet», *New York Times Magazine*, 02/12/1990, pp. 52-53 y 75-81.

preocuparnos mucho por el camino que estábamos siguiendo.[38] El apoyo que daba al progreso era tan superficial como el de General Electric, una empresa que dice que «el progreso es nuestro principal producto», pero cuya irresponsabilidad ecológica le ha valido en repetidas ocasiones figurar en la lista de las diez compañías que más dañan el medio ambiente.[39]

Yo ya no soy partidario de este enfoque imparcial. Aunque Simon tenga razón y el capitalismo sea flexible, la crisis actual es nueva, al menos en dos sentidos, y el capitalismo, por sí solo, no puede solucionarla. En primer lugar, estamos ante una escasez de energía permanente, que no ha hecho más que empezar con la del petróleo. Es una escasez que conduce al oligopolio —a un «cártel» natural, no a un cártel forzoso como el que John D. Rockefeller logró con Standard Oil en torno a 1900— y los cárteles no son un buen ejemplo de capitalismo. Si un puñado de empresas controlara la fabricación de esquíes y se unieran para cobrar por ellos lo que quisieran, alguien podría montar otra empresa no regida por ese acuerdo o crear materiales nuevos, más baratos, para fabricar ese producto, o inventarse el *snowboard*, o la gente podría dejar de comprar esquíes. Pero si un puñado de empresas o de países controla el sector petrolífero, ningún nuevo productor puede entrar en él. Además, no es fácil desarrollar alternativas para sustituir el petróleo en los medios de transporte.

En segundo lugar, nuestra utilización del petróleo (y de los demás combustibles fósiles) tiene graves repercusiones en todo el mundo: el calentamiento global. Como todo el mundo sabe ya, salvo algunos autores de manuales de historia de secundaria, este calentamiento derrite los casquetes polares, ocasionando la subida

---

[38] Esto es lo que afirmaba Jane Newitt en *The Treatment of Limits-to-Growth Issues in U.S. High School Textbooks*, Croton-on-Hudson, NY, Hudson Institute, 1982, p. 13. También criticaba los libros de texto por estar sesgados a favor de la limitación del crecimiento, algo que yo no puedo confirmar: en realidad, los manuales que he analizado no consideran que los asuntos medioambientales sean algo importante.

[39] Faye Rice, «Who Scores Best on the Environment?», *Fortune*, 26/07/1993, p. 122. Véase también la película de Debra Chasnoff sobre General Electric, *Deadly Deception*, Boston, Infact, 1990. El nuevo mantra corporativo de General Electric es «Creamos cosas buenas».

del nivel del mar, que ascendió más de treinta centímetros en el siglo pasado. Según los cálculos más conservadores, aceptados por la administración de George W. Bush, el nivel de los océanos subirá otros noventa centímetros durante este siglo. En todo el mundo —desde Miami a Venecia, pasando por gran parte de Bangladesh— cientos de millones de personas viven tan cerca del nivel del mar que esta subida pondrá en peligro su vida y sus ocupaciones. La perturbación consiguiente será la crisis más grande a la que se haya enfrentado la humanidad desde que tenemos testimonios históricos. Y estos son los cálculos más halagüeños. Si la capa de hielo de Groenlandia se derritiera, el nivel de los océanos podría llegar a subir casi siete metros. El científico James Lovelock formuló en 1970 la famosa «hipótesis de Gaia», según la cual la Tierra funciona como un sistema homeostático. Últimamente, Lovelock ha señalado que a medida que el planeta va perdiendo su equilibrio, algunos de los procesos que lo desequilibran pueden llegar incluso a acelerar el calentamiento. Por ejemplo, como los casquetes polares se van derritiendo, ya no reflejan los rayos de sol, de manera que la Tierra absorbe todavía más calor. Lovelock pronostica la muerte de miles de millones de personas antes de que se vuelva a recuperar el equilibrio. El calentamiento global también acentúa otros problemas climáticos: en los últimos treinta años la velocidad media de los huracanes se ha multiplicado por dos y también son más frecuentes.[40]

Eso no es todo. Hay indicios de que el dióxido de carbono, resultado natural de la combustión del petróleo o el carbón, también incrementa la acidez marina. Los científicos advierten de que, a finales de este siglo, esta acidez podría diezmar los arrecifes de coral y acabar con las especies que garantizan el funcionamiento de la cadena alimentaria marina. «Es el cambio medioambiental más profundo del que he tenido conocimiento en toda mi carrera», ha señalado Thomas Lovejoy, autor de *Climate Change and Biodiversity* [Cambio climático y biodiversidad]. Según Ken

[40] Mike Tidwell, conferencia pronunciada en Politics and Prose, Washington, D.C., 30/08/2006; Bill McKibben, «How Close to Catastrophe?», *New York Review of Books*, 16/11/2006.

Caldeira, oceanógrafo de la Universidad de Stanford, «lo que hagamos en la próxima década afectará a los océanos durante millones de años».[41]

Además de nuestras crisis energéticas y del calentamiento global, nos enfrentamos a otros graves problemas. Miles de especies podrían extinguirse de forma inminente. Entre los posibles candidatos figuran un tercio de los anfibios, un cuarto de los mamíferos del mundo o una octava parte de las aves. Wilson, que cree que estas cifras son optimistas, piensa que dos tercios de las especies perecerán antes de finales de siglo. La proliferación nuclear supone otra amenaza. En 1945 solo un país, Estados Unidos, tenía los conocimientos y los medios económicos para construir armas nucleares. Desde entonces, el Reino Unido, la URSS, Francia, China, la India, Pakistán, Israel, Sudáfrica y parece que Corea del Norte han entrado en el club nuclear. Si Pakistán y Corea del Norte pueden tener la bomba, está claro que prácticamente cualquier nación de la Tierra —y algunas organizaciones privadas, entre ellas grupos terroristas— tiene esa capacidad. En 1969 Estados Unidos estuvo peligrosamente a punto de utilizar armas nucleares en Vietnam y en 2002 la India y Pakistán también corrieron el peligro de lanzárselas mutuamente.[42]

A la larga, probablemente no compense seguir enfrentándose a estos nuevos problemas transitando caminos trillados. «El simple hecho de que la humanidad haya sobrevivido hasta el presente no nos ofrece ninguna esperanza de futuro», ha declarado Mishan. «La raza humana solo puede perecer una vez».[43] Si los argumentos que muestra el presente capítulo de esta edición parecen sesgados a favor de los ecologistas, quizá el riesgo de que tengan razón, y

---

[41] Juliet Eilperin, «Growing Acidity of Oceans May Kill Corals», *Washington Post*, 05/07/2006.

[42] «The Red List», iucnredlist.org, según informa Sam Cage, «16 000 Species Said to Face Extinction», Associated Press, 01/05/2006, cnn.netscape.cnn.com/news/story.jsp; Jeremy Rifkin, «The Risks of Too Much City», *Washington Post*, 17/12/2006; William Burr y Jeffrey Kimball, eds., «Nixon White House Considered Nuclear Options Against North Vietnam, Declassified Documents Reveal», National Security Archive Electronic Briefing Book, nº 195, gwu.edu/~nsarchiv/NSAEBB/NSAEBB195/index.htm (31/07/2006).

[43] Mishan, *The Economic Growth Debate*, cap. 8.

también el inquietante curso de los acontecimientos desde la primera edición, justifiquen ese sesgo. Después de todo, la historia pone de relieve que muchas activas sociedades del pasado, desde los mayas a los habitantes de la isla de Pascua, pasando por las de Haití o Canarias, dañaron irremediablemente sus ecosistemas.[44]

«Donde hay tales tierras», escribió Cristóbal Colón la primera vez que avistó Haití, «debe haber infinitas cosas de provecho». Colón y los españoles transformaron biológicamente la isla al introducir enfermedades, plantas y ganado. Los cerdos, perros de caza, vacas y caballos se reprodujeron con rapidez, ocasionando tremendos daños medioambientales. Llegado el año 1550, los «miles y miles de puercos» que había en América procedían de los ocho que Colón había traído consigo en 1493. «Ansí que, muy Magnífico Señor, habiendo estado las dichas islas dende que Dios formó el mundo buenas de gente é muy útiles, é que ninguna cosa les faltaba para sus necesidades», escribía un colono español en 1518, afirmando que, después de la llegada de los europeos, quedaron «yermas para que las habiten los animales brutos y aves del cielo».[45] Posteriormente, para alcanzar beneficios con más rapidez, el monocultivo de caña de azúcar acabó con la horticultura, con lo que se empobreció el suelo. Más recientemente, la presión demográfica ha llevado a haitianos y dominicanos a cultivar las empinadas laderas de las montañas, lo cual ha erosionado el mantillo. En la actualidad, el ecosistema de esta isla, que antaño mantenía a una población abundante y en relativo equilibrio, se encuentra mucho peor que cuando Colón la avistó por primera vez.

---

[44] Sobre los mayas, véase Allen Chen, «Unraveling Another Mayan Mystery», *Discover*, 6/1987, pp. 40-49; sobre las Canarias, véase Alfred W. Crosby Jr., *Ecological Imperialism*, Nueva York, Cambridge University Press, 1986, pp. 80 y 94-97 [ed. cast.: *Imperialismo ecológico: la expansión biológica de Europa, 900-1900*, Barcelona, Crítica, 1988].

[45] Alfred W. Crosby Jr., «Demographics and Ecology», 1990, texto mecanografiado que cita a Las Casas [ed. cast.: *Relaciones y cartas de Cristóbal Colón*, Madrid, Viuda de Hernando, 1892, p. 80]; John Varner y Jeanette Varner, *Dogs of the Conquest*, Norman, University of Oklahoma Press, 1983, pp. 19-20; carta en español citada por Kirkpatrick Sale, *The Conquest of Paradise*, Nueva York, Alfred A. Knopf, 1990, p. 165 [ed. cast. en Martín Fernández de Navarrete et. al., *Documentos inéditos para la historia de España*, vol. II, Madrid, Viuda de Calero, 1845, p. 355].

Puede que esta triste historia sea una profecía para el futuro, ahora que la tecnología moderna puede convertir toda la Tierra en una nueva Haití.

Ni un solo libro de texto menciona la lección del aceite de ballena o la de Haití, ni alude a experiencias históricas que puedan guardar relación con el tema del progreso y el medio ambiente. En resumen, aunque quizá esta sea la cuestión más relevante de nuestro tiempo, hasta nuestros manuales de historia no llega ni un atisbo de su gravedad. En realidad, para mi sorpresa, los libros de texto actuales son peores que sus antecesores en lo tocante al medio ambiente. A excepción de dos fragmentos de *Pageant* y uno de *Journey*, nada dicen sobre las cuestiones medioambientales después de la presidencia de Carter. La institución en 1970 del Día de la Tierra, el embargo petrolífero que en 1973 promovieron los países árabes y la crisis de los rehenes en Irán, de 1979, son los acontecimientos medioambientales que llegan a nuestros libros de texto, junto con la creación de la Agencia de Protección Medioambiental durante la administración de Nixon. Quince años más han pasado desde esos acontecimientos. Como los autores no toman nota de las tendencias subyacentes, solo de acontecimientos llamativos, entre medias no encuentran nada reseñable. Sin embargo, al retrotraerse tanto para dar cuenta de la crisis energética sugieren que es algo del pasado. Además, los libros de texto vienen a decir que prácticamente se ha resuelto. «Con la ayuda de la ley [Nacional de Energía]», nos asegura *The Americans* en un previsible fragmento, «la dependencia estadounidense respecto al crudo extranjero se ha atenuado ligeramente desde 1979». De ser así, 1979 fue un año inusual, porque en 1975, antes de que Carter llegara a la presidencia, los Estados Unidos importaban el 35 por ciento de su petróleo, en tanto que en 2005 importábamos el 58 por ciento.

Quizá no fuera justo esperar que los libros de texto publicados en torno a 1990 trataran el calentamiento global. En *Atlantic Monthly*, en 2006, Gregg Easterbrook señalaba que no estaba demostrado:

> Hace quince años, una persona juiciosa que se detuviera en los estudios sobre el calentamiento global podría haberse centrado en la incertidumbre; en esa época la propia Academia Nacional

de Ciencias insistía en ella. Hoy en día, una persona juiciosa que se fije en los últimos estudios científicos, entre ellos los últimos pronunciamientos de la Academia Nacional de Ciencias, deberá deducir que hay un peligro.

Easterbrook se consideraba «escéptico», después «paulatinamente convencido por los datos. Los inuit que viven en el Ártico están muy de acuerdo; advierten de que todo ese ecosistema está a punto de desaparecer. Entre 1997 y 2005, todos los años fueron de los diez más calurosos desde que hay registros; 2005 marcó un récord».[46]

Entonces, ¿cómo tratan los libros de texto actuales el que quizá sea el principal problema de nuestro tiempo? A continuación figuran todas las palabras que los seis manuales conceden al asunto (a excepción del fragmento que figura al final mismo de *Pageant*, que analizaremos en la última parte de este capítulo):

> Al iniciarse el siglo XXI, procesos como el calentamiento global nos informaban, con dramatismo, de que el planeta Tierra era el principal sistema ecológico de todos, un sistema que no entendía de fronteras naturales. Sin embargo, en tanto que los estadounidenses se enorgullecían de los esfuerzos realizados para limpiar su propio territorio, ¿quiénes eran ellos, que desde hacía tiempo habían agotado sus propios bosques, para decirles a los brasileños que no debían talar la selva amazónica?
>
> *The American Pageant*

> Aunque nadie sabe con seguridad qué ocasiona el calentamiento global, un informe de las Naciones Unidas advertía de que en él podría influir la contaminación atmosférica.
>
> *The American Journey*

[46] Gregg Easterbrook, contestación a cartas sobre su artículo «Some Convenient Truths», *Atlantic Monthly*, 11/2006, p. 21; Gretel Ehrlich, «Last Days of the Ice Hunters?», *National Geographic*, 1/2006, pp. 80 y 84; Eugene Linden, «Why You Can't Ignore the Changing Climate», *Parade*, 25/06/2006, p. 4.

Aquí *Pageant* da a entender que los países del Tercer Mundo son gran parte del problema, aunque los Estados Unidos generan prácticamente el 25 por ciento de las emisiones de CO_2, mucho más que ningún otro país. *Journey* se va por la tangente: la contaminación atmosférica «podría influir». Y hay cuatro libros que no mencionan el asunto.[47]

¿Por qué los libros de texto ofrecen una cobertura tan endeble de las cuestiones medioambientales? Si los autores revisaran las páginas finales para echar por la borda su irreflexiva devoción por el progreso, la comparación entre sus últimos capítulos y los primeros produciría una incómoda disonancia. Puede que tuvieran que cambiar de tono general. Desde sus propios títulos, los manuales de historia de los Estados Unidos adoptan un aire triunfal que la idea del progreso legitima. Los autores de libros de texto trasmiten la imagen de una nación que no deja de mejorar en todos los sentidos, desde las relaciones raciales a los medios de transporte. El retrato tradicional de la Reconstrucción, visto como un período de usurpación a cargo de los yanquis norteños y de libertinaje a cargo de los negros, encaja con la curva ascendente del progreso, porque si las relaciones eran malas durante esa época, aunque quizá no tan malas como durante la esclavitud, pero sí claramente peores que las que se vivieron después, podemos imaginarnos que las relaciones raciales han ido mejorando paulatinamente. Sin embargo, los datos sobre la Reconstrucción nos incitan a reconocer que, en muchos sentidos, en este país las relaciones raciales todavía tienen que regresar al punto alcanzado, por ejemplo, en 1870. Durante ese año, por poner solo un pequeño ejemplo simbólico, A. T. Morgan, senador blanco del condado de Hinds (Misisipi), contrajo matrimonio con Carrie Highgate, una mujer negra de Nueva York, *y fue reelegido*.[48] Es probable que esto no pudiera ocurrir hoy en día; no en el condado de Hinds (Misisipi) ni en muchos otros condados del país.

[47] *The Americans* incluye un apartado de dos páginas, «La polémica de la conservación», enterrado entre las páginas 1122-1123, en medio de un texto de dos páginas dedicado a un batiburrillo de cuestiones colocadas *después* del último capítulo del libro. Lo normal sería esperar que ningún estudiante llegara a ese apartado.

[48] Lerone Bennett, *Black Power U.S.A.*, Baltimore, Penguin, 1969, pp. 345-346.

Con todo, el arquetipo del progreso induce a muchos estadounidenses blancos a llegar a la conclusión de que, hoy en día, los estadounidenses negros no tienen realmente derecho a llamar nuestra atención, porque no cabe duda de que el problema de las relaciones raciales ya no es tan grave.[49]

Para nosotros es difícil concebir el matrimonio de A. T. Morgan, porque los estadounidenses hemos interiorizado tanto el arquetipo cultural del progreso que, llegados a este punto, mostramos una tendencia inherente a dar por hecho que somos más tolerantes, más refinados y que, bueno, que estamos más *avanzados* que antes. Pero hasta un ejemplo trivial, como el de la barba de Lincoln, puede decirnos que no es así. En 1860 un Lincoln totalmente rasurado accedió a la presidencia; en 1864, con barba, fue reelegido. ¿Podría ocurrir esto ahora? Hoy en día, muchas instituciones, desde bancos de inversión hasta la Universidad Brigham Young, están vedadas a varones blancos con pelo facial. Desde Tom Dewey en 1948 no ha habido ningún candidato presidencial blanco, ni tampoco magistrados elegidos para formar parte del Tribunal Supremo, que se hayan atrevido siquiera a lucir un bigote. Puede que la barba no sea en sí misma un signo de progreso, aunque la mía ha mejorado sutilmente mi forma de pensar, pero hemos llegado a un imponente estado de intolerancia cuando la enorme empresa Disney, fundada por un hombre con bigote, no permite a sus empleados llevarlo. Desde un punto de vista más profundo, pensemos que Lincoln también fue el último presidente estadounidense que al acceder al cargo no formaba parte de ninguna iglesia protestante. Puede que los estadounidenses no nos estemos volviendo más tolerantes y que solo pensemos que es así. En consecuencia, la ideología del progreso equivale a una especie de etnocentrismo cronológico.

Los cantos de sirena del progreso no solo nos incitan a creer que ahora todo es más «avanzado», también nos inducen a llegar a la conclusión de que las antiguas sociedades eran más primitivas de lo que quizá fueran. El progreso subyace tras las diversas trayectorias evolutivas unívocas que antes le servían a nuestra sociedad

[49] Pero véase Jonathan Kozol, *Savage Inequalities*, Nueva York, Crown, 1991, p. 3.

para clasificar a pueblos y culturas: por ejemplo, salvajismo-barbarie-civilización o recolección-caza-horticultura-agricultura-industria. Bajo la influencia de esas trayectorias, los expertos malinterpretaron por completo a los seres humanos «primitivos», considerando que sus vidas, como señaló Hobbes, eran «desagradables, brutales y cortas». Se pensaba que solo las «altas» culturas tienen tiempo libre suficiente para desarrollar obras artísticas, literatura o religión.

Ya hace tiempo que los antropólogos saben que no fue así. «A pesar de las teorías que se solían enseñar en los estudios sociales de secundaria», señaló el antropólogo Peter Farb, «la verdad es que, cuanto más primitiva es una sociedad, más ociosa es su forma de vida».[50] Así que las culturas «primitivas» no eran en absoluto «desagradables». En cuanto a «brutales», podríamos recordar la comparación entre los pacíficos arahuacos de Haití y los conquistadores españoles que los sometieron. También es problemático decir que su vida era «corta». Es probable que, antes de toparse con las enfermedades traídas por europeos y africanos, muchos habitantes de Australia, las islas del Pacífico y América disfrutaran de una sorprendente longevidad, sobre todo en comparación con los habitantes de las ciudades europeas y africanas. Según señaló Giovanni da Verrazano, que dio nombre al puente de Verrazano-Narrows de Nueva York, «tienen una larga vida y no suelen caer enfermos».[51] «Los indios, de cuerpo vigoroso y sano, no han conocido en sus carnes el catálogo de enfermedades que consumen la salud de otros países», según decía un colono muy temprano de Nueva Inglaterra, que no parecía tener noticia de las dolencias que, traídas recientemente por los europeos, estaban llevándose por delante a los americanos nativos. Daba cuenta de que los indios vivían «hasta los sesenta, ochenta, algunos hasta los cien años, antes de que el gran juez universal los haga llamar a la ansiosa tumba».[52] En Maryland, otro de los primeros

---

[50] Peter Farb, *Man's Rise to Civilization*, Nueva York, Avon, 1969, pp. 49-50.

[51] Verrazano citado en Neal Salisbury, *Manitou and Providence*, Nueva York, Oxford University Press, 1982, p. 26.

[52] Citado en Russell Thornton, *American Indian Holocaust and Survival*, Norman, University of Oklahoma Press, 1987, p. 39.

La fundación de los Estados Unidos se basó en el dominio sobre la naturaleza. John Adams presumía de que «mi familia, ¡creo que ha cortado más árboles en América que ninguna otra!». Benjamin Lincoln, un general de la Guerra Revolucionaria, hablaba en nombre de la mayoría de los estadounidenses de su tiempo al observar en 1792 que la «civilización nos impele a retirar de las tierras, con la mayor celeridad posible, toda efusión natural». Esa forma de pensar, que simbolizan Adams y Lincoln, hizo posible la rápida expansión de los Estados Unidos hacia el Pacífico, la escuela de arquitectura de Chicago y la producción en cadena de Henry Ford. Sin embargo, ahora nuestra creciente conciencia medioambiental arroja una luz más fría sobre esos procesos. Desde 1950 se ha talado más del 25 por ciento de los bosques que quedaban en el planeta. Como ya se reconoce que los árboles son los pulmones del planeta, pocos son los que continúan pensando que esto sea un signo de progreso.

colonos se maravillaba de que muchos indios fueran bisabuelos, en tanto que en Inglaterra pocos eran los que sobrevivían para llegar a abuelos.[53] Los primeros europeos que se toparon con aborígenes australianos percibieron la presencia de un abanico de edades, lo cual suponía que buen número de ellos llegaba a los

[53] Karen Ordahl Kupperman, *Settling with the Indians*, Londres, J. M. Dent, 1980, p. 58.

setenta años. Esa es la razón de que el salmo 90 de la Biblia dé a entender que, hace miles de años, la mayoría de quienes vivían en Oriente Próximo llegaba a los setenta años: «La duración de nuestros años es de setenta, y ochenta en los más robustos; pero en su mayor parte no son más que penas y vaciedad...».[54]

Además de fomentar la ignorancia sobre las sociedades pasadas, la fe en el progreso hace que, en las actuales, los estudiantes se olviden de cualquier mérito que no sea el nuestro. Llegar a la conclusión de que otras culturas no han logrado muchas cosas de las que tengamos que tomar nota es un efecto colateral de creer que nuestra sociedad es la más avanzada. Los profesores de antropología se desesperan ante el profundo etnocentrismo que muestran muchos de los alumnos del primer año de universidad. William A. Haviland, autor de un conocido manual de antropología, dice que, según su experiencia, la posibilidad de que «algunas de las cosas a las que hoy aspiramos —igualdad de trato para hombres y mujeres, por citar solo un ejemplo— ya las consiguieran algunos otros pueblos, es algo que simplemente no se le ha ocurrido al estudiante medio que inicia sus estudios universitarios».[55] Pocos institutos ofrecen cursos de antropología y el número de estadounidenses que llega a estudiar esa materia en la universidad no llega

---

[54] Salmo 90, versículo 10 [ed. cast. aquí citada: *Sagrada Biblia*, Madrid, BAC, 1973, 17ª ed., trad. de Eloíno Nácar Fúster y Alberto Colunga Cueto, p. 778]. Véase también S. Boyd Eaton et al., *The Paleolithic Prescription*, Nueva York, Harper and Row, 1988; y Marshall Sahlins, *Stone Age Economics*, Chicago, Aldine and Atherton, 1972 [ed. cast.: *Economía de la Edad de Piedra*, Madrid, Akal, 1977].

Aquí hay problemas estadísticos: uno tiene que ver con el hecho de que la esperanza de vida media al nacer puede ser bastante baja si el 40 por ciento de los recién nacidos muere durante su primer año de vida, de manera que sería mejor calibrar la esperanza de vida al año o a los diez años. Tampoco es fácil medirla antes de la llegada de las enfermedades europeas y africanas, ya que esas dolencias fueron de la mano del primer contacto e incluso lo precedieron. Por otra parte, la información arqueológica resumida por Jared Diamond en «The Worst Mistake in the History of the Human Race», *Discover*, 5/1987, pp. 64-66, sugiere que quizá los primeros pobladores europeos antes citados fueran demasiado optimistas en sus primeras valoraciones sobre la longevidad de los indios.

[55] William A. Haviland, «Cleansing Young Minds, or What Should We Be Doing in the Introductory Course to Anthropology?», ponencia presentada en la reunión anual de la Asociación Americana de Antropología, Nueva Orleans, 1990, p. 3.

a uno de cada diez, así que poco podemos contar con ella para atenuar el etnocentrismo. Los cursos de historia y de estudios sociales de secundaria podrían contribuir a que los alumnos se abrieran a ideas procedentes de otras culturas. Sin embargo, no ocurre así, porque la idea del progreso inunda esos cursos desde Colón hasta sus últimas palabras. En consecuencia, solo pueden alentar, no reducir, el etnocentrismo. Sin embargo, la fe etnocéntrica en el progreso de la cultura occidental ha tenido consecuencias desastrosas. Quienes creían que su sociedad era la vanguardia del futuro, la más avanzada de la Tierra, han tenido demasiada tendencia a entregarse a crueldades extremas como la masacre de los pequot, las purgas de Stalin, el Holocausto o el Gran Salto Adelante.

En lugar de dar por hecho que somos los mejores, los autores de libros de texto harían bien en incitar a los estudiantes a pensar en las costumbres estadounidenses, desde su forma de nacer a su forma de morir. Por ejemplo, es indiscutible que algunos elementos de la medicina moderna son más eficaces y que se basan en teorías mucho mejores que las de medicinas anteriores. Por otra parte, la forma de dar a luz «antigravitatoria», predominante en los paritorios de los Estados Unidos desde alrededor de la década de 1930 hasta por lo menos la de 1970, demuestra la influencia de la idea del progreso en su manifestación más irrisoria. Se consideraba que el parto era análogo a una operación quirúrgica: el médico anestesiaba a la madre y retiraba al anestesiado bebé como si fuera la vesícula.[56] Todavía en 1992, solo la mitad de las mujeres que dieron a luz en hospitales estadounidenses amamantaban a sus bebés, aunque ahora sabemos algo que las sociedades «primitivas» nunca olvidaron: la leche que está concebida para las crías humanas es la

[56] Se creó un instrumental especial para llevar a cabo la operación, que no solo se realizaba en contra de las fuerzas de la naturaleza, sino contraviniendo la de la gravedad. Podríamos contraponer la descripción que hacía Las Casas del parto en Haití antes de la llegada de los europeos: «Multiplicábanse mucho; y las mujeres preñadas no por eso dejan de trabajar. Cuando paren tienen muy chicos y casi insensibles dolores; si hoy paren, mañana se levantan tan sin pena, como si no parieran; en pariendo, vanse luego al río a lavar y luego se hallan limpias y sanas». (*History of the Indies*, Nueva York, Harper and Row, 1971, p. 64. [ed. cast.: *Historia de las Indias*, Caracas, Biblioteca Ayacucho, 1956, p. 648.])

de procedencia humana, no la de vaca o la «maternizada».[57] Si los manuales de historia renunciaran a su ciega devoción al arquetipo del progreso, podrían invitar a los lectores a evaluar las tecnologías y determinar cuáles han sido realmente avanzadas. De este modo, la propia definición del *progreso* se tornaría más problemática. También podrían ponderarse formas alternativas de organización social que los avances tecnológicos y económicos han hecho posibles y quizá necesarias. Puede que los niños de hoy apreciaran así, por ejemplo, la decadencia del Estado-nación, porque el problema de los bienes comunales planetarios puede obligar a una toma de decisión también planetaria o porque el creciente tribalismo podría fragmentar muchas naciones desde dentro.[58] Los capítulos finales de los manuales de historia podrían convertirse en ejercicios de indagación que condujeran a los estudiantes hacia datos y lecturas relacionados con las enfrentadas posturas que suscitan esos debates. Seguramente ese enfoque los prepararía mejor para sus seis décadas de vida posterior al instituto que los finales absurdamente optimistas de los libros de hoy.

Con frecuencia se nos vende que la reflexión sobre cuestiones como la calidad de vida es uno de los objetivos de enseñar humanidades, pero los manuales de historia esconden esas cuestiones bajo los deslumbrantes colores de la alfombra del progreso. Los libros de texto no manifiestan siquiera una auténtica preocupación por las desventajas medioambientales de nuestras instituciones económicas y científicas. Prefieren recalcar la venturosa

---

[57] «Harper's Index», *Harper's*, 2/1993, p. 15, citando a Ross Labs. Muchos hospitales siguen separando a las madres de los recién nacidos, salvo en el rato destinado a la lactancia, aunque los estudios científicos —que parecen el único recurso disponible para cambiar la forma de atender al parto— demuestran que los neonatos criados con más contacto de los progenitores —seleccionados de manera aleatoria— presentan cocientes intelectuales más elevados. Véase Feinsilber y Mead, *American Averages*, pp. 227-228.

[58] Philip D. Curtin, *The Rise and Fall of the Plantation Complex*, Cambridge, Cambridge University Press, 1990, esp. p. 35, ofrece un interesante análisis sobre el ascenso del Estado-nación como respuesta necesaria al poderío militar de los Estados-nación colindantes. Curtin postula que en otros aspectos los Estados-nación no fueron necesariamente ventajosos para sus ciudadanos. Si la necesidad de controlar las armas nucleares conduce a una época de paz relativa en el siguiente siglo, puede que desaparezca una de las principales razones que explican el poder del Estado-nación.

idoneidad de la respuesta gubernamental. Parece que les gusta mucho más hablar de esa reacción —principalmente de la creación de la Agencia de Protección Medioambiental— que exponer la permanencia de los problemas ecológicos. Con mucho, el texto más serio sobre nuestro futuro que se puede encontrar en cualquiera de los nuevos libros de texto es este fragmento de la penúltima página de *The American Pageant*:

> Las preocupaciones medioambientales enturbiaban el futuro del país. Las centrales eléctricas alimentadas con carbón contribuían a generar lluvia ácida y probablemente también al efecto invernadero, un amenazador calentamiento de la temperatura del planeta. El problema, aún sin resolver, de cómo librarse de los residuos radiactivos obstaculizaba el desarrollo de las centrales nucleares. El planeta se estaba quedando sin petróleo...
>
> Al llegar el siglo XXI, las en su día solitarias demandas de fuentes de combustible alternativas habían dado lugar a una generalizada fascinación con la energía solar y eólica, el metanol, los coches eléctricos «híbridos» y la búsqueda de una célula de combustible de hidrógeno asequible. La conservación de la energía siguió siendo otra estrategia esencial pero escurridiza: muy cacareada en las tribunas políticas, pero escasamente presente en las políticas públicas...

Aunque estas palabras no sean en modo alguno una llamada de atención, por lo menos plantean los problemas y no dan a entender que no haya nada de qué preocuparse.

Por desgracia, en la página siguiente, que es la última, *Pageant* ofrece un anodino bálsamo: «Frente a esos desafíos, la república más antigua del mundo podía recurrir a una extraordinaria tradición de resistencia e inventiva». A muchos estudiantes no se les tranquiliza tan fácilmente. Según una encuesta de 1993, los menores están mucho más preocupados que sus padres por el medio ambiente.[59] A finales de la década de 1980, alrededor de uno de cada tres alumnos del último curso de secundaria pensaba que

---

[59] Ruth Bond, «In the Ozone, a Child Shall Lead Them», *New York Times*, 10/01/1993.

durante su vida probablemente asistiera a la aniquilación nuclear o biológica de la humanidad.[60] «He hablado de ello con mis amigos», escribió una alumna mía en su diario de clase. «Todos tenemos la sensación de que no vamos a terminar nuestra vida adulta». En 1991, una encuesta realizada a alumnos de último curso de secundaria descubrió que casi la mitad creía que «ya hemos dejado atrás los mejores años de los Estados Unidos».[61] Todos ellos habían tenido cursos de historia de los Estados Unidos, pero no parece que la terapia de pensamiento positivo de los libros de texto les hubiera calado. Los estudiantes saben cuándo les están timando. Perciben que debajo de ese optimismo mecánico hay una actitud defensiva que no convence a nadie. O quizá es que nunca llegaron a los joviales finales de sus libros de texto.

Probablemente, la principal consecuencia del lavado de cara al que los libros de texto someten los problemas medioambientales para potenciar la idea del progreso sea que los estudiantes de secundaria se convencen de que los cursos de historia de los Estados Unidos no son un entorno propicio para plantear el curso futuro de la historia del país.[62] El que quizá sea el principal problema del momento tendrá que debatirse en otras clases, quizá en las de ciencias o salud, aunque sea un problema mucho más social que biológico o sanitario. Entretanto, en clase de historia continuará la insulsa insistencia en que las cosas están mejorando, aunque sea sin avales empíricos.

E. J. Mishan ha señalado que suministrar a los estudiantes historias de color de rosa sobre un progreso automático contribuye a mantenerlos en la pasividad, porque presenta el futuro como un proceso que no pueden controlar.[63] Con todo, no creo que esta sea la razón de que los libros de texto terminen como terminan. Quizá

---

[60] Daniel Evan Weiss, *The Great Divide*, Nueva York, Poseidon, 1991, p. 136.

[61] National Association of Secretaries of State New Millennium Survey, 1999, stateofthevote.org/New%20Mill%20Survey%20Update.pdf, 12/2006.

[62] Véase Catherine Cornbleth, Geneva Gay y K. G. Dueck, «Pluralism and Unity», en Howard Mehlinger y O. L. Davis, eds., *The Social Studies*, Chicago, University of Chicago Press/NSSE Yearbook, 1981, p. 174.

[63] E. J. Mishan, *Pornography, Psychedelics, and Technology*, Londres, George Allen and Unwin, 1980, pp. 25 y 150-151. Véase también Jonathan Kozol, *The Night Is Dark and I Am Far from Home*, Boston, Houghton Mifflin, 1975, p. 40.

la mejor manera de entender el carácter animoso de sus últimos párrafos sea verlos como una estratagema de los editores, que confían en que el optimismo nacionalista les granjee la elección de sus libros por las comisiones correspondientes. Además, saben que los republicanos han pasado del partido de Nixon —que aprobó la Ley de Protección Medioambiental— al de George W. Bush, en el que las grandes empresas, sobre todo las petrolíferas, dirigen nuestras políticas medioambientales y energéticas. Puede que en el clima político actual teman que insinuar que el calentamiento global o la escasez de energía son verdaderas amenazas se considere una historia propia del Partido Demócrata, por lo que podrían perder puntos ante las comisiones de elección de textos.

No obstante, esos finales felices de nuestros libros de texto equivalen verdaderamente a concesiones a la derrota. Al dar a entender que no es necesario hacerse preguntas importantes sobre nuestro futuro ni pensar realmente en las tendencias que sigue nuestra historia, los autores de libros de texto aceptan tácitamente que la segunda no tiene un gran peso sobre el primero. Poco podemos criticar a los estudiantes por llegar a la conclusión de que el estudio de la historia es irrelevante para su futuro.

12

¿Por qué se enseña historia de este modo?

«No sé si hay algún otro campo del conocimiento que sufra tanto como la historia de la pura y simple repetición automática que se aprecia año tras año, en un libro tras otro».

HERBER T. BUTTERFIELD[1]

«No hay otro país del mundo en el que sea tan grande la brecha entre la complejidad interpretativa de algunos historiadores profesionales y la educación elemental que ofrecen los profesores».

MARC FERRO[2]

«Cuando publicas un libro, si hay algo polémico, es mejor prescindir de ello».

Representante de Holt, Rinehart and Winston[3]

«Contrataron a uno, no recuerdo cómo se llamaba.»

BROOKS MATHER KELLEY,
coautor de *A History of the United States,* explicando quién escribió en realidad su último capítulo[4]

«Tenemos 3000 dólares para un autor externo y de ahí es de donde parte nuestro equipo editorial... Enseguida le cogen el tranquillo y en un par de días han llegado a la Guerra Civil».

Veterano editor de manuales de historia para secundaria[5]

---

[1] Herbert Butterfield, citado en Stephen Vaughn, ed., *The Vital Past*, Athens, University of Georgia Press, 1985, p. 222.

[2] Marc Ferro, *The Use and Abuse of History*, Boston, Routledge and Kegan Paul, 1981, p. 225.

[3] Citado en Joan DelFattore, *What Johnny Shouldn't Read*, New Haven, Yale University Press, 1992, p. 120.

[4] Brooks Mather Kelley, entrevista, 7/2006.

[5] Editor de libros de texto, entrevista, 7/2006.

Once capítulos han demostrado que los libros de texto ofrecen pormenores irrelevantes e incluso erróneos, en tanto que omiten cuestiones y datos esenciales al tratar cuestiones que van desde el segundo viaje de Colón hasta la posibilidad de un inminente ecocidio. También hemos visto que los manuales de historia no ofrecen a los alumnos la posibilidad de volcar sus conocimientos del pasado sobre preocupaciones contemporáneas y, por tanto, tampoco fundamentos para pensar de manera racional en nada que tenga que ver con el futuro. La realidad se pierde a medida que los autores se van apartando más y más de las fuentes primarias e incluso de la bibliografía secundaria. Los libros de texto no suelen presentar las diversas versiones de las polémicas históricas y casi nunca revelan a los estudiantes los datos en los que se basa una u otra posición. Pero también son poco rigurosos en otros sentidos. De los dieciocho que estudié, solo los dos más antiguos, publicados en la década de 1970, contienen notas a pie de página.[6] Hay diez libros de texto que privan por completo a los alumnos de una bibliografía.

A pesar de las virulentas críticas de los expertos[7], año tras año se vuelven a publicar nuevas ediciones de los antiguos textos, sin

[6] *The American Adventure* tiene menos de una nota a pie de página por capítulo. *Discovering American History* no tiene notas, pero aquí y allá remite a las fuentes de las citas más largas.

[7] Robert Moore, *Stereotypes, Distortions and Omissions in U.S. History Textbooks*, Nueva York, Council on Interracial Books for Children, 1977; Frances FitzGerald, *America Revised*, Nueva York, Vintage, 1980; Gerald Horne, ed., *Thinking and Rethinking U.S. History*, Nueva York, Council on Interracial Books for Children,

apenas cambios. Año tras año aparecen clones que, supuestamente escritos por nuevos autores, presentan sin embargo cubiertas, títulos y contenidos prácticamente idénticos. ¿Qué explica esa atroz uniformidad?

Los libros de texto deben de satisfacer a alguien.

Cuando los producen, los editores tienen varios públicos en mente. Uno de ellos son sus potenciales lectores: los alumnos. Sus características, tal como las perciben los editores, influyen especialmente en el nivel de lectura requerido y en el formato de las páginas, algo de lo que nos ocuparemos posteriormente. Otro de los públicos lo componen los historiadores y los profesores de educación universitarios, que quizá en realidad sean dos públicos distintos. Los docentes de centros escolares son otro público, y también pasaremos revista a sus características y deseos. Las editoriales valoran igualmente las concepciones del conjunto de la población, ya que la opinión pública influye en las comisiones que eligen los libros de texto y los padres representan un posible grupo de interés al que los editores intentan no irritar.

1988; Diane Ravitch y Chester E. Finn Jr., *What Do Our 17-Year-Olds Know?*, Nueva York, Harper and Row, 1987, que, sin señalar libros de texto concretos, criticaba con acritud lo que los estudiantes ignoraban de la historia; Harriet Tyson-Bernstein, *A Conspiracy of Good Intentions: American's Textbook Fiasco*, Washington, D.C., Council for Basic Education, 1988; Paul Gagnon, *Democracy's Half-Told Story*, Nueva York, American Federation of Teachers, 1989; Chester E. Finn Jr. y Diane Ravitch, *The Mad, Mad World of Textbook Adoption*, Washington D.C., Thomas B. Fordham Institute, 2004. Otros críticos han arremetido contra los manuales de historia de los Estados Unidos desde puntos de vista especializados; por ejemplo, el informe *1982-83 Michigan Social Studies Textbook Report*, Lansing, Michigan State Board of Education, 1984, llegaba a la conclusión de que siete libros de texto trataban de manera deficiente las relaciones entre Canadá y los Estados Unidos.

Por otra parte, O. L. Davis Jr., et al. revisaron quince manuales de educación intermedia (12-14 años) y dieciséis de secundaria (14-17 años) en *Looking at History*, Washington, D.C., People for the American Way, 1986. Su conclusión fue que «la mayoría de los treinta y un textos eran buenos, algunos excelentes». El breve examen que realizan Nathan Glazer y Reed Ueda de seis libros de texto en *Ethnic Groups in History Textbooks*, Washington, D.C., Ethics and Public Policy Center, 1983, proporciona una evaluación que, dando una de cal y otra de arena, conjuga las alabanzas con las críticas. Lo mismo ocurre en el estudio que realizó de once libros de texto, cuatro de secundaria (14-17 años), Gilbert Sewall en *American History Textbooks: An Assessment of Quality*, Nueva York, Columbia University Teachers College, 1987.

En la opinión pública ha habido quienes no se han arredrado al declarar abiertamente qué quieren de los libros de texto. En 1925 la Legión Americana proclamó que el libro de texto ideal

> debe inspirar patriotismo en los niños...
> debe poner empeño en decir la verdad con optimismo...
> solo debe detenerse en el fracaso por su valor como lección moral, debe hablar principalmente del éxito...
> debe otorgar a cada estado y a sus subdivisiones espacio y valor suficientes para captar sus logros.[8]

Por el contrario, en 1986 Shirley Engle y Anna Ochoa, desde hacía tiempo grandes figuras de la docencia de las ciencias sociales, hicieron recomendaciones muy diferentes para los libros de texto. Desde su privilegiada atalaya, pensaban que el libro de texto ideal debía

> poner a los estudiantes frente a cuestiones y problemas importantes, imposibles de responder fácilmente;
> ser muy selectivo;
> organizarse en torno a un importante problema social que se estudie en profundidad;
> utilizar... datos de diversas fuentes como la historia, las ciencias sociales, la literatura, el periodismo y las experiencias personales de los alumnos.[9]

Los libros de texto actuales, que se atienen en gran medida a la línea dictada por la Legión Americana, desatienden las recomendaciones de Engle y Ochoa. ¿Por qué?

¿Tiene la culpa la bibliografía histórica secundaria? Es difícil esperar que los autores de libros de texto vuelvan a las fuentes primarias para desenterrar datos verdaderamente crípticos. Hace

---

[8] Citado en Bessie L. Pierce, *Public Opinion and the Teaching of History in the United States*, Nueva York, Alfred A. Knopf, 1926, pp. 329-330.

[9] Shirley Engle y Anna Ochoa, «A Curriculum for Democratic Citizenship», *Social Education*, 11/1986, p. 515.

unas décadas, la bibliografía histórica secundaria era bastante sesgada. Hasta la Segunda Guerra Mundial, la historia, mucho más que otras ciencias sociales, era manifiestamente antisemita y antinegra. En *That Noble Dream* [Ese noble sueño], la mejor obra reciente sobre la profesión de historiador, Peter Novick, después de revisar datos de todos los centros universitarios blancos de los Estados Unidos, comprobó que antes de 1945, en toda su trayectoria, en todos ellos solo se había contratado a *un negro* para enseñar historia.[10] La mayoría de los historiadores eran hombres de privilegiadas familias blancas. Escribían con las orejeras puestas. Arthur Schlesinger Jr. se creyó capaz de escribir todo un libro sobre la presidencia de Andrew Jackson sin siquiera mencionar el que quizá fuera el principal problema al que se enfrentó Jackson cuando era presidente: la retirada de los americanos nativos del sureste. Es más, ¡el libro de Schlesinger ganó el premio Pulitzer![11]

No obstante, en estos tiempos, la bibliografía secundaria sobre historia de los Estados Unidos es mucho más variada. En realidad, todos los capítulos de este libro se han basado en investigaciones a disposición del gran público. Nada nuevo encontraran aquí los historiadores competentes. Todo el mundo puede acceder a esa información en la bibliografía secundaria, aunque no haya llegado a nuestros libros de texto, materiales educativos o programas de formación del profesorado, con lo que tampoco ha llegado a los centros docentes.[12] En consecuencia, según el historiador comparativista Marc Ferro, los Estados Unidos son el país del mundo que ha terminado teniendo una brecha más profunda entre lo que los historiadores saben y lo que a los demás nos enseñan.[13]

---

[10] Peter Novick, *That Noble Dream*, Cambridge, Cambridge University Press, 1988, pp. 172-173.

[11] Arthur Schlesinger Jr., *The Age of Jackson*, Boston, Little, Brown, 1945; James O'Brien, comunicación personal, 12/11/1993.

[12] Ahora es frecuente que los programas de formación del profesorado utilicen *Patrañas que mi profe me contó*; en secundaria se está comenzando a enseñar mejor historia, en parte por los debates que el libro genera.

[13] Ferro, *The Use and Abuse of History*, p. 225.

¿Dependen esas omisiones de un juicio profesional? Los autores de libros de texto no pueden incluir todos los acontecimientos porque el pasado es inmenso. Ningún libro se proclama completo. Hay que tomar decisiones. ¿Qué es importante? ¿Qué corresponde a una determinada edad? Por muy heroica que fuera, quizá los profesores no debieran dedicar ni un rato a Helen Keller.

Pero cuando vemos lo que sí incluyen los libros de texto —cuando contemplamos los nimios detalles, algunos falsos, que nos endilgan, por ejemplo, sobre Colón— tenemos que pararnos a pensar. Los condicionantes de tiempo y espacio no pueden estar induciendo a los manuales a prescindir de cualquier debate sobre lo que Colón hizo en América o sobre cómo Europa llegó a dominar el mundo, ya que esas cuestiones son de las más vitales que afectan a la inmensidad del pasado.

Quizá tenga la culpa una conspiración de clase alta. Quizá todos seamos unos primos, manipulados por una elite de hombres capitalistas blancos que, siguiendo un plan para perpetuar su propio poder y sus privilegios a costa de los demás, dispone cómo se escribe la historia. Desde luego, los manuales de historia de secundaria se asemejan tanto unos a otros que parece que todos los ha elaborado la misma comisión ejecutiva de la burguesía. En *1984*, George Orwell dejó claro quién determina cómo se escribe la historia: «Quien controla el presente controla el pasado».[14]

La representación simbólica del pasado de una sociedad es especialmente importante en contextos estratificados. Evidentemente, los Estados Unidos están estratificados en función de la clase social, la raza y el género. Algunos sociólogos creen que la desigualdad social motiva a la gente, incitándola a esforzarse y a actuar de manera más innovadora. Así es, pero la estratificación también es intrínsecamente injusta, porque quienes tienen más dinero, una mejor posición y más influencia se sirven de esas ventajas para incrementarlas aún más, mejorando su situación y la de sus hijos. En una sociedad caracterizada por la desigualdad, quienes han padecido sus consecuencias pueden inquietarse. Los

---

[14] George Orwell, *1984*, Nueva York, Harcourt, Brace, 1949, p. 35 [ed. cast.: *1984*, Barcelona, Debolsillo, 2013].

integrantes de los grupos favorecidos pueden avergonzarse de la inequidad y ser incapaces de defenderla ante los oprimidos o incluso ante ellos mismos. Para mantener un sistema estratificado es enormemente importante controlar qué piensa la gente de él. Este es el análisis que propuso Marx con el concepto de *falsa conciencia*. La forma de ver el pasado es muy importante para la propia conciencia. Si los miembros de la elite llegan a pensar que su privilegio está históricamente justificado y que se lo merecían, será difícil convencerles de que concedan oportunidades a los demás. Si los integrantes de los sectores desfavorecidos llegan a pensar que su privación es culpa suya, entonces no habrá necesidad de utilizar la fuerza o la violencia para mantenerlos en su sitio.

Según William L. Griffen y John Marciano, que analizaron cómo trataban los libros de texto la guerra de Vietnam, estos «proporcionan un método evidente de materializar la hegemonía en la educación».

> Por hegemonía entendemos, en concreto, la influencia que las clases o grupos dominantes ejercen por medio del control de instituciones ideológicas como los colegios, que conforman la percepción de cuestiones vitales como la guerra de Vietnam... En los libros de historia, por ejemplo, la omisión de hechos y puntos de vista cruciales limita profundamente cómo acaban viendo los estudiantes los acontecimientos históricos. Es más, mediante su univocidad, los libros de texto protegen a los alumnos de encuentros intelectuales con el mundo que podrían agudizar sus capacidades críticas.[15]

Con el educado lenguaje académico, lo que Griffen y Marciano nos dicen aquí es que, gracias al control de los factores sociales, se nos ocultan hechos clave para mantenernos en la ignorancia y la estupidez.

---

[15] William L. Griffen y John Marciano, *Teaching the Vietnam War*, Montclair, NJ, Allanheld, Osmun, 1979, pp. 163-172.

La mayoría de los expertos en educación comparte esta perspectiva, calificada con frecuencia de «teoría crítica».[16] Jonathan Kozol se encuadra en esta escuela cuando escribe que «la escuela se dedica a producir gente fiable».[17] Así lo expresa el brasileño Paulo Freire: «Sería enormemente ingenuo esperar que las clases dominantes desarrollaran un tipo de educación que permitiera a las subalternas percibir críticamente las injusticias sociales».[18] Henry Giroux, principal discípulo de Freire en los Estados Unidos, sostiene que «la cultura dominante actúa verdaderamente para reprimir el desarrollo de una conciencia histórica crítica entre las masas».[19] David Tyack y Elisabeth Hansot nos indican cuándo empezó todo: entre 1890 y 1920 los empresarios consiguieron una influencia mucho mayor sobre la educación pública que ninguna otra profesión o estrato social.[20] Entre los autores que escriben sobre educación, hay algunos que llegan incluso a pensar que el control de la clase alta imposibilita realmente las mejoras. En una crítica de las iniciativas de reforma educativa, Henry M. Levin afirmó que «el sistema educativo siempre se utilizará como correa de trasmisión cultural y método de conservación del *statu quo*».[21] «Las escuelas públicas que tenemos hoy en día son lo que

---

[16] Entre ellos figuran Michael Apple, Stanley Aronowitz, Kathleen Bennett, Samuel Bowles, Martin Carnoy, Herbert Gintis, Henry Giroux, Margaret LeCompte, Caroline Persell, Joel Spring, Kathleen Weiler y muchos otros.

[17] Jonathan Kozol, *The Night Is Dark and I Am Far from Home*, Nueva York, Simon & Schuster, 1990 [1975], p. 99.

[18] *The Politics of Education*, South Hadley, MA, Bergin and Garvey, 1985, p. 102.

[19] Henry Giroux, *Ideology, Culture, and the Process of Schooling*, Filadelfia, Temple University Press, 1981, p. 47. Al igual que otros teóricos críticos, Giroux llega realmente a descartar la intencionalidad: «Con esto no queremos decir que haya una conspiración consciente por parte de una elite gobernante "invisible"». Dejando de lado la acertada pero imprecisa afirmación de que la clase alta determina la retórica del momento, que va calando en nuestra forma de entender el pasado, esos teóricos nunca llegan a precisar, por ejemplo, cómo influye esa clase en lo que se enseña sobre historia de Estados Unidos en un aula de pueblo. En las páginas siguientes planteo la posible actuación de otras fuerzas más concretas.

[20] David Tyack y Elisabeth Hansot, «Conflict and Consensus in American Public Education», *Daedalus*, 110, nº 2, verano de 1981, pp. 1 y 12.

[21] Henry M. Levin, «Educational Reform: Its Meaning?», en Martin Carnoy y Henry M. Levin, *The Limits of Educational Reform*, Nueva York, McKay, 1976, p. 24.

han hecho de ellas los poderosos y los dignos de consideración», escribió Walter Karp. «Unas reformas nimias no las redimirán».[22]

Al escribir sobre educación, estos autores siguen los pasos de otra escuela de pensamiento social todavía más sesuda, la de los teóricos de la elite de poder, que ha demostrado que en los Estados Unidos existe una clase alta y que sus miembros se encuentran en elegantes clubes privados, reuniones de la Comisión Trilateral y juntas directivas de grandes multinacionales. Capitalistas acaudalados controlan las principales cadenas de televisión, la mayoría de los periódicos y todas las editoriales de libros de texto, con lo que disponen de un enorme poder para formular nuestra manera de hablar y pensar sobre la actualidad. Es más, a veces lo utilizan. Por ejemplo, ExxonMobil, que algunos consideran la empresa más grande del mundo, ha entregado a lo largo de la última década 6 millones de dólares a la Asociación Nacional de Profesores de Ciencias (NSTA, por sus siglas en inglés), calderilla para Exxon, pero una barbaridad para los docentes. La consecuencia fue que la NSTA rechazara inicialmente cincuenta y cinco mil ejemplares gratuitos de *Una verdad incómoda*, el vídeo de Al Gore sobre el calentamiento global, ganador del Oscar al mejor documental, aduciendo que aceptarlo suponía «un riesgo innecesario para la campaña de recogida de fondos». Esa asociación sí que distribuye un vídeo elaborado por el Instituto Americano del Petróleo, que un periodista del *Washington Post* califica de «vergonzosa defensa de la dependencia petrolífera». Así que el dinero corrompe.[23]

Con todo, no sería justo achacar este embrollo a la clase alta. Es demasiado fácil echarle la culpa a la elite de poder de lo que se enseña en una escuela rural de Vermont o en un aula de un centro urbano. Si la elite es tan dominante, ¿por qué no ha censurado también los libros y artículos que denuncian su influencia en la educación? Paradójicamente, la teoría crítica no puede explicar

[22] Walter Karp, «Why Johnny Can't Think», *Harper's*, 6/1985, p. 73.

[23] Entre las múltiples fuentes relativas a la elite de poder, véase C. Wright Mills, *The Power Elite*, Nueva York, Oxford University Press, 1956; Beth Mintz y Michael Schwartz, *The Power Structure of American Business*, Chicago, University of Chicago Press, 1985; G. William Domhoff, *Who Rules America Now?*, Nueva York, Simon & Schuster, 1986; y Laurie David, «Science à la Joe Camel», *Washington Post*, 26/11/2006.

su propia popularidad. Cualquier clase alta digna de tal nombre —tan dominante y monolítica como para determinar cómo se enseña la historia de los Estados Unidos en casi todas las aulas del país— debería también poder marginar a los científicos sociales que la desenmascaran. Sin embargo, la clase alta no ha podido expulsar la teoría crítica de la educación. Más bien al contrario: los teóricos críticos dominan la docencia de esa disciplina. Sus libros se publican en editoriales importantes y reciben buenas críticas; todos los años, los profesores de educación universitarios se los recomiendan a miles de alumnos.

No cabe duda de que la clase alta controla las editoriales, pero su control no se extiende al contenido, por lo menos no si los libros en cuestión generan beneficios. Robert Heilbroner ha señalado que, se haga lo que se haga en los Estados Unidos, los miembros de la clase alta suelen tener que ver en ello, pero su participación no conlleva que dirijan la acción ni tampoco que esta vaya en beneficio de su propia clase.[24] Muchos de los libros que critican la educación estadounidense los publican las mismas empresas que editan los manuales criticados. Una de las ventajas del capitalismo es que, cuando a un libro se le puedan sacar beneficios, siempre habrá una editorial que lo publique. Si la clase alta provoca la omisión de «hechos y puntos de vista cruciales», cómo es posible que no haya logrado censurar toda la maravillosa bibliografía secundaria sobre historia de los Estados Unidos, que en ocasiones salta incluso a programas de máxima audiencia de la televisión pública en series como *Eyes on the Prize*, dedicada al movimiento por los derechos civiles. Parece que a la clase alta no se le da bien su labor.

Se diría que la elite también ha perdido el control del paisaje. En todos los Estados Unidos están colocándose nuevos y más certeros rótulos y monumentos históricos. En Alabama e Illinois, por ejemplo, hay nuevos rótulos que permiten a los turistas hacerse bien la idea de cómo fue el «Sendero de lágrimas» que recorrieron los cheroquis o los choctaw. En Duluth (Minnesota) un

[24] Robert Heilbroner, «Who's Running This Show?», *New York Review of Books*, 04/01/1968, pp. 18-21.

nuevo monumento da cuenta del trágico día en el que, durante el nadir de las relaciones raciales, un grupo de blancos linchó a tres empleados de circo negros. Los indios norteamericanos han creado nuevos museos como el Pequot Museum de Connecticut, donde se relata con detalle la historia de la tribu, incluyendo su aniquilación parcial a manos de los Peregrinos, su pervivencia durante el nadir y el éxito de su nuevo casino. El Museo de la Confederación de Richmond (Virginia) organizó, por primera vez en su historia, una exposición sobre la esclavitud, en la que se mostraban cadenas e instrumentos de tortura y de la que surgió un libro que no minimizaba la inhumanidad de esa institución.[25] Quizá, conjugando metáforas, podríamos decir que el poder de la elite de poder no tenía la mano tan larga.

Curiosamente, puede que la clase alta no cuente siquiera con el control de lo que se imparte en sus «propias» clases de historia. Los graduados de escuelas «preparatorias» [preuniversitarias] de elite tienen más posibilidades que los de escuelas públicas de haberse topado con profesores que los hayan estimulado o apartado de una utilización memorística de los manuales. El hecho de que esos docentes consigan enseñar «de manera subversiva» desde las entrañas de la clase alta debería animarnos a pensar que eso es algo que se puede hacer en cualquier sitio.[26] Por otra parte, si los

---

[25] EDC. Campbell Jr., ed., *Before Freedom Came*, Richmond, VA, Museum of the Confederacy, 1991.

[26] Utilizo la palabra *subversiva* en el sentido que le dan Neil Postman y Charles Weingartner en *Teaching as a Subversive Activity*, Nueva York, Delacorte, 1969 [ed. cast.: *La enseñanza como actividad crítica*, Barcelona, Fontanella, 1973]. Los marxistas conspirativos podrían decir que los ricos, después de negarles a la mayoría de los estadounidenses una presentación juiciosa de la historia de su país, sí la quieren para sus propios hijos. Los marxistas más refinados saben que la falsa conciencia, de la que la historia falsa es un ingrediente esencial, es igualmente importante para quienes dirigen la sociedad: los hijos de la clase alta, no menos que los hijos e hijas de la clase obrera, necesitan creer que nuestra sociedad es justa y que progresa. Quizá lo que mejor explique la presencia de una historia ligeramente subversiva en las escuelas preparatorias sea que la mayoría de sus docentes se graduaron también en escuelas preparatorias y centros universitarios de elite, y que simplemente están reproduciendo la forma de enseñar que se utilizó con ellos. Por otra parte, también es más probable que las escuelas preparatorias contraten a universitarios especializados en historia que a especializados en educación, lo cual hace que los

libros de texto los concibe la clase alta para manipular a los jóvenes y que apoyen el *statu quo*, no parece que esa clase esté triunfando mucho. En lugar de venerar a Colón y a los demás, los estudiantes acaban aborreciendo la historia. Hay indicios de que los manuales y cursos de historia apenas inciden en el incremento de la confianza en los Estados Unidos y que de poco sirven para hacer mejores ciudadanos, independientemente de cómo se midan estos indicadores.[27]

En resumen, las teorías sobre la elite de poder parecen explicarlo todo, pero quizá no expliquen nada. Pueden atribuirle a esa elite más poder, unidad y egoísmo consciente de los que tienen. En realidad, puede que la clase alta, si hablamos de su supuesta influencia en los manuales de historia de los Estados Unidos, sea un chivo expiatorio. Echarle las culpas es un consuelo. La teoría de la elite de poder proporciona explicaciones apañadas: las instituciones docentes no pueden reformarse porque eso no beneficiaría al interés de la clase alta, así que esta impide el cambio. De este modo, puede que esa teoría cree un mundo perverso más satisfactorio y coherente que el mundo real del que todos somos cómplices. Las teorías sobre la elite de poder nos exoneran a los demás de ver que todos nosotros participamos en el proceso de distorsión cultural. Esta forma de pensar no solo nos exime de

---

docentes estén más preparados y se sientan más cómodos indagando en cuestiones históricas con sus estudiantes. Además, el menor tamaño de las clases de preparatoria, que a veces solo tienen entre cinco y diez alumnos, facilita la investigación individual en temas y proyectos, en tanto que las clases de instituto público tienen entre veinticinco y cuarenta alumnos, según Karp, «Why Johnny Can't Think», pp. 70 y 72, citando a Ernest L. Boyer, *High School.*

[27] Lee H. Ehman, «The American School in the Political Socialization Process», *Review of Educational Research*, 50, nº 1, primavera de 1980, pp. 99-119. En la primera edición de *Patrañas* señalé que el voto es la única manifestación de la ciudadanía en la que insistían los libros de texto, pero en Estados Unidos la participación electoral estaba cayendo, sobre todo entre quienes acababan de dejar el instituto, y yo apuntaba que quizá el aire sacrosanto que los cursos de sociales y de historia conceden a la ciudadanía ayudara a explicar esa situación. En los últimos tiempos, el voto de los jóvenes (los que tienen entre 18 y 24 años) pasó de menos del 17 por ciento en 1986 al 24 por ciento en 2006 (entre los que tienen 18 y 29 años). Aunque todavía hay más de tres cuartos que no votan, el incremento es alentador. No creo que esto pueda atribuirse a las modestas mejoras de los manuales de historia.

responsabilidad en la lamentable situación de la historia de los Estados Unidos tal como se enseña en la actualidad, sino que también nos libera de la responsabilidad de cambiarla ¿De qué serviría? Por definición, cualquier acción que pudiéramos llevar a cabo carecería de trascendencia.

Quizá no sea necesario aludir al control que ejerce la clase alta para explicar las tergiversaciones en las que incurren los libros de texto. Puede que, en el mundo de la edición de manuales, determinadas presiones expliquen hasta cierto punto la uniformidad y falta de interés de los libros con los que se enseña historia de los Estados Unidos. Casi la mitad de los estados cuentan con comisiones de elección de manuales. Algunas de ellas funcionan abiertamente como órganos de censura entregados a la labor de conseguir no solo que los libros respondan a ciertos criterios de longitud, temario y nivel de lectura, sino que eviten cuestiones y enfoques que podrían ofender a algunos padres. Los estados que carecen de esas comisiones no se ven necesariamente libres de censura, porque en ellos la labor de criba suele realizarse a nivel local, donde la preocupación por ofender puede tener un carácter todavía más apremiante. Además, los estados sin comisiones de elección de libros de texto tienen mercados más pequeños, en los que los editores deben ir consiguiendo el apoyo de cada uno de los distritos o centros docentes. En consecuencia, los que carecen de comisiones tienen menos influencia en los editores, que centran sus esfuerzos en los grandes estados que sí las tienen. En concreto, California y Texas influyen directamente en los editores y los libros de texto, porque constituyen mercados más grandes en los que la elección de manuales afecta a todo el estado y en ellos actúan grupos de presión. En los estados sin comisiones de elección, las escuelas y los distritos deben elegir entre libros seleccionados para mercados más amplios.[28]

[28] Roger Farr y Michael A. Tulley ofrecen una panorámica de los procedimientos de elección de libros de texto en «Do Adoption Committees Perpetuate Mediocre Textbooks?», *Phi Delta Kappan*, marzo de 1985, pp. 467-471. En California solo se eligen manuales para todo el estado entre los cursos 1º y 8º. Sin embargo, sí hay directrices estatales para cursos superiores. Gilbert Sewall, en *Social Studies Review*, nº 5, verano de 1990, p. 2, afirma que California controla el 11 por ciento de los 1700

Los procesos de elección institucional de libros de texto son complejos.[29] Algunos estados, como es el caso de Tennessee, aceptan casi cualquier libro que cumpla ciertos requisitos en materia de encuadernación, nivel de lectura y temario. A continuación, las escuelas de Tennessee eligen entre quizá una docena de libros y sus decisiones suelen afectar a distritos enteros.[30] En el otro extremo están casos como el de Alabama, donde se solía elegir únicamente un libro por materia para todo el estado. Las comisiones de elección estatales normalmente están constituidas por grupos pequeños, cuyos miembros nombra el gobernador o el comisario de Educación del estado. Son voluntarios y pueden ser profesores, abogados, padres u otros ciudadanos interesados en la educación. Las labores cotidianas de la comisión las suele llevar a cabo un pequeño grupo de empleados que comienza distribuyendo los requisitos que indican a los editores los niveles de calificación, las características físicas (como tamaño o tipo de encuadernación), así como las directrices relativas al contenido de todas las materias sobre las que tienen pensado elegir manuales a continuación. Los editores responden enviando libros y materiales auxiliares. Entretanto, la comisión, contando con la opinión de la persona o personas que la han nombrado y en ocasiones también de los empleados, establece grupos de calificación de los textos para cada

---

millones de dólares que maneja el mercado de libros de texto (en un ejemplar anterior de este boletín, el nº 1, p. 4, Sewall aporta una cifra inferior para California, el 10,2 por ciento, pero señala que, en conjunto, los cuatro estados principales con comisiones de elección —California, Texas, Florida y Carolina del Norte— constituyen más de un cuarto del mercado y que ejercen una «enorme influencia» sobre los editores). Michael W. Kirst, en *Who Controls Our Schools?*, Nueva York, Freeman, 1984, pp. 115-120, describe el proceso de elección de textos en California y la influencia de Texas en los manuales del país. Véase también Michael W. Apple, «The Culture and Commerce of the Textbook», en Michael W. Apple y Linda K. Christian-Smith, eds., *The Politics of the Textbook*, Nueva York, Routledge, 1991, cap. 2.

[29] Para profundizar más en este asunto, véase J. Dan Marshall, «With a Little Help from Some Friends: Publishers, Protesters, and Texas Textbook Decisions», en Apple y Christian-Smith, eds., *The Politics of the Textbook*, cap. 4; Joan DelFattore, *What Johnny Shouldn't Read*; y Michael W. Apple, «The Political Economy of Text Publishing», *Educational Theory*, 34, nº 4, otoño de 1984, pp. 307-319.

[30] En 1994 escribí *dos docenas*, pero la concentración de editoriales ha reducido las opciones.

materia: por ejemplo, para historia de los Estados Unidos en secundaria. Los empleados celebran reuniones de orientación para esos grupos de calificación, explican los formularios utilizados para clasificar los libros de texto y, a continuación, envían los volúmenes a los encargados de calificarlos.

Normalmente se convoca una reunión oficial para que los representantes de los editores se dirijan a los grupos de calificación. Los grandes estados pueden celebrar diferentes reuniones dentro de su territorio. Esas reuniones sirven para que los representantes hagan hincapié en las excelencias de sus libros. En líneas generales, insisten en cuestiones formales, no de contenido: venden los rasgos de formato novedosos, las ilustraciones, el «desarrollo de capacidades» y materiales auxiliares como los vídeos y los exámenes.

Los grupos de puntuación se enfrentan a una tarea hercúlea. Recordemos que los libros recientes que he examinado tienen un promedio de 1150 páginas. En un solo verano, los calificadores no pueden siquiera leerse todos los libros, ni desde luego compararlos juiciosamente. Por otra parte, también se las tienen que ver con un promedio de setenta y tres criterios de clasificación distintos, que tienen que aplicar a cada libro: es como tener que limpiar unos nuevos establos de Augías. Como solo tienen tiempo de hojear la mayoría de las obras, lo que buscan es que se lean fácilmente, la novedad, un color de cubierta sorprendente, un diseño atractivo, ilustraciones en color y materiales de apoyo como audiovisuales, complementos ya preparados y preguntas tipo test. Los materiales auxiliares pueden ser cruciales. Muchos profesores, sobre todo los que tienen poca experiencia, dependen de ellos. Los editores ofrecen esquemas completos, recuadritos que añaden color al relato fundamental y páginas web con «mapas animados» e «infografías», por citar un folleto de McDougal-Littell. Especialmente importantes son las preguntas tipo test. Muchos profesores no tienen ni tiempo ni conocimientos para desarrollar pruebas propias para cada unidad, ya que tienen 120 alumnos en las cuatro partes en las que se divide el curso. En este sentido, en el otoño de 2006, a un grupo de discusión compuesto por profesores de cursos de historia de los Estados Unidos de «aptitud avanzada» les notificaron que otro profesor de no sé dónde había colgado en Internet preguntas y respuestas de la base de datos de exámenes anexa a *The American Pageant*. «Esto es, como mínimo, bastante penoso», escribió un profesor alarmado. «Le he mandado un mensaje al profesor en cuestión para pedirle que retire los enlaces inmediatamente».[31]

Lamentablemente, vender libros de texto es como vender señuelos de pesca: se trata de capturar a pescadores, no peces. En consecuencia, muchos manuales seleccionados por comisiones institucionales son llamativos para poder captar la atención de dichos organismos, pero aburridos cuando los leen los alumnos. Ejemplo de ello es *The American Journey*, el nuevo libro de texto para séptimo curso de Joyce Appleby, Alan Brinkley y James McPherson. Está tan deshilvanado que resulta incoherente. El departamento de diseño de McGraw-Hill, quizá para responder a la supuesta falta de atención de los estudiantes actuales, ha perdido la cabeza. Pensemos en un capítulo que debería ser sólido e interesante: el dedicado a la Segunda Guerra Mundial. Comienza con una estrella dentro de un recuadro que contiene un párrafo titulado «Por qué es importante». Otra estrella en otro recuadro presenta cinco «Temas del capítulo». Según nos dicen al comienzo del libro, bajo el encabezamiento «¿Cómo puedo recordarlo todo?», un tema es «un concepto o idea principal que ocurre una y otra vez a lo largo de la historia». Es dudoso que un concepto o idea «ocurra» y también que temas como «continuidad y cambio» puedan servirle a alguien para recordar nada. Al leer, por ejemplo, el primer apartado, «El camino hacia la guerra», nos preguntamos ¿en qué medida nos ayuda saber que encaja bajo el epígrafe de «continuidad y cambio»? ¿Y qué no encaja en él?

---

[31] Farr and Tulley, «Do Adoption Committees Perpetuate Mediocre Textbooks?», p. 470; Marshall, «With a Little Help from Some Friends», p. 62; Harriet Tyson-Bernstein, «Remarks to the AERA Textbook SIG», San Francisco, marzo de 1989, p. 10; Harriet Tyson-Bernstein y Arthur Woodward, «Nineteenth Century Policies for Twenty-first Century Practice», en Philip Altbach et al., eds., *Textbooks in American Society*, Albany, State University of New York Press, 1991, pp. 94-97; entrevistas con directivos editoriales; foro de discusión de AP-USHIST (apushist@lyrics.collegeboard.com), 12/2006.

A continuación, recalcado por una estrella que aparece dentro de un recuadro rectangular titulado «Historia y arte», se lee el título «Embarkation, San Francisco, California», correspondiente a un cuadro de Barse Miller. El pie de foto reza: «Durante la Segunda Guerra Mundial, los soldados estadounidenses creían estar luchando por las que el presidente Roosevelt calificó de Cuatro Libertades: la de expresión y la de culto, y las de no sufrir ni necesidad ni miedo». Como declaración histórica, este pie de foto es cuestionable y no evidencia el refinamiento que James McPherson, uno de los autores, plasmó en su libro *For Cause and Comrades: Why Men Fought in the Civil War* [Por la causa y por los compañeros: por qué lucharon los hombres durante la Guerra Civil]. En la página siguiente figura una cronología de la década de 1930 que solo menciona cuatro acontecimientos: Japón invade Manchuria, Hitler accede a la cancillería alemana, Italia invade Etiopía y Alemania ocupa Checoslovaquia. Todavía queda mucho espacio, así que, aun a riesgo de incurrir en un mayor apelotonamiento, se introducen más entradas, como la de la Noche de los Cristales Rotos, que en 1938 dio comienzo al pogromo antijudío en Alemania.

Después vienen el encabezamiento «Apartado 1», rodeado por un pequeño halo dorado, y «Camino a la guerra». Pese a todo, el capítulo todavía no se inicia; primero aparece un resumen encabezado por «Lee para descubrir…», seguido de tres cuestiones (yo los llamaría *temas*, pero esa palabra ya se nos ha hurtado). Después vienen cinco «Términos que aprender», seguidos del encabezamiento «El narrador», que presenta un párrafo de William Shirer sobre una concentración nazi. Por fin, después de la fotografía de una cubierta de *Mein Kampf*, se inicia de una vez el relato sobre la Segunda Guerra Mundial. De manera que alrededor del 55 por ciento del capítulo dedicado a esa contienda no corresponde al texto narrativo, sino a interrupciones del mismo. Algunos de esos recuadros ofrecen fragmentos de fuentes originales o ilustraciones útiles. Otros son «Actividades» y «Términos que aprender» de dudosa utilidad. En general, lo que hacen es distraer. Como el texto narrativo no es más que la mitad del total, a menudo parece que se pierde dentro de la página, que se convierte en una interrupción más.

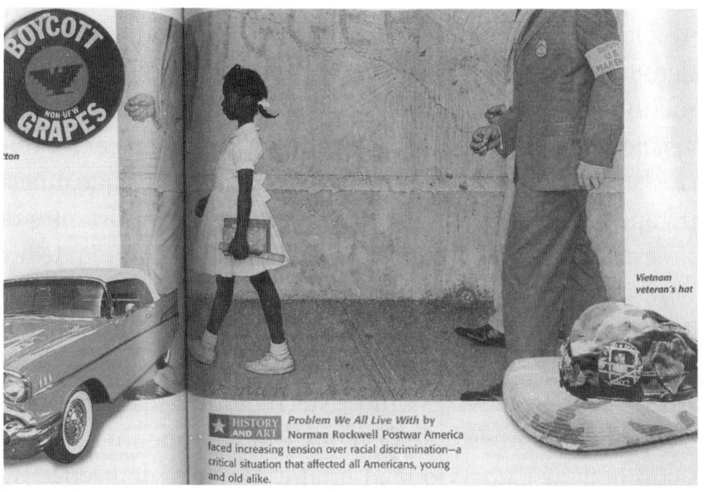

El abigarramiento de los libros de texto actuales echa a perder incluso su diseño gráfico. En *The American Journey*, en la página posterior a la Segunda Guerra Mundial, vemos una reproducción del famoso cuadro de Norman Rockwell, *The Problem We All Live With*, en el que aparece una niña negra que, endomingada para acudir por primera vez a la escuela, camina escoltada, por delante y por detrás, por agentes judiciales federales. Pero no llegamos a ver bien la imagen. Sobre el cuadro se superpone un anuncio de un Chevrolet de 1957, un distintivo de los vendimiadores huelguistas de United Farm Workers y una gorra. La lamentable maquetación de la imagen le resta todavía más fuerza: el diseñador la ha desplazado hasta el lomo del libro, donde se une a la página anterior, para tener sitio en el margen derecho para incluir este pie de foto: «Gorra de veterano de Vietnam». (Unas páginas más adelante, y demostrando su propio déficit de atención, los autores nos ofrecen otra «Gorra de veterano de Vietnam» con el mismo pie, superpuesta sobre otra foto). Con esta disposición, el maquetista elimina una buena parte del agente federal que camina delante de la niña, quien da la sensación de que se dirige al lomo del libro.

¿Es realmente necesario este batiburrillo? Millones de alumnos del ciclo intermedio han leído voluntariamente libros de Harry Potter. Y todos ellos contienen cientos de pliegos doblados sin ilustraciones ni recuadros: solo la historia principal. En realidad, parece que al atiborrar todas las páginas con «Actividades multimedia», «El narrador» y «Términos que aprender» se tiene más en mente a las comisiones de elección de manuales que a los lectores. El relato *parece* más legible que Harry Potter, pero lo cierto es que es mucho menos ameno.

Dejando de lado el estilo, ¿qué contenido quieren ver los miembros de las comisiones? Más que nada, buscan textos que muestren la cara amable de acontecimientos y personajes importantes de su propio estado. En New Hampshire, guárdese cualquiera de hablar con sinceridad de Franklin W. Pierce, afamado presidente decimocuarto de nuestros Estados Unidos. Quizá fuera nuestro segundo peor presidente, ya que durante su mandato Kansas estuvo a punto de caer en la guerra civil, reunió a sus diplomáticos para producir el vergonzoso Manifiesto de Ostende (un documento que amenazaba con ocupar Cuba y que al final el Departamento de Estado tuvo que desautorizar) y casi siempre estaba borracho. Pero ha sido el único presidente que nos ha dado New Hampshire. Del mismo modo, El Álamo está profundamente arraigado en el corazón de los texanos (anglos), así que guárdese cualquier manual de señalar que el amor a la esclavitud es lo que indujo a los anglos a luchar allí por la «libertad». Sí hay reivindicaciones locales que promueven una historia más incluyente: la asamblea legislativa de California debatió recientemente un proyecto de ley para exigir que los libros de texto mencionaran el internamiento de los estadounidenses de origen japonés durante la Segunda Guerra Mundial.[32]

Los miembros de las comisiones suelen encontrar los detalles que buscan. La mayoría de los editores de libros de texto comienza su carrera editorial como representante comercial. No son historiadores, pero conocen el mercado. Se aseguran de que sus libros incluyan cualquier cosa que sea de interés. Todo se menciona. Lynne Cheney, exdirector del National Endowment for the Humanities, denostaba el resultado: «Los libros de texto acaban pareciendo glosarios de acontecimientos históricos, compendios de temas».[33] En los últimos años, los exámenes con preguntas de opción múltiple, concebidos por los estados para cumplir la ley para

---

[32] Tyson-Bernstein, «Remarks to the AERA Textbook SIG», p. 5.

[33] Lynne Cheney, *Tyrannical Machines*, Washington, D.C., National Endowment for the Humanities, 1990, p. 12.

que ningún niño se quede atrás (NCLB, por sus siglas en inglés), han aumentado todavía más la cantidad de cosas que hay que mencionar. La docencia de los profesores siempre estará enfocada a esas pruebas, sobre todo a las más importantes, que pueden tener como consecuencia que un estudiante no reciba su diploma o que un centro sea sometido a una vigilancia especial. Prácticamente, lo que los exámenes con preguntas de opción múltiple tienen que comprobar es si se sabe una «historia escuálida», compuesta por tonterías como «¿Cuándo empezó la guerra de 1812?».[34] La NCLB no exige preguntas tipo test en historia. En realidad, en esa materia no exige ningún tipo de prueba. Sin embargo, para su mal, los profesores han aprendido que, en historia, solo hay una cosa peor que ese tipo de exámenes, la ausencia de exámenes, porque entonces esa materia pierde importancia para el distrito escolar, que se centra en aquellas de las que sí se examina. Sin embargo, este dilema tiene una respuesta y algunos estados la han descubierto: crear un examen —mediante un portafolio u otra herramienta— que valga la pena tener en mente al enseñar. No obstante, entretanto, la NCLB y los exámenes de ámbito estatal que ha generado proporcionan una razón más para que los libros de texto aumenten de tamaño y los profesores los utilicen inadecuadamente.

En algunos estados el paso siguiente son las sesiones públicas, a las que se invita a la población para que comente los manuales que están evaluando las comisiones de clasificación. Por lo menos en Texas y California, esas sesiones permiten que grupos organizados ataquen o defiendan uno o más libros, señalando con frecuencia que un determinado título no cumple uno de los requisitos contemplados por la normativa vigente. Aunque a los editores no les gusta ese procedimiento, ha habido detractores que, sobre todo en Texas, han sacado a la luz cientos de errores —desde faltas de ortografía hasta errores de bulto— que han obligado a las editoriales a corregir. Como las comisiones de elección de manuales intentan complacer a su circunscripción, quienes se quejan en las sesiones públicas suelen tener peso, para bien y a veces para mal.

---

[34] Bueno, es una broma, pero recuerden la respuesta correcta señalada en el capítulo 4: noviembre de 1811, en Tippecanoe.

Antes los estados con comisiones de elección de textos presionaban abiertamente a las editoriales para que adoptaran ciertos puntos de vista. Durante años, cualquier manual que se vendiera en el Sur tenía que denominar la Guerra Civil como «la guerra entre los estados». Ediciones anteriores de *The American Pageant* utilizaban una expresión todavía más favorable a los confederados: «guerra por la independencia sureña». Esto es simplemente mala práctica histórica. Entre 1861 y 1865, mientras se estaba librando esa contienda, se la llamaba «la Guerra Civil», «la Rebelión» o «la Gran Rebelión», de ahí el calificativo de «rebeldes». Pero a *Pageant* le fue «excepcionalmente bien» en los estados sureños, así que ¿qué más da? Ese volumen solo volvió a utilizar la denominación «Guerra Civil» después del movimiento por los derechos civiles.[35]Antes la legislación de Alabama exigía a las escuelas que evitaran «libros de texto que contuvieran cualquier cosa que fuera partidista, perjudicial o desfavorable a los intereses del pueblo [blanco] del estado» o que arrojara «una sombra sobre su historia pasada».[36] Texas sigue exigiendo que «los libros de texto no contengan materiales que sirvan para minar la autoridad».[37] Esos requisitos son de un alcance asombroso y podrían obligar a que se recortara drásticamente casi cualquier capítulo de cualquier manual, si no fuera porque los autores ya han omitido la mayoría de los contenidos antipáticos y polémicos.

Muchos estados han revisado los requisitos que deben cumplir sus libros de texto para acabar con esas flagrantes normativas sobre contenidos. Por ejemplo, desde por lo menos 1970, la de Misisipi consiste en una serie de tópicos de la que ningún autor o crítico razonable de libros de texto podría discrepar. Sin embargo, es comprensible que las editoriales sigan creyendo que el espíritu de las viejas normativas se mantiene, porque el rechazo inicial a *Mississippi: Conflict and Change* así lo demuestra. Yo era el autor principal del libro, una historia revisionista del estado que al final

---

[35] Thomas A. Bailey, *The American Pageant Revisited: Recollections of a Stanford Historian*, Stanford, CA, Hoover Institution Press, 1982, p. 192.

[36] Citado en Pierce, *Public Opinion and the Teaching of History in the United States*, p. 39.

[37] Marshall, «With a Little Help from Some Friends», p. 66.

publicó Pantheon Books en 1974. Digo «al final» porque Pantheon solo lo puso a la venta después de que otras once editoriales lo rechazaran. El problema no era la calidad del texto, que ese año obtuvo el premio Lillian Smith al mejor libro de no ficción del Sur. El problema era que las editoriales comerciales decían que no podían publicar un libro de texto, en tanto que las de libros de texto aducían que no podían publicar un volumen con tan pocas posibilidades de ser elegido para uso escolar. Algunos editores temían incluso que Misisipi pudiera tomar represalias contra sus títulos de otras materias. Al final, en cierto modo se demostró que las editoriales de libros de texto tenían razón, ya que la comisión correspondiente se negó a permitir la elección de nuestro manual. Según la mayoría blanca de la comisión de clasificación, el volumen contenía demasiada «historia negra», incluía una fotografía de un linchamiento y prestaba demasiada atención al pasado reciente. Mis coautores y yo, junto a tres sistemas escolares que sí querían utilizar el libro, demandamos al estado acogiéndonos a la Primera Enmienda en el caso Loewen et al. v. Turnipseed et al. y en 1980 conseguimos que el libro entrara en la lista de libros aprobados por el estado.

A pesar del valor que como precedente tiene el caso Turnipseed, las editoriales siguen temiendo a los críticos de derechas. Y con razón. En 2006 Florida aprobó una ley que declara: «La historia de los Estados Unidos se enseñará como una historia verdadera y no seguirá puntos de vista revisionistas o posmodernos que relativicen la verdad… La historia de los Estados Unidos se considerará fáctica, no construida». La ley pretende servir de advertencia a los profesores universitarios «liberales» que «interpretan» el pasado en lugar de «contarlo como fue». Sus autores no comprenden que cualquier narración histórica, al tener que elegir qué incluye y qué descarta, es, por definición, una interpretación.

Entre quienes impulsan los libros de texto uniformes y conservadores figuran las propias editoriales. «Se copia mucho», me dijo Carolyn Jackson, que probablemente haya editado más manuales de historia de los Estados Unidos que ninguna otra persona. En la década de 1980 todas las editoriales codiciaban el éxito de *Triumph of the American Nation*, que tenía entre un cuarto y un tercio del mercado. De manera que la mayoría de los libros de texto se parecían a él. En realidad, así sigue siendo. Aunque la bibliografía secundaria abunda en buenos libros de expertos que pueden avalar intelectualmente esas empresas, ninguna de las grandes editoriales ha publicado un solo manual de historia de los Estados Unidos que sea de izquierdas o de derechas. Tampoco volúmenes que hayan partido de la historia afroamericana, latina, obrera o feminista para tratar la del conjunto de los Estados Unidos.[38] Esos libros podrían vender decenas de miles de ejemplares al año y generar miles de dólares de beneficios. Como mínimo, se adueñarían por completo de ciertos nichos de mercado. A las editoriales no les iría mal sin Texas.[39] Con todo, ninguna editorial puede apreciar esas posibilidades. A todas las ciega la halagüeña perspectiva de publicar el próximo *Triumph* y ganar millones de dólares. Quizá injustamente, un editor dijo de un libro cuya publicación se estaba valorando que se centraba demasiado en «el maltrato a los negros» en la historia de los Estados Unidos. «No podíamos tener algo así como nuestra única historia de los Estados Unidos», añadió. «Así que rompimos el contrato». El manuscrito nunca se publicó. La conclusión del editor era que «no queríamos un libro que barriera para dentro». Evidentemente, un punto de

[38] Quizá en algún lugar haya alguien que haya elaborado un libro de texto insólito sobre el conjunto de la historia de los Estados Unidos. Que yo sepa, el que más se acerca a esa condición es el de Howard Zinn, *People's History of the United States*, Nueva York, Harper and Row, 1980 [ed. cast.: *La otra historia de los Estados Unidos*, Hondarribia, Hiru, 1997], que en ocasiones se ha calificado de *antilibro de texto*. Para conocer otras posibles sugerencias a este respecto, véanse las notas del epílogo.

[39] Irónicamente, en la producción editorial actual, lo que más se parece a esos libros creados para un «nicho de mercado» son las ediciones especiales que algunas editoriales sacan de sus paquetes docentes *para Texas*, en respuesta a las presiones, enormemente politizadas, que rodean su sistema de elección de manuales. Si existieran títulos alternativos, el caso Loewen v. Turnipseed constituye un precedente que podría ayudar a demandantes de minorías a abrir los mercados de los distritos escolares de grandes ciudades sometidos a control mayoritario. El poder de Texas es equivalente al «mito de la taquilla sureña», descrito por Thomas R. Cripps en J. C. Curtis y L. J. Gould, eds., *The Black Experience in America*, Austin, University of Texas Press, 1970, pp. 116-144. Durante décadas, los productores de Hollywood temieron ofender a los propietarios de cines del Sur, que, según pensaban, controlaban un tercio del mercado. Sin embargo, en los últimos años la situación en Texas ha mejorado, según se recoge en el epílogo.

vista personal puede ser para los demás «barrer para dentro», así que los libros de texto terminan por no tener ni una cosa ni otra.

En consecuencia, la uniformidad de los libros de texto no se puede atribuir exclusivamente a la acción patente de los censores estatales. Incluso en los antiguos países comunistas de Europa Oriental, quienes ejercían la censura, que «en última instancia era una cuestión de... sensibilidad hacia el ambiente ideológico», eran sobre todo los autores, los editores y las editoriales, no los censores del Estado.[40] Aquí la situación no es muy diferente: las editoriales que publican libros de texto no suelen hacer nada que *crean* peligroso de cara a las comisiones estatales. En consecuencia, ni en forma ni en tono, ni en contenido se apartan nunca mucho de los manuales tradicionales. De hecho, cuando la editorial Scott Foresman se limitó a sustituir *Macbeth* por *Hamlet* en su recopilación literaria, docentes y editores consideraron tan radical el cambio que Hillel Black le dedicó tres páginas en *The American Schoolbook*, su volumen sobre la publicación de libros de texto.[41] En la historia de los Estados Unidos, todavía más que en el ámbito literario, las editoriales se afanan por plasmar un enfoque «equilibrado» que no ofenda a nadie.

No cabe duda, por ejemplo, de que las editoriales se lo pensarían dos veces antes de incluir algún ataque contundente a Colón. En el capítulo 2 utilicé la palabra *genocidio* para aludir al fin de los arahuacos en el Caribe. Cuando unos expertos utilizaron ese mismo término al solicitar al National Endowment for the Humanities ayuda monetaria para realizar una serie de televisión sobre Colón, ese organismo rechazó la solicitud.[42] Lynne Cheney declaró

---

[40] Robert Darnton, «The Good Old Days», *New York Review of Books*, 16/05/1991, p. 47.

[41] Hillel Black, *The American Schoolbook*, Nueva York, Morrow, 1967, pp. 49-52.

[42] Quizá la palabra *genocidio* sea demasiado fuerte. Los españoles, beneficiarios del trabajo indígena en Haití, no querían borrar del mapa a los arahuacos. Muchos indios murieron a causa de enfermedades como la malaria que, sin saberlo, introdujeron los españoles, y también de la hambruna que provocaron los colonizadores al trastocar las prácticas hortícolas indígenas. Con todo, en otros genocidios las enfermedades y la hambruna provocada también han estado presentes. En «Deconstructing the Columbus Myth», incluido en John Yewell et al., eds., *Confronting Columbus*, Jefferson, NC, McFarland, 1992, pp. 149-158, Ward Churchill señala que la

que esa palabra había sido un problema. Todo el proyecto, titulado *1492: choque de visiones*, era demasiado proindígena para el National Endowment. El productor de la serie se quejaba de que «se puede hablar de la barbarie de los indios, pero no de la barbarie de los europeos».[43]

Sin embargo, a los editores les resulta cada vez más difícil no ofender. Ahora participa en la refriega un apabullante abanico de detractores: creacionistas, derechistas radicales, defensores de los derechos civiles, minorías raciales, feministas e incluso historiadores profesionales. A los libros de texto ya no los denuestan únicamente por ser partidarios de la integración racial o progresistas.[44] Ahora también se les ataca por ser colonialistas, eurocéntricos o *costaestecéntricos*. Los editores se deben de sentir un tanto aturullados al borrar en un estado un fragmento discretamente crítico con las políticas de los Estados Unidos para complacer a sus detractores de derechas, mientras descubren que han ofendido a críticos de izquierdas en otro. Incluir una fotografía de Henry Cisneros puede complacer a los hispanos, pero quizá suscite los ataques de los habitantes de Nueva Inglaterra que exigen una de John Adams.

Aunque a las editoriales les gusta considerarse seres con conciencia moral, también quieren ganar dinero. «Queremos que nos vaya bien sin dejar de hacer el bien», me dijo el presidente de Random House, empresa matriz de Pantheon, cuando estaba analizando las perspectivas comerciales de nuestro libro de texto para Misisipi.[45] Al pensar en la cuenta de resultados, las editoriales reducen la dosis de pensamiento que toleran en los libros de texto. Con cada nuevo manual, los editores arriesgan más de medio

---

forma de tratar a los indios que tuvieron los europeos se puede comparar con el Holocausto que sufrieron judíos y gitanos a manos de los nazis. Tanto en Auschwitz como en las minas de oro de Haití era habitual que las condiciones de trabajo acabaran con la vida de los esclavos.

[43] Barbara Gamarekian, «Grants Rejected; Scholars Grumble», *New York Times*, 10 de abril de 1991; Karen J. Winkler, «Humanities Agency Caught in Controversy Over Columbus Grants», *Chronicle of Higher Education*, 13/03/1991, p. A8.

[44] Robert Reinhold, «Class Struggle», *New York Times Magazine*, 29/09/1991, p. 26-29 y ss.

[45] Robert Bernstein, conversación, 1973.

millón de dólares en costes de producción. Es comprensible que tengan miedo.

¿Y qué pasa con los autores? Como cualquier párrafo malo debe tener un autor, seguramente ellos sean la parte más importante del proceso. Sin embargo, no siempre está claro quiénes son los verdaderos autores. Los nombres que aparecen en la cubierta de un manual no suelen ser los de quienes realmente lo han escrito.[46] Puede que Lewis Todd y Merle Curti escribieran el primer borrador de *Rise of the American Nation* allá por 1949, pero cuando en 1991 se publicó la décima edición del libro, con el título de *Triumph of the American Nation*, Curti, que tenía noventa y cinco años, vivía en una residencia de ancianos, y Todd había muerto. En otros libros de texto, quienes aparecen como autores tienen todavía menos que ver con esos volúmenes. Algunos profesores e historiadores se limitan a alquilar sus nombres a las editoriales, proporcionando algún consejo que otro a cambio de una pequeña parte de los royalties habituales, en tanto que, en las entrañas de las editoriales, hay subalternos entregados a la organización y redacción de los textos. Según un editor de McGraw-Hill, lo normal es que esos empleados anónimos solo tengan una licenciatura en lengua inglesa.[47]

Un directivo de Prentice Hall me dijo que Daniel Boorstin «controla todas y cada una de las palabras que se ponen en su libro», lo cual no quiere decir que él las haya escrito, pero sí que el autor pone un gran interés en el volumen. Posteriormente comprobaremos que ni siquiera esta afirmación puede corroborarse. Según la propia editorial, Prentice Hall confía en que Davidson y Lytle mantengan históricamente actualizada *A History of the Republic*. Sin embargo, tampoco esta escueta afirmación deja de ser sospechosa. Mark Lytle admitió que, en las nuevas ediciones, él y su coautor funcionan únicamente como «una especie

[46] Black, *The American Schoolbook*, p. 39.

[47] Harriet Tyson-Bernstein, «The Academy's Contribution to the Impoverishment of America's Textbooks», *Phi Delta Kappan*, 70, nº 3, 11/1988, p. 197; Scriptor Pseudonymous, «The Ghost Behind the Classroom Door», *Today's Education*, 4/1978, pp. 41-45, un relato escrito por alguien que nunca dio clase ni se licenció en historia y que, sin embargo, escribe libros de texto y material de apoyo para esa materia y muchas otras; entrevista con un editor de McGraw-Hill, 7/2006.

de verificadores». Es la editorial la que pone en marcha la revisión del texto y, «cuando llega a nosotros, es demasiado tarde para introducir cambios importantes».

En 2006, cuando estaba estudiando seis nuevos manuales para esta edición revisada de *Patrañas que mi profe me contó*, una de las cosas en las que me centré fue su forma de tratar el pasado reciente, sobre todo nuestras dos guerras en Irak y los atentados cometidos el 11 de septiembre de 2001 en el World Trade Center y el Pentágono. Me quedé atónito al comprobar que, párrafo tras párrafo, había dos libros —*America: Pathways to the Present*, de Andrew Cayton, Elisabeth Perry, Linda Reed y Allan Winkler; y *A History of the United States*, de Daniel Boorstin y Brooks Mather Kelley— que eran idénticos o casi idénticos. Por ejemplo, a continuación figuran los primeros párrafos de sus textos sobre la polémica registrada en Florida durante las elecciones presidenciales de 2000 con los resultados de Bush y Gore.

La noche de las elecciones, en varios estados los resultados del recuento fueron muy reñidos: ninguno de los candidatos había conseguido los 270 votos electorales necesarios para alcanzar la presidencia. Florida, uno de los estados indecisos, podía conceder a uno u otro votos suficientes para alcanzar la presidencia. Como allí los resultados del recuento eran muy reñidos, la ley estatal exigió un nuevo recuento de papeletas. Florida se convirtió en un campo de batalla por la presidencia al que se lanzaron abogados, políticos y medios de comunicación para supervisar el recuento.

America: Pathways to the Present

La noche de las elecciones en varios estados los resultados del recuento fueron muy reñidos y ninguno de los candidatos alcanzó los 270 votos electorales necesarios para ganar. Florida, uno de los estados indecisos, concedería a uno u otro votos suficientes para ganar. Allí la ley estatal exigía un nuevo recuento, porque los resultados, que favorecían ligeramente a Bush, eran muy reñidos. Florida se convirtió en un campo de batalla por la presidencia al que se lanzaron abogados y medios de comunicación para supervisar el recuento.

A History of the United States

Los dos libros eligen la misma fotografía para mostrar la destrucción del World Trade Center el 11 de septiembre de 2001: tres hombres con casco de bombero alzan la bandera estadounidense, una imagen que recuerda la famosa foto de los infantes de marina en Iwo Jima. Los dos ponen el mismo pie de foto: «Miembros de servicios de rescate alzan la bandera de los Estados Unidos en medio de los escombros de las torres caídas del World Trade Center», aunque Boorstin y Kelley añaden la fecha. Sus demás textos sobre los atentados del 11-S son también similares. En *Pathways* «el impacto de los aviones cargados de combustible hizo que las dos torres estallaran envueltas en llamas», en tanto que en *A History* «el impacto de los aviones cargados de combustible hizo que las torres gemelas estallaran envueltas en llamas».

Y así sucesivamente, una página tras otra. Con idénticas frases describen también esos libros nuestra guerra en Afganistán. Los dos tienen un apartado titulado «Departamento de Seguridad Nacional», aunque *Pathways* prescinde de *Departamento de*. En ambos volúmenes esos apartados se inician así: «El presidente también actuó con rapidez para combatir el terrorismo dentro del país». Y continúan:

Menos de un mes después de los atentados del 11-S, Bush creó la Oficina de Seguridad Nacional, que encabezaría el gobernador de Pensilvania Tom Ridge. Este tomó posesión en medio de una nueva oleada de misteriosos atentados. Comenzaron a aparecer en el correo esporas de carbunclo que, si se inhalan, pueden ser letales…	Menos de un mes después de los atentados del 11-S, Bush creó la Oficina de Seguridad Nacional, a cuyo cargo puso al gobernador de Pensilvania Tom Ridge. Este tomo posesión en medio de una nueva oleada de misteriosos atentados. Comenzaron a aparecer en el correo esporas de carbunclo que, si se inhalan, pueden ser letales…
Pathways to the Present	*A History of the United States*

¿Pero qué está pasando aquí?

¿Acaso es concebible que Boorstin y Kelley copiaran a Cayton, Perry, Reed y Winkler? Daniel J. Boorstin fue un famoso historiador, exbibliotecario de la Biblioteca del Congreso y autor de más de veinte libros. Según la necrología publicada en el *Manchester Guardian*, su «erudición y diligencia eran legendarias». Pero cuando se estaba escribiendo ese libro de texto ya tenía ochenta y nueve años, y no cumpliría más. Quizá la culpa fuera de su coautor. Brooks Mather Kelley había trabajado como archivero y conservador de manuscritos históricos en la Universidad de Yale, así que debía de conocer bien las normas académicas y las de atribución de autoría.

¿O quizá es posible que Cayton, Perry, Reed y Winkler copiaran a Boorstin y Kelley? Son menos famosos que Boorstin, pero son profesores universitarios titulares y doctores en historia, así que todos han tenido contacto con las correctas normas académicas. Uno de ellos, Allan Winkler, «profesor distinguido de historia» en la Universidad de Miami (Ohio), es especialista en historia contemporánea, sobre todo en el frente interno durante la Segunda Guerra Mundial. Así que quizá fuera él quien escribiera los fragmentos en cuestión y Boorstin y Mather se los hurtaran.

Si estuviéramos hablando de libros «de verdad», el conjunto de los historiadores contendría el aliento a la espera de ver quién demandaba a quién: Kelley (y los herederos de Boorstin) a Cayton et al. o al revés. Después de todo, esos pasajes idénticos son mucho más largos y de parecidos más flagrantes que el plagio que hace unos años tantos problemas causó a Stephen Ambrose y Doris Kearns Goodwin. Por ejemplo, uno de los pecados de Ambrose era citar fuentes primarias como si las hubiera encontrado él, en lugar de citar tanto esa fuente como la secundaria que le había llevado a esta. Aquí no hay tanta sutileza, porque, párrafo tras párrafo, tema tras tema, estos libros de texto lucen fragmentos intercambiables.

Le pregunté a Kelley qué creía él que había pasado. Me contestó que no había tenido nada que ver con la revisión de 2005. «Esa la hizo Dan Boorstin». (Kelley decía que había tenido más que ver con la «edición clásica», cuyo copyright también es de 2005, tiene la misma cubierta, se vende al mismo precio y parece el mismo libro). Le pregunté quién había escrito los textos sobre el pasado reciente. «Contrataron a uno», respondió. «No recuerdo cómo se llamaba. Después Dan lo revisó y estoy seguro de que lo reescribió con su inimitable estilo». Cuando se enteró de que los pasajes eran iguales a los de otro manual de historia, se quedó desconcertado. «¡Eso es terrible!», exclamó. «Me pregunto si contrataron a alguno de los que había escrito *el otro libro*». Al preguntarle qué le parecía esa duplicación, Kelley contestó: «Me he quedado enormemente consternado».[48]

Al principio, Allan Winkler se atribuyó la autoría del último capítulo de *Pathways to the Present*: «Escribí casi todo. Después los editores le dieron unas vueltas». Cuando le dije que, párrafo tras párrafo, el texto es igual o prácticamente igual al de Boorstin y Kelley, le faltó tiempo para negar que él hubiera copiado de ellos: «Ni siquiera he abierto el libro de Boorstin y Kelley». Posteriormente se desdijo de la atribución de autoría. «Es posible que alguien de la editorial escribiera eso para los dos libros, algo que me horrorizaría». Al preguntarle qué le parecía la duplicación, Winkler respondió: «¡Por Dios! Me parece profundamente inquietante».[49]

En consecuencia, ningún grupo de autores copió al otro. Porque ninguno de ellos escribió *nada*. Prentice Hall publicó los dos libros de texto y los dos nuevos capítulos en cuestión los redactó una persona anónima solo conocida por los editores. Es probable que las nimias diferencias existentes entre uno y otro surgieran en el proceso de revisión y corrección. Sin embargo, la mentalidad de Prentice Hall, que es la de un vendedor de saldos, cubre de secretismo el sórdido proceso de elaboración del libro de texto.

Le pregunté a Winkler qué le parecía la forma de ver el pasado que se había publicado firmada por él. «Bueno, ¡déjeme cogerlo del estante!», contestó. A continuación, admitió que no lo había leído. Tampoco Kelley había leído el último capítulo de *A History* y ya había dejado de decir que Boorstin lo hubiera hecho.

Superficialmente, esas acciones de Boorstin, Kelly, Winkler y los demás nos recuerdan a los atareados estudiantes de licenciatura que compran trabajos para clase por Internet, les estampan su nombre y los presentan como si fueran suyos. Ambos grupos de «autores» se atribuyen el trabajo de terceros cuyo nombre no conocemos, pero que han cobrado por hacerlo. Sin embargo, hay una

---

[48] Brooks Mather Kelley, entrevista, 7/2006; cf. Diana Schemo, «School-books Are Given F's In Originality», *New York Times*, 13/07/2006.

[49] Allan M. Winkler, entrevista, 7/2006.

diferencia fundamental y es que los estudiantes que copian por lo menos suelen leerse sus trabajos, aunque no los hayan escrito ellos. Estos autores de manuales nunca se han molestado en leer lo que se publica con su nombre. Boorstin, Kelley y Winkler pueden estar diciendo que Sadam Husein tenía armas nucleares o que Osama bin Laden es un rabino judío y serán los últimos en enterarse.

Esos pasajes no solo son revisiones de textos anteriores que los supuestos autores escribieron realmente. Son obras históricas de nuevo cuño. Además, seguramente los últimos capítulos sean de los más importantes de los libros. Se ocupan de asuntos relevantes, muy polémicos y aún vigentes. A diferencia de la guerra de 1812 o incluso de la Segunda Guerra Mundial, no cabe duda de que son asuntos todavía importantes. Si aquellos que figuran como autores de esos libros de texto no han escrito esos pasajes, ¿qué es lo que sí han escrito? Y si ni siquiera los han leído, ¿qué es lo que han leído? Desde luego no serán los cambios pequeños y no tan pequeños que, gracias a las nuevas investigaciones realizadas en las últimas tres décadas, han revolucionado la forma de tratar, por ejemplo, a los indígenas americanos.

No son solo esos dos libros los que padecen una autoría anónima. Hay editores que me dicen que los últimos capítulos de los manuales de historia de los Estados Unidos los escriben «normalmente» colaboradores externos. Y tampoco estamos hablando únicamente de los últimos capítulos. Judith Conaway, escritora en la sombra de manuales de ciclo elemental de varias materias, escribió que «en el sector editorial es una práctica absolutamente habitual encargar TODOS los textos a colaboradores externos. Después alquilas un nombre para ponerlo en la cubierta». Como *Rise/Triumph of the American Nation*, de Todd y Curti, se vendió estupendamente durante las décadas de 1970 y 1980, la editorial quería mantenerlo en catálogo. En 1994, después de que por fin les avergonzara que Todd estuviera muerto y Curti en una residencia de ancianos, la editorial Holt, Rinehart and Winston trasladó sus nombres al título y contrató a Paul Boyer para «escribir» lo que ahora se titula *Todd and Curti's The American Nation*. Irónicamente, Boyer ya era «profesor Merle Curti de historia» en Wisconsin. Cuando le preguntaron si en ese momento había hecho una reescritura profunda del libro, Boyer, sin querer pronunciarse, contestó: «Antes de entrar en detalles sobre mi carrera, lo que me gustaría saber es el porqué de su interés». Me identifiqué como miembro de la Organización de Historiadores Americanos y de la Asociación Histórica Americana, le expliqué que había escrito *Patrañas que mi profe me contó* y señalé que se iba a publicar una reedición del mismo. Aunque había oído hablar de *Patrañas*, siguió sin querer decirme quién había escrito *Todd and Curti's The American Nation* y me remitió a un editor de Holt. En 1998 se volvió a publicar «su» libro, ahora rebautizado con el título de *Holt American Nation*, un título algo más sincero, ya que es el editor, no el autor, quien seguramente escribe gran parte de los textos. Ante el *New York Times*, Boyer disculpó esa práctica con una ocurrencia: «Desde luego, los libros de texto no son como la *Ilíada* o *Beowulf*». En una entrevista para el *Times*, Brooks Mather Kelley afirmó: «Francamente, muchos de esos libros de texto, al contrario que el nuestro, no los escribieron los autores que en su día participaron en ellos». Su utilización de la expresión «al contrario que el nuestro» resultaba asombrosa, ya que yo acababa de pillarles in fraganti a Boorstin y a él. Además, dos días después, la afirmación de que él y Boorstin habían escrito ediciones anteriores de su libro la contradijo James Goodwin, quien desveló que hacía unos quince años él había revisado y escrito varios capítulos del volumen. «Lo hice por dinero», declaró, «diez mil dólares por unos pocos meses de trabajo a tiempo parcial».[50]

El editor al que se cita al inicio de este capítulo da a entender que con esta práctica nadie pierde, porque los colaboradores externos «enseguida le cogen el tranquillo y en un par de días han llegado a la Guerra Civil». No obstante, puede que los historiadores que se han pasado décadas investigando esa contienda no piensen que puede dominarse en un par de días. Quizá la contratación

---

[50] Judith Conaway, entrevista, 7/2006; editor de libros de texto, entrevista, 7/2006; Paul Boyer, breve entrevista, 7/2006; Schemo, «Schoolbooks Are Given F's In Originality»; James Goodman, «The Mystery of the Echoing Textbooks», *New York Times*, 07/07/2006. Irónicamente, la comparación que realiza Boyer no es idónea: los libros de texto sí son como la *Ilíada* o *Beowulf*, porque nadie sabe con seguridad quién los ha escrito.

de sustitutos neófitos para realizar el trabajo de expertos ayude a explicar los errores en ocasiones asombrosos que cometen los libros de texto. Un ejemplo tristemente famoso fue una afirmación que hacía un manual de la década de 1990: «El presidente Truman solucionó con facilidad la guerra de Corea lanzando la bomba atómica».[51] Desde luego, la acción de Truman fue una sorpresa para Dwight Eisenhower, cuya campaña presidencial de 1952 se basó en el lema «Yo iré a Corea». Errores similares salpican los manuales de historia de principio a fin. Por ejemplo, Boorstin y Kelley nos dicen que una de las razones de que Colón navegara hacia América desde las Canarias, y no desde España, era que «las Canarias estaban en la misma latitud que Japón, de manera que, según pensaba él, si mantenía el rumbo hacia el oeste, llegaría adonde quería llegar». En realidad, es desde Sevilla, principal puerto español de la época, desde donde se podría trazar una línea recta hasta el punto medio de Honshu, la isla más extensa de Japón. Las Canarias, como se puede comprobar echando un vistazo a un mapa, están más al sur. Por citar otro ejemplo, podemos decir que *The American Journey* afirma que «Maggie Lena» «fue la primera estadounidense que ocupó el cargo de presidenta de un banco», pero se olvida de mencionar su apellido, Walker. Uno de los tres supuestos autores de *Journey* es James McPherson, especialista en historia afroamericana de la Guerra Civil. De haber escrito —o siquiera leído— ese pasaje, no habría permitido que se mantuviera ese error.

El autor anónimo del último capítulo de *The American Pageant* no tenía por qué ser un especialista para no cometer este error garrafal al escribir sobre las elecciones de 2004:

> El día de los comicios, Bush se apuntó una victoria decisiva. La triple estrategia de incidir en los impuestos, el terrorismo y los valores morales le dio un resultado estupendo. Por primera vez en más de una década se conseguía una victoria por mayoría

---

[51] M. P., «Texas Schoolbook Massacre: 5200 Errors Found in 10 History Books», *Publishers Weekly*, 02/03/1992, p. 11. De 5200 errores que menciona este artículo no todos lo eran realmente y muchos eran triviales o discutibles.

popular —60 639 281 votos de Bush frente a los 57 355 978 de Kerry—, con una imponente ventaja de 286 frente a 252 votos en el Colegio Electoral.

¡Qué victoria tan imponente! Hubieran bastado los 20 votos electorales de Ohio, que Kerry estuvo a punto de obtener, para que este hubiera tenido 272 votos frente a los 266 de Bush. ¿Acaso el autor no recuerda la intriga de la noche electoral, además de las denuncias de irregularidades en Ohio que se presentaron la semana siguiente? Por otra parte, si nos atenemos al porcentaje, Bush obtuvo el 51,4 por ciento del total obtenido por él y por Kerry, en tanto que en 1996 Clinton obtuvo el 54,7 del total obtenido por él y Dole. Puede que desde el punto de vista político sea aceptable retorcer las elecciones para producir un mandato «estupendo» que nunca existió, pero no desde el punto de vista histórico.

Para actualizar no basta con añadir un nuevo capítulo al final que incluya los acontecimientos registrados desde la aparición del libro. Se descubren datos novedosos sobre acontecimientos antiguos, que van desde informaciones relativas a la década de 1990 hasta nuevos descubrimientos arqueológicos que influyen en nuestra forma de entender a los primeros pobladores de nuestro hemisferio. A lo largo del libro, el proceso de actualización también adolece de falta de supervisión, por parte de los supuestos autores y de todos los demás. Pensemos en el sabotaje del vuelo 103 de American Airlines, que explotó sobre la localidad escocesa de Lockerbie en 1988. En 1989, 1992 y 1995 Boorstin y Kelley no eran los únicos que escribían que «había muchos indicios de que habían sido los iraníes quienes habían ordenado la explosión». Para que el libro pueda hacer esa afirmación en su edición de 2005 hace falta que a los autores no les convenciera la condena de un libio en 2001, que no se enteraran de que en 2002 Libia abonó a las víctimas del desastre indemnizaciones por valor de más de dos mil millones de dólares y que tampoco creyeran a Libia cuando en 2003 admitió su culpa.[52] Evidentemente, los

[52] En realidad, algunos observadores creen que Libia acabó pagando simplemente para poner fin al episodio y reanudar normalmente las relaciones con los países

autores y actualizadores anónimos, al serlo, no ponen en peligro su reputación con esos errores.

Incluso los autores que sí escriben sus libros solo escriben el núcleo del relato, cuya proporción va menguando cada vez más respecto al total. Los autores no tienen nada que ver con los incontables recuadros, los materiales docentes, las preguntas, los pies de foto y las «actividades», que ahora suelen ocupar más espacio que la propia narración. Quizá esta sea la razón de que con tanta frecuencia los textos carezcan de sentido. Pensemos en la siguiente sugerencia que figura después del capítulo dedicado a los antecedentes de la Guerra Civil en *Holt American Nation*: «Deberes: que cada alumno se haga con un ejemplar de *John Brown's Body*, de Stephen Vincent Benét, que lo lea y que en dos párrafos comente el poema». La tarea es tan absurda que uno llega a la conclusión de que en Holt, Rinehart and Winston no hay vida inteligente. El encargo viene después de que se haya relatado la ocupación en 1859 de un arsenal de Harpers Ferry por parte de John Brown. Pero el poema *John Brown's Body* ni siquiera tiene que ver con la toma del arsenal. Más bien, es una evocación que hace el poeta de ciertos aspectos de la Guerra Civil y de cómo influyó en la sociedad. Además, el poema ocupa casi cuatrocientas páginas. «Que cada alumno se haga con un ejemplar y [lo] lea»; la verdad es que la mayoría de los adultos no han leído en su vida ningún poema que ocupe cuatrocientas páginas y, si lo hicieran, ¿cómo lo iban a comentar en dos párrafos?[53]

Hay otras cuestiones que, aunque absurdas, son de gran magnitud. *The Americans*, por ejemplo, pregunta: «¿Cómo ha influido la ubicación en la historia de tu localidad?». Esa sí que es una buena pregunta. Bien podría tratar de responderse mediante una tesis

occidentales, pero esta posición es minoritaria y dudo que Boorstin y Kelley pretendieran hacerla suya. Cf. «Pan Am Flight 103», Wikipedia, en wikipedia.org/wiki/Pan_Am_ Flight_103, 10/2006.

[53] Por un momento pensé que el mercenario que trabajaba en las entrañas de Holt y que había propuesto este ridículo trabajo había oído mencionar, pero nunca había visto, el poema épico de Benét, y que se imaginaba que, como muchos otros poemas, solo ocuparía una página. Sin embargo, el título aparece en cursiva, no entrecomillado, como corresponde a un poema que ocupa un libro entero, no a un poema corto.

doctoral, aunque es bastante peliaguda para alguien que acaba de comenzar un curso de historia de los Estados Unidos. A continuación, el libro pregunta: «¿Cómo han cambiado los rasgos e intereses de tu región durante la última generación?». Tampoco está mal. Pensemos en responderla en relación con el Sur y comprenderemos lo imponente que es. Sin embargo, el Sur es la región más definida de los Estados Unidos. Todavía más difícil sería precisar los «rasgos e intereses del Medio Oeste», por no hablar de evaluar cómo han cambiado. ¿Qué podían tener en la cabeza esos autores? Me rindo: creo que no tenían nada. Alguien decidió que la página tendría mejor aspecto con unas preguntas y otro las proporcionó, pero en realidad nadie esperaba que las respondieran. Lamentablemente, son ese tipo de preguntas las que inducen a los estudiantes a pensar que, en cierto modo, hacer especulaciones ociosas es lo mismo que aprender.

Cuando las preguntas son absurdas suelen anestesiar el pensamiento. Hay varios libros que tienen la irritante costumbre de terminar los pies de foto con una pregunta. Pensemos en la que coloca *The American Journey* debajo de una fotografía de Hitler en una concentración nazi: «¿Qué grupo sufrió especialmente durante el nazismo?». Ocho centímetros por encima de esa ilustración el texto habla del «exagerado antisemitismo» de Hitler. Más interesante habría sido que la pregunta hubiera hablado de «grupos», en plural, ya que a la respuesta se podrían haber añadido otros: entre ellos, romaníes, socialistas u homosexuales. Sin embargo, lo único que quiere *Journey* es que los alumnos mascullen: «Judíos». *The Americans* salpica sus márgenes de preguntas agrupadas bajo el epígrafe de «Idea principal». Por ejemplo, junto a un párrafo que explica por qué se constituyó la Organización Nacional de Mujeres (NOW, por sus siglas en inglés), está la pregunta «¿Qué indujo a las mujeres a crear NOW?». Lo único que tienen que hacer los alumnos es reescribir a su manera el párrafo y, ¡abracadabra!, ¡estarán estudiando historia!

Incluso cuando la pregunta es interesante, con demasiada frecuencia la respuesta deseada salta a la vista, con lo que es aburrida. *Holt American Nation* ofrece la cita del *Chicago Tribune* reproducida en el capítulo 6, que respondía a los «Códigos negros» de

Misisipi: «Los hombres del Norte convertirán el estado de Misisipi en una charca de ranas antes que permitir que esas leyes mancillen un solo pie de la tierra en la que duermen los huesos de nuestros soldados y sobre la que ondea la bandera de la libertad». Es una cita deslumbrante y de peso. A continuación, *Holt* pregunta: «Cómo identificar sesgos: ¿cómo pone de manifiesto el autor su opinión sobre los Códigos negros?». Aun siendo imperfecta, esa pregunta podría suscitar interesantes observaciones de los alumnos. Por ejemplo, la cita demuestra hasta qué punto la guerra había llegado a identificarse con la causa de la libertad de los negros, por lo menos entre los republicanos, ya que *The Tribune* era un órgano importante del Partido Republicano. Después relaciona con la causa antirracista el intenso vínculo emocional con «nuestros» muertos en la guerra. También merece la pena analizar «en una charca de ranas», porque constituye una imagen retórica que, al tiempo que muestra falta de respeto al estado de Misisipi, proclama el poder que el Norte tiene sobre él. Sin embargo, la respuesta que figura en el ejemplar para el profesor deja claro que «al escribir que los hombres del Norte convertirán Misisipi en una charca de ranas antes que el estado imponga Códigos negros» no se espera suscitar pensamiento alguno. El texto se limita a repetir la cita, convirtiendo la tarea asignada en otro ejercicio de memorieta.

Aunque cabe esperar que los autores no hayan tenido nada que ver con esos atolondrados consejos docentes, sus nombres aparecen en los libros y ellos deberían ser responsables de lo que llevan dentro.

Irónicamente, lo que añaden los burócratas de las editoriales de vez en cuando entra en conflicto con la base narrativa y la mejora. En *American Journey*, alguien añadió «Matanza de My Lai» y su fecha al mapa dedicado a la «guerra de Vietnam», aunque el texto no menciona para nada ese suceso. No sabemos qué van a sacar los estudiantes en claro de un dato que figura dentro de un mapa.

Durante las entrevistas que he mantenido con los directivos editoriales, estos echan la culpa de las distorsiones y los pecados de omisión que deslucen los manuales de historia de los Estados Unidos a las comisiones de elección de textos, los gestores escolares o los padres, a los que piensan que tienen que complacer. Los padres, ya sean activistas negros o conservadores texanos, echan la culpa a las editoriales. Por su parte, los profesores se la echan a los gestores, que les obligan a utilizar libros deplorables, o a los editores que los han creado. Pero los autores no echan la culpa a nadie. Se hacen responsables de sus libros. Varios me dijeron que no sufrieron injerencias editoriales. En realidad, autores de tres libros de texto distintos declararon que sus editores no les hicieron *ni una sola* sugerencia de contenido. «¡Ese libro no tiene ni siquiera cincuenta palabras que cambiara el editor!», exclamó un autor. «Respetaban tanto mi opinión que eran serviles», dijo otro. «No dejaba de esperar que en algún momento dijeran no, pero nunca lo dijeron».[54]

Si los autores dicen que han escrito los libros de texto que querían, quizá ellos sean los culpables de cómo han salido. En ocasiones, tampoco es que sepan mucho. Le pregunté a John Garraty, autor de *American History*, por qué no había mencionado la plaga que devastó las sociedades indias de Nueva Inglaterra antes de la llegada de los Peregrinos. «No la conocía», me respondió con franqueza.[55]

Hay veces en las que los autores sí saben. Como ya se ha dicho, en *After the Fact*, un libro dirigido a universitarios que han elegido la especialidad de historia, James Davidson y Mark Lytle explican estupendamente las plagas que sufrieron los indios y demuestran que comprenden su relevancia geopolítica, sus devastadoras consecuencias para la cultura y la religión indígenas y su influencia

---

[54] Entrevistas, 12/1987. Gilbert Sewall, «Social Studies Textbooks: A View from the Publishers», *Social Studies Review*, nº 5, verano de 1990, p. 14, adopta una visión más sombría de la influencia del editor: «Los autores de libros escolares tienen poco o ningún control sobre su producto». Frances FitzGerald da a entender que me equivoco al creer a los autores de libros de texto; desde luego, puede que a los autores les dé vergüenza confesar que ha habido injerencias editoriales cuando han sucumbido a ellas. Durante el curso de la entrevista que le hice, un autor señaló ciertas sugerencias editoriales, contradiciendo lo que había dicho antes. Con todo, la conclusión que podemos sacar es que, innegablemente, esos autores consideraban armoniosa la relación con sus editores.

[55] John Garraty, entrevista, 11/1987. Hay que reconocer que Garraty se enteró poco después de la existencia de lo que Alfred W. Crosby Jr. denomina «el intercambio colombino» y le dedicó la primera entrada de su libro *1001 Things Everyone Should Know About American History*, Nueva York, Doubleday, 1989, p. 3.

en la forma de calcular cuánta población india había antes del contacto con los europeos. En *After the Fact*, desde las olímpicas alturas de la academia, Davidson y Lytle llegan incluso a escribir, con desdén, que los «libros de texto han comenzado por fin a tomar nota de estas epidemias a gran escala». Entretanto, sus propios manuales de historia para secundaria ni siquiera las mencionan.[56]

¿Cómo debemos interpretar comportamientos de este tipo? Los autores saben que, aunque su libro de texto sea bueno, en la mayoría de las universidades no cuenta ni para obtener una titularidad ni para ascender. En los círculos universitarios se dice que «*los académicos de verdad* no escriben libros de texto».[57] Si el manual es malo, los autores no sufrirán la reprobación de la profesión, porque los historiadores profesionales no leen manuales de enseñanzas medias.[58] *The American Historical Review*, *Journal of American History* y *Reviews in American History* no reseñan libros de texto de ese tramo educativo. Así que la reputación académica de sus autores no está realmente en peligro.[59]

---

[56] James Davidson y Mark Lytle, *After the Fact*, Nueva York, McGraw-Hill, 1992, pp. 106-111. *A History of the Republic* sí menciona una plaga, la de viruela en la Ciudad de México, pero las alusiones son tan nimias que ni siquiera llegan al índice analítico.

[57] Tyson-Bernstein, «The Academy's Contribution to the Impoverishment of America's Textbooks», p. 194, y «Remarks to the AERA Textbook SIG», p. 9; Thomas Bailey, autor principal de uno de los manuales de mi muestra, escribió que tener un libro de éxito, algo que sin duda se puede decir que es *The American Pageant*, «en realidad es algo que para algunos de mis colegas sería negativo» (*The American Pageant Revisited*, p. 180). Mi propia institución, la Universidad de Vermont, diferencia entre el «trabajo académico» y lo que denomina «obras pedagógicas», y estas no las tiene en cuenta. Véase Black, *The American Schoolbook*, p. 39; Sewall, «Social Studies Textbooks: A View from the Publishers», p. 14; y Matthew Downey, «Speaking of Textbooks», en David Elliott y Arthur Woodward, eds., *Textbooks and Schooling in the United States*, Chicago, University of Chicago Press NSSE Yearbook, 1981.

[58] *American Historical Review*, principal revista de la Asociación Histórica Americana; *Social Education*, principal publicacion del Consejo Nacional para los Estudios Sociales; y *Reviews in American History* no reseñan libros de texto de enseñanzas medias. Hace poco, *The Journal of American History*, poniendo en marcha una iniciativa que considera muy innovadora, comenzó a reseñar manuales *universitarios*. En su mayoría, las demás revistas académicas del ramo no tienen una política concreta sobre las reseñas de libros de texto, pero solo en *The History Teacher* pude encontrar una crítica de alguno de los doce libros aquí estudiados.

[59] Hay muchos autores a los que ni siquiera sus propios editores les reconocen mucho la autoría de sus libros de texto. En los anuncios publicados por Scott Foresman

Hasta cierto punto, las comisiones de elección de manuales se ciernen sobre las cabezas de sus autores, sobre todo cuando los editores las mencionan. Los autores no suelen saber cómo funcionan los procesos de elección de textos (yo soy una desventurada excepción). Para advertir a los autores de que no deben ofender a nadie, los editores pueden mencionar a los padres de los alumnos y también las comisiones de elección. «Yo quería un texto que pudiera utilizarse en todos los estados», me dijo una autora. Confiaba en que su editor la orientara sobre qué cosas podrían o no ayudarle a alcanzar ese objetivo. Para Mark Lytle, su propio libro de texto era «una versión de la historia propia de McDonald's: si tuviera sabor, la gente no lo compraría». Esta conclusión se basaba en el «estudio sobre lo que quería el mercado» que había realizado su editor.[60]

Por otra parte, las editoriales saben que, como me dijo un editor, «los estudiantes, los padres y los profesores quieren verse representados en los textos» y que a veces influyen en los autores para que sus libros sean *menos* tradicionales. Michael Kammen habla de una editorial que intentó convencer a los dos autores de un manual de historia de los Estados Unidos de que concedieran más espacio a los indios americanos. El editor de Thomas Bailey le presionó para que incluyera a más mujeres y afroamericanos en *The American Pageant*.[61]

Independientemente de en qué dirección vayan las influencias, quienes tienen la sartén por el mango son las editoriales. «No querían a gente famosa, porque nosotros seríamos más maleables», me dijo Mark Lytle al explicar por qué una editorial importante había querido contar con él y con James Davidson, autores relativamente desconocidos. Dos autores con muchas obras publicadas

---

sobre *Land of Promise* es imposible distinguir los nombres de los autores sin una lupa. Cuando Prentice Hall anuncia *The United States—A History of the Republic*, los autores no aparecen en absoluto. En ocasiones, los nombres de los autores ni siquiera salen en cubierta. En el caso de aquellos que no han escrito «sus» libros de texto, esta ausencia de mención de responsabilidad está absolutamente justificada.

[60] Mark Lytle, entrevista, 11/1993.

[61] Michael Kammen, *Mystic Chords of Memory*, Nueva York, Alfred A. Knopf, 1991, pp. 258-259; Bailey, *The American Pageant Revisited*, pp. 192-195.

me dijeron que hubo editoriales que rompieron los contratos que habían firmado con ellos porque no les gustaba la tendencia política de sus textos. «Cuando discutimos», me dijo sin rodeos un editor, «solemos ganar nosotros».

Condiciones muy distintas se aplican a las obras históricas secundarias, dirigidas normalmente a historiadores profesionales. Los autores de ese tipo de volúmenes saben que las editoriales y los encargados de revistas académicas recurren a historiadores profesionales para evaluar los manuscritos, así que, desde el principio, escriben para los demás historiadores. Los autores saben también que otros colegas reseñarán sus monografías una vez publicadas y que esas reseñas, que aparecerán en revistas académicas, mejorarán o empeorarán su reputación.

Cuando el público al que se dirigen unas y otras obras es tan diferente, es natural que las obras secundarias y los libros de texto sean muy distintos entre sí. Los autores de estos no tienen por qué preocuparse demasiado de lo que realmente ocurrió en la historia, ya que los editores recurren más al patriotismo que a la erudición para vender libros. Poco debería sorprendernos este énfasis, ya que la exigencia de estudiar historia de los Estados Unidos surgió a comienzos del siglo XX de una campaña patriotera.[62] Las editoriales comienzan la soflama desde la cubierta, donde títulos nacionalistas como *The Challenge of Freedom* y *Land of Promise* van acompañados de típicos símbolos patrióticos como el águila, el Independence Hall de Filadelfia, la enseña de las barras y estrellas, o la Estatua de la Libertad. Cuatro de los seis nuevos libros de mi selección muestran la bandera estadounidense en cubierta; los demás utilizan el rojo, el blanco y el azul para escribir el título y el nombre de los autores.[63] Cuando los editores comercializan sus

[62] Pierce, *Public Opinion and the Teaching of History in the United States*, pp. 6, 10-11 y 56-62.

[63] Los dos libros de indagación adoptan otra táctica. *Discovering American History* muestra un collage de fotos antiguas. Está claro que rinde homenaje a nuestro pasado, ya que presenta imágenes destacadas de Abraham Lincoln y de otros grandes líderes, pero la disposición de las ilustraciones también da a entender que pueden ser materiales históricos, lo cual conlleva un enfoque tendente a la indagación. *The American Adventure* da una de cal y otra de arena, ya que muestra fotos en blanco y

libros, los venden como herramientas que ayudan a los estudiantes a «descubrir» nuestras «creencias comunes» y «apreciar nuestro patrimonio». Ninguno trata de vender libros aduciendo que históricamente es más preciso que sus competidores.

Hasta cierto punto, los autores de libros de texto también tienen en cuenta a los estudiantes que leerán los libros. Mi propia experiencia me dice que imaginarse lo que los futuros lectores necesitan es un elemento importante del proceso de redacción de un manual de historia. Algunos autores de libros de texto son profesores de enseñanzas medias, pero la mayoría son docentes universitarios que solo conocen personalmente a unos pocos alumnos de instituto o de los cursos inmediatamente anteriores. Las entrevistas con autores de manuales pusieron de manifiesto que cuando se imaginan lo que necesitan los chavales pasan por un extraño proceso. Hay algo en la labor de redacción de un manual de historia de los Estados Unidos para enseñanzas medias que convierte a los historiadores en patriotas. Una autora me dijo que, al comenzar a trabajar con el libro, estaba criando sola a una niña de once años. «Quería escribir un libro del que Samantha estuviera orgullosa». Yo comprendía ese deseo y le hablé de mi propia experiencia como padre que crio solo a una hija de una edad parecida. Sin embargo, la conversación fue dejando claro que esta autora no solo se refería a un manual que su hija respetara y disfrutara. En realidad, lo que quería era algo muy distinto: que el libro le sirviera a su hija para ver *los Estados Unidos* con buenos ojos.[64]

Otros autores de libros de texto me han comentado cosas parecidas. Quieren producir buenos ciudadanos y por «buenos» entienden personas que se sientan orgullosas de su país. En cierto modo, piensan que deben seguir cargando con el peso de trasmitir y defender la civilización occidental. En ocasiones, casi se apreciaba un toque de desesperación en sus comentarios: una especie

---

negro de Lincoln, de casas indias y de otros edificios y rostros, aunque el diseñador gráfico se ha limitado a disponerlas con gusto y a rodearlas de rojo, blanco y azul.

[64] ¿Y eso qué tiene de malo?, se preguntarán algunos. En el capítulo siguiente, que describe las repercusiones que tiene este tipo de historia para los estudiantes, se ofrece una respuesta.

de *después de mí, el diluvio*. Los autores pueden pensar que con esos chavales solo tienen una oportunidad: si ahora no llegan a ellos, el futuro de los Estados Unidos podría estar en peligro. A su vez, esta idea genera cierto engreimiento, el de sentirse en las trincheras de nuestra sociedad, contribuyendo a que los Estados Unidos sigan siendo fuertes. Y no son solo los autores de libros de texto los que tienen esa sensación: normalmente, los historiadores y los profesores de historia, para justificar su labor, aluden a su función de artífices de la creación de buenos ciudadanos. En «A Proud Word for History», Allan Nevins se refiere en tono eufórico a los «libros escolares que hablan de Plymouth Rock, Valley Forge y El Álamo». Hace una loa a la historia como herramienta para fortalecer la nación. Según Richard Gross, expresidente del Consejo Nacional para los Estudios Sociales, «las razones para estudiar historia y ciencias sociales» tienen que ver con el «desarrollo en los jóvenes de cosas como la personalidad, la moral, la ética y la buena ciudadanía».[65] Cuando escribíamos nuestra historia de Misisipi, mis coautores y yo teníamos esa misma sensación, la de que podíamos mejorar nuestro estado y a sus ciudadanos difundiendo el conocimiento y cambiando las actitudes de la siguiente generación.

No obstante, cuando los autores de manuales de historia de los Estados Unidos tienen la oportunidad de dirigirse al conjunto de la siguiente generación, incluso aquellos que en sus monografías y conversaciones privadas critican ciertos aspectos de nuestra sociedad solo parecen querer mantener a los Estados Unidos más que cambiarlos. La autora de libros de texto Carol Berkin comenzó su entrevista conmigo diciéndome que «como historiadora, soy socialista y feminista».[66] Me quedé atónito, porque en su manual no hay ni rastro de feminismo o de socialismo. Seguramente, una autora feminista escribiría un libro de texto que ayudara a los lectores a comprender por qué ninguna mujer ha llegado a la presidencia del país y ni siquiera a su vicepresidencia. Seguramente, una autora socialista escribiría un texto que permitiera a

---

[65] Véase Vaughn, ed., *The Vital Past*, pp. 46 y 241.

[66] Carol Berkin, entrevista, 10/1987.

los lectores comprender por qué los niños de clase obrera, al contrario que el mítico Abraham Lincoln, no suelen llegar a presidente o vicepresidente.[67]

Si los libros de texto son volúmenes atiborrados de datos e interminables, con frecuencia erróneos, absurdos y aburridos, además de parecidos entre sí, ¿por qué los utilizan los profesores? En cierto modo, ellos son responsables de que en nuestras clases de historia se esté dando una educación deficiente. Después de todo, las distorsiones y omisiones presentadas en los primeros diez capítulos de este libro son patrañas que nos cuentan ellos. Si un número suficiente de docentes se quejara de los manuales de historia de los Estados Unidos, ¿no los cambiarían los editores? Los docentes también tienen mucho peso en la elección de los libros de texto: en la mayoría de los estados, las comisiones de clasificación se componen principalmente de profesores, entre los que los editores no han encontrado ni una pizca de oposición. En realidad, a muchos les gustan los libros de texto tal como están. Según los investigadores K. K. Wong y T. Loveless, la mayoría de los profesores cree que los manuales de historia son buenos y que están mejorando.[68]

¿Acaso es que simplemente no quieren saber la verdad? Muchos profesores de historia no saben mucha historia: en 1990, una encuesta realizada a 257 docentes de primaria y secundaria del país puso de manifiesto que el 13 por ciento no había seguido un solo curso universitario de historia, y que solo el 40 por ciento tenía una licenciatura o un máster en esa materia o en una disciplina que tuviera «algo de historia» como sociología o ciencias políticas.[69] Por otra parte, un estudio sobre los profesores de Indiana puso de manifiesto que solo uno de cada cinco se mantiene al día

---

[67] Edward Pessen, *The Log Cabin Myth*, New Haven, Yale University Press, 1984, afirma que la familia de Lincoln era, como mínimo, igual de próspera que sus vecinos cuando él era pequeño.

[68] Kenneth Wong y Tom Loveless, «The Politics of Textbooks Policy», en Altbach, *Textbooks in American Society*, pp. 33-34. Mary Haas, formadora de profesores, me dijo también que «nos han dado la clase de libros de texto que quieren los profesores».

[69] Charlotte Crabtree y David O'Shea, «Teachers' Academic Preparation in History», National Center for History in the Schools *Newsletter*, 1, nº 3, 11/1991, pp. 4 y 10.

leyendo libros o artículos sobre historia de Estados Unidos. En una conferencia celebrada en 1992 sobre Cristóbal Colón y la Era de la Explotación, el público, compuesto por profesores de historia de enseñanzas medias, se quedó ostentosamente atónito al enterarse de que antes de Colón la gente ya sabía que la Tierra es redonda. Esos docentes se sintieron avergonzados al comprender que llevaban años difundiendo información falsa. Está claro que los profesores no pueden enseñar lo que no saben.

A la mayoría de los docentes no les gusta la polémica. Según un estudio realizado hace años, el 92 por ciento no suscitaba debates sobre cuestiones controvertidas, el 89 por ciento tampoco las debatía cuando los estudiantes las planteaban y el 70 por ciento no creía que debiera hacerlo. Entre los temas que, según los profesores, los chavales tenían interés en debatir, pero que la mayoría de los docentes pensaba que no había que discutir en el aula, estaban la guerra de Vietnam, cuestiones políticas, las relaciones raciales, la guerra nuclear, la religión y problemas familiares como el divorcio.[70]

A muchos profesores les da miedo la polémica porque no han tenido contacto con ella en un entorno académico y no saben cómo manejarla. Según Shirley Engle, «a la mayoría de los profesores de estudios sociales de los centros docentes de los Estados Unidos su propia formación no les ha preparado adecuadamente para enfrentarse a la incertidumbre». «En cuanto las respuestas facilonas no bastan, se sienten con el agua al cuello». La inercia también es algo inherente al sistema: muchos profesores enseñan tal como les enseñaron a ellos. Incluso muchos profesores de historia universitarios, que saben bien que esa disciplina está llena de polémicas y trifulcas, se convierten en su propia clase en anticuados trasmisores de conocimiento.[71]

---

[70] De todo esto se da cuenta en Black, *The American Schoolbook*, pp. 91-95. Véase también Jack L. Nelson y William B. Stanley, «Academic Freedom: Fifty Years Standing Still», *Social Education*, 49, 1985, p. 663.

[71] Shirley Engle, «Late Night Thoughts About the New Social Studies», *Social Education*, 50, nº 1, 1/1986, pp. 20-22. John Goodlad se muestra de acuerdo en «A Study of Schooling», *Phi Delta Kappan*, marzo de 1983, reproducido en James W.

Como los libros de texto utilizan una retórica basada en la certidumbre, para los profesores es difícil introducir polémicas o incertidumbres en el aula sin apartarse de las pautas de discurso habituales. Los docentes no suelen decir «no sé» en clase y, por tanto, pocas veces debaten cómo se podría dar respuesta a la pregunta que ha suscitado tal respuesta. El decir «no sé» vulnera una norma. El profesor, al igual que el libro de texto, tiene que saber. Por su parte, lo que los alumnos tienen que aprender es lo que los profesores y los autores de los libros de texto ya saben.[72]

A los docentes les resulta difícil dar clases con debates abiertos. Temen no saber manejar las reacciones y perder autoridad frente a los alumnos. Según la investigadora Linda McNeil, que entre 1975 y 1981 realizó tres estudios sobre las clases de sociales en enseñanzas medias, para no desvelar sus lagunas de conocimiento, los profesores «apenas permiten utilizar los amplios recursos escolares» a los estudiantes.[73] Quién sabe adónde podrían llevar las indagaciones o cómo se podrían manejar. John Goodlad descubrió que menos del 1 por ciento del tiempo docente se dedicaba a debates en clase que exigieran «razonamientos o quizá una opinión de los alumnos».[74] En lugar de insistir en el debate y la investigación, los profesores hacen hincapié en «informaciones simplistas controladas por el docente». Según McNeil, «a juzgar por sus propias declaraciones en entrevistas grabadas, sus pautas de control del conocimiento emanaban del deseo de controlar el aula».[75] Al final, terminan adoptando el mismo tono omnisciente

---

Noll, ed., *Taking Sides: Clashing Views on Controversial Educational Issues*, Guilford, CT, Dushkin, 1989, p. 145.

[72] Seymour B. Sarason, *The Culture of the School and the Problem of Change*, Boston, Allyn and Bacon, 1971, pp. 180-187.

[73] Linda McNeil, «Defensive Teaching and Classroom Control», en Michael W. Apple y Lois Weis, eds., *Ideology and Practice in Schooling*, Filadelfia, Temple University Press, 1983, p. 116.

[74] Goodlad, «A Study of Schooling», pp. 145-147.

[75] McNeil, «Defensive Teaching and Classroom Control», pp. 115-116. Los profesores de instituto tienen ciertas razones para temer el conflicto y la pérdida de control. Dentro de las aulas, deben realmente proclamar su autoridad. Entonces, ¿cómo pueden llegar a cuestionarla? Puede parecer que los estudiantes conflictivos —los que se enfrentan al profesor, entre sí o con el libro de texto— escapan a su control. Sin embargo, las apariciencias engañan: las normas de conducta rigen gran parte del

de sus libros de texto. Lo cual tiene como consecuencia que su forma de pensar parezca aburrida, excesivamente ordenada, mucho menos interesante que la que realmente tiene la gente. Al resumir las investigaciones de McNeil, Albert Shanker, él mismo defensor de los profesores, apuntó que los mismos docentes que «en conversaciones privadas se muestran vitales, con amplitud de miras y enormemente informados», dan la impresión de ser «limitados, insulsos y rígidos en el aula».[76]

David Jenness ha señalado que las organizaciones profesionales de historiadores llevan por lo menos un siglo exhortando repetidamente a los profesores a no enseñar una historia basada en la memorización. En 1893, la Asociación Histórica Americana increpaba: «¡Agiten las ideas de los alumnos!»; en 1934 los historiadores instaban a evitar la insistencia en «datos, nombres y acontecimientos concretos», y entre esas dos fechas y en casi todas las décadas posteriores ha habido figuras de la profesión que han hecho llamamientos similares.[77] Sin embargo, los profesores continúan enseñando naderías que los estudiantes tienen que memorizar. Al igual que los autores de manuales, los docentes pueden ser perezosos. La enseñanza es una actividad estresante. Los libros de texto malos facilitan la vida, al posibilitar una planificación de las lecciones carente de complicaciones. Además, ya hemos visto que los editores proporcionan vistosos paquetes con vídeos para ver en clase, manuales para el profesor con sugerencias sobre cómo presentar cada tema y exámenes fácilmente reproducibles y de corrección mecánica. Los libros de texto también otorgan a los profesores la seguridad de que no dejan ningún flanco sin cubrir, de manera que sus alumnos no estarán en

---

comportamiento estudiantil, incluso en los casos en los que dicho comportamiento parece caótico a quienes no pertenecen al alumnado. En consecuencia, en el aula, los profesores suelen tener más control del que creen. Con todo, en las clases *sí* se puede llegar a perder el control y es comprensible que los docentes quieran manejar su propia situación.

[76] Albert Shanker, «The Efficient Diploma Mill», anuncio publicado en *The New York Times*, 14/02/1988.

[77] Amonestaciones de 1893 y 1934 citadas por David Jenness, *Making Sense of Social Studies*, Nueva York, Macmillan, 1990, p. 262. Véase también Gagnon, *Democracy's Half-Told Story*, pp. 17-19.

inferioridad de condiciones en las pruebas normalizadas de ámbito estatal o nacional.

Todas estas razones explican que, según confirman las encuestas nacionales, los profesores utilicen los libros de texto en más del 70 por ciento de su tiempo.[78] Además, la mayoría prefiere libros similares a los que ya está usando, razón de peso para que el movimiento de los «manuales de indagación» de finales de la década de 1970 no llegara a calar. «Es frecuente que los profesores prefieran los errores que ya conocen», afirma incluso Tyson-Bernstein, «a la información nueva pero correcta», y esta es otra razón que explica que los errores se mantengan y pasen de generación en generación.[79]

No obstante, tampoco es del todo justo acusar a los docentes de pereza. ¿Cuándo van a encontrar tiempo para investigar y, por tanto, para plantear sus propios planes de curso y sus propias lecturas? Ya están trabajando cincuenta y cinco horas a la semana. La mayoría tiene más que suficiente con dar sus clases, poner notas, vigilar, hacer anuncios para sus alumnos, asesorar, consolar, vigilar los pasillos, controlar la cantina y además gestionar su propia casa como para ponerse a investigar temas que ni siquiera

---

[78] Paul Goldstein, *Changing the American Schoolbook*, Lexington, MA, D. C. Heath, 1978. En historia, esa proporción es todavía mayor. Véase Kirst, *Who Controls Our Schools?*, p. 115. J. Y. Cole y T. G. Sticht, eds., *The Textbook in American Society*, Washington, D.C., Library of Congress, 1981, p. 9, sostienen que los libros de texto y otros materiales docentes parecidos estructuran entre el 95 y el 100 por cien de la instrucción en clase, y el 90 por ciento de los deberes en casa. Sin embargo, Matthew Downey y Linda Levstik cuestionan el tópico de que los libros de texto dominan la enseñanza de la historia y sostienen que, en realidad, apenas hay lectura, del tipo que sea. Véase «Teaching and Learning History: The Research Base», *Social Education*, 52, nº 9, septiembre de 1988, pp. 336-341, sobre todo la p. 337. No obstante, esta conclusión pesimista solo proporciona un irónico aliento y no encaja con la información que dan los alumnos, quienes en su mayoría indican que las clases de historia del instituto se dedican mayormente a lo mismo que hacíamos en las mías, es decir, a cosas como completar los aburridos ejercicios que figuraban al final de cada capítulo.

[79] Tyson-Bernstein, «Remarks to the AERA Textbook SIG», p. 10. Puede que su evaluación sea demasiado inclemente: según mi experiencia, los profesores están deseando no difundir lo que es claramente desinformación. La mayoría se esfuerza por aprender y por trasmitir información precisa, pero está claro que esos son los que asisten a cursillos, no una muestra aleatoria de docentes.

saben cómo cuestionar. Es frecuente que, terminada su jornada, se les pida que supervisen actividades extracurriculares; eso sin contar con el tiempo que dedican a poner notas a los trabajos y a planificar las clases.[80] Durante el año académico la mayoría de los distritos escolares solo concede a los profesores entre dos y cuatro días para «cursos de formación interna». Los veranos ofrecen tiempo para actualizarse, pero no dinero, y no sería justo esperar que los docentes nos subvencionaran a los demás para ponerse durante dos meses a estudiar historia de los Estados Unidos por su cuenta y sin subvención.

Algunas de las presiones mencionadas las sufren los docentes de cualquier materia. Sin embargo, sobre los de historia pesan, además, otros condicionantes. Al igual que los autores de manuales de historia, los profesores de esta disciplina pueden llegar a ponerse a la defensiva respecto a Estados Unidos, sobre todo delante de alumnos de minorías. Al igual que los autores, los profesores pueden tener la sensación de que deben defender y refrendar lo que hace el país. Hasta los docentes afroamericanos pueden sentirse ligeramente amenazados por las críticas que reciben los Estados Unidos, no sea que también los ataquen a ellos. Los profesores se identifican naturalmente con lo que enseñan. Como los libros de texto tienen una actitud arrebatada y defensiva respecto a los Estados Unidos, los profesores que los utilizan corren el riesgo de adoptar también esa actitud. Comparemos esta situación con la del profesor inglés, más afortunada, que no puede enseñar, por ejemplo, un poema ligeramente subversivo como el «Tren de la libertad» de Langston Hughes sin volverse él mismo ligeramente subversivo. De igual manera, resulta difícil enseñar con *Holt American Nation* sin volverse ligeramente aburrido.

Los profesores de estudios sociales y de historia suelen suscitar menos respeto de sus colegas que los de otras disciplinas. Cuando les preguntaron de qué materia se podría prescindir, la que más mencionaron los profesores de enseñanza primaria fue

---

[80] Tracy Kidder, *Among Schoolchildren*, Boston, Houghton Mifflin, 1989, describe la labor, prácticamente imposible, que realizan los profesores. Véase también John Goodlad, *A Place Called School*, Nueva York, McGraw-Hill, 1983.

la de estudios sociales.[81] Los directores de centros de enseñanzas medias, sobre todo del Medio Oeste y el Sur, encomiendan con frecuencia la enseñanza de la historia a preparadores físicos, que después de todo algo tienen que enseñar, ya que no hay suficientes horas de su materia. Es evidente que encomendar la docencia de la historia a quienes no son competentes para enseñarla (y según un estudio realizado a escala nacional, ese es el caso del 60 por ciento de los que la imparten) supone que la historia o bien no es importante o que «cualquiera puede enseñarla». Por otra parte, los profesores de historia también tienen una mayor carga docente que los de cualquier otra disciplina.[82]

Para los estudiantes, la historia también es algo carente de especial importancia. Según una investigación reciente sobre las actitudes de los alumnos hacia los estudios sociales, «a la mayoría de los estudiantes de los Estados Unidos, en todos los niveles, los estudios sociales les parecían una de las materias menos interesantes, más irrelevantes del currículo escolar».[83] Muchos profesores perciben lo que los estudiantes piensan de su disciplina. Hay demasiados que, ante eso, se rinden: no intentan innovar, exigen lo mínimo y se limitan a ir por delante de los alumnos en el manual. Por su parte, estos reaccionan «con un mínimo esfuerzo en clase» y el ciclo se reproduce.[84]

La utilización de libros de texto facilita a alumnos y profesores que hagan un esfuerzo mínimo. En realidad, las innumerables listas de los manuales —de ideas principales, términos clave, personajes

---

[81] Mark Schug, «Why Teach Social Studies?», *The Social Studies*, 80, nº 2, 3/1989, p. 74. Lamentablemente, en su muestra solo había veintinueve profesores.

[82] Crabtree y O'Shea, «Teachers' Academic Preparation in History», pp. 4 y 10. Sin embargo, algunos de esos profesores sí se especializaron en ciencias sociales, lo cual resulta útil para impartir historia de los Estados Unidos. Crabtree y O'Shea también indican que uno de cada doce profesores de historia es licenciado en educación física; es probable que la mayoría sean también profesores de esa materia. Véase también Robert A. Rutter, «Profile of the Profession», *Social Education*, nº 58, 4/1986, p. 253.

[83] Joan M. Shaughnessy y Thomas M. Haladyna, «Research on Student Attitudes Toward Social Studies», *Social Education*, 49, noviembre de 1985, pp. 692-695. Véase Mark Schug et al., «Why Kids Don't Like Social Studies», *Social Education*, 48, 5/1984, pp. 382-387; y Goodlad, «A Study of Schooling».

[84] McNeil, «Defensive Teaching and Classroom Control», p. 117.

que recordar, fechas, ejercicios de capacidad, de emparejamiento de elementos o de rellenado de huecos, así como la identificación de capacidades de los alumnos—, que parecen la pesadilla de su existencia, tienen funciones positivas. Dan la impresión de que el contenido del curso es riguroso y fáctico, así que profesores y estudiantes pueden imaginarse que están aprendiendo algo. Dan la impresión de que el profesor sabe de lo que habla, en tanto que un debate más libre podría poner de manifiesto sus lagunas de información o inteligencia. También dan a los estudiantes la sensación de que las calificaciones son justas: es fácil calibrar las respuestas que suscitan exámenes «objetivos», que pretenden evaluar cómo se han retenido nimiedades. En consecuencia, las listas reducen la incertidumbre al trasmitir a los estudiantes exactamente lo que necesitan saber.[85] Sin embargo, al fragmentar la historia en una serie de «hechos» desconectados entre sí también se consigue que los alumnos no puedan relacionar muchos de esos conceptos con su propia vida y que seis semanas después del período de exámenes no recuerden casi ninguno.[86]

En ciertos aspectos, los dos manuales de indagación de mi muestra son mejores que los dieciséis narrativos. Los dos de indagación, *The American Adventure* y *Discovering American History*, proponen a los estudiantes métodos para utilizar fuentes primarias y detectar en ellas posibles distorsiones. *The American Adventure* cuestiona directamente el etnocentrismo en su ejemplar para el profesor, algo que no se menciona en ninguno de los demás libros de texto ni en sus guías docentes suplementarias. Hay investigaciones que sugieren que el enfoque de «indagación» genera un mayor interés de los alumnos en los problemas políticos actuales.[87] No obstante, los manuales de indagación exigen una docencia mucho más activa. Con ellos, las clases no pueden

---

[85] Ibíd., p. 124; Jenness, *Making Sense of Social Studies*, pp. 264-265 y 291.

[86] Para que los profesores *no pudieran* recurrir a esas listas, al final de los capítulos de *Mississippi: Conflict and Change* no pusimos *ninguna pregunta*.

[87] Patrick Ferguson, «Promoting Political Participation: Teachers' Attitudes and Instructional Practices», San Francisco, American Educational Research Association, 1989, pp. 4-5. El nuevo *Pageant* sí utiliza la palabra «eurocéntrico» dentro de un interesante recuadro en el que se debaten diferentes concepciones de expertos sobre la influencia de Europa en los Estados Unidos.

limitarse a seguir su trillado camino. Los profesores deben añadir información, prescindir de ciertas partes de esos libros, elegir ejercicios y coordinarse con los bibliotecarios del centro. Quizá los profesores y los administradores escolares no tardaron en abandonar esa clase de manuales porque no se basan en un aprendizaje memorístico. Su enfoque exigía demasiado trabajo.[88]

Si los profesores parecen atrapados en los tradicionales manuales narrativos, ¿por qué no los contradicen, aunque sea ocasionalmente? Una vez más, ir en contra del libro es difícil. Ya hemos señalado los problemas logísticos, de tiempo y de carga de trabajo, que conlleva. Los recursos también son un problema. ¿Dónde van a encontrar los profesores un punto de apoyo? Puede ser de ayuda que tengan cerca un museo estatal de historia o una universidad. ¿Pero cómo pueden saber los profesores que hay algo que no saben? ¿Cuándo pueden saber que su libro se equivoca o que es engañoso? Además, a los estudiantes se les ha enseñado a creer lo que ven impreso. ¿Cómo pueden los profesores competir con el conocimiento de autores consolidados, respaldados por poderosas editoriales?

Ir en contra de un libro de texto también puede dar miedo. Los manuales ofrecen seguridad, porque los profesores pueden ampararse en ellos si el director del centro, los padres o los chavales les exigen que defiendan su trabajo. Se podría interpretar que ir en contra del libro de texto supone criticar el sistema escolar, la inspección, la dirección del centro o el director de departamento que lo eligió. Los profesores pueden buscarse un problema si hacen algo así. O eso es lo que ellos creen.[89]

---

[88] Los manuales de indagación destacan por dos motivos: proporcionan fuentes primarias y tratan con mucha más profundidad el pasado reciente. Con todo, los de indagación de mi muestra también cometían ciertos errores fácticos y de interpretación. Jenness los critica por no comprender que se necesita pericia para razonar apropiadamente sobre algunas polémicas (*Making Sense of Social Studies*, p. 292). Al plantear despreocupadamente preguntas que, para responderse razonadamente, exigirían semanas de investigación, los manuales de indagación se sitúan al borde de lo antiintelectual, porque lo que dan a entender es que en realidad no esperan tanto esmero ni de los estudiantes ni de los profesores.

[89] En algunos estados se pueden pedir cuentas a los profesores por enseñar conceptos incluidos en los libros de texto elegidos. Véase Sue Dueitt, «Textbooks and the Military», en Cole y Sticht, eds., *The Textbook in American Society*, p. 36.

Una estudiante mía que estaba haciendo prácticas en una escuela primaria decidió mostrar a los estudiantes lo que había aprendido en mi curso sobre los Peregrinos, las plagas y el Día de Acción de Gracias. El catedrático de pedagogía encargado de determinar qué asignatura impartía vetó su plan. «Darles esa información a los niños, yendo en contra de sus tradiciones, es como decirles que Santa Claus no existe». También le preocupaba que la información pudiera «causar una gran polémica con las familias». No obstante, con la aprobación del titular del curso, mi alumna perseveró. Aunque no recibió quejas de los padres, es cierto que se arriesgó a que algunos de ellos, ciertos directivos e incluso otros profesores la consideraran hostil o negativa.

Después de todo, a los profesores *los despiden*. He entrevistado a varios docentes y bibliotecarios de enseñanzas medias a los que han despedido o amenazado con despedir por pequeños actos de independencia como el de poner a disposición de los alumnos materiales que algunos padres consideran polémicos. Se ha despedido a profesores por enseñar *Un mundo feliz* en Baltimore, *Alguien voló sobre el nido del cuco* en Idaho y casi todo lo demás que hay entre una y otra obra.[90] Conscientes de ello, muchos profesores prevén que poderosas fuerzas se abalanzarán sobre ellos y dudan de que nadie vaya a salir en su defensa, así que se van acomodando en lo que Kenneth Carlson ha calificado de «seguridad de la autocensura».[91] Sin embargo, yo estoy convencido de que, en la práctica, gran parte de los docentes disfruta de una libertad considerable. «La mayoría de los profesores apenas tiene control sobre la política del centro o el currículo», escribió Tracy Kidder en *Among Schoolchildren*, «pero la mayoría sí tiene bastante autonomía dentro del aula». Lo mismo decía Michael W. Kirst en *Who*

[90] Robert M. O'Neil, *Classrooms in the Crossfire*, Bloomington, Indiana University Press, 1981, pp. 9-12, 23. Todos los años, People for the American Way documenta lo que esta asociación denomina *Atques a la libertad para aprender* en un anuario homónimo (Washington, D.C., People for the American Way, 1993 y años anteriores). En *Death at an Early Age*, Nueva York, New American Library, 1985, Jonathan Kozol relata cómo él mismo fue despedido en Boston por enseñar en clase los poemas de Langston Hughes.

[91] Carlson, «Academic Freedom in Hard Times», p. 430.

Controls Our Schools?: «En la práctica, los profesores tienen un veto indirecto sobre lo que se enseña. Según una antigua tradición de los colegios públicos estadounidenses, una vez que se cierra la puerta del aula, nadie comprueba realmente lo que hace el profesor».[92] Con todo, lo normal es que incluso los docentes que apenas tienen verdaderas razones para temer por su puesto de trabajo eviten riesgos innecesarios.

Quizá la visión que doy aquí del profesorado sea demasiado pesimista. Dondequiera que he viajado para hablar sobre los problemas de los libros de texto me he topado con docentes deseosos de acceder a información histórica precisa. He conocido a muchos profesores imaginativos que insuflan vida a la historia de los Estados Unidos, planteando polémicas, aportando fuentes primarias e incitando a pensar a los estudiantes. No obstante, a pesar de esas heroicas excepciones, en los centros educativos de todo el país la mayoría de los profesores de estudios sociales e historia forma parte del problema, no de la solución.

Lancemos una red todavía más amplia: ¿acaso todos tenemos algo que ver en este asunto? Después de todo, nuestros mitos históricos no solo son algo escolar. Esas patrañas culturales ya forman parte de todo nuestro tejido social. Desde los anuncios sobre la Tierra plana del fin de semana del Día de Colón a la distorsión racista de *Lo que el viento se llevó*, nuestra sociedad se miente sobre su propio pasado. Cuestionar esas patrañas puede parecer antiamericano. Los libros de texto pueden reflejar esas mentiras porque nosotros se lo permitimos. Y por la misma razón pueden evitar también la polémica: en las encuestas nacionales, por lo menos la mitad de los encuestados se muestra siempre de acuerdo en que «hay que proscribir de las bibliotecas de las escuelas públicas los libros que contienen ideas peligrosas».[93] Y cuando el National Assessment for Educational Progress remitió sus herramientas de evaluación de los estudios sociales a críticos legos en

---

[92] Kidder, *Among Schoolchildren*, p. 52; Kirst, *Who Controls Our Schools?*, p. 135; Linda Levstik, «The Research Base for Curriculum Choice: A Response», *Social Education*, nº 54, 11/1990, p. 443.

[93] Véase, entre otras, la encuesta Gallup, 10/1987, de la que se da cuenta en Stamford, CT, *Advocate*, 26/12/1987, p. 1.

la materia, «para contribuir a que fueran aceptables para el gran público», este contestó que «siempre que sea posible, hay que evitar las alusiones a grupos minoritarios concretos»; que hay que redactar con «sumo cuidado» cualquier alusión al FBI, el presidente, los sindicatos y otras organizaciones, y que «son ofensivos los ejercicios que presenten a los héroes nacionales de forma poco halagadora, aunque sea fiel a la verdad».[94]

John Williamson, presidente de una importante editorial de libros de texto, utilizó este argumento para defender a los editores: «En la década de 1930 estaba claro que la forma de tratar a las mujeres y los negros reflejaba las actitudes sociales. Todas las mujeres aparecían con funciones domésticas… Los negros no aparecían en absoluto». Williamson admitió después que la reciente mejora en la forma de tratar a mujeres y negros no se ha debido a las editoriales, «por mucho que nos hubiera gustado atribuírnosla». Como en el pasado, «los libros de texto son un reflejo de nuestra sociedad y contienen lo que esta considera aceptable». La conclusión de Williamson es que así tenía que ser: padres, profesores y otros miembros de la comunidad *debían* tener derecho a presionar a los editores para que presentaran la historia como ellos querían.[95]

Williamson tenía parte de razón. Sin embargo, cuando los editores se esconden detrás de la «sociedad», su argumento se acerca al debate sobre la gallina y el huevo, porque si los libros de texto fueran más variados, los grupos de presión social tendrían más alternativas para ejercer su labor. Además, Williamson ha reconocido lo principal: que los manuales de historia mantienen con la disciplina histórica una relación muy diferente a la que mantienen la mayoría de los libros de texto con sus respectivas disciplinas: es la «sociedad» la que determina qué entra en esos manuales. Por el contrario, es la profesión matemática la que decide lo que entra en los manuales de su materia y, aunque haya presión de los creacionistas, los biólogos deciden lo que entra en los manuales

94 Jean Fair, ed., *National Assessment and Social Studies Evaluation*, Washington, D.C., National Council for the Social Studies, 1975, p. 35.

95 John Williamson citado en Cole y Sticht, eds., *The Textbook in American Society*, p. 39.

de biología. No cabe duda de que los libros de texto de matemáticas y biología emanan de las mismas organizaciones complejas y de los delicados procedimientos de elección que los manuales de historia de los Estados Unidos. No cabe duda de que los textos de matemáticas y biología también yerran. Pero los autores solo se preguntan si los libros de texto pueden tener integridad académica cuando se habla de los de historia y estudios sociales.[96] La exactitud solo tiene tanta carga política cuando hablamos de historia.

Pensemos en el ejemplo de los soldados negros durante la Guerra Civil. Todavía durante la década de 1930 los pormenores de su aportación estaban a la vista de todos, en las fuentes primarias e incluso en los libros de texto de la propia Guerra Civil y de la Reconstrucción. Los manuales de la Depresión omitieron esos datos, no porque fueran desconocidos, sino porque incluir información importante sobre los afroamericanos no «reflejaba las actitudes de la sociedad [blanca]» durante el nadir de las relaciones raciales. En consecuencia, para comprender cómo presentaban los libros de texto de la década de 1930 la Guerra Civil, no nos fijamos en la historia de la década de 1860, sino en la sociedad de la de 1930. Del mismo modo, para comprender cómo presentan los manuales actuales la Guerra Civil, a los Peregrinos o a Colón, no nos fijamos en la historia de las décadas de 1860, 1620 o 1490, sino en nuestra propia época. ¿Qué distorsiones históricas ocasiona *nuestra sociedad*? No debemos engañarnos pensando que el proceso de distorsión se ha detenido por arte de magia. No debemos congratularnos de que nuestra sociedad trate a todo el mundo con imparcialidad y que muestre actitudes que permiten ofrecer interpretaciones precisas del pasado. No debemos hacer como que, al contrario que las generaciones anteriores, nosotros escribimos una historia verdadera. Como ya hemos visto, en ocasiones los autores de manuales de historia ni siquiera intentan tal cosa. Cuando los padres y los profesores no exigimos a las editoriales y los centros docentes el mismo esfuerzo de veracidad a la hora de

---

[96] Raymond English, «Can Social Studies Textbooks Have Scholarly Integrity?», *Social Education*, 50, nº 1, 1/1986, pp. 46-48.

presentar la historia que el que exigimos en otras disciplinas nos convertimos en parte del problema.

Esa es la razón de que muchos manuales de historia publicados en la actualidad no sean siquiera productos de nuestro tiempo. En el capítulo 5 hablamos del nadir de las relaciones raciales en los Estados Unidos, situado entre 1890 y 1940. En ese período, no solo fuimos retrocediendo en materia de relaciones raciales, sino que desarrollamos una interpretación profundamente sesgada de lo que entonces era nuestro pasado reciente: la Reconstrucción (1866-1877), el confuso período posterior (1877-1890) y el propio nadir. El capítulo 6 mostró cómo había perdido John Brown el juicio después de 1890, pero la salud mental de Brown no fue la única víctima del nadir. Interpretaciones pergeñadas durante esa época siguen influyendo en lo que dicen los libros de texto actuales sobre la administración de Grant, Woodrow Wilson e incluso Cristóbal Colón. Durante el nadir, los afroamericanos parecían tan «evidentemente» inferiores que la mayoría de los blancos no podía concebir que al presidente Grant, a los «Inquebrantables» y a la mayoría de los cargos republicanos del Sur les hubiera importado realmente la igualdad racial. La conclusión lógica era que debían de tener otras motivaciones: muy probablemente, avaricia o ansia de poder. En consecuencia, en 2006 un libro de texto como *The American Pageant* hace hincapié en la corrupción y quita importancia al idealismo para desacreditar el comportamiento de los republicanos durante las décadas de 1870 y 1880. ¿Cómo puede seguir distorsionando el nadir un libro de texto publicado en 2006? Para empezar, porque la interpretación que *Pageant* tiene de Grant no se escribió en ese año. Se remonta a 1956, mucho antes de que el movimiento por los derechos civiles llegara a influir en los manuales de historia de los Estados Unidos. En 1956, las interpretaciones seguían basándose en ideas fijadas durante el nadir y el autor de *Pageant*, Thomas Bailey, se doctoró en mitad de ese período, en 1927. La forma de ver a Colón en la década de 1980 emanaba de las conmemoraciones celebradas en 1892; el capítulo 2 demostró que a los nuevos libros de texto les había influido la mayor complejidad del recuerdo expresada en 1992. De manera que lo que determina lo que se escribe es el *momento* en que se escribe un libro, o más bien el momento en que su interpretación de un determinado acontecimiento queda grabada en nuestra cultura.

Hay quien piensa que deberíamos dar una visión aséptica de la historia para proteger a los estudiantes de lo desagradable, por lo menos hasta que tengan más o menos dieciocho años. Según esa gente, bastante tienen que madurar ya los chavales en estos tiempos, así que dejémosles disfrutar de su infancia. ¿Por qué enfrentar a nuestros jóvenes con cuestiones que ni siquiera los adultos podemos resolver? ¿Acaso tenemos que contarles a los alumnos de quinto todas las truculencias, por ejemplo, de la presencia de Colón en Haití?[97] Sissela Bok escribió un libro entero sobre la mentira, centrado prácticamente en criticarla; pero parece que también piensa que está bien mentir a los niños y compara la mentira con protegerlos del mal tiempo.[98]

Desde luego, la censura en función de la edad es la única que casi todo el mundo considera pertinente: por ejemplo, los niños de quinto curso no deben ver pornografía violenta. Algunos alumnos de quinto e incluso de decimosegundo que se topen con ilustraciones en las que se ve a españoles cortándoles las manos a los indios o a estos suicidándose podrían tener pesadillas con Colón.

---

[97] Donald Barr, *Who Pushed Humpty Dumpty? Dilemmas in American Education Today*, Nueva York, Atheneum, 1972, pp. 316-317, relata que los editores han domesticado incluso el cuento de los tres cerditos para que el primero y el segundo no mueran, ya que, de alguna manera, logran correr más que el lobo y escapar de sus aplastadas casas hasta llegar al rancho de ladrillos que el tercer cerdito tiene en las afueras.

[98] Sissela Bok, *Lying*, Nueva York, Pantheon, 1978, p. 24. Con todo, Bok admite que, aunque la gente sopesa las ventajas de mentir de «forma matizada», cuando se imaginan «a sí mismos teniendo que elegir entre engañar o no engañar», todo el mundo quiere «evitar, en la medida de lo posible, que le engañen *los demás*». El Museo de la Infancia de Boston adoptó un enfoque distinto, más sincero, en una exposición sobre la muerte; véase «Children Learn That 'Dying Isn't a Vacation'», *New York Times*, 26/08/1984. Para conocer otros debates sobre la posibilidad de presentar cuestiones polémicas ante los niños, véase Black, *The American Schoolbook*, pp. 91-95; Kirsten Lundberg, «Addressing a Child's Fears about Life in the Nuclear Age», *Boston Globe*, 09/03/1986; y Betty Reardan, John Anthony Scott y Sam Totten, «Nuclear Weapons: Concepts, Issues and Controversies», *Social Education*, 47, 11/1983, pp. 473-522.

Sin embargo, no es pertinente establecer una analogía entre la ocultación de la pornografía y el lavado de cara de la historia. Cuando no ofrecemos a los chavales la verdad sobre, por ejemplo, Colón, acabamos contándoles una mentira, o por lo menos una mentira basada en una grave omisión. Dudo que proteger a los niños del horror y la violencia sea realmente la razón de las omisiones y distorsiones de los libros de texto. Después de todo, en ellos hay violencia, pero siempre que no la cometamos «nosotros». Por ejemplo, así describe *American History* los actos realizados en 1856 por John Brown en Pottawatomie, Kansas:

> Cuando Brown se enteró del ataque [en Lawrence], se puso al frente de una partida de siete hombres... En plena noche entraron en las cabañas de tres desprevenidas familias. Sin razón aparente asesinaron a cinco personas. Les partieron el cráneo con pesadas y afiladas espadas, llegando incluso a cortarle la mano a una de sus víctimas.

El hecho de hablar de cráneos partidos y de mencionar que las espadas eran pesadas y estaban afiladas no hace más que suscitar en nosotros repugnancia hacia Brown. Está claro que el autor no entra en esos detalles para proteger a los estudiantes de cosas desagradables.

Si los libros de texto van incluir referencias a manos cortadas, las de los arahuacos que cortó Colón tienen mucha más importancia histórica, porque fueron sistemáticas y contribuyeron a despoblar Haití. Después de haber omitido esas atrocidades, *American History* no puede decir que haya presentado lo ocurrido en Pottawatomie de manera imparcial.

Dejando de lado la violencia, ¿qué podemos decir sobre la protección de los niños frente a otras indignidades de nuestra sociedad? Por ejemplo, ¿cómo debe referirse una clase de estudios sociales para adolescentes a la policía? ¿Debe ser un enfoque como el de la campaña *Officer Friendly* [Agente simpático]? ¿O acaso hay que ofrecer a los chavales una interpretación marxista sobre la utilización que hace la estructura de poder de la policía como primera línea de control en los guetos urbanos? ¿Dependerá el enfoque que elijamos de si vivimos en zonas periféricas o en el centro? Si un análisis más complejo de la policía resulta más útil que el del *Agente simpático* para los niños de las ciudades, ¿significa esto que en las clases también debe variar la forma de abordar la esclavitud en función de si estamos en el extrarradio o en el centro urbano?

En 1992 estallaron en Los Ángeles violentos disturbios raciales, desatados por la absolución, por parte de un jurado blanco de las afueras, de cuatro agentes de policía a los que se había grabado en vídeo golpeando a Rodney King, un hombre negro que había cometido una infracción de tráfico. Casi todos los niños del país vieron esa famosísima grabación casera. En consecuencia, casi todos se enteraron de que no solo hay *Agentes simpáticos.* A los niños no se les protege de la polémica ofreciendo análisis escolares basados únicamente en la simpatía policial. Así solo conseguimos convertir los centros docentes en lugares irrelevantes para los principales problemas actuales. Las canciones de rock que adquieren los chavales de trece años hablan del sida, de la guerra nuclear y del calentamiento global. Las de rap tratan sobre racismo, sexismo, consumo de drogas y también historia de los Estados Unidos. Podemos estar seguros de que, nos guste o no, nuestros hijos ya conocen esos y otros problemas, y que piensan en ellos. En realidad, es probable que, al intentar preservar una inocencia infantil inexistente evitando los problemas, los padres, más que reducir la ansiedad, la acentúen.[99] La mentira y la omisión no sirven. Hay una forma de enseñar la verdad a cualquier grupo de edad.

Como la historia es algo más personal que la geología o incluso que la literatura de los Estados Unidos, algo que tiene más que ver con «nosotros», hay una razón más para no presentarla con franqueza: ¿acaso no queremos que nuestros hijos sean optimistas? Quizá los libros de texto que recalcan lo maravillosa, justa y avanzada que ha sido nuestra sociedad proporcionen a algunos

[99] Véase Natalie Gittelson, «The Fear That Haunts Our Children», *McCall's*, 5/1982, pp. 77 et passim, y David S. Greenwald y Steven J. Zeitlin, *No Reason to Talk About It: Families Confront the Nuclear Taboo*, Nueva York, Norton, 1986.

estudiantes razones para el idealismo. Quizá a los menores les anime creer que basta con estar vivo para contribuir a una mejora constante de la sociedad. Quizá más adelante, cuando crezcan y aprendan más, encuentren la motivación para cambiar el sistema y hacer que se parezca al ideal. Quizá insistir en que la justicia es un valor estadounidense fundamental les sirva como punto de apoyo desde el que criticar la sociedad cuando descubran, tal vez en cursos de historia universitarios, con cuánta frecuencia ha sido injusta. A todo esto podría referirse el siguiente dístico de Emily Dickinson: «La verdad debe deslumbrar poco a poco / o todos los hombres estarían ciegos».[100]

Como el número de estadounidenses que en algún momento estudia historia de los Estados Unidos después de abandonar el instituto no llega a uno de cada seis, no está claro cuándo quedará deslumbrada la siguiente generación por la verdad en la historia de su país. Otro problema que plantea esta línea argumental es que la verdad puede llegar a deslumbrar a los estudiantes cuando de repente comprendan que sus profesores les han estado mintiendo. Una alumna mía escribió sobre cómo le habían «enseñado que a George Washington le regalaron un hacha en su cumpleaños y que con ella procedió a derribar el cerezo favorito de su padre». Horrorizada, esta estudiante había descubierto posteriormente que «una historia que durante mucho tiempo había guardado como algo sagrado en la memoria era mentira». Terminó «sintiéndome resentida y traicionada por mis antiguos profesores, que tenían que mentir para construir la imagen de George Washington, lo cual me llevó a cuestionar todo lo que había aprendido». El sentimiento de alienación de esta alumna no es nada en comparación con el de los afroamericanos cuando se enfrentan a otra verdad sobre los Padres Fundadores: «Cuando me enteré de que Washington y Jefferson tenían esclavos me quedé destrozado», me dijo el historiador Mark Lloyd. «Ya no quería tener nada que ver con ellos».[101] Cuando los americanos nativos

---

[100] Véase Edward A. Wynne, «The Case for Censorship to Protect the Young», en *Issues in Education*, invierno de 1985.

[101] Mark Lloyd, entrevista, 1991.

se enteren de lo que Washington les hizo a los iroqueses, el mito heroico que de él les han vendido acabará encallando de forma similar.

Resulta difícil creerse que los adultos mantengan a los niños en la ignorancia para mantener su idealismo. Más probable es que lo hagan para que no sean idealistas. A muchos adultos los niños les dan miedo y se temen que el respeto a la autoridad es lo único que les impide campar por sus respetos. De manera que les enseñan a respetar a autoridades que ellos mismos no respetan. A finales de la década de 1970 unos investigadores encuestaron a una serie de padres y madres a los que preguntaban si creían en diversas afirmaciones y si querían que sus hijos creyeran también en ellas. Había una afirmación especialmente llamativa: «Quienes tienen la autoridad son los más capaces». Las respuestas de los padres se atenían a las siguientes proporciones:

El 13 por ciento se la «cree y quiere que los niños se la crean también».
El 56 por ciento «tiene dudas, pero, a pesar de todo, quiere trasmitírsela a los niños».
El 30 por ciento «no se la cree y no se la quiere trasmitir a los niños».

En consecuencia, el 56 por ciento de los padres no quería que sus hijos dudaran de las figuras de autoridad, aunque ellos mismos dudaran.[102]

Hay adultos que simplemente no se creen que los niños puedan pensar. Los sociólogos ya llevan varias décadas poniendo de relieve la desconfianza de los estadounidenses hacia la generación siguiente. Los padres pueden tener la sensación de que, cuando los hijos obtienen herramientas de información e indagación de las que los adultos no disponen y las utilizan de forma aparentemente lesiva para los valores de los adultos, su autoridad se ve socavada. Muchos padres y madres quieren que los niños

[102] Yankelovich, Skelly y White, según se recoge en «A 'New Breed' Emerges», *Family Weekly*, 01/01/1978.

se centren en leer, escribir y las cuatro reglas, no en la historia multicultural.[103] Shirley Engle ha descrito a «una chillona minoría [de profesores y padres] que en realidad no cree en la democracia y tampoco que a los chavales haya que enseñarles a pensar».[104] Quizá la razón principal de que los adultos mientan es su miedo a nuestra historia: miedo a que no sea tan maravillosa y a que, si los niños aprenden cómo fue realmente, le pierdan el respeto a nuestra sociedad. En consecuencia, cuando Edward Ruzzo intentó en 1964 ocultar las bochornosas cartas que Warren G. Harding había escrito a una mujer casada, su razonamiento fue «que, para proteger a los más jóvenes, hay que reprimir cualquier cosa que perjudique la imagen de un presidente estadounidense». Como señaló el juez Ruzzo, bastantes delincuentes juveniles tenemos ya.[105]

Irónicamente, solo quienes se han criado con una historia superficial y reconfortante pueden albergar esas dudas. Puede que Harding no fuera un gran modelo de comportamiento, pero hay otros estadounidenses —Tom Paine, Thoreau, Lincoln, Helen Hunt Jackson, Martin Luther King y, sí, también John Brown, Helen Keller y Woodrow Wilson— a los que amantes de la libertad de todo el mundo les siguen rindiendo homenaje. Sin embargo, parece que hay autores, profesores y padres que tienen miedo a que los niños entren en contacto con el abrasador idealismo que en sus mejores momentos mostraron esos líderes. En la actualidad, muchos aspectos de la vida de los Estados Unidos, desde las premisas de nuestro orden jurídico hasta ciertos elementos de nuestra cultura popular, inspiran a otras sociedades. Si Rusia puede abandonar la historia arrebatada, como parece que ha hecho, seguramente los Estados Unidos también puedan.[106] «No necesitamos un guardaespaldas hecho de patrañas», señala Paul

---

[103] Desligándose asombrosamente de la historia, Arthur Schlesinger Jr. coincide con esta idea: «Estaré contento si podemos enseñarles a los niños a leer, escribir y hacer cuentas», en «Toward a Divisive Diversity», *Wall Street Journal*, 26/06/1991.

[104] Engle, «Late Night Thoughts About the New Social Studies», p. 20.

[105] Francis Russell, *The Shadow of Blooming Grove*, Nueva York, McGraw-Hill, 1968, p. 656.

[106] Paul Gagnon, «Why Study History?», *Atlantic*, 11/1988, p. 51.

Gagnon. «Podemos permitirnos presentar la totalidad de nuestros actos».[107]

Sin embargo, no parece que los autores de libros de texto compartan la confianza de Gagnon. Se observa cierta contradicción lógica en quienes escriben manuales nacionalistas. Por una parte, describen un país sin represión, sin verdaderos conflictos. Por otra, está claro que creen que necesitamos mentir a los estudiantes para imbuirles de amor al país. Pero, si el país es tan maravilloso, ¿por qué hay que mentir?

Irónicamente, nuestras mentiras no hacen más que degradarnos. Bernice Reagon, fundadora del conjunto vocal Sweet Honey in the Rock, ha señalado que en otros países impresiona que enviemos al extranjero portavoces que, como ella, están dispuestos a criticar a los Estados Unidos. Seguramente esto forme parte de la democracia. Seguramente, en una democracia la labor del historiador sea decir la verdad. Seguramente, en una democracia los estudiantes necesiten dotarse de razones de peso para criticar y también para enorgullecerse de su país. ¿Es posible que en algún momento hayamos renunciado a la democracia?

Mentir a los niños es como caer por una pendiente. Una vez que comienzas a caer, ¿cómo y cuándo puedes detenerte? ¿Quién decide cuándo hay que mentir? ¿Y las patrañas que se cuentan? ¿A qué grupo de edad? En cuanto soltamos el ancla de los hechos, de los datos históricos, el barco de nuestros libros de texto comienza a navegar sin rumbo, tan pronto en una dirección como en otra. Si ocultamos u omitimos hechos porque dan mala imagen de Colón, ¿por qué no omitir los que dan mala imagen de los Estados Unidos? O de los mormones. O del estado de Misisipi. Esto conduce a la politización de la historia. ¿Cómo decidimos qué debe enseñarse en un curso de historia de los Estados Unidos cuando los autores han decidido no valorar la verdad? Si, después de todo, nuestros cursos de historia no se basan en hechos, ¿por qué no contarles una historia a los blancos y otra a los negros? ¿Acaso la editorial Scott Foresman no está haciendo algo así cuando

[107] Paul Gagnon, *Democracy's Untold Story* Washington, D.C., American Federation of Teachers, 1987, p. 19.

publica una edición «Lone Star» [estrella solitaria, símbolo de Texas] de *Land of Promise* que adapta los hechos históricos para satisfacer a los texanos (blancos)?

En su día, el filósofo Martin Heidegger definió la verdad como «lo que aporta certeza, claridad y fortaleza a un pueblo», y eso es precisamente lo que parecen pretender los editores de manuales de historia de los Estados Unidos al evitar asuntos que superficialmente podría parecer que dividen a los estadounidenses. No obstante, antes de abandonar la antigua concepción de la verdad, basada en la «correspondencia con los hechos», para optar por la definición de Heidegger, más basada en la utilidad, quizá debamos recordar que él la puso al servicio de Adolf Hitler. Por otra parte, es preciso detenerse a pensar lo que entendemos por *un pueblo*. ¿Acaso *un pueblo* solo alude a los estadounidenses de origen europeo? Quizá enfrentarse abiertamente a cuestiones que parecen divisivas pueda en realidad unir a estadounidenses que se diferencian, entre otras cosas, por factores raciales o étnicos.[108] Después de todo, si los libros de texto no son veraces, no nos ofrecen ninguna razón para defender los cursos que en ellos se basan cuando los estudiantes declaran que la historia de los Estados Unidos es una pérdida de tiempo. ¿Por qué deben creer los niños en la historia de los Estados Unidos que aprenden si sus manuales están llenos de distorsiones y patrañas? ¿Por qué deben molestarse en aprenderla?

Por fortuna, como indica el siguiente capítulo, no la aprenden.

---

[108] Heidegger, citado en Noam Chomsky, *The Noam Chomsky Reader*, Nueva York, Pantheon, 1987, p. 60.

13

¿Qué consecuencias tiene enseñar historia de este modo?

«William Jennings Bryan:
"Yo no pienso en cosas en las que no pienso".
Clarence Darrow:
"¿Piensa alguna vez en cosas en las que sí piensa?"».

Transcripción del juicio de Scopes[1]

«En gran medida, aprender sociales, ya sea en primaria
o en la universidad, es aprender a ser estúpido».

JULES HENRY[2]

«Sí, me saltaba las clases, me catearon porque
la historia no significaba nada para mí.»

JUNGLE BROTHERS[3]

«La verdad nos hará libres.
La verdad nos hará libres.
Algún día la verdad nos hará libres.
Oh, en el fondo estoy convencido
de que algún día la verdad nos hará libres».

Estrofa de la canción
«We Shall Overcome»

---

[1] *Scopes trial transcript*, fragmento recogido en «Day 7», law.umkc.edu/faculty/projects/ftrials/scopes/day7.htm, 9/2006.

[2] Jules Henry, *Culture Against Man*, Nueva York, Random House, 1963, p. 287 [ed. cast.: *La cultura frente al hombre*, México, Siglo XXI, 1976].

[3] Jungle Brothers, «Acknowledge Your Own History», c. 1989. Este grupo de rap afroamericano llama a la historia *HIS story*, con lo que quiere decir que es «del Hombre».

En todos los Estados Unidos, los alumnos asisten a clases de estudios sociales y de historia estadounidense, consultan sus libros de texto, contestan a las preguntas que aparecen al final de cada capítulo y responden a tests y exámenes que evalúan cómo han retenido una serie de datos. Cuando estaba sometido a ese sistema, no definía ninguno de los términos que figuraba al final del capítulo hasta que no llegaba la sexta y última semana de cada período evaluable. Entonces, el profesor de turno y yo negociábamos qué proporción de los términos tenía que definir correctamente para obtener la máxima calificación (generalmente era en torno al 85 por ciento) y entonces me ponía como un poseso a redactar definiciones durante los últimos dos días de clase. Tres años después, cuando estudió historia de los Estados Unidos, mi hermana desarrolló una técnica más eficaz. Entregaba su trabajo a tiempo, escribía definiciones veraces para los dos primeros y dos últimos períodos evaluables, pero para el treinta o el cuarenta por ciento del tiempo que había en medio, relacionaba cosas sin orden ni concierto. «Ley Hawley-Smoot: No tengo ni idea, señor DeMoulin», era una de sus respuestas. Otra era: «Águila azul: El pájaro favorito de F. D. Roosevelt, que se puso muy triste cuando murió». Hoy en día los alumnos utilizan Internet: «En mi colegio nos dividimos la lista y luego colgamos nuestra parte en Internet. Después te puedes descargar los términos, cambiar el tipo de letra, imprimirlos y entregarlos tal cual». Para los pedagogos, esos son actos de «resistencia cotidiana» —una expresión procedente de las teorías sobre la esclavitud—, pero entonces yo no lo sabía. Me sigue dando envidia que nunca se me ocurrieran esas maravillosas estratagemas que tanto trabajo me habrían ahorrado.[4]

Evidentemente, engañar al profesor no tiene trascendencia. Es muy posible que el de mi hermana se supiera incluso la artimaña y que le sirviera para bromear con sus compañeros, igual que los amos de los esclavos se reían de la estupidez de estos, a los que todas las noches había que recordar que guardaran la azada y no la dejaran a merced del relente. Algunos profesores de estudios sociales y de historia tratan de ganarse a los alumnos diciéndoles, al presentar un tema, que no se preocupen, que no tendrán que aprender mucho al respecto. Y los estudiantes consienten encantados.[5] También dedican mucha energía e imaginación a conseguir que sus profesores pierdan tiempo y relajen sus exigencias.[6] Hasta cierto punto, los docentes aceptan esa actitud porque, al igual que ocurría con gran parte de la resistencia cotidiana en tiempos de la esclavitud, ceder no pone realmente en peligro el sistema. La resistencia escolar cotidiana también proporciona a los chavales una especie de distancia psicológica, la sensación de que, aunque el sistema dirija sus bolígrafos, en realidad no consigue su colaboración mental.

¿Y cómo iba a conseguirla? ¿A quién le gusta aprenderse nimiedades inútiles? Por ejemplo, todos los capítulos de *The American Journey* terminan con entre dos y seis páginas de «Evaluación y actividades», que mayormente hacen hincapié en minucias. Un ejemplo de ello es el último capítulo, que, dentro de un «Ejercicio de ordenación», pide a los alumnos que «coloquen por orden cronológico los siguientes acontecimientos»:

---

[4] Greg Murry, correo electrónico, 2/2001.

[El «Águila azul» indicaba que una determinada industria cumplía la Ley de Recuperación Industrial Nacional, aprobada en 1933 (*N. del T.*)].

[5] Linda McNeil, «Defensive Teaching and Classroom Control», en Michael W. Apple y Lois Weis, eds., *Ideology and Practice in Schooling*, Filadelfia, Temple University Press, 1983, pp. 128-141.

[6] Robert B. Everhart, «Classroom Management», en Apple y Weis, eds., *Ideology and Practice in Schooling*, cap. 7.

- → Serbios, croatas y musulmanes bosnios firman un acuerdo de paz para poner fin a la guerra civil.
- → Disolución de la Unión Soviética.
- → Bill Clinton, elegido para su primera legislatura presidencial.
- → Geraldine Ferraro, primera mujer de un partido importante en presentarse a las elecciones para vicepresidente.
- → Irak invade Kuwait.
- → Sandra Day O'Connor, elegida jueza del Tribunal Supremo de los Estados Unidos.
- → Ronald Reagan, reelegido presidente.

Reto a los lectores a ordenar correctamente esos siete acontecimientos sin consultarlos antes. Desde luego, yo no puedo y apuesto a que Joyce Appleby, Alan Brinkley y James McPherson, cuyos nombres aparecen en la cubierta del libro, tampoco. Y aunque pudieran, ¿qué habrían conseguido? Entre la mayoría de los acontecimientos no hay ninguna relación causal o lógica importante, así que no hay razón para recordar cuál iba antes. Esta actividad se limita a pedir a los estudiantes que memoricen el orden de hechos inconexos. Aunque algunos sí parezcan tener relación entre sí —por ejemplo, O'Connor y Reagan—, si nos fijamos bien comprenderemos que no basta con saber que él la nombró a ella, también hay que recordar si lo hizo durante su primera o segunda legislatura.

Diversos estudios demuestran que los estudiantes consiguen no aprender «hechos» como estos.[7] En realidad, se resisten estupendamente. Cuando dos tercios de los estadounidenses de diecisiete

---

[7] Probablemente, los estudios más importantes de los que se lamentan de la poca historia y geografía que saben los graduados de instituto sean los de Diane Ravitch y Chester E. Finn Jr., *What Do Our 17-Year-Olds Know?*, Nueva York, Harper and Row, 1987, y la obra de la National Geographic Society, *Geography: An International Gallup Survey*, Washington, D.C., National Geographic Society, 1988. Véase también Allen Bragdon, *Can You Pass These Tests?*, Nueva York, Harper and Row, 1987, pp. 129-140, que compara resultados de 1976 y 1943. La Evaluación Nacional del Progreso Educativo también criticó el conocimiento que los alumnos de los últimos cursos de instituto tenían de la historia de los Estados Unidos en 1994 y 2001. Sin embargo, en 2006 apreciaron cierta mejora: la proporción de los que puntuaban como «avanzados» y «competentes» se incrementó a lo largo de doce años, pasando del 12 al 14 por ciento. «U.S. History 2006», en nces.ed.govtnations reportcard/pdf/main2006/2007474_l.pdf.

años no pueden ubicar la Guerra Civil en la mitad de siglo correcta o cuando el 22 por ciento de mis alumnos contesta que la guerra de Vietnam la libraron *Corea* del Norte y del Sur, hay que descubrirse ante los jóvenes, pero no solo por su pura y simple ignorancia.[8] Estamos ante una resistencia de alto nivel. Los estudiantes no solo no están aprendiendo datos sobre la historia de los Estados Unidos que cualquier ciudadano formado *debería saber*. Tampoco están aprendiendo, ni mucho menos, *lo que ocasionó* los principales acontecimientos de nuestro pasado. En consecuencia, el pasado no les sirve para extraer lecciones aplicables a problemas actuales.

Por desgracia, a los alumnos no se les proporcionan recursos para comprender, aceptar o rebatir referentes históricos utilizados en sus argumentaciones por candidatos a ocupar cargos públicos, catedráticos de sociología o periodistas de prensa escrita. Si el conocimiento es poder, la ignorancia no puede ser la gloria.

La emoción es el pegamento que nos adhiere a la historia. Recordamos dónde estábamos cuando nos enteramos de los atentados contra las Torres Gemelas porque nos impresionaron. La historia de los Estados Unidos es una materia desgarradora. Cuando los chavales leen lo que dijeron realmente protagonistas de nuestro pasado, nunca dejan de emocionarse. Recordemos la apasionada denuncia que hizo Las Casas del trato que los españoles habían dado a los indios: «Entre las inexpiables ofensas, que contra Dios y los hombres en el mundo se han cometido, han sido, cierto, las que en las Indias habemos hecho». Pensemos en las famosas palabras con las que concluyó su discurso ante la Convención Nacional Demócrata William Jennings Bryan en 1896: «No clavarás en la frente del trabajador esta corona de espinas. No clavarás a la humanidad en una cruz de oro». O la andanada que lanzó Helen Keller contra el periódico *Brooklyn Eagle*: «Ciego y sordo ante los problemas sociales, defiende un sistema intolerable». O las palabras pronunciadas por Franklin D. Roosevelt durante la Depresión, con las que nos aseguraba que no teníamos «nada que temer, salvo al mismo miedo». Los acontecimientos y

---

[8] Ravitch y Finn, *What Do Our 17-Year-Olds Know?*, p. 49.

las imágenes también provocan sentimientos intensos. Las penalidades de Elizabeth Blackwell en la Facultad de Medicina, la liberación de los prisioneros en los campos de exterminio nazis por parte de soldados estadounidenses (y también rusos y británicos), el hecho de que Jonas Salk encontrara finalmente una vacuna para acabar con la polio..., todas esas historias son conmovedoras. Como escribe la analista de libros de texto W. K. Haralson, «es imposible presentar de manera imparcial, veraz y precisa acontecimientos históricos resplandecientes y vibrantes sin recurrir a la emoción».[9]

No obstante, en capítulos anteriores se ha evidenciado que los manuales y los cursos de historia de los Estados Unidos no son ni desapasionados ni apasionados. Parece que ni los autores de libros de texto ni muchos profesores se han parado verdaderamente a pensar qué parte de nuestro pasado merece realmente suscitar pasiones o incluso una meditada consideración. En esos libros no se filtra *ninguna emoción verdadera*, ni siquiera una verdadera sensación de orgullo.[10] Más bien, dejando a un lado las excepciones heroicas, la mayoría de los cursos y manuales de historia de los Estados Unidos se sitúan en el territorio emocionalmente gris de un piadoso deber, en el que, como los Estados Unidos tienen una buena historia, estudiarla es bueno para los alumnos. «No ven ningún dramatismo en la historia», me dijo un profesor. «Todos me dicen que odian la historia, porque está compuesta de hechos sin vida y es aburrida».

Otra forma de conseguir que la historia se adhiera al presente es relacionarla con la vida de los alumnos. Para mostrar a los estudiantes cómo afecta el racismo a los afroamericanos, durante dos días una profesora de Iowa discriminó a sus alumnos de tercero, todos blancos, por el color de sus ojos. La película *A Class Divided* [Una clase dividida] pone de manifiesto lo bien que recordaban

---

[9] W. K. Haralson, «Objections [to *The American Adventure*]», Longview, TX, sin fecha, copia mecanografiada distribuida por Mel Gabler's Educational Research Analysts, 1993, p. 4.

[10] John Goodlad, *A Place Called School*, Nueva York, McGraw-Hill, 1983, aduce que el «sentimiento —positivo o negativo— estaba prácticamente ausente» de las aulas en las que él y sus compañeros estudiaron. El adjetivo que utiliza para calificar la situación es *romo*.

esos chavales la lección quince años después.[11] Por el contrario, el contenido de los manuales de historia de los Estados Unidos no suele recordarse quince semanas después del fin del año escolar. Al insistir en el pasado lejano, los libros de texto quitan a los estudiantes las ganas de aprender historia a través de su familia o comunidad, lo cual no hace más que alejar el centro docente del resto de la vida de los chavales.

Según afirman dos educadores canadienses, «los niños, como la mayoría de los adultos, no retienen fácilmente datos aislados, incoherentes y sin sentido».[12] Seguramente tienen razón y, como los libros de texto prácticamente no ofrecen un armazón causal, lo más probable es que la falta de coherencia contribuya a explicar por qué los estudiantes se olvidan de gran parte de los datos que «aprenden» en los cursos de historia. Sin embargo, no todos los olvidan por igual. Los niños de minorías —americanos nativos, afroamericanos e hispanos— obtienen peores notas en todas las materias que los niños blancos o de origen asiático, pero la distancia es todavía mayor en estudios sociales. Ello se debe a que la forma de impartir historia de los Estados Unidos provoca un especial distanciamiento entre los alumnos de color y los chavales de familias pobres. Es inevitable que la historia reconfortante para varones blancos acomodados equivalga a una historia desalentadora para todos los demás alumnos. Un estudiante mío, que hacía prácticas docentes en Swanton (Vermont), una población con una considerable población indígena, se dio cuenta de que un alumno abenaki de quinto desconectaba claramente cuando él planteaba el tema de la Acción de Gracias. Una conversación con el niño provocó la reacción siguiente: «¡Mi padre me dijo la verdad sobre ese día y que no escuchara a ningún cerdo blanco como usted!». Sin embargo, el Día de Acción de Gracias parece algo relativamente inofensivo en comparación, por ejemplo, con el Día de Colón. Durante todo el curso escolar, la historia de los Estados Unidos ofende de mil pequeñas maneras a muchos estudiantes.

[11] Washington, D.C.: PBS *Frontline* vídeo, 1985.

[12] A. B. Hodgetts y Paul Gallagher, *Teaching Canada for the '80s*, Toronto, Ontario Institute for Studies in Education, 1978, p. 20.

Al contrario que el joven abenaki, la mayoría de los estudiantes pobres no es consciente de la ofensa y no se rebela, pero sutilmente sí se va distanciando. La autoestima de los niños sufre al tragarse lo que sus libros de texto dicen sobre la excepcional equidad de los Estados Unidos. Para los chavales negros, la historia de los Estados Unidos que suele enseñarse es «blanca» y asimiladora, así que se resisten a aprenderla. Esto explica que las investigaciones demuestren que en historia las diferencias de rendimiento entre alumnos pobres y ricos, o entre negros y blancos, sean mayores que en otras asignaturas.[13] A las chicas les gustan los estudios sociales y la historia todavía menos que a los chicos, probablemente porque las mujeres y sus intereses y percepciones siguen estando infrarrepresentados en las clases de historia.[14]

Hasta cierto punto, fue este problema el que suscitó la historia afrocéntrica. Arthur M. Schlesinger Jr. tachó el afrocentrismo de «psicoterapia» para negros, considerando que intentaba, de manera tendenciosa y desencaminada, que los negros se sintieran a gusto consigo mismos.[15] Por desgracia, la historia eurocéntrica de nuestros libros de texto equivale a una psicoterapia para blancos. Al no haberse enfrentado al eurocentrismo, historiadores como Schlesinger no llegan al debate con las manos limpias. Está claro que la respuesta a los libros de texto eurocéntricos no

---

[13] John Ogbu, «Racial Stratification and Education», en Gail E. Thomas, ed., *U.S. Race Relations in the 1980s and 1990s*, Nueva York, Hemisphere, 1990, pp. 27-30. Véase también Herbert Kohl, «I Won't Learn from You!», en *I Won't Learn from You and Other Thoughts on Creative Maladjustment*, Nueva York, New Press, 1994, pp. 1-32. National Assessment of Educational Progress, *Report 1: 1969-1970 Science*, Washington, D.C., NAEP, 1970, demuestra que en ciencias la diferencia entre negros y no negros es escasa. Jean Fair, ed., *National Assessment and Social Studies Evaluation*, Washington, D.C., National Council for the Social Studies, 1975, pp. 56, 63-64 y 77-82, demuestra la existencia de grandes diferencias entre negros y no negros en la asignatura de estudios sociales. Richard L. Sawyer, *College Student Profiles: Norms for the ACT Assessment, 1980-81*, Iowa City, ACT, 1980, señala las normas que rigen esa evaluación en cuatro áreas académicas —lengua inglesa, matemáticas, estudios sociales y ciencias naturales— y las relaciona con factores como la renta o la raza.

[14] Jeffrey Fouts, «Female Students, Women Teachers, and Perceptions of the Social Studies Classroom», *Social Education*, 54, 11/1990, pp. 418-420.

[15] Arthur M. Schlesinger Jr., «When Ethnic Studies Are Un-American», *Social Studies Review*, nº 5, verano de 1990, pp. 11-13.

es una sesgada historia afrocéntrica en la que los africanos inventan todo lo que es bueno y los blancos solo inventan la esclavitud y la opresión. Seguramente no queramos que una generación de afroamericanos se críe con una historia afrocéntrica antiblanca, pero seguramente tampoco podamos permitirnos otra generación de estadounidenses blancos que se críe con una complaciente y triunfal historia eurocéntrica. Aunque no aprendan mucha historia de sus manuales, a los estudiantes les afecta el sesgo del libro. La educadora Martha Toppin descubrió que noventa alumnos de instituto estaban totalmente de acuerdo con la siguiente frase: «Si África hubiera tenido una historia digna de aprenderse, el año pasado la habríamos tenido en Civilización Occidental».[16] El mensaje que la historia eurocéntrica trasmite a los estadounidenses que no son de origen europeo es: vuestros ancestros no han hecho prácticamente nada importante. Para los estadounidenses de origen europeo y para los que no lo son es fácil ir un paso más allá y llegar a la conclusión de que ahora los estadounidenses no originarios de Europa carecen de importancia.

Desde el principio, cuando los manuales califican de «milagro» la travesía colombina de 1492 y proclaman que «el agradecido capitán no tardó en saltar al agua cerca de la playa y dar gracias a Dios», están convirtiendo a la deidad cristiana en Dios y poniéndole a Él [sic] de parte de los blancos. Al omitir la perspectiva de los arahuacos sobre Haití, en este primer diorama de nuestra historia se ahonda en ese proceso de «alterización» de los no blancos. Si el «nosotros» de un libro de texto incluyera a los americanos nativos, los afroamericanos, los latinos, las mujeres y a todas las clases sociales, la lectura del libro sería diferente, del mismo modo que los blancos *hablan* de forma diferente (y con más humanidad) en presencia de personas de color. Seguramente es posible escribir una historia multicultural veraz que reparta la incomodidad, en lugar de distorsionar la historia para ayudar únicamente a los niños blancos acomodados a sentirse bien con su pasado. Quizá podamos incluso llegar a escribir y a enseñar una historia de los

---

[16] Martha Toppin, «I Know Who's Going with Me», *Social Education*, 44, 10/1980, p. 458.

Estados Unidos que los hijos de familias no pertenecientes a la elite *quieran* estudiar.

Igualmente preocupante es la repercusión de los cursos de historia de los Estados Unidos en los niños blancos de clases acomodadas. La mejor manera de constatar su gravedad es utilizar lo que yo denomino «ejercicio de Vietnam». Durante toda la guerra de Vietnam, las encuestas no dejaron de preguntar al pueblo estadounidense si quería que nuestras tropas volvieran a casa. Al principio, solo una pequeña parte de la población era partidaria de la retirada. Al acercarse el final de la contienda, la gran mayoría quería que nos fuéramos de allí.

Gallup, Roper, el National Opinion Research Center y otras organizaciones no solo preguntaban a los estadounidenses por la guerra, también solían pedirles datos contextuales —como sexo, educación o región— para averiguar qué sectores eran más o menos proclives a la guerra. Durante diez años he preguntado a más de mil estudiantes universitarios y a otros cientos de alumnos qué nivel de estudios creían ellos que tenían los adultos que habían apoyado la guerra de Vietnam. Les pedía que rellenaran la Tabla 1, intentando reproducir los resultados de la encuesta nacional realizada en enero de 1971 por Gallup sobre ese tema. En ese momento, tal como le decía a mi público, la nación se mostraba abrumadoramente en contra de la guerra: el 73 por ciento era partidaria de la retirada (dejaba fuera a los que respondían «no sé»).

Tabla 1

En enero de 1971 la encuesta de Gallup planteaba lo siguiente: «En el Congreso se ha propuesto que el gobierno estadounidense retire a todas las tropas de los Estados Unidos antes de finales de año. ¿Le gustaría que su congresista votara a favor o en contra de esta propuesta?». Rellene la siguiente tabla con los resultados, teniendo en cuenta el nivel educativo de los diversos grupos de adultos:

Adultos con:	Educación universitaria	Secundaria	Primaria	Total de adultos
% a favor de la retirada de tropas				73%
% en contra de la retirada de tropas				27%
Total	100%	100%	100%	100%

Últimamente, la mayoría de los graduados de secundaria ni siquiera puede elaborar una tabla sencilla o interpretar un gráfico. En consecuencia, a mi público le enseño a cuadrar los resultados de las tablas; por ejemplo, si los adultos con educación primaria eran más pacifistas que los demás y su apoyo a la retirada de las tropas superaba el 73%, debía de haber otro grupo menos pacifista para que en el conjunto de la población los partidarios de la retirada se situaran en ese porcentaje. Los que quieran ser lectores activos pueden rellenar la tabla antes de seguir leyendo.

Por un margen abrumador, de casi 10 contra 1, el público cree que los licenciados universitarios eran más pacifistas. La Tabla 2 muestra una respuesta típica.

Tabla 2

Adultos con:	Educación universitaria	Secundaria	Primaria	Total de adultos
% a favor de la retirada de tropas	90%	75%	60%	73%
% en contra de la retirada de tropas	10%	25%	40%	27%
Total	100%	100%	100%	100%

A continuación, le pido al público que parta de la base de que sus tablas son correctas, es decir, de que los resultados de la encuesta encajan con sus suposiciones, y que formule por lo menos dos hipótesis razonables para explicar los resultados. Sus respuestas más habituales son:

La gente con formación está más informada y es más crítica, por lo que es más capaz de cribar la desinformación y de llegar a la conclusión de que la guerra de Vietnam no respondía a nuestros intereses, ni política ni moralmente.

La gente con formación es más tolerante. En nuestra forma de afrontar la guerra había elementos racistas y etnocentristas; la gente con formación suele aceptar menos esos prejuicios.

La gente con menos formación, al ocupar categorías laborales inferiores, era más probable que trabajara en sectores relacionados con la guerra o en las propias fuerzas armadas, de ahí que tuviera un interés egoísta en que prosiguiera.

Todo esto no tiene nada de sorprendente. La mayoría de la gente cree que tener estudios es bueno y que nos permite cribar datos, sopesar indicios y pensar racionalmente. Se ha dicho que uno de los baluartes de la democracia es un pueblo formado.

Sin embargo, la verdad es bastante distinta. Un porcentaje desproporcionado de la gente con estudios apoyó la guerra de Vietnam. La Tabla 3 presenta el verdadero resultado de la encuesta de enero de 1971.

Tabla 3

Adultos con:	Educación universitaria	Secundaria	Primaria	Total de adultos
% a favor de la retirada de tropas	60%	75%	80%	73%
% en contra de la retirada de tropas	40%	25%	20%	27%
Total	100%	100%	100%	100%

Estos resultados son sorprendentes hasta para algunos científicos sociales profesionales. El nivel de belicismo entre los adultos con formación universitaria (el 40%) era el doble del que se observaba en los que solo habían llegado a educación primaria (el 20%). Y esta encuesta no era algo aislado. Estudios realizados por Harris, NORC y otros organismos no dejaron de ofrecer resultados similares. En 1965, cuando solo el 24 por ciento del país estaba de acuerdo con que los Estados Unidos habían «cometido un error» al enviar tropas a Vietnam, así lo pensaba el 28 por ciento de los que tenían estudios primarios. Posteriormente, cuando menos de la mitad de los adultos con formación universitaria era partidaria de la retirada, eso era lo que quería el 61 por ciento de los adultos con educación primaria. Durante nuestra prolongada presencia en el Sudeste Asiático, los adultos con educación primaria *siempre* fueron los más pacifistas respecto a Vietnam, Tailandia, Camboya o Laos, y los que tenían estudios universitarios, los más belicistas.

Hoy en día, la mayoría de los estadounidenses piensa que la guerra de Vietnam fue un error, político y moral; y también lo piensa la mayoría de los analistas políticos, entre ellos hombres como Robert McNamara y Clark Clifford, artífices de la guerra.[17] Si coincidimos con esta opinión ahora tan extendida, debemos reconocer que cuanto más formada estaba una persona, más probable era que se equivocara respecto a la guerra.

¿Por qué los estadounidenses con estudios apoyaron la guerra? Cuando mi público se entera de que las personas con estudios eran más belicistas, se revuelve e improvisa nuevas explicaciones. Como siguen atrapados en la suposición de que las personas con estudios son más inteligentes y tienen más buena voluntad que las menos formadas, tienen que forzar sus teorías para que expliquen por qué tenían razón los estadounidenses con menos estudios. Según la teoría renovada hoy más difundida, como los hombres de clase obrera eran los que llevaban realmente el peso de la guerra, «naturalmente» ellos y sus familias se oponían a ella. Es una explicación aparentemente razonable, porque atribuye a la clase obrera una oposición a la guerra que tiene cierta tosca racionalidad.

---

[17] Sobre Clifford, véase Tom Wicker, «An Unwinnable War», *New York Times*, 12/06/1991; sobre McNamara, véase Jonathan Mirsky, «Reconsidering Vietnam», *New York Review of Books*, 10/10/1991, p. 44. La encuesta 11/1986 de Gallup descubrió que el 71 por ciento (sin contar los «no sé») estaba de acuerdo con que «la guerra de Vietnam fue algo más que un error: fue fundamentalmente injusta e inmoral». En agosto de 1984, la empresa Roper preguntó «si lo que hizo este país —luchar en Vietnam— fue un acierto o una equivocación, o algo entre medias». El sesenta y cinco por ciento contestó que había sido «una equivocación»; como el 17 por ciento contestó que «algo entre medias» y el 5 por ciento no sabía, se puede decir que el 83 por ciento de los que eligieron respuesta lo consideraban una equivocación. El hecho de que en la década de 1980 un porcentaje tan elevado de la población de los Estados Unidos dijera que la guerra de Vietnam había sido una equivocación, teniendo en cuenta que los Estados Unidos la habían librado y que los presidentes Reagan y Bush seguían defendiéndola, demuestra la existencia de una oposición y una independencia de criterio considerables.

Pero reduce la forma de pensar de los obreros a un burdo análisis de coste-beneficio personal, rechazando tácitamente que los menos formados pudieran tener en cuenta al conjunto de la sociedad. En consecuencia, esta hipótesis reduce la posición de la clase obrera —después de todo, más correcta que la de las personas con estudios— a un mero acto reflejo basado en el interés egoísta. Esa hipótesis también es errónea. La naturaleza humana no funciona así. Hay investigaciones que han demostrado que las personas de cualquier nivel educativo que esperan ir a una guerra suelen ser *partidarias* de que tenga lugar, porque no es frecuente que la gente no crea en algo que tiene pensado hacer. Los jóvenes de clase obrera que se alistaron o que estaban deseando que los llamaran a filas no podían fácilmente influir en su destino para evitar ir a Vietnam, pero sí cambiar su actitud hacia la guerra y que fuera más positiva. En consecuencia, la disonancia cognitiva contribuye a explicar por qué los jóvenes en edad militar apoyaban más la guerra que sus mayores y por qué los hombres eran más partidarios de la misma que las mujeres. Aunque era frecuente que familias de escasa formación con hijos en Vietnam constituyeran bolsas de apoyo a la guerra, esas bolsas eran excepciones dentro del pacifismo que impregnaba a los sectores menos formados de nuestra población.[18]

Llegado a este punto, mi público está deseando saber por qué los estadounidenses con formación eran más belicistas. Dos procesos sociales, los dos relacionados con los estudios, pueden explicar el apoyo a la guerra de Vietnam de los estadounidenses con formación. El primero se puede resumir en el término *adhesión*. Los adultos con estudios suelen tener éxito y rentas elevadas en parte porque la formación permite obtener mejores trabajos y

---

[18] William L. Lunch y Peter W. Sprelich, «American Public Opinion and the War in Vietnam», *Western Political Quarterly*, 32, 1979, pp. 33-34. Leon Festinger, *A Theory of Cognitive Dissonance*, Evanston, IL, Row, Peterson, 1957. La teoría de Festinger también explica por qué durante la Segunda Guerra Mundial los estudiantes universitarios varones que sabían que iban a entrar en combate eran más partidarios de la guerra que los electricistas y soldadores especializados, que sabían que más bien los trasladarían a trabajar en las industrias bélicas. Ambos grupos estaban adaptando sus opiniones al futuro que pensaban que tenían por delante y que no podían cambiar con facilidad.

mayores ingresos, pero sobre todo porque cuando los progenitores tienen rentas elevadas sus hijos acceden a una educación mejor. Además, los padres trasmiten directamente la riqueza y la educación a sus hijos. Sin embargo, los estadounidenses que triunfan no suelen atribuir el éxito a sus padres. Suelen atribuir los logros a sus propios rasgos personales, así que consideran que la sociedad estadounidense es meritocrática. Puesto que ellos se han ganado su propio éxito, otros deben de tener justo lo que se merecen. Al creer que la sociedad estadounidense está abierta a las aportaciones individuales, los que tienen formación y recursos suelen estar de acuerdo con las decisiones que toma la sociedad y piensan que han tenido que ver en ellas. Se identifican más con nuestra sociedad y con sus políticas. En este sentido podemos utilizar la expresión *interés personal*, pero siempre que tengamos claro que nos referimos a un interés o una necesidad de índole ideológica, a la necesidad de aceptar nuestros propios privilegios, no al puro y simple interés egoísta. En este sentido, los triunfadores con estudios tienen un interés personal en creer que la sociedad que les ayudó a formarse y a tener éxito es justa. En consecuencia, es más probable que los situados en el tercio superior de nuestra estructura educativa y de renta muestren adhesión a la sociedad, en tanto que es más probable que los ubicados en el tercio inferior la critiquen.

Los otros procesos que hacían más probable que los adultos con formación apoyaran la guerra de Vietnam se resumen bajo el epígrafe de *socialización*. Hace tiempo que los sociólogos llegaron a la conclusión de que los colegios son importantes agentes socializadores. En este contexto, la *socialización* no significa alternar en torno a una fuente de ponche, sino que alude al proceso de aprendizaje e interiorización de las normas sociales básicas —vocabulario, pautas, protocolo—, necesarias para que un individuo se desenvuelva socialmente. La socialización no es algo principalmente cognitivo. No se nos convence racionalmente de no orinar en el cuarto de estar: se nos exige no hacerlo. Después interiorizamos y obedecemos esa norma, aunque ninguna figura de autoridad se cierna sobre nosotros para imponerla. Los profesores pueden intentar convencerse de que el principal objetivo de la educación es fomentar la curiosidad, no la iconografía, pero en realidad la socialización sigue siendo el factor imperante en los centros educativos, por lo menos durante la enseñanza media, y durante la universidad prácticamente no desaparece. La educación en forma de socialización le dice a la gente lo que tiene que pensar y cómo comportarse, y le exige acatamiento. La educación en forma de socialización induce a los estudiantes a aceptar sin más la rectitud de nuestra sociedad. Los manuales de historia de los Estados Unidos nos dicen abiertamente que debemos estar orgullosos de nuestro país. Cuantos más estudios, más socialización y más posibilidades de que el individuo llegue a la conclusión de que los Estados Unidos son buenos.

Tanto los procesos de adhesión como los de socialización hacen que las personas con estudios crean que lo que hacen los Estados Unidos está bien. Las encuestas de opinión muestran los resultados que tiene no pensar. A finales de la primavera de 1966, inmediatamente antes de que los Estados Unidos comenzaran a bombardear las ciudades norvietnamitas de Hanoi y Hai Phong, los estadounidenses estaban divididos a partes iguales sobre la necesidad de bombardear esos objetivos. Una vez iniciado el bombardeo, el 85 por ciento se mostraba a favor del mismo y solo se oponía el 15 por ciento. Ese cambio súbito fue el resultado, no la causa, de la decisión de bombardear que tomó el gobierno. Los mismos procesos de adhesión y socialización se activaron de nuevo cuando la política basculó en dirección contraria. En 1968, el belicismo estaba declinando, pero el 51 por ciento de los estadounidenses no era partidario de interrumpir los bombardeos, en parte porque los Estados Unidos seguían bombardeando Vietnam del Norte. Pasado un mes, después de que el presidente Johnson anunciara que se interrumpirían, el 71 por ciento se mostraba a favor de esa medida. En consecuencia, el 23 por ciento de nuestros ciudadanos cambió de opinión en el plazo de un mes, reflejando el cambio operado en la política gubernamental. Esta oscilación mental ocasionada por cambios de política afecta a actitudes relacionadas con cuestiones que van desde el programa espacial a las medidas medioambientales, y demuestra que la llamada «mayoría silenciosa» es también una mayoría que no piensa. En esas hojas llevadas por el viento hay una sobrerrepresentación de gente con estudios.[19]

Nos gusta pensar que la educación conjuga diversos y concienzudos procesos de aprendizaje. Sin embargo, la adhesión y la socialización son inherentes al papel que tienen los estudios en nuestra sociedad y en cualquier sociedad jerárquica. Dirigentes socialistas como Fidel Castro y Mao Tse-Tung extendieron enormemente los niveles de escolarización en Cuba y en China, en parte porque sabían que un pueblo formado constituye una masa socializada y un baluarte de la adhesión. Aquí la educación funciona del mismo modo: no anima a los estudiantes a pensar en la sociedad, sino a limitarse a confiar en su bondad. Cuanto más triunfal es la historia de los Estados Unidos, en concreto, menos medios ofrece para comprender problemas que, como la guerra de Vietnam, la pobreza, la desigualdad, la privación y la abundancia en el entorno internacional, el deterioro medioambiental o el cambio de los roles de género tienen raíces históricas. En consecuencia, lo que cabría esperar es que cuanto más tradicional sea la formación histórica de los estadounidenses, menos comprendan Vietnam o cualquier otro problema de raigambre histórica. Por eso la gente con estudios era más partidaria de librar esa guerra.

Algunos han señalado que la guerra de Vietnam fue peculiar. Dicen que, durante seis largos años, fue una guerra de los republicanos, que, en promedio, tienen más formación que los demócratas; esa sería la razón de que los estadounidenses con estudios fueran más belicistas. Pero esa argumentación zozobra en varios sentidos. En primer lugar, más que ninguna otra guerra de nuestra historia, la de Vietnam implicó a los dos grandes partidos. John Kennedy, demócrata, envió los primeros soldados; Lyndon Johnson, demócrata, fue el que más envió. En segundo lugar, los estadounidenses con más estudios eran más partidarios de la

[19] John Mueller, *Presidents and Public Opinion*, Nueva York, Wiley, 1973, pp. 70-74; encuesta de Harris recogida en *The Boston Globe*, 14/07/1969, sobre el apoyo al programa Apollo; véase también Samuel P. Huntington, *The Common Defense: Strategic Programs in National Politics*, Nueva York, Columbia University Press, pp. 235-239.

guerra que los que tenían menos formación cuando esas administraciones demócratas la estaban librando. Para terminar, la guerra de Vietnam no es la única que tuvo más apoyo de las personas con estudios. Encuestas realizadas por el Pew Trust descubrieron esa misma pauta en relación con la de Irak. En agosto de 2004, por ejemplo, dos tercios de los estadounidenses con carrera universitaria eran partidarios de mantener tropas en Irak «lo suficiente para aportar estabilidad», en tanto que el 61 por ciento de los que no habían terminado la secundaria eran partidarios de «una retirada rápida».[20]

La Tabla 2 proporciona un ejemplo más de falta de raciocinio entre quienes tienen formación y son ricos: se equivocan al señalar quién apoyó la guerra. Por un margen de 9 contra 1, los cientos de personas con estudios que rellenaron la Tabla 1 creían que los estadounidenses con estudios eran más pacifistas. En consecuencia, el ejercicio de Vietnam apunta dos errores de la elite. El primero que cometieron las personas con estudios fue su excesivo belicismo en 1966, 1968 y 1971. El segundo lo cometieron al rellenar la Tabla 1.

¿Por qué se ha equivocado tanto mi público al recordar o deducir quién se oponía a la guerra de Vietnam? Una de las razones es que a los estadounidenses les gusta creer que los estudios son positivos. La mayoría suele equiparar, sin pensárselo, *tener estudios* con *estar informado* o *ser tolerante*.[21] Los proveedores tradicionales de estudios sociales y de historia de los Estados Unidos se basan precisamente en esta idea para racionalizar su negocio, afirmando que los cursos de historia producen una ciudadanía más ilustrada. Quienes, después de responder a mi ejercicio sobre Vietnam, se revuelven afirmando que solo era aplicable a esa guerra o que solo lo era porque los encuestados menos formados temían tener que

[20] «Foreign Policy Attitudes Now Driven by 9/11 and Iraq», encuesta del Pew Trust, 18/08/2004, pewtrusts.org/ideas/ideas, 10/2006.

[21] Los estudiantes universitarios son especialmente proclives a equivocarse por esta razón, ya que han «elegido» (bajo la influencia de sus padres y de su posición social) tener una educación universitaria. De acuerdo con los principios de la disonancia cognitiva, es probable que piensen que a la gente le beneficia asistir a la universidad y que lleguen a la conclusión de que la educación engendra tolerancia y sabiduría. Para muchos estadounidenses, los estudios son una panacea contra la desigualdad racial, los problemas medioambientales o la pobreza.

luchar en ella siguen intentando aferrarse al tópico de que la educación nos hace sabios. El ejercicio de Vietnam sugiere más bien lo contrario.

Al público no se le engañaría tan fácilmente si recordara que lo más probable es que las personas con estudios fueran o sean republicanas, en tanto que los que abandonan los estudios de secundaria suelen ser demócratas. Republicanos derechistas y belicistas, entre ellos el grueso de los partidarios de Barry Goldwater en 1964, de Ronald Reagan en 1980 y de grupos como la John Birch Society, procedían desproporcionadamente de los sectores mejor formados y más acaudalados de nuestra sociedad, sobre todo de los dentistas y otros médicos. Así que no debería sorprendernos que haya una correlación entre formación y belicismo. En el otro extremo del espectro social, hay que decir que los negros, aunque en su mayoría, al igual que los blancos, inicialmente apoyaron la intervención en Vietnam, siempre fueron más inquisitivos y más pacifistas que los segundos, y los líderes afroamericanos —Muhammad Ali, Martin Luther King Jr. y Malcolm X— fueron de los primeros oponentes destacados que tuvo la guerra.[22]

Los manuales de historia de los Estados Unidos contribuyen a perpetuar el arquetipo del currante ciegamente patriótico al omitir o minusvalorar la presencia de progresistas entre la clase obrera. Los libros de texto no informan de que los sindicatos del (CIO, Congreso de Organizaciones Industriales por sus siglas en inglés) y algunas fraternidades obreras estaban abiertas a todo tipo de miembros cuando muchas cámaras de comercio y clubes de campo seguían siendo solo para blancos. Pocos libros de texto mencionan el papel de los sindicatos en el movimiento por los derechos civiles, incluida la Marcha sobre Washington de 1963. No obstante, en mi público ha habido mucha gente consciente de que los estadounidenses con estudios suelen ser republicanos, intransigentes en cuestiones de defensa y extremistas de derechas. También ha habido algunos que sabían cómo eran los votantes de

[22] Richard F. Hamilton, *Restraining Myths*, Beverly Hills, Sage, 1975, pp. 118 y 159; Lunch y Sprelich, «American Public Opinion and the War in Vietnam », pp. 35-36.

Goldwater, que conocían la negativa a ir a filas de Muhammad Ali, la postura de los miembros de la John Birch Society en materia de educación o la de los sindicatos respecto a la guerra; cosas que tendrían que haberles ayudado a rellenar correctamente la Tabla 1. Sin embargo, por alguna razón, no se les ocurrió aplicar ese conocimiento. La mayoría de la gente rellenaba la tabla despreocupadamente, sin llegar a utilizar lo que sabía. Su nivel educativo y su posición social les inducen a no pensar.[23]

Cuando el tema es la sociedad es cuando más se recurre al hábito de no pensar. *Discovering American History* lanza la siguiente proclama a los estudiantes: «Uno de los principales deberes del ciudadano estadounidense es analizar problemas e interpretar acontecimientos con inteligencia». Pero nuestros libros de texto fracasan estrepitosamente en esta labor. El ejercicio de Vietnam demuestra lo mal que está realmente la situación. A los profesores de sociología les asombra y deprime el nivel de pensamiento social que se encuentran cada otoño, sobre todo entre los estudiantes blancos de clase media-alta de primer año de universidad, que no pueden recurrir al pasado para arrojar luz sobre el presente y que no tienen ni idea de lo que es la causalidad histórica, por lo que no pueden pensar con coherencia sobre la vida social. Si estiramos un poco la terminología de Jules Henry, podremos utilizar el concepto de *estupidez social* para describir el proceso intelectual ilógico y las conclusiones que produce.

La estupidez social llega hasta el siglo XXI. En 2005, por ejemplo, el Pew Research Center descubrió que el 62 por ciento de los republicanos estaba de acuerdo con la siguiente afirmación: «Hoy en día los pobres lo tienen más fácil porque pueden obtener prestaciones públicas sin hacer nada a cambio». El 27 por ciento de los demócratas también lo pensaba. Esas respuestas solo pueden

---

[23] *The American Tradition* fomenta esta errónea interpretación al incluir fotografías de currantes contramanifestándose para apoyar la posición de Nixon respecto a Vietnam. «¿Quién constituía la "mayoría silenciosa"?», se pregunta *Tradition*, dando a entender que eran los estadounidenses de clase obrera. Igualmente, *Land of Promise* afirma que una virulenta reacción de los sectores menos formados contra los «estudiantes que estaban dirigiendo el movimiento pacifista» permitió a Nixon continuar la guerra.

proceder de gente que ni ha hablado nunca con un pobre ni se ha imaginado cuál es su realidad económica y social, aunque por alguna razón creen que saben lo suficiente para tener una opinión. La gente con estudios es más proclive a atreverse a expresar esas opiniones infundadas.[24]

Los estudios no afectan del mismo modo a otras disciplinas. Quienes han recibido más cursos de matemáticas dominan más esa materia que los que no han participado en ellos. Lo mismo puede decirse de lengua inglesa, de otros idiomas y de casi cualquier otra materia. Solo cuando hablamos de historia la estupidez proviene de más años de escolarización, no de menos. ¿Por qué la gente con estudios suele hacer razonamientos especialmente disparatados sobre el entorno social? A algunos les beneficia ideológicamente. A quienes pertenecen a las clases alta y media-alta les conforta una concepción de la sociedad que insiste en que los estudios sirven para acabar con la intolerancia, la pobreza e incluso la guerra. Esa visión idealizada de la educación y de su influencia les permite no pensar en la necesidad de introducir cambios de mayor calado en otras instituciones. Cuanto más cala esta visión en la sociedad, más comienzan los estudiantes a pensar, sin más, en el carácter positivo de la educación y a suponer que las personas con estudios no se habrían dejado engañar por la guerra de Vietnam.

Además, tener una visión positiva de la educación refuerza la ideología que podríamos denominar del individualismo estadounidense, que deja intacta la típica imagen de una sociedad que, si no se caracteriza por la igualdad de oportunidades, por lo menos se esfuerza por alcanzarla. Sin embargo, cuanto más creen los estudiantes en la existencia de la igualdad de oportunidades, más razones tienen para echar la culpa de su pobreza a los que carecen de estudios, del mismo modo que mi público atribuye belicismo a los pobres durante la guerra de Vietnam. Para los estadounidenses que no son pobres el individualismo es una ideología satisfactoria, porque atribuyen su éxito en la vida a su propio esfuerzo. Esto les permite enorgullecerse de su éxito, aunque sea discreto,

---

[24] Portavoz del Pew Research Center resumiendo datos de la encuesta de 2005, entrevista telefónica, 07/05/2007.

y no avergonzarse en cierto modo de él. Atribuir el éxito a su posición en la estructura social pone en peligro esos sentimientos positivos. Es mucho más gratificante creer que sus logros académicos y profesionales emanan de la ambición y el esfuerzo, que sus privilegios son merecidos. En gran medida, los estadounidenses de clase obrera y baja también adoptan esta ética predominante sobre la sociedad y los estudios. Es frecuente que los adultos de clase obrera con empleos sin futuro se crean culpables de su situación, que insistan en su propio fracaso escolar y que, en cierto sentido elemental, se sientan inferiores.[25]

Evidentemente, los estudiantes también tienen razones más inmediatas para aceptar lo que profesores y libros de texto les dicen sobre el entorno social en sus clases de historia y estudios sociales. De eso es de lo que les van a examinar. Les interesa aprenderse la asignatura y nada más. Discutir agota más, no ayuda a mejorar la nota e incluso va en contra de las normas de clase. Además, aprender algo produce una sensación de éxito, aunque sea algo tan inútil y absurdo como las preguntas breves que ocupan las últimas dos páginas de los capítulos de la mayoría de los manuales de historia. A los estudiantes les pueden frustrar la ambigüedad de la historia verdadera, los debates entre historiadores o el desafío que supone aplicar ideas del pasado a su propia vida. Quizá se resistan a que se cambie el programa de curso, sobre todo si eso conlleva más trabajo o un trabajo menos claramente estructurado en torno a la pura y simple labor de «terminar los trimestres». Después de años de educación memorística, pueden llegar a acostumbrarse a esa fórmula; no han tenido contacto con otra forma de aprender y no rinden lo mismo.[26]

No obstante, a la larga, «aprender» historia de este modo no es realmente satisfactorio. La mayoría de los manuales de historia y muchos profesores de secundaria de esa materia no brindan a

---

[25] Richard Sennett y Jonathan Cobb, *Hidden Injuries of Class*, Nueva York, Alfred A. Knopf, 1972.

[26] Véase Erich Fromm, *Escape from Freedom*, Nueva York, Farrar and Rinehart, 1941 [ed. cast.: *El miedo a la libertad*, Buenos Aires, Paidós, 1975].

los estudiantes razones para quererla o valorarla. Las desastrosas evaluaciones que hacen estos de sus cursos de historia suponen una llamada de atención[27] a la que no podemos responder limitándonos a instarles a que les guste más. Pero todo esto no significa que no se pueda cambiar el lamentable estado de la enseñanza de historia en la mayoría de las aulas. Los alumnos comenzarán a aprender historia cuando vean que tiene sentido, cuando les parezca interesante e importante y cuando crean que puede tener que ver con su vida y su futuro. Y comenzará a resultarles interesante cuando sus profesores y libros de texto dejen de mentirles.

---

[27] Robert Reinhold, encuesta de Harris, recogida en *The New York Times*, 03/07/1971, citada en Herbert Aptheker, *The Unfolding Drama*, Nueva York, International, 1978, p. 146; Terry Borton, *The Weekly Reader National Survey on Education*, Middletown, CT, Field Publications, 1985, pp. 14 y 16; Joan M. Shaughnessy y Thomas M. Haladyna, «Research on Student Attitudes Toward Social Studies», *Social Education*, 49, 11/1985, pp. 692-695; Mark Schug, Robert Todd y R. Beery, «Why Kids Don't Like Social Studies», *Social Education*, 48, 5/1984, pp. 382-387.

Epílogo

Tenemos el futuro por delante: qué hacer con los manuales

«Uno no colecciona datos que no necesita ni se aferra a ellos para irlos soltando atropelladamente cuando encuentre ocasión. Lo que uno hace es, después de quedarse perplejo ante un problema, utilizar datos para obtener una solución».

CHARLES SELLERS[1]

«Cuando uno aprende a formular preguntas —pertinentes, apropiadas y enjundiosas—, ya ha aprendido a aprender y nadie puede impedirle que aprenda lo que quiera o necesite saber».

NEIL POSTMAN y CHARLES WEINGARTNER[2]

«No intentes satisfacer tu vanidad intentando enseñar demasiado. Despierta la curiosidad de los demás. Eso bastará para abrir sus horizontes; no los abrumes».

ANATOLE FRANCE[3]

«El futuro de la humanidad aguarda a quienes lleguen a comprender su propia vida y asuman su responsabilidad frente a todos los seres vivos».

VINE DELORIA JR.[4]

---

[1] Charles Sellers, «Is History on the Way Out of the Schools and Do Historians Care?», *Social Education*, 33, 5/1969, p. 511, paráfrasis de un texto de S. Samuel Shermis.

[2] Neil Postman y Charles Weingartner, *Teaching as a Subversive Activity*, Nueva York, Delacorte, 1969, p. 23.

[3] Anatole France citado en Freeman Tilden, *Interpreting Our Heritage*, Chapel Hill, University of North Carolina Press, 1967, p. v.

[4] Vine Deloria Jr., *God Is Red*, Nueva York, Dell, 1973, p. 301.

Si los autores de los manuales de historia de los Estados Unidos tomaran nota de lo que se ha planteado en los primeros once capítulos de este libro, sería mucho menos probable que los libros de texto presentaran, y que los profesores enseñaran, relatos distorsionados e indefendiblemente incompletos de nuestro pasado. Sin embargo, *Patrañas que mi profe me contó* también está incompleto. Poco dice, por ejemplo, de la historia de los hispanos. No obstante, nuestros libros de texto son tan anglocéntricos que se podrían considerar muestras de historia de los protestantes.[5] ¿Y qué decir de la historia de las mujeres y del género en los Estados Unidos, dos temas distintos pero relacionados? *Patrañas* alude de vez en cuando a esas cuestiones, pero no analiza exhaustivamente cómo presentan los libros de texto la historia de la mujer y las cuestiones de género.[6] ¿Y qué decir de la siguiente patraña? Es

---

[5] En realidad, durante las primeras cinco décadas del siglo XX, las escuelas católicas enseñaban historia de los Estados Unidos con libros católicos, manuales escritos especialmente para insistir, por ejemplo, en la figura de fray Junípero Serra, el sacerdote que durante el siglo XVIII contribuyó a fundar las misiones que se establecieron en California.

[6] Una de las razones de que no haya dedicado un capítulo a estos temas es que otros autores han realizado ya muchas veces esa labor, entre otros Mary Kay Tetreault, «IntegratingWomen's History: The Case of United States History High School Textbooks», *The History Teacher*, 19, 2/1986, pp. 211-262; Glen Blankenship, «How to Test a Textbook for Sexism», *Social Education*, 48, 4/1984, pp. 282-283; Darrell F. Kirby y Nancy B. Julian, «Treatment of Women in High School U.S. History Textbooks», *Social Studies*, 72, 9/1981, pp. 203-207; un número especial de *Social Education*, 51, nº 3, 3/1987; y, anteriormente, J. W. Smith, *An Appraisal of the Treatment of Females in United States High School History Textbooks*, tesis doctoral, Universidad de Indiana, 1977; y Janice Law Trecker, «Women in U.S. History High School Textbooks», *Social*

probable que pronto encontremos un rótulo histórico, una estatua conmemorativa, una exposición en un museo, una película que transcurra en el pasado de los Estados Unidos o una miniserie televisiva o novela histórica que sigan ahondando en la desinformación. Como mínimo, presentarán el tema de manera incompleta y parcial. ¿Qué podemos hacer frente a esas futuras mentiras?

La respuesta no radica en ampliar *Patrañas que mi profe me contó* hasta que incorpore todas las distorsiones y errores históricos que se suelen enseñar ni, claro está, tampoco las mentiras que aún están por desarrollarse. De esa forma yo me convertiría en árbitro; yo, que seguramente, aunque sea de manera inconsciente, me trago toda clase de vetustas leyendas dándolas por hechos fehacientes históricos.[7] La respuesta, más bien, sería que todos nos convirtiéramos, según la vulgar expresión utilizada por Postman y Weingartner, en «detectores de cagadas»,[8] es decir, en estudiosos independientes que pueden cribar los argumentos y los indicios para convertirlos en juicios razonados. De este modo, como Postman y Weingartner señalan, habremos aprendido a aprender, y no nos podrán confundir ni un libro de texto tendencioso ni una crítica tendenciosa de los libros de texto.

Para ser eficaces, los centros educativos deben ayudarnos a aprender a plantearnos cosas sobre nuestra sociedad y su historia, y a encontrar nuestras propias respuestas. En esta tarea crucial, la

---

Education, marzo de 1971, pp. 249-260. También es provocador el artículo de Patricia Higgins, «New Gender Perspectives in Anthropology», *Anthropology Notes*, 11, nº 3, otoño de 1989, pp. 1-3 y 13-15. Hay dos libros muy amenos que sirven de eficaz introducción a la historia de las mujeres, son los de Ruth Warren, *A Pictorial History of Women in America*, Nueva York, Crown, 1975, y Elizabeth Janeway, ed., *Women: Their Changing Roles*, Nueva York, Times/Arno Press, 1973.

[7] Si no les importa, escríbanme a jloewen@uvm.edu para ponerlas en mi conocimiento. Les ruego que tengan en cuenta que cualquier omisión y distorsión que haya perpetuado aquí habrá sido de manera accidental; parafraseando a Ernst Borinski, catedrático de sociología en el Tougaloo College durante mucho tiempo, podría decir que «lo que no he aprendido, no lo sé». Si mi tono ha sido demasiado tajante, también habrá que tener en cuenta que mis propias conclusiones, ya sean sobre las causas de la guerra de 1812 como sobre las repercusiones del movimiento por los derechos civiles, no dejaN de cambiar.

[8] Postman y Weingartner, *Teaching as a Subversive Activity*; la expresión se utiliza en todo el libro.

mayoría de los manuales y cursos de historia de los Estados Unidos fracasa estrepitosamente.

En cierto modo, el problema es formal. Como los manuales intentan abarcar demasiado, por lo menos en su encarnación actual, *no pueden* dar a conocer adecuadamente a los estudiantes los problemas y las polémicas existentes, y, por tanto, tampoco la argumentación histórica, que conlleva saber utilizar la lógica y organizar la información para poder convencer. Las alusiones forman parte del problema. Aun cuando los libros de texto desacreditan los mitos que bloquean nuestras arterias históricas, los estudiantes no retienen las nimias refutaciones que recogen sus manuales.[9] Se olvidan de la molesta información que contradice el mito, porque no encaja con el poderoso arquetipo. Los manuales y profesores de historia deben poner un especial empeño y tomarse el tiempo necesario para refutar eficazmente esos arquetipos. Mircea Eliade ha aludido a «la impotencia de la memoria colectiva para retener los acontecimientos y las individualidades históricas sino en la medida en que los transforma en arquetipos».[10] Para que retengamos la verdad, es preciso otorgarle la misma relevancia mítica que le hemos dado a nuestras patrañas.

Por eso me quedo mudo cuando los profesores me piden que les recomiende un libro de texto. Quizá no se pueda escribir ninguno tradicional que potencie la historia en lugar de aburrirnos con ella.

Entonces, ¿qué hacemos?

---

[9] Sus profesores tampoco: he conocido a varios docentes que daban las clases con *Triumph of the American Nation* que, al no darse cuenta de que refuta suavemente el mito de que en su día se creía que la Tierra era plana, siguieron enseñándoselo a sus estudiantes de secundaria. A los profesores universitarios también se les pueden escapar datos que van en contra del tópico. Después de una conferencia que di sobre los Peregrinos y la plaga en una universidad de Atlanta, se me acercó un profesor de historia que, asombrado al enterarse de la existencia de este desastre, denostó la monografía en la que había aprendido historia colonial por no contemplar ese acontecimiento tan importante. Fuimos a su despacho para que pudiera revisar fuentes y asegurarse de que yo tenía razón sobre la plaga; ¡se quedó todavía más asombrado al constatar que esta sí se mencionaba, precisamente en el libro que él había criticado por omitirla!

[10] Mircea Eliade, *The Myth of the Eternal Return*, Nueva York, Pantheon, 1954, p. 46 [ed. cast.: *El mito del eterno retorno*, Buenos Aires, Emecé, 2001, p. 32, trad. de Ricardo Anaya].

UNION ARMY
PASSES ROCKY SPRINGS

Upon the occupation of Willow Springs on May 3, 1863, Union Gen. J. A. McClernand sent patrols up the Jackson road. These groups rode through Rocky Springs, where they encountered no resistance beyond the icy stares of the people who gathered at the side of the road to watch.

On May 5, Gen. P. J. Osterhaus' division stopped briefly at Rocky Springs, while en route to Big Sand Creek. The next day, Gen. A. P. Hovey's division arrived and spent the night. From May 7, when Gen. U. S. Grant began his drive toward the Southern Railroad of Mississippi until May 16 when Gen. H. Ewing's brigade passed through hurrying to overtake the army, the Yankees were never far away. During this period 45.000 blueclad invaders and uncounted wagons had passed along this road.

En todos los Estados Unidos, los carteles que hay junto a las carreteras, los monumentos, los fuertes, los buques y los museos distorsionan la historia. En mi libro *Lies Across America* critiqué cien de esos lugares. Ese libro lo inspiró este cartel, que aparecía en la primera edición de *Patrañas que mi profe me contó*. Como muchos monumentos conmemorativos de la Guerra Civil y carteles de carretera alusivos a la misma del Sur, este daba la impresión de que todos los sureños habían apoyado a la Confederación. En realidad, en 1863, el apoyo de los habitantes negros del suroeste de Misisipi, y también de algunos blancos, permitió a Grant abandonar sus líneas de abastecimiento y atacar Vicksburg desde el sur y el este. A pesar de lo que dice este cartel, «el pueblo» con el que se encontraron las fuerzas de Grant se componía principalmente de afroamericanos que lo que hicieron ante «los invasores de azul» fue proporcionarles comida, indicarles cuáles eran los mejores caminos para llegar a Jackson y decirles exactamente dónde estaban los confederados.

En 2000, quizá por este libro, se había retirado el cartel. El Departamento de Archivos e Historia de Misisipi dice que no sabe lo que le ocurrió, pero ya no aparece en el suroeste del estado. Sería estupendo utilizar como instrumento docente el análisis de los carteles que hay junto a las carreteras y los monumentos de cada una de las comunidades, para determinar cuál es menos veraz. Así los estudiantes podrían proponer un cartel corregido y colocarlo junto a la conmemoración sesgada; podrían incluso reunir fondos para instalarlo. De paso podrían toparse con algunos de los elementos que influyen en la memoria histórica, sobre todo cuando se plasma en el paisaje.

Puede que el retrato de la mentira que hemos hecho en los dos últimos capítulos, el de un sector jerarquizado en el que participan comisiones de elección de manuales, editores, autores, profesores, estudiantes y el conjunto de la población, resulte desalentador. Sin embargo, de esa situación se infiere que en cualquier tramo del ciclo puede haber una intervención. Los siguientes párrafos van especialmente dirigidos a los profesores, que pueden intervenir aunque no se transformen los libros de texto. Quienes no estamos en el aula también podemos influir en la docencia de la historia, apoyando a los profesores que ponen en práctica enfoques innovadores.

El primer cambio esencial debe ser de orden formal: hay que incluir menos temas y analizarlos con mayor profundidad. Es imposible conseguir que los estudiantes investiguen y manejen adecuadamente fuentes primarias y secundarias sobre los miles de asuntos que en la actualidad abarrotan los manuales de historia. En lugar de obligar a los chavales a aprenderse de memoria los nombres de Américo Vespucio, Giovanni Verrazano, Ponce de León, Hernando de Soto, etc., y una frase que diga lo que supuestamente hizo cada uno de ellos, los profesores pueden ayudar a los alumnos a tener una visión más de conjunto: las repercusiones que tuvo la expedición colombina de 1493 para Haití y España, y después para América, Europa, el mundo islámico y África. Hay tanta información relacionada con cuestiones importantes como esta que sospecho que los alumnos acabarán recordando datos más precisos que si solo se limitan a regurgitar nimiedades. No cabe duda de que recordarán los trabajos que hayan realizado y los temas que hayan elaborado por sí mismos. Muchos educadores, que ya han aplicado métodos docentes que se apartan del embrutecedor y rutinario «apréndete el libro de texto», sirven de modelo para otros profesores.[11]

---

[11] A continuación, figuran unas pocas referencias de las que los profesores pueden partir. James Percoco, un excelente profesor de historia de secundaria, ha escrito dos libros con consejos prácticos: *A Passion for the Past*, Nueva York, Heinemann, 1998 y *Divided We Stand*, Nueva York, Heinemann, 2001. Puede que algunas de sus decenas de sugerencias no le sirvan a usted, pero otras sí. David Kobrin solo apunta unas cuantas ideas en *Beyond the Textbook*, Nueva York, Heinemann, 1996, pero todas las analiza en profundidad, mostrando qué escollos hay que evitar. Stephen Botein et al., *Experiments in History Teaching*, Cambridge, Harvard-Danforth Center for Teaching and Learning, 1977, ofrece ejercicios de clase y proyectos de investigación desarrollados para profesores de secundaria, universidad y educación comunitaria. Gary Smith et al., *Teaching About United States History*, Denver, Center for Teaching International Relations, 1988, y Clair Keller, «Using Creative Interviews to Personalize Decision-Making on the American Revolution», *Social Education*, 43, 3/1979, p. 271, proponen varios proyectos docentes. John Anthony Scott plantea formas de enseñar historia sin utilizar libros de texto en «There Is Another Way», *AHA Perspectives*, 29, nº 5, 5/1991, pp. 20-22; cf. Gary Nash, «Response», pp. 21 y 23, del mismo número. *Rethinking Schools* (1001 E. Keefe Ave., Milwaukee, WI, 53212), proporciona una fascinante, aunque a veces irritante, mezcla de ideas educativas de relevancia nacional y de información sobre las políticas escolares en Milwaukee. *Rethinking* también vende números atrasados y reimpresiones. Hay otras cuatro

Si las clases se ocuparan de menos temas podrían ahondar en las polémicas históricas, algo absolutamente imprescindible para que los estudiantes aprendan que la historia no solo se compone de respuestas. Las que uno obtiene dependen en parte de las preguntas

---

revistas con ideas especialmente útiles para profesores de historia de los Estados Unidos: *The History Teacher, Social Education* (Washington, D.C., National Council for the Social Studies), *The Radical Teacher* y *Democracy and Education* (313 McCracken Hall, Ohio University, Athens, OH 45701). The National Council for History Education (Suite B2, 26915 Westwood Road, Westlake, OH, 44145) distribuye el importante libro de Paul Gagnon, *Democracy's Half-Told Story*, y otros materiales destinados a mejorar la enseñanza de la historia de los Estados Unidos. El libro de James Davidson y Mark Lytle, *After the Fact*, Nueva York, McGraw-Hill, 1992, plantea importantes asuntos históricos por investigar. En el ingente catálogo general del Social Studies School Service (PO Box 802, Culver City, CA, 90232) figuran manuales concisos de historia de los Estados Unidos, cuya utilización permitiría tener tiempo libre en las clases para profundizar en algunos asuntos.

Otro consejo es utilizar dos libros de texto, lo cual sirve para plantear varias cosas, ya que los estudiantes se preguntan por qué discrepan, comprendiendo así que la historia no solo consiste en dejar por escrito una «verdad» que ellos deben «aprender». Incluso dos ediciones de un mismo libro podrían desempeñar esta función, aunque es más interesante utilizar dos títulos muy distintos. Dentro de mi muestra, los textos de indagación de Allan O. Kownslar y Donald B. Frizzle, *Discovering American History* (Nueva York, Holt, Rinehart and Winston, 1974) y el elaborado por el Equipo de Ciencias Sociales del Consejo de Investigación Docente de los Estados Unidos, *The American Adventure* (Boston, Allyn and Bacon, 1975), son los que más se diferencian de los manuales narrativos al uso, pero los dos están descatalogados. Sin embargo, los estudiantes podrían utilizar los ejemplares de reserva que queden en la biblioteca de su centro. La serie de Joy Hakim, *A History of US*, Nueva York, Oxford University Press, 2006 [1993], es amena y debería estar presente en todas las aulas.

Todavía más interesante resulta comparar un libro muy distinto con un manual tradicional. Entre los posibles candidatos figuran el de Howard Zinn, *A People's History of the United States*, Nueva York, Harper, 2005 [ed. cast.: *La otra historia de los Estados Unidos*, Hondarribia, Hiru, 2005], de enfoque izquierdista, y el de Clarence B. Carson, *A Basic History of the United States*, Wadley, AL, American Textbook Committee, 1986, de derechas. O se pueden utilizar libros de historia que, como los que figuran más adelante en la nota 13, hagan hincapié en la de un determinado grupo social o tema.

También se puede tener conocimiento de otras ideas en cursillos, seminarios y cursos de verano para profesores de historia organizados por el National Endowment for the Humanities y centros estatales afines, universidades, museos de historia y asociaciones profesionales.

También espero que las referencias completas que figuran en las notas a pie de página la primera vez que se menciona una fuente en un determinado capítulo resulten tan útiles como una bibliografía propiamente dicha.

que hace y estas dependen en parte del objetivo que cada uno tiene y del lugar que ocupa en la estructura social. Quizá no todos lleguen a la misma conclusión en la misma clase. Los profesores tienen que aceptar la posibilidad de que los alumnos no estén de acuerdo con su interpretación, pero siempre que respalden su discrepancia con un trabajo histórico concienzudo: una argumentación basada en datos fehacientes. La gente tiene derecho a tener opiniones propias, pero no hechos propios. Hay que encontrar datos, no inventarlos, y no se puede dar mucha credibilidad a opiniones que no estén respaldadas por datos fehacientes. Los estudiantes que indaguen en interpretaciones contrapuestas descubrirán qué temas y cuestiones se resolverán gracias a los datos disponibles, y qué diferencias tienen que ver con valores y presupuestos fundamentales. La posición de los estudiantes deberá respetarse. Pero esto no conlleva que los profesores deban ceder el estrado ni ante la opinión ahora en boga de que cualquier punto de vista es igualmente aceptable y que ninguno debe contar con el «privilegio» de ostentar la etiqueta de «verdadero».[12]

Para facilitar que los estudiantes aprendan por su cuenta, los profesores no tienen por qué saberlo todo. Pueden actuar como informados bibliotecarios de referencia, que dirijan a los chavales hacia libros, mapas y personas que puedan responder sus preguntas históricas. Ya existen recursos que pueden ayudar a los profesores a enseñar historia de manera innovadora, utilizando fuentes primarias.[13]

---

[12] *Using Taking Sides in the Classroom* (Guilford, CT, Dushkin, 1996), la guía para profesores que utilizan la conocida serie de Dushkin, propone formas de ayudar a los estudiantes a desarrollar un pensamiento crítico y a enfrentarse a puntos de vista encontrados. Está descatalogado, pero suele estar disponible en Internet. Véase también Bill Bigelow, ed., et al., *Rethinking Our Classrooms*, Milwaukee, Rethinking Schools, 2007.

[13] Jackdaw Publications (jackdaw.com) publica los *Jackdaws*, paquetes de copias de fuentes históricas originales. Varias editoriales de libros de texto publican materiales para el profesor más interesantes que sus propios manuales. Teaching for Change (teachingforchange.org) publica un útil y conciso catálogo de materiales para profesores de historia. Social Studies School Service publica *Multicultural Studies Catalog*, que agrupa materiales docentes por materias: historia de las mujeres, hispana y así sucesivamente. La base de datos de ERIC, a la que se puede acceder en cualquier biblioteca universitaria, contiene miles de ideas para la docencia, indexadas por

materias en CD-ROM y también disponibles en microficha. Algunos artículos se pueden consultar en eric.ed.gov.

La literatura estadounidense, siempre que es históricamente veraz, mantiene una útil relación con la historia del país. En este sentido, *Okla Hannali*, de R. A. Lafferty, ofrece una detallada panorámica del siglo XIX.

Anthro. Notes, un boletín publicado por el Museo Nacional de Historia Natural (Kaupp, Public Information Office, Dept. of Anthropology, Stop 112, Smithsonian Institution, Washington, D.C. 20560) disponible gratuitamente para los profesores de secundaria, suele ocuparse de las sociedades amerindias precolombinas. Mi propio libro de 1992, *Lies My Teacher Told Me About Christopher Columbus* (Nueva York, New Press, thenewpress.com), es un desplegable que puede utilizarse en clase a comienzos del mes de octubre; presenta a los estudiantes cuestiones de índole historiográfica y relacionadas con el análisis de libros texto, y también les habla del Gran Navegante. El libro de Beverly Slapin y Doris Seale, *Through Indian Eyes*, publicado por Oyate, contiene poemas y ensayos útiles de Michael Dorris y otros escritores indígenas, una lista de criterios para evaluar libros en función de cómo tratan cuestiones relacionadas con los indios y una extensa lista de recursos. Para los profesores, el libro de Gary Nash *Red, White, and Black*, Englewood Cliffs, NJ, Prentice Hall, 1974, constituye un magistral repaso a las relaciones raciales en la Norteamérica colonial.

La Oficina de Educación Primaria y Secundaria de la Smithsonian Institution (A&I Building, Room 1163, MRC 402, Washington, D.C., 20560) distribuye *Teaching the Constitution*, un resumen de su «Simposio para educadores» de 1987, homónimo. Da instrucciones para utilizar documentos, menciona proyectos útiles para conseguir que esos temas cobren vida en la actualidad y proporciona una bibliografía de recursos para las clases. Véase también *Teaching About the Bill of Rights*, Bethesda, MD, Phi Alpha Delta Public Service Center, c. 1987.

Obras históricas sobre las relaciones entre negros y blancos como *African American History* de Langston Hughes y Milton Meltzer, Nueva York, Scholastic, 1990, para enseñanzas medias, y *Before the Mayflower*, de Lerone Bennett, Baltimore, Penguin, 1966 [1962], y *From Slavery to Freedom*, de John Hope Franklin, Nueva York, Knopf, 2000, ambas para niveles avanzados de instituto, tienen que ver con muchos asuntos importantes para la historia de los Estados Unidos. En 1994 la Liga contra la Difamación (823 United Nations Plaza, New York, NY, 10017) publicó una nueva edición del libro de David Shiman *The Prejudice Book*, con ejercicios escolares sobre cuestiones raciales y de género. Varios libros de James A. Banks contienen ideas útiles, entre ellos *Teaching Strategies for Ethnic Studies*, Boston, Allyn and Bacon, 1987, y *Multiethnic Education: Theory and Practice*, Boston, Allyn and Bacon, 1994. Véase también Carl A. Grant y Christine Sleeter, *Turning On Learning*, Columbus, OH, Merrill, 1989. *We Shall Overcome*, PBS *Frontline* vídeo (1-800-328-7271), recoge parcialmente la influencia que tuvo el antirracismo estadounidense en el extranjero.

La Asociación para la Supervisión y el Desarrollo del Currículo (1250 N. Pitt St., Alexandria, VA, 22314-1453), preocupada por la falta de atención de los libros de texto a las ideas religiosas de nuestro pasado, publica una colección de documentos primarios recogida por Charles C. Haynes, *Religion in American History*. Hace honor a su subtítulo: «Qué hay que enseñar y cómo».

El libro del Proyecto de Historia Social Estadounidense, *Who Built America?*, Nueva York, Pantheon, 1989, también disponible en una apasionante versión en CD-ROM para ordenadores Apple, de Voyager (1-800-446-2001), hace que la historia del movimiento obrero cobre vida. *How Schools Are Teaching About Labor*, publicado periódicamente por AFL-CIO (81516th St. NW, Washington, D.C., 20006), proporciona consejos para estructurar las clases y los materiales que en ellas se utilizan para enseñar historia del movimiento obrero. *Labor's Heritage*, una publicación trimestral de AFL-CIO (10000 New Hampshire Ave., Silver Spring, MD, 20903), ha elaborado guías para profesores y carteles para enseñar historia y utilizar fuentes locales. *Power in Our Hands*, de Bill Bigelow y Norman Diamond, Nueva York, Monthly Review Press, 1988, contiene interesantes ejercicios para que los estudiantes piensen sobre las clases sociales.

Sobre el Gobierno federal, yo recomendaría a los profesores el libro de Jonathan Kwitny, *Endless Enemies*, Nueva York, Congdon and Weed, 1984, porque censura nuestra contraproducente represión de los movimientos populares extranjeros, pero lo hace desde una perspectiva patriótica. Lonnie Bunch y Michelle K. Smith investigan cómo han conseguido los ciudadanos hacer reaccionar a sus gobiernos en *Protest and Patriotism*, Washington, D.C., Smithsonian Office of Elementary and Secondary Education [A&I Building, Room 1163, MRC 402, Washington, D.C., 20560], sin fecha. El Centro para la Enseñanza de los Estudios Sociales (teachvietnam.net) publica un exhaustivo conjunto de materiales para enseñar la guerra de Vietnam en los institutos. Brooke Workman, *Teaching the Sixties*, publicado en 1992 por el Consejo Nacional de Profesores de Inglés (ncte.org), es un tanto impreciso y bien intencionado, pero ofrece consejos sobre cómo pueden los estudiantes estudiar esa turbulenta década. En esta también se insiste en *Teaching Tolerance*, 1, nº 1, que los profesores pueden conseguir gratis en el Southern Poverty Law Center (400 Washington Ave., Montgomery, AL, 36104), que también distribuye el *Civil Rights Teaching Kit*. Finalmente, la novela de Marge Piercy, *Woman on the Edge of Time*, Nueva York, Fawcett Crest, 1977, proporciona a los estudiantes la posibilidad de pensar de manera divertida sobre el progreso y el futuro.

Además de estas recomendaciones, en su mayoría impresas, hay páginas web, siempre en transformación, que proporcionan información crucial. Evidentemente, los estudiantes van a utilizar Internet, pero hay que recordar dos normas: en primer lugar, no deben quedarse ahí. Entre otras cosas, sigue habiendo libros, un censo y mayores a los que entrevistar. En segundo lugar, los alumnos deben anotar todas sus fuentes, sean o no de internet, con una frase que explique por qué son creíbles (para el uso que les han dado). En la Biblioteca del Congreso (loc.gov) y los Archivos Nacionales (archives.gov) hay miles de fuentes primarias disponibles. En la Biblioteca Fisher de la Universidad de Virginia hay datos del censo, muy fáciles de utilizar y desglosados por condado (fisher.lib.virginia.edu/collections/stats/listcensus/). Los datos sobre municipios están en el Censo de los Estados Unidos (census.gov/prod/www/abs/decennial/index.htm). Los profesores deberían suscribirse a listas de debate (gratuitas) como h-high-s y otras en h-net.org. Cuando la historia llega a los titulares de los medios de comunicación, se resume en la History News Network (hnn.us/), a la que cualquiera puede suscribirse. Los estudiantes necesitan portales de Internet bien cribados, ordenados por materias (como historia de la

Quizá las mejores fuentes estén al alcance de la mano. Los chavales pueden entrevistar a sus propios familiares, a gente de su comunidad, a altos cargos de sus instituciones locales y a ciudadanos más mayores.[14] En algunas clases de historia se han recogido testimonios orales sobre cómo afectó la Depresión a su municipio o cómo influyó la desegregación racial en su escuela. Alumnos de un instituto de Misisipi publicaron un libro titulado *Minds Stayed on Freedom* [Sus ideas siguieron siendo libres] sobre el movimiento por los derechos civiles en su comunidad.[15] Los de un centro de Massachusetts se «convirtieron» en personajes históricos y publicaron su trabajo.[16] El hecho de crear conocimiento resulta estimulante para los estudiantes y potencia sus capacidades, aunque el producto vaya directamente a parar a la biblioteca de su centro. Los chavales también pueden concebir un nuevo rótulo de carácter histórico para su escuela o comunidad. Es frecuente que en el paisaje no quede constancia de los acontecimientos más importantes, en tanto que sí se señala el lugar en el que estuvo la primera iglesia presbiteriana en el siglo XIX. ¿Qué acontecimientos ocurridos en un instituto de secundaria tuvieron importancia suficiente para merecer un rótulo explicativo? ¿A qué graduados «hay que» rendir homenaje? ¿Cuáles hicieron historia? ¿Se necesita una definición más amplia de lo que es «hacer historia»? ¿Acaso los nombres de las calles o edificios de la localidad llevan el nombre de personas cuyos actos estamos ahora intentando rectificar? Por ejemplo, en Misisipi, la presa de Ross Barnett

---

mujer o de la Guerra Civil). Hay muchos, entre ellos besthistorysites.net. También existen multitud de vídeos y fuentes cinematográficas, desde películas comerciales como *Glory* y *Missing* a documentales de la cadena pública PBS como *The Civil War*, *Eyes on the Prize* y *Remember My Lai* (PBS *Frontline*, 1-800-328-7271). Puede que, si utilizan vídeos, a los profesores les interese consultar lo que plantea Linda Christensen en «Unlearning the Myths That Bind Us», *Rethinking Schools*, 5, nº 4, 5/1991: I, pp. 15-16.

[14] Glenn Whitman consigue que sus alumnos hagan historia local y explica cómo en *Dialogue with the Past*, Lanham, MD, Alta Mira, 2004.

[15] Rural Organizing and Cultural Center, *Minds Stayed on Freedom*, Boulder, CO: Westview, 1992. Véase también C. L. Lord, *Teaching History with Community Resources*, Nueva York, Teachers College Press, 1967.

[16] Mark Hilgendorf, ed., *Forgotten Voices in American History*, que se puede solicitar a la Milton Academy, 170 Centre St., Milton, MA, 02186.

rinde homenaje al gobernador racista que intentó que los afroamericanos no accedieran a la Universidad de Misisipi. ¿A quién hay que homenajear? ¿Por qué? ¿Cómo? Al hacerse estas preguntas, los estudiantes se plantean temas importantes; si sus respuestas son polémicas, mucho mejor.

Enseñar historia partiendo del presente también atrapa la atención de los alumnos. El profesor puede presentar estadísticas actuales sobre las expectativas vitales de los chavales que van a salir del instituto, desglosadas por grupo étnico, sexo, clase social y religión; y relacionarlas con los diversos niveles de rendimiento escolar, y con indicadores como el índice de divorcios, la población carcelaria, el número de muertes violentas, la propia esperanza de vida de los estudiantes o el índice de participación electoral. A continuación, se puede incentivar a los estudiantes a debatir los acontecimientos y procesos históricos que han ocasionado esas diferencias.

Los docentes también pueden animar a los alumnos a criticar su libro de texto. Cada uno puede elegir un tema que en su opinión no se trate adecuadamente o el conjunto de la clase puede centrarse en un problema común. En el capítulo 5 se habló de una profesora de Illinois que indignó a sus alumnos de sexto al decirles que, antes de Lincoln, la mayoría de los presidentes había tenido esclavos. Cuando ellos mismos se convencieron de que tenía razón, lo que los indignó fue su libro de texto, que dedicaba muchas páginas a Washington, Jefferson, Madison, Jackson y los demás presidentes sin decir en ningún sitio que habían tenido esclavos. Acabaron enviando una carta al supuesto autor del libro y a la editorial. El primero no contestó, pero alguien de la segunda envió una protocolaria respuesta de agradecimiento por «la útil reacción ante nuestro producto» que, asegurándoles que «siempre nos esforzamos por mejorar nuestro producto», terminaba diciendo que el manual incluía varias páginas sobre el movimiento por los derechos civiles. «¿Y eso qué tiene que ver con nuestra crítica?», se preguntaron los alumnos. Probablemente, la respuesta a su pregunta fuera: «Hablamos de negros, ¿no?». Esa clase de proceso siempre resulta útil. Si los estudiantes reciben una respuesta inteligente, que se toma en serio sus observaciones, han contribuido a mejorar el libro en su siguiente edición. Si lo que reciben es una respuesta tipo, como les ocurrió a estos chavales de sexto, comprenden que no hay vida inteligente en esa editorial y que, en adelante más vale que lean con una actitud crítica.

Aunque los profesores no cuestionen la doctrina del libro de texto, los estudiantes y el resto de nosotros podemos contribuir al cambio. En varios sistemas escolares urbanos, los alumnos afroamericanos han presionado mucho para cambiar el programa de historia. Dos chicas blancas de sexto curso de Springfield (Illinois), que con motivo del Día Nacional de Historia hicieron un trabajo sobre los disturbios de 1908, con los que se intentó que esa localidad fuera una *sundown town* totalmente blanca, continuaron su proyecto incitando a la localidad a crear una «ruta a pie sobre los disturbios» que sirviera de disculpa y de recuerdo. Dos estudiantes de instituto indígenas instaron al estado de Minnesota a eliminar oficialmente la palabra *squaw*, un término despectivo aplicado a las indias americanas, de cualquier rótulo. Y por todos los Estados Unidos, enfrentándose a profesores que todavía se limitan a seguir el libro de texto, ha habido alumnos que les han puesto en aprietos con ideas tomadas de *Patrañas que mi profe me contó*. Como dijo uno de ellos, «vengo utilizando su libro para incordiar a mi profesor desde el final del aula».

Los estudiantes, y todos los demás, debemos aprender a manejar las fuentes, ya sean malos libros de texto, películas históricas o exposiciones en museos. A tal fin tenemos que plantearnos cinco cuestiones sobre cada obra.[17]

En primer lugar, cuándo y por qué se escribió (o pintó, filmó, etc.). Hay que determinar a qué sector de la estructura social iba dirigida y sopesar qué trataba de conseguir el autor con ella. Esto forma parte del enfoque que los sociólogos denominan «sociología del conocimiento». Los profesores de lengua inglesa lo llaman contextualización, es decir, conocer el entorno social del texto.

[17] Shirley Engle indica que algunas de esas cuestiones, basadas en la obra de Alfred North Whitehead, proporcionaron la base para una innovación en la forma de enseñar estudios sociales, el «experimento de Indiana». Véase «Late Night Thoughts About the New Social Studies», *Social Education*, 50, nº 1, 1/1986, p. 21.

Como ya hemos visto, los historiadores lo llaman historiografía, es decir, estudiar cómo se escribe la historia. Se puede enseñar historiografía, como concepto y como término, a alumnos a partir de cuarto curso, y les ayuda a leer y pensar de forma crítica.[18]

Una segunda pregunta que hay que hacerse, también relacionada con la historiografía, es de quién es el punto de vista que se presenta. ¿En qué parte de la estructura social se sitúa el orador, autor, etc.? ¿A qué intereses materiales o ideológicos sirve esa manifestación? ¿Qué puntos de vista se omiten? A continuación, los estudiantes podrían intentar reescribir el relato desde otro punto de vista, aprendiendo así que la historia es siempre parcial.

En tercer lugar, ¿es creíble el relato? ¿Se comporta cada uno de los grupos implicados de manera razonable, como podríamos haber hecho nosotros de haber estado en la misma situación y si hubiéramos tenido la misma socialización? Para aplicar este enfoque también hace falta analizar la obra en busca de contradicciones internas. ¿Es coherente? ¿Se contradicen entre sí algunas de sus afirmaciones? Si los libros de texto, por ejemplo, insisten en que la presencia de los Estados Unidos en Latinoamérica suele tener un carácter servicial, ¿cómo explican el sentimiento antiestadounidense que impera en esa región?

En cuarto lugar, ¿se respalda el relato con otras fuentes? ¿O lo contradicen otros autores? Esta cuestión nos devuelve a la bibliografía secundaria histórica y de ciencias sociales. Por ejemplo, hasta un somero contacto con la investigación sobre las clases sociales en otros países bastaría para refutar los encendidos elogios que en los libros de texto reciben los Estados Unidos por su condición incomparable de tierra de las oportunidades.

Para terminar, después de leer el texto o ver la imagen correspondiente, ¿qué impresión debe causarnos ese retrato de los Estados Unidos? El análisis también debe referirse a las palabras o imágenes elegidas por el autor. «En historia y en el habla cotidiana, la mayoría de las palabras que utilizamos son como cargas de profundidad mental», ha escrito James Axtell. «Al caer [por nuestra

---

[18] Es lo que hicimos en el capítulo 6 cuando analizamos la carta que Abraham Lincoln envió a Greeley.

conciencia] y detonar, se desata su resonante poder, impregnando nuestra comprensión con fragmentos acumulados de significado y asociación».[19]

Los lectores que tengan en cuenta estas cinco cuestiones habrán aprendido a aprender historia.

Los profesores y los estudiantes no son los únicos puntos de apoyo del cambio. Nuevos factores pueden posibilitar la transformación de los libros de texto. En California, Texas y otros estados, los conservadores de derechas siguen influyendo en la elección de los manuales, pero ahora también influyen muchos otros. Por ejemplo, desde 1985 Texas ha obligado a algunos editores a tratar con más honradez la evolución, evitando expresiones tan tópicas como «estar en pie de guerra» para referirse a los indios y añadiendo el adjetivo «blancos» al sustantivo «sureños» cuando corresponda.[20] Los enfrentamientos posteriores entre nacionalistas negros, feministas, derechistas, defensores de la Primera Enmienda, etc., conceden un nuevo margen de maniobra a autores y editores.

Los consumidores de educación —estudiantes, profesores, padres y ciudadanos interesados en el asunto— están comenzando a exigir libros de texto sabrosos, una historia que pueda incluso revolver el estómago. Según Michael Wallace, los estadounidenses ya están preparados para eso. A la gente le suele «irritar que la engañen y tiene curiosidad por saber más», afirma. «Fíjense en el triunfo de *Raíces* en una cultura que parecía imbuida de las mojigaterías de *Lo que el viento se llevó*».[21] En realidad, el éxito de la primera edición de *Patrañas que mi profe me contó* es una prueba más de este cambio.

Ya era hora, porque la historia es fundamental para no dejar de comprendernos a nosotros mismos y nuestra sociedad. Necesitamos estadounidenses de todas las clases sociales y orígenes raciales, y de ambos sexos, expertos en dominar el poder de la historia: la capacidad de utilizar la propia interpretación del pasado para

---

[19] James Axtell, «Forked Tongues: Moral Judgments in Indian History», *AHA Perspectives*, 25, nº 2, 2/1987, p. 10.

[20] Lee Jones, «Textbooks: A Change of View», *Austin Star-Telegram*, 20/10/1985.

[21] Michael Wallace, «The Politics of Public History», en Jo Blatti, ed., *Past Meets Present*, Washington, D.C., Smithsonian Institution Press, 1987, pp. 42-43.

inspirar y legitimar nuestras acciones en el presente. Así conseguiremos que el pasado forme verdaderamente a los estadounidenses, como individuos y como nación, en lugar de servir como fuente de manidos tópicos. Los receptores de buenos cursos de historia de los Estados Unidos conocen datos fundamentales sobre la sociedad estadounidense y comprenden los procesos históricos que los han determinado. Se pueden situar en la estructura social y conocer algunas de las fuerzas sociales e ideológicas que han influido en sus vidas. Esos estadounidenses están preparados para convertirse en ciudadanos, porque saben cómo promover cambios sociales. Saben cómo contrastar afirmaciones históricas y sospechan de las típicas «verdades». Pueden refutar la afirmación de que la historia es irrelevante, porque comprenden de qué manera influye el pasado en el presente, incluido el suyo.

Seguramente Thomas Jefferson hiciera bien al defender que se enseñara historia política para que los estadounidenses pudieran aprender «a juzgar por sí mismos qué garantizará o pondrá en peligro su libertad».[22] Los ciudadanos que son sus propios historiadores, al estar dispuestos a identificar patrañas y distorsiones y poder utilizar los recursos para determinar qué ocurrió realmente en el pasado, se convierten en una formidable fuerza para la democracia. Hugh Trevor-Roper, decano de los historiadores británicos, ha escrito: «Una nación que ha perdido de vista su historia o cuyo estudio desincentiva la desecadora profesionalidad [¡o falta de profesionalidad!] de los historiadores está amputada intelectual y quizá políticamente. Pero esa historia debe ser verdadera en el más amplio sentido de la palabra». Después de los once años de investigación y escritura que condujeron a la primera edición de este libro[23] y de otros trece de estudio posteriores, mi propia búsqueda de lo que realmente ocurrió en el pasado de los Estados Unidos no ha hecho más que comenzar. Después de haber llegado hasta aquí en su lectura, su búsqueda también acaba de comenzar. Para usted y para mí, ¡buen viaje!

---

[22] Citado en Lewis H. Lapham, «Notebook», *Harper's*, 7/1991, p. 12.

[23] Bueno, también hice otras cosas.

disciplinar y legitimar nuestras acciones en el presente. Así conseguiremos que el pasado forme verdaderamente a los estudiantes, como individuos y como nación, en lugar de servir como fuente de [illegible], las recopilaciones de buenos [illegible] historia de los Estados Unidos como [illegible] fundamentales sobre la sociedad [illegible] y comprender los procesos [illegible] que [illegible] Se pueden situar en [illegible] social y [illegible] sociales e ideológicos que han [illegible] estudiantes en la preparación para convertirse en ciudadanos, porque saben [illegible] cambios sociales, saben [illegible] contestar [illegible] y [illegible] historias y [illegible]. Pueden [illegible] que [illegible] el pasado en el presente, incluido [illegible].

[illegible]

Apéndice

A continuación figuran, ordenados alfabéticamente, los doce manuales de historia de los Estados Unidos en los que me basé para escribir *Patrañas que mi profe me contó*, seguidos de los seis libros que estudié para esta segunda edición. Todas las citas proceden de estas ediciones, salvo en los casos mencionados en el propio texto.

Social Science Staff of the Educational Research Council of America, *The American Adventure*, Boston, Allyn and Bacon, 1975.

Ira Peck, Steven Jantzen y Daniel Rosen, *American Adventures*, Austin, TX, Steck-Vaughn, 1987.

John A. Garraty con Aaron Singer y Michael Gallagher, *American History*, Nueva York, Harcourt Brace Jovanovich, 1982.

Thomas A. Bailey y David M. Kennedy, *The American Pageant*, Lexington, MA, D. C. Heath, 1991.

Robert Green, Laura L. Becker y Robert E. Coviello, *The American Tradition*, Columbus, OH, Charles E. Merrill, 1984.

Nancy Bauer, *The American Way*, Nueva York, Holt, Rinehart and Winston, 1979.

Robert Sobel, Roger LaRaus, Linda Ann DeLeon y Harry P. Morris, *The Challenge of Freedom*, Mission Hills, CA, Glencoe, 1990.

Allan O. Kownslar y Donald B. Frizzle, *Discovering American History*, Nueva York, Holt, Rinehart and Winston, 1974.

Carol Berkin y Leonard Wood, *Land of Promise*, Glenview, IL, Scott Foresman, 1983.

Philip Roden, Robynn Greer, Bruce Kraig y Betty Bivins, *Life and Liberty*, Glenview, IL, Scott Foresman, 1984.

Paul Lewis Todd y Merle Curti, *Triumph of the American Nation*, Orlando, FL, Harcourt Brace Jovanovich, 1986.
James West Davidson y Mark H. Lytle, *The United States—A History of the Republic*, Englewood Cliffs, NJ, Prentice Hall, 1981.

Andrew Cayton, Elisabeth Perry, Linda Reed y Allan Winkler, *America: Pathways to the Present*, Needham, MA, Pearson Prentice Hall, 2005.
Joyce Appleby, Alan Brinkley y James McPherson, *The American Journey*, Nueva York, Glencoe McGraw-Hill, 2000.
David M. Kennedy, Lizabeth Cohen y Thomas A. Bailey, *The American Pageant*, Boston, Houghton Mifflin, 2006.
Gerald A. Danzer et al., *The Americans*, Boston, McDougal Littell [Houghton Mifflin], 2007.
Daniel Boorstin y Brooks Mather Kelley, *A History of the United States*, Needham, MA, Pearson Prentice Hall, 2005.
Paul Boyer, *Holt American Nation*, Austin, TX, Holt, Rinehart & Winston [Harcourt], 2003.

ÍNDICE ANALÍTICO

B

C

D

E

F

G

H

J

K

N

O

P

Q

R

S

T

U

V

W

Z

Este libro se terminó de imprimir
el 25 de marzo de 2018.

*«Los hombres hacen su propia historia,
pero no la hacen a su libre arbitrio, bajo circunstancias
elegidas por ellos mismos, sino bajo aquellas circunstancias
con que se encuentran directamente, que existen
y les han sido legadas por el pasado.
La tradición de todas las generaciones muertas oprime
como una pesadilla el cerebro de los vivos»*

·

Karl Marx